Guttentag'sche Sammlung
Nr. 4. Deutscher Reichsgesetze. Nr. 4.
Text-Ausgaben mit Anmerkungen.

Allgemeines Deutsches Handelsgesetzbuch
nebst
Einführungs- und Ergänzungsgesetzen
unter Ausschluß des Seerechts.

Text-Ausgabe mit Anmerkungen, den von dem Reichsgericht und dem früheren Reichs-Oberhandelsgericht angenommenen Rechtsgrundsätzen und Sachregister.

Herausgegeben
von
F. Litthauer,
Rechtsanwalt am Oberlandesgericht in Posen und Notar.

Achte Auflage.

Berlin.
J. Guttentag, Verlagsbuchhandlung.
1894.

Vorbemerkung.

Die vorliegende Ausgabe des Allgemeinen Deutschen Handelsgesetzbuches schließt sich den in gleichem Verlage erscheinenden Ausgaben Deutscher Reichsgesetze an. Sie bietet in handlicher Form einen korrekten, übersichtlichen Abdruck des Gesetzbuches, der dazu ergangenen Reichs-Einführungsgesetze (darunter desjenigen für Elsaß-Lothringen), der wichtigsten Landes-Einführungsgesetze (nämlich derjenigen für Preußen, Bayern, Sachsen, Hamburg und Frankfurt a. M.) und der kleineren in das Handelsrecht einschlagenden Reichsgesetze. Dem Texte sind Anmerkungen beigefügt, in denen hauptsächlich die den Entscheidungen des Reichsgerichts und des früheren Reichs-Oberhandelsgerichts zu Leipzig entnommenen Rechtsgrundsätze wiedergegeben sind. Eine Reihe von Entscheidungen, die, ohne zu einzelnen Artikeln des Handelsgesetzbuches ergangen zu sein, doch ein besonderes handelsrechtliches Interesse haben, sind im Anhange zusammengestellt.

Die Anmerkungen zu dem Einführungsgesetz für Bayern haben einen Bayerischen Juristen zum Verfasser.

Inhalt.

Seite

A. Reichs-Einführungs-Bestimmungen.

I. Bundesgesetz, betreffend die Einführung der Allgemeinen Deutschen Wechsel-Ordnung, der Nürnberger Wechselnovellen und des Allgemeinen Deutschen Handelsgesetzbuches als Bundesgesetze. Vom 5. Juli 1869 1

II. Gesetz, betreffend die Einführung der allgem. Deutschen Wechselordnung und des allgem. Deutschen Handelsgesetzbuches in Elsaß-Lothringen. Vom 19. Juni 1872 5

B. Allgemeines Deutsches Handelsgesetzbuch.

Allgemeine Bestimmungen . . . . Art. 1—3. 16

Erstes Buch. Vom Handelsstande.

Erster Titel. Von Kaufleuten . . . „ 4—11. 19

Zweiter Titel. Von dem Handelsregister . . . . „ 12—14. 28

Dritter Titel. Von Handelsfirmen „ 15—27. 29

Vierter Titel. Von den Handelsbüchern . . . . „ 28—40. 48

Fünfter Titel. Von den Prokuristen und Handlungsbevollmächtigten . „ 41—56. 56

Sechster Titel. Von den Handlungsgehülfen. . . . . „ 57—65. 70

Siebenter Titel. Von den Handelsmäklern oder Sensalen . . . . . „ 66—84. 78

Seite

Zweites Buch. Von den Handelsgesellschaften.

Erster Titel. Von der offenen Handelsgesellschaft.
Erster Abschnitt. Von der Errichtung der Gesellschaft . . . . Art. 85—89. 87
Zweiter Abschnitt. Von dem Rechtsverhältnisse der Gesellschafter unter einander „ 90—109. 91
Dritter Abschnitt. Von dem Rechtsverhältnisse der Gesellschaft zu dritten Personen „ 110—122. 101
Vierter Abschnitt. Von der Auflösung der Gesellschaft und dem Austreten einzelner Gesellschafter aus derselben . . „ 123—132. 116
Fünfter Abschnitt. Von der Liquidation der Gesellschaft . . . . „ 133—145. 127
Sechster Abschnitt. Von der Verjährung der Klagen gegen die Gesellschafter . . „ 146—149. 138

Zweiter Titel. Von der Kommanditgesellschaft.
Erster Abschnitt. Von der Kommanditgesellschaft im Allgemeinen . . . . . . „ 150—172. 141
Zweiter Abschnitt. Von der Kommanditgesellschaft auf Aktien insbesondere . . „ 173—206. 152

Dritter Titel. Von der Aktiengesellschaft.
Erster Abschnitt. Allgemeine Grundsätze „ 207—215. 206
Zweiter Abschnitt. Rechtsverhältnisse der Aktionäre . . . . „ 216—226. 230
Dritter Abschnitt. Rechte und Pflichten des Vorstandes . . . . „ 227—241. 243
Vierter Abschnitt. Auflösung der Gesellschaft . . . . „ 242—248. 254

Vierter Titel. Strafbestimmungen „ 249. 263

Seite

Drittes Buch. Von der stillen Gesellschaft und von der Vereinigung zu einzelnen Handelsgeschäften für gemeinschaftliche Rechnung.

Erster Titel. Von der stillen Gesellschaft . . . . Art. 250—265. 269

Zweiter Titel. Von der Vereinigung zu einzelnen Handelsgeschäften für gemeinschaftliche Rechnung . . . . „ 266—270. 277

Viertes Buch. Von den Handelsgeschäften.

Erster Titel. Von den Handelsgeschäften im Allgemeinen.

Erster Abschnitt. Begriff der Handelsgeschäfte . . . . „ 271—277. 283

Zweiter Abschnitt. Allgemeine Bestimmungen über Handelsgeschäfte . . . . „ 278—316. 295

Dritter Abschnitt. Abschließung der Handelsgeschäfte . . . . „ 317—323. 340

Vierter Abschnitt. Erfüllung der Handelsgeschäfte . . . . „ 324—336. 348

Zweiter Titel. Vom Kauf . . . . . „ 337—359. 357

Dritter Titel. Von dem Kommissionsgeschäfte . . . . „ 360—378. 432

Vierter Titel. Von dem Speditionsgeschäfte . . . . „ 379—389. 454

Fünfter Titel. Von dem Frachtgeschäfte.

Erster Abschnitt. Vom Frachtgeschäfte überhaupt . . . . „ 390—421. 463

Zweiter Abschnitt. Von dem Frachtgeschäfte der Eisenbahnen insbesondere . „ 422—431. 489

C. Ergänzungsgesetze.

I. Gesetz, betreffend die vertragsmäßigen Zinsen. Vom 14. November 1867 501

Seite
II. Gesetz, betreffend die Inhaberpapiere mit Prämien. Vom 8. Juni 1871 504
III. Gesetz über Markenschutz. Vom 30. November 1874 . 507
IV. Gesetz, betreffend das Urheberrecht an Mustern und Modellen. Vom 11. Januar 1876 514
V. Gesetz, betreffend die Kommanditgesellschaften auf Aktien und die Aktiengesellschaften. Vom 18. Juli 1884 . . 521

D. Landes-Einführungs-Gesetze.

I. Das Preußische Einführungsgesetz zum Allgemeinen Deutschen Handelsgesetzbuche. Vom 24. Juni 1861 . 526
II. Einführungsgesetz zum Allgemeinen Deutschen Handelsgesetzbuch für das Königreich Sachsen. Vom 30. Oktober 1861 548
III. Einführungsgesetz zum Allgemeinen Deutschen Handelsgesetzbuche für die Freie Stadt Frankfurt. Vom 17. Oktober 1862 555
IV. Einführungsgesetz zum Allgemeinen Deutschen Handelsgesetzbuche für die Freie und Hansestadt Hamburg. Publicirt den 22. Dezember 1865 561
V. Einführungsgesetz zum Allgemeinen Deutschen Handelsgesetzbuche für das Königreich Bayern. Publicirt Ende Februar 1862 576

E. Anhang.

I. Zusammenstellung der auf die rechtliche Stellung der Agenten bezüglichen Entscheidungen des ROHG. und des RG. 606
II. Natur und Wirkungen des kaufmännischen Kontokurrent-Verhältnisses nach den Entscheidungen des ROHG. und des RG. 614
Sachregister 631
Druckfehlerverzeichniß 651

Abkürzungen in den Anmerkungen.

E. mit einem darauf folgenden Datum aus der Zeit vor dem 1. Oktober 1879 = Erkenntniß des früheren Reichs-Oberhandelsgerichts.

E. mit einem Datum aus der Zeit nach dem 1. Oktober 1879 = Erkenntniß des Reichsgerichts.

Entsch. = Entscheidungen des Reichs-Oberhandelsgerichts, herausgegeben von den Räthen des Gerichtshofes. Stuttgart, Verlag von Ferdinand Enke. Bd. I—XXV.

RG. mit einer darauf folgenden (den Band angebenden) römischen Ziffer = Entscheidungen des Reichsgerichts in Civilsachen, herausgegeben von den Mitgliedern des Gerichtshofs. Leipzig, Verlag von Veit & Co. Bd. I—XXIX*).

R.G. Entsch. in Straff. = Entscheidungen des Reichsgerichts in Strafsachen, herausgegeben von den Mitgliedern des Gerichtshofs. Leipzig, Verlag von Veit & Co. Bd. I—XXIII.

Beschl. d. KG. = Beschluß des Kammergerichts in Berlin.

E. f. Pr. = Preußisches Einführungsgesetz zum Allgemeinen Deutschen Handelsgesetzbuch. Vom 24. Juni 1861.

Stg. = Stegemann, die Rechtsprechung des Deutschen Oberhandelsgerichts zu Leipzig. Berlin, Verlag von J. Guttentag.

Str. = Striethorst's Archiv für Rechtsfälle aus der Praxis des Preußischen Ober-Tribunals. Berlin, Verlag von J. Guttentag.

Gruchot = Beiträge zur Erläuterung des Deutschen Rechts 2c. Begründet von Dr. J. A. Gruchot. Herausgegeben von Rassow u. Küntzel. Berlin, Verlag von Franz Vahlen.

Jurist. Wochenschr. = Juristische Wochenschrift, Organ des Deutschen Anwalts-Vereins. Berlin, Verlag von W. Moeser.

Joh. = Jahrbuch für Entscheidungen des Kammergerichts, herausgegeben von Reinhold Johow. Berlin, Verlag von Franz Vahlen. Bd. I—XII.

---

*) Bd. XXX ist erst während des Drucks der vorliegenden Auflage erschienen und konnte nur zum Theil benutzt werden.

A. Reichs-Einführungsbestimmungen.

I.

Gesetz, betreffend die Einführung der Allgemeinen Deutschen Wechsel-Ordnung, der Nürnberger Wechsel-Novellen und des Allgemeinen Deutschen Handelsgesetzbuches als Bundesgesetze. Vom 5. Juni 1869.*)

(B.G.Bl. Nr. 32 S. 379—381.)

Wir **Wilhelm**, von Gottes Gnaden König von Preußen &c. verordnen im Namen des Norddeutschen Bundes, nach erfolgter Zustimmung des Bundesrathes und des Reichstages, was folgt:

*) Dieses Gesetz gilt auch in Baden u. Hessen (vgl. Art. 80 der zwischen dem Nordd. Bunde und den Großherzogthümern Baden u. Hessen vereinbarten Verfassung des Deutschen Bundes, B.G.Bl. von 1870 S. 647), in Württemberg (vgl. Vertrag, betr. den Beitritt Württembergs zur Verfassung des Deutschen Bundes, vom 25. November 1870, B.G.Bl. S. 654) und in Bayern (Ges. betr. die Einführung Norddeutscher Bundesgesetze in Bayern, vom 22. April 1871, B.G.Bl. S. 87).

§. 1. Die Allgemeine Deutsche Wechsel-Ordnung (Anlage A.) nebst den die Ergänzung und Erläuterung derselben betreffenden sogenannten Nürnberger Novellen (Anlage B.), sowie das Allgemeine Deutsche Handelsgesetzbuch (Anlage C.) werden zu Bundesgesetzen erklärt und als solche in das gesammte Bundesgebiet eingeführt, jedoch unbeschadet der Vorschriften des Bundesgesetzes über die Nationalität der Kauffahrteischiffe und ihre Befugniß zur Führung der Bundesflagge vom 25. Oktober 1867. (Bundesgesetzbl. S. 35.) und des Bundesgesetzes über die Aufhebung der Schuldhaft vom 29. Mai 1868. (Bundesgesetzbl. S. 237.).

§ 2. Die bei oder nach der Einführung der Wechsel-Ordnung, der Nürnberger Novellen und des Handelsgesetzbuches in die einzelnen Bundesstaaten oder deren Landestheile im Wege der Landesgesetzgebung erlassenen Vorschriften bleiben als landesgesetzliche Vorschriften insoweit in Kraft, als sie nur eine Ergänzung und nicht eine Abänderung einer Bestimmung der Wechsel-Ordnung, der Nürnberger Novellen oder des Handelsgesetzbuches enthalten.

§. 3. Insbesondere bleiben folgende auf die Einführung der Wechsel-Ordnung und des Handelsgesetzbuches sich beziehende landesgesetzliche Vorschriften in Kraft:

A. in Ansehung der Wechsel-Ordnung . . .

B. in Ansehung des Handelsgesetzbuches:

1) die Vorschriften, nach welchen unter Landesgesetzen im Sinne des Handelsgesetzbuches nicht blos die förmlichen Gesetze, sondern das gesammte

Landesrecht zu verstehen und in Ansehung der betreffenden Vorbehalte des Handelsgesetzbuches die Erlassung maaßgebender Vorschriften auf anderem Wege, als auf dem Wege der förmlichen Gesetzgebung, soweit dies nach dem Landesrecht zulässig, nicht ausgeschlossen ist;

2) die Vorschriften, welche in Ansehung der Eintragungen in das Handelsregister noch andere als die in dem Handelsgesetzbuch bestimmten Eintragungen zulassen oder gebieten;

3) die Vorschriften, welche den Prokuristen zur Ertheilung von Konsensen vor den mit der Führung der Eigenthums- und Hypothekenbücher oder der Schuld- und Pfandprotokolle beauftragten Behörden und Beamten nur für den Fall befugt erklären, daß demselben diese Befugniß besonders beigelegt ist;

4) die Vorschriften, welche bestimmen, daß die Vorschriften des Landesrechts über die rechtlichen Voraussetzungen für den Erwerb des Eigenthums an unbeweglichen Sachen durch die Bestimmungen des Handelsgesetzbuches nicht berührt werden;

5) die Vorschriften, welche die Anwendung des Artikels 295. des Handelsgesetzbuches insoweit beschränken, als sie die abweichenden Vorschriften, welche das bürgerliche Recht für die zur Eintragung in das Hypothekenbuch bestimmten Schuldurkunden enthält, in Kraft erhalten;

6) die Vorschriften, welche die Artikel 306. und 307.

des Handelsgesetzbuches auf Inhaberpapiere, so lange dieselben außer Kurs gesetzt sind, für nicht anwendbar erklären;

7) die Vorschriften, welche bestimmen, daß unter Konkurs im Sinne des Handelsgesetzbuches auch das Falliment des Rheinischen Rechts und das Debitverfahren des Bremischen Rechts zu verstehen sei;

8) die Vorschriften, welche bestimmen, daß durch die Artikel 313. bis 316. des Handelsgesetzbuches die im bürgerlichen Rechte in einem weiteren Umfange begründete Zulassung des Zurückbehaltungsrechtes (Retentionsrechtes) nicht berührt werden.

§. 4. Als Landesgesetze bleiben, auch insoweit sie Abänderungen des Handelsgesetzbuches enthalten, in Geltung:

für das Großherzogthum Mecklenburg-Schwerin:
die §§. 51. bis 55. der die Publikation des Handelsgesetzbuches betreffenden Verordnung vom 28. Dezember 1863;

für die freie Hansestadt Bremen:
die am 12. Februar 1866. publizirte, die Löschung der Seeschiffe betreffende obrigkeitliche Verordnung;

für die freie und Hansestadt Hamburg:
der §. 50. des am 22. Dezember 1865. publizirten Einführungsgesetzes zum Allgemeinen Deutschen Handelsgesetzbuch.

§. 5. Die in Gemäßheit der §§. 16. und 52. der unter dem 6. Juni 1864. von dem Senate der freien

Hansestadt Bremen publizirten obrigkeitlichen Verordnung, betreffend die Einführung des Allgemeinen Deutschen Handelsgesetzbuches, den Privatgläubigern eines Handelsgesellschafters in Ansehung des Vermögens einer Handelsgesellschaft zu der Zeit, zu welcher dieses Gesetz in Geltung tritt, zustehenden Pfand- und Vorzugsrechte bleiben unberührt.

§. 6. Dieses Gesetz tritt am 1. Januar 1870. in Kraft.

Urkundlich unter Unserer Höchsteigenhändigen Unterschrift und beigedrucktem Bundes-Insiegel.

Gegeben Schloß Babelsberg, den 5. Juni 1869.

(L S.) **Wilhelm.**

Gr. v. Bismarck-Schönhausen.

II.

Gesetz, betreffend die Einführung der allgemeinen Deutschen Wechselordnung und des allgemeinen Deutschen Handelsgesetzbuchs in Elsaß-Lothringen. Vom 19. Juni 1872.

(D. R.-A. u. Kgl. Pr. St.-A. vom 4. Juli 1872 Nr. 155, G.Bl. f. Elsaß-Lothringen vom 4. Juli 1872 Nr. 14 S. 213.)

Wir **Wilhelm**, von Gottes Gnaden Deutscher Kaiser, König von Preußen 2c.

verordnen im Namen des Deutschen Reichs, nach erfolgter Zustimmung des Bundesrathes, für Elsaß-Lothringen was folgt:

§. 1. Die allgemeine Deutsche Wechselordnung und das allgemeine Deutsche Handelsgesetzbuch erlangen in der Fassung, in welcher sie in den Anlagen A. und B. enthalten sind, nebst den gegenwärtigen Einführungsbestimmungen mit dem 1. Oktober 1872 in Elsaß-Lothringen Gesetzeskraft.

Mit dem bezeichneten Zeitpunkte treten die bestehenden Gesetze und anderen Vorschriften über Handelsrecht, insoweit sie Materien betreffen, welche Gegenstand der zur Geltung gelangenden Gesetze sind, außer Kraft. Es bleiben jedoch, soweit nicht Bestimmungen der letzteren Gesetze entgegenstehen, in Wirksamkeit:

1) der fünfte Titel des Gesetzes über die Gesellschaften vom 24. Juli 1867 (Bull. off. 1513 No. 15,328);

2) der zweite Titel des Kaiserlichen Dekrets vom 22. Januar 1868, betreffend die Versicherungsgesellschaften (Bull. off. 1558 No. 15,787), mit der Maßgabe, daß unter den Staats- resp. den vom Staate garantirten Werthpapieren, in denen die Anlage der Fonds der Versicherungsgesellschaften nach Vorschrift des Artikels 33 dieses Dekrets erfolgen soll, deutsche Staats- bezw. von einem deutschen Staate garantirte Werthpapiere zu verstehen sind, und daß die Anlage in französischen Staatsrenten, bei der französischen Bank und dem crédit foncier nicht mehr gestattet ist;

3) die Bestimmungen über das Börsen- und Mäklerwesen und über öffentliche Waarenverkäufe.

§. 2. Die in den Handelsgesetzen der Staatsregierung oder den Fachministerien eingeräumten Befugnisse gehen auf den Reichskanzler über. Der Reichskanzler kann diese Befugnisse auf ihm untergeordnete Behörden übertragen.

Die Anstellung der Wechselagenten und Mäkler unterliegt in den Fällen, in welchen sie bisher der landesherrlichen Bestätigung unterworfen war, an Stelle der letzteren der Bestätigung durch den Oberpräsidenten.

§. 3. Ein Minderjähriger, ohne Unterschied des Geschlechts, kann nur dann Kaufmann sein und auf Grund des Artikels 487 des Civilgesetzbuchs in Ansehung der in seinem Handelsbetrieb eingegangenen Verbindlichkeiten für volljährig erachtet werden, wenn er 18 Jahre alt, emanzipirt und ausdrücklich ermächtigt ist, das Handelsgewerbe zu betreiben.

Die Ermächtigung wird von dem Vater, wenn dieser gestorben, interdizirt oder abwesend ist, von der Mutter, in Ermangelung beider durch einen von dem Landgericht bestätigten Beschluß des Familienraths ertheilt.

Sind diese Erfordernisse vorhanden, so kann der Minderjährige auch seine Immobilien in Bezug auf den Handelsbetrieb mit Schulden beschweren, zur Hypothek stellen und veräußern, das Letztere jedoch nur unter Beobachtung der Formen der Artikel 457 ff. des Civilgesetzbuchs.

§. 4. Ein emanzipirter Minderjähriger, welcher nicht Kaufmann ist, kann einzelne Handelsgeschäfte selbstständig und mit derselben Wirkung wie ein Volljähriger schließen, wenn er 18 Jahre alt und zu den einzelnen Geschäften in der durch den vorhergehenden Paragraphen bezeichneten Weise ausdrücklich ermächtigt ist.

§. 5. Eine Ehefrau, welche Handelsfrau ist, kann ohne Autorisation ihres Ehemannes ihre Immobilien in Bezug auf den Handelsbetrieb mit Schulden beschweren, zur Hypothek stellen und veräußern.

Wenn jedoch für die Ehe Dotalrecht gilt, so kann die Verpfändung oder Veräußerung der Immobilien, welche Dotalgut sind, nur in den durch das Civilgesetzbuch bezeichneten Fällen und unter Beobachtung der dort vorgeschriebenen Formen erfolgen.

In Betreff der Haftung des Ehemannes für die Verpflichtungen der Ehefrau aus ihrem Handelsgewerbe behält es bei der Bestimmung des Artikels 220 des Civilgesetzbuchs sein Bewenden.

§. 6. Jeder Ehevertrag zwischen Ehegatten, von welchen einer zu den Kaufleuten gehört, muß binnen einem Monat nach dem Abschluß des Vertrages im Auszuge den in dem Artikel 872 der Civilprozeßordnung bezeichneten Sekretariaten und Kammern übersendet werden, damit die Veröffentlichung mittelst Eintragung in die Tabellen nach Maßgabe jenes Artikels erfolge.

In dem Auszuge muß angegeben sein, ob für die Ehegatten Gütergemeinschaft besteht, ob Trennung der Güter oder ob Dotalrecht vereinbart ist.

Der Notar, welcher den Ehevertrag aufgenommen hat, ist verpflichtet, die in diesem Paragraphen vorgeschriebene Uebersendung zu bewirken; unterläßt er dies, so hat er eine Geldbuße von fünfundzwanzig Thalern verwirkt; er ist den Gläubigern verantwortlich und wird mit

Amtsentsetzung bestraft, falls bewiesen wird, daß die Unterlassung in Folge einer Kollusion stattgefunden hat.

§. 7. Jeder Ehegatte, für dessen Ehe Gütertrennung oder Dotalrecht vereinbart ist, muß, wenn er nach Schließung der Ehe das Gewerbe eines Kaufmanns ergreift, binnen einem Monat, von dem Tage an gerechnet, an welchem er den Geschäftsbetrieb begonnen hat, die in dem vorhergehenden Paragraphen erwähnte Uebersendung bewirken; unterläßt er dies, so kann er, im Fall er seine Zahlungen einstellt, mit Gefängniß bis zu zwei Jahren bestraft werden.

§. 8. Der Auszug, welcher in Gemäßheit der beiden vorhergehenden Paragraphen dem Sekretariat des Handelsgerichts übersendet wird, muß außer den in dem Artikel 872 der Civilprozeßordnung vorgeschriebenen Veröffentlichungen durch den Sekretair des Handelsgerichts ohne Verzug in einem der öffentlichen Blätter bekannt gemacht werden, welche nach Vorschrift des Artikels 13 des Deutschen Handelsgesetzbuchs zur Veröffentlichung der in dem Handelsregister erfolgenden Eintragungen bestimmt sind.

§. 9. Bei jeder Klage auf Gütertrennung und dem darauf folgenden Verfahren kommen die Artikel 1441 bis 1452 des Civilgesetzbuchs und die Artikel 865 bis 874 der Civilprozeßordnung zur Anwendung.

Bei jedem Urtheil, welches zwischen Ehegatten, von denen einer zu den Kaufleuten gehört, die Trennung von Tisch und Bett oder die Ehescheidung ausspricht, müssen die in dem Artikel 872 der Civilprozeßordnung vorgeschriebenen Förmlichkeiten beobachtet werden, widrigenfalls die Gläubiger zu jeder Zeit befugt sind, gegen das Urtheil, soweit es ihr Interesse betrifft, Einspruch zu erheben und jede in Folge desselben geschehene Auseinandersetzung anzufechten.

[Die §§. 10 bis 15 sind durch die Civilprozeßordnung aufgehoben.]

§. 16. Zu den Gerichtsbeamten, welche Protest aufnehmen können, gehören auch die Gerichtsvollzieher. Ueber das von den letzteren hierbei zu führende Amtssiegel (Art. 88 Nr. 6 der Wechselordnung) wird der Generalprokurator Bestimmung treffen.

Die Register, in welche die Proteste nach Vorschrift des Artikels 90 der Wechselordnung eingetragen werden sollen, sind in der für die Repertorien vorgeschriebenen Form anzulegen und zu paraphiren.

Proteste dürfen nur von 9 Uhr Vormittags bis 6 Uhr Abends, zu einer früheren oder späteren Tageszeit aber nur mit Zustimmung des Protestaten erhoben werden.

Die Beamten sind nicht gehalten, eine Abschrift der Protest-Urkunde zurückzulassen.

§. 17. Die bei den Handelsgerichten angestellten Gerichtsschreiber stehen unter der Aufsicht des Generalprokurators, welcher die Oberprokuratoren mit Ueberwachung ihrer Dienstführung beauftragen kann.

§. 18. Jede zur Eintragung in das Handelsregister bestimmte Anmeldung muß auch in denjenigen Fällen, für welche das Handelsgesetzbuch dies nicht besonders vorschreibt, entweder persönlich vor dem Sekretariate des Handelsgerichts erklärt oder in beglaubigter Form bei demselben eingereicht werden. Geschieht die Anmeldung durch einen Bevollmächtigten, so hat dieser eine gerichtliche oder notarielle Vollmacht beizubringen.

Dieselben Formvorschriften gelten in Bezug auf die Zeichnung oder Einreichung der Zeichnung einer Firma oder Unterschrift, welche nach Vorschrift des Handelsgesetzbuchs bei dem Handelsgericht bewirkt werden soll.

Die näheren geschäftlichen Anordnungen über die Führung des Handelsregisters bleiben einer von dem Reichskanzler zu ertheilenden Instruktion vorbehalten.

§. 19. In den Fällen, in welchen nach dem Deutschen Handelsgesetzbuche das Handelsgericht die Betheiligten zur Befolgung der gesetzlichen Anordnungen über die Anmeldung zur Eintragung in das Handelsregister und über die Zeichnung oder Einreichung der Zeichnung der Firmen oder Unterschriften anzuhalten hat, besteht die gesetzliche Ordnungsstrafe in Geldstrafe von fünf bis zu zweihundert Thalern.

Eine Beitreibung der Geldstrafe mittelst Körperhaft oder eine Umwandlung derselben in Freiheitsstrafe findet nicht statt.

Neben der Geldstrafe hat der Betheiligte auch die Kosten des Verfahrens zu tragen.

§. 20. Der Präsident des Handelsgerichts oder der von ihm dazu beauftragte Richter hat die Befolgung der in den vorhergehenden Paragraphen erwähnten gesetzlichen Anordnungen zu überwachen und die Strafverfügungen zu erlassen. Letztere enthalten die Aufforderung, innerhalb einer bestimmten Frist die gesetzliche Anordnung zu befolgen oder bei dem Sekretariate des Handelsgerichts mündlich oder schriftlich Einspruch zu erheben mit dem Eröffnen, daß andernfalls die angedrohte Strafe verwirkt ist.

§. 21. Wird binnen der durch die Verfügung bestimmten Frist weder die gesetzliche Anordnung befolgt noch Einspruch erhoben, so hat der Präsident des Handelsgerichts oder der von ihm beauftragte Richter die Strafverfügung für vollstreckbar zu erklären und der Sekretair dieselbe zum Zwecke des Vollzugs auszufertigen. Gleichzeitig ist die Verfügung unter Androhung einer anderweiten Ordnungsstrafe zu wiederholen. Mit den Strafverfügungen wird fortgefahren, bis die gesetzliche Anordnung befolgt oder ihre Voraussetznng weggefallen ist.

§. 22. Wird gegen die Verfügung binnen der bestimmten Frist Einspruch erhoben, so kann das Handelsgericht zur Aufklärung des Sachverhalts Erhebungen anordnen; wird die Strafverfügung nicht aufgehoben, so ist der Betheiligte in eine bestimmte Sitzung zur öffentlichen Verhandlung vorzuladen.

§. 23. Binnen zehn Tagen, vom Tage der Verkündigung des Urtheils, kann der Betheiligte Berufung an das Appellationsgericht einlegen. Dieselbe ist bei dem Sekretariate des Handelsgerichts schriftlich oder mündlich anzumelden. Das Handelsgericht sendet die Verhandlungen an den General-Prokurator, welcher die Vorladung des Betheiligten veranlaßt. Die Entscheidung kann auf Grund der Akten erfolgen.

Gegen die Entscheidung des Appellationsgerichts findet ein Rechtsmittel nicht statt.

§. 24. Verspätete Einsprüche heben die vorausgegangenen vollstreckbaren Strafverfügungen nicht auf, jedoch kann das Handelsgericht oder in höherer Instanz das Appellationsgericht die Einstellung des Vollzugs aus besonderen Gründen anordnen. Bei verspäteten Einsprüchen werden die aus der Vollziehung der früheren Strafverfügungen entstandenen Kosten stets von dem Betheiligten getragen.

§. 25. Die vorhergehenden §§. 19 bis 24 finden entsprechende Anwendung bei dem Einschreiten gegen diejenigen, welche sich einer nach den Vorschriften des dritten Titels des ersten Buchs des Deutschen Handelsgesetzbuchs ihnen nicht zustehenden Firma bedienen.

§. 26. Die Verfügungen und Entscheidungen in dem die Festsetzung der Ordnungsstrafen betreffenden Verfahren werden durch einen von dem Handelsgerichts-Präsidenten beauftragten Gerichtsvollzieher zugestellt.

Die Festsetzung und Anweisung der Gebühren der Beamten und Zeugen und die Einziehung der Geldstrafen und Kosten geschieht in derselben Art, wie bei den landgerichtlichen Strafsachen.

§. 27. Die Höhe der gesetzlichen Zinsen ist in Handels- und Wechselsachen sechs vom Hundert jährlich.

Die Höhe der vertragsmäßigen Zinsen unterliegt in Handelssachen der freien Vereinbarung.

Derjenige, welcher für eine Schuld dem Gläubiger einen höheren Zinssatz als jährlich sechs vom Hundert gewährt oder zusagt, ist zu einer halbjährigen Kündigung des Vertrages befugt. Jedoch kann er von dieser Befugniß nicht unmittelbar bei Eingehung des Vertrages, sondern erst nach Ablauf eines halben Jahres Gebrauch machen. Vertragsbestimmungen, durch welche diese Vorschrift zum Nachtheil des Schuldners beschränkt oder aufgehoben wird, sind ungültig. Auf Schuldverschreibungen, welche unter den gesetzlichen Voraussetzungen auf jeden Inhaber gestellt werden, sowie auf Darlehne, welche ein Kaufmann empfängt und auf Schulden eines Kaufmanns aus seinen Handelsgeschäften, findet dieselbe keine Anwendung.

§. 28. Die Einregistrirung der Urkunde über die Pfandbestellung ist in Handelssachen zur Herstellung des sicheren Datums nicht erforderlich.

Im Uebrigen kommen die Bestimmungen des Civilgesetzbuchs über das Faustpfand auch in Handelssachen zur Anwendung, soweit die Artikel 309 bis 316 des Deutschen Handelsgesetzbuchs nicht ein Anderes bestimmen.

§. 29. Gegen den Gläubiger, welcher den Besitz einer Sache oder eines Werthpapiers des Schuldners in einer das Zurückbehaltungsrecht der Artikel 313 und 314 des Deutschen Handelsgesetzbuchs begründenden Weise erst seit dem Tage der Zahlungseinstellung oder innerhalb der nächstvorhergegangenen zehn Tage erlangt hat, sind die Vorschriften der Artikel 446, 447 des code de commerce in gleicher Weise anzuwenden, wie wenn ihm ein Faustpfand bestellt worden wäre.

[Die §§. 30—32 enthalten Uebergangsbestimmungen, welche nicht mehr in Betracht kommen.]

§. 33. Die bestehenden Aktiengesellschaften sind als solche staatlicher Beaufsichtigung nicht mehr unterworfen.

§. 34. Soweit in Folge der Einführung des Deutschen Handelsrechts Bestimmungen über Gebühren und Kosten erforderlich sind, werden dieselben durch Kaiserliche Verordnung getroffen.

Urkundlich unter Unserer Höchsteigenhändigen Unterschrift und beigedrucktem Kaiserlichen Insiegel.

Gegeben Berlin, den 19. Juni 1872.

(L. S.) **Wilhelm.**

Fürst v. Bismarck.

B. Allgemeines Deutsches Handelsgesetzbuch.

Allgemeine Bestimmungen.

1. In Handelssachen a) kommen, insoweit dieses Gesetzbuch keine Bestimmungen b) enthält, die Handelsgebräuche c) und in deren Ermangelung das allgemeine bürgerliche Recht zur Anwendung. d)

a) Ueber den Begriff der Handelssachen vgl. §. 101 des G.V.G. vom 27. Januar 1877 und Art. 2 des E. f. Pr.

Der §. 101 des Gerichtsverfassungsgesetzes lautet:

Vor die Kammern für Handelssachen gehören nach Maßgabe der folgenden Vorschriften diejenigen den Landgerichten in erster Instanz zugewiesenen bürgerlichen Rechtsstreitigkeiten, in welchen durch die Klage ein Anspruch:

1. gegen einen Kaufmann (Art. 4 des Handelsgesetzbuchs) aus Geschäften, welche auf Seiten beider Kontrahenten Handelsgeschäfte (Art. 271—276 des Handelsgesetzbuchs) sind;
2. aus einem Wechsel im Sinne der Wechselordnung;
3. aus einem der nachstehend bezeichneten Rechtsverhältnisse geltend gemacht wird:
   a) aus dem Rechtsverhältnisse zwischen den Mitgliedern einer Handelsgesellschaft, zwischen dem stillen Gesellschafter und dem Inhaber eines Handelsgewerbes,

zwischen den Theilnehmern einer Vereinigung zu einzelnen Handelsgeschäften oder einer Vereinigung zum Handelsbetriebe (Art. 10 des Handelsgesetzbuchs) sowohl während des Bestehens als nach Auflösung des geschäftlichen Verhältnisses, sowie aus dem Rechtsverhältnisse zwischen den Liquidatoren oder den Vorstehern einer Handelsgesellschaft und der Gesellschaft oder den Mitgliedern der Gesellschaft;

b) aus dem Rechtsverhältnisse, welches das Recht zum Gebrauche der Handelsfirma betrifft;

c) aus den Rechtsverhältnissen, welche sich auf den Schutz der Marken, Muster und Modelle beziehen;

d) aus dem Rechtsverhältnisse, welches durch die Veräußerung eines bestehenden Handelsgeschäfts zwischen den Kontrahenten entsteht;

e) aus dem Rechtsverhältnisse zwischen dem Prokuristen, dem Handlungsbevollmächtigten oder Handlungsgehülfen und dem Eigenthümer der Handelsniederlassung, sowie aus dem Rechtsverhältnisse zwischen einer dritten Person und demjenigen, welcher ihr als Prokurist oder Handlungsbevollmächtigter aus einem Handelsgeschäfte haftet (Art. 55 des Handelsgesetzbuchs);

f) aus dem Rechtsverhältnisse, welches aus den Berufsgeschäften des Handelsmäklers im Sinne des Handelsgesetzbuchs zwischen diesem und den Parteien entsteht;

g) aus den Rechtsverhältnissen des Seerechts, insbesondere aus denjenigen, welche auf die Rhederei, die Rechte und Pflichten des Rheders, des Korrespondentrheders und der Schiffsbesatzung, auf die Bodmerei und die Haverei, auf den Schadensersatz im Falle des Zusammenstoßens von Schiffen, auf die Bergung und Hülfeleistung in Seenoth und auf die Ansprüche der Schiffsgläubiger sich beziehen.

b) Hierunter sind nicht bloß die ausdrücklich und unmittelbar **ausgesprochenen** Bestimmungen des HGB., sondern auch die sich mittelbar durch Interpretation ergebenden Rechtssätze zu verstehen. — E. v. 19. Nov. 1873. Entsch. XI S. 417.

c) Es sind dies die objektiven Rechtsnormen des Handelsgewohnheitsrechts, nicht thatsächliche Geschäfts- oder Börsengebräuche (vgl. Art. 279). Letztere erlangen Geltung nur durch den, wenn auch stillschweigend erklärten Willen der Parteien, werden aber, einmal gewollt, lediglich durch absolute Bestimmungen des HGB. ausgeschlossen, während das Handelsgewohnheitsrecht schon dispositiven Vorschriften des HGB. gegenüber unanwendbar ist. — E. v. 28. Juni 1872. Entsch. VI S. 368.

Das Handelsgewohnheitsrecht hat nicht nur für Materien, worüber das HGB. keine Bestimmungen enthält, sondern für alle handelsrechtlichen Fragen Gesetzeskraft, die in dem Gesetzbuche nicht entschieden werden. Es können daher die Begriffsmerkmale eines Rechtsgeschäfts, über welches das HGB. Rechtsregeln aufstellt, ohne es zu definiren, aus dem Gewohnheitsrecht entnommen werden. — E. v. 18. Nov. 1873. Entsch. XI S. 408.

Die Partei hat den Inhalt der von ihr angezogenen Usance insoweit substantiirt zu behaupten, daß der Richter erkennen kann, ob die Usance — sei es als Rechtssatz, sei es als Interpretationsmittel — auch auf den Streitfall Anwendung leidet. — E. vom 10. Dez. 1873 u. 30. Mai 1874. Entsch. XII S. 61 und XIII S. 293; E. v. 24. April 1880. RG. I S. 269.

Umstände, aus denen eine stillschweigende Unterwerfung der Kontrahenten unter Börsengebräuche (Schlußzettel-Bedingungen) zu entnehmen ist, vgl. im E. v. 17. Dez. 1872. Entsch. VIII S. 257.

Bezüglich der Beweiskraft der vom Aeltesten-Kollegium der Berliner Kaufmannschaft ertheilten Auskunft über Handelsgebräuche vgl. E. v. 23. Mai 1874 und 11. Febr. 1875. Entsch. XIII S. 369 und XVI S. 33. (Im §. 118 des Gerichtsverfassungsgesetzes vom 27. Januar 1877 ist bestimmt: „Ueber Gegenstände, zu deren Beurtheilung eine kaufmännische Begutachtung genügt, sowie über das Bestehen von Handelsgebräuchen kann die Kammer für Handelssachen auf Grund eigener Sachkunde und Wissenschaft entscheiden.")

d) Das Handelsgewohnheitsrecht vermag also das allgemeine bürgerliche Recht abzuändern, — E. v. 27. Juni 1871. Entsch. III

S. 1 —, nicht aber die Bestimmungen des HGB. E. vom 25. Okt. 1873. Entsch. XI S. 243. — Ein Handelsgewohnheitsrecht, wonach bei einem bestimmten Rechtsgeschäft die Gläubiger die Geldzahlung vom Schuldner abzuholen oder die Gefahr des Transports zu tragen hat, kann also der Vorschrift des Art. 325 HGB. gegenüber nicht in Betracht kommen. E. v. 12. Dez. 1888, RG. XXIII S. 100.

2. An den Bestimmungen der Deutschen Wechsel-Ordnung wird durch dieses Gesetzbuch nichts geändert.

3. Wo dieses Gesetzbuch von dem Handelsgerichte spricht, tritt in Ermangelung eines besonderen Handelsgerichts das gewöhnliche Gericht an dessen Stelle.

Erstes Buch. Vom Handelsstande.

Erster Titel. Von Kaufleuten.

4. Als Kaufmann im Sinne dieses Gesetzbuchs ist anzusehen, wer[a)] gewerbemäßig[b)] Handelsgeschäfte[c)] betreibt.[d)]

a) Auch Körperschaften öffentlichen Rechts (Fiskus, Stadtgemeinden) können Kaufleute sein. Vgl. Anm. b.

b) Das ROHG. findet ein wesentliches Kriterium des gewerbemäßigen Betriebes in dem von vornherein nicht auf den Abschluß einzelner Handelsgeschäfte, sondern von ganzen Reihen zusammengehöriger Handelsgeschäfte gerichteten Willen. Es hat mit dem gewerbemäßig ein Betrieb als dauernde Einnahmequelle, im Gegensatze zu einem bloß gelegentlichen Betriebe bezeichnet werden sollen.

Aus dem gewohnheitsmäßigen Betriebe folgt der gewerbemäßige noch nicht. Wer häufig in Werthpapieren spekulirt, ist deswegen nicht Kaufmann, so lange er nicht nach außen als

Geschäftsmann auftritt. E. v. 19. April 1873, 27. Febr. 1875 18. April 1877. Entsch. IX S. 436, XVII S. 157, XXII S. 303.

Die Kaufmannseigenschaft ist nicht daran geknüpft, daß der gewerbemäßige Betrieb der Handelsgeschäfte den ausschließlichen oder den Hauptberuf bildet. E. v. 8. Februar 1883. RG. Entsch. in Straff. VIII S. 147.

Die Kaufmannseigenschaft ist zugesprochen dem Fiskus in Bezug auf den Betrieb einer Staats-Eisenbahn (E. v. 14. Dez. 1871 und 15. Sept. 1874. Entsch. III S. 405, XIV S. 35), der Reichspost in Bezug auf den Debit von Zeitungen und Zeitschriften (E. v. 15. Juni 1877, Entsch. XXIII S. 9) und den Posttransport von Gütern und Geldbriefen, in welcher Eigenschaft der Fiskus auch den Bestimmungen des HGB. und der Gerichtsbarkeit der Handelsgerichte unterworfen ist (Beschl. v. 14. Dez. 1871. E. v. 30. Jan., 20. Juni, 2. Dez. 1874. Entsch. III S. 405, XII S. 311, XIV S. 118, XVII S. 127); einer Stadtgemeinde bezüglich des Betriebes einer Gasanstalt (Beschl. des KG. v. 23. Mai 1892, Joh. XII S. 17); ferner Handwerkern, welche gewerbemäßig Waaren zum Zweck der Weiterveräußerung anschaffen, wie Färber (E. v. 26. Nov. 1870. Entsch. I S. 132), Bäcker (E. v. 6. Dez. 1871. Entsch. IV S. 240), Schneider (E. v. 18. Okt. 1872. Entsch. VII S. 237), Tischler (E. v. 29. Febr. 1888. RG. XX S. 125), Müller (E. vom 25. Okt. 1873. Entsch. XI S. 241), Brauer (E. v. 2. Jan. 1874. Entsch. XII S. 98), wobei der handwerksmäßige Betrieb nur für die Anwendbarkeit des Art. 10 in Frage kommt (E. v. 17. Sept. 1874. XIV S. 70); dem Uhrmacher, der gewerbemäßig Uhren zur Weiterveräußerung ankauft (E. v. 8. Febr. 1883, RG. Entsch. in Straff. Bd. 8 S. 148); außerdem den Apothekern (Beschl. des KG. v. 13. Nov. 1882, Joh. III S. 9), den Lotterie-Kollekteuren, welche den Ankauf von Loosen zum Zweck des Weiterverkaufs gewerbemäßig betreiben (E. v. 4. März 1879. XXIII S. 213), den Gastwirthen, welche gewerbemäßig Waaren zur Weiterveräußerung anschaffen (E. v. 15. Sept. 1877, XXII S. 329, vgl. Anm. f zu Art. 10), dem Inhaber einer Dampfwaschanstalt und einer Anstalt zur chemischen Kleiderreinigung (E. v. 2. Okt. 1891. RG. Entsch. in Straff. XXII S. 271, vgl. Art. 272, Ziff. 1); Inhabern von Annoncen-Büreaus (vgl. Anm. zu Art. 384);

demjenigen, der den Selbstverlag gewerbemäßig betreibt (E. v. 23. Juni 1881, RG. Entsch. V S. 67); dem Theilnehmer einer offenen Handelsgesellschaft (E. v. 28. Sept. 1874. Entsch. XIV S. 210) und zwar selbst in Bezug auf Geschäfte, die er im eigenen Namen abschließt (E. v. 24. Okt. 1871. Entsch. III S. 434, vgl. dagegen Anm. a zu Art. 274).

Abgesprochen ist die Kaufmannseigenschaft den Leihbibliothekaren (E. v. 21. Mai 1878. Entsch. XXIII S. 401), den Inhabern einer gewöhnlichen Pfandleihanstalt (E. v. 6. April 1878. Entsch. XXIV S. 34), den Theaterdirektoren (E. v. 17. März 1877. Entsch. XXII S. 127). demjenigen, der nur von ihm selbst gewonnene Produkte veräußert (E. v. 22. April 1875. Entsch. Bd. XVI S. 380, vgl. Anm. b zu Art. 271), den Bauunternehmern (vgl. Anm. zu Art. 275).

Die gewerbsmäßige Vermittelung von Grundstücksverkäufen begründet nicht die Kaufmannseigenschaft. E. v. 24. Mai 1888, Gruchot XXXII S. 116. Vgl. Anm zu Art. 275.

Eine Versicherungsgesellschaft auf Gegenseitigkeit ist nicht Kaufmann, wenn ihr Geschäftsbetrieb lediglich in der Uebernahme von Versicherungen auf Gegenseitigkeit besteht (E. v. 13 Nov. 1884. RG. XIV S. 237); sie ist es aber, wenn sie nach ihrem Geschäftsbetriebe auch mit Nichtmitgliedern Versicherungsverträge schließt. (E. v. 21. Okt. 1891. RG. XXVIII S. 313).

c) Die Begriffsbestimmung der Handelsgeschäfte folgt in den Artikeln 271 ff., vgl. die Anm. zu denselben.

d) Als Kaufleute gelten ferner eingetragene Genossenschaften (§. 17 des Genossenschafts-Gesetzes vom 1. Mai 1889, jedoch nur insoweit, als dieses Gesetz keine davon abweichenden Vorschriften enthält) und Gesellschaften mit beschränkter Haftung (§. 13 des Ges. v. 20. April 1892).

(Bezüglich der Kommanditgesellschaften auf Aktien und der Aktiengesellschaften vgl. Art. 5, 174, 208.)

Der Art. 4 setzt voraus, daß die Handelsgeschäfte im eigenen Namen betrieben werden. Die Vorsteher einer Aktiengesellschaft oder Genossenschaft sind als solche nicht Kaufleute. E. v. 22. Jan. 1890, Gruch. XXXIV S. 1213.

Die Kaufmannseigenschaft dauert nur so lange, als der gewerbemäßige Betrieb der Handelsgeschäfte. Ein Kaufmann, der in Konkurs geräth, behält also die Kaufmannseigenschaft nur, wenn er trotz der Konkurseröffnung fortfährt, gewerbemäßig Handelsgeschäfte zu betreiben, was derjenige, der es behauptet, beweisen muß. E. v. 4. März 1885. RG. XIII S. 152. — Das ROHG. nahm in dem E. v. 12. Nov. 1875 (Entsch. XIX S. 38) dagegen an, daß für das Fortbestehen der einmal vorhandenen Kaufmannseigenschaft eine faktische Vermuthung bestehe, welche auch durch die Konkurs-Eröffnung nicht beseitigt werde, und in dem E. v. 11. Okt. 1870 (Entsch. I S. 62), daß der Austritt aus einer Handlung und die Eintragung dieses Austritts noch nicht eine Vermuthung für das Aufhören der Kaufmannseigenschaft begründe, wenigstens nicht für die nächste Zeit. In dem E. v 3. April 1875 (Entsch. XVII S. 170) ist angenommen, daß eine rechtliche Vermuthung für die Fortdauer der Kaufmannseigenschaft nach Löschung der Firma nicht bestehe, daß die Fortdauer von dem, welcher sie behauptet, besonders dann bewiesen werden muß, wenn es sich um einen längere Zeit (mehr als ein Jahr) nach der Löschung fallenden Zeitpunkt handelt.

Die Kaufmannseigenschaft, welche den Theilnehmern einer offenen Handelsgesellschaft für ihre Person oder einer Aktiengesellschaft zukommt, bleibt für die Dauer der Liquidation bestehen. E. v. 6. Sept. u. 3. Dez. 1877, Entsch. XXII S. 328, XXIII S. 144.

5. Die in Betreff der Kaufleute gegebenen Bestimmungen gelten in gleicher Weise in Betreff der Handelsgesellschaften, insbesondere auch der Kommanditgesellschaften auf Aktien und der Aktiengesellschaften.[a)]

Dieselben gelten auch in Betreff der öffentlichen Banken in den Grenzen ihres Handelsbetriebes, unbeschadet der für sie bestehenden Verordnungen.

a) Seit der Aktiengesetznovelle vom 11. Juni 1870 haben auch solche Kommanditgesellschaften auf Aktien und Aktiengesellschaften der Kaufmannseigenschaft, bei denen der Gegenstand des Unternehmens nicht in Handelsgeschäften besteht.

6. Eine Frau,[a] welche gewerbemäßig Handelsgeschäfte betreibt (Handelsfrau), hat in dem Handelsbetriebe alle Rechte und Pflichten eines Kaufmanns.

Dieselbe kann sich in Betreff ihrer Handelsgeschäfte[b] auf die in den einzelnen Staaten geltenden Rechtswohlthaten der Frauen nicht berufen.

Es macht hierbei keinen Unterschied, ob sie das Handelsgewerbe allein oder in Gemeinschaft mit Anderen, ob sie dasselbe in eigener Person oder durch einen Prokuristen betreibt.

a) Bezüglich der für Ehemänner in einzelnen Staaten geltenden Beschränkungen der Handlungsfähigkeit vgl. Anm. zu Art. 276.

b) Aus der Vorschrift des Art. 6 Abs 2 darf nicht etwa mittelst des argumentum e contrario gefolgert werden, daß Handelsfrauen in Betreff solcher Geschäfte, welche auf ihrer Seite keine Handelsgeschäfte sind, oder Nichthandelsfrauen die Rechtswohlthaten der Frauen ohne Rücksicht auf sonstige Vorschriften des HGB. (z. B. Art. 317) für sich geltend machen können. E. v. 3. Nov. 1885. RG. XV S. 24.

7. Eine Ehefrau kann ohne Einwilligung[a] ihres Ehemannes nicht Handelsfrau sein.

Es gilt als Einwilligung des Mannes, wenn die Frau mit Wissen und ohne Einspruch desselben Handel treibt.[b]

Die Ehefrau eines Kaufmanns, welche ihrem Ehemanne nur Beihülfe in dem Handelsgewerbe leistet, ist keine Handelsfrau.

a) Die Einwilligung ist an keine Form gebunden (E. v. 7. März 1871, Entsch. II S. 97) und widerruflich, selbst wenn der Ehemann im Ehevertrage auf das Recht des Widerrufes verzichtet hat. (E. v. 8. Juli 1890 RG. XXVII S. 5.) — Durch den Widerruf erlischt das Handelsgeschäft und die Firma, wenn nicht durch die Inhaberin mit Genehmigung des Ehemannes eine Uebertragung stattfindet. Der Ehemann ist nicht befugt, gegen den Willen der Ehefrau das von ihr betriebene Geschäft unter der früheren Firma fortzuführen. (E. v. 8. Juli 1890. RG. XXVII S. 5.)

b) Hat ein Ehemann zu einem Komplex von Handelsgeschäften seiner Ehefrau die erforderliche Einwilligung ertheilt, so bedarf es zur Rechtsbeständigkeit der einzelnen zugehörigen Geschäfte des sonst etwa nothwendigen Konsenses nicht. E. v. 25 Nov. 1871. Entsch. IV S. 162.

8. Eine Ehefrau, welche Handelsfrau ist, kann sich durch Handelsgeschäfte gültig verpflichten, ohne daß es zu den einzelnen Geschäften einer besonderen Einwilligung ihres Ehemannes bedarf.[a)]

Sie haftet für die Handelsschulden mit ihrem ganzen Vermögen, ohne Rücksicht auf die Verwaltungsrechte und den Nießbrauch oder die sonstigen, an diesem Vermögen durch die Ehe begründeten Rechte des Ehemannes. Es haftet auch das gemeinschaftliche Vermögen, soweit Gütergemeinschaft besteht; ob zugleich der Ehemann mit seinem persönlichen Vermögen haftet, ist nach den Landesgesetzen zu beurtheilen.

Hierzu Art. 19 u. 20 des E. f. Pr.

a) Ob eine Ehefrau, welche nicht Handelsfrau ist, zu einzelnen Handelsgeschäften der Einwilligung ihres Ehemannes bedarf, ist nach den Landesgesetzen zu beurtheilen. Die Einwilligung — falls sie erforderlich — kann mündlich, selbst stillschweigend ertheilt werden. (Art. 7 Abs. 2 E. v. 7. März 1871. Entsch. II S. 97.)

9. Eine Handelsfrau kann in Handelssachen selbstständig vor Gericht auftreten; es macht keinen Unterschied, ob sie unverheirathet oder verheirathet ist.[a]

a) Großjährige Personen und Ehefrauen sind jetzt (§. 51 C Pr.O.) allgemein prozeßfähig.

10. Die Bestimmungen, welche dieses Gesetzbuch über die Firmen, die Handelsbücher[a] und die Prokura enthält,[b] finden auf Höker, Trödler, Hausirer[c] und dergleichen Handelsleute[d] von geringem Gewerbebetriebe,[e] ferner auf Wirthe,[f] gewöhnliche Fuhrleute, gewöhnliche Schiffer, und Personen, deren Gewerbe nicht über den Umfang des Handwerksbetriebes hinausgeht,[g] keine Anwendung. Den Landesgesetzen bleibt vorbehalten, im Falle es erforderlich erscheint, diese Klassen genauer festzustellen.

Vereinigungen zum Betriebe eines Handelsgewerbes, auf welches die bezeichneten Bestimmungen keine Anwendung finden, gelten nicht als Handelsgesellschaften.[h]

Den Landesgesetzen bleibt vorbehalten, zu verordnen, daß die bezeichneten Bestimmungen auch noch für andere Klassen von Kaufleuten ihres Staatsgebiets keine Anwendung finden sollen. Ebenso können sie aber auch verordnen, daß diese Bestimmungen auf einzelne der genannten Klassen, oder daß sie auf alle Kaufleute ihres Staatsgebiets Anwendung finden sollen.

a) Der aus allgemeinen Rechtsregeln zu folgernde Grundsatz, daß die unbeanstandete Aufnahme und weitere Benutzung eines **Beibuchs** als Anerkennung der darin enthaltenen Abrechnung aufzufassen ist, findet auch auf die Kaufleute minderen Rechts Anwendung. E. v. 11. Okt. 1874. Entsch. XIV S. 260.

b) Im Uebrigen unterliegen derartige Personen, wenn sie nach Art. 4 Kaufleute sind, den Bestimmungen des HGB. — E. v. 2. Jan. 1874. Entsch. XII S. 97. (Vgl. Anm. e Abs. 3 zu Art. 25.)

c) Nicht jeder Gewerbetrieb im Umherziehen fällt unter Hausirhandel. Hausirer ist, wer ohne feste Handelsniederlassung Waaren, welche er in Körben, Kästen, Wagen oder ähnlichen Behältnissen mit sich führt, von Haus zu Haus ziehend feil hält. Handelsleute welche Vieh auf die Märkte oder in Privathäuser zum Verkauf treiben, sind nicht Hausirer, gehören aber, wenn sie keine feste Verkaufsstelle haben, zu den „dergleichen" Handelsleuten, sind also bei geringem Umfange des Gewerbebetriebs (nur in diesem Falle) Minderkaufleute. E. v. 8. Mai 1890. RG. Entsch. in Straff. XX S. 387.

Wer Waaren im Marktverkehr feil hält, treibt nicht Hausirhandel, kann aber bei geringem Gewerbebetrieb zu den „dergleichen Handelsleuten" gerechnet werden. Handelsbetrieb im ständigen Ladengeschäft fällt nicht unter Art. 10, auch wenn der Umfang ein geringer ist und nebenbei Verkauf auf Märkten stattfindet. E. v. 30. Dez. 1889. RG. Entsch in Straff. XX S. 168. — In einem Falle, wo das Handelsgewerbe im Wesentlichen im Umsatz auf Wochen- und Jahrmärkten bestand und außerdem in einem nicht ständigen Ladengeschäft vereinzelte Verkäufe abgeschlossen wurden, hat das RG. die Eigenschaft eines Vollkaufmannes verneint. E. v. 19. Jan. 1892. RG. Entsch. in Straff. XXII S. 309.

d) Als „dergleichen Handelsleute" sind solche zu verstehen, deren Betrieb zwar nicht alle Merkmale eines Höker-, Tröbler- oder Hausirgewerbes an sich trägt, jedoch mit dem einen oder anderen dieser Geschäfte Aehnlichkeit bietet. Die Eintragung im Firmenregister ist für die Eigenschaft als Vollkaufmann bez. Minderkaufmann ohne Bedeutung. E. v. 30. April u. 28. März 1881. RG. Entsch. in Straff. IV S. 128 u. 181. — Vgl. Anm. c.

e) Der geringe Gewerbebetrieb ist nur für „dergleichen Handelsleute" entscheidend. Höker, Tröbler und Hausirer sind auch bei bedeutendem Geschäftsbetrieb Minderkaufleute. E. v. 30. April, 28. März 1881 u. 8. Mai 1890. RG. Entsch. in Straff. IX S. 120 u. 281, XX S. 388.

f) Ein Wirth, der als solcher zur Buchführung nicht verpflichtet ist, hat diese Verpflichtung, wenn er nebenbei, sei es auch in geringem Umfange, in einer dem Höker-, Trödel- oder Hausirgewerbe nicht ähnlichen Weise mit Wein oder Cigarren Handel treibt. E. v. 28. März 1881. RG. Entsch. in Straff. IV S. 282.

g) Die Frage, ob im Sinne des Art. 10 ein Gewerbe über den Umfang des Handwerksbetriebs hinausgeht, ist nicht lediglich nach der Größe des Umsatzes und des Geschäftspersonals zu beurtheilen; vielmehr sind die gesammten Verhältnisse des Geschäftsbetriebs (Größe und Art der Anlagen, Beanspruchung und Gewährung von Kredit 2c.) in Betracht zu ziehen. Beschl. des KG. v. 14. Okt. 1889. Joh. IX S. 11. — Ein Handwerker, welcher neben seinem Handwerksbetrieb mit fremden Fabrikaten Handel treibt, ist deswegen nicht unbedingt als Vollkaufmann anzusehen; er ist es nur dann, wenn nach den besonderen thatsächlichen Verhältnissen des Falls der gewerbemäßige Betrieb derartiger Handelsgeschäfte über den Betrieb des Handwerks hinausgeht, sei es, daß die vertriebenen fremden Fabrikate mit den handwerksmäßig be- oder verarbeiteten Gegenständen nichts gemein haben, sei es, daß der Handelsbetrieb seinem Umfange nach die Rolle einer wirtschaftlichen Hauptthätigkeit des Handwerkers bildet. E. v. 24. Nov. 1890. RG. Entsch. in Straff. XXI S. 209. In dem E. v. 8. Febr. 1883. RG. Entsch. in Straff. VIII S. 146 ist dagegen angenommen, daß ein Uhrmacher, der gewerbemäßig Uhren zur Weiterveräußerung ankauft, ohne Rücksicht auf den Umfang seines Umsatzes als Vollkaufmann anzusehen ist, selbst wenn er die Uhren vor dem Weiterverkauf abzieht, regulirt oder ausbessert.

h) Vgl. Anm. b zu Art. 85.

11. Durch die Landesgesetze, welche in gewerbepolizeilicher oder gewerbesteuerlicher Beziehung Erfordernisse zur Begründung der Eigenschaft eines Kaufmanns oder besonderer Klassen von Kaufleuten aufstellen, wird die Anwendung der Bestimmungen dieses Gesetzbuchs nicht ausgeschlossen; ebenso werden jene Gesetze durch dieses Gesetzbuch nicht berührt.

Zweiter Titel. Von dem Handelsregister.

(Vgl. hierzu Art. 4—7 des E. f. Pr.)

12. Bei jedem Handelsgerichte[a] ist ein Handelsregister zu führen, in welches die in diesem Gesetzbuche angeordneten Eintragungen[b] aufzunehmen sind.

Das Handelsregister ist öffentlich. Die Einsicht desselben ist während der gewöhnlichen Dienststunden einem Jeden gestattet. Auch kann von den Eintragungen gegen Erlegung der Kosten eine Abschrift gefordert werden, die auf Verlangen zu beglaubigen ist.

a) In Preußen werden die auf die Führung der Handelsregister bezüglichen Geschäfte durch die Amtsgerichte erledigt. §. 25 des Ausführungsgesetzes zum GVG. Vom 24. April 1878.

b) Ueber die Wirkung irrthümlicher Eintragungen vgl. E. v. 28. Sept. 1877 u. 6. April 1878, Entsch. XXIII S. 280 u. S. 285, sowie die Anm. zu Art. 45 u. 163.

13. Die Eintragungen in das Handelsregister sind von dem Handelsgerichte, sofern nicht in diesem Gesetzbuche in einzelnen Fällen ausdrücklich ein Anderes bestimmt ist, nach ihrem ganzen Inhalte durch eine oder mehrere Anzeigen in öffentlichen Blättern ohne Verzug bekannt zu machen.

14. Jedes Handelsgericht hat für seinen Bezirk alljährlich im Monat Dezember die öffentlichen Blätter zu bestimmen, in welchen im Laufe des nächstfolgenden Jahres die im Artikel 13 vorgeschriebenen Bekanntmachungen erfolgen sollen. Der Beschluß ist in einem oder mehreren öffentlichen Blättern bekannt zu machen.

Wenn eines der bestimmten Blätter im Laufe des Jahres zu erscheinen aufhört, so hat das Gericht ein anderes Blatt an dessen Stelle zu bestimmen und öffentlich bekannt zu machen.

Inwiefern die Gerichte bei der Wahl der zu bestimmenden Blätter an Weisungen höherer Behörden gebunden sind, ist nach den Landesgesetzen zu beurtheilen.

Dritter Titel. Von Handelsfirmen.

15. Die Firma eines Kaufmanns[a] ist der Name,[b] unter welchem er im Handel seine Geschäfte betreibt[c] und die Unterschrift abgiebt.[d]

a) Die Befugniß zur Führung einer Firma steht nur einem Kaufmann zu; sie ist von der vorgängigen Eintragung der Firma in das Firmenregister nicht abhängig. — E. v. 29. Mai 1685, RG. XIV S. 19, vgl. Anm. zu Art. 19. — Auch ein Einzelkaufmann hat eine Firma und kann unter der Firma ohne Nennung seines bürgerlichen Namens klagen, selbst wenn dieselbe nicht eingetragen ist. — E. v. 7. Nov. 1871. Entsch. III S. 409.

b) Der einem bestimmten Kaufmann auferlegte Eid ist dem Inhaber der unter derselben Firma bestehenden Handlung abzunehmen, wenn sich ergiebt, daß der Richter unter der Bezeichnung des Kaufmanns nur die Firma gemeint haben könne. E. v. 3. Okt. 1874. Entsch. XIV S. 305.

c) Zur Substantiirung einer auf ein Handelsgeschäft gegründeten Klage genügt die Anführung, dasselbe sei von der klagenden Firma mit dem Beklagten geschlossen worden. Der Vertreter der Firma, der das Geschäft geschlossen hat, braucht nicht genannt zu werden. — E. v. 10. Sept. 1873. Entsch. X S. 410. — Es ist nicht erforderlich, schon in der Klage zu begründen, daß der Inhaber der Firma zur Zeit des Geschäftsabschlusses mit dem Kläger oder Beklagten identisch ist, oder daß und warum, wenn ein

Wechsel des Inhabers eingetreten, der jetzige Inhaber aus dem vom früheren geschlossenen Geschäft berechtigt oder verpflichtet ist. Es kann eine diesbezügliche Einrede abgewartet werden. E. v. 1. Dez. 1877. Entsch. XXIII S. 101.

Wird gegen die Firma eines Einzelkaufmanns geklagt, nachdem der Inhaber, mit dem kontrahirt war, gestorben ist, so muß die physische Person bezeichnet werden, gegen welche als derzeitigen Inhaber der Firma die Klage gerichtet ist. Dies gilt auch dann, wenn für die Firma ein Prokurist bestellt war (dessen Prokura an sich durch den Tod des Prinzipals nicht erlischt, Art. 54). E. v. 25. Febr. 1882, RG. VI S. 98.

d) Bei der Zeichnung einer Firma bedarf es der Beifügung des Namens des Zeichnenden nicht. E. v. 10. Sept. 1873. Entsch. X S. 410.

Der Art. 15 schließt nicht aus, daß, wenn ein Kaufmann in anderer Weise, als unter seiner Firma die Unterschrift abgiebt, die Urkunde, falls nur ihre Herkunft und Absicht klar ist, als Beweismittel bei Rechtsstreitigkeiten, welche das Handelsgeschäft des fraglichen Kaufmanns berühren, berücksichtigt werden darf. E. v. 12. März 1873. Entsch. IX S. 215.

Die Namens einer Firma eingegangenen Geschäfte gelten als für den thatsächlichen Inhaber der Firma geschlossen, auch wenn dieser als Inhaber zur Zeit nicht bekannt war. E. v. 4. Mai 1875. Entsch. XVII S. 239.

16. Ein Kaufmann, welcher sein Geschäft ohne Gesellschafter oder nur mit einem stillen Gesellschafter a) betreibt, darf nur seinen Familiennamen b) (bürgerlichen Namen) mit oder ohne Vornamen als Firma führen.

Er darf der Firma keinen Zusatz beifügen, welcher ein Gesellschaftsverhältniß andeutet. c) Dagegen sind andere Zusätze d) gestattet, welche zur näheren Bezeichnung der Person oder des Geschäftes dienen. e)

a) Vgl. Art. 251, 257.

b) Daraus, daß diese Vorschrift auf juristische Personen nicht unmittelbar paßt, ist nicht zu folgern, daß solche nicht Kaufmannseigenschaft haben können (vgl. Anm. a zu Art. 4). Auf juristische Personen sind die Vorschriften der Art. 16 ff. analog anzuwenden. Beschl. d. KG v. 23. Mai 1892. Joh. XII S. 19.

c) Ausnahmen enthalten die Art. 22 u. 24.

In dem E. v. 6. Juli 1886, RG. XVI S. 60, ist es für zulässig erklärt, daß ein Einzelkaufmann seine Firma in der Weise wählt, daß er seinem Namen mittelst eines Bindestrichs den Namen seiner Ehefrau anhängt.

Rechtshandlungen, welche ein unter einer unzulässigen Firma eingetragener Kaufmann unter dieser Firma vorgenommen hat, sind nicht ungültig. E. v. 24. Jan. 1877. Entsch. XXII S. 71.

d) Der Zusatz kann dem Namen vorangestellt werden. Für den Zusatz (wie für die ganze Firma) ist eine andere als die deutsche Sprache zulässig. Beschl. d. KG. v. 27. Okt. 1890. Joh. X S. 14.

e) Andere Zusätze sind nicht gestattet, so ist der Zusatz „einzig" zum Gegenstand des Unternehmens („einzige Fabrik von . . .") unzulässig, da durch einen solchen Zusatz weder die Person der Inhaber noch das Geschäft näher bezeichnet, sondern nur eine Reklame beabsichtigt wird. E. v. 2. März 1881. RG. III S. 166. — Aus gleichem Grunde ist der Zusatz „au bon marché" vom KG. (Beschl. v. 27. Okt. 1890. Joh. X S. 14) für unzulässig erklärt worden.

Ein Zusatz „Provinzial-Molkerei-Gesellschaft" ist nach dem Beschl. des KG. v. 11. Dez. 1882 (Joh. III S. 11) zulässig.

Die „nähere Bezeichnung des Geschäfts" darf nicht den thatsächlichen Verhältnissen wiedersprechen, also die Art des Geschäfts nicht unrichtig angeben. Dagegen ist die Eintragung des gewählten Zusatzes nicht deshalb zu beanstanden, weil er geeignet ist, über den Umfang des Geschäfts irrige Vorstellungen zu erwecken. Beschl. des KG. v. 5. Dez. 1892, Joh. XII S. 14.

Unter „Zusätzen" sind hier nur solche gemeint, die einen Bestandtheil der Firma (Art. 15) selbst bilden. Zusätze (auf dem Firmenschild, Briefbogen 2c.), welche sich nach Form und Inhalt als nicht zur Firma gehörig kennzeichnen, berechtigen nicht den Registerrichter, von Amtswegen einzuschreiten. Beschl. des KG. v. 29. Sept. 1884 Joh. V S. 17.

Da die Verlegung der Handelsniederlassung von einem Ort nach einem anderen ein Erlöschen der Firma nicht zur Folge hat, ist das Recht des Firmeninhabers, die Firma an dem neuen Handelsniederlassungsorte zu führen, den Beschränkungen des Art. 16 HGB. nicht unterworfen. E. v. 24. März 1888. RG. XX S. 171.

In Betreff der Zweigniederlassung vgl. Art. 21 und Anm. zu demselben.

17. Die Firma einer offenen Handelsgesellschaft muß, wenn in dieselbe nicht die Namen sämmtlicher Gesellschafter aufgenommen sind, den Namen wenigstens eines der Gesellschafter mit einem das Vorhandensein einer Gesellschaft andeutenden Zusatze enthalten.

Die Firma einer Kommanditgesellschaft muß den Namen wenigstens eines persönlich haftenden Gesellschafters mit einem das Vorhandensein einer Gesellschaft andeutenden Zusatze enthalten.

Die Namen anderer Personen, als der persönlich haftenden[a]) Gesellschafter, dürfen in die Firma einer Handelsgesellschaft nicht aufgenommen werden; auch darf sich keine offene Handelsgesellschaft oder Kommanditgesellschaft als Aktiengesellschaft bezeichnen, selbst wenn das Kapital der Kommanditisten in Aktien zerlegt ist.

a) Vergl. Art. 168.

18. Die Firma einer Aktiengesellschaft muß in der Regel[a]) von dem Gegenstande ihrer Unternehmung entlehnt sein.

Der Name von Gesellschaftern oder anderen Personen darf in die Firma nicht aufgenommen werden.[b])

a) Ausnahmen sind also gestattet.

b) Eine Aktiengesellschaft darf eine mit einem bestehenden Handelsgeschäft erworbenen Firma, welche sich offenbar als die eines Einzelkaufmanns darstellt, nicht fortführen. Beschluß des KG. v. 5. Dez. 1892 Joh. XII S. 22.

19. Jeder Kaufmann a) ist verpflichtet, seine Firma bei dem Handelsgerichte, in dessen Bezirk seine Handelsniederlassung sich befindet, behufs der Eintragung b) in das Handelsregister anzumelden; er hat dieselbe nebst seiner persönlichen Unterschrift vor dem Handelsgerichte zu zeichnen oder die Zeichnung derselben in beglaubigter Form einzureichen.

a) Auch eine öffentlichrechtliche Körperschaft, welche Kaufmann ist (vgl. Anm. a u. b zu Art. 4), muß sich in das Handelsregister eintragen lassen. Beschl des K.G. v. 23. Mai 1892 Joh. XII S. 17.

Auf die Reichsbank finden die Bestimmungen des HGB. über die Eintragung in das Handelsregister und die rechtlichen Folgen derselben keine Anwendung. §. 66 des Bankgesetzes v. 14. März 1875 (RGBl. S. 177).

b) Die Kaufmannseigenschaft ist von der Eintragung in das Handelsregister nicht abhängig. Die Eintragung giebt aber einzelne Rechte, welche den nicht eingetragenen Kaufleuten nicht zustehen. So kann nur der eingetragene Kaufmann ein Waarenzeichen eintragen lassen (§. 1 des Reichsges. über Markenschutz v. 30. Nov. 1874) Vgl. ferner §§. 104, 113 des Gerichtsverfassungsges. v. 27. Jan. 1877.

Das Firmenrecht an sich ist in seiner Entstehung und Wirkung von der Eintragung nicht bedingt. E. v. 18. Nov. 1873. Entsch. X S. 289.

Bei eingetragenen Firmen ist aber der Wortlaut der Eintragung entscheidend. Der Inhaber der Firma kann, wenn er sich im Geschäftsverkehr einer anders lautenden Bezeichnung als Firma bedient, hieraus ein Recht auf die Führung der so veränderten

Firma nicht herleiten. E. v. 9. Dez. 1871. Entsch. IV S. 254. (Vgl. Art. 27.)

20. Jede neue Firma muß sich von allen an demselben Orte[a]) oder in derselben Gemeinde bereits bestehenden[b]) und in das Handelsregister eingetragenen Firmen deutlich unterscheiden.[c])

Hat ein Kaufmann mit einem in das Handelsregister bereits eingetragenen Kaufmann gleiche Vor- und Familiennamen, und will auch er sich derselben als seiner Firma bedienen, so muß er dieser einen Zusatz beifügen, durch welchen sich dieselbe von der bereits eingetragenen Firma deutlich unterscheidet.[d])

a) Was unter „demselben Ort" zu verstehen ist, darüber entscheidet im Wesentlichen die im Geschäftsverkehr übliche Bezeichnung. Vgl. Beschl. des KG. v. 12. Nov. 1888. Joh. VIII S. 11.

b) Die eingetragene Firma muß noch bestehen. Eine thatsächlich erloschene, aber noch im Handelsregister eingetragene Firma bildet kein Hinderniß für die Eintragung einer gleichlautenden Firma. E. v. 17. Juni 1892. RG. XXIX S. 69. Vgl. Anm. c Abs. 2 zu Art. 25. Eine in Liquidation befindliche Firma besteht noch, vgl. Anm. c, Abs. 2.

c) Die Weglassung von Initialen, eine andere Reihenfolge der Initialen, Initialen an Stelle des ganzen Vornamens genügen, um eine deutliche Unterscheidung anzunehmen. Die Gleichartigkeit des Gewerbes und die Absicht unlauterer Konkurrenz rechtfertigen nicht, an die Deutlichkeit der Unterscheidung größere Anforderungen zu stellen. E. v. 7. Dez. 1887, RG. XX S. 71. (Vgl. dagegen §. 18 des Ges. über Markenschutz vom 30. Nov. 1874.)

Der Zusatz in „Liquidation" (vgl. Art. 139) berührt die Firmenbezeichnung selbst nicht und kann daher als ein hinreichendes, die Eintragung einer im Uebrigen gleichlautenden Firma gestattendes Unterscheidungsmerkmal nicht gelten. E. v. 17. Juni 1892, RG. XXIX S. 68. Ebenso Beschl. des KG. v. 17. März 1890. Joh. X S. 17.

d) Vereinbarungen der Parteien, welche eine den Vorschriften des HGB. zuwiderlaufende Firmeneintragung zu ermöglichen suchen, sind für den Registerrichter nicht vorhanden. Ueber die Wirkung für die Vertragschließenden vgl. Anm. a zu Art. 27 (S. 47).

Die Art. 20 u. 21 Abs. 2 setzen voraus, daß der Inhaber der schon bestehenden Firma zu deren Führung berechtigt ist. E. v. 22. Juni 1872. Entsch. VI S. 248.

21. Die Firma muß auch für die an einem anderen Orte oder in einer anderen Gemeinde errichtete Zweigniederlassung a) bei dem für die letztere zuständigen Handelsgerichte angemeldet werden.

Besteht an dem Orte oder in der Gemeinde, wo die Zweigniederlassung errichtet wird, bereits eine gleiche Firma, so muß der Firma b) ein Zusatz beigefügt werden, durch welchen sie sich von jener bereits vorhandenen Firma deutlich unterscheidet.

Die Eintragung bei dem Handelsgerichte der Zweigniederlassung findet nicht statt, bevor nachgewiesen ist, daß die Eintragung bei dem Handelsgerichte der Hauptniederlassung geschehen ist. c)

a) Ob eine Anstalt als Niederlassung aufzufassen, ist quaestio facti. Ist sie nur zur Vermittelung der abzuschließenden Geschäfte errichtet, so ist sie als solche nicht zu betrachten.

Das Hauptkriterium für die Niederlassung ist, daß in ihr Geschäfte abgeschlossen werden und zwar nicht nur nebensächliche, den Abschluß oder die Ausführung der wesentlichen Geschäfte unterstützende oder erleichternde, sondern wesentliche zu dem eigentlichen Geschäftsganzen der Hauptniederlassung gehörende. Auch ist es erforderlich, daß der Abschluß nicht lediglich nach den von der Hauptniederlassung für den Vertragsinhalt genau angegebenen Schematen (wie z. B. bei den von Eisenbahn-Stationen durch den Billetverkauf oder die Annahme von Frachtgütern abzuschließenden

Verträgen), sondern mit einer gewissen Freiheit und Selbständigkeit der Entschließung erfolge.

Der Name der Anstalt ist im Allgemeinen nicht maßgebend.

Erfahrungsgemäß ist eine von einer Versicherungsgesellschaft errichtete Anstalt, an deren Spitze eine Subdirektion steht, als Zweigniederlassung zu betrachten.

Der Gerichtsstand der Zweigniederlassung ist für alle zum Geschäftskreise der Niederlassung gehörenden Angelegenheiten begründet.

E. v. 14. Okt. 1874, 25. Mai 1875. Entsch. XIV S. 401, XVII S. 315. — Ebenso KG.Beschl. v. 11. Nov. 1884. Joh. V S. 23.

b) Nur die Firma der Zweigniederlassung braucht den Zusatz zu erhalten. Hieraus folgt, daß unbedingte Gleichheit der Firma der Haupt- und der Zweigniederlassung nicht geboten ist. Vgl. Beschl. des KG. v. 4. April 1892. Joh. XII S. 35.

c) Die Vorschrift des Abs. 3 findet nicht Anwendung, wenn die Hauptniederlassung im Auslande belegen ist. Beschl. des KG. v. 5. Jan. 1883. Joh. III S. 12.

Wenn eine Zweigniederlassung von der Hauptniederlassung abgetrennt und zu einem selbständigen Geschäft gemacht wird, so ist für die so gegründete Hauptniederlassung nur eine neue Firma zulässig, welche den gesetzlichen Vorschriften über neue Firmen entspricht. Beschl. des KG. v. 16. Mai 1881 u. 11. März 1889. Joh. II S. 17 u. IX S. 17.

22. Wer ein bestehendes Handelsgeschäft durch Vertrag oder Erbgang erwirbt, kann dasselbe a) unter der bisherigen Firma b) mit oder ohne einen das Nachfolgeverhältniß c) andeutenden Zusatz fortführen, wenn der bisherige Geschäftsinhaber oder dessen Erben oder die etwaigen Miterben in die Fortführung der Firma ausdrücklich d) willigen.

a) Voraussetzung für das Recht zur Fortführung der Firma ist, daß das Geschäft, für welches sie bisher geführt wurde, im wesentlichen als dasselbe fortbesteht, wobei unter Geschäft nicht bloß der Vermögenskomplex, sondern das kaufmännische Unternehmen zu verstehen ist; wer das alte Geschäft, für dessen Fortführung die Firma erworben ist, aufgiebt, darf ein neues unter der erworbenen alten Firma nicht beginnen. E. v. 4. Mai 1880. RG. I S. 261.

Die Vorschrift des Art. 22 (und 24) findet nicht Anwendung, wenn eine Zweigniederlassung von der Hauptniederlassung abgetrennt und veräußert wird. Vgl. Anm. c zu Art. 21.

b) Für die Anwendbarkeit des Art. 22 ist es gleichgültig, ob die Firma z. B. des Erbfalls oder der Veräußerung bereits eingetragen war oder nicht. Beschl. des KG. v. 20. Okt. 1884. Joh. V S. 24.

c) In dem U. v. 12. Okt. 1877 (Entsch. XXIII S. 51) wird es für zulässig erklärt, daß Erben, welche eine unter der Firma „N. N." bestehende Handlung erworben, dieselbe unter der Firma „N. N.sche Erben" ohne Benennung der Erben fortführen dürfen.

d) Stillschweigende Ermächtigung kann Dritten gegenüber von Wirkung sein. E. v. 3. Nov. 1876. Entsch. XXI S. 306. — Vgl. Anm. b zu Art. 24.

Die Frage, ob ein Einzelkaufmann die Firma einer Aktiengesellschaft zur eigenen Führung erwerben kann, ist nicht unbedingt zu verneinen. E. v. 5. Dez. 1885, RG. XV S. 110. Vgl. Anm. b. zu Art. 18.

23. Die Veräußerung[a] **einer Firma**[b] **als solcher, abgesondert von dem Handelsgeschäft,**[c] **für welches sie bisher geführt wurde, ist nicht zulässig.**[d]

a) Vgl. den durch E. v. 1. Mai 1883, RG. IX S. 81, entschiedenen Fall, daß durch letztwillige Verfügung ein Handelsgeschäft mit der Firma ohne Aktiva und Passiva vermacht ist.

b) das Firmenrecht ist kein der Zwangsvollstreckung unterliegendes Vermögensstück. Der Konkursverwalter kann das Firmenrecht nicht ohne Einwilligung des Gemeinschuldners veräußern. E. v. 4. April 1883. RG. IX S. 106.

c) Der Grundsatz, daß eine Firma für sich allein nicht Gegenstand einer Veräußerung sein kann, findet auch Anwendung, wenn der Veräußerer der Firma ein Handelsgeschäft überhaupt nicht betrieben hat, — E. v. 22. Juni 1872. Entsch. VI S. 246 — oder wenn Jemand Vermögensstücke erwirbt und seinen Namen als Firma eintragen läßt, um sogleich nach erlangter Eintragung die Vermögensstücke und die Firma auf einen Anderen zu übertragen. Verträge, welche dies bezwecken, sind ungültig. E. v. 16. Sept. 1882, RG. IX S. 1. Vgl. Anm. a. zu Art. 27. — Der Veräußerer selbst kann dem Erwerber das Recht zur Führung der veräußerten Firma nicht deswegen streitig machen, weil die Veräußerung abgesondert vom Handelsgeschäft erfolgt ist. E. v. 4. April 1883, RG. IX S. 107.

d) Nur zusammen mit dem Handelsgeschäft, nicht nach Uebergang desselben, selbst nicht zu Gunsten des Erwerbers des Geschäfts darf der Veräußerer über die Firma verfügen. Beschl. des KG. v. 5. Dez. 1892, Joh. XII S. 22.

Auch ohne Uebergang der Aktiva und Passiva kann ein Handelsgeschäft veräußert werden. E. v. 8. Mai 1889. RG. XXV S. 3. Ob bei der Veräußerung des Geschäfts eines Einzelkaufmanns die Außenstände für mitübertragen anzusehen sind, muß nach der Lage des konkreten Falles beurtheilt werden. E. v. 28. März 1871. Entsch. II S. 151.

Sind die Außenstände mit übertragen, so gehören auch dazu die Schadensansprüche gegen Handlungsbevollmächtigte wegen Vertragsbruches. — E. v. 3. Okt. 1870. Entsch. I S. 37.

Wer ein bestehendes Handelsgeschäft übernimmt und unter der früheren Firma fortführt, haftet nicht ohne Weiteres für die vorhandenen Geschäftsschulden. Es ist dies unter Mißbilligung der entgegengesetzten Ansicht des Preuß. Ober-Tribunals (Strieth. Bd. 70 S. 353) von dem ROHG. wiederholt angenommen. Z. B. E. v. 21. Okt. 1870, 17. Dez. 1873, 23. Jan. 1875; Entsch. I S. 66, XII S. 159, XVI S. 272. — Das RG. hat jedoch in dem durch U. v. 9. Juli 1880 (II S. 55) entschiedenen Falle angenommen, daß der Erwerber eines Handelsgeschäfts, welcher in alle geschäftlichen Beziehungen des bisherigen Inhabers eintritt und dasselbe unter Beibehaltung der bisherigen Firma fortsetzt, damit den bisherigen Gläubigern die Offerte macht, sie zu befriedigen, daß diese Offerte der Annahme nicht bedarf und daß dies besonders bezüglich derjenigen Gläubiger gilt, mit denen der Erwerber die frühere Geschäftsverbindung fortsetzt.

Hat der Erwerber des Geschäfts die Uebernahme der Passiva in handelsüblicher Weise, z. B. durch Versendung von Cirkularen, bekannt gemacht, so haftet er auch nach der Ansicht des ROHG. für die Passiva des übernommenen Geschäfts, ohne daß es auf die Bestimmungen des Unterlassungsvertrages in Betreff der Vertretung der Schulden ankommt, gleichviel ob die Firma beibehalten oder geändert wird (vgl. Art. 113), und zwar auch denjenigen Geschäftsgläubigern gegenüber, denen eine Bekanntmachung nicht zugegangen ist. (E. v. 21. Okt. 1870 u. 4. Okt. 1871, Entsch. I S. 67, III S. 182.) — Eine zur Verpflichtung des Uebernehmers genügende Bekanntmachung liegt auch in einer zu den Handelsregisterakten mit dem Ersuchen um Veröffentlichung gemachten Mittheilung von der Uebernahme der Passiva, selbst wenn die Veröffentlichung nicht erfolgt und in den versandten Cirkularen von der Uebernahme der Schulden nichts erwähnt ist. (E. v. 9. Jan. 1883, RG. VIII S. 64.) Die Haftpflicht des Uebernehmers beschränkt sich in solchen Fällen nicht auf die ihm bekannten oder aus den Geschäftsbüchern ersichtlichen, sondern umfaßt alle vorhandenen, selbst die bedingten, betagten oder aus noch nicht erfüllten zweiseitigen Verträgen entspringenden Forderungen (E. v. 15. Jan. 1872, Entsch. VIII S. 385), überhaupt alle Geschäftsschulden. Hierzu gehören nicht bloß diejenigen, welche aus Handelsgeschäften oder kontraktlichen Verhältnissen entstanden sind, sondern alle diejenigen Verpflichtungen, welche als eine Folge des Geschäftsbetriebes erscheinen, wie die aus §. 2 des Haftpflichtgesetzes oder aus §. 120 Gewerbe-Ordnung entspringenden Verpflichtungen eines Fabrikbesitzers zur Entschädigung der in der Fabrik verunglückten Arbeiter. Auch Deliktsschulden können hierher gehören (E. v. 26. Jan 1883, RG. XV S. 54 Anm.; v. 12. Jan. 1886, RG. XV S. 53), z. B. die Ersatzverpflichtungen wegen Patentverletzung (E. v. 5. Febr. 1886, RG. XV S. 121).

Das durch Bekanntmachung einmal begründete Rechtsverhältniß

wird durch ein zwischen dem Veräußerer und dem Erwerber des Geschäfts nachträglich geschlossenes Abkommen, daß gewisse Forderungen vom Uebergange ausgeschlossen sein sollen, selbst dann nicht berührt, wenn diese neue Vereinbarung erfolgt oder dem Gläubiger bekannt gemacht ist, bevor dieser die Absicht, den neuen Erwerber als Schuldner in Anspruch zu nehmen, erklärt hatte. (E. v. 15. Jan. 1872. Entsch. VIII S. 383.) — Der Veräußerer des Geschäfts bleibt nach wie vor dem Gläubiger verhaftet. Die Verhaftung des Erwerbers tritt neben die seinige. Aus der Geltendmachung der Ansprüche gegen den ursprünglichen Schuldner kann daher nicht geschlossen werden, daß die Forderung gegen den Uebernehmer aufgebenen werden solle, selbst dann nicht, wenn ihm inzwischen die Rückgängigmachung der Uebernahme angezeigt worden ist. (Entscheid VIII S. 384). Neue Vereinbarungen zwischen dem Gläubiger und dem früheren Inhaber binden den Uebernehmer nicht (das. S. 386).

Eine Mittheilung an einige wenige Geschäftsfreunde (E. v. 11. Nov. 1871, Entsch. IV S. 6; E. v. 20. April 1887, RG. XVII S. 98) oder eine gewerbepolizeiliche Mittheilung an die Firmenbehörde (E. v. 6. Okt. 1873, Entsch. XI S. 153) hat die obige Wirkung noch nicht. — Die Bekanntmachung muß die Mittheilung von der Uebernahme der Passiva enthalten. Eine bloße Bekanntmachung der Geschäftsübernahme genügt nicht. Der Beweis der Bekanntmachung trifft den Gläubiger, der sich auf sie beruft. E. v. 23. Jan. 1875, Entsch. XVI S. 272.

Ein nicht bekannt gemachtes Uebereinkommen, daß der Erwerber des Geschäfts die Passiva übernehme, giebt Dritten keine Rechte. E. v. 4. Okt. 1871, 17. Dez. 1873. Entsch. III S. 182, XII S. 161 (vgl. jedoch Abs. 4 dies. Anm.).

Ist nach der Fassung des Vertrages anzunehmen, daß die Bestimmung von der Uebernahme der Passiva zu Gunsten der Gläubiger geschlossen ist, daß der frühere Inhaber für seine Gläubiger habe Rechte erwerben wollen, so kommen die Bestimmungen über die Verträge zu Gunsten Dritter zur Anwendung, aus denen nach gem. R. der Dritte durch bloßen Beitritt (der schon in der Klageanstellung gefunden werden kann) Rechte erwirbt. E. v. 2. Dez. 1876. Entsch. XXI S. 233.

Der frühere Inhaber des Geschäfts haftet in der Regel nicht für den Kaufpreis von Waaren, welche er gekauft hat, welche aber erst dem Uebernehmer des Geschäfts geliefert worden sind. E. v. 13. Juli 1887, RG. XIX S. 129.

Bei der Uebernahme eines Geschäfts mit Aktivis und Passivis ist im Zweifel als von den Betheiligten beabsichtigt anzunehmen, daß die Bücher auf den Uebernehmer mit übergehen sollen. E. v. 10. April 1876. Entsch. XIX S. 419.

Im Uebrigen hat der Uebernehmer nicht ohne Weiteres Anspruch auf die Handlungsbücher der übernommenen Handlung. E. v. 10. Sept. 1872. Entsch. VIII S. 74.

Vgl. Anm. zu Art. 113.

24. Wenn in ein bestehendes Handelsgeschäft Jemand als Gesellschafter eintritt, oder wenn ein Gesellschafter zu einer Handelsgesellschaft neu hinzutritt[a]) oder aus einer solchen austritt, so kann, ungeachtet dieser Veränderung, die ursprüngliche Firma fortgeführt werden.

Jedoch ist beim Austreten eines Gesellschafters dessen ausdrückliche[b]) Einwilligung[c]) in die Fortführung der Firma erforderlich, wenn sein Name[d]) in der Firma enthalten ist.

a) Vgl. Art. 113 und die Anm. zu demselben.

b) Es ist Sache der richterlichen Beurtheilung des einzelnen Falles, ob der Wille sich in einer solchen Weise kund gegeben hat, daß die Einwilligung als eine ausdrückliche anzusehen ist. — E. v. 18. Juni 1873. Entsch. X. S. 289.

c) Ohne diese Einwilligung darf nicht einmal in einer das Nachfolgeverhältniß andeutenden Weise („vormals" ꝛc.) die frühere Firma in die neue aufgenommen werden. E. v. 29. Nov. 1881. RG. V S. 111. Vgl. Art. 22.

d) Sein Name. Darunter ist der Name zu verstehen, welcher zur Bezeichnung des Austretenden dient und als solcher in der Firma enthalten ist, nicht aber ein Name, welcher mit dem des

Austretenden zum Theil oder völlig übereinstimmt, ohne als der seinige in die Firma aufgenommen zu sein (z. B. wenn der Name schon vor dem Eintritt des Ausscheidenden in der Firma enthalten war). Auch der nackte Familienname kann als Name des Austretenden in die Firma gekommen sein; weichen die in der Firma mitenthaltenen Vornamen von denen des Ausscheidenden ab, so ist es nicht sein Name, der sich in der Firma findet. E. v. 8. Juli 1891 Gruch. XXXVI S. 1152.

25. Wenn die Firma geändert wird oder erlischt,[a] oder wenn die Inhaber der Firma sich ändern,[b] so ist dies nach den Bestimmungen des Artikels 19. bei dem Handelsgerichte anzumelden.[c]

Ist die Aenderung oder das Erlöschen nicht in das Handelsregister eingetragen und öffentlich bekannt gemacht, so kann derjenige, bei welchem jene Thatsachen eingetreten sind, dieselben einem Dritten[d] nur insofern entgegensetzen, als er beweist, daß sie dem letzteren bekannt waren.[e]

Ist die Eintragung und Bekanntmachung geschehen, so muß ein Dritter die Aenderung oder das Erlöschen gegen sich gelten lassen, sofern nicht die Umstände die Annahme begründen, daß er diese Thatsachen weder gekannt habe, noch habe kennen müssen.

a) Eine Verlegung der Handelsniederlassung von einem Ort nach dem anderen hat ein Erlöschen der Firma nicht zur Folge. E. v. 24. März 1888, RG. XX S. 171.

b) Der Art. 25 findet auch bei Verpachtungen von Handelsgeschäften Anwendung, wenn dem Pächter auf eine gewisse Zeit der Gebrauch der Firma überlassen wird. E. v. 3. Nov. 1876. Entsch. XXI S. 306.

c) Die Löschung der Firma im Handelsregister hat den Untergang des Firmenrechts nicht zur Folge, wenn nicht gleichzeitig der unter der Firma geführte Geschäftsbetrieb eingestellt wird.

Dagegen liegt in dem thatsächlichen Aufgeben des Geschäftsbetriebes ein Verzicht auf das Firmenrecht, auch wenn eine Löschung der Firma nicht erfolgt ist. Vgl. E. v. 18. Juni 1873. Entsch. X S. 289.

d) Vgl. Anm. zu Art. 87 u. 231.

e) Hierdurch wird Dritten, welche in gutem Glauben mit der Firma kontrahiren, das Recht verliehen, ohne Rücksicht auf geheim gebliebene Aenderungen die als Inhaberin der Firma eingetragene Person für die Namens der Firma geschlossenen Geschäfte als Kontrahentin in Anspruch zu nehmen. Allein die bloße Thatsache, daß irgend eine Person im Namen der Firma Geschäfte abgeschlossen hat, genügt nicht, den Inhaber der Firma haftbar zu machen. Vielmehr muß jene Person zum Abschluß solcher Geschäfte ermächtigt gewesen sein. Stillschweigende Ermächtigung reicht aus und eine solche kann daraus gefolgert werden, daß der Inhaber die Fortführung des Geschäfts unter seiner Firma duldet. E. v. 3. Nov. 1876. Entsch. XXII S. 306. — Der Art. 25 Abs. 2 kommt auch zur Anwendung, wenn die Firma selbst im Handelsregister nicht eingetragen war. E. v. 3. April 1878. Entsch. XXIII S. 227.

Die Vorschrift des Art. 25 Abs. 1 u. 2 findet auch Anwendung, wenn die Firma, deren Inhaber sich ändern, zum Handelsregister nicht angemeldet und sogar, wenn der bisherige Inhaber der Firma Minderkaufmann im Sinne des Art. 10 und deshalb zur Anmeldung nicht verpflichtet war. E. v. 4. Dez. 1885, RG. XV S. 35.

Auch ein Minderkaufmann (Art. 10), welcher sich einem Dritten gegenüber als Inhaber eines gewissen Gewerbebetriebes kundgegeben hat, kann sich daher auf eine bezüglich des Geschäftsbetriebes eingetretene Aenderung nur berufen, wenn dieselbe zur Kenntniß des Dritten gelangt ist. E. v. 2. Mai 1883, RG. XII S. 12.

26. Das Handelsgericht hat die Betheiligten zur Befolgung der Vorschriften der Artikel 19. 21. und 25. von Amtswegen durch Ordnungsstrafen anzuhalten.

In gleicher Weise hat es gegen diejenigen einzuschreiten, welche sich einer nach den Vorschriften dieses Titels ihnen nicht zustehenden Firma bedienen.*)

Hierzu E. f. Pr. Art. 5 u. 6.

---

*) Gesetz, betr. die Löschung nicht mehr bestehender Firmen und Prokuren im Handelsregister, v. 30. März 1888 (RGBl. S. 129).

Wir Friedrich ꝛc. verordnen im Namen des Reichs, nach erfolgter Zustimmung des Bundesraths und des Reichstags, was folgt:

§. 1. Kann im Falle des Erlöschens einer in das Handelsregister eingetragenen Firma die Anmeldung dieser Thatsache durch die hierzu Verpflichteten nicht in Gemäßheit des Art. 26. des Handelsgesetzbuchs herbeigeführt werden, so hat das Gericht das Erlöschen der Firma von Amtswegen in das Handelsregister einzutragen.

§. 2. Vor der Eintragung sind der eingetragene Inhaber der Firma oder die Rechtsnachfolger desselben aufzufordern, einen etwaigen Widerspruch gegen die Eintragung bis zum Ablauf einer nicht unter drei Monaten zu bestimmenden Frist schriftlich oder zum Protokoll des Gerichtsschreibers geltend zu machen.

Sind die bezeichneten Personen oder der Aufenthalt derselben nicht bekannt, so erfolgt die Aufforderung durch einmalige Bekanntmachung in den für die Veröffentlichungen aus dem Handelsregister bestimmten öffentlichen Blättern (Handelsgesetzbuch Art. 13, 14.) Auch kann die Einrückung der Bekanntmachung noch in andere Blätter angeordnet werden.

Das Gericht entscheidet über den erhobenen Widerspruch. Gegen den einen Widerspruch zurückweisenden Beschluß findet binnen der Nothfrist von zwei Wochen Beschwerde nach Maßgabe der in Sachen der nichtstreitigen Gerichtsbarkeit geltenden landesgesetzlichen Bestimmungen statt. Eine hiernach zulässige Anfechtung der in der Beschwerdeinstanz ergehenden Entscheidung ist an die gleiche Nothfrist gebunden.

27. Wer durch den unbefugten Gebrauch einer Firma in seinen Rechten verletzt ist, kann den Unberechtigten auf Unterlassung der weiteren Führung der Firma und auf Schadensersatz belangen.[a)]

Ueber das Vorhandensein und die Höhe des Schadens entscheidet das Handelsgericht nach seinem freien Ermessen.[b)]

Das Handelsgericht kann die Veröffentlichung des Erkenntnisses auf Kosten des Verurtheilten verordnen.

a) Die Anwendbarkeit des Art. 27 ist also dadurch bedingt, daß
1. der eine Theil eine Firma unbefugt gebraucht,
2. der andere Theil dadurch in seinen Rechten verletzt wird.

Beide Voraussetzungen müssen zusammentreffen. Wer eine an sich statthafte Firma annimmt, um einer schon bestehenden Firma in arglistiger Weise unlautere Konkurrenz zu machen, kann nicht auf Grund des Art. 27 HGB. hieran gehindert werden. E. v. 7. Dez. 1887, RG. XX S. 75.

Zu 1. Es ist nicht nothwendig, daß die Nichtbefugniß zum Gebrauche der Firma darin ihren Grund hat, daß der Verletzte dieselbe Firma befugter Weise führt, oder zu führen beabsichtigt, daß sich also Firma-Unberechtigter und Firma-Berechtigter gegenüberstehen. Die Nichtbefugniß kann auch einem Nichtkaufmann gegenüber bestehen. — Die Bezeichnung von Waaren mit der Firma ist als Gebrauch derselben im Sinne des Art. 27 nicht anzusehen. (Gegen einen derartigen Mißbrauch fremder Firmen ist §. 14 des Ges. über den Markenschutz*) gerichtet.) E. v. 9. Dez. 1871 (Entsch. IV S. 254),

---

§. 3. Im Falle der Löschung einer Firma hat das Gericht zugleich das Erlöschen der für die erloschene Firma eingetragenen Prokuren von Amtswegen in das Handelsregister einzutragen.

*) Das Ges. über den Markenschutz ist hinten unter den Ergänzungsgesetzen abgedruckt.

22. Juni 1872 (Entsch. VI S. 249), 2. März 1881 (RG. III S. 165). — Die Waarenbezeichnung ist aber geeignet, die Aufhebung der einmal in Gebrauch genommenen Firma zu widerlegen. E. v. 11. Jan. 1888 RG. XXII S. 60.

Schon in der bloßen Anmeldung der Firma zum Handelsregister und der darauf erfolgenden Eintragung ist ein Gebrauch der Firma zu finden. E. v. 11. Jan. 1888, RG. XXII. S. 59.

Die Benutzung von Briefbogen mit Firmen-Vordruck enthält einen Gebrauch der vorgedruckten Firma. E. v. 13. Okt. 1886, RG. XIX S. 22.

Das Betreiben eines Handelsgewerbes in einem Lokale, über welchem aus der Zeit eines früheren Geschäftsinhabers eine Firma-Aufschrift steht, kann einen Mißbrauch dieser Firma darstellen. — E. v. 17. Sept. 1874. Entsch. XIV S. 184.

Mißbrauch einer Firma liegt auch vor, wenn sich Jemand fälschlich als bestellter Vertreter des Firmen-Berechtigten gerirt und in dieser Eigenschaft Handelsgeschäfte abschließt. Der Firmenberechtigte (nicht der von ihm für einen bestimmten Bezirk bestellte Vertreter) ist befugt, ein richterliches Verbot gegen einen derartigen Mißbrauch zu erwirken. E. v. 13. Dez. 1876. Entsch. XXI S. 221.

Läßt Jemand seinen Namen lediglich zu dem Zweck als Firma eintragen, damit ein Anderer unter dieser Firma ein Handelsgeschäft betreibt, so kann die Klage sowohl gegen denjenigen, der den Namen hergiebt, als gegen denjenigen, der das Geschäft betreibt, gerichtet werden. E. v. 2. Febr. 1881. RG. III S. 120. Vgl. E. v. 11. Jan. 1888, R.G. XXII S. 59.

Die Klage ist auch gegen den gutgläubigen Erwerber einer rechtswidrig begründeten Firma gegeben. E. v. 8. Mai 1889, RG. XXV S. 5.

Durch Ersitzung kann das Recht zur Führung einer Firma, welche, wenn auch von einem früheren Inhaber, zu Unrecht begründet wurde, nicht erworben werden. Das Widerspruchsrecht des Verletzten kann aber durch erlöschende Verjährung untergehen. E. v. 8. Mai 1889, RG. XXV S. 6.

Zu 2. Die Rechtsverletzung braucht nicht gerade das Vermögen zu betreffen (der Nachweis eines besonderen Interesses, eines entstandenen Schadens ist also nicht erforderlich. (E. v. 13. Okt. 1886, RG. XIX S. 22), kann aber, wenn dies nicht der Fall ist, nur ein dem Verletzten zustehendes Verbietungsrecht zum Gegenstande haben. Das Vorhandensein eines solchen ist anzunehmen, wenn der Verletzte seinerseits ein Recht auf die Führung der Firma hat oder ein ihm zustehendes Patentrecht verletzt ist.

Mißbrauch ist es auch, wenn derjenige, der das Geschäft einer erloschenen Firma fortsetzt, ohne Genehmigung des früheren Inhabers (vgl. Art. 22) in seine Firma die frühere mit einem das Nachfolgeverhältniß andeutenden Zusatz aufnimmt. E. v. 20 Okt. 1888, RG. XVIII S. 25.

Auch eine Handelsgesellschaft kann gegen einen Dritten, welcher unbefugt den Familiennamen der Gesellschafter als Firma führt, auf Grund des Art. 27 HGB. Klage erheben. E. v. 3. Mai 1887, RG. XVIII S. 139.

Hat der Inhaber einer noch bestehenden eingetragenen Firma in die Führung einer gleichlautenden Firma gewilligt, so kann er wegen fehlender Rechtsverletzung auf Löschung der später (gemäß Art. 20 HGB. zu Unrecht) eingetragenen Firma nicht klagen. E. v. 17. Juni 1892. RG. XXIX S. 71.

Das Klagerecht wird dadurch nicht ausgeschlossen, daß der Unbefugte sich des Namens in der Firma längere Zeit offen bedient hat, bevor der befugte Träger unter seinem Namen einen Geschäftsbetrieb begann. E. v. 8. Mai 1889. RG. XXV S. 1.

Das Untersagungsrecht knüpft sich an den Familiennamen; es steht also auch demjenigen gegenüber zu, der dem unbefugt gebrauchten Familiennamen andere Vornamen hinzufügt, als sie der Verletzte führt. E. v. 10. Febr. 1882, RG. VII S. 280.

Der Verletzte kann die ihm im Art. 27 eingeräumten Rechte auf Inhibirung der Weiterführung der Firma und auf Schadensersatz elektiv und kumulativ ausüben. E. v. 9. Dez. 1871 (Enscheid. IV S. 254), vom 22. Juni 1872 (Entsch. VI S. 249) und vom 2. März 1881 (RG. III S. 167).

b) d. h. ohne an Beweisregeln gebunden zu sein. Vgl. §. 260 CPO.

Vierter Titel. Von den Handelsbüchern.

28. Jeder Kaufmann[a]) ist verpflichtet, Bücher zu führen, aus welchen seine Handelsgeschäfte und die Lage seines Vermögens vollständig zu ersehen sind.[b])

Er ist verpflichtet, die empfangenen Handelsbriefe aufzubewahren[c]) und eine Abschrift (Kopie oder Abdruck) der abgesandten Handelsbriefe zurückzubehalten und nach der Zeitfolge in ein Kopirbuch[d]) einzutragen.*)

---

*) Hierzu Konkursordnung.

§. 209. Schuldner, welche ihre Zahlungen eingestellt haben, oder über deren Vermögen das Konkursverfahren eröffnet worden ist, werden wegen betrügerischen Bankerutts mit Zuchthaus bestraft, wenn sie in der Absicht, ihre Gläubiger zu benachtheiligen,

1. . . . 2. . . .

3. Handelsbücher zu führen unterlassen haben, deren Führung ihnen gesetzlich oblag, oder

4. ihre Handelsbücher vernichtet oder verheimlicht oder so geführt oder verändert haben, daß dieselben keine Uebersicht des Vermögenszustandes gewähren.

Sind mildernde Umstände vorhanden, so tritt Gefangnißstrafe nicht unter drei Monaten ein.

§. 210. Schuldner, welche ihre Zahlungen eingestellt haben, oder über deren Vermögen das Konkursverfahren eröffnet worden ist, werden wegen einfachen Bankerutts mit Gefängniß bis zu zwei Jahren bestraft, wenn sie

1. . . .

2. Handelsbücher zu führen unterlassen haben, deren Führung ihnen gesetzlich oblag, oder dieselben verheimlicht, vernichtet oder so unordentlich geführt haben, daß sie keine Uebersicht ihres Vermögenszustandes gewähren, oder

a) Mit der im Art. 10 gemachten Ausnahme; vgl. die Anm. zu Art. 10.

b) Die Buchführung und Bilanzziehung muß alle Nebengeschäfte und Zweigniederlassungen umfassen, selbst wenn die Nebengeschäfte unter den Art. 10 fallen und deshalb an sich für sie keine Bücher zu führen wären. E. v. 1. Febr. 1882. RG. Entsch. in Straff. V S. 407.

c) Ueber die Dauer der Aufbewahrungspflicht vgl. Art. 33 Abs. 2.

d) Die unterlassene Führung eines Briefkopirbuchs genügt nicht, um einen Kaufmann, der seine Zahlungen eingestellt hat, wegen einfachen Bankerutts strafbar zu machen, wenn nur seine sonstigen Handlungsbücher die Vermögens-Uebersicht gewähren. E. v. 3. und 16. Okt. 1884. RG. Entsch. in Straff. XI S. 142 u. 161.

29. Jeder Kaufmann hat bei dem Beginne[a] seines Gewerbes seine Grundstücke, seine Forderungen und Schulden, den Betrag seines baaren Geldes und seine anderen Vermögensstücke genau zu verzeichnen, dabei den Werth der Vermögensstücke anzugeben und einen das Verhältniß des Vermögens und der Schulden darstellenden Abschluß zu machen; er hat demnächst in jedem Jahre[b] ein solches Inventar und eine solche Bilanz seines Vermögens anzufertigen.

---

3. es gegen die Bestimmung des Handelsgesetzbuchs unterlassen haben, die Bilanz ihres Vermögens in der vorgeschriebenen Zeit zu ziehen.

§. 214. Die Strafvorschriften der §§. 209—211 finden gegen die Mitglieder des Vorstandes einer Aktiengesellschaft oder eingetragenen Genossenschaft und gegen die Liquidatoren einer Handelsgesellschaft oder eingetragenen Genossenschaft, welche ihre Zahlungen eingestellt hat, oder über deren Vermögen das Konkursverfahren eröffnet worden ist, Anwendung, wenn sie in dieser Eigenschaft die mit Strafe bedrohten Handlungen begangen haben.

Hat der Kaufmann ein Waarenlager, dessen Inventur nach der Beschaffenheit des Geschäfts nicht füglich in jedem Jahre geschehen kann, so genügt es, wenn das Inventar[c] des Waarenlagers alle zwei Jahre aufgenommen wird.[d]

Für Handelsgesellschaften kommen dieselben Bestimmungen in Bezug auf das Gesellschaftsvermögen zur Anwendung.

a) Diese Eröffnungsbilanz ist auch dann zu machen, wenn Jemand das Geschäft einer offenen Handelsgesellschaft, deren Mitinhaber er war, erwirbt und fortan als Einzelkaufmann unter eigener Firma weiterführt. E. v. 28. Febr./7. März 1887, RG. in Straff. XVI S. 55.

b) Eine erst nach dem Schlusse des Geschäftsjahres begonnene Ziehung der Bilanz ist keine rechtzeitige. E. v. 28. April 1880. RG. Entsch. in Straff. II S. 30.

c) Es gilt dies nur vom Inventar; die Bilanz muß jährlich aufgenommen werden. — E. v. 25. März 1876. Entsch. XX S. 245;

d) vgl. die Strafbestimmung in dem zu Art. 28 abgedruckten §. 210 Konkursordnung.

30. Das Inventar und die Bilanz sind von dem Kaufmann zu unterzeichnen.[a] Sind mehrere persönlich haftende Gesellschafter vorhanden, so haben sie alle zu unterzeichnen.

Das Inventar und die Bilanz können in ein dazu bestimmtes Buch eingeschrieben oder jedesmal besonders aufgestellt werden. Im letzteren Falle sind dieselben zu sammeln und in zusammenhängender Reihenfolge geordnet aufzubewahren.

a) Die Nichtbeobachtung dieser Vorschrift reicht nicht ohne weiteres hin, um eine vorliegende Bilanz als nicht vorhanden darzustellen, also den Kaufmann, der seine Zahlungen eingestellt hat, nach §. 210 Ziff. 3 Konk.O. strafbar zu machen (E. v. 5. Okt. 1882, RG. Entsch. in Straff. VII S. 89); vielmehr ist nach den Umständen des einzelnen Falls zu prüfen, ob eine nicht unterschriebene, im übrigen den gesetzlichen Vorschriften entsprechende Vermögensübersicht als eine Bilanz, wie sie §. 210 Ziff. 3 Konk.O. voraussetzt, anzusehen ist. Dies wird anzunehmen sein, wenn trotz der mangelnden Unterschrift aus anderen Umständen hervorgeht, daß der Kaufmann rechtzeitig sich selbst eine Uebersicht über seinen Vermögenszustand verschafft und die Verantwortlichkeit für die beendete Bilanz übernommen hat. E. v. 20. Juni 1883, RG. Entsch. in Straff. VIII S. 425.

31. Bei der Aufnahme des Inventars und der Bilanz sind sämmtliche Vermögensstücke und Forderungen nach dem Werthe anzusetzen, welcher ihnen zur Zeit der Aufnahme beizulegen ist.

Zweifelhafte Forderungen sind nach ihrem wahrscheinlichen Werthe anzusetzen, uneinbringliche Forderungen aber abzuschreiben.[a)]

a) Ueber die Grundsätze, nach denen die kaufmännische Bilanz aufzumachen ist, vgl. E. v. 3. Dez. 1873, Entsch. XII S. 16.

In wie weit die Rechte und Pflichten aus abgeschlossenen, aber noch nicht ausgeführten Lieferungsverträgen auf Zeit bei Aufstellung der Bilanz als Aktivum oder Passivum anzusetzen sind, ist reine Thatfrage. E. v. 9. Sept. 1878. Entsch. XXIV S. 73.

32. Bei der Führung der Handelsbücher und bei den übrigen erforderlichen Aufzeichnungen muß sich der Kaufmann einer lebenden Sprache und der Schriftzeichen einer solchen bedienen.[a)]

Die Bücher müssen gebunden[b)] und jedes von ihnen muß Blatt für Blatt mit fortlaufenden Zahlen versehen sein.

An Stellen, welche der Regel nach zu beschreiben sind, dürfen keine leeren Zwischenräume gelassen werden. Der ursprüngliche Inhalt einer Eintragung darf nicht durch Durchstreichen oder auf andere Weise unleserlich gemacht, es darf nichts radirt, noch dürfen solche Veränderungen vorgenommen werden, bei deren Beschaffenheit es ungewiß ist, ob sie bei der ursprünglichen Eintragung oder erst später gemacht worden sind.[c)]

a) Als Erforderniß einer ordnungsmäßigen Buchführung wird der Regel nach Vornahme der Eintragungen mit Dinte angesehen werden müssen. Bei gewissen einzelnen Büchern, welche nur einen vorläufigen Zweck haben, in welche die Eintragungen auf der Stelle und häufig an Orten gemacht werden müssen, wo es an geeigneter Schreibgelegenheit fehlt und deren Führung Personen überlassen zu werden pflegt, welche mit der Feder weniger bewandert sind (Lager-Aufsehern 2c.), sind unbeschadet der Beweiskraft Eintragungen mit Blei für zulässig zu erachten. E. v. 29. Sept. 1875. Entsch. XVIII S. 231.

b) Kaufmännische Bücher sind nicht geführt, wenn die vorhandenen Aufzeichnungen von der im Art. 32 HGB. vorgeschriebenen Form wesentlich abweichen, sollten sie selbst eine vollständige Uebersicht über den Vermögensstand gewähren. Ein für einzelne Handelszweige (Buchhändler) bestehender Brauch rechtfertigt nicht, statt der gebundenen Handlungsbücher lose Zettel (fliegende Conti) zu führen. E. v. 4. Aug. 1888, RG. in Straff. XVII S. 301.

c) An Handlungsbüchern kann eine strafbare Urkundenfälschung begangen werden. E. v. 9. Febr. 1881. RG. Entsch. in Straff. IV S. 4.

33. Die Kaufleute sind verpflichtet, ihre Handelsbücher während zehn Jahre, von dem Tage der in dieselben geschehenen letzten Eintragung an gerechnet, aufzubewahren.

Dasselbe gilt in Ansehung der empfangenen Handelsbriefe, sowie in Ansehung der Inventare und Bilanzen.

34.
35. (aufgehoben.*)
36.

*) Einführungsges. zur Civilprozeßordnung vom 30. Jan. 1877.

§. 13.

Aufgehoben werden:

1. . . .
2. Art. 34—36, 37 Satz 2, 39, 77, 78, 79, Abs. 2, 488, 494, 889 des Handelsgesetzbuchs.

. . . . .

Die aufgehobenen Art. 34 bis 36 lauteten wie folgt:

„34. Ordnungsmäßig geführte Handelsbücher liefern bei Streitigkeiten über Handelssachen unter Kaufleuten in der Regel einen unvollständigen Beweis, welcher durch den Eid oder durch andere Beweismittel ergänzt werden kann.

Jedoch hat der Richter nach seinem durch die Erwägung aller Umstände geleiteten Ermessen zu entscheiden, ob dem Inhalte der Bücher ein größeres oder geringeres Maaß der Beweiskraft beizulegen, ob in dem Falle, wo die Handelsbücher der streitenden Theile nicht übereinstimmen, von diesem Beweismittel ganz abzusehen, oder ob den Büchern des einen Theils eine überwiegende Glaubwürdigkeit beizumessen sei.

Ob und inwiefern die Handelsbücher gegen Nichtkaufleute Beweiskraft haben, ist nach den Landesgesetzen zu beurtheilen.

35. Handelsbücher, bei deren Führung Unregelmäßigkeiten vorgefallen sind, können als Beweismittel nur insoweit berücksichtigt werden, als dieses nach der Art und Bedeutung der Unregelmäßigkeiten, sowie nach der Lage der Sache geeignet erscheint.

36. Die Eintragungen in die Handelsbücher können, unbeschadet ihrer Beweiskraft, durch Handlungsgehülfen bewirkt werden."

37. Im Laufe eines Rechtsstreits kann der Richter auf den Antrag einer Partei die Vorlegung der Handelsbücher der Gegenpartei verordnen. [a]) (Der zweite Satz des Art. 37 ist aufgehoben.)*)

Nachstehende zu den aufgehobenen Artikeln ergangenen Entscheidungen dürften noch einige Bedeutung haben:

Die Beweiskraft der Handelsbücher bezieht sich auch auf die Eintragungen von Vertragsabschlüssen, welche noch von keiner Seite erfolgt sind; sie ist nicht abhängig von der Eintragung eines bestimmten Debet- und Kreditpostens. E. v. 7. März 1873. Entsch. IX S. 119.

Die Eintragung über die Absendung von Waaren in den Handelsbüchern des Versenders kann zum Beweise über den Abschluß eines Kaufs mit dem Adressaten nicht dienen. E. v. 21. März 1874. Entsch. XIII S. 96.

Krebitirt der Käufer nach Empfang von Waaren dem Verkäufer mit dem fakturirten Preisen, so dokumentirt er damit, daß der Verkäufer diese Preise (sei es als vereinbarte, sei es als übliche) zu fordern hat, insoweit nicht etwa die Eintragung den Charakter des Provisorischen trägt oder auf einem Irrthum beruht. E. v. 29. April 1874. Entsch. XIII S. 340.

Aus der Nichteintragung eines Geschäfts kann ein Beweis gegen die Existenz des Geschäfts entnommen werden. E. v. 28. April 1875. Entsch. XXII S. 98.

Jeder Kaufmann muß zwar den Inhalt seiner Handelsbücher wider sich gelten lassen; dies schließt aber nicht aus, daß er durch andere Beweismittel die Irrthümlichkeit der Eintragungen darthut. E. v. 10. Juni 1876. Entsch. XX S. 339.

Hauptbüchern, in welche die Eintragungen nur von Zeit zu Zeit erfolgen, ist eine selbständige Beweiskraft nicht beizulegen. E. v. 29. Sept. 1875. Entsch. XVIII S. 234.

*) Vgl. Anm. *) auf S. 53. Der aufgehobene Satz lautet: „Geschieht die Vorlegung nicht, so wird zum Nachtheil des Weigernden der behauptete Inhalt der Bücher für erwiesen angenommen."

a) Durch diese Bestimmung ist nicht der Partei, sondern dem Richter eine, allerdings von dem Antrage der Partei abhängige Befugniß eingeräumt worden. E. v. 17. März 1871, Entsch. II S. 126. — Der Prozeßrichter ist befugt, den Antrag der Partei auf Vorlegung der Bücher der Gegenpartei nach seinem Ermessen abzulehnen, E. v. 14. Nov. 1885, RG. XV S. 380 u. v. 18. Sept. 1886, RG. XVIII S. 24 u. 25, wo ausgeführt ist, daß der Kaufmann nicht ohne dringenden Grund gezwungen werden soll, seinen Geschäftsverkehr offen zu legen.

Zu den vorzulegenden Büchern gehören alle thatsächlich geführten, nicht blos diejenigen, welche geführt werden müssen. — E. v. 17. März 1871. Entsch. II S. 126.

38. Wenn in einem Rechtsstreite Handelsbücher vorgelegt werden, so ist von dem Inhalte derselben, soweit er den Streitpunkt betrifft, unter Zuziehung der Parteien Einsicht zu nehmen und im geeigneten Falle ein Auszug zu fertigen. Der übrige Inhalt der Bücher ist dem Richter insoweit offen zu legen, als dies zur Prüfung ihrer ordnungsmäßigen Führung nothwendig ist.[a)]

a) Ueber den Fall, wenn die Bücher zugleich Privataufzeichnungen enthalten, vgl. E. v. 5. Juni 1872, Entsch. VI S. 296.

39 (aufgehoben).*)

---

*) Vgl. Anm. *) auf S. 53. Der Art. 39 lautete: „Befinden sich die Handelsbücher, welche vorzulegen sind, an einem Orte, welcher nicht zum Bezirk des Prozeßrichters gehört, so muß der Letztere das Gericht des Ortes, wo sich die Handelsbücher befinden, ersuchen, die Vorlegung der Bücher vor sich bewirken zu lassen, dabei nach den Bestimmungen des vorhergehenden Artikels zu verfahren und einen beglaubigten Auszug mit dem über die Verhandlungen aufgenommenen Protokolle zu übersenden."

Jetzt findet § 399 CPO. Anwendung.

40. **Die Mittheilung der Handelsbücher zur vollständigen Kenntnißnahme von ihrem ganzen Inhalte kann in Erbschafts- oder Gütergemeinschafts-Angelegenheiten, sowie in Gesellschaftstheilungssachen und im Konkurse, soweit es die Bücher des Gemeinschuldners betrifft, gerichtlich verordnet werden.**

Fünfter Titel. Von den Prokuristen und Handlungsbevollmächtigten.*)

Die Vertretungsbefugnisse in Handelsgeschäften sind nach dem Umfange der Vollmacht verschieden. Es giebt

1) Vollmachten mit gesetzlich bestimmtem Umfange, und zwar mit der Unterscheidung, daß dieser gesetzliche Umfang rechtswirksam Dritten gegenüber entweder unbeschränkbar ist (z. B. Art. 42, 43, 114, 116, 137, 138, 227, 231 HGB.), oder beschränkt werden kann (z. B. Art. 462 und 500 HGB.);
2) solche Vollmachten, deren Umfang gesetzlich nicht absolut bestimmt, sondern der Willenserklärung des Vollmachtgebers überlassen ist, und zwar wieder mit einer Unterscheidung, je nachdem über den Umfang der Vollmacht entweder gesetzliche Präsumtionen aufgestellt sind (z. B. Art. 47, 49, 50, 234 ꝛc.), oder ein solcher präsumtiver Umfang fehlt (z. B. Art. 298, 360 ꝛc.). E. v. 19. März 1878. Entsch. XXIII S. 348.

41. **Wer von dem Eigenthümer einer Handelsniederlassung (Prinzipal)** a) **beauftragt ist, in dessen Namen und**

*) Die in Bezug auf die rechtliche Stellung der Agenten ergangenen Entscheidungen des ROHG. und des RG. sind im Anhange zusammengestellt.

für dessen Rechnung das Handelsgeschäft zu betreiben und per procura die Firma zu zeichnen, ist Prokurist.[b]

Die Bestellung des Prokuristen kann durch Ertheilung einer ausdrücklich als Prokura bezeichneten Vollmacht, oder durch ausdrückliche Bezeichnung des Bevollmächtigten als Prokuristen, oder durch die Ermächtigung, per procura die Firma des Prinzipals zu zeichnen, geschehen.

Die Prokura kann mehreren Personen gemeinschaftlich ertheilt werden (Kollektivprokura).[c]

a) Auch Kommanditgesellschaften, Kommanditgesellschaften auf Aktien und Aktiengesellschaften können Prokuristen bestellen. — E. v. 2. Nov. 1872, 15. Febr. u. 4. Dez. 1873. Entsch. VII S. 412, VIII S. 337, IX S. 68. Vgl. Anm. a zu Art. 43.

Für eine in Liquidation befindliche Handelsgesellschaft kann ein Prokurist nicht bestellt werden. — E. v. 6. Mai 1874. Entsch. XIII S. 224.

b) Ueber die rechtliche Stellung eines Prokuristen, welchem die selbständige Führung eines Geschäfts übertragen ist, gegenüber dem Geschäftsherrn vgl. E. v. 27. Nov. 1872, Entsch. VIII S. 108.

c) Vgl. Anm. a. zu Art. 43.

42. Die Prokura ermächtigt zu allen Arten von gerichtlichen und außergerichtlichen Geschäften und Rechtshandlungen, welche der Betrieb eines Handelsgewerbes mit sich bringt;[a] sie ersetzt jede nach den Landesgesetzen erforderliche Spezialvollmacht; sie berechtigt zur Anstellung und Entlassung von Handlungsgehülfen und Bevollmächtigten.

Zur Veräußerung und Belastung von Grundstücken ist der Prokurist nur ermächtigt, wenn ihm diese Befugniß besonders ertheilt ist.

a) Zur Einstellung des Betriebes, also auch zum Verkauf des vom Prinzipal betriebenen Handelsgeschäfts ist der Prokurist ohne Spezial-Vollmacht nicht befugt. E. v. 18. Sept. 1877. Entsch. XXIII S. 98. — Der Prokurist ist zur Prozeßführung in Handelssachen und zur Bestellung von Prozeßbevollmächtigten befugt. E. v. 3. Febr. 1876. Entsch. XXI S. 342. — §. 159 CPO. bestimmt: „Die Zustellung erfolgt ... in den durch den Betrieb eines Handelsgewerbes hervorgerufenen Rechtsstreitigkeiten an den Prokuristen mit gleicher Wirkung, wie an die Partei selbst."

Der Prokurist einer Kommanditgesellschaft auf Aktien ist zur Vertretung derselben auch den Kommanditisten gegenüber befugt. E. v. 2. Nov. 1872 u. 15. Febr. 1873. Entsch. VII S. 412 u. XI S. 68.

43. Eine Beschränkung des Umfanges der Prokura (Art. 42.)[a] hat dritten Personen[b] gegenüber keine rechtliche Wirkung.[c]

Dies gilt insbesondere von der Beschränkung, daß die Prokura nur für gewisse Geschäfte oder gewisse Arten von Geschäften gelte, oder daß sie nur unter gewissen Umständen oder für eine gewisse Zeit oder an einzelnen Orten ausgeübt werden solle.

a) Die Bestimmung, daß der Prokurist einer Aktiengesellschaft nur in Verbindung mit einem Vorstandsmitgliede zur Vertretung der Gesellschaft und Zeichnung der Firma befugt sein soll, ist keine unzulässige Beschränkung der Prokura. — E. v. 4. Januar 1873. Entsch. XIII S. 337. — Ebenso KG. Beschl. v. 7. Febr. 1881. Joh. II S. 19.

Auch eine Beschränkung der Prokura auf eine von mehreren Niederlassungen desselben Kaufmanns, insbesondere auf eine Zweigniederlassung ist unzulässig, es sei denn, daß dieselbe eine selbständige Sonderfirma führt. Dies gilt auch von Aktiengesellschaften. Die bloße Kennzeichnung als Zweigniederlassung schafft keine selbständige Sonderfirma. Beschl. des KG. v. 4. April 1892. Joh. XII S. 30.

b) Vgl. Anm. zu Art. 87.

c) Die Beschränkung der Prokura hat dritten Personen gegenüber selbst dann keine Wirkung, wenn diese von der Beschränkung Kenntniß hatten (vgl. Anm. zu Art. 231), es sei denn, daß der Prokurist die Vertretungsbefugniß dazu mißbraucht, sich oder Anderen zum Nachtheil des Prinzipals einen rechtswidrigen Vortheil zu verschaffen und der Dritte an diesem Dolus des Vertreters theilnimmt. E. v. 16. Sept. 1882. RG. IX S. 148. Dem Prinzipal ist der Prokurist für Ueberschreitungen verantwortlich.

44. Der Prokurist hat in der Weise zu zeichnen, daß er der Firma einen die Prokura andeutenden Zusatz und seinen Namen beifügt.[a)]

Bei einer Kollektivprokura hat jeder Prokurist der mit diesem Zusatze versehenen Firmazeichnung seinen Namen beizufügen.[b)]

a) Dieser, sowie der Art. 48 enthalten nur Ordnungsvorschriften, von deren Beobachtung die Rechtsbeständigkeit der Zeichnung nicht abhängt. Der Prinzipal wird vielmehr auch verpflichtet, wenn der Prokurist oder Handlungsbevollmächtigte, innerhalb seiner Befugnisse, mit der Firma des Prinzipals ohne weiteren Zusatz (und zwar auch bei Wechseln) oder wenn er nur mit seinem eigenen Namen zeichnet, vorausgesetzt, daß nach dem ausdrücklich ausgesprochenen oder aus den Umständen sich ergebenden Willen der Parteien das Geschäft für den Prinzipal geschlossen werden sollte. E. v. 12. März 1872, 3. Mai u. 26. Nov. 1873. Ensch. V S. 263, X S. 56 u. XII S. 133. — Unschädlich für die Gültigkeit des Geschäfts ist auch eine theilweise Befolgung der Form-Vorschrift, also ein die Prokura andeutender Zusatz ohne Beifügung des Namens des Prokuristen. Dies gilt auch für Wechsel-Unterschriften. E. v. 1. Mai 1875. Entsch. XVIII S. 99.

b) Hiermit ist nicht ausgesprochen, daß eine rechtswirksame Erklärung der Kollektiv-Prokuristen nur schriftlich erfolgen könne, noch ist die hier vorgeschriebene Form für schriftliche Erklärungen als die einzig mögliche anzusehen. Vielmehr ist auch bei Kollektivprokura nicht eine von jedem einzelnen Prokuristen abgegebene ausdrückliche Erklärung erforderlich. Allein eine allgemeine Behauptung, die von einem Kollektiv-Prokuristen ausgegangene Erklärung sei „mit Wissen und Willen" oder „mit Genehmigung" der übrigen abgegeben, ist ohne genauere Substantiirung ungenügend und kann jedenfalls in dieser Form nicht zum Gegenstand einer Eideszuschiebung gemacht werden. E. v. 26. Juni 1875. Entsch. XVII S. 402.

45. Die Ertheilung der Prokura ist vom Prinzipal persönlich oder in beglaubigter Form beim Handelsgerichte zur Eintragung in das Handelsregister anzumelden.[a)]

Der Prokurist hat die Firma nebst seiner Namensunterschrift persönlich vor dem Handelsgerichte zu zeichnen (Artikel 44.) oder die Zeichnung in beglaubigter Form einzureichen.[b)]

Das Erlöschen der Prokura ist von dem Prinzipal in gleicher Weise zur Eintragung in das Handelsregister anzumelden.

Die Betheiligten sind zur Befolgung dieser Vorschriften von Amtswegen durch Ordnungsstrafen anzuhalten.

a) Die durch Irrthum des Registerbeamten erfolgte Eintragung einer nicht ertheilten Prokura ist für den Prinzipal wirkungslos. E. v. 6. April 1878. Entsch. XXIII S. 285.

Eine nach Art. 43 unzulässige Beschränkung der Prokura darf nicht eingetragen werden. Beschl. des KG. v. 4. April 1892, Joh. XII S. 30.

b) In dieser vor dem Gericht zu bewirkenden oder in beglaubigter Form einzureichenden Zeichnung muß der Prokurist die Firma und seinen Namen schreiben; ein Stempelabdruck der Firma mit Namensunterschrift des Prokuristen genügt nicht. Dies gilt auch von dem Prokuristen einer Aktiengesellschaft. Beschl. des KG. v. 4. Jan. 1892, Joh. XI S. 37.

46. Wenn das Erlöschen der Prokura nicht in das Handelsregister eingetragen und öffentlich bekannt gemacht ist, so kann der Prinzipal dasselbe einem Dritten nur dann entgegensetzen, wenn er beweist, daß es letzterem beim Abschlusse des Geschäfts bekannt war.

Ist die Eintragung und Bekanntmachung geschehen, so muß ein Dritter das Erlöschen der Prokura gegen sich gelten lassen, sofern nicht durch die Umstände die Annahme begründet wird, daß er das Erlöschen beim Abschlusse des Geschäfts weder gekannt habe, noch habe kennen müssen.

47. Wenn ein Prinzipal Jemanden ohne Ertheilung der Prokura, sei es zum Betriebe seines ganzen Handelsgewerbes oder zu einer bestimmten Art von Geschäften oder zu einzelnen Geschäften,[a] in seinem Handelsgewerbe bestellt[b] (Handlungsbevollmächtigter),[c] so erstreckt sich die Vollmacht auf alle Geschäfte und Rechtshandlungen, welche der Betrieb eines derartigen Handelsgewerbes oder die Ausführung derartiger Geschäfte gewöhnlich[d] mit sich bringt.[e]

Jedoch ist der Handlungsbevollmächtigte zum Eingehen von Wechselverbindlichkeiten, zur Aufnahme von Darlehen und zur Prozeßführung nur ermächtigt, wenn ihm eine solche Befugniß besonders[f] ertheilt ist.

Im Uebrigen bedarf er zu den Geschäften, auf welche sich seine Vollmacht erstreckt, der in den Landesgesetzen vorgeschriebenen Spezialvollmacht nicht.[g]

a) Auch derjenige ist als Handlungsbevollmächtigter anzusehen, welchen der Prinzipal zu einem einzelnen Geschäfte in seinem

Handelsgewerbe bestellt hat. — E. v. 24. Jan. 1871. Stg. I S. 205, Entsch. I S. 252.

b) Die Bestellung kann durch mündliche, selbst durch stillschweigende Willenserklärung geschehen. — E. v. 14. Febr. 1874. Entsch. XII S. 277. — Eine stillschweigende Bestellung liegt vor, wenn der Prinzipal es zuläßt, daß ein Anderer sich als Handlungsbevollmächtigter gerirt, Briefe als Handlungsbevollmächtigter zeichnet, wofür das Briefkopierbuch des Prinzipals als Beweismittel dienen kann. E. v. 5. Nov. 1879. RG. I S. 8.

c) Die Begriffe „Handlungsbevollmächtigter" und „Handlungsgehülfe" schließen einander nicht aus, brauchen aber nicht zusammenzufallen. In der Regel ist dieselbe Person zugleich Handlungsbevollmächtigter und Handlungsgehülfe, ersteres nach außen, letzteres gegenüber dem Prinzipal. Der Handlungsbevollmächtigte kann aber auch ein selbständiger Kaufmann sein (E. v. 8. Okt. 1872. Entsch. VII S. 298), oder ein Gewerbegehülfe, der andere als kaufmännische Dienste leistet (Kellner, Oberkellner) und deshalb (vgl. Anm. zu Art. 57) nicht Handlungsgehülfe ist. (E. v. 18. Sept. 1878. Entsch. XXIV S. 271.)

d) Fällt das abgeschlossene Geschäft thatsächlich in den besonderen Geschäftsbetrieb des vollmachtgebenden Kaufmannes, so bedarf es nicht des weiteren Nachweises, daß es auch gewöhnlich im Handelsgewerbe dieser Art vorkomme, d. h. daß auch andere Kaufleute ihr Gewerbe in dieser Art betreiben. — E. v. 14. Mai 1872. Entsch. VI S. 154.

e) Insoweit das HGB. keine ausdrückliche Vorschriften hat, ist es Sache des Richters, nach den thatsächlichen Verhältnissen des einzelnen Falles, unter Berücksichtigung der Natur des betreffenden Handelsgewerbes, der Bedürfnisse des Verkehrs und hauptsächlich der kaufmännischen Gebräuche, den Umfang der Handelsvollmacht, insbesondere auch die Frage zu beurtheilen, ob der Handlungsbevollmächtigte zu Vergleichsabschlüssen, Fristbewilligungen und Nachlässen befugt war. E. v. 14. Juni 1872. Entsch. VI S. 400.

Aus dem Verhalten des Prinzipals bei der Ausführung früherer durch den Bevollmächtigten abgeschlossener Geschäfte sind Folgerungen

auf den Umfang der Vollmacht zulässig. — E. v. 26. Mai 1873. Entsch. X S. 142.

In dem E. v. 24. Jan. 1871 (Entsch. I S. 252) verneint das ROHG. die Frage, ob ein Buchhalter ermächtigt ist, ein von ihm für den Prinzipal in dessen Auftrage geschlossenes Kaufgeschäft über Werthpapiere von schwankendem Kurse zu prolongiren.

Es ist an sich zulässig, der Vollmacht eines Handlungsbevollmächtigten Einschränkungen beizufügen. Derartige Einschränkungen des gesetzlich zu präsumirenden Umfangs der Vollmacht (z. B. Limitirung des Handlungsbevollmächtigten bezüglich der zu vereinbarenden Preise) sind vom Prinzipal zu beweisen und stehen Dritten nur entgegen, wenn dieselben sie gekannt haben oder hätten kennen müssen. Es ist Sache des Vollmachtgebers, die Beschränkungen bekannt zu machen. Derjenige, welcher mit einem Handlungsbevollmächtigten kontrahirt, darf — wenn keine besonderen Verdachtsgründe vorliegen — den Angaben desselben über den Umfang der Vollmacht trauen. Uebertretungen der Vollmacht sind im Zweifel vom Prinzipal zu vertreten. E. v. 14. Febr. 1872, 26. Mai 1873, 15. Febr. 1875. Entsch. V S. 207, X S. 142, XVI S. 127. E. v. 19. März 1878. Entsch. XXIII S. 348.

Ueberschreitungen der Vollmacht gelten als stillschweigend genehmigt, wenn der Prinzipal das für ihn abgeschlossene Geschäft zu erfüllen begonnen hat, obwohl ihm die Ueberschreitung bekannt war. E. v. 14. Febr. 1874. Entsch. XII S. 278.

Genehmigt der Prinzipal ein von dem Handlungsbevollmächtigten *unbefugt* vorgenommenes Geschäft, so kann sich der Dritte auf die mangelnde Ermächtigung des Handlungsbevollmächtigten nicht berufen. Vgl. E. v. 15. Sept. 1871, Stg. III S. 260.

f) Hiermit ist nicht gemeint, daß die Vollmacht *für jeden einzelnen Fall besonders* ertheilt werden muß; es genügt, wenn dem Handlungsbevollmächtigten die Befugniß zum Eingehen von Wechselverbindlichkeiten, zur Aufnahme von Darlehen 2c. *ein für allemal* ertheilt worden ist. E. v. 24. Mai 1888, Gruchot XXXIII S. 454, 455.

g) Der Art. 47 betrifft auch das innere Verhältniß zwischen

Prinzipal und Handlungsbevollmächtigten, nicht bloß ihr Verhältniß zu Dritten. E. v. 13. Sept. 1878. Entsch. XXIV S. 196.

Die Art. 47 ff. finden nicht Anwendung auf Vollmachten, die außerhalb des Geltungsgebiets des Deutschen HGB. ertheilt sind. — E. v. 14. Febr. 1872. Entsch. VIII S. 250.

48. Der Handlungsbevollmächtigte hat sich bei der Zeichnung jedes eine Prokura andeutenden Zusatzes zu enthalten; er hat mit einem das Vollmachtsverhältniß ausdrückenden Zusatze zu zeichnen.[a)]

Vgl. Anm. zu Art. 44.

49. Die Bestimmungen der beiden vorhergehenden Artikel finden auch Anwendung auf Handlungsbevollmächtigte, welche ihr Prinzipal als Handlungsreisende zu Geschäften an auswärtigen[a)] Orten verwendet. Dieselben gelten insbesondere für ermächtigt, den Kaufpreis aus den von ihnen abgeschlossenen Verkäufen einzuziehen oder dafür Zahlungsfristen zu bewilligen.[b)]

a) Auf Stadtreisende findet der Art. 49 keine Anwendung, auch nicht analoge. E. v. 22. Febr. 1882. RG. VI S. 83.

b) Dieser Artikel bezieht sich nur auf solche Reisende, die zugleich Handlungsbevollmächtigte im Sinne der Artikels 47 sind (nicht auf Agenten, Provisionsreisende 2c.). Doch kann das Fehlen eines Vollmachtverhältnisses dem gutgläubigen Dritten nur entgegengesetzt werden, wenn es für denselben erkennbar war. E. v. 13. Dez. 1870. Entsch. I S. 149. — Die Frage, ob der Handlungsreisende zum Inkasso aus den nicht von ihm selbst, insbesondere aus den von seinem Reisevorgänger abgeschlossenen Verkäufen berechtigt ist, hat offen bleiben sollen. — Auf Grund einer generell zur Empfangnahme von Geldern lautenden Vollmacht ist der Reisende berechtigt, den Kaufpreis aus einem von seinem Vorgänger geschlossenen Geschäfte zu erheben, ohne daß es einer speziellen Vollmacht zur Einkassirung dieser Forderung bedarf. — Eine nach dem Widerruf der Vollmacht an den Reisenden geleistete Zahlung muß der Prinzipal wider sich gelten lassen, wenn er dem Prinzipal den Widerruf der diesem bekannt gewordenen Vollmacht nicht angezeigt hat. E. v. 14. Dez. 1871. Entsch. IV S. 294. Vgl. Anm. e zu Art. 47 u. Anm. a zu Art. 54.

Zu der vom Handlungsreisenden anzuwendenden Sorgfalt eines ordentlichen Handlungsbevollmächtigten gehört die rechtzeitige, vollständige und richtige Mittheilung der Bedingungen eines mit einem auswärtigen Abnehmer geschlossenen Lieferungsvertrages, besonders wenn der Handel als Fixgeschäft mit knapper Lieferungszeit abgeschlossen war. — Läßt der Handlungsreisende diese Sorgfalt außer Acht, so haftet er für allen daraus entstehenden Schaden, wozu auch die Nachtheile eines dadurch verursachten überflüssigen Prozesses gehören. E. v. 1. Okt. 1873. Entsch. XI S. 93. Ohne besonderen Auftrag sind Handlungsreisende nicht befugt, Geschäfte, deren Abschluß sie dem Prinzipal angezeigt haben, rückgängig zu machen, besonders dann nicht, wenn der Prinzipal mit der Erfüllung bereits begonnen hat. E. v. 17. Sept. 1872. Entsch. VIII S. 115. Handlungsreisende sind in Prozessen ihrer Prinzipale als schlechthin unzulässige Zeugen über die von ihnen abgeschlossenen Geschäfte nicht anzusehen. E. v. 15. Sept 1873. Entsch. XI S. 25. Ueber die Beweislast bezüglich des Betrages der Reisespesen eines Handlungsreisenden vgl. E. v. 3. Nov. 1875, Entsch. XIX S. 9.

50. Wer in einem Laden oder in einem offenen Magazin oder Waarenlager[a]) angestellt ist, gilt für ermächtigt,[b]) daselbst Verkäufe und Empfangnahmen vorzunehmen, welche in einem derartigen Laden, Magazin oder Waarenlager gewöhnlich[c]) geschehen.

a) Das Büreau einer Bank als eine der im Art. 50 bezeichneten Lokalitäten aufzufassen, läßt sich nur beim Vorhandensein besonderer Umstände und Einrichtungen im konkreten Falle rechtfertigen. E. v. 11. Dez. 1873, Entsch. XII S. 38.

b) Die Vermuthung aus Art. 50 ist ausgeschlossen, wenn der Zahlende wußte, daß der Zahlungsempfänger nicht oder nur unter gewissen nicht vorhandenen Voraussetzungen zum Geldempfange berechtigt war. — E. v. 11. Dez. 1873. Entsch. XII S. 38, 39. — Auch eine solche Beschränkung ist Dritten gegenüber wirksam, welche durch eine für Jeden, der das Geschäftslokal besucht, erkennbare Ankündigung bekannt gemacht ist. E. v. 11. April 1876. Entsch. XX S. 122.

c) Vgl. Anm. d zu Art. 47.

51. Wer die Waare und eine unquittirte Rechnung überbringt,[a] gilt deshalb noch nicht für ermächtigt, die Zahlung zu empfangen.

a) Vgl. Art. 296.

52. Durch das Rechtsgeschäft, welches ein Prokurist oder ein Handlungsbevollmächtigter gemäß der Prokura oder der Vollmacht[a] im Namen des Prinzipals schließt, wird der letztere dem Dritten gegenüber berechtigt und verpflichtet.[b]

Es ist gleichgültig, ob das Geschäft ausdrücklich im Namen des Prinzipals geschlossen worden ist, oder ob die Umstände[c] ergeben, daß es nach dem Willen der Kontrahenten für den Prinzipal geschlossen werden sollte.[d]

Zwischen dem Prokuristen oder Bevollmächtigten und dem Dritten erzeugt das Geschäft weder Rechte noch Verbindlichkeiten.[e]

a) Nicht jede in der Vollmacht ertheilte Form-Vorschrift ist als Bedingung der Verbindlichkeit des Auftraggebers aus dem materiell der Vollmacht entsprechenden Geschäft aufzufassen. Hat der Auftraggeber nicht ausdrücklich die Beobachtung der Form zur Bedingung der Gültigkeit gemacht, so ist die Form-Vorschrift nur für eine solche zu erachten, durch deren Beobachtung dem Dritten der Nachweis, daß das Geschäft für den Machtgeber geschlossen, erübrigt, durch deren Nichtbeobachtung ihm dieser Beweis aber nicht verschränkt wird. E. v. 1. Juni 1875. Entsch. XVIII S. 342.

b) Fällt das Geschäft an sich in den Bereich der Prokura oder Vollmacht, so muß der Prinzipal für Betrug und Versehen des Prokuristen oder Bevollmächtigten einstehen, wie ihm andererseits ein Irrthum des Prokuristen oder Bevollmächtigten, ein gegen denselben verübter Betrug oder Zwang zu statten kommt. — Die Handlung des Vertreters wird dem Vertretenen so zugerechnet, als wäre sie seine eigene. E. v. 18. Juni 1872. Entsch. VI S. 404.

Darauf, daß der Bevollmächtigte den ihm ertheilten Auftrag zum Abschluß des Geschäfts mißverstanden hat, kann sich der Prinzipal nicht berufen. E. v. 5. Nov. 1879. R.G. I S. 9.

c) Dahin gehören auch frühere Erklärungen des einen Kontrahenten. E. v. 15. Okt. 1870. Entsch. I S. 56.

*d) Wenn das Geschäft weder ausdrücklich im Namen des Prinzipals geschlossen ist, noch die Umstände eine dahin gehende Absicht der Kontrahenten ergeben, so entstehen Rechtsbeziehungen nur zwischen dem Bevollmächtigten und dem Dritten, mag letzterem auch das Bestehen des Vollmachtsverhältnisses bekannt gewesen sein. E. v. 28. Nov. 1871. Stg. V S. 3.

e) Die partikularrechtlichen Bestimmungen (§. 1318 des Sächs. Bürg. G.B.), wonach Beauftragte aus den von ihnen auftragsgemäß geschlossenen Rechtsgeschäften in beschränkter Weise haften, finden auf Prokuristen oder Handlungsbevollmächtigte nicht Anwendung. E. v. 2. März 1876. Entsch. XIX S. 325.

53. Der Prokurist oder der Handlungsbevollmächtigte kann ohne Einwilligung des Prinzipals seine Prokura oder Handlungsvollmacht auf einen Anderen nicht übertragen.

a) Substitutionsbefugniß. Der Art. 53 bezieht sich nur auf die Uebertragung der Prokura oder Handelsvollmacht im Ganzen. Einzelne Geschäfte oder Rechtshandlungen kann der Prokurist und der Handlungsbevollmächtigte mit verbindlicher Kraft für den Prinzipal insoweit und nur insoweit durch Dritte vornehmen lassen. als es sich um Geschäfte handelt, bei denen es auf die Persönlichkeit (die Geschicklichkeit und Zuverlässigkeit) des Bevollmächtigten nicht ankommt oder bei denen die Uebertragung der Ausführung auf Andere nach den Bedürfnissen des Verkehrs geboten oder nach kaufmännischen Gebräuchen üblich ist (vgl. Art. 47 H.G.B.). E. v. 5. Nov. 1891 Gruch. XXXVI S. 1156.

54. Die Prokura oder Handlungsvollmacht ist zu jeder Zeit widerruflich,[a] unbeschadet der Rechte aus dem bestehenden Dienstverhältnisse.

Der Tod des Prinzipals hat das Erlöschen der Prokura oder Handlungsvollmacht nicht zur Folge.[b]

a) Dies gilt auch dann, wenn vertragsmäßig auf den Widerruf verzichtet ist. E. v. 7. Mai 1878. Entsch. XXIII S. 326. — Bei der Widerruflichkeit der Prokura und Handlungsvollmacht kann es ein vertragsmäßiges Recht auf dieselbe nicht geben, E. v. 30. März 1872. Entsch. V S. 349, auch kein vertragsmäßiges Recht darauf, daß der Prinzipal einen bestimmten Dritten zum Prokuristen bestelle, E. v. 19. Nov. 1890 R.G. XXVII S. 35. — Vgl. Art. 194 Abs. 2 u. die Anm. zu demf.

Der Dritte, welcher nach den ihm gemachten Mittheilungen die Handlungsvollmacht als eine auf unbestimmte Zeit ertheilte ansehen mußte, kann, wenn keine sonstigen Umstände entgegenstehen, von der Fortdauer der Handlungsvollmacht ausgehen, so daß nur ein ihm bekannt gewordenes Erlöschen derselben die Haftung des Prinzipals ausschließt. E. v. 2. Mai 1883. R.G. XII S. 11.

b) Rechtsgeschäfte, welche ein Handlungsbevollmächtigter nach Eröffnung des Konkurses über das Vermögen des Prinzipals geschlossen hat, sind ungültig, selbst wenn der Handlungsbevollmächtigte keine Kenntniß von der Konkurs-Eröffnung hatte. E. v. 13. Sept. 1878. Entsch. XXIV S. 193.

55. Wer ein Handelsgeschäft als Prokurist oder als Handlungsbevollmächtigter schließt, ohne Prokura oder Handlungsvollmacht erhalten zu haben, ingleichen ein

Handlungsbevollmächtigter, welcher bei Abschluß eines Geschäfts seine Vollmacht überschreitet,[a] ist dem Dritten persönlich nach Handelsrecht verhaftet; der Dritte kann nach seiner Wahl ihn auf Schadensersatz oder Erfüllung belangen.

Diese Haftungspflicht tritt nicht ein, wenn der Dritte, ungeachtet er den Mangel der Prokura oder der Vollmacht oder die Ueberschreitung der letzteren kannte, sich mit ihm eingelassen hat.[b]

a) Vgl. Anm. d zu Art. 47.

b) Vgl. Anm. zu Art. 298. — Die Kenntniß des Dritten ist Seitens des in Anspruch genommenen Prokuristen oder Handlungsbevollmächtigten zu erweisen. E. v. 8. April 1875. Entsch. XVII S. 174.

56. Ein Prokurist oder ein zum Betriebe eines ganzen Handelsgewerbes bestellter Handlungsbevollmächtigter darf ohne Einwilligung des Prinzipals weder für eigene Rechnung, noch für Rechnung eines Dritten Handelsgeschäfte machen.

Eine Einwillung des Prinzipals ist schon dann anzunehmen, wenn ihm bei Ertheilung der Prokura oder der Vollmacht bekannt war, daß der Prokurist oder Handlungsbevollmächtigte für eigene oder fremde Rechnung Handelsgeschäfte betreibe, und er die Aufgebung dieses Betriebes nicht bedungen hat.

Uebertritt der Prokurist oder Handlungsbevollmächtigte diese Vorschrift, so kann der Prinzipal Ersatz des verursachten Schadens fordern. Auch muß sich der Prokurist oder Handlungsbevollmächtigte auf Verlangen des Prin-

zipals gefallen lassen, daß die für seine Rechnung gemachten Geschäfte als für Rechnung des Prinzipals geschlossen angesehen werden. [a]

a) Der Schlußsatz bezieht sich nur auf Geschäfte, die der Prokurist oder Handlungsbevollmächtigte für eigene Rechnung gemacht hat. Der Prinzipal kann also nicht Herausgabe der Provision verlangen, die der Handlungsbevollmächtigte durch den unbefugten Abschluß von Handelsgeschäften für Rechnung dritter Personen verdient hat. E. v. 8. Dez. 1882. R.G. VIII S. 48.

Ist der Prokurist Handlungsgehülfe (was nicht der Fall zu sein braucht), so findet außerdem auf ihn die Vorschrift des Art. 64 Ziff. 2 Anwendung. E. v. 16. Febr. 1875. Entsch. XVI S. 290.

Der Art. 56 setzt ein bestehendes Vollmachtsverhältniß voraus. Hat der Bevollmächtigte das Vollmachtsverhältniß gelöst, wenn auch einseitig und ohne Grund, so können die demnächst von ihm gemachten eigenen Geschäfte nicht als Geschäfte des der Lösung widersprechenden Prinzipals aufgefaßt werden. Es gilt dies auch dann, wenn der Rücktritt nur durch konkludente Handlungen erklärt und dem Prinzipal nicht kund gethan ist. Selbstverständlich giebt ein solches Verfahren des Bevollmächtigten dem Prinzipal Anspruch auf Schadensersatz. E. v. 9. Mai 1875. Entsch. XVI S. 169.

Vgl. Anm. zu Art. 97.

Sechster Titel. Von den Handlungsgehülfen. [a]

a) Auf Handlungsbevollmächtigte, die nicht zugleich Handlungsgehülfen sind, findet dieser Titel nicht Anwendung. — E. v. 8. Okt. 1872. Entsch. VII S. 298.

57. Die Natur der Dienste und die Ansprüche der Handlungsgehülfen (Handlungsdiener, Handlungslehr-

linge)[a] auf Gehalt und Unterhalt werden, in Ermangelung einer Uebereinkunft, durch den Ortsgebrauch oder durch das Ermessen des Gerichts, nöthigenfalls nach Einholung eines Gutachtens von Sachverständigen bestimmt.[b])

a) Unter Handlungsgehülfen im Sinne des Art. 57 u. folg können nur diejenigen Gewerbegehülfen verstanden werden, welche einem Kaufmann bei dem Betriebe des Handelsgewerbes kaufmännische Hülfsdienste leisten, also nicht diejenigen Gehülfen, welche ausschließlich bei der Be- oder Verarbeitung der Waaren durch technische Dienstleistungen thätig sind, ohne bei dem Ankauf oder der Veräußerung derselben und den übrigen, den Waarenumsatz betreffenden Geschäften, einschließlich der Comtoirarbeiten, mitzuwirken. Auf dergleichen Hülfspersonen (z. B. Koch eines Restaurateurs, Werkführer einer Fabrik) finden in der Regel die Vorschriften der Gewerbe-Ordnung (§§. 105 ff.) Anwendung. E. v. 6. Mai u. 11. Nov. 1873, 20. Juni 1874. Entsch. X S. 297, XI S. 387, XIV S. 114.

Der Berichterstatter einer Zeitung ist nicht Handlungsgehülfe des Verlegers (E. v. 19. Mai 1871. Entsch. XIV S. 23), der Kellner oder Oberkellner nicht Handlungsgehülfe des Gastwirths, dessen Handlungsbevollmächtigter er aber sein kann (E. v. 18. Sept. 1878. Entsch. XXIV S. 271).

Was kaufmännische Dienste sind, gehört zur thatsächlichen Feststellung, welche mit der Revision nicht angefochten werden kann. E. v 29. Mai 1875. Entsch. XVII S. 307 (der Richter zweiter Instanz hatte in dem durch dieses Urtheil entschiedenen Fall die Beschäftigung eines Bernstein-Sortirers als eine kaufmännische angesehen); ebenso R.G. E. v. 31. März 1880 Bd. I S. 268.

b) Die rechtliche Stellung eines Handlungsgehülfen erleidet durch die Zusicherung einer Quote des Reingewinns keine wesentliche Aenderung. Insbesondere hat ein solcher Handlungsgehülfe (employé intéressé) keinen Anspruch auf Stimme bei der Leitung des Geschäfts oder Einspruch gegen einzelne Unternehmungen des

Prinzipals, auch nicht auf Legung einer Verwaltungs-Rechnung. Er kann jedoch Mittheilung eines Gewinnnachweises und behufs Prüfung desselben Einsicht der Bücher, Papiere, Inventuren verlangen. E. v. 7. Jan. 1871. Entsch. I S. 194. — Dieses Recht verwirkt der am Gewinn betheiligte Handlungsgehülfe durch vertragswidriges Verhalten nicht. E. v. 15. Mai 1875. Entsch. XVII S. 275.

58. Ein Handlungsgehülfe ist nicht ermächtigt, Rechtsgeschäfte im Namen und für Rechnung des Prinzipals vorzunehmen.[a)]

Wird er jedoch von dem Prinzipal zu Rechtsgeschäften in dessen Handelsgewerbe beauftragt, so finden die Bestimmungen über Handlungsbevollmächtigte Anwendung.

a) Vgl. Anm. c zu Art. 47.

59. Ein Handlungsgehülfe darf ohne Einwilligung des Prinzipals weder für eigene Rechnung noch für Rechnung eines Dritten Handelsgeschäfte machen.

In dieser Beziehung kommen die für den Prokuristen und Handlungsbevollmächtigten geltenden Bestimmungen (Artikel 56.) zur Anwendung.[a)]

a) Vgl. die Anm. zu Art. 56.

60. Ein Handlungsgehülfe, welcher durch unverschuldetes Unglück an Leistung seines Dienstes zeitweise verhindert wird, geht dadurch seiner Ansprüche auf Gehalt und Unterhalt nicht verlustig. Jedoch hat er auf diese Vergünstigung nur für die Dauer von sechs Wochen Anspruch.

61. Das Dienstverhältniß zwischen dem Prinzipal und dem Handlungsdiener kann von jedem Theile mit

Ablauf eines jeden Kalendervierteljahres nach vorgängiger sechswöchentlicher Kündigung[a]) aufgehoben werden. Ist durch Vertrag eine kürzere oder längere Zeitdauer oder eine kürzere oder längere Kündigungsfrist bedungen, so hat es hierbei sein Bewenden.

In Betreff der Handlungslehrlinge ist die Dauer der Lehrzeit nach dem Lehrvertrage und in Ermangelung vertragsmäßiger Bestimmungen nach den örtlichen Verordnungen oder dem Ortsgebrauche zu beurtheilen.[b])

a) Eine bedingte Kündigung ist wirkungslos. E. v. 22. Dez. 1871. Entsch. IV S. 342.

b) Ueber die Folgen eines einseitigen Rücktritts vom Engagements-Vertrage schweigt das HGB. Es kommen die landesgesetzlichen Vorschriften in Anwendung. Vgl. Anm. zu Art 62.

In Preußen greift der Art. 408 Th. I Tit. 5 ALR. Platz, wonach jeder Theil unter der Behauptung, daß der andere Theil die Erfüllung nicht vertragsmäßig geleistet habe, zurücktreten kann und wenn die Behauptung sich als falsch erweist, nur zur Entschädigung, nicht zur Erfüllung des Vertrages verpflichtet ist. E. v. 5. Mai 1874. Entsch. XIII S. 221.

Daher hat auch der Lehrherr nach Preuß. Rechte nicht einen erzwingbaren Anspruch auf Fortsetzung des Lehrverhältnisses. E. v. 26. Sept. 1874. Entsch. XIV S. 208 (vgl. IX S. 282).

Nach Mecklenburgischem Rechte kann der Lehrherr im Wege der Klage die Zurückschaffung des (mit oder ohne Einwilligung seines Vaters) fortbleibenden Lehrlings verlangen. E. v. 14. Febr. 1872. Entsch. V S. 143 (vgl. II S. 134).

Ein Handlungsgehülfe vergiebt sich den Anspruch auf Schadensersatz nicht, wenn er der bestimmt ausgesprochenen Dienstausweisung ohne Widerrede Folge leistet, ohne sich zu ferneren Dienstleistungen anzubieten. — Eine anderweite Verwerthung seiner Arbeitskraft muß er sich anrechnen lassen. Vgl. E. v. 12. Mai 1871, Stg. III S. 144, Entsch. II S. 284. (Die Entscheidung bezieht sich zunächst auf Sächsisches Recht.)

Der Vater, welcher einen Lehrvertrag geschlossen hat, ohne ausdrücklich zu erklären, daß er nur in Stellvertretung seines Sohnes handle, ist als Selbstkontrahent zu betrachten. Er hat dafür einzustehen, daß der Sohn bis zur Beendigung der Lehrzeit ausharre; mindestens ist er verpflichtet, vermöge der ihm über seinen Sohn zustehenden väterlichen Gewalt dem Lehrherrn in der Durchführung seiner Ansprüche aus dem Lehrvertrage behülflich zu sein. Dieser Verpflichtung handelt er zuwider, wenn er zugiebt, daß der Sohn in ein anderes Geschäft eintritt. E. v. 25. März u. 28 April 1874. Entsch. XIII S. 106. XIV S. 18. Ein nicht vom Vater des Lehrlings, aber Namens desselben geschlossener Lehrvertrag gilt als von jenem geschlossen und verpflichtet ihn also persönlich, wenn er — der Vater des Lehrlings — durch sein Verhalten den Lehrherrn zu der Annahme berechtigt, daß er mit dem Vertrage einverstanden sei. E. v. 24. Mai 1875. Entsch. XVII S. 395.

Der im Fall unberechtigter Aufhebung zu leistende Schadensersatz umfaßt gemäß Art. 283 auch den entgangenen Gewinn. E. v. 28. April 1874. Entsch. XIV S. 19.

Bei vorzeitiger Aufhebung eines Lehrverhältnisses hat der Prinzipal einen Anspruch auf Erstattung desjenigen Aufwandes, welcher ihm durch die Besoldung eines an Stelle des Lehrlings angenommenen Kommis erwächst. E. v. 26. Sept. 1870 u. 25. März 1874. Entsch. I S. 32 und XIII S. 106.

Auch der Lehrherr, welcher ohne Grund den Lehrling vor Ablauf der Lehrzeit entläßt, ist verpflichtet, denselben vollständig schadlos zu halten. E. v. 4. Okt. 1874. Entsch. VII S. 277.

Der vom Vertrage zurücktretende Vater des Lehrlings hat einen Anspruch auf Erstattung eines entsprechenden Theiles des Lehrgeldes. Der Lehrherr kann jedoch seine Schadensansprüche zur Kompensation stellen. E. v. 26. Sept. 1874. Entsch. XIV S. 208.

62. Die Aufhebung des Dienstverhältnisses vor der bestimmten Zeit (Artikel 61.) kann aus wichtigen Gründen von jedem Theile verlangt werden.

Die Beurtheilung der Wichtigkeit der Gründe bleibt dem Ermessen des Richters überlassen.[a]

a) Die in den Art. 63 u. 64 aufgeführten Fälle sind nur Beispiele, die unter Umständen geeignet sind, dem Richter bei Ausübung seines freien Ermessens einen gewissen Anhalt zu bieten. — E. v. 12. Mai 1871. Entsch. II S. 84; Entsch. v. 29. Nov. 1871. Entsch. IV S. 398; E. v. 1. Juni 1872. Entsch. VI S. 214.

Ob Konkurs-Eröffnung über das Vermögen des Handlungsgehülfen Entlassungsgrund ist, hängt von der Wichtigkeit der Stellung des Handlungsgehülfen ab. E. v. 4. Juni 1875. Entsch. XVIII S 24. In diesem Urtheil bejaht das ROHG. die Frage in Bezug auf einen technischen Direktor einer bedeutenden Fabrik, „weil zu einer gedeihlichen Verwaltung seines Vorsteher-Amtes das allseitige volle Ansehen im öffentlichen Leben unerläßlich sei". — Das RG. hat in dem durch E. v. 5. März 1884 (XII S. 102) entschiedenen Fall den Prinzipal für berechtigt erachtet, den Vertrag mit einem zur selbständigen Verwaltung einer auswärtigen Filiale angenommenen Prokuristen aufzuheben, weil dieser seine zerrütteten Vermögensverhältnisse dem Prinzipal betrüglich verheimlicht hatte (pr. R.). — In dem E. v. 24. Febr. 1877 (Entsch. XXI S. 395) erklärt das ROHG. die Entlassung eines Handlungsreisenden für gerechtfertigt, der, trotz der ihm eingeschärften Vorsicht bei Aufnahme von Verträgen, Bestellungen als feste aufgegeben hatte, von denen sich später herausstellte, daß sie solche nicht waren.

Im Prozesse können auch Gründe geltend gemacht werden, welche bei der Entlassung selbst nicht angegeben waren. E. v. 7. Nov. 1876. Entsch. XXI S. 252. — Frühere bereits verziehene Vorgänge allein können die Dienstentlassung nicht begründen. Es kann aber beim Eintritt einer neuen Pflichtwidrigkeit auf sie zurückgegangen werden, um zu beurtheilen, ob das Gesammtverhalten des Handlungsgehülfen genügenden Grund zur Dienstentlassung gab. E. v. 27. April 1875. Entsch. XVII S. 221.

Die Erheblichkeit eines vorgebrachten Grundes läßt sich häufig nicht von vornherein, sondern erst bemessen, wenn er im Beweisverfahren im Einzelnen dargethan ist. Der Beweisbeschluß kann deshalb allgemein gefaßt sein. E. v. 20. Nov. 1875. Entsch. XIX S. 113.

Das Recht zur Entlassung von Handlungsgehülfen kann nur nach Art. 62, 64 HGB., nicht nach Landesrecht beurtheilt werden. E. v. 4. Juni 1875. Entsch. XVIII S. 28. — Es ist nicht richtig, daß nur dolus oder culpa lata des Handlungsgehülfen zu seiner Entlassung berechtige. E. v. 7. Nov. 1876. Entsch. XXI S. 252.

Die Frage, ob eine Dienstwidrigkeit wichtig genug ist, um die vorzeitige Aufhebung des Dienstverhältnisses zu rechtfertigen, ist eine That-, nicht eine Rechtsfrage. E. v. 6. Mai 1873. Entsch. X S. 105.

Der Vater eines Lehrlings ist zur Aufhebung des Lehrvertrages berechtigt, wenn der Lehrherr sich in so gestörten häuslichen Verhältnissen befindet, daß die gute Erziehung des Sohnes gefährdet erscheint, mag dies selbst dem Vater bei Eingehung des Lehrvertrages schon bekannt gewesen sein. E. v. 25. März 1874. Entsch. XIII S. 109.

Unzeitige Aufhebung des Vertragsverhältnisses giebt nach pr. R. nur einen Anspruch auf Entschädigung, nicht auf Erfüllung. Die Klage des Bediensteten auf Fortzahlung des Gehalts ist als Schadensklage anzusehen. Die vertragsmäßige Vergütung bildet den Maßstab für das vom Prinzipal zu leistende Erfüllungs-Interesse. Die Einrede, der entlassene Handlungsgehülfe habe sich anderweiten Erwerb verschafft, ist von dem belangten Prinzipal zu beweisen. E. v. 27. April u. 25. Juni 1875. Entsch. XVII S. 221 u. XVIII S. 370.

Der aus wichtigen Gründen vom Vertrage Zurücktretende hat Anspruch auf Ersatz des ihm durch den Rücktritt erwachsenden Schadens. E. v. 28. April 1874. Entsch. XIV S. 21.

63. **Gegen den Prinzipal kann insbesondere die Aufhebung des Dienstverhältnisses ausgesprochen werden, wenn derselbe den Gehalt oder den gebührenden Unterhalt nicht gewährt, oder wenn er sich thätlicher Miß-**

handlungen oder schwerer Ehrverletzungen gegen den Handlungsgehülfen schuldig macht.[a)]

a) Ob bei einem Wechsel der Geschäfts-Inhaber der Bedienstete das Dienstverhältniß fortsetzen muß, oder Aufhebung des Dienstverhältnisses und Schadensersatz verlangen kann, ist nach der Lage des einzelnen Falls zu entscheiden. Ist nach der Lage des Falls anzunehmen, daß durch den Uebergang des Geschäfts eine wesentliche Aenderung des Vertragsinhalts nicht stattfindet, so muß sich der Handlungsgehülfe die Vertragserfüllung Seitens des neuen Geschäfts-Inhabers als die ihm im Vertrage gewährleistete gefallen lassen. E. v. 25. Juni 1875. Entsch. XVIII S. 374.

64. Gegen den Handlungsgehülfen kann insbesondere[a)] die Aufhebung des Dienstverhältnisses ausgesprochen werden:

1) wenn derselbe im Dienste untreu ist oder das Vertrauen mißbraucht;
2) wenn derselbe ohne Einwilligung des Prinzipals für eigene Rechnung oder für Rechnung eines Dritten Handelsgeschäfte macht;[b)]
3) wenn derselbe seine Dienste zu leisten verweigert oder ohne einen rechtmäßigen Hinderungsgrund[c)] während einer den Umständen nach erheblichen Zeit unterläßt;
4) wenn derselbe durch anhaltende Krankheit oder Kränklichkeit oder durch eine längere Freiheitsstrafe oder Abwesenheit an Verrichtung seiner Dienste verhindert wird;
5) wenn derselbe sich thätlicher Mißhandlungen oder erheblicher Ehrverletzungen[d)] gegen den Prinzipal schuldig macht;

6) wenn derselbe sich einem unsittlichen Lebenswandel ergiebt.

a) Vgl. Anm. zu Art. 62.

b) Vgl. Anm. zu Art. 56.

c) Das Nichtvorhandensein eines rechtmäßigen Hinderungsgrundes hat der Prinzipal nachzuweisen, wenn er darauf seine Berechtigung zur vorzeitigen Entlassung des Handlungsgehülfen stützt. — E. v 28. Sept. 1872. Entsch. VII S. 262.

d) Auch wenn frühere Ehrverletzungen ungerügt geblieben sind. E. v. 26. März 1892. Gruch. XXXVI S. 1159.

65. Hinsichtlich der Personen, welche bei dem Betriebe des Handelsgewerbes Gesindedienste verrichten, hat es bei den für das Gesindedienstverhältniß geltenden Bestimmungen sein Bewenden.

Siebenter Titel. Von den Handelsmäklern oder Sensalen.

Hierzu Art. 9 des E. f. Pr.

66. Die Handelsmäkler (Sensale) sind amtlich bestellte Vermittler für Handelsgeschäfte.[a)]

Sie leisten vor Antritt ihres Amtes den Eid, daß sie die ihnen obliegenden Pflichten getreu erfüllen wollen.[b)]

a) Der Mäkler, als solcher, übermittelt den Konsens der einen Partei der andern; er erklärt jedoch den Konsens nicht im Namen oder als Vertreter der Partei; der Mäkler schließt nicht ab, sondern bekundet den Abschluß.

Auf denjenigen, der als Mäkler auftritt, ohne einen Auftrag zur Geschäftsvermittelung zu haben, finden daher nicht die Bestimmungen des Art. 298 Abs. 2, Art. 53, sondern die des Art. 81 Anwendung. E. v. 12. Jan. 1872. Entsch. IV S. 412.

Auch der Mäkler, welcher einen Kauf „mit vorbehaltener Aufgabe des Käufers" abgeschlossen hat und den Käufer innerhalb der bedungenen oder angemessenen Frist nicht aufgiebt, kann nicht auf Erfüllung, sondern nur auf Schadensersatz belangt werden, es sei denn, daß nach Lage des Falls als von den Parteien gewollt anzunehmen ist, daß der Mäkler als wirklicher Käufer auftreten und nur die Befugniß haben soll, an seiner Stelle einen Anderen als Käufer zu präsentiren. E. v. 5. Nov. 1887, RG. XX S. 37. — Der in einem solchen Falle vom Mäkler aufgegeben Käufer hat gegen den Verkäufer einen unmittelbaren Anspruch auf Erfüllung. Es ist jedoch als vom Verkäufer stillschweigend bedungen anzunehmen, daß gegen den aufzugebenden Käufer sich weder hinsichtlich der Zahlungsfähigkeit noch sonst Einreden erheben lassen, welche unter den Gesichtspunkt einer exceptio doli im weiteren Sinne fallen. E. v. 28. Sept. 1889, RG. XXIV S. 64.

Das durch den Mäkler vermittelte Geschäft wird erst perfekt, wenn der Mäkler den Gegenkontrahenten dem Auftraggeber genannt und letzterer ihn genehmigt hat. — Ist dem Mäkler die Waare nur auf bestimmte Zeit an die Hand gegeben, so muß die Nennung des Käufers durch den Mäkler innerhalb dieser Frist erfolgen. E. v. 17. Sept. 1872. Entsch. VII S. 104.

Nach Art. 272 Ziff. 4 sind die amtlichen Geschäfte der Handelsmäkler nicht Handelsgeschäfte.

b) Die Vorschrift der Beeidigung ist nur instruktionell. E. v. 10. Nov. 1886, RG. XVIII S. 91, vgl. Anm. e zu Art. 343.

67. Die Handelsmäkler vermitteln für Auftraggeber Käufe und Verkäufe über Waaren, Schiffe, Wechsel, inländische und ausländische Staatspapiere, Aktien und andere Handelspapiere, ingleichen Verträge über Versicherungen, Bodmerei, Befrachtung und Miethe von Schiffen, sowie über Land- und Wassertransporte und andere den Handel betreffende Gegenstände.

Durch die übertragene Geschäftsvermittelung ist ein Handelsmäkler noch nicht als bevollmächtigt anzusehen, eine Zahlung oder eine andere im Vertrage bedungene Leistung in Empfang zu nehmen.[a])

a) Vgl. E. v. 25. Okt. 1873. Entsch. X S. 241.

68. Die Anstellung der Handelsmäkler geschieht entweder im Allgemeinen für alle Arten von Mäklergeschäften oder nur für einzelne Arten derselben.

69. Die Handelsmäkler haben insbesondere folgende Pflichten:

1) sie dürfen für eigene Rechnung keine Handelsgeschäfte machen, weder unmittelbar noch mittelbar, auch nicht als Kommissionaire, sie dürfen für die Erfüllung der Geschäfte, welche sie vermitteln, sich nicht verbindlich machen oder Bürgschaft leisten, alles dies unbeschadet der Gültigkeit der Geschäfte;
2) sie dürfen zu keinem Kaufmann in dem Verhältnisse eines Prokuristen, Handlungsbevollmächtigten oder Handlungsgehülfen stehen;
3) sie dürfen sich nicht mit anderen Handelsmäklern zu einem gemeinschaftlichen Betriebe der Mäklergeschäfte oder eines Theiles derselben vereinigen; zur gemeinschaftlichen Vermittelung einzelner Geschäfte sind sie unter Zustimmung der Auftraggeber befugt;
4) sie müssen die Mäklerverrichtungen persönlich betreiben und dürfen sich zur Abschließung der Geschäfte eines Gehülfen nicht bedienen;

5) sie sind zur Verschwiegenheit über die Aufträge, Verhandlungen und Abschlüsse verpflichtet, soweit nicht das Gegentheil durch die Parteien bewilligt oder durch die Natur des Geschäfts geboten ist;

6) sie dürfen zu keinem Geschäfte die Einwilligung der Parteien oder deren Bevollmächtigten anders annehmen, als durch ausdrückliche und persönliche Erklärung; es ist den Mäklern weder erlaubt, von Abwesenden Aufträge zu übernehmen, noch sich zur Vermittelung eines Unterhändlers zu bedienen.

70. Handelsmäklern, welche Schiffsmäkelei betreiben, kann gestattet werden, den Schiffern im Einziehen und Vorschießen der Frachten und Unkosten als Abrechner oder in anderer ortsüblicher Weise Hülfsdienste zu leisten.

71. Der Handelsmäkler muß außer seinem Handbuche ein Tagebuch führen, in welches letztere alle abgeschlossenen Geschäfte täglich einzutragen sind. Das Eingetragene hat er täglich zu unterzeichnen.

Das Tagebuch muß vor dem Gebrauche Blatt für Blatt mit fortlaufenden Zahlen bezeichnet und der vorgesetzten Behörde zur Beglaubigung der Zahl der Blätter vorgelegt werden.

72. Die Eintragungen in das Tagebuch müssen die Namen der Kontrahenten, die Zeit des Abschlusses, die Bezeichnung des Gegenstandes und die Bedingungen des Geschäfts, insbesondere bei Verkäufen von Waaren die

Gattung und Menge derselben, sowie den Preis und die Zeit der Lieferung enthalten.

Die Eintragungen müssen in Deutscher Sprache, oder, sofern die Geschäftssprache des Ortes eine andere ist, in dieser geschehen; sie müssen nach Ordnung des Datums und ohne leere Zwischenräume erfolgen.

Die Bestimmungen über die Einrichtung der Handelsbücher (Artikel 32.) finden auch auf das Tagebuch des Mäklers Anwendung.

73. Der Handelsmäkler muß ohne Verzug nach Abschluß des Geschäfts jeder Partei eine von ihm unterzeichnete Schlußnote, welche die in dem vorhergehenden Artikel als Gegenstand der Eintragung bezeichneten Thatsachen enthält, zustellen.

Bei Geschäften, welche nicht sofort erfüllt werden sollen, ist die Schlußnote den Parteien zu ihrer Unterschrift zuzustellen und jeder Partei das von der anderen unterschriebene Exemplar zu übersenden.

Verweigert eine Partei die Annahme oder Unterschrift der Schlußnote, so muß der Handelsmäkler davon der anderen Partei ohne Verzug Anzeige machen.[a)]

a) Eine Präsumtion aus der Annahme des Schlußscheins für die Genehmigung des Geschäftsabschlusses stellt Art. 73 nicht auf. E. v. 30. Mai 1874. Entsch. XIII S. 292.

74. Der Handelsmäkler ist verpflichtet, den Parteien zu jeder Zeit auf Verlangen beglaubigte Auszüge aus dem Tagebuche zu geben, die Alles enthalten müssen, was von dem Mäkler in Ansehung des die Parteien angehenden Geschäfts eingetragen ist.

75. Wenn ein Handelsmäkler stirbt oder aus dem Amte scheidet, so ist sein Tagebuch bei der Behörde niederzulegen.

76. Der Abschluß eines durch Handelsmäkler vermittelten Vertrages ist von der Eintragung desselben in das Tagebuch oder von der Aushändigung der Schlußnoten unabhängig.

Diese Thatsachen dienen nur zum Beweise des abgeschlossenen Vertrages.

77. }
78. } aufgehoben.*)

79. Im Laufe eines Rechtsstreits kann der Richter, selbst ohne Antrag einer Partei, die Vorlegung des Tagebuchs verordnen, um dasselbe einzusehen und mit

*) Vgl. Anm. *) auf S. 53. Die aufgehobenen Artikel lauteten:

„77. Das ordnungsmäßig geführte Tagebuch, sowie die Schlußnoten eines Handelsmäklers liefern in der Regel den Beweis für den Abschluß des Geschäfts und dessen Inhalt.

Jedoch hat der Richter nach seinem durch die Erwägung aller Umstände geleiteten Ermessen zu entscheiden, ob dem Inhalte des Tagebuchs und der Schlußnoten ein geringeres Gewicht beizulegen, ob die eidliche Bestärkung durch den Mäkler oder andere Beweise zu fordern, ob insbesondere die Weigerung einer Partei, die Schlußnote anzunehmen oder zu unterzeichnen, für Beurtheilung der Sache von Erheblichkeit sei.

78. Das Tagebuch eines Handelsmäklers, bei dessen Führung Unregelmäßigkeiten vorgefallen sind, kann als Beweismittel nur insoweit berücksichtigt werden, als dieses nach der Art und Bedeutung der Unregelmäßigkeiten, sowie nach Lage der Sache als geeignet erscheint."

der Schlußnote, den Auszügen und anderen Beweismitteln zu vergleichen.

(Der Abs. 2 ist aufgehoben.)*)

80. Der Handelsmäkler muß, sofern nicht die Parteien ihm dieses erlassen haben oder der Ortsgebrauch mit Rücksicht auf die Gattung der Waare davon entbindet, von jeder durch seine Vermittelung nach Probe verkauften Waare die Probe, nachdem er dieselbe Behufs der Wiedererkennung gezeichnet hat, so lange aufbewahren, bis die Waare ohne Einwendung gegen ihre Beschaffenheit angenommen, oder das Geschäft in anderer Weise erledigt ist.

81. Jedes Verschulden des Handelsmäklers berechtigt die dadurch beschädigte Partei, Schadloshaltung von ihm zu fordern.[a]

a) Der Mäkler, auch der nicht amtlich bestellte, ist, wenn er sich über den vermeintlichen Konsens der Kontrahenten schuldbarer Weise geirrt hat, der dadurch beschädigten Partei zur Schadloshaltung verpflichtet. E. v. 12. Jan. 1872. Entsch. IV S. 412.

82. Der Handelsmäkler hat die Mäklergebühr (Sensarie) zu fordern, sobald das Geschäft geschlossen und, wenn es ein bedingtes war, unbedingt geworden und von ihm seiner Verpflichtung wegen Zustellung der Schlußnoten Genüge geschehen ist, unbeschadet anderweiter Bestimmung durch örtliche Verordnungen oder durch Ortsgebrauch.

---

*) Vgl. Anm. *) auf S. 48. Der aufgehobene Satz lautete: „Die Vorschrift des Artikels 39 findet auch in Bezug auf die Vorlegung des Tagebuchs Anwendung."

Ist das Geschäft nicht zum Abschlusse gekommen, oder nicht zu einem unbedingten geworden, so kann für die Unterhandlungen keine Mäklergebühr gefordert werden.[a)]

Der Betrag der Mäklergebühr wird durch örtliche Verordnungen geregelt; in Ermangelung derselben entscheidet der Ortsgebrauch.

a) Für bloße Bemühungen ist ein Entgelt nicht zu entrichten, er sei denn bedungen worden oder ortsüblich.

Die Frage, ob dem Mäkler die versprochene oder übliche Vermittlungsgebühr auch in dem Falle zu entrichten sei, wenn der Abschluß des von ihm ausreichend vorbereiteten Geschäfts von dem Auftraggeber selbst mit arglistiger Umgehung des Mäklers bewirkt wird, ist im HGB. absichtlich offen gelassen und muß nach Lage der Sache unter Berücksichtigung der Gesammtheit der Umstände entschieden werden. E. v. 14. Okt. 1873. Entsch. XI S. 198.

Ueber die Ansprüche eines Mäklers, den ein anderer Mäkler zur Ausführung des ihm gewordenen Auftrages zugezogen hat, vgl. E. v. 25. Juni 1887, RG. XVIII S. 163.

83. Ist unter den Parteien nichts darüber vereinbart, wer die Mäklergebühr bezahlen soll, so ist dieselbe in Ermangelung örtlicher Verordnungen oder eines Ortsgebrauchs von jeder Partei zur Hälfte zu entrichten.[a)]

a) Mäkler sind daher auch befugt, zur Vermittelung eines Kaufgeschäfts Aufträge beider Kontrahenten aufzunehmen. — E. v. 14. Sept. 1872. Entsch. VII S. 90. — Selbst ein kollidirendes Interesse der beiden auftraggebenden Parteien steht dem Anspruch auf die Vermittlergebühr nicht entgegen, wenn die Partei bei Ertheilung des Auftrages das kollidirende Interesse des anderen Auftraggebers kannte. E. v. 29. Jan. 1881. RG. IV S. 224.

84. Ueber die Anstellung der Handelsmäkler und über die Bestrafung der von ihnen im Berufe begangenen

Pflichtverletzungen das Erforderliche zu bestimmen, bleibt den Landesgesetzen überlassen.

Den Landesgesetzen bleibt vorbehalten, die Vorschriften dieses Titels nach Maaßgabe der örtlichen Bedürfnisse zu ergänzen; es kann insbesondere den Handelsmäklern das ausschließliche Recht zur Vermittelung von Handelsgeschäften beigelegt werden.

Auch kann in den Landesgesetzen oder in örtlichen Verordnungen der in diesem Titel den Handelsmäklern zugewiesene Kreis von Amtsverrichtungen und Befugnissen (Artikel 67. 70.) oder der Umfang ihrer Pflichten (Artikel 69.) erweitert oder eingeschränkt werden.

Zweites Buch. Von den Handelsgesellschaften.

Das Handelsgesetzbuch hat nicht beabsichtigt, erschöpfend die Formen festzustellen, unter welchen ein Handelsgeschäft unter Betheiligung mehrerer Personen betrieben werden kann. Es findet nur auf diejenigen Gesellschaften Anwendung, bei denen die durch dieses Gesetzbuch festgesetzten Merkmale der einzelnen dort behandelten Gesellschaften zutreffen. Wo dies nicht der Fall ist, kommen die Grundsätze des bürgerlichen Rechts zur Anwendung. E. v. 16. Jan. 1878. Entsch. XXIII S. 167.

Erster Titel. Von der offenen Handelsgesellschaft.

Die offene Handelsgesellschaft hat keine besondere Persönlichkeit; sie ist keine juristische Person; das Gesellschaftsvermögen wird jedoch als eine, zwar den Gesellschaftern gehörende, aber von ihrem sonstigen Vermögen gesonderte Vermögenseinheit, als ein juristisches Ganze angesehen. Vgl. u. A. E. v. 28. Jan. 1873, 4. Febr. 1874, 13. Mai 1879, Entsch. IX S. 17, XII S. 261, XXV S. 126 u. 8. Dez. 1880 u. 28. April 1886, RG. III S. 57, XVI S. 2.

Erster Abschnitt.

Von der Errichtung der Gesellschaft.

85. Eine offene Handelsgesellschaft ist vorhanden, wenn zwei oder mehrere Personen a) ein Handelsgewerbe b) unter gemeinschaftlicher Firma c) betreiben und bei keinem der Gesellschafter die Betheiligung auf Vermögenseinlagen beschränkt ist. d)

Zur Gültigkeit des Gesellschaftsvertrages bedarf es der schriftlichen Abfassung oder anderer Förmlichkeiten nicht. e)

a) Personen d. h. physische P. Eine offene Handelsgesellschaft kann nicht Gesellschafter einer anderen offenen Handelsgesellschaft sein. Beschl. d. KG. v. 16. Febr. 1891. Joh. XI S. 17.

b) Handelsgewerbe, nicht Kleingewerbe (vgl. Art. 10) oder Handwerk. E. v. 13. Mai 1871. Stg. III S. 48, Entsch. II S. 123.

Ein Handelsgewerbe liegt nur vor, wenn sich der Geschäftsbetrieb auf Handelsgeschäfte erstreckt. Gesellschaften, deren Gewerbebetrieb sich auf die Bearbeitung oder Verarbeitung selbstgewonnener Produkte oder auf unbewegliche Sachen oder auf Bestandtheile unbeweglicher Sachen beschränkt (wie Vereinigungen zum Zwecke der Ziegelfabrikation, der Ausnutzung eines Steinbruches) sind keine Handelsgesellschaften. — Entsch. IX S. 189, XI S. 263, XIII S. 143 u. 384, XIV S. 236.

Briefbeförderung als Handelsgewerbe, vgl. Anm. zu Art. 272 Ziff. 3 und zu Art. 390.

c) Geschäftsführung unter einem Kollektivnamen ist wesentliches Erforderniß, sonst liegt eine nach bürgerlichem Rechte zu beurtheilende Erwerbsgesellschaft vor. E. v. 13. April u. 16. Dez. 1872. Entsch. V S. 388, VIII S. 248.

d) Die nämlichen Personen können mehrere selbständige Rechtsobjekte mit selbständigem Vermögen begründen. Diese mehreren Gesellschaften können auch dieselbe Firma führen, wenn sie sich nur dem Publikum gegenüber als verschiedene Rechtssubjekte bestimmt kennzeichnen, und dies trifft zu, wenn ihr Sitz ein verschiedener ist und an jedem der Sitze ein selbständiger Geschäftsbetrieb stattfindet. E. v. 14. März 1886, RG. XVI S. 17. — Vgl. Anm. c zu Art. 119.

e) Die Formfreiheit bezieht sich auf alle Vereinbarungen, welche der Abschluß des Gesellschaftsvertrages seiner Natur nach mit sich bringt, also auch auf die Abrede, daß die Einlage eines Gesellschafters in einem Grundstücke besteht. Die landesgesetzlichen Bestimmungen, welche die Gültigkeit der Verträge über Grundstücke von der Beobachtung einer gewissen Form abhängig machen (z. B. Art. 14 des Baier. Notariatsgesetzes vom 10. Nov. 1861) sind dem Art. 85 HGB. gegenüber nicht anwendbar. — Der Uebergang des Eigenthums einzubringender Liegenschaften hängt von der Beobachtung der landesgesetzlich vorgeschriebenen Förmlichkeiten ab. E. v. 20. Febr. 1885, RG. XIII S. 2.

Eine Handelsgesellschaft kann nur durch Vertrag entstehen, der Vertrag kann aber auch stillschweigend durch ein gewisses thatsächliches Verhalten abgeschlossen werden. In der Fortführung eines Handelsgewerbes durch die Erben des verstorbenen Inhabers unter der bisherigen Firma und der Bestellung eines der Miterben zum ausschließlichen Vertreter der Firma ist der stillschweigende Abschluß einer Handelsgesellschaft noch nicht zu finden. Ein solcher kann erst angenommen werden, wenn die gemeinsame Betreibung des ererbten Geschäfts entweder auf längere oder unbestimmte Zeit verabredet oder thatsächlich länger, als zur Abwickelung und Auseinandersetzung in Betreff der Erbschaft erforderlich ist, fortgesetzt wird. — E. v. 15. Okt. 1873. Entsch. XI S. 101. E. v. 22. Dez. 1883, RG. X. S. 101. — Durch die Abrede, daß das von einem Einzelkaufmann betriebene Handelsgeschäft von seiner Wittwe und Kindern nach den Regeln der fortgesetzten Gütergemeinschaft fortgeführt werden soll, wird zwischen der Wittwe und den Kindern eine offene Handelsgesellschaft nicht errichtet. E. v. 16. Jan. 1878. Entsch. XXIII S. 166. Vgl. Anm. zu Art. 123 Ziff. 2 u. Anm. d zu Art. 129.

86. Die Errichtung einer offenen Handelsgesellschaft ist von den Gesellschaftern bei dem Handelsgerichte, in dessen Bezirk die Gesellschaft ihren Sitz hat, und bei jedem Handelsgerichte, in dessen Bezirk sie eine Zweigniederlassung hat, Behufs der Eintragung [a] in das Handelsregister anzumelden.

Die Anmeldung muß enthalten:

1) den Namen, Vornamen, Stand und Wohnort jedes Gesellschafters;
2) die Firma der Gesellschaft und den Ort, wo sie ihren Sitz hat;
3) den Zeitpunkt, mit welchem die Gesellschaft begonnen hat;
4) im Falle vereinbart ist, daß nur einer oder einige der Gesellschafter die Gesellschaft vertreten sollen, [b] die Angabe, welcher oder welche dazu bestimmt sind, ingleichen, ob das Recht nur in Gemeinschaft [c] ausgeübt werden soll.

a) Die Eintragung der Errichtung einer Handelsgesellschaft ist auch nach deren Auflösung zum Zweck der Eintragung der Auflösung zulässig. E. v. 3. April 1878. Entsch. XXIII S. 227.

b) Es ist zulässig, daß alle Gesellschafter von der Befugniß zur Vertretung der Gesellschaft ausgeschlossen werden. Vgl. Beschl. des KG. v. 28. April 1890. Joh. X S. 27.

c) Die Anordnung einer Kollektivzeichnung schließt die einer Kollektivvertretung in sich. E. v. 1. Febr. 1889. RG. XXIV S. 27.

87. Wenn die Firma einer bestehenden Gesellschaft geändert oder der Sitz der Gesellschaft an einen anderen Ort verlegt wird, oder wenn neue Gesellschafter in dieselbe eintreten, oder wenn einem Gesellschafter die Befugniß, die Gesellschaft zu vertreten (Artikel 86. Ziff. 4.), nachträglich ertheilt, oder wenn eine solche Befugniß aufgehoben wird, so sind diese Thatsachen bei dem Handelsgerichte Behufs der Eintragung in das Handelsregister anzumelden.

Bei der Aenderung der Firma, bei der Verlegung des Sitzes der Gesellschaft und bei der Aufhebung der Vertretungsbefugniß richtet sich die Wirkung gegen Dritte [a]) in den Fällen der geschehenen oder der nicht geschehenen Eintragung und Bekanntmachung nach den Bestimmungen des Artikels 25.

a) Die „dritten Personen" bilden nach dem durchgehenden Sprachgebrauch des HGB. überall den Gegensatz zum Prinzipal, mag derselbe Einzelkaufmann oder eine Gesellschaft sein. Es ist daher Jeder darunter zu verstehen, der mit dem Prinzipal oder dessen Vertreter kontrahirt. E. v. 14. Mai 1872. Entsch. VI S. 141. Vgl. Anm. a zu Art. 231.

88. Die Anmeldungen (Artikel 86. 87.) müssen von allen Gesellschaftern persönlich vor dem Handelsgerichte unterzeichnet oder in beglaubigter Form eingereicht werden. Sie sind ihrem ganzen Inhalte nach in das Handelsregister einzutragen.

Die Gesellschafter, welche die Gesellschaft vertreten sollen, haben die Firma nebst ihrer Namensunterschrift persönlich vor dem Handelsgerichte zu zeichnen oder die Zeichnung derselben in beglaubigter Form einzureichen.

89. Das Handelsgericht hat die Betheiligten zur Befolgung der vorstehenden Anordnungen (Artikel 86—88.) von Amtswegen durch Ordnungsstrafen anzuhalten.

Zweiter Abschnitt.

Von dem Rechtsverhältniß der Gesellschafter unter einander.

90. Das Rechtsverhältniß der Gesellschafter unter einander richtet sich zunächst nach dem Gesellschaftsvertrage.

Soweit über die in den nachfolgenden Artikeln dieses Abschnitts berührten Punkte keine Vereinbarung getroffen ist, kommen die Bestimmungen dieser Artikel zur Anwendung.[a]

a) Hierbei wird jedoch der Abschluß des wirklichen Gesellschaftsvertrages vorausgesetzt. Auf den Vorvertrag zur Eingehung einer Gesellschaft (pactum de ineunda societate) finden die nachfolgenden Artikel nur Anwendung, wenn dies verabredet worden ist.

Eine solche Abrede oder eine besondere Feststellung der einzelnen Bedingungen des Gesellschaftsvertrages ist zur Gültigkeit des Vertrages erforderlich. E. v. 8. Febr. 1873. Entsch. IX S. 38.

91. Wenn Geld oder andere verbrauchbare oder vertretbare Sachen, oder wenn unverbrauchbare oder unvertretbare Sachen nach einer Schätzung, die nicht blos zum Zweck der Gewinnvertheilung geschieht, in die Gesellschaft eingebracht werden, so werden diese Gegenstände Eigenthum der Gesellschaft.[a]

Im Zweifel wird angenommen, daß die in das Inventar der Gesellschaft mit der Unterschrift sämmtlicher

Gesellschafter eingetragenen, bis dahin einem Gesellschafter gehörigen, beweglichen oder unbeweglichen Sachen Eigenthum der Gesellschaft geworden sind.[b)]

a) Vgl. Art. 143.

b) Eine Anfechtung des Vertrages wegen Verletzung über die Hälfte, weil die eingebrachten Sachen zu einem zu niedrigen Werthe angenommen sind, ist nicht zulässig (vgl. Art. 286). — E. v. 20. Sept. 1873. Entsch. X S. 436.

92. Ein Gesellschafter ist nicht verpflichtet, die Einlage über den vertragsmäßigen Betrag zu erhöhen, oder die durch Verlust verminderte Einlage zu ergänzen.[a)]

a) Diese Vorschrift kommt auch während der Liquidation zur Anwendung. Der Liquidator ist also nicht befugt, bei einer Unzulänglichkeit des Gesellschaftsvermögens von den Gesellschaftern mehr, als sie auf die Einlage rückständig sind, zur Deckung der Gesellschaftsschulden einzuziehen. E. v. 12. Febr. 1879, Entsch. Bd. 25 S. 158. Vgl. Anm. zu Art. 137.

93. Für die Auslagen, welche ein Gesellschafter in Gesellschaftsangelegenheiten macht, für die Verbindlichkeiten, welche er wegen derselben übernimmt, und für die Verluste, welche er unmittelbar durch seine Geschäftsführung oder aus Gefahren, welche von derselben unzertrennlich sind, erleidet, ist ihm die Gesellschaft verhaftet.[a)]

Von den vorgeschossenen Geldern kann er Zinsen fordern, vom Tage des geleisteten Vorschusses an gerechnet.

Für die Bemühungen bei dem Betriebe der Gesellschaftsgeschäfte steht dem Gesellschafter ein Anspruch auf Vergütung nicht zu.[b)]

a) Der Gesellschafter kann gegen die Gesellschaft, so lange dieselbe besteht (für die Zeit der Liquidation vgl. Anm. a zu

Art. 141) wegen dieser Ansprüche auf Zahlung klagen. E. v. 2. März 1892. RG. XXIX S. 15.

b) Vgl. E. v. 27. Sept. 1871. Entsch. III S. 167. E. v. 13. Jan. 1872. Entsch. IV S. 378.

Ist eine solche Vergütung einem Gesellschafter vertragsmäßig zugesichert worden, was zulässig ist, so hat derselbe doch nach Auflösung der Gesellschaft für die zur Abwicklung der Geschäfte aufgewendete Mühewaltung noch keinen Anspruch auf die Vergütung. E. v. 20. Sept. 1871. Entsch. III S. 230.

94. Jeder Gesellschafter ist verpflichtet, in den Angelegenheiten der Gesellschaft den Fleiß und die Sorgfalt anzuwenden, welche er in seinen eigenen Angelegenheiten anzuwenden pflegt.[a)]

Er haftet der Gesellschaft für den Schaden, welcher ihr durch sein Verschulden entstanden ist. Er kann gegen diesen Schaden nicht die Vortheile aufrechnen, welche er der Gesellschaft in anderen Fällen durch seinen Fleiß verschafft hat.

a) Es kann dies sowohl eine Milderung als eine Schärfung der sonst (Art. 282) anzuwendenden Sorgfalt eines ordentlichen Kaufmanns sein.

95. Ein Gesellschafter, welcher seine Geldeinlage nicht zur rechten Zeit einzahlt, oder eingenommene Gesellschaftsgelder nicht zur rechten Zeit an die Gesellschaftskasse abliefert, oder unbefugt Gelder aus der Gesellschaftskasse für sich entnimmt, ist von Rechtswegen zur Entrichtung von Zinsen seit dem Tage verpflichtet, an welchem die Zahlung oder die Ablieferung hätte geschehen sollen oder die Herausnahme des Geldes erfolgt ist.

Die Verpflichtung zum Ersatze des etwa entstandenen größeren Schadens und die übrigen rechtlichen Folgen der Handlung werden hierdurch nicht ausgeschlossen.[a)]

a) Vgl. Anm. zu Art. 125 Ziff. 3.

96. Ein Gesellschafter darf ohne Genehmigung der anderen Gesellschafter weder in dem Handelszweige der Gesellschaft für eigene Rechnung oder für Rechnung eines Dritten Geschäfte machen, noch an einer anderen gleichartigen Handelsgesellschaft als offener Gesellschafter Theil nehmen.[a)]

Eine Genehmigung der Theilnahme an einer anderen gleichartigen Handelsgesellschaft ist schon dann anzunehmen, wenn den übrigen Gesellschaftern bei Eingehung der Gesellschaft bekannt war, daß der Gesellschafter an jener Handelsgesellschaft als offener Gesellschafter Theil nehme, und gleichwohl das Aufgeben der Theilnahme nicht ausdrücklich bedungen worden ist.

a) Die Vorschrift verliert mit Auflösung der Gesellschaft ihre Geltung, ist also auf die Theilnehmer einer in Liquidation befindlichen Gesellschaft nicht anwendbar. E. v. 20. Nov. 1876. Entsch. XXI S. 245.

97. Ein Gesellschafter, welcher den vorstehenden Bestimmungen zuwiderhandelt, muß sich auf Verlangen der Gesellschaft gefallen lassen, daß die für seine Rechnung gemachten Geschäfte als für Rechnung der Gesellschaft geschlossen angesehen werden;[a)] auch kann die Gesellschaft statt dessen den Ersatz des entstandenen Schadens fordern; alles dieses unbeschadet des Rechts, die Auflösung des Gesellschaftsvertrags in den geeigneten Fällen herbeizuführen.[b)]

Das Recht der Gesellschaft, in ein von dem Gesellschafter für eigene Rechnung gemachtes Geschäft einzutreten oder Schadensersatz zu fordern, erlischt nach drei Monaten, von dem Zeitpunkte an gerechnet, in welchem die Gesellschaft von dem Abschlusse des Geschäfts Kenntniß erhalten hat.

a) Auf Verlangen muß der Gesellschafter über die gegen Artikel 96 HGB. verstoßenden Geschäfte Rechnung legen. E. v. 24. Juni 1889, Jurist. Wochenschr. Jahrg. 1889 S. 344 Nr. 4.

b) Vgl. Anm. zu Art. 56 u. 96.

98. Ein Gesellschafter kann ohne die Einwilligung der übrigen Gesellschafter keinen Dritten in die Gesellschaft aufnehmen.[a)]

Wenn ein Gesellschafter einseitig einen Dritten an seinem Antheile betheiligt oder seinen Antheil an denselben abtritt,[b)] so erlangt dieser gegen die Gesellschaft unmittelbar keine Rechte; er ist insbesondere zur Einsicht der Handelsbücher und Papiere der Gesellschaft nicht berechtigt.[c)]

a) Auch nicht als stillen Gesellschafter. — E. v. 27. Febr. 1874. Entsch. XIII S. 64. — Ein Gesellschafter kann auch keinen Dritten dazu bestellen, daß dieser an seiner Stelle bez. in seinem Namen die ihm als Gesellschafter zustehenden Vertretungsrechte ausübe. E. v. 26. Mai 1880. RG. II S. 32.

b) Vgl. Art. 126 ff.

c) Der Unterbetheiligte kann auch von dem Gesellschafter, der ihn einseitig betheiligt hat, nicht verlangen, daß ihm derselbe Einsicht der Bücher und Beläge verschaffe oder detaillirte Jahresbilanzen zustelle (wodurch der Gesellschafter seine Pflicht zur Geheimhaltung des Geschäftsbetriebes verletzen würde); er kann nur Offenlegung der allgemeinen Resultate der Jahresbilanz verbunden mit der gemäß Art. 106 HGB. angelegten Jahresberechnung des Geschäftsantheils seines Theilnehmers beanspruchen. E. v. 18. Jan. 1878. Entsch. XXIII S. 120.

99. Wenn die Geschäftsführung in dem Gesellschaftsvertrage einem oder mehreren der Gesellschafter übertragen ist, so schließen diese die übrigen Gesellschafter von der Geschäftsführung aus; sie sind berechtigt, ungeachtet des Widerspruchs der übrigen Gesellschafter, alle Handlungen vorzunehmen, welche der gewöhnliche Betrieb des Handelsgewerbes der Gesellschaft mit sich bringt.

Vgl. Art. 103 Abs. 1 u. 2.

100. Wenn die Geschäftsführung mehreren Gesellschaftern mit der ausdrücklichen Beschränkung übertragen ist, daß einer nicht ohne den andern handeln könne, so darf keiner allein Geschäfte vornehmen, es sei denn, daß Gefahr im Verzuge ist.

Ist hingegen mehreren Gesellschaftern die Geschäftsführung ohne diese ausdrückliche Beschränkung übertragen, so darf jeder derselben allein alle zur Geschäftsführung gehörenden Handlungen vornehmen. Jedoch muß, wenn einer unter ihnen gegen die Vornahme einer Handlung Widerspruch erhebt, dieselbe unterbleiben.[a)]

a) Der Artikel bezieht sich nur auf das Verhältniß der Gesellschafter unter einander. Vgl. Art. 115, 116.

101. Die im Gesellschaftsvertrage einem oder mehreren Gesellschaftern geschehene Uebertragung der Geschäftsführung kann, so lange die Gesellschaft dauert, nicht ohne rechtmäßige Ursache widerrufen werden.

Die Beurtheilung, ob eine rechtmäßige Ursache vorliege, bleibt dem Ermessen des Richters überlassen.[a]

Der Widerruf kann insbesondere in den im Artikel 125. Ziffer 2. bis 5. bezeichneten Fällen für begründet erklärt werden.

a) Der Richter kann, wenn die Umstände danach angethan sind, im Wege der einstweiligen Verfügung die Geschäftsführung dem Gesellschafter untersagen und einem Dritten übertragen. E. v. 27. Okt. 1888, RG. XXII S. 170.

102. Wenn im Gesellschaftsvertrage die Geschäftsführung nicht einem oder mehreren Gesellschaftern übertragen ist, so sind alle Gesellschafter zum Betriebe der Geschäfte der Gesellschaft gleichmäßig berechtigt und verpflichtet.

Erhebt ein Gesellschafter gegen die Vornahme einer Handlung Widerspruch, so muß dieselbe unterbleiben.

103. Ein Beschluß der sämmtlichen Gesellschafter muß vor der Vornahme von Geschäften eingeholt werden,[a] welche über den gewöhnlichen Betrieb des Handelsgewerbes der Gesellschaft hinausgehen, oder welche dem Zweck derselben fremd sind.

Dies ist auch dann erforderlich, wenn die Geschäftsführung einem oder mehreren Gesellschaftern übertragen ist.

Zur Fassung des Beschlusses ist Stimmeneinhelligkeit erforderlich. Ist diese nicht zu erlangen, so muß die

Handlung, in Ansehung deren Beschluß gefaßt werden soll, unterbleiben.

a) Dies gilt selbst wenn Gefahr im Verzuge ist. E. v. 25. März 1876. Entsch. XX S. 247.

104. **Zur Bestellung eines Prokuristen ist, sofern nicht Gefahr im Verzuge ist, die Einwilligung aller geschäftsführenden Gesellschafter, und wenn keine solche ernannt sind, die Einwilligung aller Gesellschafter erforderlich.**

Der Widerruf der Prokura kann von jedem der zur Ertheilung derselben befugten Gesellschafter geschehen. a)

a) Vgl. Art. 118.

Die Bestimmung des Art. 104 Abs. 2 kann durch Vertrag ausgeschlossen werden. Die Gesellschafter können übereinkommen, daß die Prokura nur mit Einwilligung aller Gesellschafter oder nicht gegen den Willen eines bestimmten Gesellschafters solle widerrufen werden dürfen. Eine derartige Vereinbarung hat aber nur Wirkung für das Verhältniß der Gesellschafter zu einander; trotz eines solchen Abkommens kann jeder von der Vertretung nicht ausgeschlossene Gesellschafter die Prokura mit der Wirksamkeit nach außen wieder aufheben. Der andere Gesellschafter kann dann aber sein vertragsmäßiges Recht geltend machen, indem er — wenn er selbständig die Gesellschaft zu vertreten befugt ist — die Prokura von neuem ertheilt oder aus dem vertragswidrigen Verhalten möglicher Weise einen Grund zur Auflösung der Gesellschaft entnimmt oder einen Schadensanspruch geltend macht oder auf Erfüllung der Vertragsbestimmung, d. h. Wiederherstellung der Prokura, klagt. E. v. 26. Mai 1880. RG. II S. 34.

Wenn alle Gesellschafter von der Befugniß zur Vertretung der Gesellschaft ausgeschlossen sind (vgl. Anm. b zu Art. 86), kann jeder Gesellschafter die Prokura widerrufen. Beschl. des KG. v. 28. April 1890. Joh. X S. 26.

105. Jeder Gesellschafter, auch wenn er nicht in dem Geschäftsbetriebe der Gesellschaft thätig ist, kann sich persönlich von dem Gange der Gesellschaftsangelegenheiten unterrichten; er kann jederzeit in das Geschäftslokal kommen, die Handelsbücher und Papiere der Gesellschaft einsehen und auf ihrer Grundlage eine Bilanz zu seiner Uebersicht anfertigen.[a)]

Ist im Gesellschaftsvertrage ein Anderes bestimmt, so verliert diese Bestimmung ihre Wirkung, wenn eine Unredlichkeit in der Geschäftsführung nachgewiesen wird.

a) Durch diese Vorschrift haben die geschäftsführenden Gesellschafter von der Pflicht zu besonderer Rechnungslegung keineswegs schlechthin entbunden, vielmehr hat diese Pflicht von der Lage des speziellen Falles abhängig gemacht werden sollen. Namentlich wird Rechenschaft zu geben sein über einzelne Geschäfte die ein Socius allein vorgenommen hat. E. v. 10. Okt. 1871. Stg. IV S. 78. Doch wird häufig die Einsicht der Bücher die Rechnungslegung ersetzen, in welchem Falle es der letzteren nicht bedarf. E. v. 16. Sept. 1871. Stg. III S. 266. Vgl. Anm. zu Art. 239 u. 270.

Die Einwendung des auf Rechnungslegung belangten Gesellschafters, der Kläger sei seinerseits zur Rechnungslegung verpflichtet, begründet weder die Retentionseinrede noch die Einrede des nicht erfüllten Vertrages E. v. 27. Juni 1874. Entsch. XVI S. 48.

Das streng persönliche Recht der Büchereinsicht schließt zwar die Wahrnehmung durch Andere, nicht aber die Zuziehung Dritter aus. E. v. 10. Sept. 1872. Entsch. VII S. 71. Vgl. Anm. a zu Art. 130.

Der Art. 105 findet nur Anwendung, so lange die Gesellschaft noch besteht. Während oder nach der Liquidation kommen die Unterschiede zwischen geschäftsführenden und anderen Socien in Wegfall, selbst wenn die geschäftsführenden Mitglieder zu Liquidatoren bestellt sind. (Vgl. Art. 145.) E. v. 10. Sept. 1872. Entsch. VII. S. 71.

106. Jedem Gesellschafter werden am Schlusse eines jeden Geschäftsjahres von seiner Einlage, oder, wenn sich dieselbe beim Schlusse des vorigen Jahres durch Hinzurechnung seines Antheils am Gewinne vermehrt oder durch Abrechnung seines Antheils am Verluste vermindert hat, von seinem Antheile am Gesellschaftsvermögen Zinsen zu vier vom Hundert gutgeschrieben und von den während des Geschäftsjahres auf den Antheil entnommenen Geldern Zinsen in demselben Maaßstabe zur Last geschrieben.

Die dem Gesellschafter hiernach zukommenden Zinsen vermehren seinen Antheil am Gesellschaftsvermögen.

Vor Deckung dieser Zinsen ist kein Gewinn vorhanden, und der Verlust der Gesellschaft wird durch dieselben vermehrt oder gebildet.

107. Am Schlusse eines jeden Geschäftsjahres wird, auf Grund des Inventars und der Bilanz, der Gewinn oder der Verlust dieses Jahres ermittelt und für jeden Gesellschafter sein Antheil daran berechnet.

Der Gewinn jedes Gesellschafters wird seinem Antheile am Gesellschaftsvermögen zugeschrieben, der Verlust von demselben abgeschrieben.

108. Ein Gesellschafter darf ohne Einwilligung der übrigen Gesellschafter seine Einlage oder seinen Antheil am Gesellschaftsvermögen nicht vermindern.

Er darf jedoch, auch ohne diese Einwilligung, auf seinen Antheil am Gesellschaftsvermögen die Zinsen desselben für das letztverflossene Jahr, und soweit es nicht zum offenbaren Nachtheil der Gesellschaft gereicht, Gelder bis zu einem Betrage entnehmen, welcher seinen Antheil am Gewinne des letztverflossenen Jahres nicht übersteigt. a)

a) Der Umstand, daß ein Gesellschafter mit den entnommenen Beträgen in den Gesellschaftsbüchern belastet ist, entscheidet nicht für die Frage, ob er als Schuldner der Gesellschaft in gleicher Höhe anzusehen ist. Belastet wird der Gesellschafter auch mit den befugter Weise aus der Gesellschaftskasse entnommenen Geldern zum Zweck der Feststellung seines Gesellschaftsantheils am Schlusse des Geschäftsjahres. E. v. 11. Dez. 1880. RG. III S. 59.

109. Der Gewinn oder Verlust wird, in Ermangelung einer anderen Vereinbarung, unter die Gesellschafter nach Köpfen vertheilt.

Dritter Abschnitt.

Von dem Rechtsverhältniß der Gesellschaft zu dritten Personen.

110. Die rechtliche Wirksamkeit einer offenen Handelsgesellschaft tritt im Verhältniß zu dritten Personen mit dem Zeitpunkte ein, in welchem die Errichtung der Gesellschaft in das Handelsregister eingetragen ist, oder die Gesellschaft auch nur ihre Geschäfte begonnen hat. a)

Die Beschränkung, daß die Gesellschaft erst mit einem späteren Zeitpunkte, als dem der Eintragung, ihren Anfang nehmen soll, hat gegen dritte Personen keine rechtliche Wirkung.

a) Nur derjenige Geschäftsbeginn hat die obige Wirkung, welcher dem Willen aller Gesellschafter entspricht. Durch unbefugte oder gar dolose Handlungen eines Gesellschafters kann die Wirksamkeit einer nicht eingetragenen Handelsgesellschaft nach außen hin nicht begründet werden. Die Artikel 115, 116 finden nur auf die bereits nach außen wirksamen Handelsgesellschaften Anwendung.

Die Willensübereinstimmung kann jedoch aus dem Verhalten der Gesellschafter (Versendung von Formularen, Aushängung eines Schildes mit der gemeinsamen Firma u. s. w.) geschlossen werden. E. v. 13. Febr. 1874. Entsch. XII S. 406.

Zum Geschäftsbeginn sind nur solche Handlungen geeignet, in welchen sich der Wille kund giebt, eben als Gesellschafter handeln und Geschäfte machen zu wollen. E. v. 27. Jan. 1871. Entsch. I S. 74. Vgl. E. v. 26. Nov. 1870. Entsch. I S. 128.

Ein einziges mit dem Willen aller Gesellschafter unter der Firma ertheiltes Wechselaccept genügt zur Annahme des Geschäftsbeginns. E. v. 13. Febr. 1874. Entsch. XII S. 406.

Bloße Erklärungen, daß die Gesellschaft bestehe und ins Leben getreten sei, begründen eine Haftbarkeit der Erklärenden, selbst wenn ihre Angaben sich als falsch erweisen. E. v. 3. Juni 1874. Entsch. XIII S. 375.

Ein Gesellschaftsverhältniß, welches nach außen hin nicht in der durch Art. 110 angegebenen Weise ins Leben getreten ist, begründet Rechte nur unter den Gesellschaftern selbst, nicht aber für dritte Personen, welche mit einem der Gesellschafter kontrahirt haben. Nicht einmal die Bereicherungsklage ist in einem solchen Falle gegen den nicht kontrahirenden Gesellschafter zulässig, selbst wenn die gelieferte Sache zu Gesellschaftszwecken verwendet worden ist. E. v. 8. Nov. 1872. Entsch. II S. 430.

111. Die Handelsgesellschaft kann unter ihrer Firma Rechte[a]) erwerben und Verbindlichkeiten eingehen, Eigenthum und andere dingliche Rechte an Grundstücken erwerben,[b]) vor Gericht klagen und verklagt werden.[c])

Ihr ordentlicher Gerichtsstand ist bei dem Gericht, in dessen Bezirk sie ihren Sitz hat[d])

a) Rechte, auch Nießbrauchsrechte. E. v. 25. April 1886, RG. XVI S. 1.

b) Vgl. E. f. Pr. Art. 23.

c) Vgl. Art. 117 u. Anm. zu demselben.

d) Bei diesem ordentlichen Gerichtsstande kann auch die Klage auf Auflösung der Gesellschaft oder Ausschließung eines Gesellschafters angebracht werden. Beschl. v. 24. Juni 1871. Entsch. XIV S. 34 (gem. R.), E. v. 12. Dez. 1876. Entsch. XXI S. 224 (pr. R.). Vgl. §. 23 CPrO.

Die außerordentlichen Gerichtsstände (z. B. für Wechselsachen) sind auch für Handelsgesellschaften nicht ausgeschlossen. E. v. 16. Januar 1874. Entsch. XII S. 216.

112. Die Gesellschafter haften für alle Verbindlichkeiten der Gesellschaft solidarisch und mit ihrem ganzen Vermögen.[a)]

Eine entgegenstehende Verabredung hat gegen Dritte keine rechtliche Wirkung.

a) Dieser Satz galt bereits vor Einführung des HGB. im Gebiete des gemeinen Rechts als Handelsgewohnheitsrecht. E. v. 31. Jan. 1872. Entsch. V S. 85.

Aus einem Wechsel der Handelsgesellschaft können die einzelnen Gesellschafter im Wechselprozeß belangt werden. E. v. 13. Dez. 1889 u. 26. April 1890. Gruch. XXXIV S. 1215 u. 1220.

Dem in Anspruch genommenen einzelnen Gesellschafter stehen alle Einreden zu, deren die Gesellschaft sich bedienen könnte. E. v. 27. Febr. 1874. Entsch. XIII S. 66. Schon vor dem Inkrafttreten der Reichs-Konkursordnung galt der dort im §. 200 ausgesprochene Grundsatz, daß der im Konkurse über das Gesellschaftsvermögen geschlossene Zwangsvergleich, soweit er nicht ein Anderes festsetzt, zugleich den Umfang der solidarischen Haftung der persönlich haftenden Gesellschafter mit ihrem sonstigen Vermögen begrenzt. E. v. 13. Mai 1879. Entsch. XXV S. 125.

Aus einem gegen eine offene Handelsgesellschaft als solche ergangenen Erkenntnisse ist weder die Zwangsvollstreckung in das abgesonderte Vermögen der Gesellschafter (E. v. 19. Juni 1872. Entsch. VI S. 416), noch die Judikatsklage gegen den einzelnen Gesellschafter

Behufs Beitreibung der Forderung aus seinem Privatvermögen (E. v. 26. Juni 1876. Entsch. XX S. 180) zulässig.

Der nach rechtskräftiger Verurtheilung der Gesellschaft in einem besonderen Prozeß persönlich in Anspruch genommene Gesellschafter kann nur solche Einreden erheben, welche ihm aus seiner Person oder einem etwa zwischen ihm und dem Gesellschaftsgläubiger bestehenden besonderen Rechtsverhältnisse zustehen, welche daher in dem Prozeß gegen die Gesellschaft nicht vorgebracht werden konnten, also nicht Einwendungen, welche gegen die Entstehung der Schuld an sich gerichtet sind. E. v. 8. Dez. 1880 u. 19. Nov. 1884. RG. III S. 58, XIII S. 96.

Aus einem die Klage gegen die offene Handelsgesellschaft abweisenden Urtheile steht den später persönlich in Anspruch genommenen Gesellschaftern der Einwand der rechtskräftig entschiedenen Sache zu. E. v. 9. Juli 1881. RG. V S. 70.

Die Klage gegen die Gesellschaft unterbricht nicht die Verjährung gegen die einzelnen Gesellschafter. E. v. 26. Juni 1876. Entsch. XX S. 183. (In dem entschiedenen Falle handelte es sich um eine Wechselverjährung.)

113. Wer in eine bestehende Handelsgesellschaft eintritt, haftet gleich den anderen Gesellschaftern für alle von der Gesellschaft vor seinem Eintritte eingegangenen Verbindlichkeiten, es mag die Firma eine Aenderung erleiden oder nicht. [a])

Ein entgegenstehender Vertrag ist gegen Dritte ohne rechtliche Wirkung.

a) Der Art. 113 setzt Eintreten in eine Handelsgesellschaft voraus. Er findet nicht Anwendung, wenn Jemand in das Geschäft eines Einzelkaufmanns eintritt oder ein Geschäft unter Ausscheiden der bisherigen Inhaber übernimmt. Es ist dies in vielen Erkenntnissen des ROHG. ausgeführt, z. B. E. v. 21. Okt. 1870 und 21. Febr. 1871. Entsch. I S. 62, II S. 46. Vgl. Art. 23 und Entsch. des ROHG. II S. 173; III S. 182, 333, 360; IV S. 5, S. 198.

Der Art. 113 findet auch Anwendung, wenn einer nur aus zwei Personen bestehenden Handelsgesellschaft auf Grund eines mit derselben geschlossenen Vertrages an Stelle eines gleichzeitig ausscheidenden Gesellschafters ein neuer beitritt, aber nicht wenn der Eintritt des neuen Gesellschafters auf Grund eines mit dem zurückbleibenden Socius geschlossenen Vertrages zu einer Zeit erfolgt, wo dieser nach dem Austritt des früheren Gesellschafters bereits alleiniger Inhaber des Geschäfts geworden ist. E. v. 20. Sept. 1874. Entsch. XIV S. 151.

Der Art. 113 hat nur zur Voraussetzung, daß die Wirksamkeit der Gesellschaft selbst, in welche der Eintritt erfolgt, bereits nach Art. 110 begonnen hatte, nicht aber daß der Eintritt in die Gesellschaft durch Eintragung des Eintretenden oder durch Beginn seiner Geschäftsthätigkeit nach außen kenntlich geworden sei. E. v. 21. Juni 1875. Entsch. XVII S. 354.

Tritt ein Gesellschafter in das Geschäft eines Einzelkaufmanns ein, so haftet die neu entstehende Gesellschaft (also auch der eintretende Gesellschafter persönlich) für die Geschäftsschulden des früheren Einzelkaufmanns, wenn der Uebergang der Passiva den Gläubigern gegenüber bekannt gemacht worden ist (vgl. Anm. d, zu Art. 23). E. v. 9. Jan. 1883. Entsch. VIII S. 65.

Diese Haftpflicht bezieht sich aber nicht auf die Privatschulden des früheren Einzelkaufmanns. Zu den Geschäftsgläubigern der früheren Einzelfirma wird im Allgemeinen jeder Gläubiger zu zählen sein, dessen Anspruch aus handelsgeschäftlichem Verkehr mit dieser Firma entstanden ist. Für Ansprüche anderen Ursprungs werden die besonderen Umstände (Eintragung in die Bücher der Einzelfirma als Handelsschuld, konkludente Aeußerungen) entscheiden. Im Zweifel muß zur Richtschnur dienen, daß die Umwandlung des Anspruchs an einen Einzelkaufmann in einen Anspruch an die von ihm eingegangene Societät nur auf dem Willen der Socien beruht, also nur dann anzunehmen ist, wenn sie die Socien loyaler Weise gewollt haben können und müssen. E. v. 15. Nov. 1872. Entsch. VIII S. 42.

114.[a]) **Jeder zur Vertretung der Gesellschaft befugte Gesellschafter ist ermächtigt, alle Arten von Geschäften**

und Rechtshandlungen[b] im Namen der Gesellschaft vorzunehmen, insbesondere auch die der Gesellschaft gehörenden Grundstücke zu veräußern und zu belasten.[c]

Die Gesellschaft wird durch die Rechtsgeschäfte, welche ein zur Vertretung der Gesellschaft befugter Gesellschafter in ihrem Namen schließt, berechtigt und verpflichtet;[d] es ist gleichgültig, ob das Geschäft ausdrücklich im Namen der Gesellschaft geschlossen worden ist, oder ob die Umstände ergeben, daß es nach dem Willen der Kontrahenten[e] für die Gesellschaft geschlossen werden sollte.[f]

a) Die Art. 114 bis 118 kommen nicht zur Anwendung, wenn es sich um Verhältnisse der Gesellschafter unter einander handelt. E. v. 17. Febr. 1871, Entsch. II S. 40. Die von einem Gesellschafter nach Maßgabe des Art. 114 Abs. 2 geschlossenen Rechtsgeschäfte gelten aber auch seinem Mitgesellschafter gegenüber bis zum Beweise des Gegentheils als für die Gesellschaft geschlossen. E. v. 15. Juni 1875. Entsch. XVIII S. 117.

Ein Gesellschafter, der vorsätzlich und rechtswidrig über Sachen, welche der offenen Handelsgesellschaft gehören, zu seinem Vortheil verfügt, kann sich dadurch des Diebstahls oder der Unterschlagung an den Sachen, und zwar zu ihrem vollen Werthe, schuldig machen, selbst wenn er an sich zur Vertretung der Gesellschaft befugt ist. E. v. 5. Juli 1882. RG. Entsch. in Straff. VII S. 18.

Der von der Vertretung nicht ausgeschlossene Gesellschafter ist als Bevollmächtigter der Gesellschaft im Sinne des §. 266 Nr. 2 StrGB. anzusehen, kann sich also strafbarer Untreue der Gesellschaft gegenüber schuldig machen. E. v. 3. Juni 1889. RG. in Straff. XIX S. 271.

b) Der geschäftsführende Gesellschafter ist auch zu solchen Rechtshandlungen befugt, welche nicht Handelsgeschäfte sind oder außerhalb des Handelsgewerbes der Gesellschaft liegen, auch zu Schenkungsversprechen. E. v. 9. Mai 1890. RG. XXVI S. 18.

c) Der geschäftsführende Socius kann nicht gleichzeitig und bei einem Akte einander gegenüberstehende Rechte der Handelsgesellschaft und seiner Privatperson vertreten, er darf nicht Namens der Gesellschaft mit sich selbst kontrahiren, also z. B. nicht durch eine Vereinbarung mit einem Gesellschaftsschuldner Forderungen der Societät auf sich persönlich übertragen. E. v. 17. Jan. 1873, Entsch. VIII S. 392. Vgl. jedoch RG. VI S. 13 u. VII S. 120.

d) Ein Blanco-Accept, welches ein zur Vertretung der Societät befugter Gesellschafter unter der Gesellschaftsfirma ausgestellt und ausgehändigt hat, und welches nach Auflösung der Gesellschaft vom Empfänger (der Abrede gemäß; Abredewidrigkeit nachzuweisen, ist Sache der Einrede) ausgefüllt hat, verpflichtet die Inhaber der früheren Gesellschaft. E. v. 10. Jan. 1877. Entsch. XXI S. 324.

Rechtsgeschäfte, welche ein Gesellschafter in der Absicht, die Handelsgesellschaft widerrechtlich zu schädigen, und unter Kenntniß und Theilnahme des Dritten an dieser Absicht geschlossen hat, sind für die Gesellschaft unverbindlich. E. v. 1. Nov. 1872. Entsch. VII S. 403. Ein Fall dieser Art liegt nicht vor, wenn der Gesellschafter in seinem Privatinteresse gehandelt hat und dies dem Dritten bekannt war, die Gesellschaft selbst aber dadurch nicht benachtheiligt worden ist. E. v. 22. April 1873. Entsch. IX S. 429.

Die Frage, ob die offene Handelsgesellschaft für den Schaden haftet, welchen ein zu ihrer Vertretung befugter Gesellschafter bei der Geschäftsführung einem Dritten zugefügt hat, ist nach dem bürgerlichen Recht zu beantworten. Nach dem code civil (art. 1384) ist die Frage zu bejahen. E. v. 29. Juni 1883. RG. X S. 301.

Durch außerkontraktlichen Dolus (z. B. arglistige Empfehlung) eines Gesellschafters wird (falls nicht das Landesrecht etwas Anderes bestimmt) die Gesellschaft zum Schadensersatz nicht verpflichtet, selbst wenn die dolose Handlung im Interesse der Gesellschaft vorgenommen war. E. v. 15. Sept. 1879. Entsch. XXV S. 347.

In dem E. v. 21. April 1888 (RG. XX S. 190) ist angenommen, daß, wenn auf eine an die offene Handelsgesellschaft gerichtete Anfrage ein zur Vertretung der Gesellschaft befugter Gesellschafter über die Kreditwürdigkeit einer Person unter der Gesellschaftsfirma wider besseres Wissen eine unrichtige Auskunft ertheilt, die Gesellschaft für den daraus entstehenden Schaden haftet.

Ferner hat das RG. in dem E. v. 5. Febr. 1886 (RG. XV S. 121) ausgesprochen, daß im Falle einer Patentverletzung, deren sich ein zur Vertretung der Gesellschaft befugter Gesellschafter bei der Geschäftsführung wissentlich schuldig gemacht hat, die Gesellschaft für die dieserhalb gemäß §. 34 des Patentgesetzes vom 25. Mai 1877 zu zahlenden Entschädigung haftet, und in dem E. v. 21. März 1887 (R.G. XVII S. 93), daß die offene Handelsgesellschaft für solche Delikte haftet, welche ein Theilnehmer ohne Wissen und Willen der übrigen gegen dritte, mit der Gesellschaft nicht kontrahirende Personen unter Benutzung der Firma der Gesellschaft begeht.

e) Beider Kontrahenten. Es genügt nicht, daß die Umstände ergeben, einer der Kontrahenten habe gewollt, daß das Geschäft für die Gesellschaft geschlossen werde. E. v. 10. April 1875. Entsch. XVI S. 357.

f) Der Wille, das Rechtsgeschäft für die Gesellschaft zu schließen, kann auch dann angenommen werden, wenn der Gesellschafter die darüber errichtete Urkunde nur mit seinem eigenen Namen (vgl. die folgende Anm. am Ende) unterschrieben oder die Firma der Gesellschaft unrichtig unterzeichnet hat. E. v. 23. Jan. 1893.

Dies bezieht sich nur auf solche Rechtsgeschäfte, bei denen der Wille der Kontrahenten unabhängig von der für gewisse Rechtsgeschäfte, insbesondere für Wechselverpflichtungen, bestehenden gesetzlichen Formvorschriften zu ermitteln ist. Wechsel verpflichten die Handelsgesellschaft nur, wenn sie mit der vollständigen Firma gezeichnet sind (E. v. 2. Jan. 1874, 31. März 1875. Entsch. XII S. 172, XX S. 262) und wenn sich die Firma als Unterschrift der Handelsgesellschaft darstellt, also nicht wenn ein Gesellschafter mit seinem Namen zeichnet und diesem mit dem Zusatz „in Firma" die Firma der Gesellschaft beifügt. E. v. 23. Sept 1874. Entsch. XIV S. 201. — Muß jedoch das dem Wechsel zu Grunde liegende Rechtsgeschäft nach Lage der Umstände als für die Gesellschaft abgeschlossen gelten, so wird diese hieraus verpflichtet, selbst wenn der Wechsel nur mit dem Einzelnamen des Gesellschafters gezeichnet ist. E. v. 6. Dez. 1876. Entsch. XXII S. 62.

Bei den von einem Gesellschafter nicht ausdrücklich im Namen der Gesellschaft geschlossenen Geschäften kann weder aus Art. 114 in Verbindung mit Art. 274 eine Vermuthung dafür, daß der Gesellschafter als Vertreter der Gesellschaft gehandelt habe, hergeleitet werden (E. v. 24. Mai 1874, 15. Sept. 1875. Entsch. XIV S. 201, XVIII S. 226), noch begründet der Umstand, daß er im eigenen Namen aufgetreten ist, eine Vermuthung für das Gegentheil (E. v. 6. Dez. 1876. Entsch. XXII S. 62).

115. Die Gesellschaft wird durch Rechtsgeschäfte eines Gesellschafters nicht verpflichtet, wenn derselbe von der Befugniß, die Gesellschaft zu vertreten, ausgeschlossen (Artikel 86. Ziff. 4.), oder seine Befugniß, die Gesellschaft zu vertreten, aufgehoben ist (Artikel 87.), sofern hinsichtlich dieser Ausschließung oder Aufhebung die Voraussetzungen vorhanden sind, unter welchen nach Artikel 46. hinsichtlich des Erlöschens der Prokura die Wirkung gegen Dritte eintritt.[a)]

a) Auf die im Handelsregister eingetragene Kollektiv-Vertretung kann sich die Gesellschaft nicht berufen, wenn sie in Nichtachtung derselben den einzelnen Gesellschafter mit alleinigem Handeln betraut oder in dem Dritten den Glauben, daß dies geschehen, dadurch erweckt hat, daß sie fortgesetzt die von einem Gesellschafter geschlossenen Geschäfte zur Ausführung brachte. E. v. 11. Mai 1881. RG. V S. 17.

116. Eine Beschränkung des Umfanges der Befugniß eines Gesellschafters, die Gesellschaft zu vertreten, hat dritten Personen gegenüber keine rechtliche Wirkung;[a)] insbesondere ist die Beschränkung nicht zulässig, daß die Vertretung sich nur auf gewisse Geschäfte oder Arten von Geschäften erstrecken, oder daß sie nur unter ge-

wissen Umständen oder für eine gewisse Zeit oder an einzelnen Orten stattfinden solle.[b)]

a) Daß der Dritte von der Beschränkung Kenntniß hatte, ist gleichgültig (vgl. Anm. zu Art. 231), es sei denn, daß dolose Kollusion des Gesellschafters und des Dritten vorliegt. E. v. 1. Nov. 1872, Entsch. VII S. 403 u. v. 16. Sept. 1882, RG. IX S. 148. Vgl. Anm. c zu Art. 114.

b) Obwohl grundsätzlich nur volle Vertretungsbefugniß oder vollständiger Ausschluß von der Vertretungsberechtigung zulässig ist, darf doch einem zur Vertretung nicht befugten Gesellschafter von den geschäftsführenden Gesellschaftern Vollmacht zum Abschluß einzelner Rechtsgeschäfte ertheilt werden. Auch ist es gestattet, den nur zur Kollektivvertretung befugten Gesellschafter durch den Gesellschaftsvertrag zu ermächtigen, bestimmte Rechtsgeschäfte mit einer einzelnen bestimmten Person allein abzuschließen. E. v. 1. Febr. 1889, RG. XXIV S. 27. (In dem entschiedenen Fall war bei sonstiger Kollektivvertretung für Postsendung Einzelvertretung gestattet, dies für zulässig erklärt.)

117. Die Gesellschaft wird vor Gericht von jedem Gesellschafter gültig vertreten, welcher von der Befugniß, die Gesellschaft zu vertreten, nicht ausgeschlossen ist.[a)]

Zur Behändigung von Vorladungen und anderen Zustellungen an die Gesellschaft genügt es, wenn dieselbe an einen der zur Vertretung befugten Gesellschafter geschieht.

a) In den Prozessen der offenen Handelsgesellschaft sind die Gesellschafter Partei (das ROHG. sah die Gesellschafter als Streitgenossen an, E. v. 10. Mai 1872, Entsch. VI S. 111); die Gesellschafter, auch diejenigen, welche zur Vertretung der Gesellschaft nicht befugt sind, können daher in Prozessen der Gesellschaft als Zeugen nicht vernommen werden. Vgl. E. v. 15. Dez. 1886, RG. XVII S. 367, 368.

Die einzelnen Gesellschafter brauchen in Prozessen der Gesellschaft nicht genannt zu werden; ein Wechsel in der Person der Gesellschafter während der Dauer des Prozesses bleibt in der Regel in prozessualer Hinsicht unerheblich. E. v. 27. Juni 1874, Entsch. IX S. 17.

Bestimmt der Gesellschaftsvertrag, daß zur Vertretung der Gesellschaft gemeinsames Handeln aller oder mehrerer Gesellschafter erforderlich ist (Kollektivvertretung), so präjudizirt es der Gesellschaft, wenn es im Prozeß an einem solchen gemeinsamen Handeln gebricht. Hierdurch ist jedoch nicht ausgeschlossen, daß der einzelne Gesellschafter in der Weise eines Intervenienten die Vertheidigung der Gesellschaft übernehmen kann. E. v. 9. Juli 1881, RG. V S. 70.

Das ROHG. nahm (vor dem Inkrafttreten der CPrO.) an, daß die Namens einer offenen Handelsgesellschaft zu leistenden Eide nur von denjenigen Gesellschaftern zu leisten sind, welche von der Befugniß zur Vertretung der Gesellschaft nicht ausgeschlossen (E. v. 3. Febr. 1876, Entsch. XXI S. 242) und welche zur Zeit der Eidesleistung Inhaber der Gesellschaft sind (E. v. 3. Mai 1875, Entsch. XVI S. 396), aber von allen diesen Gesellschaftern (E. v. 10. Mai 1872, Entsch. VI S. 111), daß dies auch von nothwendigen Eiden gilt, daß aber der Prozeßgegner auch Heranziehung derjenigen Gesellschafter zur Eidesleistung verlangen kann, welche im Laufe des Rechtsstreits vertragsmäßig ausgeschieden sind (E. v. 28. Jan. 1873 u. 27. Juni 1874, Entsch. IX S. 117 u. XIV S. 3).

Jetzt kommen die Vorschriften der §§. 434, 436, 438 CPrO. in Betracht.

Auch jetzt ist der einer offenen Handelsgesellschaft zugeschobene und von ihr angenommene Eid von allen Gesellschaftern, welche zur Zeit der Eidesleistung von der Befugniß, die Gesellschaft zu vertreten, nicht ausgeschlossen sind (jedoch mit der aus §. 436 Satz 1, §. 434 CPrO. sich ergebenden Maßgabe), also auch von den erst nach Beginn des Rechtsstreits eingetretenen, nicht auch von den vor der Eidesleistung (wenn auch nach der Eidesannahme) ausgeschiedenen Gesellschaftern zu leisten, unbeschadet der etwa aus §. 433 Abs. 1 u. 2 CPrO. herzuleitenden Rechte. E. v. 9. Juni 1885, RG. XIV S. 20.

118. Die Ertheilung, sowie die Aufhebung einer Prokura geschieht mit rechtlicher Wirkung gegen Dritte durch einen der zur Vertretung der Gesellschaft befugten Gesellschafter.

Vgl. Art. 104 u. Anm. zu demſ.

119. Die Privatgläubiger eines Gesellschafters sind nicht befugt, die zum Gesellschaftsvermögen[a]) gehörigen Sachen, Forderungen oder Rechte oder einen Antheil an denselben zum Behuf ihrer Befriedigung oder Sicherstellung in Anspruch zu nehmen.[b]) Gegenstand der Exekution, des Arrestes oder der Beschlagnahme kann für sie nur dasjenige sein, was der Gesellschafter selbst an Zinsen und an Gewinnantheilen zu fordern berechtigt ist, und was ihm bei der Auseinandersetzung zukommt.[c])

a) Bei Einzelkaufleuten findet eine solche Unterscheidung des Handlungs- vom Privatvermögen nicht statt. E. v. 6. Okt. 1873. Entsch. XI S. 149.

b) Zu diesen Privatgläubigern gehören auch die Geschäftsgläubiger eines Socius, deren Forderungen vor Begründung der Societät entstanden sind. Geht also ein Einzelkaufmann eine Societät ein, so stehen bezüglich der in die Gesellschaft eingeworfenen Vermögensstücke seine bisherigen Geschäftsgläubiger den Gesellschaftsgläubigern nach. — E. v. 21. März 1871. Entsch. II S. 143.

c) Begründen dieselben Personen mehrere Gesellschaften unter verschiedenen Firmen mit verschiedenen Vermögen, so sind die Gläubiger der einen Gesellschaft nicht Gläubiger der anderen. E. v. 25. Juni 1878. Entsch. XXIV S. 156. — Aus der Verschiedenheit der Firmen folgt aber noch keine Mehrheit von Gesellschaften. E. v. 25. Nov. 1874. Entsch. XV S. 176.

Dem Inhaber einer offenen Handelsgesellschaft kann auch die

Veräußerung seines Geschäftsantheils im Wege des Arrestes untersagt werden. E. v. 4. Febr. 1874. Entsch. XII S. 259.

Vgl. Art. 126.

120. Die Bestimmung des vorigen Artikels gilt auch in Betreff der Privatgläubiger, zu deren Gunsten eine Hypothek oder ein Pfandrecht an dem Vermögen eines Gesellschafters kraft des Gesetzes oder aus einem anderen Rechtsgrunde besteht. Ihre Hypothek oder ihr Pfandrecht erstreckt sich nicht auf die zum Gesellschaftsvermögen gehörigen Sachen, Forderungen und Rechte, oder auf einen Antheil an denselben, sondern nur auf dasjenige, was in dem letzten Satze des vorigen Artikels bezeichnet ist.

Jedoch werden die Rechte, welche an den von einem Gesellschafter in das Vermögen der Gesellschaft eingebrachten Gegenständen bereits zur Zeit des Einbringens bestanden, durch die vorstehenden Bestimmungen nicht berührt.

121. Eine Kompensation zwischen Forderungen der Gesellschaft und Privatforderungen des Gesellschaftsschuldners gegen einen einzelnen Gesellschafter findet während der Dauer der Gesellschaft weder ganz noch theilweise statt;[a] nach Auflösung der Gesellschaft ist sie zulässig, wenn und insoweit die Gesellschaftsforderung dem Gesellschafter bei der Auseinandersetzung überwiesen ist.

a) Nur die gesetzliche Kompensation ist für diesen Fall ausgeschlossen; Vereinbarungen über Kompensationen fraglicher Art sind nicht verboten und nur dann ungültig, wenn hierbei der einzelne Gesellschafter im Einverständnisse mit seinem Privatgläubiger sein persönliches Interesse zum Nachtheile der Gesellschaft verfolgt hat. (Vgl. Art. 114.) E. v. 22. April 1873. Entsch. IX S. 429.

Der wegen einer Privatschuld beklagte Mitinhaber einer offenen Handelsgesellschaft ist nicht befugt, eine der Gesellschaft an den Kläger zustehende Gegenforderung wider den Willen des Klägers zur Kompensation zu stellen, auch nicht wenn die übrigen Mitinhaber der offenen Handelsgesellschaft damit einverstanden sind. E. v. 30. Juni 1883, RG. X S. 49.

Die wegen einer Gesellschaftsschuld beklagte offene Handelsgesellschaft kann im Prozeß die einem ihrer Gesellschafter an den Kläger zustehende Privatforderung nicht zur Kompensation stellen. Dagegen kann der einzelne Gesellschafter, um sich von der persönlichen Haftung für eine Gesellschaftsschuld zu befreien, diese Schuld dadurch tilgen, daß er eine ihm an den Gesellschaftsgläubiger zustehende Privatforderung damit kompensirt. Eine solche Kompensationserklärung befreit auch die Gesellschaft von ihrer Schuld; sie ist noch zulässig, nachdem der Gesellschaftsgläubiger in Konkurs gerathen ist, selbst wenn derselbe vor der Konkurseröffnung den kompensirenden Gesellschafter nicht in Anspruch genommen hat. E. v. 11. Okt. 1883, RG. XI S. 119 ff.

122. Im Falle des Konkurses der Gesellschaft werden die Gläubiger derselben aus dem Gesellschaftsvermögen abgesondert befriedigt, und können aus dem Privatvermögen der Gesellschafter nur wegen des Ausfalls ihre Befriedigung suchen; a) den Landesgesetzen bleibt vorbehalten, zu bestimmen, ob und wie weit den Privatgläubigern der Gesellschafter ein Absonderungsrecht in Bezug auf das Privatvermögen derselben zusteht b)

a) Diese Bestimmung findet auch dann Anwendung, wenn (was nach der Reichs-Konkursordnung vorkommen kann) über das Privatvermögen der Gesellschafter ein Konkurs nicht eröffnet worden ist. E. v. 22. Mai 1875. Entsch. XVIII S. 284.

Auch wenn der Gläubiger sich im Gesellschafts-Konkurse nicht gemeldet hat, kann er den Betrag, mit dem er im Falle einer Meldung ausgefallen wäre, aus dem Privatvermögen der Gesellschafter beanspruchen (E. v. 17. Juni 1875. Entsch. XVII S. 351), aber nur diesen Betrag. Die Summe, mit der er im Konkurse über das Gesellschaftsvermögen zur Hebung gekommen wäre, büßt er in Folge der Nichtmeldung ein. (E. v. 22. Mai 1875. Entsch. XVII S. 284.)

In dem Konkurse über das Privatvermögen der Gesellschafter wird auch die an die Gesellschaftsgläubiger zu vertheilende Quote von dem Ausfall, welchen sie im Gesellschafts-Konkurse erlitten haben (nicht von der ursprünglichen Forderung), berechnet. E. v. 22. Mai 1875, Entsch. XVII S. 289.

Der Art. 122 setzt die Eröffnung eines das ganze Gesellschafts-Vermögen umfassenden Konkurses voraus; er findet nicht im Falle eines nur einen Theil des Gesellschaftsvermögens (z. B. einer Zweigniederlassung) betreffenden Partikular-Konkurses statt. Dasselbe E. S. 290.

Der Art. 122 findet keine Anwendung, wenn das Konkursverfahren mit Einwilligung der bekannten Gläubiger eingestellt worden ist (vgl. §. 188 Konkursordnung). E. v. 14. März 1878. Entsch. XXIV S. 41.

Ueber die Wirkung eines im Konkurse über das Gesellschaftsvermögen geschlossenen Zwangsvergleiches vgl. §. 200 Konkursordn. u. Anm. zu Art. 112.

Während der Dauer des Gesellschaftskonkurses ruht die Verjährung der Klagen der Gesellschaftsgläubiger auf Befriedigung aus dem Privatvermögen der Gesellschafter. E. v. 4. Oktober 1881. RG. V S. 52.

Das Gesellschaftsvermögen bildet sowohl in dem Rechtsverhältnisse der Gesellschafter unter einander, als in dem Rechtsverhältnisse der Gesellschaft zu dritten Personen einen für sich bestehenden Vermögensinbegriff. Der einzelne Socius kann daher Gläubiger oder Schuldner der Societät sein. Im Falle des Konkurses bildet dann die Forderung des Gesellschafters an die Gesellschaft ein Aktivum der Konkursmasse des ersteren, bagegen ein Passivum der Konkursmasse der Gesellschaft und umgekehrt. E. v. 14. Febr. 1872. Entsch. V S. 206.

Der Vermiether hat wegen einer ihm an die offene Handelsgesellschaft zustehenden Miethsforderung an den von einem Gesellschafter als Kunden der Gesellschaft eingebrachten Waaren kein Pfandrecht. (pr. R.) E. v. 24. Okt. 1876. Entsch. XXI S. 129.

b) Landesgesetze, welche dies bestimmen, sind jetzt durch §. 4 des Ges. betr. die Einführung der KO. vom 10. Febr. 1877 aufgehoben.

Vierter Abschnitt.

Von der Auflösung der Gesellschaft und dem Austreten einzelner Gesellschafter aus derselben.

123. Die Gesellschaft wird aufgelöst:[a)]

1) durch die Eröffnung des Konkurses über die Gesellschaft;
2) durch den Tod eines der Gesellschafter, wenn nicht der Vertrag bestimmt, daß die Gesellschaft mit den Erben des Verstorbenen fortbestehen soll;[b)]
3) durch die Eröffnung des Konkurses über das Vermögen eines der Gesellschafter oder durch die eingetretene rechtliche Unfähigkeit eines der Gesellschafter zur selbstständigen Vermögensverwaltung;[c)]
4) durch gegenseitige Uebereinkunft;
5) durch Ablauf der Zeit, auf deren Dauer die Gesellschaft eingegangen ist, sofern nicht die Gesellschafter dieselbe stillschweigend fortsetzen; in diesem Falle gilt sie von da an als auf unbestimmte Dauer eingegangen;

6) durch die von Seiten eines Gesellschafters geschehene Aufkündigung,[d] wenn die Gesellschaft auf unbestimmte Dauer eingegangen ist.

Eine auf Lebenszeit eingegangene Gesellschaft ist als eine Gesellschaft von unbestimmter Dauer zu betrachten.[e]

a) Nach Aufhebung des Konkurses können die Gesellschafter die Gesellschaft wirksam fortsetzen. Wird der Konkurs durch Zwangsvergleich aufgehoben, so ist die thatsächlich fortgesetzte Gesellschaft den zur Zeit des Zwangsvergleichs vorhandenen Gläubigern nach Maßgabe des Vergleichs verhaftet. E. v. 13. Febr. 1892, RG. XXVIII S. 133.

Das einer öffentlichen Handelsgesellschaft eingeräumte Nießbrauchsrecht erlischt durch die Eröffnung des Konkurses nicht, sondern besteht für die Dauer des Konkursverfahrens fort. E. v. 28. April 1886, RG. XVI S. 1.

b) Ist dies (daß die Gesellschaft mit den Erben des Verstorbenen fortbestehen solle) im Vertrage bestimmt, so sind die Erben mit dem Zeitpunkt des Erwerbs der Erbschaft ohne Weiteres wirkliche Gesellschafter: sie haften also gemäß Art. 112 HGB. für alle Verbindlichkeiten der Gesellschaft solidarisch und mit ihrem eigenen Vermögen, selbst wenn sie die Erbschaft nur mit der Rechtswohlthat des Inventars angetreten haben. Gegen diese Folge können sie sich nur durch rechtzeitige Erbschaftsentsagung schützen. E. v. 17. März 1886, RG. XVI S. 40 ff. u. E. ohne Datum, RG. XVI S. 60 Anm. (bei Gruchot XXXII S. 141 als E. v. 17. Febr. 1886 mitgetheilt).

Hatte in einem solchen Falle der verstorbene Gesellschafter testamentarisch seine Wittwe als Fiduziarerbin und die Kinder nur auf dasjenige eingesetzt, was bei deren Tode übrig sein werde, so besteht im Gebiet des Preuß. ALR. bei Lebzeiten der Wittwe nur mit ihr (nicht mit den Kindern) die Gesellschaft fort. E. v. 17. März 1886, RG. XVI S. 42.

Vgl. Anm. e zu Art. 85 u. Anm. d zu Art. 129.

Die Uebereinkunft, daß der Gesellschaftsantheil an die Erben des verstorbenen Gesellschafters nur ratenweise ausgezahlt werden solle, gilt im Zweifel als nur zu Gunsten der fortbestehenden Handelsgesellschaft, nicht zu Gunsten ihrer einzelnen Theilhaber ohne Rücksicht auf den Fortbestand der Handlung getroffen. — E. v. 6. Mai 1973. Entsch. X S 57.

c) Also durch Blödsinnigkeits- oder Prodigalitätserklärung.

d) Diese Kündigungsbefugniß kann auf die Dauer vertragsmäßig nicht ausgeschlossen werden. E. v. 27. Juni 1888, RG. XXI S. 93.

e) Ein auf bestimmte Zeit geschlossener, demnächst auf Lebenszeit erweiterter Gesellschaftsvertrag kann vor Ablauf der ursprünglich festgesetzten Zeit nicht gekündigt werden. — E. v. 29. Mai 1874. Entsch. XIII S. 415.

124. Die Aufkündigung[a]) einer Gesellschaft von unbestimmter Dauer Seitens eines Gesellschafters muß, wenn nicht ein anderes vereinbart ist, mindestens sechs Monate vor Ablauf des Geschäftsjahres der Gesellschaft erfolgen.

a) Die Kündigung ist nicht an die Gesellschaft (die Firma), sondern an die übrigen Gesellschafter zu richten; es genügt jedoch, wenn diese von der an die Gesellschaft gerichteten Kündigung rechtzeitig Kenntniß erhalten haben. E. v. 27. Juni 1888, RG. XXI S. 93.

Zum Begriffe der Aufkündigung gehört nichts weiter als die einseitige Erklärung eines Gesellschafters, in der Gesellschaft nicht mehr bleiben zu wollen. — Die Auflösung durch Kündigung setzt voraus, daß der Kündigende den Vertrag als bis dahin zu Recht bestehend anerkennt. Es ist aber nicht erforderlich, daß bei der Kündigung eine ausdrückliche Erklärung in dieser Hinsicht abgegeben wird. E. v. 20. Sept. 1873. Entsch. X S. 433.

125. Ein Gesellschafter kann die Auflösung der Gesellschaft vor Ablauf der für ihre Dauer bestimmten Zeit oder bei Gesellschaften von unbestimmter Dauer ohne vorgängige Aufkündigung verlangen, sofern hierzu wichtige Gründe vorhanden sind.[a]

Die Beurtheilung, ob solche Gründe anzunehmen sind, bleibt im Falle des Widerspruchs[b] dem Ermessen des Richters[c] überlassen.

Die Auflösung kann insbesondere ausgesprochen werden:

1) wenn durch äußere Umstände die Erreichung des gesellschaftlichen Zwecks unmöglich wird;
2) wenn ein Gesellschafter bei der Geschäftsführung oder bei der Rechnungslegung unredlich verfährt;
3) wenn ein Gesellschafter die Erfüllung der ihm obliegenden wesentlichen Verpflichtungen unterläßt;[d]
4) wenn ein Gesellschafter die Firma oder das Vermögen der Gesellschaft für seine Privatzwecke mißbraucht;[e]
5) wenn ein Gesellschafter durch anhaltende Krankheit oder aus anderen Ursachen zu den ihm obliegenden Geschäften der Gesellschaft unfähig wird.

a) Unverzügliche Geltendmachung des Rechts auf Auflösung oder Ausschließung ist nicht vorgeschrieben. In der blos thatsächlichen Fortsetzung der Gesellschaft ist eine Verzeihung des Fehltritts noch nicht zu finden. Ist jedoch in der Zwischenzeit die Gesellschaft durch Hinzutritt eines neuen Gesellschafters oder den Tod eines früheren Gesellschafters eine andere geworden, so kann auf ältere, bekannt gewordene Umstände der Antrag auf Auflösung der Gesellschaft oder Ausschließung eines Gesellschafters nicht gestützt werden. E. v. 10. Mai 1872. Entsch. VI S. 112.

b) Durch diese Worte hat nicht ausgedrückt werden sollen, daß, wenn eine Partei brieflich die Auflösung der Gesellschaft wegen angeblicher wichtiger Gründe verlangt und die andere Partei nicht unverzüglich widerspricht, das Stillschweigen als Zustimmung behandelt werden solle. E. v. 7. Jan. 1874. Entsch. XII S. 103.

c) Der Richter entscheidet hierüber im Wege des ordentlichen Prozesses. Beschl. v. 13. Sept. 1870. Entsch. I S. 27.

Die Auflösung tritt nicht erst mit der Rechtskraft des dieselbe aussprechenden Urtheils, sondern mit der demnächst durch richterliches Erkenntniß für gerechtfertigt erachteten Auflösungs-Erklärung in Kraft. E. v. 7. Jan. 1874. Entsch. XII S. 98.

Das Urtheil auf Auflösung einer offenen Handelsgesellschaft hat nicht ohne Weiteres die Verpflichtung des Verklagten zum Ersatze des dem Kläger durch die Auflösung entstehenden Schadens zur Folge. Es finden die allgemeinen Grundsätze über Schadloshaltung Anwendung, wonach ein Anspruch darauf nur dann begründet ist, wenn dem Gesellschafter, welcher die Auflösung verlangte, durch die Schuld des anderen die Fortsetzung des Verhältnisses überhaupt unmöglich gemacht wurde. E. v. 19. April 1875. Entsch. XVII S. 366.

Hat jeder Gesellschafter durch sein Verhalten dem anderen Veranlassung zur Auflösung gegeben, so steht keinem Theile ein Anspruch auf Schadensersatz zu. (Ein Gesellschafter hatte mit der Ehefrau des anderen Ehebruch getrieben und war von demselben dafür gemißhandelt worden.) E. v. 8. Jan. 1879. Entsch. XXIV S. 308.

d) Dahin gehört, wenn der Gesellschafter die Einzahlung einer versprochenen Einlage verweigert, vorausgesetzt, daß die Geschäftslage die Einlegung von Geldmitteln erfordert, oder daß der betreffende Gesellschafter sich verpflichtet hat, den Betrag von vornherein einzuschießen. E. v. 20. Sept. 1873. Entsch. X S. 433.

Unterlassene Aufnahme von Inventur und Bilanz sowie eigenmächtige Abschließung von Geschäften, welche über den gewöhnlichen Betrieb des Handelsgewerbes der Gesellschaft hinausgehen, als Auflösungsgründe, vgl. im E. v. 25. März 1876, Entsch. XX S. 244.

e) Nicht jeder Gebrauch der Firma oder des Gesellschaftsvermögens zu Privatzwecken ist ein Mißbrauch. E. v. 22. April

1873. Entsch. IX S. 432. Ein Mißbrauch der Firma liegt vor, wenn durch den Gebrauch für Privatzwecke eine Verpflichtung für die Gesellschaft entstanden ist, z. B. wenn ein Gesellschafter einen Privatwechsel mit dem Giro der Gesellschaft versieht, sollte auch eine Benachtheiligung der Gesellschaft nicht beabsichtigt und thatsächlich nicht eingetreten sein. E. v. 8. April 1876. Entsch. XX S. 265.

126. Hat ein Privatgläubiger eines Gesellschafters nach fruchtlos vollstreckter Exekution in dessen Privatvermögen die Exekution in das dem Gesellschafter bei dereinstiger Auflösung der Gesellschaft zukommende Guthaben erwirkt,[a] so ist er berechtigt, es mag die Gesellschaft auf bestimmte oder auf unbestimmte Dauer eingegangen sein, Behufs seiner Befriedigung nach vorher von ihm geschehener Aufkündigung die Auflösung der Gesellschaft zu verlangen.

Die Aufkündigung muß mindestens sechs Monate vor Ablauf des Geschäftsjahres der Gesellschaft geschehen.

a) Vgl. Art. 119, 132.

127. Wenn die Gesellschafter vor der Auflösung der Gesellschaft übereingekommen sind, daß, ungeachtet des Ausscheidens eines oder mehrerer Gesellschafter, die Gesellschaft unter den übrigen fortgesetzt werden soll, so endigt die Gesellschaft nur in Beziehung auf den Ausscheidenden;[a] im Uebrigen besteht sie mit allen ihren bisherigen Rechten und Verbindlichkeiten fort.[b]

a) Die Klage auf Anerkennung des Rechts zum Ausscheiden ist gegen die Gesellschaft zu richten. E. v. 27. Juni 1888, RG. XXI S. 93.

b) Art. 127 trifft den Fall nicht, daß die offene Handelsgesellschaft nur aus zwei Gesellschaftern besteht. Beschl. des RG. v. 4. Mai 1891. Joh. XI S. 30. Vgl. Anm. d zu Art. 128.

128. **Wenn die Auflösung der Gesellschaft aus Gründen gefordert werden darf, welche in der Person eines Gesellschafters liegen (Artikel 125.), so kann**[a] **anstatt derselben auf Ausschließung dieses Gesellschafters erkannt werden, sofern die sämmmtlichen übrigen Gesellschafter hierauf antragen.**[b]

a) Die Ausschließung ist auf den Fall eines Verschuldens des Ausschließenden nicht beschränkt; es genügt, wenn der vorhandene Auflösungsgrund in der Person des Auszuschließenden liegt. Wird als Grund aber das Verhalten des Auszuschließenden geltend gemacht, so ist auch zu prüfen, ob Verschulden vorliegt. Bei Prüfung der Wichtigkeit des Ausschließungsgrundes ist ein strenger Maßstab anzulegen. E. v. 18. Sept. 1889. RG. XXIV S. 138.

Handlungen eines Gesellschafters, welche an sich die Ausschließung rechtfertigen würden, können diesen Charakter verlieren, wenn sie mit Handlungen anderer Gesellschafter zusammen gehalten werden (Kompensation der Verschuldungen), oder wenn die unter den Gesellschaftern herrschende Uebung berücksichtigt wird. E. v. 18. Sept. 1889. RG. XXIV S. 139.

b) Kann. Der Richter darf also die Ausschließung versagen, wenn er auch einen in der Person eines Gesellschafters liegenden Auflösungsgrund als vorhanden annimmt. E. v. 25. Jan. 1875. Entsch. XVIII S. 396.

c) Im Antrage auf Ausschließung ist der Antrag auf Auflösung nicht enthalten; Auflösung der Gesellschaft ist nicht das Geringere, sondern ein Anderes. E. v. 18. Sept. 1889. RG. XXIV S. 140.

d) Die Bestimmung eines Gesellschaftsvertrages, daß über die Ausschließung eines Gesellschafters die Mehrheit der übrigen unter

Ausschluß des Rechtsweges entscheiden soll, ist ungültig. E. v. 3. Okt. 1876. Entsch. XXI S. 84.

Aufkündigung der Gesellschaft und Antrag auf Ausschließung eines Gesellschafters können nebeneinander hergehen. — E. v. 10. Mai 1872. Entsch. VI S. 112.

Auf nur aus zwei Personen bestehende Handelsgesellschaften findet der Art. 128 weder direkte noch analoge Anwendung. — E. v. 7. Okt. 1873. Entsch. XI S. 160. E. v. 16. Juni 1882. RG. VII S. 121. Vgl. Anm. b zu Art. 127.

129. Die Auflösung der Gesellschaft muß, wenn sie nicht in Folge der Eröffnung des Konkurses[a] über die Gesellschaft geschieht, in das Handelsregister eingetragen werden.[b]

Diese Eintragung muß selbst dann geschehen, wenn die Gesellschaft durch Ablauf der Zeit, für welche sie eingegangen war, beendigt wird.

Gleich der Auflösung der Gesellschaft muß auch das Ausscheiden oder die Ausschließung eines Gesellschafters aus der Gesellschaft in das Handelsregister eingetragen werden.

Das Handelsgericht hat die Betheiligten[c] zur Anmeldung dieser Thatsachen von Amtswegen durch Ordnungsstrafen anzuhalten.

Dritten Personen kann die Auflösung der Gesellschaft oder das Ausscheiden oder die Ausschließung eines Gesellschafters aus derselben nur insofern entgegengesetzt werden, als hinsichtlich einer solchen Thatsache die Voraussetzungen vorhanden sind, unter welchen nach Artikel 25. hinsichtlich des Erlöschens der Firma oder der

Aenderung ihrer Inhaber die Wirkung gegen Dritte eintritt.[d)]

a) Die Eintragung der Konkurseröffnung ist in Preußen landesrechtlich angeordnet (vgl. §. 13 des Preuß. Ausführungsgesetzes zur Konkursordnung v. 6. März 1879); sie hat aber nicht die Wirkung, daß von dieser Eintragung die Verjährungsfrist des Art. 146 HGB. beginnt. E. v. 7. März 1878. Entsch. XXIII S. 232.

b) Wird eine aus zwei Gesellschaftern bestehende Gesellschaft durch das Ausscheiden eines Gesellschafters aufgelöst, so genügt die gemäß Abs. 3 dieses Art. erfolgte Eintragung des Ausscheidens, ohne daß die dadurch herbeigeführte Auflösung eingetragen und bekannt gemacht zu werden braucht; es ist aber korrekter, daß auch letzteres geschieht. E. v. 18. Nov. 1876. Entsch. XXI S. 193.

c) Zu den Betheiligten gehören auch die Erben des durch Tod ausgeschiedenen Gesellschafters. E. v. 6. Febr. 1877. Entsch. XXI S. 373.

d) Die durch den Tod eines Gesellschafters erfolgte Auflösung der Gesellschaft gilt auch Dritten gegenüber, welche von dem Tode Kenntniß erhalten haben, selbst wenn die Auflösung im Handelsregister nicht eingetragen worden ist, ohne daß es darauf ankommt, ob und wann der Dritte davon Kenntniß erlangt hat, daß der Gesellschaftsvertrag ein Fortbestehen der Gesellschaft (Art. 123 Ziff. 2) nicht bestimmt. Der Art. 146 ordnet nur den Anfangspunkt der Verjährung an. E. v. 6. Nov. 1875. Entsch. XIX S. 18.

Geben aber die Erben des verstorbenen Gesellschafters durch ihr Verhalten Veranlassung zu der Annahme, daß die Gesellschaft fortgesetzt werde, so haften sie für die Schulden, welche in der Zeit vom Tode des Gesellschafters bis zur Eintragung der Auflösung oder des Ausscheidens unter der Gesellschafts-Firma gemacht sind. E. v. 6. Febr. 1877. Entsch. XXI S. 371.

Beläßt der Deponent von Werthpapieren nach dem ihm bekannt gewordenen Ausscheiden eines Gesellschafters den übrigen das Depot, so kann er sich wegen einer späteren Veruntreuung an den ausgeschiedenen Gesellschafter nicht halten. Vgl. E. v. 6. Nov. 1875. Entsch. XIX S. 18.

Vgl. Anm. zu Art. 25.

130. Wenn ein Gesellschafter ausscheidet oder ausgeschlossen wird, so erfolgt die Auseinandersetzung der Gesellschaft mit demselben auf Grund der Vermögenslage, in welcher sich die Gesellschaft zur Zeit des Ausscheidens oder zur Zeit der Behändigung der Klage auf Ausschließung befindet.[a)]

An den späteren Geschäften, Rechten und Verbindlichkeiten nimmt der Ausgeschiedene oder Ausgeschlossene nur insofern Antheil, als dieselben eine unmittelbare Folge dessen sind, was vor jenem Zeitpunkte bereits geschehen war.[b)]

Der Ausgeschiedene oder Ausgeschlossene muß sich die Beendigung der laufenden Geschäfte in der Weise gefallen lassen, wie sie nach dem Ermessen der verbleibenden Gesellschafter am vortheilhaftesten ist.[c)]

Jedoch ist er, wenn eine frühere vollständige Auseinandersetzung nicht möglich ist, berechtigt, am Schlusse eines jeden Geschäftsjahres Rechnungsablage über die inzwischen erledigten Geschäfte, sowie die Auszahlung der ihm hiernach gebührenden Beträge zu fordern; auch kann er am Schlusse eines jeden Geschäftsjahres den Nachweis über den Stand der noch laufenden Geschäfte fordern.

a) Der ausscheidende Gesellschafter hat keinen Anspruch darauf, daß die verbleibenden Gesellschafter ihm eine Inventur und Bilanz über das Gesellschaftsvermögen für den Zeitpunkt seines Ausscheidens zum Zweck der Auseinandersetzung anfertigen und vorlegen. Bedarf es zur Auseinandersetzung einer solchen, so sind beide Theile zur Aufnahme derselben gleichmäßig verpflichtet. In Ermangelung einer Einigung ist diese Arbeit auf Kosten der

Gesellschaft durch einen (event. vom Gericht zu ernennenden) Sachverständigen zu bewirken. E. v. 27. Okt. 1885, RG. XV S. 80.

Bei Einsicht der Handelsbücher behufs Feststellung der Vermögenslage kann der ausgeschiedene Gesellschafter einen Sachverständigen zuziehen, wenn nicht besondere Umstände vorliegen, welche die Zuziehung eines solchen überflüssig erscheinen lassen. E. v. 22. März 1890, RG. XXV S. 88.

b) Bei der Abwickelung der noch schwebenden Angelegenheiten wird der Ausgeschiedene von den verbleibenden Gesellschaftern rechtlich vertreten. Die Vereinbarungen, welche von den letzteren oder, falls dieselben in Konkurs gerathen, von dem Konkurs-Vertreter über schwebende Angelegenheiten mit Gesellschaftsgläubigern getroffen werden, binden auch den ausgeschiedenen Gesellschafter und kommen ihm zu statten. — E. v. 3. Dez. 1874. Entsch. XV S. 204.

c) Der Ausgeschiedene oder Ausgeschlossene ist Gläubiger der fortbestehenden Gesellschaft in Höhe seines Antheils an dem früheren Gesellschaftsvermögen. Die nach Abs. 2 noch fortdauernde Gemeinschaft ist keine Societät. Im Falle des Konkurses oder der Liquidation kommt der Antheil des Ausgeschiedenen oder Ausgeschlossenen n e b e n, nicht n a ch den später kontrahirten Geschäftsschulden zur Auszahlung. E. v. 6. Mai 1873. Entsch. X S. 57.

131. Ein ausgeschiedener oder ausgeschlossener Gesellschafter muß sich die Auslieferung seines Antheils am Gesellschaftsvermögen in einer den Werth desselben darstellenden Geldsumme gefallen lassen; er hat kein Recht auf einen verhältnißmäßigen Antheil an den einzelnen Forderungen, Waaren oder anderen Vermögensstücken der Gesellschaft.[a)]

a) Der Auseinandersetzungsvertrag, inhalts dessen der ausscheidende Gesellschafter seine Gesellschaftsrechte den zurückbleibenden Gesellschaftern überträgt, ist bezüglich der Stempelpflicht nicht als Kaufvertrag aufzufassen. Dies gilt auch dann, wenn Grundstücke zum Gesellschaftsvermögen gehören und auch wenn die Gesellschaft nur aus zwei Personen bestand, also nur ein Geschäftsinhaber zurückbleibt. E. v. 5. Dez. 1889, RG. XXV S. 225.

Beim Tode eines Gesellschafters findet — falls nicht die Fortsetzung mit den Erben vereinbart ist — der Art. 131 nicht Anwendung. Die Erben des verstorbenen Mitgliedes können Liquidation verlangen (Art. 133). Da hiernach die Auseinandersetzung bei Tod, Austritt oder Ausschluß eines Theilhabers eine verschiedene ist muß die Klage auf Auseinandersetzung dem entsprechend begründet werden. E. v. 11. Nov. 1872. Entsch. VIII S. 178.

132. Macht ein Privatgläubiger eines Gesellschafters von dem nach Artikel 126. ihm zustehenden Rechte Gebrauch, so können die übrigen Gesellschafter auf Grund eines einstimmigen Beschlusses statt der Auflösung der Gesellschaft die Auseinandersetzung und die Auslieferung des Antheils des Schuldners nach den Bestimmungen der vorhergehenden Artikel vornehmen; der letztere ist dann als aus der Gesellschaft ausgeschieden zu betrachten.

Fünfter Abschnitt.

Von der Liquidation der Gesellschaft.

133. Nach Auflösung der Gesellschaft außer dem Fall des Konkurses derselben erfolgt die Liquidation,[a] sofern diese nicht durch einstimmigen Beschluß der Gesellschafter oder durch den Gesellschaftsvertrag einzelnen Gesellschaftern oder anderen Personen übertragen ist,[b] durch die sämmtlichen bisherigen Gesellschafter[c] oder deren Vertreter als Liquidatoren.[d] Ist einer der Gesellschafter gestorben, so haben dessen Rechtsnachfolger einen gemeinschaftlichen Vertreter zu bestellen.

Auf den Antrag eines Gesellschafters kann aus wichtigen Gründen die Ernennung von Liquidatoren durch den Richter erfolgen.[e] Der Richter kann in einem solchen Falle Personen zu Liquidatoren ernennen oder als solche beiordnen, welche nicht zu den Gesellschaftern gehören.

a) Die Liquidation ist nicht obligatorisch; sie erfolgt nur dann, wenn unter den Gesellschaftern keine andere Art der Auseinandersetzung (z. B. Uebernahme des Geschäfts durch einen Gesellschafter) vereinbart ist. G. v. 12. April 1878. Entsch. XXIV S. 144. — Es ist deshalb unzulässig, eine offene Handelsgesellschaft blos deswegen, weil Gesellschaftsschulden unbezahlt geblieben sind, trotz ihrer Auflösung und obwohl die Gesellschafter eine Auseinandersetzung auf anderem Wege als dem der Liquidation gewählt haben, für den unbefriedigten Gesellschaftsgläubiger als im Liquidationszustande fortexistirend zu erachten. E. v. 6. Mai 1879. Entsch. XXV S. 277

Das Recht auf Liquidation ist davon, ob die Gesellschaft im Handelsregister eingetragen worden, oder ob die Auflösung bez. der Liquidationszustand noch eingetragen werden kann, unabhängig. — Der Art. 135 enthält nur eine Ordnungsvorschrift. E. v. 5. Dez. 1876. Entsch. XXII S. 204.

b) Ein durch einstimmigen Beschluß zum Liquidator bestellter Gesellschafter braucht sich nicht gefallen zu lassen, daß ihm in der Person eines anderen Gesellschafters oder eines Dritten ein Mitliquidator bestellt werde, wenn nicht wichtige Gründe (Art. 134) dafür vorliegen. E. v. 10. April 1876. Entsch. XIX S. 11.

Eine Gesellschaft kann auch ihre Gläubiger oder einen Ausschuß derselben zu Liquidatoren bestellen und dieselben ermächtigen, sich bei Abwicklung der Geschäfte selbst bezahlt zu machen. E. v. 12. März 1873. Entsch. XIX S. 215.

c) Auch vor Einleitung der Liquidation ist der einzelne Theilnehmer einer aufgelösten offenen Handelsgesellschaft nicht befugt, auf Zahlung einer Gesellschaftsforderung zur anzulegenden

Liquidationsmasse zu klagen. Dies gilt auch für das Gebiet des Preuß. ALR. E. v. 16. Mai 1892, Gruch. XXXVI S. 162.

d) Unterschied zwischen Prokurist und Liquidator. Der Prokurist ist freiwillig gewählt; der Prinzipal verliert durch seine Bestellung nicht die Befugniß, unmittelbar selbst zu handeln. — Der Liquidator dagegen ist nothwendiger und ausschließlicher Vertreter der Gemeinschaft; er ist das Organ derselben, wie der Vorstand das Organ der Aktiengesellschaft ist. E. v. 25. Juni 1873. Entsch. X S. 357.

Nach innen, den ehemaligen Gesellschaftern gegenüber, hat der Liquidator die Stellung eines Bevollmächtigten, zumal dann, wenn er selbst nicht Gesellschafter war. E. v. 7. Mai 1878. Entsch. XXIII S. 329.

e) Ueber den Antrag auf richterliche Ernennung von Liquidatoren ist, soweit Streit obwaltet, im ordentlichen Prozeßwege zu entscheiden. Waltet kein Streit ob, sei es, daß sämmtliche Gesellschafter gemeinschaftlich den Antrag stellen oder gegen den von einem Gesellschafter gestellten Antrag die übrigen keinen Widerspruch erheben, oder wenn der Streit durch rechtskräftigen Ausspruch, daß die Liquidatoren vom Richter zu ernennen, erledigt ist, so daß es sich nur noch um die Ernennung handelt, so finden in Betreff der Zuständigkeit und des Verfahrens die Landesgesetze Anwendung. In Preußen tritt dann nach §. 24 Nr. 2 des Ausführungsges. zum GVG. v. 24. April 1878 die Zuständigkeit der Amtsgerichte ein. E. v. 25. April 1885, RG. XIII S. 155.

134. Die Abberufung von Liquidatoren geschieht durch einstimmigen Beschluß aller Gesellschafter; a) sie kann auch auf den Antrag eines Gesellschafters aus wichtigen Gründen b) durch den Richter c) erfolgen.

a) Die Abberufung ist selbst dann zulässig, wenn auf das Recht zu derselben vertragsmäßig verzichtet ist, unbeschadet der dem Liquidator aus dem Vertrage zustehenden Ansprüche auf Gegenleistung oder Schadloshaltung. E. v. 7. Mai 1878. Entsch. XXIII S. 324.

b) Daß ein Mitliquidator als Schuldner der aufgelösten Gesellschaft wegen einer bedeutenden Summe verklagt und dadurch das Vertrauen zu ihm erschüttert worden ist, oder daß er nicht am Sitz der Gesellschaft wohnt, genügt zu seiner Abberufung nicht. Diese wird nur dann gerechtfertigt sein, wenn gegen den Liquidator gegründeter Verdacht einer unredlichen Handlungsweise oder einer Pflichtvergessenheit vorliegt. E. v. 4. Febr. 1873. Entsch. IX S. 30.

Vgl. Anm. b zu Art. 133.

c) Der Streit hierüber ist zwischen den Gesellschaftern zum Austrag zu bringen (vgl. Anm. a zu Art. 135). Auch durch einstweilige Verfügung kann die Abberufung angeordnet werden. Eine provisorische Abberufung von Liquidatoren (Suspension) kennt das HGB. nicht. E. v. 3. Febr. 1892. RG. XXIX S. 352. Vgl. Anm. zu Art. 135.

Der Richter ist nicht befugt, auf Antrag eines Betheiligten in den Betrieb einzelner Geschäfte einzugreifen. Die von einem Mitliquidator versagte Genehmigung zur Führung eines Prozesses kann also durch den Richter nicht ergänzt werden. E. v. 7. Mai 1884. RG. XII S. 32.

135. Die Liquidatoren sind von den Gesellschaftern beim Handelsgerichte zur Eintragung in das Handelsregister anzumelden; sie haben ihre Unterschrift persönlich vor dem Handelsgerichte zu zeichnen oder die Zeichnung in beglaubigter Form einzureichen.

Das Austreten eines Liquidators oder das Erlöschen der Vollmacht eines solchen ist gleichfalls zur Eintragung in das Handelsregister anzumelden.

Die Gesellschafter sind zur Befolgung dieser Vorschriften von Amtswegen durch Ordnungsstrafen anzuhalten.a)

Dritten Personen kann die Ernennung von Liquidatoren, sowie das Austreten eines Liquidators oder das Erlöschen der Vollmacht eines solchen nur insofern entgegengesetzt werden, als hinsichtlich dieser Thatsachen die Voraussetzungen vorhanden sind, unter welchen nach Artikel 25. und 46. hinsichtlich einer Aenderung der Inhaber einer Firma oder des Erlöschens einer Prokura die Wirkung gegen Dritte eintritt.

a) Es findet nur ein Zwang zur Anmeldung, nicht zur Ernennung von Liquidatoren statt.

Nimmt ein Liquidator auf Grund des Gesetzes oder des Gesellschaftsvertrages das Recht in Anspruch, alleiniger Liquidator zu sein, so kann der Streit nur im Prozeßwege, nicht durch ein auf Grund des Art. 135 stattfindendes Offizial-Verfahren erledigt werden. E. v. 24. Sept. 1873. Entsch. X S. 437.

Dem Liquidator steht ein Beschwerderecht gegen die von den Gesellschaftern veranlaßte Löschung seiner Liquidationsvollmacht und Eintragung eines neuen Liquidators nicht zu. Beschl. des KG. v. 19. Juni 1882. Joh. III S. 29.

136. Sind mehrere Liquidatoren vorhanden, so können sie die zur Liquidation gehörenden Handlungen mit rechtlicher Wirkung nur in Gemeinschaft vornehmen,[a]) sofern nicht ausdrücklich bestimmt ist, daß sie einzeln handeln können.

a) Es gilt dies auch dann, wenn die mehreren Liquidatoren frühere Gesellschafter sind. Der Art. 114 findet während der Liquidation nicht mehr Anwendung (vgl. Art. 144 u. Anm. c zu Art. 133).

137. Die Liquidatoren haben die laufenden[a]) Geschäfte zu beendigen, die Verpflichtungen der aufgelösten

Gesellschaft zu erfüllen, die Forderungen derselben einzuziehen [b] und das Vermögen der Gesellschaft zu versilbern; [c] sie haben die Gesellschaft gerichtlich und außergerichtlich zu vertreten; [d] sie können für dieselbe Vergleiche schließen und Kompromisse eingehen. [e] Zur Beendigung schwebender Geschäfte können die Liquidatoren auch neue Geschäfte eingehen. [f]

Die Veräußerung von unbeweglichen Sachen kann durch die Liquidatoren ohne Zustimmung der sämmtlichen Gesellschafter nicht anders, als durch öffentliche Versteigerung [g] bewirkt werden.

a) Eine verjährte Forderung gehört nicht zu den schwebenden Geschäften. Daher ist der Liquidator nicht ermächtigt, durch das Anerkenntniß einer verjährten Forderung für dieselbe einen neuen Rechtsgrund zu schaffen. E. v. 18. Febr. 1873. Entsch. IX S. 84.

b) Der Liquidator ist nicht berechtigt, von den Gesellschaftern die zur Befriedigung der Gesellschaftsgläubiger erforderlichen Mittel über die nach dem Gesellschaftsvertrage zu leistenden Einlagen hinaus einzuziehen; wohl aber kann er von ihnen die vertragsmäßig zu machenden Einlagen erfordern, selbst wenn die Fälligkeit der Einlagen erst nach Auflösung der Gesellschaft eingetreten ist. Dem auf Leistung der Einlage belangten Gesellschafter stehen alle Einreden zu, die er während des Bestehens der Gesellschaft den anderen Gesellschaftern gegenüber hätte geltend machen können, nicht aber der Einwand, daß die Einlage entbehrlich ist, da hierüber das Ermessen des Liquidators entscheidet. E. v. 12. Febr. 1879. Entsch. XXV S. 158. Den von einem Dritten versprochenen Kapitalseinschuß kann der Liquidator nur einziehen, wenn nach Lage des Falls anzunehmen ist, daß der Anspruch auf Erfüllung des Versprechens nicht an den Weiterbetrieb des Geschäfts geknüpft ist, also in der Regel nicht, wenn die Umstände (z. B. Verwandtschaftsverhältnisse) dafür sprechen, daß der Dritte nur das

Interesse eines Gesellschafters im Auge hatte. E. v. 7. Mai 1881. RG. IV S. 61.

c) Der Liquidator ist berechtigt, die noch nicht bewirkte Umschreibung der von einem Gesellschafter eingebrachten Grundstücke auf den Namen der Gesellschaftsfirma zu betreiben. E. v. 8. Dez. 1873. Entsch. XII S. 39.

Der Liquidator ist befugt, von den bisherigen Gesellschaftern genaue Angabe und Herausgabe des in ihrem Besitze verbliebenen Gesellschaftsvermögens sowie Rechenschaft über diejenigen Geschäfte zu verlangen, welche ein Gesellschafter für die Gesellschaft nach deren Auflösung geführt hat und welche somit in die Liquidation fallen. E. v. 20. Nov. 1876. Entsch. XXI S. 140.

d) Den einer in Liquidation befindlichen Gesellschaft zu- oder zurückgeschobenen Eid haben sämmtliche Liquidatoren, aber nur diese, nicht auch die Gesellschafter zu leisten. E. v. 25. Juni 1873. Entsch. XI S. 356.

Es ist daher für die Entscheidung des Prozesses gleichgültig, wenn die vom Prozeßgegner zum Zwecke der Eidesleistung abcitirten Gesellschafter die Eidesleistung ablehnen. E. v. 17. Febr. 1377. Entsch. XXI S. 389.

Die Eidesweigerung nur eines von mehreren Liquidatoren hat die Sachfälligkeit der Gesellschaft auch dann zur Folge, wenn ausdrücklich bestimmt ist, daß die Liquidatoren einzeln handeln können, und wenn die persönlichen Interessen der Liquidatoren mit einander kollidiren. E. v. 30. März 1878. Entsch. XXIII S. 311.

Die vorstehend bezeichneten Urtheile sind vor dem Inkrafttreten der CPrO. ergangen. — Auch jetzt sind während der Liquidation Eide von den Liquidatoren, und nur von diesen, zu leisten. Vgl. das RG. XVII S. 369 angeführte Urtheil vom 29. März 1884. — Für die Frage, ob alle oder nur einzelne Liquidatoren zu schwören haben, sind jetzt §§. 434, 436, 438 CPrO. maßgebend.

In Prozessen der in Liquidation befindlichen Gesellschafter können auch solche Gesellschafter, welche nicht Liquidatoren sind, nicht als Zeugen vernommen werden (weil sie Partei sind). E. v. 15. Dez. 1886. RG. XVII S. 368.

In Prozessen der Gesellschaft gegen einen Liquidator wird erstere von den anderen Liquidatoren allein vertreten. E. v. 4. Febr. 1873. Entsch. IX S. 31.

Die Liquidatoren vertreten die Gesellschaft, nicht die einzelnen Gesellschafter (bezüglich ihres Privatvermögens, vgl. Anm. zu Art. 142). Auch während der Liquidation können die einzelnen Gesellschafter persönlich wegen Gesellschaftsschulden belangt werden. E. v. 15. April 1872. Entsch. V S. 392.

e) Das Accept, welches zwei zur Vertretung der liquidirenden Gesellschaft berechtigte Liquidatoren auf den durch einen von ihnen im eigenen Namen gezogenen Wechsel setzen, ist nicht rechtsunwirksam. E. v. 18. Okt. 1882. RG. VII S. 119.

f) Die Ausstellung oder Indossirung eines Wechsels ist als neues Geschäft im Sinne des Art. 137 anzusehen. Derjenige, welcher aus einer vom Liquidator eingegangenen Wechselverpflichtung Ansprüche erhebt, muß daher beweisen, daß der Wechsel zur Beendigung schwebender Geschäfte bestimmt gewesen ist oder daß er, trotz Erfüllung der ihm obliegenden Erkundigungsfrist, berechtigt war, dies anzunehmen. — E. v. 6. Mai 1874. Entsch. XIII S. 224. — Dieser Nachweis gehört aber nicht gerade zur Begründung der Klage; er kann in der Replik nachgebracht werden, besonders wenn die Wechselklage gegen denjenigen Vertreter der Liquidationsfirma gerichtet wird, welcher die Wechselerklärung vollzogen hat. E. v. 18. Nov. 1876. Entsch. XXI S. 307.

g) Die Versteigerung braucht nicht gerichtlich zu sein.

138. Eine Beschränkung des Umfanges der Geschäftsbefugnisse der Liquidatoren (Artikel 137.) hat gegen dritte Personen a) keine rechtliche Wirkung. b)

a) Zu den „dritten Personen" ist unter Umständen auch ein Mitliquidator zu zählen, soweit er nämlich nicht als Vertreter der Gesellschaft, sondern als Gegenkontrahent in Betracht kommt. E. v. 18. Okt. 1882. RG. VII S. 120.

b) Dies gilt — abgesehen von dem Fall einer dolosen Kollusion — auch dann, wenn der Dritte von der Beschränkung Kenntniß hatte. Vgl. Anm. zu Art. 116 u. 231.

139. Die Liquidatoren haben ihre Unterschrift in der Weise abzugeben, daß sie der bisherigen, nun als Liquidationsfirma zu bezeichnenden Firma ihren Namen beifügen.[a)]

a) Das Außerachtlassen dieser Ordnungsvorschrift hebt die Gültigkeit der vorgenommenen Handlung nicht auf. Es ist gleichgültig, ob das Geschäft von den Liquidatoren ausdrücklich im Namen der liquidirenden Gesellschaft geschlossen worden ist, oder ob die Umstände ergeben, daß die Absicht dahin ging. E. v. 12. März 1873. Entsch. IX S. 215.

140. Die Liquidatoren haben, selbst wenn sie vom Richter bestellt sind, den Gesellschaftern gegenüber bei der Geschäftsführung den von diesen einstimmig getroffenen Anordnungen Folge zu geben.[a)]

a) Den Gesellschaftern müssen während der Liquidation die Gesellschaftsbücher zugänglich bleiben. E. v. 13. April 1872. Entsch. V S. 394.

141. Die während der Liquidation entbehrlichen Gelder werden vorläufig unter die Gesellschafter vertheilt.

Zur Deckung von Schulden der Gesellschaft, welche erst später fällig[a)] werden, sowie zur Deckung der Ansprüche, welche den einzelnen Gesellschaftern bei der Auseinandersetzung zustehen, sind die erforderlichen Gelder zurückzubehalten.[b)]

a) In dem Erk. v. 6. Mai 1873 (Entsch. X S. 65) nimmt das ROHG. an, daß eine an sich nicht fällige Forderung durch die Auflösung der Gesellschaft fällig wird, falls nicht die Befristung absolut und ohne Rücksicht auf die Fortdauer der Handelsgesellschaft ausbedungen ist.

b) Der Gesellschafter, welcher zugleich Gläubiger der Gesellschaft ist, kann während der Liquidation auf Zahlung nicht klagen, solange es ungewiß ist, ob das Gesellschaftsvermögen zur Erfüllung aller Verpflichtungen der aufgelösten Gesellschaft ausreichen wird. E. v. 2. März 1892. RG. XXIX S. 16. Vgl. Anm. a zu Art. 144.

142. Die Liquidatoren haben die schließliche Auseinandersetzung unter den Gesellschaftern herbeizuführen.

Streitigkeiten, welche über die Auseinandersetzung entstehen, fallen der richterlichen Entscheidung anheim. a)

a) Derartige Streitigkeiten werden unter den Gesellschaftern selbst, nicht unter den Liquidatoren, zum Austrage gebracht. E. v. 13. April 1872. Entsch. V S. 391. — Vor beendeter Liquidation braucht sich in der Regel ein Gesellschafter auf einen Rechtsstreit über einzelne die Auseinandersetzung betreffende Streitpunkte nicht einzulassen. E. v. 4. Februar 1878. Entsch. XXIII S. 194. Vgl. Anm. zu Art. 144.

143. Wenn ein Gesellschafter Sachen in die Gesellschaft eingebracht hat, welche Eigenthum derselben geworden sind, so fallen dieselben bei der Auseinandersetzung nicht an ihn zurück, sondern er erhält den Werth aus dem Gesellschaftsvermögen erstattet, für welchen sie gemäß Uebereinkunft übernommen wurden.

Fehlt es an dieser Werthbestimmung, so geschieht die Erstattung nach dem Werthe, welchen die Sachen zur Zeit der Einbringung hatten.

144. Ungeachtet der Auflösung der Gesellschaft kommen bis zur Beendigung der Liquidation in Bezug auf das Rechtsverhältniß der bisherigen Gesellschafter untereinander, a) sowie der Gesellschaft zu dritten Personen die

Vorschriften des zweiten und dritten Abschnitts zur Anwendung, soweit sich aus den Bestimmungen des gegenwärtigen Abschnitts und aus dem Wesen der Liquidation nicht ein Anderes ergiebt.b)

Der Gerichtsstand,c) welchen die Gesellschaft zur Zeit ihrer Auflösung hatte, bleibt bis zur Beendigung der Liquidation für die aufgelöste Gesellschaft bestehen.

Zustellungen an die Gesellschaft geschehen mit rechtlicher Wirkung an einen der Liquidatoren.

a) Ein Gesellschafter, welcher während der Liquidation eine Gesellschaftsschuld bezahlt, kann gegen die Mitgesellschafter auf Zahlung ihrer Schuldantheile klagen, ohne die vollständige Liquidation abzuwarten. E. v. 15. Febr. 1874. Entsch. XII S. 273. — Vgl. Anm. zu Art. 142.

b) Aus dem Inhalt des Art. 137 und dem dort festgestellten Zweck der Liquidation ergiebt sich, daß die Ermächtigung des Liquidators nicht die unbeschränkte des Art. 114 sein kann. E. v. 18. Febr. 1873. Entsch. IX S. 87. Vgl. Anm. a zu Art. 137.

c) d. h. der ordentliche Gerichtsstand. Daneben bleiben die außerordentlichen Gerichtsstände bestehen (z. B. für Wechselsachen). E. v. 16. Januar 1874. Entsch. XII S. 216.

145. Nach Beendigung der Liquidation werden die Bücher und Schriften der aufgelösten Gesellschaft einem der gewesenen Gesellschafter oder einem Dritten in Verwahrung gegeben. Der Gesellschafter oder der Dritte wird in Ermangelung einer gütlichen Uebereinkunft durch das Handelsgericht bestimmt.a)

Die Gesellschafter und deren Rechtsnachfolger behalten das Recht auf Einsicht und Benutzung der Bücher und Papiere.b)

a) Welche Rücksichten hierbei für den Richter maßgebend sein sollen, vgl. im E. v. 10. Sept. 1872, Entsch. VII S. 74.

b) Durch Vorlegung sämmtlicher Bücher und Papiere genügt der Liquidator seiner Pflicht zur Rechnungslegung, wenn dieselben vollständigen Aufschluß über den Gang der Liquidation ergeben. E. v. 15. Sept. 1879. Entsch. XXV S. 345.

Sechster Abschnitt.

Von der Verjährung der Klagen gegen die Gesellschafter.

Da die Artikel 146—149 HGB. das Verjährungsrecht nicht erschöpfen, muß bezüglich vieler Fragen, besonders über die Unterbrechung der Verjährung, auf die allgemeinen Vorschriften des bürgerlichen Rechts zurückgegangen werden. Beseitigt sind aber alle Bestimmungen der Landesgesetze, welche mit der ratio der in den Artikeln 146—149 gegebenen Vorschriften nicht vereinbar sind (vgl. Anm. c u. e zu Art. 146). E. v. 18. April 1883, RG. X S. 44.

146. Die Klagen gegen einen Gesellschafter[a)] aus Ansprüchen gegen die Gesellschaft[b)] verjähren in fünf Jahren nach Auflösung der Gesellschaft oder nach seinem Ausscheiden oder seiner Ausschließung aus derselben, sofern nicht nach Beschaffenheit der Forderung eine kürzere Verjährungsfrist gesetzlich eintritt.

Die Verjährung beginnt[c)] mit dem Tage, an welchem die Auflösung der Gesellschaft oder das Ausscheiden oder die Ausschließung des Gesellschafters aus derselben in das Handelsregister eingetragen[d)] ist.

Wird die Forderung erst nach der Eintragung fällig, so beginnt die Verjährung mit dem Zeitpunkte der Fälligkeit.[d)]

a) Die Verjährung schützt nur den Gesellschafter als solchen; sie greift also nicht Platz, wenn bezüglich seiner außer dem Gesellschaftsverhältniß noch ein anderer besonderer Verpflichtungsgrund vorliegt; z. B. kommt sie nicht dem Gesellschafter zu statten, der das Geschäft der aufgelösten Gesellschaft mit den Schulden übernommen und dies in verpflichtender Weise (vgl. Anm. d zu Art. 23) bekannt gemacht hat. E. v. 18. April 1883, RG. X S. 47.

b) Die Verjährung erstreckt sich nicht auf Ansprüche, welche die Gesellschafter gegen einander auf Grund des Gesellschaftsvertrages mit der actio pro socio geltend zu machen berechtigt. Hierzu gehören die auf Art. 93 HGB. zu gründenden Ansprüche. Die Verjährungseinrede kann den Ansprüchen einzelner Theilhaber der Societät nur entgegengesetzt werden, insoweit die Socien nicht als solche, sondern als Dritte diese Ansprüche erworben haben. E. v. 16. Dez. 1872. Entsch. VIII S. 247.

Dagegen unterliegt der Anspruch eines ausgeschiedenen Gesellschafters gegen die von den übrigen Gesellschaftern fortgesetzte Gesellschaft auf Auszahlung des Werthes seines Antheils am Gesellschaftsvermögen (Art. 131) bei Verfolgung gegen das Privatvermögen der übrigen Gesellschafter der Verjährung des Art. 146 HGB. E. v 4. Febr. 1882, RG. VII S. 93.

c) Die Vorschrift des Preuß. ALR §. 512 Th. I Tit. 9 („Keine Art der Verjährung kann gegen denjenigen anfangen, welcher von seinem Recht nicht hat unterrichtet sein können") findet gegenüber der Verjährung des Art. 146 HGB. keine Anwendung (E. v. 18. April 1883, RG. X S. 44), auch nicht die Vorschriften der §§. 568, 569 Th. I Tit. 9 ALR. E. v. 29. Sept. 1887, RG. XIX S. 140.

d) Die Eintragung der Auflösung ist also Voraussetzung für den Eintritt der Verjährung. E. v. 16. Dez. 1872. Entsch. VIII S. 248. — Daß der Tag der Eintragung aus der Eintragung selbst hervorgehe oder überhaupt genau festgestellt werden könne, ist nicht erforderlich, wenn nur sonst erhellt, daß seit der Eintragung 5 Jahre verflossen sind. E. v. 4. Mai 1876. Entsch. XX S. 348. — War die Errichtung der Handelsgesellschaft nicht eingetragen, so muß zunächst diese Eintragung erfolgen, damit demnächst die Auflösung eingetragen werden kann. E. v. 3. April 1878. Entsch. XXIII S. 227.

Der Art. 146 kommt nicht zur Anwendung, wenn die Auflösung der offenen Handelsgesellschaft durch Eröffnung des Gesellschaftskonkurses erfolgt (vgl. Art. 129 und Anm. a zu demselben). E. v. 7. März 1878. Entsch. XXIII S. 232.

e) Wird die Forderung erst nach der Eintragung existent, so beginnt die Verjährung erst mit der Entstehung der Forderung. E. v. 18. April 1883, RG. X S. 46.

Die fünfjährige Verjährung findet auf Ansprüche gegen die Theilhaber einer schon vor der Emanation des HGB. aufgelösten Gesellschaft nicht statt. E. v. 31. Jan. 1871. Entsch. V S. 81.

Bei kündbaren Forderungen beginnt (wenigstens im Gebiet des Preuß. ALR.) die Verjährung mit Ablauf der Kündigungsfrist nach Eintritt desjenigen Zeitpunktes, zu welchem zuerst gekündigt werden konnte, auch wenn thatsächlich nicht gekündigt worden ist. E. v. 7. März 1878. Entsch. XXIII S. 232.

Ist die Klage wegen der Hauptforderung verjährt, so gilt (wenigstens im Gebiet des Preuß. ALR.) auch die Klage wegen der Zinsen als verjährt. E. v. 7. März 1878. Entsch. XXIII S. 235.

Im Gebiete des Preuß. ALR. wird die Verjährung auch durch eine vom ausgeschiedenen Gesellschafter geleistete Abschlagszahlung unterbrochen und zwar in der Regel selbst dann, wenn die Zahlung ausdrücklich auf die Forderung an die Gesellschaft geleistet wird. E. v. 19. Nov. 1884, RG. XIII S. 98.

147. Ist noch ungetheiltes Gesellschaftsvermögen vorhanden, so kann dem Gläubiger die fünfjährige Verjährung nicht entgegengesetzt werden, sofern er seine Befriedigung nur aus dem Gesellschaftsvermögen sucht.

148. Die Verjährung zu Gunsten eines ausgeschiedenen oder ausgeschlossenen Gesellschafters wird durch Rechtshandlungen nicht unterbrochen, welche gegen die fortbestehende Gesellschaft oder einen anderen Gesellschafter vorgenommen werden.

Die Verjährung zu Gunsten eines bei der Auflösung einer Gesellschaft zu derselben gehörigen Gesellschafters wird nicht durch Rechtshandlungen gegen einen anderen Gesellschafter, wohl aber durch Rechtshandlungen gegen die Liquidatoren[a]) unterbrochen.

a) Sofern die Verjährung noch läuft. E. v. 18. Febr. 1873. Entsch. IX S. 86.

Auch Theilzahlungen, welche der Liquidator leistet, unterbrechen (nach gem. R.) die Verjährung. E. v. 21. Juni 1881. RG. V S. 9.

149. Die Verjährung läuft auch gegen Minderjährige und bevormundete Personen, sowie gegen juristische Personen, denen gesetzlich die Rechte der Minderjährigen zustehen, ohne Zulassung der Wiedereinsetzung in den vorigen Stand, jedoch mit Vorbehalt des Regresses gegen die Vormünder und Verwalter.

Zweiter Titel. Von der Kommanditgesellschaft.

Erster Abschnitt.

Von der Kommanditgesellschaft im Allgemeinen.

150. Eine Kommanditgesellschaft ist vorhanden, wenn bei einem unter einer gemeinschaftlicher Firma betriebenen

Handelsgewerbe ein oder mehrere Gesellschafter sich nur mit Vermögenseinlagen betheiligen (Kommanditisten), während bei einem oder mehreren anderen Gesellschaftern die Betheiligung nicht in dieser Weise beschränkt ist (persönlich haftende Gesellschafter).[a]

Sind mehrere persönlich haftende Gesellschafter vorhanden, so ist in Ansehung ihrer die Gesellschaft zugleich eine offene Gesellschaft.

Zur Gültigkeit des Gesellschaftsvertrages bedarf es der schriftlichen Abfassung nicht.

a) Die Frage, ob eine offene Handelsgesellschaft als solche persönlich haftender Gesellschafter einer Kommanditgesellschaft sein könne, ist vom Kammergericht in dem Beschl. vom 20. Juni 1881 (Joh. II S. 20) bejaht, in den Gründen des Beschl. v. 16. Febr. 1891 (Joh. XI S. 20) verneint.

Der persönlich haftende Gesellschafter haftet nicht blos subsidiär bei Vermögensunzulänglichkeit der Gesellschaft, sondern solidarisch neben der Gesellschaft. E. v. 25. Juni 1878. Entsch. XXIV S. 166.

151. Die Errichtung einer Kommanditgesellschaft ist von sämmtlichen Gesellschaftern[a] bei dem Handelsgerichte, in dessen Bezirk die Gesellschaft ihren Sitz hat, Behufs der Eintragung in das Handelsregister anzumelden.

Die Anmeldung muß enthalten:

1) den Namen, Vornamen, Stand und Wohnort jedes persönlich haftenden Gesellschafters;
2) den Namen, Vornamen, Stand und Wohnort jedes Kommanditisten mit der Bezeichnung desselben als solchen;

3) die Firma der Gesellschaft und den Ort, wo sie ihren Sitz hat;

4) den Betrag der Vermögenseinlage jedes Kommanditisten.[b]

Die Anmeldung muß von allen Gesellschaftern[a] persönlich vor dem Handelsgerichte unterzeichnet, oder in beglaubigter Form eingereicht werden; sie ist nach ihrem ganzen Inhalt in das Handelsregister einzutragen. Bei der Bekanntmachung der Kommanditgesellschaft in den öffentlichen Blättern (Artikel 13.) unterbleibt die Angabe der Namen, des Standes und des Wohnorts der Kommanditisten, sowie die Angabe des Betrages ihrer Vermögenseinlagen.

a) Also auch von den Kommanditisten.

b) Auch eine nachträgliche Erhöhung der Vermögenseinlage muß eingetragen werden. E. v. 8. Mai 1879. Entsch. XXV S. 117.

152. Bei jedem Handelsgerichte, in dessen Bezirk die Kommanditgesellschaft eine Zweigniederlassung hat, muß dies Behufs der Eintragung in das Handelsregister angemeldet werden.

Die Anmeldung muß die in Artikel 151. Ziff. 1. bis 4. bezeichneten Angaben enthalten, und von sämmtlichen persönlich haftenden Gesellschaftern vor dem Handelsgericht unterzeichnet oder in beglaubigter Form eingereicht werden.

153. Die persönlich haftenden Gesellschafter, welche die Gesellschaft vertreten sollen, haben die Firma nebst

ihrer Namensunterschrift persönlich vor dem Handelsgericht, in dessen Bezirk die Gesellschaft ihren Sitz hat, und vor jedem Handelsgericht, in dessen Bezirk sie eine Zweigniederlassung hat, zu zeichnen oder die Zeichnung in beglaubigter Form einzureichen.

154. Das Handelsgericht hat die persönlich haftenden Gesellschafter zur Befolgung der in den Artikeln 151. 152. und 153. enthaltenen Vorschriften von Amtswegen durch Ordnungsstrafen anzuhalten.

155. Wenn die Firma einer bestehenden Kommanditgesellschaft geändert, oder der Sitz der Gesellschaft an einen anderen Ort verlegt wird, so sind diese Thatsachen von sämmtlichen Gesellschaftern in der durch Artikel 151. bestimmten Weise Behufs der Eintragung in das Handelsregister anzumelden. Das Handelsgericht hat die persönlich haftenden Gesellschafter zur Befolgung dieser Anordnung von Amtswegen durch Ordnungsstrafen anzuhalten.

Bei der Bekanntmachung kommt in Betreff der Kommanditisten die Vorschrift des Artikels 151. zur Anwendung.

Die Wirkung gegen Dritte richtet sich nach den Bestimmungen des Artikels 25.

156. Wenn in eine bestehende Kommanditgesellschaft ein neuer Kommanditist eintritt, so muß dies von sämmtlichen Gesellschaftern zur Eintragung in das Handelsregister und zur Bekanntmachung nach den Bestimmungen des Artikels 151. angemeldet werden.

157. Das Rechtsverhältniß der Gesellschafter unter einander richtet sich zunächst nach dem Gesellschaftsvertrage. Soweit keine Vereinbarung getroffen ist, kommen die gesetzlichen Bestimmungen über das Rechtsverhältniß der offenen Gesellschafter untereinander auch hier zur Anwendung, jedoch mit den Abweichungen, welche die nachfolgenden Artikel (158. bis 162.) ergeben.[a]

a) Der persönlich haftende Gesellschafter kann an Geldern der Kommanditgesellschaft eine Unterschlagung begehen. E. v. 4. Okt. 1888, RG. in Straff. XVIII S. 123. Vgl. Anm. a zu Art. 114.

158. Die Geschäftsführung der Gesellschaft wird durch den oder die persönlich haftenden Gesellschafter besorgt.

Ein Kommanditist ist zur Führung der Geschäfte der Gesellschaft weder berechtigt[a] noch verpflichtet.

Er kann gegen die Vornahme einer Handlung der Geschäftsführung durch die persönlich haftenden Gesellschafter (Artikel 99. bis 102.) Widerspruch nicht erheben.

a) Vgl. Art. 167 Abs. 3.

159. Ein Kommanditist darf ohne Genehmigung der anderen Gesellschafter in dem Handelszweig der Gesellschaft für eigene oder fremde Rechnung Geschäfte machen und an einer anderen gleichartigen Handelsgesellschaft als offener Gesellschafter theilnehmen.

160. Jeder Kommanditist ist berechtigt, die abschriftliche Mittheilungen der jährlichen Bilanz zu verlangen und die Richtigkeit derselben unter Einsicht der Bücher und Papiere zu prüfen.

Die im Artikel 105. bezeichneten weiteren Rechte eines offenen Gesellschafters stehen einem Kommanditisten nicht zu.

Jedoch kann das Handelsgericht auf den Antrag eines Kommanditisten, wenn wichtige Gründe dazu vorliegen, die Mittheilung einer Bilanz oder sonstiger Aufklärungen nebst Vorlegung der Bücher und Papiere zu jeder Zeit anordnen.

161. Die Bestimmungen der Artikel 106. bis 108. über die Verzinsung der Einlage, über die jährliche Berechnung des Gewinnes oder Verlustes und über die Befugniß, Zinsen und Gewinn zu erheben, gelten auch in Betreff des Kommanditisten.

Jedoch nimmt ein Kommanditist an dem Verluste nur bis zum Betrage seiner eingezahlten oder rückständigen Einlage Antheil.

Er ist nicht verpflichtet, die Zinsen und den Gewinn, welche er bezogen hat, wegen späterer Verluste zurückzuzahlen; jedoch wird, so lange seine ursprüngliche Einlage durch Verlust vermindert ist, der jährliche Gewinn zur Deckung des Verlustes verwendet.

162. Ist über die Höhe der Betheiligung an Gewinn und Verlust nichts vereinbart, so wird dieselbe nach richterlichem Ermessen, nöthigenfalls unter Zuziehung von Sachverständigen, festgestellt.

163. Im Verhältniß zu dritten Personen tritt die rechtliche Wirksamkeit einer Kommanditgesellschaft mit dem Zeitpunkt ein, in welchem die Errichtung der Gesellschaft bei dem Handelsgericht, in dessen Bezirk die Gesellschaft ihren Sitz hat, in das Handelsregister eingetragen ist, oder die Gesellschaft auch nur ihre Geschäfte begonnen hat.a)

Die Beschränkung, daß die Gesellschaft erst mit einem späteren Zeitpunkt als dem der Eintragung ihren Anfang nehmen soll, hat gegen dritte Personen keine rechtliche Wirkung.

Hat die Gesellschaft vor der Eintragungb) ihre Geschäfte begonnen, so haftet jeder Kommanditist dritten Personen für die bis zur Eintragung entstandenen Verbindlichkeiten der Gesellschaft gleich einem persönlich haftenden Gesellschafter, wenn er nicht beweist, daß denselben seine beschränkte Betheiligung bei der Gesellschaft bekannt war.c)

a) Vgl. die Anm. zu Art. 110.

b) Die bloße Anmeldung zur Eintragung genügt nicht. Der Kommanditist ist also auch dann Dritten gegenüber als persönlich haftender Gesellschafter verpflichtet, wenn die angemeldete Kommanditgesellschaft durch ein Versehen des Registerbeamten überhaupt nicht oder als offene Handelsgesellschaft eingetragen ist. E. v. 28. Sept. 1877. Entsch. XXIII S. 280.

c) Diese Vorschrift findet auch Anwendung, wenn in eine bis dahin offene Handelsgesellschaft ein Kommanditist eintritt. In diesem Falle haftet der Kommanditist gleich einem offenen Gesellschafter nur für die seit seinem Eintritte bis zu seiner Eintragung, nicht für die vor seinem Eintritte entstandenen Verbindlichkeiten. E. v. 3. Dez. 1873. Entsch. XII S. 14.

Um die persönliche Haftung des Kommanditisten auszuschließen, genügt es, daß der Dritte, gleichviel auf welche Weise, Kenntniß von der beschränkten Betheiligung erhalten hat; es ist nicht erforderlich, daß ihm auch die Höhe der Vermögenseinlage des Kommanditisten bekannt war. E. v. 11. Nov. 1884. RG. XII S. 135.

164. Die Kommanditgesellschaft kann unter ihrer Firma Rechte erwerben und Verbindlichkeiten eingehen, Eigenthum und andere dingliche Rechte an Grundstücken erwerben,[a] vor Gericht klagen und verklagt werden.[b]

Ihr ordentlicher Gerichtsstand ist bei dem Gericht, in dessen Bezirk sie ihren Sitz hat.

a) Vgl. E. f. Pr. Art. 23.

b) Der Gläubiger einer Kommanditgesellschaft hat die Wahl, ob er den persönlich haftenden Gesellschafter (Komplementar) für seine Person oder die gesammten Mitglieder der Gesellschaft unter deren Firma in Anspruch nehmen will. Hat er zunächst den Komplementar in Anspruch genommen (in welchem Falle er nur in dessen persönliches Vermögen Exekution vollstrecken lassen kann), so präjudicirt die in diesem Prozesse ergangene Entscheidung nicht der Klage gegen die Gesellschaft. E. v. 3. April 1871. Entsch. II S. 168.

165. Für die Verbindlichkeiten der Gesellschaft haftet der Kommanditist nur mit der Einlage und, soweit diese nicht eingezahlt ist, mit dem versprochenen Betrage.[a]

Die Einlage des Kommanditisten kann während des Bestehens der Gesellschaft weder ganz noch theilweise zurückbezahlt oder erlassen werden.

Zinsen können ihm von der Gesellschaft nur insoweit bezahlt werden, als dadurch die ursprüngliche Einlage nicht vermindert wird.

Er kann bis zur Wiederergänzung der durch Verlust verminderten Einlage weder Zinsen noch Gewinn beziehen.

Er haftet für die Verbindlichkeiten der Gesellschaft, wenn und insoweit er diesen Bestimmungen entgegen Zahlungen von der Gesellschaft empfangen hat.b)

Er ist jedoch nicht verpflichtet, die Zinsen und den Gewinn zurückzuzahlen, welche er auf Grund einer in gutem Glauben errichteten Bilanz in gutem Glauben bezogen hat.

a) In Höhe dieser versprochenen Einlage haben die Gesellschaftsgläubiger — wenigstens nach Auflösung der Gesellschaft — eine direkte Klage gegen den Kommanditisten. E. v. 8. Jan. 1876. Entsch. XIX S. 349. Ebenso E. v. 23. Nov. 1886, RG. XVII S. 37. Auch dieses Urtheil betrifft einen Fall, in welchem die Auflösung der Kommanditgesellschaft bereits erfolgt war. Die Gründe ergeben aber, daß die Entscheidung ebenso ausgefallen wäre, wenn es sich um eine noch bestehende Kommanditgesellschaft gehandelt hätte.

Der Kommanditist haftet auch mit demjenigen Theile der versprochenen Einlage, der nicht in das Handelsregister eingetragen ist. E. v. 8. Mai 1879. Entsch. XXV S. 116. Im Konkurse über das Vermögen der Kommanditgesellschaft ist der Massenverwalter befugt, die Rechte der Gesellschaftsgläubiger auf die Einlage geltend zu machen. — Der Kommanditist kann sich auf Vergünstigungen (z. B. Ratenzahlungen), die er mit dem persönlich haftenden Gesellschafter bedungen hat, nicht berufen. E. v. 29. Nov. 1879. RG. I S. 69. Der Kommanditist kann solche Gegenforderungen nicht zur Kompensation stellen, welche entstanden (und vom persönlich haftenden Gesellschafter übernommen sind), bevor die Anmeldung der Gesellschaft zum Handelsregister erfolgt ist. E. v. 23. Nov. 1886, RG. XVII S. 37.

b) Diese Haftung tritt nur ein, insoweit der Kommanditist durch den Besitz der ihm zurückgezahlten Einlage zum Nachtheil der Gesellschaftsgläubiger bereichert sein würde, also nicht, wenn er in Höhe der ihm zurückgezahlten Einlage Gesellschaftsschulden, sei es auch auf Grund einer von ihm übernommenen Bürgschaft, bezahlt hat. E. v. 16. Mai 1882. RG. VII S. 48.

166. Wer in eine bestehende Handelsgesellschaft als Kommanditist eintritt, haftet nach Maaßgabe des vorhergehenden Artikels für alle von der Gesellschaft vor seinem Eintritt eingegangenen Verbindlichkeiten, es mag die Firma eine Aenderung erleiden oder nicht.[a)]

Ein entgegenstehender Vertrag ist gegen Dritte ohne rechtliche Wirkung.

a) Vgl. Art. 113 und die Anm. zu demselben, sowie Anm. c zu Art. 163.

167. Die Kommanditgesellschaft wird durch die persönlich haftenden Gesellschafter berechtigt und verpflichtet; sie wird durch dieselben vor Gericht vertreten.[a)]

Zur Behändigung von Vorladungen und anderen Zustellungen an die Gesellschaft genügt es, wenn dieselbe an einen der zur Vertretung befugten Gesellschafter geschieht.

Ein Kommanditist, welcher für die Gesellschaft Geschäfte schließt, ohne ausdrücklich zu erklären, daß er nur als Prokurist oder als Bevollmächtigter handle, ist aus diesen Geschäften gleich einem persönlich haftenden Gesellschafter verpflichtet.

a) Auch Prozeßeide sind in Rechtsstreitigkeiten der Kommanditgesellschaft nur von den persönlich haftenden Gesellschaftern zu leisten. E. v. 5. Nov. 1874. Entsch. XV S. 6. Vgl. Anm. zu Art. 117.

168. Der Name eines Kommanditisten darf in der Firma der Gesellschaft nicht enthalten sein;[a)] im entgegengesetzten Falle haftet er den Gläubigern der Gesellschaft gleich einem offenen Gesellschafter.

a) auch nicht, wenn der Kommanditist früher offener Gesellschafter und sein Name in der Firma enthalten war (Ausnahme vom Art. 24).

169. Die Bestimmungen der Artikel 119. 120. 121. und 122. finden auch bei der Kommanditgesellschaft Anwendung.

170. Wenn ein Kommanditist stirbt oder zur Verwaltung seines Vermögens rechtlich unfähig wird, so hat dies die Auflösung der Gesellschaft nicht zur Folge.

Im Uebrigen gelten die in den Artikeln 123. bis 128. für die offene Gesellschaft gegebenen Bestimmungen auch für die Kommanditgesellschaft.

171. Wenn eine Kommanditgesellschaft aufgelöst wird, oder wenn ein Kommanditist mit seiner ganzen Einlage oder mit einem Theile derselben ausscheidet, so müssen diese Thatsachen in das Handelsregister eingetragen werden.[a]

Bei der Bekanntmachung unterbleibt die Bezeichnung des Kommanditisten und die Angabe des Betrages der Einlage.

Die Bestimmungen des Artikels 129. kommen auch hier zur Anwendung.

a) Die Weigerung eines Kommanditisten, sein Ausscheiden im Handelsregister verlautbaren zu lassen, berechtigt die Gesellschaft noch nicht zur Einbehaltung des dem Kommanditisten gebührenden Geschäftsantheils. E. v. 3. April 1871. Entsch. II S. 168.

172 Was bei der offenen Gesellschaft über die Art der Auseinandersetzung (Art. 130. 131. und 132.), über

die Liquidation a) und über die Verjährung der Klagen gegen die Gesellschafter bestimmt ist, gilt auch bei der Kommanditgesellschaft in Betreff aller Gesellschafter.

a) Vgl. Anm. a zu Art. 133. Auch eine aufgelöste Kommanditgesellschaft braucht nicht in Liquidation zu treten. E. v. 6. Mai 1879. Entsch. XXV S. 277.

Zweiter Abschnitt.*)

Von der Kommanditgesellschaft auf Aktien insbesondere.

173 †. Das Gesammtkapital der Kommanditisten kann in Aktien zerlegt werden.

Die Aktien sind untheilbar.

Dieselben können auf Inhaber oder auf Namen lauten.

Antheilscheine,a) in welchen der Bezug von Aktien zugesichert wird, oder welche sonst über das Antheilsrecht

*) Die Artikel 173 bis 249 g folgen hier in derjenigen Fassung, welche sie durch das Gesetz, betreffend die Kommanditgesellschaften auf Aktien und die Aktiengesellschaften vom 18. Juli 1884 (s. hinten unter Ergänzungsgesetzen), erhalten haben. Insoweit die unter der Geltung des früheren Aktienrechts ergangenen Entscheidungen des ROHG. und des RG. nach der Ansicht des Herausgebers auch für das jetzt geltende Recht noch Bedeutung haben, sind die daraus entnommenen Rechtsgrundsätze dem Texte beigefügt.

† Abkürzungen: Mot. = Motive zu dem Entwurf eines Gesetzes, betreffend die Kommanditgesellschaften auf Aktien und die Aktiengesellschaften. Nr. 21 der Drucksachen des Reichstags, Session 1884. — Komm.Ber. = Bericht der IX. Kommission des Reichstags zu demselben Entwurf. Nr. 128 der Drucksachen. — Ges. = Ges. vom 18. Juli 1884.

der Kommanditisten vor Ausgabe der Aktien ausgestellt werden (Interimsscheine), dürfen nicht auf Inhaber lauten.

Vgl. Art. 207 und bezüglich der älteren Gesellschaften §. 2 des Ges.

a) „Wohl zu unterscheiden sind von diesen Antheilscheinen bloße Quittungen über geleistete Einzahlungen, wie sie naturgemäß auch schon vor Eintragung des Gesellschaftsvertrages in das Handelsregister ausgestellt werden." Komm.Ber. S. 2.

173a. Die Aktien müssen auf einen Betrag von mindestens eintausend Mark gestellt werden.

Für ein gemeinnütziges Unternehmen kann im Falle eines besonderen örtlichen Bedürfnisses der Bundesrath die Ausgabe von Aktien, welche auf Namen lauten, zu einem geringeren, jedoch mindestens zweihundert Mark erreichenden Betrage zulassen.[a)] Die gleiche Genehmigung kann in dem Falle ertheilt werden, daß für ein Unternehmen das Reich oder ein Bundesstaat, ein Provinzial-, Kreis- oder Amtsverband oder eine sonstige öffentliche Korporation[b)] auf die Aktien einen bestimmten Ertrag bedingungslos und ohne Zeitbeschränkung gewährleistet hat.

Auf Namen lautende Aktien, deren Uebertragung an die Einwilligung der Gesellschaft gebunden ist, dürfen auf einen Betrag von weniger als eintausend, jedoch nicht von weniger als zweihundert Mark gestellt werden.[c)]

Die vorstehenden Bestimmungen gelten auch von Interimsscheinen.[d)]

Vgl. Art. 207a und bezüglich der älteren Gesellschaften §. 2 des Ges.

a) Die der Behörde zugewiesene Prüfung hat nicht nothwendig alle Richtungen des Unternehmens zu umfassen, überhaupt andere Aufgaben, als die Konzessionirung, welche vor dem Gesetz vom 11. Juni 1870 erforderlich war; die Rentabilität des Unternehmens kann dabei unter Umständen ganz außer Acht bleiben. Komm.Ber. S. 5.

b) Welche Korporationen als öffentliche im Sinne der Art. 173a und 207a zu gelten haben, richtet sich nach dem Staatsrecht der einzelnen Bundesstaaten; maßgebend ist, daß die Korporation in einer organischen Verbindung zum Staatsganzen steht. Komm. Ber. S. 5.

c) Vgl. Art. 181a Abs. 3.

d) Es ist nicht verboten, Interimsscheine auszugeben, bevor 1000 M. bez. 200 M. voll eingezahlt sind; nur das Antheilsrecht des Aktionärs darf nicht auf weniger, als den gesetzlichen Mindestbetrag lauten. Komm.Ber. S. 5.

174. Eine Kommanditgesellschaft auf Aktien gilt als Handelsgesellschaft, auch wenn der Gegenstand des Unternehmens nicht in Handelsgeschäften besteht.

Vgl. Art. 208. — Die Bestimmung galt schon früher, nach der Novelle vom 11. Juni 1870.

174a. Die[a)] persönlich haftenden Gesellschafter haben sich bei Errichtung der Gesellschaft mit Einlagen zu betheiligen, welche zusammen mindestens den zehnten Theil des Gesammtkapitals der Kommanditisten und, wenn dieses drei Millionen Mark übersteigt, für den übersteigenden Betrag den fünfzigsten Theil desselben darstellen.[b)]

a) Eine Mehrheit persönlich haftender Gesellschafter braucht nicht vorhanden zu sein; dies ergiebt sich aus Art. 199 Abs. 2,

b) Die Verpflichtung besteht nur für die ersten persönlich haftenden Gesellschafter bei Errichtung der Gesellschaft (Komm.Ber. S. 31); sie ist eine Solidarschuld aller persönlich haftenden Gesellschafter, was jedoch nicht ausschließt, daß einzelne von ihnen nichts einlegen, wenn nur die Antheile der anderen die gesetzliche Höhe erreichen. (Mot. S. 102.) Die Einlage kann auch in Aktien der Gesellschaft bestehen (vgl. Art. 181, 190 Abs. 4). Wird das Gesammtkapital der Kommanditisten erhöht, so kommt Art. 180h Abs. 3 zur Anwendung. — Bezüglich der älteren Gesellschaften vgl. §. 2 des Ges.

175. Der Inhalt des Gesellschaftsvertrages (Statut)[a] muß durch die persönlich haftenden Gesellschafter[b] in gerichtlicher oder notarieller Verhandlung festgestellt werden.

Der Gesellschaftsvertrag muß enthalten:

1.[c] den Namen, Vornamen, Stand und Wohnort, sowie die Höhe und Art der Einlage jedes persönlich haftenden Gesellschafters;
2. die Firma der Gesellschaft und den Ort, wo sie ihren Sitz hat;[d]
3. den Gegenstand des Unternehmens;
4. die Zahl und den Betrag der Aktien;
5. die Art der Aktien, ob sie auf Inhaber oder auf Namen lauten, und im Falle der Ausgabe beider Arten die Zahl der Aktien einer jeden Art;
6. die Form, in welcher die Zusammenberufung der Generalversammlung der Kommanditisten geschieht;
7. die Form, in welcher die von der Gesellschaft ausgehenden Bekanntmachungen erfolgen.

Bekanntmachungen, welche durch öffentliche Blätter erfolgen sollen, sind in den Deutschen Reichsanzeiger einzurücken.[e]) Andere Blätter außer diesem hat der Gesellschaftsvertrag zu bestimmen.[f])

Vgl. Art. 209.

a) Der (wegen des Gegenstandes des Unternehmens) staatlich genehmigte und in der Gesetzsammlung veröffentlichte Gesellschaftsvertrag hat nicht die Natur eines Gesetzes. — Die für gehörig verkündete Gesetze bestehende Fiktion der allgemeinen Kenntniß ist auf die in der Gesetzsammlung publicirten Statuten von Aktiengesellschaften nicht zu beziehen. Entsch. des ROHG. IV S. 58, VII S. 270, VIII S. 191, X S. 327.

b) Ohne Zuziehung der Kommanditisten. Für die Kommanditgesellschaften auf Aktien ist nur die Form der sogen. Successivgründung anerkannt. (Mot. S. 102.)

c) Die unter Ziff. 1—5 bezeichneten Bestimmungen des Gesellschaftsvertrages können nur unter Zustimmung aller in der Generalversammlung erschienenen Kommanditisten abgeändert werden. Art. 175 f Abs. 3.

d) Vgl. Anm. a zu Art. 209.

e) Dies gilt auch für die älteren Gesellschaften. Vgl. §. 2 des Ges.

f) Den Gesellschaften bleibt unbenommen, sich mit dem Reichsanzeiger als Publikationsorgan zu begnügen. (Mot. S. 111.)

175a. Der Aufnahme in den Gesellschaftsvertrag bedürfen Bestimmungen, nach welchen

1. das Unternehmen auf eine gewisse Zeit beschränkt wird;[a])
2. Aktien für einen höheren als den Nominalbetrag ausgegeben werden;[b])
3. eine Umwandlung der Aktien rücksichtlich ihrer Art[c]) statthaft ist;

4. für einzelne Gattungen[d]) von Aktien verschiedene Rechte, insbesondere betreffs der Zinsen oder Dividenden oder des Antheils am Gesellschaftsvermögen, gewährt werden;
5. über gewisse Gegenstände die Generalversammlung der Kommanditisten nicht schon durch einfache Stimmenmehrheit, sondern nur durch eine größere Stimmenmehrheit oder nach anderen Erfordernissen Beschluß fassen kann;
6. ein Austreten einzelner persönlich haftender Gesellschafter die Auflösung der Gesellschaft nicht zur Folge hat.

Für einen geringeren als den Nominalbetrag darf die Ausgabe der Aktien nicht festgesetzt werden.

Vgl. Art. 209 a.

a) Als Regel gilt unbeschränkte Dauer. Vgl. Anm. a zu Art. 209 a u. Art. 180 b.

b) Bei der Ueberpari-Emission fließt der den Nennbetrag übersteigende Erlös zum Reservefonds (Art. 185 b Ziff. 2); Unterpari-Emission ist verboten (vgl. letzten Abs. dieses Art.).

c) d. h. von Namensaktien in Inhaberaktien und umgekehrt.

d) Prioritätsaktien, Stammaktien, Stammprioritätsaktien.

175 b. Jeder zu Gunsten einzelner Gesellschafter bedungene besondere Vortheil muß in dem Gesellschaftsvertrage unter Bezeichnung des Berechtigten festgesetzt werden.

Werden von persönlich haftenden Gesellschaftern oder von Kommanditisten Einlagen, welche nicht durch Baarzahlung zu leisten sind,[a]) gemacht, so müssen die Person des Gesellschafters, der Gegenstand der Einlage und der für sie zu gewährende Antheil an dem Gesammtkapital der Kommanditisten oder dem sonstigen Gesellschaftsvermögen in dem Gesellschaftsvertrage festgesetzt werden. Imgleichen sind, falls seitens der zu errichtenden Gesellschaft vorhandene oder herzustellende Anlagen oder sonstige Vermögensstücke übernommen werden, die Person des Kontrahenten, der Gegenstand der Uebernahme und die für ihn zu gewährende Vergütung festzusetzen.

Von diesen Festsetzungen gesondert ist der Gesammtaufwand, welcher zu Lasten der Gesellschaft an Gesellschafter oder Andere als Entschädigung oder Belohnung für die Gründung oder deren Vorbereitung gewährt wird, in dem Gesellschaftsvertrage festzusetzen.

Jedes Abkommen der persönlich haftenden Gesellschafter über die vorbezeichneten Gegenstände, welches nicht die vorgeschriebene Festsetzung in dem Gesellschaftsvertrage gefunden hat, ist der Gesellschaft gegenüber unwirksam.

Vgl. Art. 209b und die Strafbestimmung im Art. 249a Ziff. 1.

a) sogen. Apports. Was unter Baarzahlung zu verstehen, s. im Art. 176 Abs. 3.

b) Der Absatz 2 befaßt sich mit der sogen. qualificirten Gründung.

175c. Die Zeichnung der Aktien erfolgt durch schriftliche Erklärung,[a] aus welcher die Betheiligung nach Anzahl und, im Falle einer Verschiedenheit der Aktien, nach Betrag, Art oder Gattung derselben hervorgehen muß.

Die Erklärung (Zeichnungsschein), welche in zwei Exemplaren unterzeichnet werden soll, hat zu enthalten:

1. das Datum des Statuts, die im Artikel 175 Absatz 2, 175b vorgesehenen Festsetzungen und im Falle verschiedener Gattungen von Aktien den Gesammtbetrag einer jeden;
2. den Betrag, für welchen die Ausgabe der Aktie stattfindet, und den Betrag der festgesetzten Einzahlungen;
3. den Zeitpunkt, mit dessen Eintritt die Zeichnung unverbindlich wird, sofern nicht bis dahin die Errichtung der Gesellschaft beschlossen ist.[b)]

Zeichnungsscheine, welche diesen Inhalt nicht vollständig haben oder außer dem unter Ziffer 3 bezeichneten Vorbehalte Beschränkungen in der Verpflichtung des Zeichners enthalten, sind ungültig. Ist ungeachtet eines hiernach ungültigen Zeichnungsscheines die Eintragung des Gesellschaftsvertrages in das Handelsregister erfolgt, so ist der Zeichner, wenn er auf Grund einer dem ersten Absatze entsprechenden Erklärung in der zur Beschlußfassung über die Errichtung der Gesellschaft berufenen Generalversammlung gestimmt oder später als Kommanditist Rechte ausgeübt oder Verpflichtungen erfüllt hat, der Gesellschaft wie aus einem gültigen Zeichnungsscheine verpflichtet.

Jede nicht in dem Zeichnungsscheine enthaltene Beschränkung ist der Gesellschaft gegenüber unwirksam.[c)]

Vgl. Art. 209e.

a) Die Schriftlichkeit ist nur für die Aktienzeichnung selbst vorgeschrieben: welche Form für die Vollmacht zur Aktienzeichnung oder für die Genehmigung der durch einen Anderen erfolgten Aktienzeichnung erforderlich ist, muß nach allgemeinen Rechtsgrundsätzen entschieden werden. — Ist nach Lage des Falles (z. B. auf Grund der Art. 273, 274 HGB.) die Aktienzeichnung als Handelsgeschäft anzusehen (was nicht der Fall zu sein braucht), so reicht nach Art. 317 HGB. eine formlose Vollmacht oder Genehmigung hin. Kommt, weil sich im gegebenen Fall die Aktienzeichnung nicht als Handelsgeschäft darstellt, das bürgerliche Recht zur Anwendung, so ist im Gebiete des Preuß. ALR. zwar für die Vollmacht zur Aktienzeichnung Schriftform erforderlich, aber die mündliche oder durch konkludente Handlung erfolgte Genehmigung des ausgeführten mündlichen Auftrages zur Aktienzeichnung bindend. E. v. 3. April 1881, RG. IV S. 307. — Der Registerrichter wird jedoch, wenn aus dem Duplikat des Zeichnungsscheins (Art. 176 Ziff. 2) hervorgeht, daß für den Kommanditisten ein Dritter gezeichnet hat, Vorlegung einer schriftlichen Vollmacht verlangen dürfen.

b) Die Zeitbestimmung muß für alle Zeichner gleich sein. (Mot. S. 54.)

c) Vereinbarungen der Zeichner unter einander oder mit dritten Personen kommen für das Rechtsverhältniß zwischen Zeichner und Aktiengesellschaft nicht in Betracht. Strohmänner sind ebenso wahre Zeichner wie die Personen, welche ernstlich für sich zeichnen. E. v. 30. Mai 1891, RG. XXVIII S. 75.

175d. Die persönlich haftenden Gesellschafter haben in dem Falle des Artikels 175b Absatz 2 in einer von ihnen zu unterzeichnenden Erklärung die Umstände darzulegen, mit Rücksicht auf welche ihnen die Höhe der für die eingelegten oder übernommenen Gegenstände gewährten Beträge gerechtfertigt erscheint. Hierbei haben sie insbesondere die dem Erwerbe der Gesellschaft vorausgegangenen Rechtsgeschäfte, welche auf denselben hingezielt haben, sowie die früheren Erwerbs- und Herstellungspreise aus den letzten zwei Jahren anzugeben.

Vgl. Art. 209g.

175 e. Jede Kommanditgesellschaft auf Aktien muß einen Aufsichtsrath a) haben.

Zur Wahl des ersten Aufsichtsraths ist die Generalversammlung der Kommanditisten sofort nach der Zeichnung des Gesammtkapitals von den persönlich haftenden Gesellschaftern zu berufen.

Die Mitglieder des Aufsichtsraths haben den Hergang der Gründung zu prüfen. Die Prüfung hat sich auf die im Artikel 174a bestimmte Betheiligung, sowie auf die Richtigkeit und Vollständigkeit der Angaben zu erstrecken, welche rücksichtlich der Zeichnung und Einzahlung des Gesammtkapitals der Kommanditisten und rücksichtlich der im Artikel 175b vorgesehenen Festsetzungen von den persönlich haftenden Gesellschaftern, insbesondere in der im Artikel 175d vorgeschriebenen Erklärung, gemacht sind. b)

Ueber die Prüfung ist unter Darlegung der im vorstehenden Absatze bezeichneten Umstände schriftlich Bericht zu erstatten. c)

Vgl. Art. 209b und die Strafbestimmung im Art. 249c Ziff. 1.

a) Die rechtliche Existenz des Aufsichtsraths ist durch die Wahl sämmtlicher Mitglieder Seitens der General-Versammlung und durch die Annahme der Wahl Seitens des Gewählten bedingt. Früher können die Gewählten keine gültigen Beschlüsse fassen, selbst wenn bereits soviel Mitglieder des Aufsichtsraths gewählt sind und angenommen haben, als nach den Statuten zur Fassung von Beschlüssen erforderlich sind.

Die in den Statuten bezüglich ausgeschiedener Mitglieder des Aufsichtsraths getroffenen Bestimmungen können auf solche, welche neu gewählt sind, die Wahl abgelehnt haben, und somit in den Aufsichtsrath überhaupt nicht eingetreten sind, nicht bezogen werden. E. v. 3. Okt. 1874. Entsch. XIV S. 308.

b) Auf den Werth der Einlagen und der übernommenen Vermögensstücke hat sich die Prüfung nicht zu erstrecken. (Komm.B. S. 9.)

c) Ueber die Haftung der Mitglieder des Aufsichtsraths vgl. Art. 180b.

175f. Ueber die Errichtung der Gesellschaft muß in einer durch die persönlich haftenden Gesellschafter zu berufenden Generalversammlung der Kommanditisten Beschluß gefaßt werden.

Vor der Beschlußfassung hat sich der Aufsichtsrath über die Ergebnisse der ihm rücksichtlich der Gründung obliegenden Prüfung auf Grund seines Berichts und dessen urkundlichen Grundlagen zu erklären.

Die der Errichtung der Gesellschaft zustimmende Mehrheit muß mindestens ein Viertheil der sämmtlichen berufenen oder als Rechtsnachfolger derselben in der Generalversammlung zugelassenen Kommanditisten begreifen, und der Betrag ihrer Antheile muß mindestens ein Viertheil des Gesammtkapitals darstellen. Die Zustimmung aller erschienenen Kommanditisten ist erforderlich, wenn die in den Artikeln 175 Ziffer 1 bis 5 und 175a bezeichneten Bestimmungen des Gesellschaftsvertrages abgeändert oder die im Artikel 175b vorgesehenen Festsetzungen zu Lasten der Gesellschaft erweitert werden sollen.

Vgl. Art. 210a.

175g. Auf die Berufung und Beschlußfassung der im Artikel 175e und 175f bezeichneten Generalversammlungen finden, soweit nicht in letzterem Artikel ein Anderes bestimmt ist, die Regeln entsprechende Anwendung, welche für die Gesellschaft nach der Eintragung maßgebend sind.

Vgl. Art. 210b.

176. Der Gesellschaftsvertrag muß bei dem Handelsgerichte, in dessen Bezirke die Gesellschaft ihren Sitz hat, in das Handelsregister eingetragen werden.

Der Anmeldung behufs der Eintragung in das Handelsregister müssen beigefügt sein:

1. in dem Falle des Artikels 175b die den bezeichneten Festsetzungen zum Grunde liegenden oder zu ihrer Ausführung geschlossenen Verträge, die in Artikel 175d vorgesehene Erklärung und eine Berechnung des Gründungsaufwandes, in welcher die Vergütungen nach Art und Höhe und die Empfänger einzeln aufzuführen sind;
2. zum Nachweise der Zeichnung des Gesammtkapitals der Kommanditisten die Duplikate der Zeichnungsscheine und ein von den persönlich haftenden Gesellschaftern in beglaubigter Form unterschriebenes Verzeichniß der sämmtlichen Kommanditisten, welches die auf jeden entfallenen Aktien, sowie die auf letztere geschehenen Einzahlungen angiebt;[a)]
3. die Urkunden über die Bestellung des Aufsichtsraths und der in Gemäßheit des Artikels 175e

erstattete Bericht nebst dessen urkundlichen Grundlagen;

4. in dem Falle, daß der Gegenstand des Unternehmens der staatlichen Genehmigung bedarf, sowie in den Fällen des Artikels 173a Absatz 2 die Genehmigungsurkunde.[b)]

In der Anmeldung ist die Erklärung abzugeben, daß auf jede Aktie, soweit nicht andere als durch Baarzahlung zu leistende Einlagen gemacht sind, der eingeforderte Betrag baar eingezahlt und im Besitze der persönlich haftenden Gesellschafter sei. Die Einforderung muß mindestens ein Viertheil des Nominalbetrages und im Falle einer Ausgabe der Aktien für einen höheren als den Nominalbetrag auch den Mehrbetrag umfassen. Als Baarzahlung gilt die Zahlung in deutschem Gelde, in Reichskassenscheinen, sowie in gesetzlich zugelassenen Noten deutscher Banken.[c)]

Die Anmeldung muß von sämmtlichen persönlich haftenden Gesellschaftern und sämmtlichen Mitgliedern des Aufsichtsraths vor dem Handelsgerichte unterzeichnet oder in beglaubigter Form eingereicht werden.

Die der Anmeldung beigefügten Schriftstücke werden bei dem Handelsgerichte in Urschrift oder in beglaubigter Abschrift aufbewahrt.

Vgl. Art. 210.

a) Ob die persönlich haftenden Gesellschafter die gesetzlich vorgeschriebene Einlage gemacht haben, ist vom Registerrichter nur insoweit zu prüfen, als diese Einlage in Aktien der Gesellschaft besteht (Mot. S. 104).

b) Bei der Frage, ob das Unternehmen überhaupt der Konzession bedarf, ist der Registerrichter an die ihm auf Verlangen in beglaubigter Form nachzuweisende Entscheidung der Verwaltungsbehörde gebunden. Die Konzessionsertheilung befreit den Richter nicht von der Pflicht zur selbständigen Prüfung, ob die gesetzlichen Erfordernisse erfüllt sind (Mot. S. 61).

c) Gutschrift bei Bankiers, selbst bei der Reichsbank genügt nicht (Komm.-Ber. S. 9).

177. Der eingetragene Gesellschaftsvertrag ist im Auszuge von dem Handelsgerichte zu veröffentlichen.

Die Veröffentlichung muß enthalten:

1. das Datum des Gesellschaftsvertrages und die im Artikel 175 Absatz 2 und 3, 175a Ziffer 1, 4 und 6 und 175b bezeichneten Festsetzungen;
2. den Namen, Stand und Wohnort der Mitglieder des Aufsichtsraths.

Vgl. Art. 210 c.

178. Vor erfolgter Eintragung in das Handelsregister besteht die Kommanditgesellschaft als solche nicht.

Ist vor der Eintragung im Namen der Gesellschaft gehandelt worden, so haften die Handelnden persönlich und solidarisch.[a])

Vgl. Art 211.

a) Das Zustandekommen der Gesellschaft ist nur durch die Eintragung, nicht durch die Befolgung der im Art. 176 gegebenen Ordnungsvorschriften bedingt. Nach erfolgter Eintragung können die Aktionäre die Existenz der Gesellschaft wegen Versäumung von Vorschriften, die der Eintragung vorangehen sollen, nicht anfechten, sich insbesondere deswegen der Einzahlung der gezeichneten Beträge nicht entziehen. Selbst ein Erschleichen der Eintragung durch betrügliches Verhalten der persönlich haftenden Gesellschafter bezüglich der erforderlichen Bescheinigungen befreit die Zeichner nicht von der Verpflichtung zur vollständigen Einzahlung der gezeichneten Beträge. E. v. 18. Okt. 1872 u. 10. April 1875. Entsch. VII S. 241, XVI S. 353.

Schon vor der Eintragung können Verpflichtungen gegen die Aktiengesellschaft entstehen, welche diese, nachdem sie zur Eintragung gelangt ist, geltend machen kann. E. v. 30. März 1881, RG. V S. 20.

179. Die Vorschriften der Artikel 152 und 153 sind auch bei der Kommanditgesellschaft auf Aktien zu befolgen.

Die Anmeldung der Zweigniederlassung muß die im Artikel 177 Absatz 2 bezeichneten Angaben und den Nachweis der Eintragung des Gesellschaftsvertrages bei dem Handelsgerichte der Hauptniederlassung enthalten. Eines Nachweises, daß die für diese im Artikel 176 vorgeschriebenen Erfordernisse beobachtet sind, bedarf es nicht.

Befindet sich die Hauptniederlassung im Auslande, so hat die Anmeldung der Zweigniederlassung außer dem Nachweise des Bestehens der Kommanditgesellschaft auf Aktien als solcher die im Artikel 177 Absatz 2 bezeichneten Angaben und in dem Falle, daß der Gegenstand des Unternehmens oder die Zulassung zum Gewerbebetriebe im Inlande der staatlichen Genehmigung bedarf, den Nachweis der ertheilten Genehmigung zu enthalten.

Vgl. Art. 212 u. 249 g.

180. Der Gesellschaft sind die persönlich haftenden Gesellschafter für die Richtigkeit und Vollständigkeit der Angaben, welche sie rücksichtlich der Zeichnung und Einzahlung des Kapitals der Kommanditisten sowie rücksichtlich der im Artikel 175b vorgesehenen Festsetzungen behufs Eintragung des Gesellschaftsvertrages in das Handelsregister machen, solidarisch verhaftet; sie haben unbeschadet der Verpflichtung zum Ersatze des sonst etwa entstandenen Schadens insbesondere einen an der Zeichnung des Gesammtkapitals der Kommanditisten fehlenden Betrag zu übernehmen, fehlende Einzahlungen [a] zu leisten und eine Vergütung, welche nicht unter den zu bezeichnenden Gründungsaufwand aufgenommen ist, zu ersetzen. Imgleichen sind der Gesellschaft in dem Falle, daß sie von persönlich haftenden Gesellschaftern durch Einlagen oder Uebernahmen der im Artikel 175b bezeichneten Art böslicherweise [b] geschädigt ist, die sämmtlichen persönlich haftenden Gesellschafter zum Ersatze des entstandenen Schadens solidarisch verpflichtet.

Von dieser Verbindlichkeit ist ein persönlich haftender Gesellschafter befreit, wenn er beweist, daß er die Unrichtigkeit oder Unvollständigkeit der Angabe oder die bösliche Schädigung weder gekannt habe, noch bei Anwendung der Sorgfalt eines ordentlichen Kaufmanns habe kennen müssen.

Entsteht durch Zahlungsunfähigkeit eines Kommanditisten der Gesellschaft ein Ausfall, so sind ihr die persönlich haftenden Gesellschafter, welche bei der Anmeldung des Gesellschaftsvertrages die Zahlungsunfähigkeit kannten, zum Ersatze solidarisch verpflichtet.

Außer den persönlich haftenden Gesellschaftern sind der Gesellschaft zum Schadensersatze solidarisch verpflichtet:

1. in dem Falle, daß eine Vergütung nicht unter den

zu bezeichnenden Gründungsaufwand aufgenommen ist, der Empfänger, wenn er zur Zeit des Empfanges wußte oder nach den Umständen annehmen mußte, daß die Verheimlichung beabsichtigt oder erfolgt war, und jeder Dritte, welcher zur Verheimlichung wissentlich mitgewirkt hat;

2. in dem Falle einer böslichen Schädigung durch Einlagen oder Uebernahmen jeder Dritte, welcher zu derselben wissentlich mitgewirkt hat.

Vgl Art. 213a.

a) d. h. solche Einzahlungen, rücksichtlich deren sie angegeben haben, daß sie eingegangen sind. Für den Eingang späterer Ratenzahlungen haften die persönlichen Gesellschafter nur, wenn ein Fall des Abs. 3 vorliegt (Komm.Ber. S. 12).

b) Der Begriff der böslichen Handlungsweise schließt einerseits den Dolus im eigentlichen Sinne, andererseits frevelhaften Leichtsinn und Muthwillen in sich, der zwar eine Beschädigung nicht beabsichtigt, aber sich der mit dem Handeln verbundenen Gefahr bewußt ist. — Eine Werthbemessung von Einlagen und Uebernahmen, welche zweifellos als übermäßig gelten müßte, wird fast immer zugleich eine bösliche Handlungsweise enthalten (Mot. S. 64).

180 a. Wer vor der Eintragung des Gesellschaftsvertrages in das Handelsregister oder in den ersten zwei Jahren nach der Eintragung, um Aktien in den Verkehr einzuführen, eine öffentliche Ankündigung a) derselben erläßt, ist der Gesellschaft im Falle der Unrichtigkeit oder Unvollständigkeit von Angaben, welche die persönlich haftenden Gesellschafter rücksichtlich der Zeichnung oder Einzahlung des Gesammtkapitals der Kommanditisten oder der im Artikel 175 b vorgesehenen Festsetzungen behufs

Eintragung des Gesellschaftsvertrages in das Handelsregister gemacht haben, sowie in dem Falle einer böslichen Schädigung der Gesellschaft durch Einlagen oder Uebernahmen für den Ersatz des ihr daraus entstandenen Schadens neben den im Artikel 180 bezeichneten Personen solidarisch verhaftet, sofern ihm nachgewiesen wird, daß er die Unrichtigkeit oder Unvollständigkeit der Angaben oder die bösliche Schädigung gekannt hat oder bei Anwendung der Sorgfalt eines ordentlichen Geschäftsmanns hat kennen müssen.

Der Art. 180a regelt gleich dem Art. 213b die civilrechtliche Haftung der Emissionshäuser. Ueber die strafrechtliche Verantwortlichkeit vgl. Art. 249a Ziff. 2, bezüglich der älteren Gesellschaften §. 2 Abs. 2 des Ges.

a) Unter „öffentlicher Ankündigung der Aktien" ist nicht nur die eigentliche Emission, d. h. die öffentliche Aufforderung zur Zeichnung oder zum Erwerbe der Aktien, zu verstehen, sondern auch die öffentliche Bekanntmachung des Unternehmens und der Aktien, um den letzteren den Zugang zu der Börse und die Aufnahme in den offiziellen Kurszettel zu verschaffen. Ankündigungen einfacher Verkäufe, welche nicht auf die wirthschaftliche Verwirklichung der Gründung abzielen (z. B. wenn ein Notar oder Gerichtsvollzieher die Aktien eines verstorbenen oder zahlungsunfähig gewordenen Gründers ausbietet), bleiben außer Betracht. (Mot. S. 66, 67.)

180b. Mitglieder des Aufsichtsraths, welchen nachgewiesen wird, daß sie bei der ihnen durch Artikel 175e Absatz 3 auferlegten Prüfung die Sorgfalt eines ordentlichen Geschäftsmanns verletzt haben, haften der Gesellschaft solidarisch für den ihr daraus entstandenen Schaden, soweit der Ersatz desselben von den in Gemäßheit der

Artikel 180, 180a verpflichteten Personen nicht zu erlangen ist.

Vgl. Art. 213c, 249a und bezüglich der älteren Gesellschaften §. 2 Abs. 2 des Ges.

180c. Vergleiche oder Verzichtleistungen, welche die der Gesellschaft aus der Gründung zustehenden Ansprüche gegen die in Gemäßheit der Artikel 180 bis 180b verpflichteten Personen betreffen, sind erst nach Ablauf von drei Jahren seit Eintragung des Gesellschaftsvertrages in das Handelsregister und nur mit Zustimmung der Generalversammlung der Kommanditisten zulässig. Die Zeitbeschränkung findet nicht Anwendung, sofern der Verpflichtete im Falle der Zahlungsunfähigkeit zur Abwendung oder Beseitigung des Konkursverfahrens mit seinen Gläubigern[a]) sich vergleicht.

Vgl. Art. 213d und bezüglich der älteren Gesellschaften §. 2 Abs. 2 des Ges.

a) d. h. mit der Gesammtheit der Gläubiger (Komm.Ber. S. 13).

180d. Die Ansprüche der Gesellschaft gegen die in Gemäßheit der Artikel 180 bis 180b verpflichteten Personen verjähren in fünf Jahren seit Eintragung des Gesellschaftsvertrages in das Handelsregister.

Vgl. Art. 213e.

180e. Werden vor Ablauf von zwei Jahren seit Eintragung des Gesellschaftsvertrages in das Handelsregister seitens der Gesellschaft Verträge geschlossen, durch welche sie vorhandene oder herzustellende Anlagen oder unbewegliche Gegenstände für eine den zehnten Theil des Gesammtkapitals der Kommanditisten übersteigende Vergütung erwerben soll, so bedürfen dieselben zu ihrer Gültigkeit der Zustimmung der Generalversammlung der Kommanditisten.

Vor der Beschlußfassung hat der Aufsichtsrath den Vertrag zu prüfen und über die Ergebnisse seiner Prüfung schriftlich Bericht zu erstatten.

Die Antheile der zustimmenden Mehrheit der Kommanditisten müssen in dem Falle, daß der Vertrag im ersten Jahre geschlossen wird, mindestens ein Viertheil des Gesammtkapitals, andernfalls mindestens drei Viertheile des in der Generalversammlung vertretenen Gesammtkapitals darstellen.

Der genehmigte Vertrag ist in Urschrift oder in beglaubigter Abschrift mit dem Berichte des Aufsichtsraths nebst dessen urkundlichen Grundlagen und mit dem Nachweise über die Beschlußfassung zum Handelsregister einzureichen.

Hat der Erwerb in Ausführung einer vor der Errichtung der Gesellschaft von den persönlich haftenden Gesellschaftern getroffenen Vereinbarung stattgefunden, so kommen in Betreff der Rechte der Gesellschaft auf Entschädigung und in Betreff der ersatzpflichtigen Personen die Vorschriften der Artikel 180 und 180 c zur Anwendung.

Die vorstehenden Bestimmungen finden auf den Erwerb unbeweglicher Gegenstände nicht Anwendung, sofern auf ihn der Gegenstand des Unternehmens gerichtet ist oder der Erwerb im Wege der Zwangsvollstreckung geschieht.[a])

a) Dieser Art. sowie Art. 213 f betreffen die sogen. Nachgründungen; auf die Gesellschaften, welche bereits beim Inkrafttreten des neuen Aktiengesetzes (14. August 1884) bestanden oder angemeldet waren, finden sie keine Anwendung. (§. 2 des Ges.)

180 f. Jede Bestimmung, welche die Fortsetzung der Gesellschaft oder eine Abänderung des Inhalts des Gesellschaftsvertrages zum Gegenstande hat, bedarf zu ihrer Gültigkeit der notariellen oder gerichtlichen Abfassung.

Die Bestimmung muß in das Handelsregister eingetragen und in gleicher Weise wie der ursprüngliche Vertrag veröffentlicht werden (Art. 177, 179). Dieselbe hat keine rechtliche Wirkung, bevor sie bei dem Handelsgerichte, in dessen Bezirk die Gesellschaft ihren Sitz hat, in das Handelsregister eingetragen ist.

Vgl. Art. 214 nebst Anm.

180 g. Die Abänderung des Inhalts des Gesellschaftsvertrages kann nicht ohne Beschluß der Generalversammlung der Kommanditisten erfolgen.[a)] Sofern der Gesellschaftsvertrag für eine Abänderung derjenigen Bestimmung, welche den Gegenstand der Beschlußfassung bildet, nicht andere Erfordernisse aufstellt, bedarf der Beschluß einer Mehrheit von drei Viertheilen des in der Generalversammlung vertretenen[b)] Gesammtkapitals.

Diese Vorschrift findet auch dann Anwendung, wenn mehrere Gattungen von Aktien mit verschiedener Berechtigung ausgegeben sind.

Soll durch die Beschlußfassung das bisherige Rechtsverhältniß unter den verschiedenen Gattungen zum Nachtheile einer derselben abgeändert werden, so bedarf es zu dem von der gemeinschaftlichen Generalversammlung gefaßten Beschlusse der Zustimmung einer besonderen Generalversammlung der benachtheiligten Komanditisten, deren Beschlußfassung gleichfalls nach der Vorschrift des ersten Absatzes sich richtet.

Die Bestimmung des Gesellschaftsvertrages, Inhalts deren die Uebertragung von Aktien, welche in Gemäßheit des Artikels 173a Absatz 3 auf einen geringeren Betrag als eintausend Mark gestellt sind, an die Einwilligung der Gesellschaft gebunden ist, kann nicht abgeändert werden.

Vgl. Art. 215 nebst Anm.

a) Jede inhaltliche Abänderung des Gesellschaftsvertrages setzt eine Vereinbarung zwischen den persönlich haftenden Gesellschaftern und den Kommanditisten voraus. Mot. S. 104.

b) Die Anordnung kann nur im Gesellschaftsvertrage erfolgen, sie darf nicht späteren Beschlüssen der Generalversammlung oder dem Aufsichtsrath überlassen werden. Die Bestimmungen, zu deren Abänderung eine andere Mehrheit als von drei Viertheilen genügen soll, brauchen im Gesellschaftsvertrage nicht einzeln aufgeführt zu sein. Die Anordnung kann vielmehr allgemein einen bestimmten Kreis von Vorschriften oder auch alle, für welche sie überhaupt zulässig ist, umfassen. E. v. 3. Febr. 1891, RG. XXVII S. 69.

c) d. h. desjenigen Grundkapitals, welches sich im Besitz der an der entscheidenden Abstimmung theilnehmenden Aktionäre befindet. Der Aktienbesitz derjenigen Aktionäre, welche zwar in der Generalversammlung erschienen sind, sich aber der Abstimmung enthalten haben, bleiben außer Betracht. E. v. 9. März 1888, RG. XX S. 142 ff.

180h. Eine Erhöhung des Gesammtkapitals der Kommanditisten darf nicht vor der vollen Einzahlung a) desselben erfolgen. Für Versicherungsgesellschaften kann der Gesellschaftsvertrag ein Anderes bestimmen.

Die Erhöhung kann nicht ohne Beschluß der Generalversammlung der Kommanditisten stattfinden. b) Für die neu auszugebenden Aktien kann die Leistung eines höheren als des Nominalbetrages festgesetzt werden; der Beschluß hat den Mindestbetrag zu bezeichnen, für welchen die Aktien auszugeben sind. Ein geringerer als der Nominalbetrag darf nicht festgesetzt werden.

Auf eine Erhöhung, welche in den ersten zwei Jahren seit Eintragung des Gesellschaftsvertrages in das Handelsregister beschlossen wird, findet die Vorschrift im Artikel 174a über die Betheiligung der persönlich haftenden Gesellschafter mit der Maßgabe Anwendung, daß die Betheiligung nach dem Gesammtkapital einschließlich dessen Erhöhung zu bemessen ist und aus dem Beschlusse hervorgehen muß, welche Einlagen demzufolge noch gemacht werden.

Die Beschlußfassung unterliegt den Vorschriften im Artikel 180g Absatz 1 und 3. Die Bestimmung über die Erhöhung ist in das Handelsregister einzutragen. Die Anmeldung hat die Angabe zu enthalten, daß das bisherige Gesammtkapital eingezahlt sei, für Versicherungsgesellschaften, inwieweit die Einzahlung desselben stattgefunden habe. Auf die Abfassung und die Eintragung finden die Vorschriften im Artikel 180f Anwendung.

Eine Zusicherung von Rechten auf den Bezug neu auszugebender Aktien, welche vor dem Beschlusse auf Erhöhung des Gesammtkapitals erfolgt, ist der Gesellschaft gegenüber unwirksam. c)

Vgl. Art. 215a und bezüglich der bestehenden Gesellschaften §. 3 des Ges.

a) Es kommt nur darauf an, daß das volle Grundkapital eingefordert und, von einzelnen Restanten abgesehen, insgesammt eingezahlt ist. Komm Ber. S. 15. — Diese Ansicht der Reichstags-Kommission wird vom Reichsgericht gemißbilligt, welches annimmt, daß eine „volle Einzahlung" nur vorliegt, wenn der Nennbetrag bis auf den letzten Pfennig in die Gesellschaftskasse geflossen ist. E. v. 25. März 1836, RG. in Straff. XIV S. 37 ff.

b) und nicht ohne Zustimmung der persönlich haftenden Gesellschafter. Mot. S. 105.

c) Die Bestimmung findet auf Zusicherungen, welche vor dem Inkrafttreten des Gesetzes vom 18. Juli 1884 ertheilt sind, keine Anwendung. Komm.Ber. S. 16. E. v. 8. Juli 1899, RG. XXVII S. 1 u. 23. Mai 1891, RG. XXVIII S. 78, und zwar auch dann nicht, wenn die Zusicherung dem Höchstbetrage nach und zeitlich unbegrenzt ertheilt ist. E. v. 23. Sept. 1891, Gruch. XXXVI S. 121.

180i. Die Zeichnung der neu auszugebenden Aktien erfolgt durch schriftliche Erklärung, welche in zwei Exemplaren unterzeichnet werden soll.

Die stattgefundene Erhöhung des Kapitals der Kommanditisten ist behufs der Eintragung in das Handelsregister anzumelden. Die Vorschriften im Artikel 176 und 179 finden entsprechende Anwendung.

Vor der Eintragung der stattgefundenen Erhöhung in das Handelsregister desjenigen Gerichts, in dessen Bezirke die Gesellschaft ihren Sitz hat, sollen Aktien oder Interimsscheine nicht ausgegeben werden.

Vgl. Art. 215b und Abs. 3 des Art. 215c sowie die Strafbestimmungen in Art. 249a Ziff. 3 und 249b Ziff. 2.

181. Die Einlagen, mit welchen ein persönlich haftender Gesellschafter sich in Gemäßheit der Artikel 174a, 180h Absatz 3 betheiligt hat, dürfen ihm weder ganz noch theilweise zurückgegeben oder erlassen werden.[a)]

Er darf den Antheil, welcher ihm am Gesellschaftsvermögen einschließlich des Gesammtkapitals der Kommanditisten auf solche Einlagen zugewiesen ist, nur an andere persönlich haftende Gesellschafter veräußern. In gleicher Weise ist, wenn er als persönlich haftender Gesellschafter ausscheidet, die Veräußerung desjenigen, was ihm auf solche Einlagen bei der Auseinandersetzung[b)] zugewiesen ist, bis zum Ablauf von drei Jahren seit dem Ausscheiden, jedoch nicht länger als bis zum Ablauf von zehn Jahren seit Eintragung des Gesellschaftsvertrages in das Handelsregister beschränkt. Während der Dauer dieser Beschränkung darf der Antheil des Gesellschafters oder dasjenige, was ihm bei der Auseinandersetzung zugewiesen ist, nicht ausgeliefert und für Privatgläubiger desselben nur insoweit gepfändet werden, als diese Gegenstände nicht bis zum Ablauf der Zeitbeschränkung wegen Forderungen der Gesellschaft oder solcher Gesellschaftsgläubiger, deren Ansprüche vor dem Ausscheiden des persönlich haftenden Gesellschafters entstanden waren, verwendet oder gepfändet sind.

Soweit die Einlagen auf das Gesammtkapital der Kommanditisten gemacht sind,[c)] hat der Aufsichtsrath die hierfür auszustellenden Aktien oder Interimsscheine in Verwahrung zu nehmen und mit dem Vermerk „unveräußerlich" zu versehen. Die Löschung des Vermerkes findet durch den Aufsichtsrath nach dem Wegfalle der bezeichneten Beschränkung statt.

Bezüglich der älteren Gesellschaften vgl. §. 2 Abs. 2 des Ges.

a) Die Bestimmung umfaßt nicht blos den gesetzlichen Mindestbetrag, mit welchem sich die persönlich haftenden Gesellschafter betheiligen müssen, sondern, sofern im Gesellschaftsvertrage eine höhere Einlage vereinbart ist, auch den Mehrbetrag. Mot. S. 105. — Ueber die Folgen von Zuwiderhandlungen vgl. Art. 204 Ziff. 1.

b) Sache der Uebereinkunft bei der Auseinandersetzung ist es, ob dem ausscheidenden Gesellschafter auf seinen Antheil bestimmte Vermögensstücke (Sachen, Effekten, Forderungen rc.) überwiesen und also für den gebotenen Zeitraum von der Gesellschaft zurückbehalten werden, oder ob der Antheil bloßes Guthaben des Komplementars wird, dessen Auszahlung nach Ablauf der Zeit erfolgt. Komm.Ber. S. 32.

c) Bezüglich der durch Zeichnung von Aktien gemachten Einlage hat der persönlich haftende Gesellschafter nur dieselben Verpflichtungen, wie jeder andere Aktionär. Mot. S. 105.

181a. Interimsscheine, welche auf Inhaber lauten, sind nichtig. Die Ausgeber haften den Besitzern solidarisch für allen durch die Ausgabe verursachten Schaden.

Das Gleiche gilt, wenn Aktien oder Interimsscheine auf einen geringeren als den nach Artikel 173a zugelassenen Betrag gestellt sind oder ausgegeben werden, bevor der Gesellschaftsvertrag bei dem Handelsgerichte, in dessen Bezirke die Gesellschaft ihren Sitz hat, in das Handelsregister eingetragen ist.

Aus Aktien und Interimsscheinen, welche in Gemäßheit des Artikels 173a auf einen Betrag von weniger als eintausend Mark gestellt sind, sollen im Falle des zweiten Absatzes des bezeichneten Artikels die ertheilte

Genehmigung, im Falle des dritten Absatzes die Beschränkungen hervorgehen, welchen die Kommanditisten in Bezug auf die Form einer Uebertragung ihrer Rechte und die Einwilligung der Gesellschaft in dieselbe unterworfen sind.

Vgl. Art. 215 c und §. 2 Abs. 3 des Ges.

182. Aktien, welche auf Namen lauten, müssen mit genauer Bezeichnung des Inhabers nach Namen, Wohnort und Stand in das Aktienbuch der Gesellschaft eingetragen werden.

Sie können, soweit nicht der Artikel 181 oder der Gesellschaftsvertrag ein Anderes bestimmt, ohne Einwilligung der Gesellschaft auf andere Personen übertragen werden.[a] Zu der im Gesellschaftsvertrage vorbehaltenen Einwilligung der Gesellschaft in die Uebertragung von Aktien, welche auf einen Betrag von weniger als eintausend Mark gestellt sind, ist die Zustimmung des Aufsichtsraths und der Generalversammlung erforderlich. Die Uebertragung dieser Aktien bedarf zu ihrer Gültigkeit einer die Person des Erwerbers bezeichnenden gerichtlich oder notariell beglaubigten Erklärung.

Die Uebertragung anderer Aktien, welche auf Namen lauten, kann durch Indossament geschehen. In Betreff der Form desselben kommen die Bestimmungen der Artikel 11 bis 13 der Deutschen Wechselordnung*) zur Anwendung.

---

*) Diese Artikel lauten:

Art. 11. Das Indossament muß auf den Wechsel, eine Kopie desselben oder ein mit dem Wechsel oder der Kopie verbundenes Blatt (Allonge) geschrieben werden.

Vgl. Art 220.

a) Fällige Dividenden gehen in Ermangelung eines entgegenstehenden Handelsbrauchs nicht von selbst auf den Erwerber der Aktie über. E. v. 14. Mai 1872. Entsch. VI S. 145.

183. Wenn das Eigenthum der auf Namen lautenden Aktie auf einen Anderen übergeht, so ist dies, unter Vorlegung der Aktie und des Nachweises des Ueberganges, bei der Gesellschaft anzumelden und im Aktienbuche zu bemerken.

Im Verhältnisse zu der Gesellschaft werden nur diejenigen als die Eigenthümer angesehen, welche als solche im Aktienbuche verzeichnet sind.

Zur Prüfung der Legitimation ist die Gesellschaft berechtigt,[a] aber nicht verpflichtet.

Vgl. Art. 220.

a) Hat die Gesellschaft Leistungen von einem Aktionär in dieser seiner Eigenschaft angenommen, so kann sie die Gegenleistung vom Nachweise der Legitimation nicht abhängig machen. E. v. 21. Nov. 1877. Entsch. XXIII S. 100.

183a. Die im Artikel 182 und 183 enthaltenen Bestimmungen finden auf die Eintragung der Interimsscheine und die Uebertragung derselben auf andere Personen Anwendung.

Art. 12. Ein Indossament ist gültig, wenn der Indossant auch nur seinen Namen oder seine Firma auf die Rückseite des Wechsels oder der Kopie, oder auf die Allonge schreibt (Blanko-Indossament).

Art. 13. Jeder Inhaber eines Wechsels ist befugt, die auf demselben befindlichen Blanko-Indossamente auszufüllen; er kann den Wechsel aber auch ohne diese Ausfüllung weiter indossiren.

Vor der vollen Leistung des Nominalbetrages oder des in den Fällen der Artikel 175a Ziffer 2, 180h Absatz 2 festgesetzten Betrages soll die Aktie nicht ausgegeben werden.

Vgl. Art. 215c Abs. 3 und die Strafbestimmung im Art. 249b Ziff. 2.

183 b. Die Verpflichtung des Kommanditisten, zu den Zwecken der Gesellschaft und zur Erfüllung ihrer Verbindlichkeiten beizutragen, wird durch den Nominalbetrag der Aktie, in den Fällen der Artikel 175a Ziffer 2, 180h Absatz 2 durch den Betrag, für welchen die Aktie ausgegeben ist, begrenzt.[a]

Vgl. Art. 219 Abs. 1 u. Anm. zu dems.

a) Die Auszahlung des nicht erhobenen Gewinnes eines Jahres kann deswegen, weil ein späteres Jahr Verlust gebracht hat, nicht verweigert werden. (Es würde sonst dem Aktionär eine nicht gerechtfertigte Nachleistung zugemuthet werden.) Daher kann der Aktionär einer in Konkurs gerathenen Aktiengesellschaft gegenüber die vor der Konkurseröffnung festgestellte, aber erst nach Einleitung des Konkurses fällig gewordene Dividende als Gläubiger liquidiren. E. v. 10. Sept. 1875. Entsch. XVIII. S. 153.

Ein Beschluß der Generalversammlung, wonach dem einzelnen Aktionär die ihm statutenmäßig für den Besitz einer Aktie gewährten Rechte in Zukunft nur für den Fall des Hinzunehmens einer zweiten Aktie zustehen sollen (Zusammenlegung von Aktien), ist ungültig. Beschl. v. 19. Mai 1876. Entsch. XX S. 97.

Wegen Nichterfüllung von Nebenabreden, die bei der Zeichnung getroffen sind, oder wegen Nichteintritts einer erklärten Voraussetzung kann sich der Zeichner der Einzahlung nicht entziehen. E. v. 21. Sept. u. 9. Nov. 1872. Entsch. VII S. 161 u. 433.

Selbst wenn der Zeichner durch Täuschungen zur Zeichnung vermocht ist, bleibt die Verpflichtung zur Einzahlung bestehen. Er kann sich nur an denjenigen persönlich halten, der ihn getäuscht hat. E. v. 26. April 1872. Entsch. V S. 418 u. v. 14. Febr. 1883, RG. IX S. 37.

Der von der Gläubigerschaft in Anspruch genommene Aktionär kann nicht einwenden, die Zeichnung sei nur zum Schein erfolgt, noch das rechtliche Bestehen der eingetragenen Gesellschaft wegen ungenügender Aktienzeichnung anfechten. E. v. 11. April 1866. Entsch. XX S. 275 u. v. 21. Sept. 1881. RG. V S. 77.

Er kann auch nicht wegen veränderter Umstände (Konkurseröffnung) zurücktreten, wenn nicht etwa die Aktiengesellschaft vor der Konkurseröffnung mit der Aushändigung der inzwischen entwertheten Aktien in Verzug gerathen ist. E. v. 11. April 1866. Entsch. XX S. 279.

Der Zeichner braucht, auch wenn er nach der Konkurseröffnung von der Gläubigerschaft belangt wird, den gezeichneten Betrag nur gegen Ausantwortung der Aktien zu zahlen, welche jedoch der Konkursverwalter, wenn die Gesellschaft nicht im Verzuge ist, behufs Lieferung an den Zeichner anschaffen kann. E. v. 2. Sept. 1875 u. 11. April 1876. Entsch. XIX S. 227, XX S. 276. — Der Zeichner, mit dessen Einwilligung die Aktien weiterbegeben sind, kann daraus, daß ihm die Gesellschaft die Aktien nicht zu liefern vermag, einen Einwand nicht herleiten; er kann höchstens verlangen, daß ihm die Rechte an den weiteren Aktienerwerber abgetreten werden. E. v. 30. Juni 1880. RG. II S. 134.

Ein Aktionär, der in Konkurs gerathen ist, kann, nachdem der Konkurs durch Zwangsvergleich beendet ist, nicht auf unverkürzte Leistung der später ausgeschriebenen Resteinzahlung belangt werden; er kann aber auch nicht beanspruchen, daß ihm gegen Zahlung der Akkordrate die Vollaktie gewährt wird. E. v. 17. Juni 1870. Entsch. XXV S. 293.

184. Ein Gesellschafter, welcher den auf die Aktie eingeforderten Betrag nicht zur rechten Zeit einzahlt, ist zur Zahlung von Verzugszinsen von Rechtswegen[a)] verpflichtet.

Im Gesellschaftsvertrage können für den Fall der verzögerten Einzahlung Konventionalstrafen[b] ohne Rücksicht auf die sonst stattfindenden gesetzlichen Einschränkungen festgesetzt werden.

Ist im Gesellschaftsvertrage keine besondere Form, wie die Aufforderung zur Einzahlung geschehen soll, bestimmt, so geschieht dieselbe in der Form, in welcher die Bekanntmachungen der Gesellschaft nach dem Gesellschaftsvertrage überhaupt erfolgen müssen.

Vgl. Art 219 Abs. 2.

a) Von Rechtswegen, d. h. es bedarf für die Verpflichtung keiner besonderen Verabredung und für den Beginn der Verzinsung keiner Mahnung. E. v. 14. Febr 1883. RG. IX S. 44.

b) Die Aktiengesellschaft kann neben der im Gesellschaftsvertrage festgesetzten Konventionalstrafe nicht noch auf Grund des Gesetzes (Abs. 1) Verzugszinsen beanspruchen, wohl aber Prozeßzinsen für die Zeit nach der Klageerhebung. E. v. 14. Febr. 1883. RG. IX S. 44.

184a. Im Falle verzögerter Einzahlung kann an die[a] säumigen Gesellschafter eine erneute Aufforderung zur Zahlung unter Androhung ihres Ausschlusses mit dem Antheilsrechte erlassen werden. Die Aufforderung hat mindestens dreimal durch Bekanntmachung in den hierzu bestimmten öffentlichen Blättern, die erste Bekanntmachung mindestens drei Monate und die letzte Bekanntmachung mindestens vier Wochen vor Ablauf der für die Einzahlung gesetzten Nachfrist zu erfolgen. Statt der Bekanntmachungen in den öffentlichen Blättern genügt, falls das Antheilsrecht nicht ohne Einwilligung der Gesellschaft übertragbar ist, die Bekanntmachung der Aufforderung mit einer vier Wochen übersteigenden Nachfrist durch besonderen Erlaß an die säumigen Gesellschafter.

Ein Gesellschafter, welcher den auf die Aktie zu leistenden Betrag nicht einzahlt, obwohl die im vorstehenden Absatze bezeichnete Aufforderung stattgefunden hat, ist seiner Anrechte aus der Zeichnung der Aktie und der geleisteten Theilzahlungen zu Gunsten der Gesellschaft verlustig zu erklären.[b] Die den Ausschluß bewirkende Erklärung erfolgt mittelst Bekanntmachung durch die hierzu bestimmten öffentlichen Blätter. An Stelle der bisherigen Urkunde ist eine neue auszugeben, welche außer den früher geleisteten Theilzahlungen den eingeforderten Betrag zu umfassen hat. Wegen des Ausfalls, welchen die Gesellschaft an diesem Betrage oder den später eingeforderten Beträgen erleidet, bleibt ihr der ausgeschlossene Gesellschafter verhaftet.

Von den vorstehenden Rechtsfolgen kann der Gesellschafter nicht befreit werden.

Vgl. Art. 219 Abs. 2.

a) Nur an alle, nicht an einzelne. Komm.Ber S. 17.

b) Die Androhung und die Verlustigerklärung können, wenn die gesetzlichen Voraussetzungen nicht vorlagen, angefochten werden. Die Ungültigkeit der Ausschlußerklärung macht aber die in den Händen eines gutgläubigen Erwerbers befindliche neue Urkunde nicht ungültig. Der zu Unrecht ausgeschlossene Gesellschafter hat nur einen Schadensersatzanspruch an die Gesellschaft. Einstweilige Verfügungen zum Zweck der Einstellung des Ausschlußverfahrens sind zulässig. E. v. 16. Jan. 1891, RG. XXVII S. 50.

184b. Soweit der ausgeschlossene Gesellschafter den eingeforderten Betrag nicht gezahlt hat, ist für denselben[a] der Gesellschaft der letzte und jeder frühere, in dem Aktienbuche verzeichnete Rechtsvorgänger verhaftet, ein früherer Rechtsvorgänger, soweit die Zahlung von dessen Rechtsnachfolger nicht zu erlangen ist [b]) Dies ist bis zum Nachweise des Gegentheils anzunehmen, soweit von letzterem die Zahlung nicht bis zum Ablauf von vier Wochen geleistet wird, nachdem an ihn die Zahlungsaufforderung und an den Rechtsvorgänger die Benachrichtigung von derselben erfolgt ist. Der Rechtsvorgänger erhält gegen Zahlung des rückständigen Betrages die neu auszugebende Urkunde.

Die Haftpflicht des Rechtsvorgängers ist auf die innerhalb der Frist von zwei Jahren auf die Aktien eingeforderten Beträge beschränkt. Die Frist beginnt mit dem Tage, an welchem die Uebertragung des Antheilsrechts zum Aktienbuche der Gesellschaft angemeldet ist.

Von der vorstehenden Verbindlichkeit können die Rechtsvorgänger nicht befreit werden.

Ist die Zahlung des rückständigen Betrages von Rechtsvorgängern nicht zu erlangen, so kann die Gesellschaft das Antheilsrecht zum Börsenpreise und in Ermangelung eines solchen durch öffentliche Versteigerung verkaufen.

Vgl. Art. 219 Abs. 2.

a) nur für den Betrag, welcher auf die Aktie zu leisten ist, nicht für Kosten, welche Zwecks Einziehung dieses Betrages gegen den säumigen Rechtsnachfolger erwachsen sind. Komm.Ber. S. 17

b) Wegen der auf Grund dieser Verpflichtung gezahlten Beträge kann sich der Rechtsvorgänger an seinen Nachmann halten. E. v. 24. April 1877. Entsch. XXII S. 214.

184c. Die Gesellschafter[a]) können gegen die ihnen in Gemäßheit der Artikel 184 bis 184b obliegenden Zahlungen eine Aufrechnung nicht geltend machen.[b]) Ebensowenig findet an dem Gegenstande einer zu leistenden Einlage wegen Forderungen, welche sich nicht auf dieselbe beziehen, ein Zurückbehaltungsrecht statt.

Vgl. Art. 219 Abs. 2.

a) und ihre Rechtsvorgänger. Komm.Ber. S. 17.

b) Die Gesellschaft kann (insoweit nicht nach Art. 176 Abs. 3 Baarzahlung erfolgen muß) Aufrechnung gestatten. Mot. S. 75.

Unter der Geltung des früheren Rechts wurde angenommen, daß der Aktionär seine Schuld aus der Zeichnung mit Forderungen, die er an die Gesellschaft hat, kompensiren könne, wenn die allgemeinen Voraussetzungen der Kompensabilität vorliegen (E. v. 9. Mai 1879, Entsch. XXV S. 282), daß jedoch einer in Konkurs befindlichen Gesellschaft gegenüber dieses Kompensationsrecht nicht zustehe. (E. v. 1. Febr. 1882. RG. VI S. 69 u. E. v. 29. Mai 1886, RG. XVIII S. 5, 6.)

184d. Die Gesellschaft soll[a]) eigene Aktien im geschäftlichen Betriebe, sofern nicht eine Kommission zum Einkauf ausgeführt wird, weder erwerben[b]) noch zum Pfande nehmen.[c]) Sie darf[d]) eigene Interimsscheine im geschäftlichen Betriebe auch in Ausführung einer Einkaufskommission weder erwerben noch zum Pfande nehmen.

Vgl. Art. 215d Abs. 1.

a) Soll. Eine Uebertretung des Verbots macht die Gesellschaftsorgane verantwortlich (Art. 204 Ziff. 3, 226 Ziff. 3); das Geschäft ist gültig. Mot. S. 116 u. Komm.Ber. S. 16.

b) Erwerb durch Schenkung oder im Wege der Zwangsvollstreckung fällt nicht unter das Verbot. Mot. S. 116,

c) Die Ausübung des Zurückbehaltungsrechts ist als Pfandnahme nicht aufzufassen. Mot. S. 116.

d) Darf. Eine Uebertretung des Verbots hat außer der Verantwortlichkeit der Gesellschaftsorgane (vgl. Anm. a) Nichtigkeit des Geschäfts zur Folge. Mot. S. 116 u. Komm.Ber. S. 16.

185. Die persönlich haftenden Gesellschafter sind verpflichtet, spätestens in den ersten sechs Monaten jedes Geschäftsjahres für das verflossene Geschäftsjahr eine Bilanz, eine Gewinn- und Verlustrechnung, sowie einen den Vermögensstand und die Verhältnisse der Gesellschaft entwickelnden Bericht dem Aufsichtsrathe und mit dessen Bemerkungen der Generalversammlung der Kommanditisten vorzulegen.

Vgl. Art. 239 nebst Anm. zu dems. u. Art. 249g Abs. 1.

185a. Für die Aufstellung der Bilanz kommen die allgemeinen Vorschriften des Artikels 31 mit folgenden Maßgaben zur Anwendung:

1. Werthpapiere und Waaren, welche einen Börsen- oder Marktpreis haben, dürfen höchstens zu dem Börsen- oder Marktpreise[a)] zur Zeit der Bilanzaufstellung, sofern dieser jedoch den Anschaffungs- oder Herstellungspreis übersteigt, höchstens zu letzterem angesetzt werden;
2. andere Vermögensgegenstände[b)] sind höchstens zu dem Anschaffungs- oder Herstellungspreise anzusetzen;
3. Anlagen und sonstige Gegenstände, welche nicht zur Weiterveräußerung, vielmehr dauernd zum Geschäftsbetriebe der Gesellschaft bestimmt sind,

dürfen ohne Rücksicht auf einen geringeren Werth zu dem Anschaffungs- oder Herstellungspreise angesetzt werden, sofern ein der Abnutzung gleichkommender Betrag in Abzug gebracht oder ein derselben entsprechender Erneuerungsfonds in Ansatz gebracht wird;

4. die Kosten der Organisation und Verwaltung dürfen nicht als Aktiva, müssen vielmehr ihrem vollem Betrage nach in der Jahresrechnung als Ausgabe erscheinen;

5. der Betrag des Gesammtkapitals der Kommanditisten, der Antheil der persönlich haftenden Gesellschafter am sonstigen Gesellschaftsvermögen und der Betrag eines jeden Reserve- und Erneuerungsfonds sind unter die Passiva aufzunehmen;

6. der aus der Vergleichung sämmtlicher Aktiva und sämmtlicher Passiva sich ergebende Gewinn oder Verlust muß am Schlusse der Bilanz besonders angegeben werden.

Vgl. Art. 239 b und §. 7 des Ges.

a) Die platzübliche Kursnotirung ist nicht maßgebend, wenn ein anderer Preis der wahre Marktpreis ist oder wenn wegen Geringfügigkeit der Umsätze ein wahrer Marktpreis gar nicht existirt. E. v. 11. April 1883, RG. XII S. 7.

b) Dagegen, daß in einem Geschäftserwerbungskonto der Werth der übernommenen Kundschaft mit berücksichtigt, in einem Erfindungs- oder Patentkonto der Werth einer Erfindung oder des Rechts auf Ausnutzung eines Patentes als Aktivum angesetzt werde, ist, soweit es sich um verwerthbare Vermögensgegenstände handelt, nichts zu erinnern. Komm.Ber. S. 25.

185 b. Zur Deckung eines aus der Bilanz sich ergebenden Verlustes a) ist ein Reservefonds b) zu bilden; in denselben ist einzustellen:

1. von dem jährlichen Reingewinne mindestens der zwanzigste Theil solange, als der Reservefonds den zehnten oder den im Gesellschaftsvertrage bestimmten höheren Theil des Gesammtkapitals nicht überschreitet; c)
2. der Gewinn, welcher bei Errichtung der Gesellschaft oder einer Erhöhung des Gesammtkapitals durch Ausgabe der Aktien für einen höheren als den Nominalbetrag erzielt wird.

Vgl. Art. 239 b und §. 7 des Gesetzes.

a) Zu anderen Zwecken, als zur Kapitalsergänzung darf der im Art. 185 b vorgeschriebene Reservefonds nicht verwendet werden, besonders nicht zur Deckung außerordentlicher Verluste, welche im Laufe des Jahres eingetreten sind, ohne daß sie am Schluß des Jahres als Unterbilanz erscheinen, d. h. der Zwangsreservefonds (vgl. Anm. b zu Art. 185 c) darf nicht zur Dividendenzahlung benutzt werden. Komm.-Ber. S. 25, 26.

b) Der Reservefonds braucht nur ein Bilanzposten zu sein. Das Gesetz verlangt nicht (was jedoch nach §. 185 c im Gesellschaftsvertrage oder sonst bestimmt sein kann), daß der Reservefonds besonders verwaltet und angelegt werde, auch nicht, daß die vom Reservefonds aufkommenden Zinsen wieder zum Fonds fließen. Komm.-Ber. S. 25.

c) Die Vorschrift des Gesellschaftsvertrages, welcher die Bildung eines höheren Reservefonds anordnet, kann durch Abänderung des Gesellschaftsvertrages geändert werden. Auch der auf Grund statutarischer Vorschrift bereits angesammelte Betrag von mehr als 10 pCt. des Aktienkapitals kann mittelst Aenderung des Gesellschaftsvertrages einer anderen Bestimmung zugeführt werden. E. v. 8. Juli 1891. RG. XXVIII S. 45 ff.

d) Wenn die gesetzlich oder statutarisch fixirte Grenze erreicht, demnächst aber der Reservefonds unter dieselbe in Folge eingetretener Verluste herabgesunken ist, tritt die Verpflichtung des Gewinnabzugs wieder ein. Mot. S. 91.

185 c. Nach erfolgter Genehmigung [a]) durch die Generalversammlung sind die Bilanz, sowie die Gewinn- und Verlustrechnung ohne Verzug von den persönlich haftenden Gesellschaftern in den hierzu bestimmten öffentlichen Blättern bekannt zu machen und zu dem Handelsregister einzureichen.

Im Uebrigen werden die Grundsätze, nach welchen die Bilanz aufzunehmen, Reservefonds [b]) zu bilden und anzulegen sind und die Prüfung der Bilanz zu erfolgen hat, durch den Gesellschaftsvertrag bestimmt.

Vgl. Art. 293 b und §. 7 des Ges.

a) Hat die Generalversammlung auf Grund der Prüfung der Rechnung durch eine besondere Revisionskommission Decharge ertheilt, so kann letztere nicht auf Grund eines Irrthums der Generalversammlung, sondern nur eines solchen der Revisionskommission angefochten werden. E. v. 12. Mai 1877. Entsch. XXII S. 278.

b) Auf die etwa nach Statut oder Beschluß zu bildenden Spezialreservefonds findet Art. 185 b keine Anwendung. Komm.-Ber. S. 25.

186. Die Rechte, welche den Kommanditisten gegenüber den persönlich haftenden Gesellschaftern nach dem Gesellschaftsvertrage oder nach den Bestimmungen des vorigen Abschnitts in Beziehung auf die Führung der Geschäfte, die Einsicht und Prüfung der Bilanz, die Bestimmung der Gewinnvertheilung, die Auflösung oder

Kündigung der Gesellschaft und die Befugniß, das Ausscheiden eines persönlich haftenden Gesellschafters zu verlangen, zustehen, werden in der Generalversammlung durch Beschlußfassung der erschienenen Kommanditisten ausgeübt.

Die Beschlüsse der Generalversammlung werden durch den Aufsichtsrath ausgeführt, wenn nicht im Gesellschaftsvertrage ein Anderes bestimmt ist.

Vgl. Art. 221 Abs. 1 und die Anm. zu demſ.

187. Die Generalversammlung der Kommanditisten wird durch die persönlich haftenden Gesellschafter oder durch den Aufsichtsrath berufen, sofern nicht nach dem Gesetze[a] oder dem Gesellschaftsvertrage auch andere Personen dazu befugt sind.

Die Generalversammlung ist außer den im Gesetze[b] oder im Gesellschaftsvertrage ausdrücklich bestimmten Fällen zu berufen, wenn dies im Interesse der Gesellschaft erforderlich erscheint.

Vgl. Art. 236.
a) Art. 188 Abs. 2.
b) Art. 185, 188.

188. Die Generalversammlung muß berufen werden, wenn dies von Kommanditisten, deren Antheile zusammen den zehnten Theil des Gesammtkapitals darstellen, in einer von ihnen unterzeichneten Eingabe unter Angabe des Zwecks und der Gründe verlangt wird. Ist im Gesellschaftsvertrage das Recht, die Berufung der Generalversammlung zu verlangen, an den Besitz eines geringeren

Antheils am Gesammtkapital geknüpft, so hat es hierbei sein Bewenden.

Wird dem Verlangen nicht entsprochen, so kann[a] das Handelsgericht die Kommanditisten, welche das Verlangen gestellt haben, zur Berufung der Generalversammlung ermächtigen. Mit der Berufung ist die gerichtliche Ermächtigung zu veröffentlichen.

Vgl. Art. 237.

a) Kann. Eine Pflicht, die Ermächtigung beim Vorhandensein der formellen Voraussetzungen auszusprechen, ist dem Gericht nicht auferlegt worden. Um mögliche Chikanen, die Verfolgung von Sonderinteressen und sonstige Schädigungen der Gesellschaft auszuschließen, ist dem Handelsgericht die Befugniß eingeräumt worden, die Ermächtigung zu versagen. Behufs Beurtheilung der Sachlage kann dasselbe Informationen aller Art erheben, auch die Gesellschaftsorgane anhören. Mot. S. 87.

189. Die Berufung der Generalversammlung hat in der durch das Gesetz und den Gesellschaftsvertrag bestimmten Weise zu erfolgen.

Der Zweck der Generalversammlung muß jederzeit bei der Berufung bekannt gemacht werden. Ueber Gegenstände, deren Verhandlung nicht in dieser Weise angekündigt ist, können Beschlüsse nicht gefaßt werden; hiervon ist jedoch der Beschluß über den in der Generalversammlung gestellten Antrag auf Berufung einer außerordentlichen Generalversammlung ausgenommen.

Zur Stellung von Anträgen und zu Verhandlungen ohne Beschlußfassung bedarf es der Ankündigung nicht.

Vgl. Art. 238.

190. Jede Aktie gewährt das Stimmrecht. Dasselbe wird nach den Aktienbeträgen ausgeübt. Der Gesellschaftsvertrag kann für den Fall, daß ein Kommanditist mehrere Aktien besitzt, die Ausübung des Stimmrechts für dieselben durch einen Höchstbetrag oder in Abstufungen oder nach Gattungen beschränken.

Vollmachten erfordern zu ihrer Gültigkeit die schriftliche Form, sie bleiben in der Verwahrung der Gesellschaft.

Wer durch die Beschlußfassung entlastet oder von einer Verpflichtung befreit werden soll, hat hierbei kein Stimmrecht und darf ein solches auch nicht für Andere ausüben. Dasselbe gilt von einer Beschlußfassung, welche die Eingehung eines Rechtsgeschäfts mit ihm betrifft.

Persönlich haftende Gesellschafter, welchen in Gemäßheit der Artikel 174a, 180h Absatz 3 Antheile am Gesammtkapital der Kommanditisten zustehen oder welche sonst Aktien erwerben, haben kein Stimmrecht.[a)]

Im Uebrigen ist für die Bedingungen des Stimmrechts und die Form, in welcher dasselbe auszuüben ist, der Gesellschaftsvertrag maßgebend.

Vgl. Art. 221 Abs. 2.

a) auch nicht als Bevollmächtigter eines Kommanditisten. Mot. S. 107.

190a. Ein Beschluß der Generalversammlung kann wegen Verletzung des Gesetzes oder des Gesellschaftsvertrages als ungültig im Wege der Klage angefochten werden. Dieselbe findet nur binnen der Frist von einem

Monate statt. Zur Anfechtung befugt ist außer persönlich haftenden Gesellschaftern jeder in der Generalversammlung erschienene Kommanditist, sofern er gegen den Beschluß Widerspruch[a] zum Protokoll erklärt hat, und jeder nicht erschienene Kommanditist, sofern er die Anfechtung darauf gründet, daß die Berufung der Generalversammlung oder die Ankündigung des Gegenstandes der Beschlußfassung nicht gehörig erfolgt war.

Die Klage ist gegen die persönlich haftenden Gesellschafter, soweit sie nicht selbst klagen, und gegen den Aufsichtsrath zu richten.[b] Zuständig für die Klage ist ausschließlich das Landgericht, in dessen Bezirke die Gesellschaft ihren Sitz hat. Die mündliche Verhandlung erfolgt nicht vor Ablauf der im ersten Absatze bezeichneten Frist. Mehrere Anfechtungsprozesse sind zur gleichzeitigen Verhandlung und Entscheidung zu verbinden.

Ein klagender Kommanditist hat seine Aktien gerichtlich zu hinterlegen und auf Verlangen der Gesellschaft wegen der ihr drohenden Nachtheile einem nach freiem Ermessen des Gerichts zu bestimmende[c] Sicherheit zu leisten. Das Verlangen ist als prozeßhindernde Einrede geltend zu machen. Wird die Sicherheit binnen der vom Gerichte gestellten Frist nicht geleistet,[d] so ist die Klage auf Antrag für zurückgenommen zu erklären.[e]

Die persönlich haftenden Gesellschafter haben die Erhebung einer jeden Klage sowie den Termin zur mündlichen Verhandlung ohne Verzug in den für die Bekanntmachungen der Gesellschaft bestimmten Blättern zu veröffentlichen.

Soweit durch ein Urtheil rechtskräftig der Beschluß für ungültig erklärt ist, wirkt es auch gegenüber den Kommanditisten, welche nicht Partei sind.[f] Dasselbe ist von den persönlich haftenden Gesellschaftern ohne Verzug zu dem Handelsregister einzureichen. War der Beschluß in dasselbe eingetragen,[g] so ist auch das Urtheil einzutragen und in gleicher Weise wie der Beschluß zu veröffentlichen (Art. 177, 179).

Vgl. Art. 222.

a) Eine Begründung des Widerspruchs ist nicht vorgeschrieben; ist sie erfolgt, so kann die Anfechtungsklage doch auf andere Gründe, als die in der Generalversammlung geltend gemachten gestützt werden. Der Widerspruch kann schon vor der Beschlußfassung erhoben und braucht nicht nach der Abstimmung wiederholt zu werden. E. v. 9. März 1888, RG. XX S. 141.

b) Diese Vorschrift findet auch Anwendung, wenn der angefochtene Beschluß aus der Zeit vor der Herrschaft des Gesetzes vom 18. Juli 1884 herrührt. E. v. 25. Mai 1885, RG. XIV S. 142.

c) durch Zwischenurtheil, nicht durch Beschluß. E. v. 6. Dez. 1889, RG. XXIV S. 431.

d) Die Sicherheitsleistung kann auch nach Ablauf der vom Gericht gestellten Frist so lange nachgeholt werden, als nicht der Antrag auf Verwirklichung des Rechtsnachtheils gestellt und die mündliche Verhandlung über denselben geschlossen ist. E. v. 6. Dez. 1889, RG. XXIV S. 432.

e) Der Beklagte hat (auch beim Nichterscheinen des Klägers) die Wahl, ob er dies oder Abweisung der Klage beantragen will. E. v. 6. Dez. 1889, RG. XXIV S. 433.

f) Für die Höhe des Streitwerthes ist diese Wirkung des rechtskräftigen Urtheils von keiner Bedeutung. Der Streitwerth ist nur nach dem Werth der Einzelrechte zu bemessen, welche die Kläger geltend gemacht haben. Beschl. v. 28. Nov. 1889, RG. XXIV S. 427.

g) Der Registerrichter kann die Eintragung eines Beschlusses der Generalversammlung so lange ablehnen, als die Anfechtung des Beschlusses noch für irgend einen Aktionär zulässig ist. Komm.-Ber. S. 18.

190b. Für einen durch unbegründete Anfechtung des Beschlusses (Art. 190a) der Gesellschaft entstandenen Schaden haften ihr solidarisch die Kläger, welchen bei Erhebung der Klage eine bösliche Handlungsweise[a] zur Last fällt.

Vgl. Art. 222.

a) Vgl. Anm. b zu Art. 180.

191. Der Aufsichtsrath besteht, sofern nicht der Gesellschaftsvertrag[a] eine höhere Zahl festsetzt, aus drei von der Generalversammlung der Kommanditisten zu wählenden Mitgliedern.[b] Persönlich haftende Gesellschafter können nicht Mitglieder des Aufsichtsraths sein.

Die Wahl des ersten Aufsichtsraths gilt für die Dauer des ersten Geschäftsjahres und, wenn dasselbe auf einen kürzeren Zeitraum als ein Jahr seit Eintragung des Gesellschaftsvertrages in das Handelsregister bemessen ist, bis zum Ablauf des am Ende dieses Jahres laufenden Geschäftsjahres.[c]

Später kann der Aufsichtsrath nicht auf länger als fünf Geschäftsjahre gewählt werden. Insoweit die Wahl auf einen längeren Zeitraum geschieht, ist dieselbe ohne rechtliche Wirkung.

Die Bestellung zum Mitgliede des Aufsichtsraths kann auch vor Ablauf des Zeitraums, für welchen dasselbe gewählt ist, durch die Generalversammlung widerrufen werden. Der Beschluß bedarf einer Mehrheit von drei Viertheilen des in der Generalversammlung vertretenen Gesammtkapitals.

Vgl. Art. 224.

a) Unter dem „Gesellschaftsvertrage" ist sowohl der ursprüngliche als der rechtswirksam abgeänderte zu verstehen. E. v. 17. April 1889, RG. XXIV S. 56.

b) Es brauchen dies nicht Aktionäre zu sein. Mot. S. 73. — Nur physische Personen sind wählbar. Komm.Ber. S. 20.

c) Diese Vorschrift schließt nicht aus, daß an Stelle ausscheidender Aufsichtsrathsmitglieder andere in den „ersten" Aufsichtsrath für die Dauer seiner Wirksamkeit treten oder daß bei einer durch Statutenänderung vorgeschriebenen Erhöhung der Mitgliederzahl neue Mitglieder in den ersten Aufsichtsrath hinzugewählt werden. E. v. 17. April 1889, RG. XXIV S. 56.

192. Den Mitgliedern des ersten Aufsichtsraths darf eine Vergütung für die Ausübung ihrer Thätigkeit nur durch die Generalversammlung nach Ablauf des Zeitraums, für welchen er gewählt ist, bewilligt werden.

Vgl. Art. 224.

193. Der Aufsichtsrath hat die Geschäftsführung der Gesellschaft in allen Zweigen der Verwaltung zu überwachen und zu dem Zweck sich von dem Gange der Angelegenheiten der Gesellschaft zu unterrichten. Er kann jederzeit über dieselben Berichterstattung von den persönlich haftenden Gesellschaftern verlangen und selbst oder durch einzelne von ihm zu bestimmende Mitglieder die Bücher und Schriften der Gesellschaft einsehen, sowie den Bestand der Gesellschaftskasse und die Bestände an Effekten, Handelspapieren und Waaren untersuchen.

Er hat die Jahresrechnungen, die Bilanzen und die Vorschläge zur Gewinnvertheilung zu prüfen und darüber der Generalversammlung Bericht zu erstatten.

Weitere Obliegenheiten des Aufsichtsraths werden durch den Gesellschaftsvertrag bestimmt.

Die Mitglieder des Aufsichtsraths können die Ausübung ihrer Obliegenheiten nicht anderen Personen übertragen.

Vgl. Art. 225.

194. Der Aufsichtsrath ist ermächtigt, gegen die persönlich haftenden Gesellschafter die Prozesse zu führen, welche die Generalversammlung beschließt.

Handelt es sich um die Verantwortlichkeit der Mitglieder des Aufsichtsraths, so kann letzterer ohne und selbst gegen den Beschluß der Generalversammlung gegen die persönlich haftenden Gesellschafter klagen.

Vgl. Art. 223 Abs. 3.

195. Wenn die Kommanditisten selbst in Gesammtheit und im gemeinsamen Interesse gegen die persönlich haftenden Gesellschafter auftreten wollen oder gegen die Mitglieder des Aufsichtsraths einen Prozeß zu führen haben, so werden sie durch Bevollmächtigte vertreten, welche in der Generalversammlung gewählt werden.

Falls aus irgend einem Grunde die Bestellung von Bevollmächtigten durch Wahl in der Generalversammlung gehindert wird, kann das Handelsgericht auf Antrag die Bevollmächtigten ernennen.

Vgl. Art. 223 Abs 3.

196. Die Gesellschaft wird durch die persönlich haftenden Gesellschafter berechtigt und verpflichtet; sie wird durch dieselben vor Gericht vertreten.[a)]

Zur Behändigung von Vorladungen und anderen Zustellungen an die Gesellschaft genügt es, wenn dieselbe an einen der zur Vertretung befugten Gesellschafter geschieht.

Die Bestimmung des Artikels 167 in Betreff des Kommanditisten, welcher für die Gesellschaft Geschäfte schließt, findet bei der Kommanditgesellschaft auf Aktien keine Anwendung.

Vgl. Art. 227.

a) Die Bestellung von Prokuristen für Kommanditgesellschaften auf Aktien ist zulässig. — Der Kommanditist ist nicht Prinzipal der Prokuristen. E. v. 2. Nov. 1872. Entsch. VII S. 412.

196a. Die Bestimmungen der Artikel 96 und 97 über den Betrieb von Geschäften in dem Handelszweige der Gesellschaft sowie über die Theilnahme an einer anderen gleichartigen Gesellschaft finden auf die persönlich haftenden Gesellschafter mit der Maßgabe Anwendung, daß

1. die Genehmigung seitens der Kommanditisten durch die Generalversammlung erfolgt, sofern nicht die Befugniß zur Ertheilung durch den Gesellschaftsvertrag oder durch Beschluß der Generalversammlung dem Aufsichtsrath übertragen worden ist;
2. das Recht der Gesellschaft, in ein von einem persönlich haftenden Gesellschafter für eigene Rechnung gemachtes Geschäft einzutreten oder Schadens-

ersatz zu fordern, nach drei Monaten von dem Zeitpunkte an erlischt, in welchem die übrigen persönlich haftenden Gesellschafter und der Aufsichtsrath von dem Abschlusse des Geschäfts Kenntniß erhalten haben.

Vgl. Art. 232 und §. 6 Abs. 2 des Ges.

197. Die Einlagen können den Kommanditisten, so lange die Gesellschaft besteht, nicht zurückgezahlt werden.

Zinsen von bestimmter Höhe können für die Aktien nicht bedungen noch ausbezahlt werden; es darf nur dasjenige auf sie vertheilt werden, was sich nach der jährlichen Bilanz als reiner Gewinn ergiebt.

Vgl. Art. 216, 217 und die Anm. zu dies. Art.

198. Die Kommanditisten haften für die Verbindlichkeiten der Gesellschaft, wenn und insoweit sie den gesetzlichen Bestimmungen entgegen Zahlungen von der Gesellschaft empfangen haben; sie sind jedoch nicht verpflichtet, die in gutem Glauben bezogenen Dividenden zurückzuzahlen.

Vgl. Art. 218.

199. Eine Uebereinkunft, durch welche das Austreten eines oder mehrerer persönlich haftender Gesellschafter bestimmt wird, steht der Auflösung der Gesellschaft gleich. Zu derselben bedarf es der Zustimmung der Generalversammlung der Kommanditisten.

Es kann jedoch durch den Gesellschaftsvertrag[a)] bestimmt werden, daß das Austreten eines oder mehrerer persönlich haftender Gesellschafter die Auflösung der Gesellschaft dann nicht zur Folge habe, wenn mindestens noch ein persönlich haftender Gesellschafter bleibt.[b)]

a) Und zwar nicht nur durch den ursprünglich errichteten Gesellschaftsvertrag, sondern auch durch spätere Abänderungen desselben. Mot. S. 109.

b) Ist dies bestimmt, so bedarf es zum Austritt eines persönlich haftenden Gesellschafters nicht der Zustimmung einer Generalversammlung der Kommanditisten. E. v. 26. Okt. 1872. Entsch. VII S. 241.

Der Tod des einzigen persönlich haftenden Gesellschafters hat die Auflösung auch dann zur Folge, wenn der Gesellschaftsvertrag etwas anderes bestimmt. Beschl. des KG. v. 4. Mai 1891. Joh. XI S. 29.

200. Wenn ein Kommanditist stirbt oder in Konkurs verfällt, oder zur Verwaltung seines Vermögens rechtlich unfähig wird, so hat dies die Auflösung der Gesellschaft nicht zur Folge. Der Artikel 126 findet in Bezug auf die Privatgläubiger eines Kommanditisten keine Anwendung. Im Uebrigen gelten die Artikel 123 bis 129[a)] auch für die Kommanditgesellschaften auf Aktien. Die im Artikel 129 vorgesehene Eintragung ist auch bei dem Handelsgerichte einer jeden Zweigniederlassung zu bewirken; Dritten gegenüber entscheidet die Eintragung bei dem Handelsgerichte, in dessen Bezirke die Gesellschaft ihren Sitz hat.

a) Ein persönlich haftender Gesellschafter ist nicht, wie das Vorstandsmitglied einer Aktiengesellschaft (Art. 227 Abs. 3), absetzbar, sondern es kann nur nach Maßgabe der Art. 128, 125 seine Ausschließung beantragt werden. E. v. 25. Juni 1875, Entsch. XVIII S. 396.

Vgl. Anm. a) zu Art. 242.

201. Bei der Auflösung einer Kommanditgesellschaft auf Aktien, welche außer dem Falle der Eröffnung des Konkurses erfolgt, darf die Vertheilung des Vermögens unter die Gesellschafter nicht eher vollzogen werden, als nach Verlauf eines Jahres von dem Tage an gerechnet, an welchem die Auflösung der Gesellschaft in das Handelsregister eingetragen ist.

Vgl. Art. 245 Abs. 1 und 2.

202. Die aus den Handelsbüchern der Gesellschaft ersichtlichen oder in anderer Weise bekannten Gläubiger sind durch besondere Erlasse aufzufordern, sich zu melden; unterlassen sie dies, so ist der Betrag ihrer Forderungen gerichtlich zu hinterlegen.

Das letztere muß auch in Ansehung der noch schwebenden Verbindlichkeiten[a] und streitigen Forderungen geschehen, sofern nicht die Vertheilung des Gesellschaftsvermögens bis zu deren Erledigung ausgesetzt bleibt,[b] oder den Gläubigern eine angemessene Sicherheit bestellt wird.

Vgl. Art. 245 Abs. 3.

a) Zu den schwebenden Verbindlichkeiten gehören auch die befristeten Forderungen. Dieselben werden durch die Auflösung der Gesellschaft nicht fällig. E. v. 19. Nov. 1878. Entsch. XXIV S. 254.

b) Wählt die Gesellschaft Aussetzung der Vertheilung, so können die Gläubiger wegen der schwebenden oder streitigen Forderungen weder gerichtliche Hinterlegung noch Sicherstellung beanspruchen, es sei denn, daß besondere Arrestgründe (Vermögensverfall, Veranstaltungen zur Vertheilung des Gesellschaftsvermögens) vorliegen. E. v. 17. Dez. 1877. Entsch. XXIII S. 150.

203. Eine theilweise Zurückzahlung des Kapitals der Kommanditisten oder eine Herabsetzung desselben kann nicht ohne Beschluß der Generalversammlung der Kommanditisten und nur unter Beobachtung derselben Vorschriften erfolgen, welche für die Vertheilung des Gesellschaftsvermögens im Falle der Auflösung maßgebend sind. Die Bestimmung über die Zurückzahlung oder Herabsetzung hat zugleich die Art, in welcher dieselbe erfolgen soll, und die zu ihrer Durchführung erforderlichen Maßregeln festzusetzen. Die Bestimmung ist in das Handelsregister einzutragen. Auf die Eintragung und die Beschlußfassung finden die Vorschriften im Artikel 180f und im Artikel 180g Absatz 1 und 3 entsprechende Anwendung.

Die gleichen Erfordernisse gelten für eine Amortisation der Aktien. Ohne Beobachtung dieser Erfordernisse darf die Gesellschaft ihre Aktien nur aus dem nach der jährlichen Bilanz sich ergebenden Gewinne und nur in dem Falle amortisiren, daß dies durch den ursprünglichen Gesellschaftsvertrag oder durch einen, den letzteren vor Ausgabe der Aktien abändernden Vertrag zugelassen ist.

Vgl. Art. 248 nebst Anm. und 215 d.

204. Die Mitglieder des Aufsichtsraths haben bei Erfüllung der ihnen nach Artikel 193 zugewiesenen Obliegenheiten die Sorgfalt eines ordentlichen Geschäftsmanns anzuwenden.[a)]

Sie sind der Gesellschaft neben den persönlich haftenden Gesellschaftern solidarisch zum Ersatze verpflichtet, wenn mit ihrem Wissen und ohne ihr Einschreiten entgegen den gesetzlichen Bestimmungen

1. Einlagen an persönlich haftende Gesellschafter oder an Kommanditisten zurückgezahlt,
2. Zinsen oder Dividenden gezahlt,
3. eigene Aktien oder Interimsscheine der Gesellschaft erworben oder zum Pfande genommen,
4. Aktien vor der vollen Leistung des Nominalbetrages oder des in den Fällen der Artikel 175a Ziffer 2, 180h Absatz 2 festgesetzten Betrages, oder Aktien oder Interimsscheine im Falle einer stattgefundenen Erhöhung des Gesammtkapitals vor Eintragung derselben in das Handelsregister (Art. 180i Abs. 3) ausgegeben sind,
5. die Vertheilung des Gesellschaftsvermögens, eine theilweise Zurückzahlung oder eine Herabsetzung des Kapitals der Kommanditisten oder eine Amortisation von Aktien erfolgt ist.

Der Ersatzanspruch kann in den Fällen des zweiten Absatzes auch von den Gläubigern der Gesellschaft, soweit sie von dieser ihre Befriedigung nicht erlangen können, selbständig geltend gemacht werden. Die Ersatzpflicht wird ihnen gegenüber dadurch nicht aufgehoben, daß die Handlung auf einem Beschlusse der Generalversammlung beruht.

Die Ansprüche auf Grund der vorstehenden Bestimmungen verjähren in fünf Jahren.[b)]

Vgl. Art. 226.

a) Die Vorschriften über das Maß der vom Aufsichtsrath anzuwendenden Sorgfalt können durch den Gesellschaftsvertrag nicht gemindert werden; ob sie verschärft werden können, ist nach allgemeinen Rechtsgrundsätzen zu entscheiden. Komm.Ber. S. 23.

b) Der Art. 149 HGB. findet auf diese Verjährung keine Anwendung. Die nach bürgerlichem Recht bestehenden Beschränkungen der Verjährung gegen minderjährige und bevormundete Personen sind bestehen geblieben. E. v. 22. März 1892. RG. XXIX S. 26.

205. Die Liquidation erfolgt, sofern der Gesellschaftsvertrag nicht ein Anderes bestimmt, durch sämmliche persönlich haftende Gesellschafter und eine oder mehrere von der Generalversammlung der Kommanditisten gewählte Personen.

Auf die Anmeldung der Liquidatoren und die Zeichnung ihrer Unterschrift bei dem Handelsgerichte einer Zweigniederlassung findet die Vorschrift im Schlußsatze des Artikels 200 Anwendung.

Die Liquidatoren haben bei Beginn der Liquidation eine Bilanz aufzustellen. Dieselbe ist von ihnen ohne Verzug in den hierzu bestimmten öffentlichen Blättern bekannt zu machen und zu dem Handelsregister einzureichen.

Vgl. Art. 244, 244a und 249g.

206. Zu dem Antrage auf Ernennung von Liquidatoren durch den Richter sind außer jedem persönlich haftenden Gesellschafter und der Generalversammlung der Kommanditisten auch der Aufsichtsrath sowie Kommanditisten befugt, deren Antheile zusammen den zwanzigsten Theil des Gesammtkapitals darstellen. Die Komman-

ditisten haben bei Stellung des Antrages glaubhaft zu machen, daß sie die Aktien seit mindestens sechs Monaten besitzen.

Die Abberufung der Liquidatoren kann durch den Richter unter denselben Voraussetzungen, wie die Bestellung erfolgen. Vom Richter ernannte Liquidatoren können nur durch diesen abberufen werden.

Vgl. Art. 244.

206 a. Die Gesellschaft kann sich in eine Aktiengesellschaft umwandeln, sofern dies durch den Gesellschaftsvertrag [a]) zugelassen ist.

Die Uebereinkunft über die Umwandlung bedarf zu ihrer Gültigkeit der notariellen oder gerichtlichen Abfassung und der Zustimmung einer Generalversammlung der Kommanditisten; die Antheile der zustimmenden Mehrheit müssen mindestens ein Viertheil des Gesammtkapitals darstellen. Die Uebereinkunft hat die zur Durchführung der Umwandlung erforderlichen Maßregeln, insbesondere die Firma sowie die Art der Bestellung und Zusammensetzung des Vorstandes, zu enthalten.

Die Uebereinkunft und die in Gemäßheit derselben vollzogene Bestellung der Mitglieder des Vorstandes ist unter Beifügung der Legitimation der letzteren behufs der Eintragung in das Handelsregister (Art. 177, 179) durch die persönlich haftenden Gesellschafter anzumelden. Zugleich haben diese eine Bilanz von dem Tage der Anmeldung einzureichen und in den hierzu bestimmten öffentlichen Blättern bekannt zu machen. Auf die Eintragung der Uebereinkunft findet die Vorschrift im Schlußsatze des Artikels 180f Anwendung.

Mit der Eintragung gelten die persönlich haftenden Gesellschafter als ausgeschieden und die Gesellschaft als Aktiengesellschaft fortbestehend. Die Beschränkungen, welchen persönlich haftende Gesellschafter nach der Vorschrift im Artikel 181 Absatz 2 unterworfen sind, dauern nach Maßgabe der letzteren fort.

In Ansehung der bisherigen Gläubiger der Gesellschaft sind die Vorschriften im Artikel 202 zu beobachten. Für die Beobachtung derselben sind den Gläubigern die Mitglieder des Vorstandes und des Aufsichtsraths persönlich und solidarisch verantwortlich, die Mitglieder des Aufsichtsraths, soweit die Befriedigung oder Sicherstellung mit ihrem Wissen und ohne ihr Einschreiten unterlassen ist. Die Ersatzpflicht wird dadurch nicht aufgehoben, daß die Unterlassung auf einem Beschlusse der Generalversammlung beruht.

a) Durch den ursprünglichen oder den später abgeänderten Gesellschaftsvertrag. Komm.Ber. S. 34.

Dritter Titel. Von der Aktiengesellschaft.

Erster Abschnitt.

Allgemeine Grundsätze.

207. Eine Gesellschaft ist eine Aktiengesellschaft, wenn sich die sämmtlichen Gesellschafter nur mit Einlagen be-

theiligen, ohne persönlich für die Verbindlichkeiten der Gesellschaft zu haften.

Das Einlagekapital (Grundkapital) wird in Aktien zerlegt.

Die Aktien sind untheilbar.

Dieselben können auf Inhaber oder auf Namen lauten.

Antheilscheine, in welchen der Bezug der Aktien zugesichert wird, oder welche sonst über das Antheilsrecht des Aktionärs vor Ausgabe der Aktien ausgestellt werden (Interimsscheine), dürfen nicht auf Inhaber lauten.

Vgl. Art. 173 u. die Anm. zu demſ., sowie §. 2 des Geſ.

207a. Die Aktien müssen auf einen Betrag von mindestens eintausend Mark gestellt werden.

Für ein gemeinnütziges Unternehmen kann im Falle eines besonderen örtlichen Bedürfnisses der Bundesrath die Ausgabe von Aktien, welche auf Namen lauten, zu einem geringeren, jedoch mindestens zweihundert Mark erreichenden Betrage zulassen. Die gleiche Genehmigung kann in dem Falle ertheilt werden, daß für ein Unternehmen das Reich oder ein Bundesstaat oder ein Provinzial-, Kreis- oder Amtsverband oder eine sonstige öffentliche Korporation auf die Aktien einen bestimmten Ertrag bedingungslos und ohne Zeitbeschränkung gewährleistet hat.

Auf Namen lautende Aktien, deren Uebertragung an die Einwilligung der Gesellschaft gebunden ist, dürfen auf einen Betrag von weniger als eintausend, jedoch nicht von weniger als zweihundert Mark gestellt werden.

Die vorstehenden Bestimmungen gelten auch von Interimsscheinen.

Vgl. Art. 173a nebst Anmerkungen und §. 2 des Ges.

Auf ältere (vor dem Ges. v. 18. Juli 1884 errichtete) Gesellschaften findet Art. 207a keine Anwendung; diesen ist nach Ansicht des RG. (Beschl. v. 27. Sept. 1888, Joh. VIII S. 19) die Herabsetzung des Betrages der Aktien auf weniger als 1000 Mark gestattet.

208. Eine Aktiengesellschaft gilt als Handelsgesellschaft, auch wenn der Gegenstand des Unternehmens nicht in Handelsgeschäften besteht.

Vgl. Art. 174 nebst Anm.

209. Der Inhalt des Gesellschaftsvertrages (Statut) muß durch mindestens fünf Personen, welche Aktien übernehmen, in gerichtlicher oder notarieller Verhandlung festgestellt werden.[a] In derselben ist zugleich der Betrag der von jedem Einzelnen übernommenen Aktien anzugeben.

Der Gesellschaftsvertrag muß bestimmen:

1. die Firma und den Sitz[b] der Gesellschaft;
2. den Gegenstand des Unternehmens;
3. die Höhe des Grundkapitals und der einzelnen Aktien;
4. die Art der Aktien, ob sie auf Inhaber oder auf Namen lauten, und im Falle der Ausgabe beider Arten die Zahl der Aktien einer jeden Art;
5. die Art der Bestellung und Zusammensetzung des Vorstandes;[c]
6. die Form, in welcher die Zusammenberufung der Generalversammlung der Aktionäre geschieht;

7. die Form, in welcher die von der Gesellschaft ausgehenden Bekanntmachungen erfolgen.

Bekanntmachungen, welche durch öffentliche Blätter erfolgen sollen, sind in den Deutschen Reichsanzeiger einzurücken. Andere Blätter außer diesem hat der Gesellschaftsvertrag zu bestimmen.

Vgl. Art. 175 nebst Anmerkungen.

a) Der Mangel der gerichtlichen oder notariellen Form einer den Inhalt des Gesellschaftvertrages abändernden Festsetzung ist in dem durch E. v. 9. Nov. 1889, RG. XXVI S. 69 entschiedenen Falle als durch die Anmeldung und demnächstige Eintragung geheilt angesehen worden.

b) Gestattet das Statut eine Verlegung des Sitzes, so ist auch eine Verlegung ins Ausland nicht ausgeschlossen. Durch eine Verlegung des Sitzes ins Ausland giebt aber die Aktiengesellschaft ihre vom Deutschen Reich anerkannte Persönlichkeit auf; die Verlegung des Sitzes ins Ausland hat also dieselben Wirkungen, wie eine Auflösung der Gesellschaft. E. v. 8. 1882. RG. VII S. 69.

c) Die Bestimmung der Anzahl der Vorstandsmitglieder und der Form der Willenserklärungen kann im Gesellschaftsvertrage dem Aufsichtsrath übertragen werden. Beschl. des KG. v. 9. Juni 1890, Joh. X S. 45.

209 a. Der Aufnahme in den Gesellschaftsvertrag bedürfen Bestimmungen, nach welchen

1. das Unternehmen auf eine gewisse Zeit beschränkt wird;[a)]
2. Aktien für einen höheren als den Nominalbetrag ausgegeben werden;
3. eine Umwandlung der Aktien rücksichtlich ihrer Art statthaft ist;

4. für einzelne Gattungen von Aktien verschiedene Rechte, insbesondere betreffs der Zinsen oder Dividenden oder des Antheils am Gesellschaftsvermögen, gewährt werden;b)
5. über gewisse Gegenstände die Generalversammlung der Aktionäre nicht schon durch einfache Stimmenmehrheit, sondern nur durch eine größere Stimmenmehrheit oder nach anderen Erfordernissen Beschluß fassen kann.

Für einen geringeren als den Nominalbetrag darf die Ausgabe der Aktien nicht festgesetzt werden.

Vgl. Art. 175 a nebst Anm. und §. 2 des Ges.

a) Die im Statut festgesetzte Zeitdauer kann durch Mehrheitsbeschluß der Generalversammlung verlängert werden (vgl. Art. 214), wenn nicht Umstände vorliegen, aus denen die Wesentlichkeit der Zeitdauer hervorgeht. E. v. 1. Okt. 1881. RG. IV S. 120.

b) Bestimmungen, welche verschiedenen Aktien verschiedene Rechte gewähren, können nur im ursprünglichen Gesellschaftsvertrage oder durch einen unter Zustimmung aller Aktionäre gefaßten Beschluß der Generalversammlung getroffen werden. Beschl. v. 27. Sept. 1888, Joh. VIII S. 16.

209 b. Jeder zu Gunsten einzelner Aktionäre bedungene besondere Vortheil muß in dem Gesellschaftsvertrage unter Bezeichnung des Berechtigten festgesetzt werden.

Werden auf das Grundkapital von Aktionären Einlagen, welche nicht durch Baarzahlung zu leisten sind, gemacht oder seitens der zu errichtenden Gesellschaft vorhandene oder herzustellende Anlagen oder sonstige Vermögensstücke übernommen,[a]) so müssen die Person des Aktionärs oder des Kontrahenten, der Gegenstand der Einlage oder der Uebernahme und der Betrag der für die Einlage zu gewährenden Aktien oder die für den übernommenen Gegenstand zu gewährende Vergütung[b]) in dem Gesellschaftsvertrage festgesetzt werden.[c])

Von diesen Festsetzungen gesondert ist der Gesammtaufwand, welcher zu Lasten der Gesellschaft an Aktionäre oder Andere als Entschädigung oder Belohnung für die Gründung oder deren Vorbereitung gewährt wird, in dem Gesellschaftsvertrage festzusetzen.

Jedes Abkommen über die vorbezeichneten Gegenstände, welches nicht die vorgeschriebene Festsetzung in dem Gesellschaftsvertrage gefunden hat, ist der Gesellschaft gegenüber unwirksam.

Vgl. Art. 175b nebst Anm., Art. 209g u. §. 2 des Ges.

a) Es gilt dies auch dann, wenn die Rechtsbeständigkeit des Abkommens über den Erwerb durch die Aktiengesellschaft von dem Eintritt einer Bedingung oder Zeitbestimmung abhängig ist. Beschl. des RG. v. 2. Juni 1890, Joh. X S. 29.

b) Die wahre Vergütung (vgl. Art. 209g) ist diejenige, welche als solche von allen Kontrahenten des Uebernahmevertrages gewollt ist. Falsche Angaben über die einem Gründer für die in die Gesellschaft gebrachte Einlage zu gewährende Vergütung und den Gründungsaufwand liegen auch dann vor, wenn die zu gewährende Vergütung zwar der zwischen allen Gründern getroffenen Abrede gemäß in dem Gesellschaftsvertrage festgesetzt ist, zwischen dem einbringenden Gründer und einem anderen Gründer aber vor Festsetzung der Vergütung hinter dem Rücken der Mitbegründer die Abrede getroffen ist, daß der einbringende Gründer aus der zu gewährenden, im Gesellschaftsvertrage demnächst festgestellten Vergütung dem anderen Gründer eine Belohnung für seine Mitwirkung bei der Gründung zu zahlen verpflichtet sein soll. E. v. 2. Okt. 1888, RG. in Straff. XVIII S. 106 ff. u. E. v. 17. Mai 1890, RG. XXVI S. 37.

c) Die Vorschriften des Art. 209 Abs. 2 und der sich daran anschließende 209g u. h sind schlechthin maßgebend. Es ist nicht zulässig, die Gesellschaft einstweilen ohne Rücksicht auf die Uebernahme zu konstituiren und letztere nur den Vorschriften des Art. 213b über die sogen. Nachgründung zu unterwerfen. Beschl. des KG. v. 2. Juni 1890, Joh. X S. 29.

209c. Die Aktionäre, welche das Statut festgestellt haben,[a] oder welche andere als durch Ba rzahlung zu leistende Einlagen machen,[b] gelten als die Gründer der Gesellschaft.

a) Vgl. Art. 209 Abs. 1.
b) Vgl. Art. 209b Abs. 2.

209d. In dem Falle, daß sämmtliche Aktien durch die Gründer übernommen werden,[a] gilt mit der Uebernahme die Gesellschaft als errichtet.

Soweit die Uebernahme nicht schon bei Feststellung des Statuts erfolgt ist, kann sie in einer besonderen gerichtlichen oder notariellen Verhandlung unter Angabe der Beträge, welche die einzelnen Gründer noch übernehmen, bewirkt werden.

a) Es ist dies der Fall der sogen. Simultangründung.

209e. Werden nicht sämmtliche Aktien durch die Gründer übernommen,[a] so muß der Errichtung der Gesellschaft die Zeichnung der übrigen Aktien vorhergehen. Die Zeichnung erfolgt durch schriftliche Erklärung, aus welcher die Betheiligung nach Anzahl und, im Falle einer Verschiedenheit der Aktien, nach Betrag, Art oder Gattung derselben hervorgehen muß.

Die Erklärung (Zeichnungsschein), welche in zwei Exemplaren unterzeichnet werden soll, hat zu enthalten:

1. das Datum des Statuts, die im Artikel 209 Absatz 2, 209 b vorgesehenen Festsetzungen und im Falle verschiedener Gattungen von Aktien den Gesammtbetrag einer jeden;
2. den Namen, Stand und Wohnort der Gründer;
3. den Betrag, für welchen die Ausgabe der Aktie stattfindet, und den Betrag der festgesetzten Einzahlungen;
4. den Zeitpunkt, mit dessen Eintritt die Zeichnung unverbindlich wird, sofern nicht bis dahin die Errichtung der Gesellschaft beschlossen ist.

Zeichnungsscheine, welche diesen Inhalt nicht vollständig haben oder außer dem unter Ziffer 4 bezeichneten Vorbehalte Beschränkungen in der Verpflichtung des Zeichners enthalten, sind ungültig. Ist ungeachtet eines hiernach ungültigen Zeichnungsscheines die Eintragung des Gesellschaftsvertrages in das Handelsregister erfolgt, so ist der Zeichner, wenn er auf Grund einer dem ersten Absatze entsprechenden Erklärung in der zur Beschlußfassung über die Errichtung der Gesellschaft berufenen Generalversammlung gestimmt oder später als Aktionär Rechte ausgeübt oder Verpflichtungen erfüllt hat, der Gesellschaft wie aus einem gültigen Zeichnungsscheine verpflichtet.

Jede nicht in dem Zeichnungsscheine enthaltene Beschränkung ist der Gesellschaft gegenüber unwirksam.

Vgl. Art. 175c nebst Anm.

a) In diesem Fall liegt Successivgründung vor.

209f. Jede Aktiengesellschaft muß außer dem Vorstande einen Aufsichtsrath haben.

Vgl. 175e Abs. 1 und 2 des Gesetzes.

209g. Die Gründer haben in dem Falle des Artikels 209b Absatz 2 in einer von ihnen zu unterzeichnenden Erklärung a) die Umstände darzulegen, mit Rücksicht auf welche ihnen die Höhe der für die eingelegten oder übernommenen Gegenstände gewährten Beträge gerechtfertigt erscheint. Hierbei haben sie insbesondere die dem Erwerbe der Gesellschaft vorausgegangenen Rechtsgeschäfte, welche auf denselben hingezielt haben, sowie die früheren Erwerbs- und Herstellungspreise aus den letzten zwei Jahren anzugeben.

Vgl. Art. 175d.

a) Für die Richtigkeit der in dieser Erklärung (Gründerbericht) enthaltenen Angaben sind die Gründer civilrechtlich und strafrechtlich verantwortlich. Vgl. Anm. zu Art. 213a u. 249a.

209h. Die Mitglieder des Vorstandes und des Aufsichtsraths haben den Hergang der Gründung zu prüfen. Sind Mitglieder zugleich Gründer oder haben sie der Gesellschaft ein Vermögensstück überlassen oder sich einen besonderen Vortheil ausbedungen (Art. 209b), so muß außerdem eine Prüfung durch besondere Revisoren stattfinden, welche das für die Vertretung des Handelsstandes berufene Organ und in Ermangelung eines solchen der Vorstand und der Aufsichtsrath zu bestellen hat.

Die Prüfung hat sich auf die Richtigkeit und Vollständigkeit der Angaben zu erstrecken, welche rücksichtlich der Zeichnung und Einzahlung des Grundkapitals und der im Artikel 209b vorgesehenen Festsetzungen von den Gründern, insbesondere in der im Artikel 209g vorgeschriebenen Erklärung, gemacht sind.

Ueber die Prüfung ist unter Darlegung der im vorstehenden Absatze bezeichneten Umstände schriftlich Bericht zu erstatten.

Vgl. Art. 175e Abs. 3 u. 4 nebst Anm. u. §. 2 des Ges.

210. Der Gesellschaftsvertrag muß bei dem Handelsgerichte, in dessen Bezirke die Gesellschaft ihren Sitz hat, in das Handelsregister eingetragen werden.

Der Anmeldung behufs der Eintragung in das Handelsregister müssen beigefügt sein:

1. in dem Falle des Artikels 209b die den bezeichneten Festsetzungen zum Grunde liegenden oder zu ihrer Ausführung geschlossenen Verträge, die Artikel 209g vorgesehene Erklärung und eine Berechnung des Gründungsaufwandes, in welcher die Vergütungen nach Art und Höhe und die Empfänger einzeln aufzuführen sind;
2. in dem Falle, daß nicht alle Aktien von den Gründern übernommen sind, zum Nachweise der Zeichnung des Grundkapitals die Duplikate der Zeich-

nungsscheine und ein von den Gründern in beglaubigter Form unterschriebenes Verzeichniß der sämmtlichen Aktionäre, welches die auf jeden entfallenen Aktien sowie die auf letztere geschehenen Einzahlungen angiebt;

3. die Urkunden über die Bestellung des Vorstandes und des Aufsichtsraths, die in Gemäßheit des Artikels 209 h erstatteten Berichte nebst deren urkundlichen Grundlagen;

4. in dem Falle, daß der Gegenstand des Unternehmens der staatlichen Genehmigung bedarf, sowie in den Fällen des Artikels 207a Absatz 2 die Genehmigungsurkunde.[a)]

In der Anmeldung ist die Erklärung abzugeben, daß auf jede Aktie, soweit nicht andere als durch Baarzahlung zu leistende Einlagen gemacht sind, der eingeforderte Betrag baar eingezahlt und im Besitze des Vorstandes sei. Die Einforderung muß mindestens ein Viertheil des Nominalbetrages, und im Falle einer Ausgabe der Aktien für einen höheren als den Nominalbetrag auch den Mehrbetrag umfassen. Als Baarzahlung gilt die Zahlung in deutschem Gelde, in Reichskassenscheinen, sowie in gesetzlich zugelassenen Noten deutscher Banken.

Die Anmeldung muß von sämmtlichen Gründern und Mitgliedern des Vorstandes und Aufsichtsraths vor dem Handelsgerichte unterzeichnet oder in beglaubigter Form eingereicht werden.

Die der Anmeldung beigefügten Schriftstücke werden

bei dem Handelsgerichte in Urschrift oder in beglaubigter Abschrift aufbewahrt.

Vgl. Art. 176 nebst Anm. b u. c u. §. 2 des Ges.

a) Vgl. Anm. zu Art. 214.

210a. In dem Falle, daß die Gründer nicht alle Aktien übernommen haben, beruft das Handelsgericht ohne Verzug eine Generalversammlung der in dem Verzeichnisse aufgeführten Aktionäre zur Beschlußfassung über die Errichtung der Gesellschaft.

Die Versammlung findet unter der Leitung des Gerichts statt.

Vorstand und Aufsichtsrath haben sich über die Ergebnisse der ihnen rücksichtlich der Gründung obliegenden Prüfung auf Grund der Berichte (Art. 209h) und deren urkundlichen Grundlagen zu erklären. Jedes Mitglied des Vorstandes und des Aufsichtsraths kann bis zur Beschlußfassung die Unterzeichnung der Anmeldung zurückziehen.

Die der Errichtung der Gesellschaft zustimmende Mehrheit muß mindestens ein Viertheil sämmtlicher in dem Verzeichnisse aufgeführten oder als Rechtsnachfolger derselben in der Generalversammlung zugelassenen Aktionäre begreifen, und der Betrag ihrer Antheile muß mindestens ein Viertheil des gesammten Grundkapitals darstellen. Die Zustimmung aller erschienenen Aktionäre ist erforderlich, wenn die im Artikel 209 Ziffer 1 bis 5 und 209a bezeichneten Bestimmungen des Gesellschaftsvertrages abgeändert oder die im Artikel 209b vorgesehenen Festsetzungen zu Lasten der Gesellschaft erweitert werden sollen.

Die Beschlußfassung ist zu vertagen, wenn es von den Aktionären mit einfacher Stimmenmehrheit verlangt wird.

Vgl. Art. 175f u. §. 2 des Ges.

210b. Auf die Berufung und Beschlußfassung der vor der Eintragung des Gesellschaftsvertrages stattfindenden Generalversammlungen kommen, soweit nicht im Artikel 210a ein Anderes bestimmt ist, die Regeln zur entsprechenden Anwendung, welche für die Gesellschaft nach der Eintragung maßgebend sind.

Vgl. Art. 175g.

210c. Der eingetragene Gesellschaftsvertrag ist im Auszuge von dem Handelsgerichte zu veröffentlichen.

Die Veröffentlichung muß enthalten:

1. das Datum des Gesellschaftsvertrages und die im Artikel 209 Absatz 2 und 3, 209a Ziffer 1 und 4 und 209b bezeichneten Festsetzungen;
2. den Namen, Stand und Wohnort der Gründer und die Angabe, ob sie die sämmtlichen Aktien übernommen haben;
3. den Namen, Stand und Wohnort der Mitglieder des Vorstandes und des Aufsichtsraths sowie der in Gemäßheit des Artikels 209h bestellten Revisoren.

Ist im Gesellschafsvertrage eine Form bestimmt, in welcher der Vorstand seine Willenserklärungen kundgiebt und für die Gesellschaft zeichnet, so ist auch diese Bestimmung zu veröffentlichen.

Vgl. Art. 177.

211. Vor erfolgter Eintragung in das Handelsregister besteht die Aktiengesellschaft als solche nicht.[a)]

Ist vor der Eintragung im Namen der Gesellschaft gehandelt worden, so haften die Handelnden persönlich und solidarisch.

Vgl. Art. 178 nebst Anm.

a) Die Aktiengesellschaft tritt mit ihrer Entstehung in die von den Gründern für sie bestimmten Vermögensrechte ein, ohne daß es eines besonderen Uebertragungsakts bedarf. E. v. 6. Juli 1889, RG. XXIV S. 14 ff.

212. Jede Zweigniederlassung[a)] muß bei dem Handelsgerichte, in dessen Bezirke sie sich befindet, behufs der Eintragung in das Handelsregister angemeldet werden.

Die Anmeldung ist von sämmtlichen Mitgliedern des Vorstandes vor dem Handelsgerichte zu unterzeichnen oder in beglaubigter Form einzureichen.

Dieselbe hat die im Artikel 210c Absatz 2 und 3 bezeichneten Angaben zu enthalten. Im Uebrigen finden die Vorschriften im Artikel 179 Absatz 2 und 3 Anwendung.

Vgl. Art. 179 u. 249g Abs. 2.

a) Sofern nicht ein Verbot der Statuten entgegensteht, ist jede Aktiengesellschaft zur Errichtung von Zweigniederlassungen befugt. E. v. 12. Mai 1877. Entsch. XXII S. 278.

213. Die Aktiengesellschaft als solche hat selbständig ihre Rechte und Pflichten; sie kann Eigenthum und andere dingliche Rechte an Grundstücken erwerben, sie kann vor Gericht klagen und verklagt werden.

Ihr ordentlicher Gerichtsstand ist bei dem Gerichte, in dessen Bezirke sie ihren Sitz hat.[a]

a) Dies ist auch der Gerichtsstand für das Konkursverfahren. §. 64 KO.

Eine ausländische, nach den Gesetzen des betreffenden Staates gültig konstituirte Aktiengesellschaft kann vor deutschen Gerichten gegen Deutsche als Klägerin auftreten. E. v. 28. April 1877. Entsch. XXII S. 147.

213a. Der Gesellschaft sind die Gründer für die Richtigkeit und Vollständigkeit der Angaben, welche sie rücksichtlich der Zeichnung und Einzahlung des Grundkapitals sowie rücksichtlich der im Artikel 209b vorgesehenen Festsetzungen behufs Eintragung des Gesellschaftsvertrages in das Handelsregister machen, solidarisch verhaftet;[a] sie haben unbeschadet der Verpflichtung zum Ersatze des sonst etwa entstandenen Schadens insbesondere einen an der Zeichnung des Grundkapitals fehlenden Betrag zu übernehmen, fehlende Einzahlungen zu leisten und eine Vergütung, welche nicht unter den zu bezeichnenden Gründungsaufwand aufgenommen ist, zu ersetzen. Imgleichen sind der Gesellschaft in dem Falle, daß sie von Gründern durch Einlagen oder Uebernahmen der im Artikel 209b bezeichneten Art böslicherweise geschädigt ist, die sämmtlichen Gründer für den Ersatz des entstandenen Schadens solidarisch verpflichtet.

Von dieser Verbindlichkeit ist ein Gründer befreit, wenn er beweist, daß er die Unrichtigkeit oder Unvollständigkeit der Angabe oder die bösliche Schädigung weder gekannt habe, noch bei Anwendung der Sorgfalt eines ordentlichen Geschäftsmanns habe kennen müssen.

Entsteht durch Zahlungsunfähigkeit eines Aktionärs der Gesellschaft ein Ausfall, so sind ihr die Gründer, welche bei der Anmeldung des Gesellschaftsvertrages die Zahlungsunfähigkeit kannten, zum Ersatze solidarisch verpflichtet.

Außer den Gründern sind der Gesellschaft zum Schadensersatze solidarisch verpflichtet:

1. in dem Falle, daß eine Vergütung nicht unter den zu bezeichnenden Gründungsaufwand aufgenommen ist, der Empfänger, wenn er zur Zeit des Empfanges wußte oder nach den Umständen annehmen mußte, daß die Verheimlichung beabsichtigt oder erfolgt war, und jeder Dritte, welcher zur Verheimlichung wissentlich mitgewirkt hat;
2. in dem Falle einer böslichen Schädigung durch Einlagen oder Uebernahmen jeder Dritte, welcher zu derselben wissentlich mitgewirkt hat.

Vgl. Art. 180 nebst Anm. und §. 2 des Gesetzes.

a) Diese Verantwortlichkeit der Gründer tritt auch ein, wenn sie die Vorschrift des Art. 209 g verletzt, besonders in der dort vorgeschriebenen Erklärung falsche Angaben gemacht haben. E. v. 17. Mai 1890, RG. XXVI S. 37.

213 b. Wer vor der Eintragung des Gesellschaftsvertrages in das Handelsregister oder in den ersten zwei

Jahren nach der Eintragung, um Aktien in den Verkehr einzuführen, eine öffentliche Ankündigung derselben erläßt, ist der Gesellschaft im Falle der Unrichtigkeit oder Unvollständigkeit von Angaben, welche die Gründer rücksichtlich der Zeichnung oder Einzahlung des Grundkapitals oder der im Artikel 209 b vorgesehenen Festsetzungen behufs Eintragung des Gesellschaftsvertrages in das Handelsregister gemacht haben, sowie in dem Falle einer böslichen Schädigung der Gesellschaft durch Einlagen oder Uebernahmen für den Ersatz des ihr daraus entstandenen Schadens neben den im Artikel 213 a bezeichneten Personen solidarisch verhaftet, sofern ihm nachgewiesen wird, daß er die Unrichtigkeit oder Unvollständigkeit der Angaben oder die bösliche Schädigung gekannt hat oder bei Anwendung der Sorgfalt eines ordentlichen Geschäftsmanns hat kennen müssen.

Vgl. Art. 180 a nebst Anm. und §. 2 Abs. 2 des Ges.

213 c. Mitglieder des Vorstandes und des Aufsichtsraths, welchen nachgewiesen wird, daß sie bei der ihnen durch Artikel 209 h auferlegten Prüfung die Sorgfalt eines ordentlichen Geschäftsmanns verletzt haben, haften der Gesellschaft solidarisch für den ihr daraus entstandenen Schaden, soweit der Ersatz desselben von den in Gemäßheit der Artikel 213 a und 213 b verpflichteten Personen nicht zu erlangen ist.

Vgl. Art. 180 b und §. 2 Abs. 2 des Ges.

213 d. Vergleiche oder Verzichtleistungen, welche die der Gesellschaft aus der Gründung zustehenden Ansprüche gegen die in Gemäßheit der Artikel 213a bis 213c verpflichteten Personen betreffen, sind erst nach Ablauf von drei Jahren seit Eintragung des Gesellschaftsvertrages in das Handelsregister und nur mit Zustimmung der Generalversammlung zulässig; sie sind unzulässig, soweit in der Versammlung eine Minderheit, deren Antheile den fünften Theil des Grundkapitals darstellen, Widerspruch erhebt. Die Zeitbeschränkung findet nicht Anwendung, sofern der Verpflichtete im Falle der Zahlungsunfähigkeit zur Abwendung oder Beseitigung des Konkursverfahrens mit seinen Gläubigern sich vergleicht.

Vgl. Art. 180c nebst Anm. und §. 2 Abs. 2 des Ges.

213e. Die Ansprüche der Gesellschaft gegen die in Gemäßheit der Artikel 213a bis 213c verpflichteten Personen verjähren in fünf Jahren seit Eintragung des Gesellschaftsvertrages in das Handelsregister.a)

Vgl. Art. 180d.

a) Ueber die Verjährung der Ansprüche minderjähriger und bevormundeter Personen vgl. Anm. b zu Art. 204.

213f. Werden vor Ablauf von zwei Jahren seit Eintragung des Gesellschaftsvertrages in das Handelsregister seitens der Gesellschaft Verträge geschlossen, durch welche sie vorhandene oder herzustellende Anlagen oder unbewegliche Gegenstände für eine den zehnten Theil des Grundkapitals übersteigende Vergütung erwerben soll, so bedürfen dieselben zu ihrer Gültigkeit der Zustimmung der Generalversammlung.

Vor der Beschlußfassung hat der Aufsichtsrath den Vertrag zu prüfen und über die Ergebnisse seiner Prüfung schriftlich Bericht zu erstatten.

Die Antheile der zustimmenden Mehrheit müssen in dem Falle, daß der Vertrag im ersten Jahre geschlossen wird, mindestens ein Viertheil des Grundkapitals, anderenfalls mindestens drei Viertheile des in der Generalversammlung vertretenen Grundkapitals darstellen.

Der genehmigte Vertrag ist in Urschrift oder in beglaubigter Abschrift mit dem Berichte des Aufsichtsraths nebst dessen urkundlichen Grundlagen und mit dem Nachweise über die Beschlußfassung zum Handelsregister einzureichen.

Hat der Erwerb in Ausführung einer vor der Errichtung der Gesellschaft von den Gründern getroffenen Vereinbarung stattgefunden, so kommen in Betreff der Rechte der Gesellschaft auf Entschädigung und in Betreff der ersatzpflichtigen Personen die Vorschriften der Artikel 213a und 213d zur Anwendung.

Die vorstehenden Bestimmungen finden auf den Erwerb unbeweglicher Gegenstände nicht Anwendung, sofern auf ihn der Gegenstand des Unternehmens gerichtet ist oder der Erwerb im Wege der Zwangsvollstreckung geschieht. a)

Vgl. Art. 180e nebst Anm., 249g Abs. 2 u. §. 2 Abs. 2 des Ges.
a) Vgl. Beschl. des RG. v. 2. Juni 1890. Joh. X S. 29.

214. Jeder Beschluß der Generalversammlung, welcher die Fortsetzung der Gesellschaft oder eine Abänderung des Inhalts des Gesellschaftsvertrages zum Gegenstande hat, muß in das Handelsregister eingetragen [a]) und in gleicher Weise, wie der ursprüngliche Vertrag, veröffentlicht werden (Art. 210c, 212).

Der Beschluß hat keine rechtliche Wirkung, bevor derselbe bei dem Handelsgerichte, in dessen Bezirke die Gesellschaft ihren Sitz hat, in das Handelsregister eingetragen ist. [b])

Vgl. Art. 180 f.

a) Sollen Statutenänderungen, welche der Staatsgenehmigung bedürfen (vgl. Art. 210 Abs. 2 Ziff. 4), eingetragen werden, so ist dem Registerrichter die Genehmigungsurkunde vorzulegen. Beschl. des KG. v. 15. Juni 1891. Joh. XI S. 23.

b) Bis zur Eintragung gilt die frühere Vorschrift, vom Zeitpunkt der Eintragung ab die neue. Die Eintragung wirkt nicht bis zur Zeit der Beschlußfassung zurück. E. v. 17. April 1889. RG. XXIV S. 59.

215. Die Abänderung des Inhalts des Gesellschaftsvertrages kann nicht anders als durch Beschluß der Generalversammlung erfolgen.

Sofern der Gesellschaftsvertrag für eine Abänderung derjenigen Bestimmung, welche den Gegenstand der Beschlußfassung bildet, nicht andere Erfordernisse aufstellt, erfolgt der Beschluß durch eine Mehrheit von drei Viertheilen des in der Generalversammlung vertretenen [a]) Grundkapitals.

Für eine Abänderung des Gegenstandes des Unternehmens [b]) muß diese Mehrheit erreicht sein; der Gesellschaftsvertrag kann außer derselben noch andere Erfordernisse aufstellen.

Dasselbe gilt von dem Falle, wenn die Gesellschaft durch Uebertragung ihres Vermögens und ihrer Schulden an eine andere Aktiengesellschaft gegen Gewährung von Aktien der letzteren aufgelöst werden soll. c)

Die vorstehenden Bestimmungen gelten auch dann, wenn mehrere Gattungen von Aktien mit verschiedener Berechtigung ausgegeben sind.

Soll durch die Beschlußfassung das bisherige Rechtsverhältniß unter den verschiedenen Gattungen zum Nachtheile einer derselben abgeändert werden, so bedarf es zu dem von der gemeinschaftlichen Generalversammlung gefaßten Beschlusse der Zustimmung einer besonderen Generalversammlung der benachtheiligten Aktionäre, deren Beschlußfassung gleichfalls nach der Vorschrift des zweiten Absatzes sich richtet. d)

Die Bestimmung des Gesellschaftsvertrages, Inhalts deren die Uebertragung von Aktien, welche in Gemäßheit des Artikels 207a Absatz 3 auf einen geringeren Betrag als eintausend Mark gestellt sind, an die Einwilligung der Gesellschaft gebunden ist, kann nicht abgeändert werden.

Vgl. Art. 180g nebst Anm.

a) d. h. an der Abstimmung theilnehmenden Grundkapitals. Aktien, deren Inhaber sich der Abstimmung enthalten, werden nicht mitgezählt. E. v. 9. März 1888, RG. XX S. 142 ff.

b) Hierunter fällt nicht der Beschluß, den Betrieb des Unternehmens an einen Dritten gegen eine den Aktionären zu zahlende feste Dividende zu überlassen. E. v. 10. Febr. 1881, RG. III S. 127.

c) Dasselbe gilt, wenn zur Verschleierung der Fusion eine Bestimmung getroffen wird, wonach jeder Aktionär die Wahl haben soll, ob er für den Nominalwerth seiner Aktien entweder Aktien der anderen Gesellschaft oder Baarzahlung haben will. E. v. 26. Okt. 1874. Entsch. XIV S. 361.

d) Vgl. Anm. b zu Art. 209 a.

215 a. Eine Erhöhung des Grundkapitals der Gesellschaft darf nicht vor der vollen Einzahlung desselben erfolgen. Für Versicherungsgesellschaften kann der Gesellschaftsvertrag ein Anderes bestimmen.

Ueber die Erhöhung hat die Generalversammlung zu beschließen. Für die neu auszugebenden Aktien kann die Leistung eines höheren als des Nominalbetrages festgesetzt werden; der Beschluß hat den Mindestbetrag zu bezeichnen, für welchen die Aktien auszugeben sind. Ein geringerer als der Nominalbetrag darf nicht festgesetzt werden. Die Beschlußfassung unterliegt den Vorschriften im Artikel 215 Absatz 2 und 6.

Der Beschluß ist in das Handelsregister einzutragen. Die Anmeldung hat die Angabe zu enthalten, daß das bisherige Grundkapital eingezahlt sei, für Versicherungsgesellschaften, inwieweit die Einzahlung desselben stattgefunden habe. Auf die Eintragung finden die Vorschriften im Artikel 214 Anwendung.

Eine Zusicherung von Rechten auf den Bezug neu auszugebender Aktien, welche vor dem Beschlusse auf Erhöhung des Grundkapitals erfolgt, ist der Gesellschaft gegenüber unwirksam.

Vgl. Art. 180 h nebst Anm. u. 249 a Ziff. 3.

215 b. Die Zeichnung der neu auszugebenden Aktien erfolgt durch schriftliche Erklärung, welche in zwei Exemplaren unterzeichnet werden soll.

Die stattgefundene Erhöhung des Grundkapitals ist behufs der Eintragung in das Handelsregister anzumelden. Die Vorschriften im Artikel 210 und 212 finden entsprechende Anwendung.

Vgl. Art. 180 i u. 249 a Ziff. 3.

215 c. Interimsscheine, welche auf Inhaber lauten, sind nichtig; die Ausgeber haften den Besitzern solidarisch für allen durch die Ausgabe verursachten Schaden.

Das Gleiche gilt, wenn Aktien oder Interimsscheine auf einen geringeren als den nach Artikel 207 a zugelassenen Betrag gestellt sind, oder wenn sie ausgegeben werden, bevor der Gesellschaftsvertrag bei dem Handelsgerichte, in dessen Bezirke die Gesellschaft ihren Sitz hat, in das Handelsregister eingetragen ist. a)

Vor der vollen Leistung des Nominalbetrages oder des in den Fällen der Artikel 209 a Ziffer 2, 215 a Absatz 2 festgesetzten Betrages soll die Aktie nicht ausgegeben werden. Imgleichen sollen im Falle einer stattgefunden Erhöhung des Grundkapitals vor Eintragung derselben in das Handelsregister des im vorigen Absatze bezeichneten Gerichts Aktien oder Interimsscheine nicht ausgegeben werden.

Aus Aktien und Interimsscheinen, welche in Gemäßheit des Artikels 207 a auf einen Betrag von weniger als eintausend Mark gestellt sind, sollen im Falle des zweiten Absatzes des bezeichneten Artikels die ertheilte Genehmigung, im Falle des dritten Absatzes die Beschränkungen hervorgehen, welchen die Aktionäre in Bezug auf die Form einer Uebertragung ihrer Rechte und die Einwilligung der Gesellschaft in dieselbe unterworfen sind.

Vgl. Art. 181, 182 a Abs. 2, 180 i Abs. 3, §. 2 Abs. 3 des Ges.

a) Die Nichtigkeit der vor der Eintragung des Gesellschaftsvertrages ausgegebenen Aktien dauert nur bis zur Eintragung. Die Ausgeber haften für den Schaden, der durch die verfrühte Ausgabe und die infolge derselben vorliegende Nichtigkeit, solange diese Nichtigkeit dauert, entstanden ist. E. v. 26. Mai 1883, RG. X S. 72.

215 d. Die Aktiengesellschaft soll eigene Aktien im geschäftlichen Betriebe, sofern nicht eine Kommission zum Einkauf ausgeführt wird, weder erwerben noch zum Pfande nehmen. Sie darf eigene Interimsscheine im geschäftlichen Betriebe auch in Ausführung einer Einkaufskommission weder erwerben noch zum Pfande nehmen.

Eine Amortisation der Aktien ist zulässig, sofern sie unter Beobachtung der für die Zurückzahlung oder Herabsetzung des Grundkapitals maßgebenden Vorschriften erfolgt. Ohne Beobachtung derselben darf die Gesellschaft ihre Aktien nur aus dem nach der jährlichen Bilanz sich ergebenden Gewinne und nur in dem Falle amortisiren, daß dies durch den ursprünglichen Gesellschaftsvertrag oder durch einen, den letzteren vor Ausgabe der Aktien abändernden Beschluß zugelassen ist. [a]

Vgl. Art. 184 d nebst Anm. und Art. 203 Abs. 2.

a) Diese Vorschrift kommt auch zur Anwendung, wenn die Aktiengesellschaft vor der Geltung des Gesetzes vom 18. Juli 1884 sich vertragsmäßig zur Einlösung ihrer Aktien verpflichtet hat. E. v. 17. Febr. 1888, RG. XXII S. 1.

Zweiter Abschnitt.

Rechtsverhältniß der Aktionäre.

216. Jeder Aktionär hat einen verhältnißmäßigen Antheil an dem Vermögen der Gesellschaft.

Er kann den eingezahlten Betrag nicht zurückfordern[a]) und hat, so lange die Gesellschaft besteht, nur einen Anspruch auf den reinen Gewinn, soweit dieser nach dem Gesellschaftsvertrage zur Vertheilung unter die Aktionäre bestimmt ist.[b])

Vgl. Art. 197.

a) Wenn nicht etwa die Voraussetzungen der condictio indebiti vorliegen. Nur demjenigen, der in unanfechtbarer Weise Aktionär geworden ist, wird das Recht auf Rückforderung eingezahlter Beträge versagt. Wer aber in der irrthümlichen Meinung gezahlt hat, der Aktiengesellschaft zur Einzahlung verpflichtet zu sein, kann mittelst der Kondiktion geltend machen, daß er nicht Aktionär geworden ist. E. v. 20. Okt. 1876. Entsch. XXII S. 195.

b) Der Anspruch auf diesen Gewinn (die Dividende) ist ein Gläubigerrecht des Aktionärs wider die Gesellschaft. E. v. 10. Sept. 1875. Entsch. XVIII S. 154; 30. Nov. 1888, RG. XXII S. 113.

Der Besitz von Dividendenscheinen berechtigt zur Erhebung festgestellter Dividenden, überträgt aber nicht das gesellschaftliche Recht, bei Feststellung der Dividende mitzuwirken, oder eine solche Feststellung oder Erhöhung der festgestellten Dividende zu verlangen. — E. v. 22. April u. 15. Sept. 1873. Entsch IX S. 273, XI S. 119.

Mit dem Zeitpunkt, wo die Dividende nach Maßgabe des Statuts festgestellt ist, wird der Anspruch auf die festgesetzte Dividende mit den in Aussicht gestellten Modalitäten der Dividendenzahlung (Ort, Zeit, Währung) unantastbares Gläubigerrecht. Bis zur Feststellung der Dividende hat sich aber der Aktionär und demgemäß auch der Inhaber des Dividendenscheins (welcher nicht mehr Rechte hat, als dem Aktionär selbst zustehen) denjenigen Aenderungen der Modalitäten (gleichviel ob letztere in der Aktie oder in dem Dividendenschein kundgegeben sind oder nicht) zu unterwerfen, welche von den nach dem Gesetz oder dem Statut hierfür zuständigen Organen der Gesellschaft beschlossen werden. E. v. 30. Nov. 1888, RG. XXII S. 113.

Nur auf wirklichen Gewinn hat der Aktionär Anspruch. Ihm, wie dem Inhaber eines Dividendenscheines gegenüber ist der Einwand von Erheblichkeit, daß das Jahr, für welches Dividende verlangt wird, thatsächlich keinen Gewinn gebracht hat, daß die veröffentlichte Gewinnfeststellung irrthümlich oder erdichtet sei. E. v. 10. Sept. 1875. Entsch. XVIII S. 156.

Wenn den Stammprioritätsaktien ein Nachbezugsrecht bezüglich der in früheren Jahren ausgefallenen Dividende aus dem Reingewinn späterer Jahre versprochen ist, so gilt nicht die Aktie, sondern der Dividendenschein des betreffenden Jahrgangs als Träger des diesem Jahrgange zukommenden Nachbezugsrechts. — Das Nachbezugsrecht des älteren Dividendenscheines geht im Zweifel dem des jüngeren vor. E. v. 18. Mai 1877. Entsch. XXII S. 361.

Auf Dividenden findet die vierjährige Verjährung des preuß. Ges. vom 31. März 1838 nicht Anwendung. — Die statutarische Bestimmung, daß Dividenden, welche nicht binnen vier Jahren erhoben werden, verfallen, ordnet nicht eine Verjährungsfrist, sondern eine vertragsmäßige Präklusivfrist an; sie setzt einen Verzug des Gläubigers voraus und findet deshalb nur Anwendung, wenn die Gesellschaft innerhalb der vier Jahre zur Zahlung der Dividende bereit war. E. v. 3. Jan. 1883. RG. IX S. 31.

217. Zinsen von bestimmter Höhe dürfen für die Aktionäre nicht bedungen,[a] noch ausbezahlt werden; es darf nur dasjenige unter sie vertheilt werden, was sich nach der jährlichen Bilanz als reiner Gewinn ergiebt.[a]

Jedoch können für den in dem Gesellschaftsvertrage angegebenen Zeitraum, welchen die Vorbereitung des Unternehmens bis zum Anfange des vollen Betriebes erfordert, den Aktionären Zinsen von bestimmter Höhe bedungen werden. c)

Vgl. Art. 197.

a) Unwirksam ist auch das Seitens einer Aktiengesellschaft beim Verkauf eigener Aktien abgegebene Versprechen einer bestimmten Dividende. E. v. 7. Mai 1875. Entsch. XVII S. 338.

b) Es ist nicht unzulässig, in der Bilanz außer dem statutenmäßigen Reservefonds noch einen besonderen „Reservefonds für zweifelhafte Forderungen" als Passivposten aufzustellen. E. v. 10. Sept. 1879. Entsch. XXV S. 326. Dem Aktionär steht daher ein Anspruch auf Dividende nicht zu, wenn die General-Versammlung beschlossen hat, den in der Bilanz nachgewiesenen Reingewinn wegen Unsicherheit der in Ansatz gebrachten Werthe nicht zur Vertheilung zu bringen, sondern als Spezialreserve vorzutragen. E. v. 4. Mai 1881. RG. IV S. 103

c) Der Art. 217 Abs. 2 erfordert zur Gültigkeit des Ausbedingens von Zinsen, daß der Zeitraum der Vorbereitung des Unternehmens in dem Gesellschaftsvertrage kalendermäßig fest bestimmt ist. Die in dem Gesellschaftsvertrage fehlende kalendermäßige Abgrenzung der Bauzeit wird durch eine Bestimmung in der von der Verwaltungsbehörde ertheilten Konzessionsurkunde nicht ersetzt. Wird die in dem Gesellschaftsvertrage festgesetzte Frist überschritten, so dürfen für die Mehrzeit bis zum Betriebsanfange Zinsen nicht gefordert werden. E. v. 6. u. 17. April 1877. Entsch. XXII S. 12 u. 19.

Der Aktionär ist bezüglich der während der Vorbereitungszeit zu zahlenden Zinsen Gläubiger der Gesellschaft. Ein Beschluß der Gesellschaft, daß diese Zinsen nicht oder zur Zeit nicht gezahlt werden sollen, steht dem Aktionär nicht entgegen, jedenfalls nicht für die Zeit bis zum Beschlusse. E. v. 6. April 1877. Entsch. XXII S. 19.

218. Der Aktionär ist in keinem Falle verpflichtet, die in gutem Glauben empfangenen Zinsen und Dividenden zurückzugeben.

Vgl. Art. 198.

219. Die Verpflichtung des Aktionärs, zu den Zwecken der Gesellschaft und zur Erfüllung ihrer Verbindlichkeiten beizutragen, wird durch den Nominalbetrag der Aktie, in den Fällen der Artikel 209a Ziffer 2, 215a Absatz 2 durch den Betrag, für welchen die Aktie ausgegeben ist, begrenzt. a)

Rücksichtlich der Einzahlung der auf die Aktie zu leistenden Beträge, sowie rücksichtlich einer zu leistenden Einlage finden die Bestimmungen der Artikel 184 bis 184c auf den Aktionär und die Rechtsvorgänger desselben Anwendung.

Vgl. Art. 183b nebst Anm., sowie die Anm. zu Art. 184 bis 184c.

a) Rübenlieferungspflicht der Aktionäre. In den Statuten der Aktiengesellschaften für Rübenzuckerfabrikation wird häufig den Aktionären die Verpflichtung auferlegt, für jede Aktie jährlich eine gewisse Menge selbstgebauter Rüben für einen Preis, dessen Höhe bald im Statute festgesetzt ist, bald von dem einen oder anderen Gesellschaftsorgan periodisch festgesetzt werden soll, an die Aktiengesellschaft zu liefern und zu diesem Behufe eine Fläche von gewisser Größe unter der Aufsicht der Gesellschaft mit Rüben zu bebauen.

Ob und inwieweit derartige Statutenbestimmungen zulässig sind, ist streitig; die verschiedenen Senate des Reichsgerichts stimmen in dieser Beziehung anscheinend nicht vollständig mit einander überein.

Unstatthaft ist es jedenfalls, den Aktionären als solchen eine Rübenlieferungspflicht aufzuerlegen. E. v. 26. Nov. 1886, RG. (III. Civils.) XVII S. 14. E. v. 21. Juni 1887, RG. (II. Civils.) XIX S. 109. E. v. 27. Jan. 1888, RG. (I. Civils.) XXI S. 149 ff.

Rechtsunwirksam sind ferner solche Bestimmungen des Gesellschaftsvertrages bez. des ihn abändernden Generalversammlungsbeschlusses, welche die dem Aktionär für die Rüben zu gewährende Gegenleistung derartig von den jeweiligen Geschäftsergebnissen abhängig machen, daß unter Umständen der Aktionär nicht eine dem Werthe der Rüben entsprechende Vergütung erhalten würde. E. v. 27. Jan. 1888, RG. (I. Civils.) XXI S. 149 ff.

Im Uebrigen sind Statutenbestimmungen des oben angegebenen Inhaltes weder unstatthaft noch unwirksam. E. v. 26. Nov. 1886, RG. (III. Civils.) XVII S. 13 ff. In diesem E. ist angenommen, daß derartige Statutenbestimmungen einen besonderen Vertrag bewirken, der, neben dem Gesellschaftsvertrage bestehend, zwischen der Gesellschaft und jedem Aktionär als einer dritten Person abgeschlossen wird. Den gleichen Standpunkt vertritt E. v. 5. Febr. 1890 (I. Civils.) RG. XXVI S. 86 ff. Der entsprechende Nebenvertrag kommt zwischen der in der Begründung begriffenen Gesellschaft und jedem ihrer ursprünglichen Aktionäre zugleich mit dem Abschlusse bez. der Genehmigung des Gesellschaftsvertrages zu Stande. Spätere Erwerber der Aktien schließen den Nebenvertrag dadurch, daß sie die (bei solchen Gesellschaften regelmäßig vorgeschriebene) gesellschaftliche Genehmigung der Uebertragung der Aktien nachsuchen und erhalten. E. v. 26. Nov. 1886, RG. XVII S. 15.

Zur Abänderung derartiger Statutenänderungen ist die Generalversammlung nur insoweit befugt, als nach dem Inhalt des Rübenlieferungsvertrages anzunehmen ist, daß die Vertragschließenden sich künftigen Beschlüssen der Generalversammlungen haben unterwerfen wollen. Dass. E. S. 17 ff.

Ein die betreffenden statutarischen Bestimmungen in arglistiger Weise abändernder Beschluß der Generalversammlung kann mittelst der Vertragsklage angefochten werden, welche an die Fristen und Formen der Art. 190 a, 222 nicht gebunden ist. Dass. E. S. 16.

Den Verpflichtungen aus dem die Lieferungspflicht betreffenden Nebenvertrage kann sich ein Aktionär durch Verzicht auf seine bereits voll eingezahlten Aktien nicht entziehen. E. v. 22. Juni 1886, RG. (III. Civilf.) XVII S. 3.

Ein zwischen dem Gesellschaftsvorstand und einem einzelnen Aktionär getroffenes Abkommen, wonach letzterer für sich und seine Erben von der statutarischen Rübenlieferungspflicht entbunden wird, ist gültig und nicht als eine Statutenabänderung aufzufassen. Die darin etwa liegende Ueberschreitung des statutarischen Umfangs der Vollmacht des Vorstandes begründet nur eine Verhaftung des letzteren gegenüber der Gesellschaft (Art. 231 HGB. E. v. 15. Jan. 1886, RG. (III. Civilf.), XVII S. 1.

Das E. v. 21. Juni 1887, RG. (II. Civilf.) XIX S. 109 betrifft einen Fall, in welchem das Berufungsgericht festgestellt hatte, daß es bei Gründung der betreffenden Gesellschaft durch die Aufnahme der die Rübenlieferungspflicht betreffenden Bestimmung in das Statut nicht die Absicht gewesen sei, neben dem Gesellschaftsvertrage mit den Aktionären als Dritten besondere Verträge abzuschließen, daß vielmehr in der Verbindung der Rübenlieferungspflicht mit der Aktionäreigenschaft das Wesen der betreffenden Gesellschaft zu erblicken sei. Das Reichsgericht nahm an, daß diese statutarischen Vorschriften, deren Auslegung mit der Revision nicht angegriffen werden könne, rechtsungültig sind.

Ueber die Schadensersatzansprüche eines Aktionärs, dem in Folge der Eröffnung des Konkurses über das Vermögen der Zuckerfabrik die Rüben nicht abgenommen werden, vgl. E. v. 24. Nov. 1888, RG. XXII S. 107 ff. und über den Anspruch der Zuckerfabrik auf die bedungene Konventionalstrafe, wenn durch den Konkurs über das Vermögen des Aktionärs die Rübenlieferung unterbleibt E. v. 5. Febr. 1890, RG. XXVI S. 92 ff.

220. **Für die Eintragung der Interimsscheine und der auf Namen gestellten Aktien in das Aktienbuch, sowie für die Uebertragung derselben auf andere Personen sind die Vorschriften der Artikel 182 und 183 maßgebend.**

Vgl. die Anm. zu Art. 182 u. 183.

221. Die Rechte, welche den Aktionären in den Angelegenheiten der Gesellschaft, insbesondere in Beziehung auf die Führung der Geschäfte, die Prüfung der Bilanz und die Bestimmung der Gewinnvertheilung zustehen, werden in der Generalversammlung durch Beschlußfassung der erschienenen Aktionäre ausgeübt. a)

Rücksichtlich der Bedingungen und der Ausübung des Stimmrechts kommen die Vorschriften im Artikel 190 zur Anwendung.

Vgl. Art. 186 u. §. 4 des Ges.

a) Zu den von der Gesammtheit der Aktionäre auszuübenden Rechten gehören nur diejenigen Befugnisse, deren Ausübung in dem gemeinschaftlichen Interesse aller Aktionäre liegt. Den Gegensatz dazu bilden die gesetzlichen und statutarischen Befugnisse des einzelnen Aktionärs, welche aus dem durch das Statut begründeten vertraglichen Verhältnisse entspringen und in Bezug auf welche dem einzelnen Aktionär die Gesellschaft selbst als verpflichtet gegenübersteht. Hierzu gehören namentlich die dem Aktionär gemäß Art. 216 zustehenden Vermögensrechte; diese können ihm durch die Majorität der Aktionäre weder entzogen noch geschmälert werden.

Ein jeder Aktieninhaber ist daher befugt, im Prozeßwege die Rechtsunverbindlichkeit eines seine Vermögensrechte schmälernden Beschlusses (jetzt nach Maßgabe der Art. 190a, 190b, 222) geltend zu machen, die ihm statutenmäßig gebührende Dividende unter Anfechtung des entgegenstehenden, formell statutengemäßen Beschlusses der Generalversammlung zu fordern, einen gesetz- oder vertragswidrigen Auflösungsbeschluß anzufechten. E. v. 13. Sept. 1873 u. 26. Okt. 1874. Entsch. XI S. 120, XIV S. 335.

Der Einzelaktionär hat, bei vorhandenem vermögensrechtlichem Interesse, ein Klagerecht darauf, daß die Gesellschaft die gesetzlichen und statutarischen Verpflichtungen (z. B. bei Aufstellung der Bilanz) befolge. E. v. 9. Sept. 1879. Entsch. XXV S. 307.

Auch die Geltendmachung einer statutarisch bevorrechtigten Sonderstellung (Klage auf Anerkennung als Mitglied des Verwaltungsraths) steht dem einzelnen Aktionär zu. E. v. 27. April 1875. Entsch XVII S. 113.

Aus der einer Aktiengesellschaft geleisteten Dividenden-Garantie erlangt an sich nur die Gesellschaft, nicht der einzelne Aktionär Rechte. E. v. 27. März 1877. Entsch. XXII S. 225.

Zu Rechtshandlungen, welche dem Gesellschaftszwecke fremd sind und ihm widerstreiten, ist die Generalversammlung nicht befugt. Sie darf eine Verpfändung des Gesellschaftsvermögens für eine fremde Schuld oder eine Schenkung nur unter besonderen, ein Interesse der Aktiengesellschaft an dem Rechtsgeschäft begründenden Umständen beschließen. E. v. 19. Febr. 1881. RG. III S. 135.

222. Die Vorschriften im Artikel 190a, 190b über die Anfechtung eines Beschlusses der Generalversammlung finden mit der Maßgabe Anwendung, daß an die Stelle der persönlich haftenden Gesellschafter der Vorstand tritt.

Vgl. Anm. zu Art. 190a.

222a. Auf Antrag von Aktionären, deren Antheile zusammen den zehnten Theil des Grundkapitals darstellen, kann das Landgericht, in dessen Bezirke die Gesellschaft ihren Sitz hat, zur Prüfung eines Herganges bei der Gründung oder eines nicht mehr als zwei Jahre zurückliegenden Herganges bei der Geschäftsführung oder Liquidation der Gesellschaft Revisoren ernennen, sofern ein in der Generalversammlung gestellter Antrag auf Prüfung abgelehnt ist und dem Gerichte glaubhaft gemacht wird, daß bei dem Hergange Unredlichkeiten oder grobe Verletzungen des Gesetzes oder des Gesellschaftsvertrages stattgefunden haben. Die Antragsteller haben zugleich die Aktien bis zur Entscheidung über den Antrag gerichtlich zu hinterlegen und glaubhaft zu machen, daß sie dieselben seit mindestens sechs Monaten, von der Generalversammlung zurückgerechnet, besitzen.

Vor der Anordnung sind der Vorstand oder die Liquidatoren, sowie der Aufsichtsrath zu hören. Die Anordnung ist von einer nach freiem Ermessen zu bestimmenden Sicherheitsleistung abhängig zu machen.

Der Vorstand hat den Revisoren die Einsicht der Bücher und Schriften der Gesellschaft und die Untersuchung des Bestandes der Gesellschaftskasse, wie der Bestände an Effekten, Handelspapieren und Waaren zu gestatten.

Der Bericht über das Ergebniß der Prüfung ist von den Revisoren zu dem Handelsregister einzureichen und von dem Vorstande bei der Berufung der nächsten Generalversammlung als Gegenstand der Beschlußfassung anzukündigen.

Ist der Antrag auf Ernennung von Revisoren zurückgewiesen oder erweist er sich nach dem Ergebnisse der Prüfung als unbegründet, so sind die Aktionäre, welchen eine bösliche Handlungsweise[a]) bei Stellung des Antrages zur Last fällt, solidarisch verpflichtet, einen durch die Stellung desselben der Gesellschaft entstandenen Schaden zu ersetzen.

Vgl. Art. 249 g Abs. 2.

a) Vgl. Anm. b zu Art. 180.

223. Die Ansprüche der Gesellschaft aus der Gründung gegen die in Gemäßheit der Artikel 213a bis 213c

verpflichteten Personen oder aus der Geschäftsführung gegen die Mitglieder des Vorstandes und des Aufsichtsraths, sowie aus der Liquidation gegen die Liquidatoren und die Mitglieder des Aufsichtsraths sind zu erheben, wenn in der Generalversammlung dies mit einfacher Stimmenmehrheit beschlossen oder von einer Minderheit, deren Antheile den fünften Theil des Grundkapitals darstellen, verlangt wird. [a)]

Die Erhebung des Anspruchs auf Verlangen der Minderheit muß binnen drei Monaten seit der Generalversammlung erfolgen. Die von der Minderheit bezeichneten Personen können durch das Handelsgericht als Bevollmächtigte der Gesellschaft zur Führung des Prozesses ernannt werden. Der Klage ist das Protokoll der Generalversammlung, soweit dasselbe die Erhebung des Anspruchs betrifft, in beglaubigter Abschrift beizufügen. Die Minderheit hat den fünften Theil des Grundkapitals in Aktien der Gesellschaft für die Dauer des Prozesses gerichtlich zu hinterlegen und dem Gerichte glaubhaft zu machen, daß sie dieselben seit mindestens 6 Monaten, von der Generalversammlung zurückgerechnet, besitzt. Sie hat auf Verlangen der Beklagten wegen der denselben drohenden Nachtheile eine nach freiem Ermessen des Gerichts zu bestimmende Sicherheit zu leisten. Das Verlangen ist als prozeßhindernde Einrede geltend zu machen. Wird die Sicherheit binnen der vom Gerichte gestellten Frist nicht geleistet, so ist die Klage auf Antrag für zurückgenommen zu erklären. Die Minderheit ist verpflichtet, die der Gesellschaft auferlegten Prozeßkosten ihr zu erstatten.

Für den Schaden, welcher durch eine unbegründete Klage den Beklagten entstanden ist, haften ihnen solidarisch die Aktionäre, welchen bei Erhebung des Anspruchs eine bösliche Handlungsweise zur Last fällt. b)

Im Uebrigen kommen die Bestimmungen der Artikel 194 und 195 zur entsprechenden Anwendung.

a) Die Vorschrift, daß es zur Erhebung des Anspruchs eines Generalversammlungsbeschlusses bedürfe, hat nicht die Bedeutung eines Legitimationserfordernisses; der Mangel des Beschlusses ist also nicht von Amtswegen zu prüfen; er giebt aber dem Beklagten den Einwand, daß es an einer gesetzlichen Voraussetzung der Klage fehle. E. v. 16. Okt. 1886, RG. XVIII S. 62.

Die Frage, ob nach beendeter Liquidation dem einzelnen Aktionär gegen die früheren Liquidatoren ein Anspruch auf Schadensersatz aus böswillig ausgeführter Liquidation zusteht, ist in dem U. v. 13. Febr. 1892, RG. XXIX S. 3 für den Fall verneint, wenn der betreffende Aktionär in der Lage war, während der Liquidation auf Unterlassen der Handlung zu klagen, durch welche er geschädigt sein will.

b) Die Vorschriften des Art. 223 finden auch Anwendung, wenn unter der Herrschaft des Ges. v. 18. Juli 1884 Ansprüche aus einer früheren Geschäftsführung erhoben werden. E. v. 16. Okt. 1886, RG. XVIII S. 56.

224. Die für den Aufsichtsrath einer Kommanditgesellschaft auf Aktien in den Artikeln 191 und 192 gegebenen Bestimmungen finden auf den Aufsichtsrath einer Aktiengesellschaft Anwendung.

225. Der Aufsichtsrath hat den Vorstand bei seiner Geschäftsführung in allen Zweigen der Verwaltung zu überwachen und zu dem Zweck sich von dem Gange der Angelegenheiten der Gesellschaft zu unterrichten. Er kann jederzeit über dieselben Berichterstattung von dem Vorstande verlangen und selbst oder durch einzelne von ihm zu bestimmende Mitglieder die Bücher und Schriften der Gesellschaft einsehen, sowie den Bestand der Gesellschaftskasse und die Bestände an Effekten, Handelspapieren und Waaren untersuchen. Er hat die Jahresrechnungen, die Bilanzen und die Vorschläge zur Gewinnvertheilung zu prüfen und darüber der Generalversammlung der Aktionäre Bericht zu erstatten.

Er hat eine Generalversammlung zu berufen, wenn dies im Interesse der Gesellschaft erforderlich ist.

Weitere Obliegenheiten des Aufsichtsraths werden durch den Gesellschaftsvertrag bestimmt.

Die Mitglieder des Aufsichtsraths können die Ausübung ihrer Obliegenheiten nicht anderen Personen übertragen.

Vgl. Art. 193 u. 249 g Abs. 2.

225 a. Die Mitglieder des Aufsichtsraths dürfen nicht zugleich Mitglieder des Vorstandes oder dauernd Stellvertreter derselben sein, auch nicht als Beamte die Geschäfte der Gesellschaft führen. Nur für einen im voraus begrenzten Zeitraum kann der Aufsichtsrath einzelne seiner Mitglieder zu Stellvertretern von behinderten Mitgliedern des Vorstandes bestellen; während dieses Zeitraums und bis zur ertheilten Entlastung des Vertreters darf der letztere eine Thätigkeit als Mitglied des Aufsichtsraths nicht ausüben.

Scheiden aus dem Vorstande Mitglieder aus, so dürfen dieselben nicht vor ertheilter Entlastung in den Aufsichtsrath gewählt werden.

Vgl. §. 6 Abs. 1 des Ges.

226. Die Mitglieder des Aufsichtsrath haben bei Erfüllung der ihnen nach Artikel 225 zugewiesenen Obliegenheiten die Sorgfalt eines ordentlichen Geschäftsmanns anzuwenden.

Dieselben sind der Gesellschaft neben den Mitgliedern des Vorstandes persönlich und solidarisch zum Ersatze verpflichtet, wenn mit ihrem Wissen und ohne ihr Einschreiten entgegen den gesetzlichen Bestimmungen:

1. Einlagen an die Aktionäre zurückgezahlt;
2. Zinsen oder Dividenden gezahlt;
3. eigene Aktien oder Interimsscheine der Gesellschaft erworben, zum Pfande genommen oder amortisirt worden;
4. Aktien vor der vollen Leistung des Nominalbetrages oder des in den Fällen der Artikel 209 a Ziffer 2, 215 a Absatz 2 festgesetzten Betrages oder Aktien oder Interimsscheine im Falle einer stattgefundenen Erhöhung des Grundkapitals vor Eintragung derselben in das Handelsregister desjenigen Gerichts, in dessen Bezirke die Gesellschaft ihren Sitz hat, ausgegeben sind;
5. Die Vertheilung des Gesellschaftsvermögens, eine theilweise Zurückzahlung oder eine Herabsetzung des Grundkapitals oder im Falle des Artikels 215

Absatz 4 die Vereinigung der Vermögen der beiden Gesellschaften erfolgt ist.

Der Ersatzanspruch kann in den Fällen des zweiten Absatzes auch von den Gläubigern der Gesellschaft, soweit sie von dieser ihre Befriedigung nicht erlangen können, selbständig geltend gemacht werden. Die Ersatzpflicht wird ihnen gegenüber dadurch nicht aufgehoben, daß die Handlung auf einem Beschlusse der Generalversammlung beruht.

Die Ansprüche auf Grund der vorstehenden Bestimmungen verjähren in fünf Jahren. a)

Vgl. Art. Art. 204.

a) Die nach den Landesgesetzen bestehenden Beschränkungen der Verjährung gegen minderjährige und bevormundete Personen kommen bei dieser Verjährung zur Anwendung. Vgl. Anm. b zu Art. 204.

Dritter Abschnitt.

Rechte und Pflichten des Vorstandes.

227. Die Aktiengesellschaft wird durch den Vorstand gerichtlich und außergerichtlich vertreten. a)

Der Vorstand kann aus einer oder mehreren Personen bestehen: diese können besoldet b) oder unbesoldet, Aktionäre oder Andere sei. c)

Ihre Bestellung ist zu jeder Zeit widerruflich, d) unbeschadet der Entschädigungsansprüche e) aus bestehenden Verträgen. f)

a) Der Aktiengesellschaft mangelt der gute Glaube, wenn nur einem ihrer Vorstandsmitglieder die den guten Glauben ausschließenden Thatumstände bekannt sind; dies gilt selbst dann, wenn den Vorstandsmitgliedern nur eine gemeinschaftliche Vertretungsbefugniß zusteht. E. v. 2. Febr. 1885, Gruch. Bd. 29 S. 704, 705.

b) Wenn einem Beamten der Gesellschaft ein bestimmter Prozentsatz des Reingewinns als Tantieme versprochen ist, so ist darunter als gemeint zu erachten der Reingewinn, wie er sich nach der verfassungsmäßig festgestellten Jahresbilanz ergiebt. Hierbei ist es unerheblich, wenn die Aktionäre in Bezug auf den zur Vertheilung bestimmten Gewinn wegen Mangels vorhandener Mittel zur Flüssigmachung die Nichtauszahlung oder Vertagung der Auszahlung beschließen, vorausgesetzt, daß die Jahresbilanz eine definitive war und nicht später in verfassungsmäßiger Weise beseitigt ist. E. v. 5. April 1884. RG. XI S. 163.

c) Die Ernennung eines von den Beschlüssen der Gesellschaft unabhängigen, durch einen Dritten zu besetzenden Vorstandes ist unzulässig und ein dahingehender Beschluß der Generalversammlung ungültig. E. v. 19. Febr. 1881. RG. III S. 129 ff.

d) Dies gilt auch dann, wenn auf den Widerruf vertragsmäßig verzichtet ist. Vgl. E. v. 7. Mai 1878. Entsch. XXIII S. 327.

e) Hiermit hat nicht gesagt werden sollen, daß dem abberufenen Vorstandsmitglied nur ein Entschädigungsanspruch, nicht auch ein Anspruch auf die vermögensrechtliche Gegenleistung (z. B. freie Wohnung) aus dem Dienstvertrage zusteht. Hierüber entscheidet das Landesrecht. (In Preußen wird das entlassene Vorstandsmitglied gemäß §§. 408 ff. Th. I. Tit. 5 ALR. auf Entschädigungsansprüche beschränkt sein; anders nach franz. Recht.) E. v. 12. Okt. 1888. RG. XXII S. 35.

f) Die besoldeten Vorstandsmitglieder einer Aktiengesellschaft sind nicht als ihre Handlungsgehülfen zu betrachten. Die Art. 61 bis 64 HGB. finden auf sie nicht Anwendung. Ob ein besoldetes Vorstandsmitglied durch seine Handlungsweise die ihm aus bestehenden Verträgen zustehenden Entschädigungsansprüche verwirkt hat, ist nach dem betreffenden Landesrecht zu entscheiden. Im Allgemeinen unterliegen besoldete Vorstandsmitglieder strengeren Grundsätzen, als wenn es sich um die vorzeitige Entlassung eines Handlungsgehülfen handelt. Die Annahme von Gratifikationen von Geschäftsfreunden der Gesellschaft oder eine einmalige Indiskretion kann einen genügenden Entlassungsgrund abgeben. E. v. 25. April 1874, 22. Okt. 1875 u. 7. Febr. 1877. Entsch. XIII S. 179, XIX S. 58, XXI S. 375. E. v. 8. Juli 1882. RG. VII S. 77.

So lange ein erkranktes Vorstandsmitglied in seiner Stellung belassen wird, hat es auf Fortzahlung seines ganzen Gehaltes Anspruch. E. v. 30. Nov. 1875. Entsch. XIX S. 63.

228. Die jeweiligen Mitglieder des Vorstandes müssen alsbald nach ihrer Bestellung zur Eintragung[a)] in das Handelsregister (Art. 210, 212) angemeldet werden. Der Anmeldung ist ihre Legitimation beizufügen.

Sie haben ihre Unterschrift vor dem Handelsgerichte zu zeichnen oder die Zeichnung derselben in beglaubigter Form einzureichen.

Vgl. Art. 249 g Abs. 2.

a) Die Thatsache der Eintragung genügt, um den Vorstand Dritten gegenüber zur Vertretung der Gesellschaft zu legitimiren. Dies gilt insbesondere in Prozessen. Der Dritte kann nicht die Legitimation deswegen bestreiten, weil die Wahl des eingetragenen Vorstandes ungültig sei. E. v. 21. Jan. 1876. Entsch. XX S. 208.

229. Der Vorstand hat in der durch den Gesellschaftsvertrag bestimmten Form[a)] seine Willenserklärungen kundzugeben und für die Gesellschaft zu zeichnen.[b)] Ist nichts darüber bestimmt, so ist die Zeichnung durch sämmtliche Mitglieder des Vorstandes erforderlich.[c)]

Die Zeichnung geschieht in der Weise, daß die Zeichnenden zu der Firma der Gesellschaft oder zu der Benennung des Vorstandes ihre Unterschrift hinzufügen.[d)]

a) Die Bestimmung der Form der Zeichnung (ob einzeln oder kollektiv) kann im Gesellschaftsvertrage dem Aufsichtsrath übertragen werden. Beschl. des KG. v. 9. Juni 1890. Joh. X S. 35.

b) Für Urkunden genügt die Zeichnung durch ein Vorstandsmitglied, wenn sie nicht in dem Statut für hinreichend erklärt ist, selbst dann nicht, wenn dasselbe von den anderen Vorstandsmitgliedern zu deren Vertretung für einzelne oder alle Rechtsgeschäfte ermächtigt war. E. v. 6. Dez. 1873. Entsch. XII S. 32.

Vgl. Anm. c zu Art. 231.

Die Gültigkeit mündlicher Willenserklärungen hängt von dem Zusammenwirken derselben Personen ab, deren Zeichnung nach dem Gesellschaftsvertrage oder dem Gesetz für schriftliche Erklärungen erforderlich ist. E. v. 4. Okt. 1871 u. 11. Febr. 1875. Entsch. X S. 183, XVI S. 35.

c) Der nach den Statuten nur in seiner Gesammtheit zur Vertretung der Gesellschaft befugte Vorstand kann mit der Ausführung von Vorstands- oder Gesellschaftsbeschlüssen einen der Vorstandsmitglieder gültig beauftragen. E. v. 8. Mai 1872. Entsch. VI S. 392.

d) Die Beobachtung dieser Ordnungsvorschrift ist zur Gültigkeit der Willenserklärung nicht erforderlich, wenn nur die Voraussetzungen des Art. 230 vorliegen. E. v. 1. Juni 1875. Entsch. XVIII S. 340.

230. **Die Gesellschaft wird durch die von dem Vorstande in ihrem Namen geschlossenen Rechtsgeschäfte[a]) berechtigt und verpflichtet; es ist gleichgültig, ob das Geschäft ausdrücklich im Namen der Gesellschaft geschlossen worden ist, oder ob die Umstände ergeben, daß es nach dem Willen der Kontrahenten für die Gesellschaft geschlossen werden sollte.**

Vgl. Anm. d und e zu Art. 114.

a) Aus außerkontraktlichen Delikten des Vorstandes haftet die Aktiengesellschaft jedenfalls dann und insoweit, als durch das Delikt etwas in ihr Vermögen gekommen ist, wobei es gleichgültig erscheint, wozu der so erlangte Vermögenswerth verwendet worden ist. E. v. 16. März 1887, RG. XVIII S. 120.

231. Der Vorstand ist der Gesellschaft gegenüber verpflichtet, die Beschränkungen einzuhalten, welche in dem Gesellschaftsvertrage oder durch Beschlüsse der Generalversammlung für den Umfang seiner Befugniß die Gesellschaft zu vertreten, festgesetzt sind.

Gegen dritte Personen[a] hat jedoch eine Beschränkung der Befugniß des Vorstandes, die Gesellschaft zu vertreten, keine rechtliche Wirkung.[b] Dies gilt insbesondere für den Fall, daß die Vertretung sich nur auf gewisse Geschäfte oder Arten von Geschäften erstrecken, oder nur unter gewissen Umständen oder für eine gewisse Zeit oder an einzelnen Orten stattfinden soll, oder daß für einzelne Geschäfte die Zustimmung der Generalversammlung, des Aufsichtsraths oder eines anderen Organs der Gesellschaft erfordert ist.[c]

a) Vgl. Anm. zu Art. 87. Der „Dritte" kann auch ein Beamter der Gesellschaft sein. E. v. 14. Mai 1872. Entsch. VI S. 140.

Sogar der Direktor selbst kann der Aktiengesellschaft als Dritter gegenüberstehen. — Dies ist z. B. der Fall, wenn ein Vertrag über die Entlassung des Direktors gegen Bewilligung einer Abstandssumme geschlossen werden soll, in welchem Fall der gesetzliche Vertreter des Direktors die Gesellschaft vertritt. — E. v. 16. Juni 1875. Entsch. XIV S. 91.

b) Es gilt dies auch dann, wenn der Dritte die Beschränkung kennt oder dieselbe im Handelsregister vermerkt ist, E. v. 16. März 1872 und 14. Mai 1872. Entsch. V S. 294, VI S. 132, es sei denn, daß dolose Kollusion vorliegt. E. v. 29. Mai 1875. Entsch. XIX S. 335. E. v. 16. Sept. 1882. RG. IX S. 148. Die Vorschrift bezieht sich übrigens nur auf Beschränkungen des Vorstandes, nicht auf Beschränkungen des Vorsitzenden des Vorstandes. E. v. 4. Okt. 1871. Entsch. III S. 183.

c) Dahin gehört auch die Vorschrift, daß alle die Gesellschaft verpflichtenden Urkunden von einer nicht zum Vorstande gehörenden Person, also z. B. von einem Mitgliede des Aufsichtsraths gezeichnet werden müssen (E. v. 14. Mai 1872. Entsch. VI S. 133), sowie ferner die Beschränkung, daß der Vorstand Vollmachten nur schriftlich ertheilen dürfe (E. v. 6. Dez. 1873. Entsch. XII S. 34).

Eine Bestimmung, wonach ein Vorstandsmitglied nur zusammen mit einem Prokuristen zeichnen darf, ist zulässig. Beschl. v. 9. Juni 1890. Joh. X S. 39.

232. Die Bestimmungen des Artikels 196a über den Betrieb von Geschäften in dem Handelszweige der Gesellschaft, sowie über die Theilnahme an einer anderen gleichartigen Gesellschaft finden auf die Mitglieder des Vorstandes entsprechende Anwendung.

Vgl. §. 6 Abs. 2 des Ges.

232a. Die für Mitglieder des Vorstandes gegebenen Bestimmungen gelten auch für Stellvertreter von Mitgliedern. a)

a) Die Vertretungsbefugniß des für den Fall der Behinderung eines Vorstandsmitgliedes bestellten Stellvertreters ist Dritten gegenüber nicht davon abhängig, daß der Vertretungsfall (die Behinderung) auch wirklich vorhanden war. E. v. 19 Okt. 1889. RG. XXIV S. 82.

233. Jede Aenderung in der Zusammensetzung des Vorstandes muß zur Eintragung in das Handelsregister (Art. 210, 212) angemeldet werden.

Dritten Personen kann die Aenderung nur insofern entgegengesetzt werden, als in Betreff dieser Aenderung die im Artikel 46 in Betreff des Erlöschens der Prokura bezeichneten Voraussetzungen vorhanden sind. Entscheidend hierfür ist die Eintragung bei dem Handelsgerichte, in dessen Bezirke die Gesellschaft ihren Sitz hat.

234. Der Vorstand kann, sofern nicht durch den Gesellschaftsvertrag oder durch Beschluß der Generalversammlung ein Anderes bestimmt ist, einen Prokuristen nur mit Zustimmung des Aufsichtsraths bestellen. Diese Beschränkung hat Dritten gegenüber keine rechtliche Wirkung.

235. Der Betrieb von Geschäften der Gesellschaft, sowie die Vertretung der Gesellschaft in Bezug auf diese Geschäftsführung kann auch sonstigen Bevollmächtigten oder Beamten der Gesellschaft zugewiesen werden. In diesem Falle bestimmt sich die Befugniß derselben nach der ihnen ertheilten Vollmacht; sie erstreckt sich im Zweifel auf alle Rechtshandlungen, welche die Ausführung derartiger Geschäfte gewöhnlich mit sich bringt.

236. Die Generalversammlung der Aktionäre wird durch den Vorstand berufen, soweit nicht nach dem Gesetze oder dem Gesellschaftsvertrage auch andere Personen dazu befugt sind.

Die Generalversammlung ist, außer den im Gesetze oder im Gesellschaftsvertrage ausdrücklich bestimmten Fällen, zu berufen, wenn es im Interesse der Gesellschaft erforderlich erscheint.

Vgl. Art. 187.

237. Aktionäre, deren Antheile zusammen den zwanzigsten Theil des Grundkapitals darstellen, sind berechtigt,

in einer von ihnen unterzeichneten Eingabe unter Angabe des Zwecks und der Gründe die Berufung der Generalversammlung zu verlangen. Ist in dem Gesellschaftsvertrage das Recht, die Berufung der Generalversammlung zu verlangen, an den Besitz eines geringeren Antheils am Grundkapital geknüpft, so hat es hierbei sein Bewenden.

In gleicher Weise haben die Aktionäre das Recht, zu verlangen, daß Gegenstände zur Beschlußfassung einer Generalversammlung angekündigt werden.

Wird dem Verlangen nicht entsprochen, so kann das Handelsgericht die Aktionäre, welche das Verlangen gestellt haben, zur Berufung der Generalversammlung oder zur Ankündigung des Gegenstandes ermächtigen. Mit der Berufung oder Ankündigung ist die gerichtliche Ermächtigung zu veröffentlichen.

Vgl. Art. 188 nebst Anm.

238. Die Berufung der Generalversammlung hat in der durch den Gesellschaftsvertrag bestimmten Weise mit einer Frist von mindestens zwei Wochen zu erfolgen. Ist in dem Gesellschaftsvertrage die Ausübung des Stimmrechts davon abhängig gemacht, daß die Aktien bis zu einem bestimmten Zeitpunkte vor der Generalversammlung hinterlegt werden, so ist die Frist derart zu bemessen, daß für die Hinterlegung mindestens zwei Wochen frei bleiben.

Der Zweck der Generalversammlung soll jederzeit bei der Berufung bekannt gemacht werden. Ueber Gegenstände, deren Verhandlung nicht in der durch den Gesellschaftsvertrag oder durch Artikel 237 Absatz 3 vorgesehenen Weise mindestens eine Woche vor dem Tage der Generalversammlung angekündigt ist, können Beschlüsse nicht gefaßt werden; hiervon ist jedoch der Beschluß über den in einer Generalversammlung gestellten Antrag auf Berufung einer außerordentlichen Generalversammlung ausgenommen.

Zur Stellung von Anträgen und zu Verhandlungen ohne Beschlußfassung bedarf es der Ankündigung nicht.

Vgl. Art. 189.

238a. Jeder Beschluß der Generalversammlung bedarf zu seiner Gültigkeit der gerichtlichen oder notariellen Beurkundung.[a] Die Zuziehung von Zeugen ist nicht erforderlich.

Eine beglaubigte Abschrift der Urkunde ist ohne Verzug nach der Generalversammlung von dem Vorstande zu dem Handelsregister einzureichen.[b]

Vgl. Art. 249g Abs. 2.

a) Vgl. Anm. a zu Art. 209.

b) Der Registerrichter ist die Gültigkeit der ihn mitgetheilten Beschlüsse nur insoweit zu prüfen befugt, als eine Eintragung in Frage steht. Beschl. des KG. v. 14. Nov. 1893, Joh. XII S. 25.

239. Der Vorstand ist verpflichtet, Sorge zu tragen, daß die erforderlichen Bücher der Gesellschaft geführt werden.[a]

Er muß in der durch den Gesellschaftsvertrag bestimmten Frist, welche über die ersten sechs Monate des

Geschäftsjahres nicht erstreckt werden kann, und in Ermangelung einer solchen Frist in den ersten drei Monaten desselben für das verflossene Geschäftsjahr eine Bilanz, eine Gewinn- und Verlustrechnung, sowie einen den Vermögensstand und die Verhältnisse der Gesellschaft entwickelnden Bericht dem Aufsichtsrath und mit dessen Bemerkungen der Generalversammlung vorlegen. Er hat die Vorlagen mindestens zwei Wochen vor der Versammlung in dem Geschäftslokale der Gesellschaft zur Einsicht der Aktionäre auszulegen.[b] Jeder Aktionär ist berechtigt, auf seine Kosten eine Abschrift der Bilanz, der Gewinn- und Verlustrechnung, sowie des Geschäftsberichts zu verlangen.[c]

Vgl. Art. 185, 249 g Abs. 2 und §. 7 Abs. 1 des Ges.

a) Die Verpflichtung des Vorstandes zur Rechenschaftsablegung fällt mit der Verpflichtung, für die Führung der erforderlichen Bücher Sorge zu tragen und die Bilanz für jedes Jahr aufzustellen und vorzulegen, zusammen; eine eigentliche Rechnung mit Belägen hat er nur insoweit zu legen, als er unmittelbar Verwalter oder Verwahrer gewesen ist. E. v. 1. Mai 1879. Entsch. XXV S. 179.

Der Vorstand kann nach Beendigung seines Amts die Herausgabe der von ihm bestellten Kaution erst verlangen, wenn er Rechenschaft abgelegt und das in seiner Verwaltung befindliche Geschäftsvermögen an den neuen Vorstand abgeliefert hat. E. v. 11. Nov. 1878. Entsch. XXIV S. 364.

b) Die Nichtbeobachtung dieser Ordnungsvorschriften macht die Beschlüsse der Generalversammlung nicht ungültig. Beschl. v. 14. Nov. 1892. Joh. XII S. 25.

239 a. Zur Prüfung der Bilanz können durch die Generalversammlung besondere Revisoren bestellt werden.

Die Verhandlung ist zu vertagen, wenn dies mit einfacher Stimmenmehrheit beschlossen oder von einer Minderheit, deren Antheile den zehnten Theil des Grundkapitals darstellen, verlangt wird; auf Verlangen der Minderheit jedoch nur, soweit von ihr bestimmte Ansätze der Bilanz bemängelt werden.

Ist die Verhandlung auf Verlangen der Minderheit vertagt, so gilt bezüglich der nicht bemängelten Ansätze der Bilanz die Entlastung des Vorstandes als erfolgt.

Vgl. §. 7 des Ges. und Anm. a zu Art. 185 c.

239 b. Die Vorschriften der Artikel 185 a, 185 b, 185 c über die Bilanz und den Reservefonds finden entsprechende Anwendung.

Vgl. §. 7 des Ges.

240. Erreicht der Verlust, welcher aus der Jahresbilanz oder einer im Laufe des Geschäftsjahres aufgestellten Bilanz sich ergiebt, die Hälfte des Grundkapitals, so muß der Vorstand unverzüglich die Generalversammlung berufen und dieser davon Anzeige machen.

Sobald Zahlungsunfähigkeit der Gesellschaft eintritt, muß der Vorstand die Eröffnung des Konkurses beantragen; dasselbe gilt, wenn aus der Jahresbilanz oder einer im Laufe des Geschäftsjahres aufgestellten Bilanz sich ergiebt, daß das Vermögen nicht mehr die Schulden deckt.

Vgl. Art. 249 d Abs. 2.

241. Die Mitglieder des Vorstandes sind aus den von ihnen im Namen der Gesellschaft vorgenommenen

Rechtshandlungen Dritten gegenüber für die Verbindlichkeiten der Gesellschaft persönlich nicht verpflichtet.

Die Mitglieder des Vorstandes haben bei ihrer Geschäftsführung die Sorgfalt eines odentlichen Geschäftsmanns anzuwenden.

Mitglieder, welche ihre Obliegenheiten verletzen, haften der Gesellschaft solidarisch für den dadurch entstandenen Schaden. Insbesondere sind sie in den Fällen des Artikels 226 Ziffer 1 bis 5, sowie in dem Falle einer nach der Zahlungsunfähigkeit oder Ueberschuldung der Gesellschaft (Art. 240 Abs. 2) geleisteten Zahlung zum Ersatze verpflichtet.

In den vorbezeichneten Fällen kann der Ersatzanspruch auch von den Gläubigern der Gesellschaft, soweit sie von dieser ihre Befriedigung nicht erlangen können, selbständig geltend gemacht werden. Die Ersatzpflicht wird ihnen gegenüber dadurch nicht aufgehoben, daß die Handlung auf einem Beschlusse der Generalversammlung beruht.

Die Ansprüche auf Grund der vorstehenden Bestimmungen verjähren in fünf Jahren. a)

a) Ueber die Verjährung gegen minderjährige und bevormundete Personen vgl. Anm. b zu Art. 204.

Vierter Abschnitt.

Auflösung der Gesellschaft.

Die Auflösung beendigt nur die produktive Seite der Gesellschaft; im Uebrigen muß bis zur Beendigung der Liquidation die Gesellschaft als in ihrer Organisation verbleibend behandelt werden, soweit dies für die Zwecke der Liquidation nothwendig und mit denselben vereinbar ist. E. v. 18. Jan. 1876. Entsch. XIX S. 163.

Die Auflösung für sich allein berechtigt denjenigen, der mit der Aktiengesellschaft ein Vertragsverhältniß auf längere Dauer eingegangen ist, nicht, die Lösung dieses Verhältnisses zu fordern. Es ist vielmehr nach der Besonderheit des Vertragsverhältnisses in Verbindung mit den maßgebenden Grundsätzen des bürgerlichen Rechts zu beurtheilen, ob durch den Fortfall der produktiven Seite der Geschäftsthätigkeit eine wesentliche Voraussetzung des Vertragsverhältnisses erheblich geändert und dadurch ein Grund zu vorzeitiger Lösung des Vertragsverhältnisses gegeben wird (E. v. 29. Dez. 1880. RG. V S. 8), oder ob gestundete bezw. Seitens des Gläubigers unkündbare Forderungen fällig werden. (E. v. 17. Okt. 1882. RG. IX S. 15). — Die Auflösung der Aktiengesellschaft hat nicht ohne Weiteres zur Folge, daß die mit den Bediensteten geschlossenen Dienstverträge als gelöst gelten. Auch darin, daß ein bisheriges Vorstandsmitglied die Bestellung zum Liquidator annimmt, braucht eine Auflösung des Dienstverhältnisses nicht zu liegen. E. v. 9. Okt. 1889. RG. XXIV S. 70.

242. Die Aktiengesellschaft wird aufgelöst:

1. durch Ablauf der im Gesellschaftsvertrage bestimmten Zeit;
2. durch Beschluß der Generalversammlung; der Beschluß bedarf einer Mehrheit von drei Viertheilen des in der Generalversammlung vertretenen Grundkapitals. Der Gesellschaftsvertrag kann außer dieser Mehrheit noch andere Erfordernisse aufstellen;
3. durch Eröffnung des Konkurses.

Wenn die Auflösung einer Aktiengesellschaft aus anderen Gründen*) erfolgt, so finden die Bestimmungen dieses Abschnittes ebenfalls Anwendung.

a) Es giebt also noch sonstige Auflösungsgründe (vgl. Art. 215 und 247); ein Klagerecht auf Auflösung steht aber weder dem einzelnen Aktionär noch einer Mehrheit von Aktionären zu. (Mot. S. 124.) Anders bei Kommanditgesellschaften auf Aktien, da auf diese nach Art. 200 der Art. 125 HGB. Anwendung findet.

243. Die Auflösung der Gesellschaft muß, wenn sie nicht eine Folge des eröffneten Konkurses ist, durch den Vorstand zur Eintragung in das Handelsregister (Art. 210, 212) angemeldet werden; sie muß zu drei verschiedenen Malen durch die hierzu bestimmten öffentlichen Blätter bekannt gemacht werden.

Durch diese Bekanntmachung müssen zugleich die Gläubiger aufgefordert werden, sich bei der Gesellschaft zu melden.

Vgl. Art. 249g Abs. 2.

244. Die Liquidation [a]) geschieht durch den Vorstand, wenn nicht dieselbe durch den Gesellschaftsvertrag oder einen Beschluß der Generalversammlung an andere Personen übertragen wird.

Auf den Antrag des Aufsichtsraths oder von Aktionären, deren Antheile zusammen den zwanzigsten Theil des Grundkapitals darstellen, kann die Ernennung von Liquidatoren durch den Richter [b]) erfolgen. Die Aktionäre haben bei Stellung des Antrages glaubhaft zu machen, daß sie die Aktien seit mindestens sechs Monaten besitzen.

Die Anmeldung der ersten Liquidatoren zur Eintragung in das Handelsregister (Art. 210, 212) ist durch den Vorstand zu machen.

Die Abberufung der Liquidatoren kann durch den Richter unter denselben Voraussetzungen, wie die Bestellung erfolgen. Liquidatoren, welche nicht vom Richter ernannt sind, können auch durch die Generalversammlung vor Ablauf des Zeitraums, für welchen sie bestellt sind, abberufen werden.

Vgl. Art. 205 u. 249 g.

a) Bei einer Auflösung durch Fusion findet nicht Liquidation, sondern das in Art. 247 vorgeschriebene Verfahren statt. E. v. 17. Okt. 1882. RG IX S. 15.

b) in Preußen durch das Amtsgericht. Beschl. des KG. v. 1. Juli 1889, Joh. IX S. 23.

244 a. Auf die Liquidation finden, soweit nicht in diesem Abschnitte ein Anderes bestimmt ist, die für die Liquidation einer offenen Handelsgesellschaft gegebenen Bestimmungen[a] entsprechende Anwendung.[b]

Die Liquidatoren haben die Rechte und Pflichten des Vorstandes und unterliegen gleich diesem der Ueberwachung des Aufsichtsraths. Die Beschränkungen des Artikels 232 und die im Artikel 234 zugelassene Bestellung von Prokuristen finden nicht statt.

Die Liquidatoren haben bei Beginn der Liquidation eine Bilanz aufzustellen. Dieselbe ist von ihnen ohne Verzug in den hierzu bestimmten öffentlichen Blättern bekannt zu machen und zu dem Handelsregister einzureichen.

Die Veräußerung unbeweglicher Sachen kann durch die Liquidatoren, sofern nicht der Gesellschaftsvertrag oder ein Beschluß der Generalversammlung anders bestimmt, nur durch öffentliche Versteigerung bewirkt werden.

Vgl. Art. 249 g Abs. 2.

a) Soweit sie auf die Aktiengesellschaft anwendbar sind, vgl. E. v. 28. Jan. 1881, RG. III S. 56.

b) Die Liquidatoren sind berechtigt, nach ihrem Ermessen zu Zwecken der Liquidation von den Aktionären Einschüsse auf die nicht vollbezahlten Aktien zu fordern. Sie brauchen sich nicht mit dem einzelnen Aktionär in Verhandlungen über die Nothwendigkeit oder Zweckmäßigkeit solcher Einforderung einzulassen. Nur die Generalversammlung kann gegen ein verwerfliches Verhalten der Liquidatoren einschreiten. E. v. 17. April 1877. Entsch. XXIII S. 135.

Der Aktionär kann von den Liquidatoren den Nachweis des Vermögensbestandes und die Auszahlung seines Antheils verlangen. E. v. 14. Okt. 1871. Entsch. III S. 336, vgl. Art. 141.

Vgl. die Anmerkungen zu Art. 137.

Der von der Generalversammlung einer in Liquidation befindlichen Aktiengesellschaft gefaßte Beschluß, dem Aufsichtsrath für Mühewaltungen während der Liquidation eine zuvor nicht versprochene Vergütung zu gewähren, wurde in dem E. v. 25. Okt. 1878 (Entsch. XXIV S. 223) nach Lage des Falls als innerhalb des Liquidationszwecks liegend für gültig erachtet.

245. Das Vermögen einer aufgelösten Aktiengesellschaft wird nach Tilgung ihrer Schulden unter die Aktionäre nach Verhältniß ihrer Aktien vertheilt.a)

Die Vertheilung darf nicht eher vollzogen werden, als nach Ablauf eines Jahres b) von dem Tage an gerechnet, an welchem die Bekanntmachung in den öffentlichen Blättern (Art. 243) zum dritten Male erfolgt ist.

In Ansehung der aus den Handelsbüchern ersichtlichen oder in anderer Weise bekannten Gläubiger und in Ansehung der noch schwebenden Verbindlichkeiten und streitigen Forderungen kommen die bei der Kommanditgesellschaft auf Aktien gegebenen Bestimmungen (Art. 202) zur Anwendung.[c)]

Nach gelegter Schlußrechnung ist die Beendigung der Liquidation von den Liquidatoren in den hierzu bestimmten öffentlichen Blättern bekannt zu machen.[d)]

Vgl. Art. 201, 202 nebst Anm.

a) Durch das Statut kann eine andere Vertheilung des Gesellschaftsvermögens angeordnet werden. E. v. 5. Juni 1882. RG. VII. S. 70.

b) Dieses Jahr bildet keine Präklusivfrist für die Anmeldung der Gläubiger Auch Gläubiger, die sich später melden, können Befriedigung aus dem noch vorhandenen Gesellschaftsvermögen verlangen. Daß solches nicht mehr vorhanden, daß die Gesellschaft durch vollständige Vertheilung erloschen ist, hat die Gesellschaft zu beweisen. E. v. 18. Jan. 1876. Entsch. XIX S. 160.

c) Liquidatoren, welche den Vorschriften des Art. 245 zuwiderhandeln, sind persönlich zur Erstattung der vorschriftswidrig geleisteten Zahlungen verpflichtet (vgl. Art. 241, 244a Abs. 2). E. v. 10. Juni 1882, RG. VII S. 105.

d) Anträgen der Liquidatoren auf Eintragung der Liquidationsbeendigung, des infolge dessen eingetretenen Erlöschens ihrer Vollmacht, sowie auf Löschung der Firma hat nach Ansicht des KG. (Beschl. v. 3. Juli 1882 u. 24. Jan. 1883, Joh. III S. 24) der Registerrichter nicht stattzugeben.

246. Die Handelsbücher der aufgelösten Gesellschaft sind nach der Bekanntmachung von der Beendigung der Liquidation an einem von dem Handelsgerichte zu bestimmenden sicheren Orte zur Aufbewahrung auf die Dauer von zehn Jahren niederzulegen.

Die Aktionäre und die Gläubiger können zur Einsicht der Handelsbücher vom Handelsgericht ermächtigt werden.

247. Bei der Auflösung einer Aktiengesellschaft durch Vereinigung derselben mit einer anderen Aktiengesellschaft (Art. 215)[a] kommen folgende Bestimmungen zur Anwendung:

1. Das Vermögen der aufzulösenden Gesellschaft ist solange getrennt zu verwalten, bis die Befriedigung oder Sicherstellung ihrer Gläubiger erfolgt ist.[b]
2. Der bisherige Gerichtsstand der Gesellschaft bleibt für die Dauer der getrennten Vermögensverwaltung bestehen, dagegen wird die Verwaltung von der anderen Gesellschaft geführt.[c]
3. Die Mitglieder des Vorstandes und des Aufsichtsraths der letzteren Gesellschaft sind den Gläubigern der aufgelösten Gesellschaft für die Ausführung der getrennten Verwaltung persönlich und solidarisch verantwortlich, die Mitglieder des Aufsichtsraths, soweit eine Vereinigung der Vermögen beider Gesellschaften mit ihrem Wissen und ohne ihr Einschreiten erfolgt ist.
4. Die Auflösung der Gesellschaft ist zur Eintragung in das Handelsregister anzumelden.
5. Die öffentliche Aufforderung der Gläubiger der aufgelösten Gesellschaft (Art. 243) kann unterlassen oder auf einen späteren Zeitpunkt verschoben werden. Jedoch ist die Vereinigung der Vermögen der beiden Gesellschaften erst in dem Zeitpunkte zulässig, in welchem eine Vertheilung des

Vermögens einer aufgelösten Aktiengesellschaft unter die Aktionäre erfolgen darf (Art. 245).

Vgl. Art. 249 g Abs. 2.

a) Durch die Fusion tritt die Fälligkeit gestundeter oder unkündbarer Forderungen nur beim Obwalten besonderer Umstände ein. E. v. 17. Okt. 1882 RG. IX S. 18, 21.

b) Die getrennte Vermögensverwaltung schließt nicht aus, daß nach den getroffenen Vereinbarungen an dem bei der Verwaltung der mehreren Vermögensmassen zu erzielenden Gewinn oder zu erleidenden Verlust die sämmtlichen Aktionäre verhältnißmäßigen Antheil haben und daß in Bezug auf jede der Massen sämmtliche Aktionäre Beschließungsrechte ausüben. E. v. 17. Okt. 1882, RG. IX S. 19.

c) Wegen der Schulden der aufgenommenen Gesellschaft ist die aufnehmende zu belangen. E. v. 17. Okt. 1882. RG. IX S. 17.

248. Eine theilweise Zurückzahlung[a] des Grundkapitals an die Aktionäre oder eine Herabsetzung desselben[b] kann nur auf Beschluß der Generalversammlung und nur unter Beobachtung derselben Bestimmungen erfolgen, welche für die Vertheilung des Gesellschaftsvermögens im Falle der Auflösung maßgebend sind (Art. 243, 245). Der Beschluß hat zugleich die Art, in welcher die Zurückzahlung oder Herabsetzung erfolgen soll, und die zu ihrer Durchführung erforderlichen Maßregeln festzusetzen.[c] Er muß, sofern der Gesellschaftsvertrag für die Beschlußfassung nicht noch andere Erfordernisse aufstellt, durch eine Mehrheit von drei Viertheilen des in der Generalversammlung vertretenen Grundkapitals erfolgen. Sind verschiedene Gattungen von Aktien ausgegeben, so bedarf es zu dem von der gemeinschaftlichen General-

versammlung gefaßten Beschlusse der Zustimmung einer besonderen Generalversammlung der benachtheiligten Aktionäre, deren Beschlußfassung derselben Vorschrift unterliegt.

Der Beschluß ist in das Handelsregister einzutragen;[d)] auf die Eintragung finden die Vorschriften im Artikel 214 Anwendung.

Vgl. Art. 203 Abs. 1.

a) Eine theilweise Zurückzahlung der Einlage an die Aktionäre ist auch dann anzunehmen, wenn mit denselben vereinbart wird, daß sie für Beträge, welche sie ursprünglich eingezahlt, nachher aber der Gesellschaft schenkungsweise überlassen hatten, als Schuldner der Gesellschaft belastet bleiben sollen. E. v. 26. Sept. 1890. RG. XXVII S. 7.

b) Unter „Herabsetzung" ist nicht blos der Fall der Befreiung von noch ausstehenden Einzahlungen, sondern auch der Fall der einfachen Abschreibung verloren gegangenen Aktienkapitals vom eingezahlten Grundkapital zu verstehen. Beschl. v. 29. Mai 1876. Entsch. XX S. 94.

Die Herabsetzung des Aktienkapitals ist nicht als Auflösung der bisherigen und Gründung einer neuen Aktiengesellschaft aufzufassen. Sie bewirkt eben so wenig wie die Auflösung, daß befristete Forderungen fällig werden. E. v. 19. Nov. 1878. Entsch. XXIV S. 243.

c) Die Generalversammlung ist nicht befugt, diese Festsetzung Dritten, etwa dem Vorstand oder dem Aufsichtsrath zu überlassen. Der Beschluß selbst muß die Festsetzung über die Art der Verminderung (Zusammenlegung von Aktien, Abstempelung auf einen geringeren Betrag mit oder ohne Baarzahlung, Rückkauf 2c.), die zur Durchführung erforderlichen Maßregeln (Ankauf auf dem Markt, Bestimmung des zu bewilligenden höchsten Preises 2c.) enthalten. E. v. 19. Sept. 1890. RG. XXVI S. 133.

d) Die Eintragung ist schon vor Ablauf des Sperrjahrs (Art. 245) zulässig. Beschl. des KG. v. 17. Juni 1889. Joh. IX. S. 20.

Vierter Titel. Strafbestimmungen.

249. Persönlich haftende Gesellschafter, Mitglieder des Aufsichtsraths und Liquidatoren einer Kommanditgesellschaft auf Aktien, sowie Mitglieder des Vorstandes und des Aufsichtsraths und Liquidatoren einer Aktiengesellschaft werden, wenn sie absichtlich zum Nachtheile der Gesellschaft handeln, mit Gefängniß und zugleich mit Geldstrafe bis zu zwanzigtausend Mark bestraft.

Zugleich kann auf Verlust der bürgerlichen Ehrenrechte erkannt werden.

249a. Mit Gefängniß und zugleich mit Geldstrafe bis zu zwanzigtausend Mark werden bestraft:

1. persönlich haftende Gesellschafter oder Mitglieder des Aufsichtsraths einer Kommanditgesellschaft auf Aktien, sowie Gründer, Mitglieder des Vorstandes oder des Aufsichtsraths einer Aktiengesellschaft, welche behufs Eintragung des Gesellschaftsvertrages in das Handelsregister rücksichtlich der Zeichnung oder Einzahlung des Gesammtkapitals der Kommanditisten oder des Grundkapitals der Aktiengesellschaft oder der im Artikel 175b oder 209b[a]) vorgesehenen Festsetzungen wissentlich falsche Angaben machen;
2. diejenigen, welche rücksichtlich der bezeichneten Thatsachen wissentlich falsche Angaben in einer im Artikel 180a, 213b vorgesehenen Ankündigung von Aktien machen;

3. persönlich haftende Gesellschafter oder Mitglieder des Aufsichtsraths einer Kommanditgesellschaft auf Aktien, sowie Mitglieder des Vorstandes und des Aufsichtsraths einer Aktiengesellschaft, welche behufs Eintragung einer Erhöhung des Gesammtkapitals der Kommanditisten oder des Grundkapitals der Aktiengesellschaft in das Handelsregister (Art. 180h und 180i, 215a und 215b) rücksichtlich der Einzahlung des bisherigen b) oder rücksichtlich der Zeichnung oder Einzahlung des erhöhten Kapitals wissentlich falsche Angaben machen.

Zugleich kann auf Verlust der bürgerlichen Ehrenrechte erkannt werden.

Sind mildernde Umstände vorhanden, so tritt ausschließlich die Geldstrafe ein.

a) Wissentlich falsche Angaben in dem durch Art. 209 g vorgeschriebenen Gründerbericht sind auf Grund des Art. 249 a Ziff. 1 strafbar. E. v. 2. Okt. 1888, RG. in Straff. XVIII S. 111.

b) Die Anzeige der vollen Einzahlung des Grundkapitals enthält eine falsche Angabe im Sinne obiger Vorschrift, wenn ein noch so kleiner Theilbetrag des Aktienkapitals noch nicht in die Gesellschaftskasse geflossen ist. E. v. 25. März 1886, RG. in Straff. XIV S. 37 ff.

249 b. Persönlich haftende Gesellschafter, Mitglieder des Aufsichtsraths und Liquidatoren einer Kommanditgesellschaft auf Aktien, sowie Mitglieder des Vorstandes und des Aufsichtsraths und Liquidatoren einer Aktiengesellschaft werden mit Gefängniß bis zu einem Jahre und zugleich mit Geldstrafe bis zu zwanzigtausend Mark bestraft:

1. wenn sie wissentlich in ihren Darstellungen,[a] in ihren Uebersichten über den Vermögensstand der Gesellschaft oder in den in der Generalversammlung gehaltenen Vorträgen den Stand der Verhältnisse[b] der Gesellschaft unwahr darstellen oder verschleiern;
2. wenn sie vor der vollen Leistung des Nominalbetrages der Aktien oder des in den Fällen der Artikel 175 a Ziffer 2, 180 h Absatz 2, 209 a Ziffer 2, 215 a Absatz 2 festgesetzten Betrages[c] Aktien ausgeben;
3. wenn sie in dem Falle einer stattgefundenen Erhöhung des Gesammtkapitals oder des Grundkapitals vor Eintragung derselben in das Handelsregister (Art. 180 i Abs. 3, 215 c Abs. 3) Aktien oder Interimsscheine ausgeben;
4. wenn sie auf einen geringeren Betrag als eintausend Mark gestellte Aktien oder Interimsscheine ausgeben, welche nicht die im Artikel 181 a Absatz 3, 215 c Absatz 4 vorgeschriebenen Angaben enthalten.

Im Falle der Ziffer 1 kann zugleich auf Verlust der bürgerlichen Ehrenrechte erkannt werden.

Sind mildernde Umstände vorhanden, so tritt ausschließlich die Geldstrafe ein.

a) Die Bestimmung bezieht sich auch auf solche Darstellungen und Uebersichten, welche der Vorstand dem Aufsichtsrath macht, ohne daß sie zur Mittheilung an die Aktionäre oder an Dritte bestimmt sind, E. v. 7. Nov. 1881. RG. Entsch. in Straff. V S. 147, ferner auf die von den Mitgliedern des Aufsichtsraths in der Generalversammlung gehaltenen Vorträge, welche geeignet sind, das Urtheil über den Stand der Verhältnisse der Gesellschaft zu beeinflussen. E. v. 29. Nov. 1890. RG. Entsch. in Straff. XXI S. 172.

b) Eine unwahre Darstellung des Standes der Verhältnisse im obigen Sinne liegt auch vor, wenn in der der Generalversammlung vorgelegten Bilanz zweifelhafte Forderungen zu dem ihren wahrscheinlichen Werth erheblich übersteigenden Nennbetrage angesetzt sind. E. v. 5. April 1886, RG. in Straff. XIV S. 80.

c) d. h. des auf die ausgegebene Aktie entfallenden Betrages; bis zur Einzahlung der auf alle Aktien entfallenden Beträge braucht nicht gewartet zu werden. Komm.Ber. S. 35.

249 c. Mit Gefängniß bis zu drei Monaten und zugleich mit Geldstrafe bis zu fünftausend Mark werden bestraft:

1. die persönlich haftenden Gesellschafter, die Mitglieder des Aufsichtsraths und die Liquidatoren einer Kommanditgesellschaft auf Aktien, sowie die Mitglieder des Vorstandes und des Aufsichtsraths und die Liquidatoren einer Aktiengesellschaft, wenn länger als drei Monate die Gesellschaft ohne Aufsichtsrath geblieben ist[a]) oder in dem letzteren die zur Beschlußfähigkeit erforderliche Zahl von Mitgliedern gefehlt hat;
2. die Mitglieder des Vorstandes und die Liquidatoren einer Aktiengesellschaft, wenn sie entgegen der Vorschrift des Artikels 240 Absatz 2 es unterlassen haben, die Eröffnung des Konkurses zu beantragen.

Sind mildernde Umstände vorhanden, so ist auf die Geldstrafe ausschließlich zu erkennen.

Die Strafe tritt nicht gegen denjenigen ein, welcher nachweist, daß die Bestellung oder Ergänzung des Aufsichtsraths oder der Eröffnungsantrag ohne sein Verschulden unterblieben ist.

a) Die Strafbestimmung greift auch Platz, wenn der Gesellschaftsvertrag den Art. 175 e, 209 f zuwider die Anstellung eines Aufsichtsraths nicht vorschreibt. E. v. 12. Nov. 1881. RG. Entsch. in Straff. V S. 161.

249 d. Mit Gefängniß bis zu einem Jahre und zugleich mit Geldstrafe bis zu zehntausend Mark wird bestraft:

1. wer in öffentlichen Bekanntmachungen wissentlich falsche Thatsachen vorspiegelt oder wahre Thatsachen entstellt, um zur Betheiligung an einem Aktienunternehmen zu bestimmen;
2. wer in betrügerischer Absicht auf Täuschung berechnete Mittel anwendet, um auf den Kurs von Aktien einzuwirken;
3. wer über die Hinterlegung von Aktien oder Interimsscheinen Bescheinigungen, welche zum Nachweise des Stimmrechts in einer Generalversammlung dienen sollen, wissentlich falsch ausstellt oder verfälscht, oder von einer solchen Bescheinigung, wissend, daß sie falsch oder verfälscht ist, zur Ausübung des Stimmrechts Gebrauch macht.

Zugleich kann auf Verlust der bürgerlichen Ehrenrechte erkannt werden.

Sind mildernde Umstände vorhanden, so tritt ausschließlich die Geldstrafe ein.

Ist die öffentliche Bekanntmachung ad 1 im Inseratentheil einer periodischen Druckschrift erfolgt und der Verfasser des Inserats nicht nur unter demselben genannt, sondern auch in dem Bereiche der richterlichen Gewalt eines deutschen Bundesstaates, so findet §. 20 Alinea 2 des Gesetzes über die Presse vom 7. Mai 1874 (Reichs-Gesetzbl. S. 65) keine Anwendung.

249e. Wer sich besondere Vortheile dafür hat gewähren oder versprechen lassen, daß er bei einer Abstimmung in der Generalversammlung von Kommanditisten oder Aktionären in einem gewissen Sinne stimme, wird mit Geldstrafe bis zu dreitausend Mark oder mit Gefängniß bis zu einem Jahre bestraft.

249f. Wer in der Generalversammlung die Aktien eines Anderen, zu dessen Vertretung er nicht befugt ist, ohne dessen Einwilligung zur Ausübung des Stimmrechts benutzt, wird mit einer Geldstrafe von zehn bis dreißig Mark für jede der Aktien, jedoch nicht unter eintausend Mark, bestraft. Die gleiche Strafe trifft denjenigen, welcher Aktien eines Anderen gegen Entgelt leiht und für diese das Stimmrecht ausübt, sowie denjenigen, welcher hierzu durch Verleihung der Aktien wissentlich mitgewirkt hat.

249g. Die persönlich haftenden Gesellschafter und die Liquidatoren einer Kommanditgesellschaft auf Aktien sind zur Befolgung der in den Artikeln 179, 185, 185c, 190a Absatz 4 und 5, 193 Absatz 2 und 205 Absatz 3 enthaltenen Vorschriften von dem Handelsgerichte durch Ordnungsstrafen anzuhalten.

In gleicher Weise sind die Mitglieder des Vorstandes und die Liquidatoren einer Aktiengesellschaft zur Befolgung der in den Artikeln 212, 213f Absatz 4, 222 (Art. 190a Abs. 4, 5), 222a Absatz 3 und 4, 225 Absatz 1, 228, 233 Absatz 1, 238a Absatz 2, 239 Absatz 2, 239b (Art. 185c), 240 Absatz 1, 243 Absatz 1, 244 Absatz 3, 244a Absatz 3 und 247 Ziffer 4 enthaltenen Vorschriften anzuhalten.

Drittes Buch. Von der stillen Gesellschaft und von der Vereinigung zu einzelnen Handelsgeschäften für gemeinschaftliche Rechnung.

Erster Titel. Von der stillen Gesellschaft.

250. Eine stille Gesellschaft ist vorhanden, wenn sich Jemand an dem Betriebe des Handelsgewerbes [a]) eines Anderen [b]) mit einer Vermögenseinlage [c]) gegen Antheil an Gewinn [d]) und Verlust [e]) betheiligt.

Zur Gültigkeit des Vertrages bedarf es der schriftlichen Abfassung oder sonstiger Förmlichkeiten nicht.

a) Vgl. Anm. a zu Art. 85.

b) eines Anderen; es darf also kein gemeinschaftlicher Geschäftsbetrieb sein. Vgl. E. v. 13. Mai 1871, Entsch. S. 245.

Der „Andere" kann auch eine (einfache) Kommanditgesellschaft sein. E. v. 1. Febr. 1890, RG. XXV S. 41.

c) Die Vermögenseinlage darf nicht in Beiträgen zu einzelnen Geschäften bestehen. — E. v. 15. Febr. 1873. Entsch. IX S. 160. Vgl. Art. 266 und Anm. zu denselben.

d) Der Antheil am Gewinn kann auch in einem festen Prozentsatz des Einlagekapitals bestehen. — E. v. 5. Febr. 1873. Entsch. IX S. 37.

e) Eine Abrede, daß der stille Gesellschafter am Verluste nicht Theil nehmen solle, ist nicht unzulässig. — E. v. 4. Jan. 1874. Entsch. XII S. 100. — Das RG. nimmt aber an, daß eine Theilnahme auch am Verluste zu den wesentlichen Voraussetzungen der stillen Gesellschaft gehört. Die Vereinbarung, daß ein Gesellschafter am Verlust nicht theilnehmen solle, sei zwar an sich zulässig; auf eine solche Gesellschaft seien aber die Vorschriften des HGB. nicht unmittelbar anwendbar; es müsse nach dem Inhalt des Vertrages entschieden werden, inwieweit bei einer solchen Gesellschaft eine Unterwerfung unter die Vorschriften des HGB. als vereinbart angesehen werden darf. E. v. 30. Nov. 1880. RG. III S. 9. — Die Unterwerfung unter die Vorschrift des Art. 259 HGB. ist in dem E. v. 10. Okt. 1890, RG. XXVII S. 16 bei vereinbarter Nichtbetheiligung des stillen Gesellschafters an dem Verlust daraus gefolgert, daß die Vertragschließenden nach dem von ihnen unzweideutig erklärten Willen beabsichtigt hatten, eine stille Gesellschaft im Sinne des Handelsgesetzbuchs zu gründen. In dem Urtheil v. 24. März 1888, RG. XX S. 165, ist wiederum angenommen, daß die Vereinbarung der Nichttheilnahme am Verlust mit dem Wesen der stillen Gesellschaft nicht unvereinbar sei.

Eine stille Gesellschaft liegt nicht vor, wenn dem einen Theil in erster Linie ein Anrecht auf feste lebenslängliche Bezüge und daneben ein accessorischer Anspruch auf Gewinnantheil zusteht. E. v. 24. März 1888, RG. XX S. 165.

251. Der Inhaber des Handelsgewerbes betreibt die Geschäfte unter seiner Firma.

Eine das Verhältniß einer Handelsgesellschaft andeutende Firma darf derselbe wegen der Betheiligung eines stillen Gesellschafters bei Ordnungsstrafe nicht annehmen.

252. Der Inhaber des Handelsgewerbes wird Eigenthümer der Einlage des stillen Gesellschafters.

Der stille Gesellschafter ist nicht verpflichtet, die Einlage über den vertragsmäßigen Betrag zu erhöhen, oder die durch Verlust verminderte Einlage zu ergänzen.

253. Der stille Gesellschafter ist berechtigt, die abschriftliche Mittheilung der jährlichen Bilanz zu verlangen und die Richtigkeit derselben unter Einsicht der Bücher und Papiere zu prüfen.

Das Handelsgericht kann auf den Antrag des stillen Gesellschafters, wenn wichtige Gründe dazu vorliegen, die Mittheilung einer Bilanz oder sonstiger Aufklärungen nebst Vorlegung der Bücher und Papiere zu jeder Zeit anordnen.

254. Ist über die Höhe der Betheiligung des stillen Gesellschafters an Gewinn und Verlust nichts vereinbart, so wird dieselbe nach richterlichem Ermessen, nöthigenfalls unter Zuziehung von Sachverständigen, festgestellt.

255. Am Schlusse eines jeden Geschäftsjahres wird der Gewinn und Verlust berechnet und dem stillen Gesellschafter der ihm zufallende Gewinn ausbezahlt.

Der stille Gesellschafter nimmt an dem Verluste nur bis zum Betrage seiner eingezahlten oder rückständigen Einlage Antheil. Er ist nicht verpflichtet, den bezogenen Gewinn wegen späterer Verluste zurückzuzahlen; jedoch wird, so lange seine ursprüngliche Einlage durch Verlust vermindert ist, der jährliche Gewinn zur Deckung des Verlustes verwendet.

Der Gewinn, welcher von dem stillen Gesellschafter nicht erhoben wird, vermehrt dessen Einlage nicht, sofern nicht ein Anderes vereinbart ist.[a)]

a) In Höhe des nicht erhobenen Gewinnes ist der stille Gesellschafter Gläubiger. Er braucht sich nicht gefallen zu lassen, daß dieser Gewinn zur Deckung späterer Verluste verwendet wird. — E. v. 47. Febr. 1874. Entsch. XIII S. 65.

256. Aus den Geschäften des Handelsgewerbes wird der Inhaber desselben dem Dritten gegenüber allein berechtigt und verpflichtet.

257. Der Name eines stillen Gesellschafters darf in der Firma des Inhabers des Handelsgewerbes nicht enthalten sein; im entgegengesetzten Falle[a)] haftet der stille Gesellschafter den Gläubigern der Gesellschaft persönlich und solidarisch.

a) auch wenn er seinen Namen in der Firma stillschweigend duldet. E. v. 30. Okt. 1877. Entsch. XXIII S. 54.

258. Wenn der Inhaber des Handelsgewerbes in Konkurs verfällt, so ist der stille Gesellschafter befugt, wegen seiner Einlage, soweit dieselbe den Betrag des auf ihn fallenden Antheils am Verluste übersteigt, seine Forderung als Konkursgläubiger geltend zu machen.

Ist die Einlage rückständig, so hat der stille Gesellschafter dieselbe bis zu dem Betrage, welcher zur Deckung seines Antheils am Verluste erforderlich ist, in die Konkursmasse zu zahlen.

259. Wenn innerhalb eines Jahres vor Eröffnung des Konkurses über das Vermögen des Inhabers des Handelsgewerbes durch Vereinbarung[a]) zwischen ihm und dem stillen Gesellschafter das Gesellschaftsverhältniß aufgelöst worden ist, so können die Konkursgläubiger verlangen, daß der stille Gesellschafter die ihm zurückbezahlte[b]) Einlage in die Konkursmasse einzahle, unbeschadet seines Rechts, die in dem Zeitpunkt der Auflösung ihm aus dem Gesellschaftsverhältnisse zustehende Forderung als Konkursgläubiger geltend zu machen.

Dasselbe gilt, wenn dem stillen Gesellschafter in dem bezeichneten Zeitraum ohne Auflösung des Gesellschaftsverhältnisses die Einlage zurückbezahlt wurde.

In gleicher Weise ist, wenn der Inhaber des Handelsgewerbes in dem bezeichneten Zeitraum dem stillen Gesellschafter dessen Antheil an dem entstandenen Verluste ganz oder theilweise erlassen hat, der Erlaß zu Gunsten der Konkursgläubiger unwirksam.

Die Bestimmungen dieses Artikels treten nicht ein, wenn der stille Gesellschafter beweist, daß der Konkurs in Umständen seinen Grund hat, welche erst nach dem Zeitpunkt der Auflösung, der Zurückzahlung oder des Erlasses eingetreten sind.c)

a) Wird die stille Gesellschaft aus anderen Gründen aufgelöst, (vgl. Art. 261, Ziff. 1, 2, 3, 5, 6), so finden die Bestimmungen des Art. 259 nicht Anwendung.

b) Der Art. 259 bezieht sich auch auf eine theilweise Zurückzahlung, E. v. 10. Okt. 1890, RG. XXVII S. 17, und auf alle Fälle der Solution, nicht blos auf die Numeration. — Die Einlage gilt auch dann für zurückbezahlt, wenn der stille Gesellschafter in einer Weise sichergestellt worden ist, welche nach dem zur Anwendung kommenden Konkursrechte seine Bezahlung vor den übrigen Gläubigern zur Folge hat. E. v. 16. Juni 1874. Entsch. XIV S. 38 u. E. v. 10. Okt. 1890, RG. XXVII S. 18.

Eine vertragsmäßige Ausschließung der Vorschrift des Art. 359 ist unwirksam. E. v. 10. Okt. 1890, RG. XXVII S. 18.

c) Der Einwand aus dem Abs. 4 setzt voraus, daß lediglich spätere Umstände die begründete Ursache des Konkurses gewesen sind. Der Austritt selbst, die Rückzahlung oder der Erlaß der Einzahlung darf nicht als Grund des Konkurses mitgewirkt haben.

Wenn auch erst ein nach dem Austritt des stillen Gesellschafters eingetretener Umstand (z. B. ein Krieg) die Veranlassung zum Ausbruch des Konkurses gewesen ist, so hindert dies nicht, die wirkliche Ursache desselben auf frühere Ereignisse, insbesondere auf den Austritt selbst zurückzuführen.

Das den Konkursgläubigern eingeräumte Zurückforderungsrecht ist nicht von dem Vorhandensein einer mala fides auf Seiten des stillen Gesellschafters abhängig. E. v. 16. Juni 1874. Entsch. XIV S. 92.

260. Ob und inwieweit eine rechtliche Wirkung zu Gunsten dritter Personen eintritt, wenn durch einen stillen Gesellschafter oder mit dessen Willen das Vorhandensein der stillen Gesellschaft kundgemacht wird, ist nach allgemeinen Rechtsgrundsätzen zu beurtheilen.

261. Die stille Gesellschaft wird aufgelöst:

1) durch den Tod des Inhabers des Handelsgewerbes, wenn nicht der Vertrag bestimmt, daß die Gesellschaft mit den Erben des Verstorbenen fortbestehen soll;
2) durch die eingetretene rechtliche Unfähigkeit des Inhabers des Handelsgewerbes zur selbständigen Vermögensverwaltung;
3) durch die Eröffnung des Konkurses über das Vermögen des Inhabers des Handelsgewerbes oder des stillen Gesellschafters;
4) durch gegenseitige Uebereinkunft;
5) durch Ablauf der Zeit, auf deren Dauer die stille Gesellschaft eingegangen ist, wenn dieselbe nicht stillschweigend fortgesetzt wird; in diesem Falle gilt der Vertrag von da an als auf unbestimmte Dauer geschlossen;
6) durch die Aufkündigung eines der beiden Theile, wenn der Vertrag auf unbestimmte Dauer geschlossen ist.

Ein auf Lebenszeit[a]) geschlossener Vertrag ist als auf unbestimmte Dauer geschlossen zu betrachten.

Die Aufkündigung eines auf unbestimmte Dauer geschlossenen Vertrages muß, wenn nicht ein Anderes vereinbart ist, mindestens sechs Monate vor Ablauf des Geschäftsjahres erfolgen.

a) Vgl. die Anmerkung zu Art. 123.

a) Hierbei ist es gleichgültig, ob die Gesellschaft auf die Lebenszeit des stillen Gesellschafters oder des Inhabers des Handelsgewerbes geschlossen ist. E. v. 24. März 1888, RG. XX S. 166.

262. Die Auflösung der stillen Gesellschaft kann vor Ablauf der für ihre Dauer bestimmten Zeit oder bei einem Vertrage von unbestimmter Dauer ohne vorherige Aufkündigung verlangt werden, wenn dazu wichtige Gründe[a] vorhanden sind. Die Beurtheilung, ob solche Gründe anzunehmen sind, bleibt im Falle des Widerspruchs dem Ermessen des Richters überlassen.

a) Auch mangelnde Rentabilität kann als ein wichtiger Grund aufgefaßt werden. E. v. 7. Jan. 1874. Entsch. XII S. 100.

263. Die Bestimmung des Artikels 126. gilt auch zu Gunsten der Privatgläubiger eines stillen Gesellschafters.

264. Wenn der stille Gesellschafter stirbt oder zur Verwaltung seines Vermögens rechtlich unfähig wird, so hat dies die Auflösung der stillen Gesellschaft nicht zur Folge.

265. Nach Auflösung[a] der stillen Gesellschaft muß der Inhaber des Handelsgewerbes sich mit dem stillen Gesellschafter auseinandersetzen und die Forderung desselben in Gelde berichtigen.[b]

Der Inhaber des Handelsgewerbes besorgt die Liquidation[c] der bei der Auflösung noch schwebenden Geschäfte.

a) Der Art. 265 findet (mit der sich aus Art. 258 Abs. 1 ergebenden Maßgabe) auch für den Fall der Auflösung der stillen Gesellschaft durch Konkurs Anwendung. — Ist der Konkurs über das Vermögen des Inhabers des Handelsgewerbes eröffnet, so hat der

Konkursverwalter die Liquidation der schwebenden Geschäfte zu besorgen; mit ihm ist die Auseinandersetzung zu bewirken. E. v. 7. Juli 1884, Gruch. XXIX S. 998.

b) Nach Auflösung der Gesellschaft darf der stille Gesellschafter nicht ohne Weiteres Rückzahlung seiner Einlage fordern. Er muß zunächst auf Rechnungslegung klagen, falls er nicht in der Lage ist, selbst die Rechnung aufzumachen. Auf die Einlage des stillen Gesellschafters findet der Grundsatz, daß Veränderungen nicht vermuthet werden, keine Anwendung. E. v. 19. Mai 1874. Entsch. XIII S. 274.

In dem Urtheil vom 9. Juni 1877 (Entsch. XXIII S. 130) nimmt dagegen das ROHG. an, daß der stille Gesellschafter nach Auflösung der Gesellschaft auf Rückzahlung klagen könne, wenn er behauptet, daß diese Einlage noch in der ursprünglichen Höhe vorhanden sei. Behaupte auf eine solche Klage der Inhaber des Handelsgewerbes, daß die Einlage durch Verlust gemindert ist, so müsse er diese Behauptung eingehend begründen, wozu insbesondere die Vorlage einer ordnungsmäßigen Bilanz diene.

Der Gesellschafter, welcher am Verlust nicht theilnimmt, kann ohne vorgängige Rechnungslegung die Einlage einklagen. E. v. 5. Dez. 1891. Gruch. XXXVI S. 1165.

c) Hierbei gelten im Allgemeinen dieselben Grundsätze, wie bei der Gelegenheitsgesellschaft. Vgl. Anm. zu Art. 270.

Zweiter Titel. Von der Vereinigung zu einzelnen Handelsgeschäften für gemeinschaftliche Rechnung.

Die wenigen Bestimmungen des HGB. über die Gelegenheitsgesellschaft erschöpfen die Materie nicht: vielmehr bleiben, soweit nicht das HGB abweichende Bestimmungen getroffen hat, die Grundsätze des bürgerlichen Rechts über das Gesellschaftsverhältniß maßgebend. E. v. 30. Mai 1877. Entsch. XXII S. 179.

Die Vorschriften dieses Titels sind an sich für eine Vereinigung zu einem dauernden Geschäftsbetriebe, auch wenn diese Vereinigung unter keine der im HGB. behandelten Gesellschaftsformen fällt, nicht gegeben. E. v. 13. April 1872, Entsch. V S. 390 u. v. 18. April 1883. RG. IX S. 168. — Dies schließt jedoch die Anwendung einzelner Vorschriften des Titels (soweit sie ihrer Tendenz nach maßgebend sein können, vgl. Art. 269) auf Vereinigungen zu einem dauernden Geschäftsbetriebe, z. B. auf die Gesellschaft von Minderkaufleuten, nicht aus. Vgl. E. v. 13. Mai 1871 u. 13. April 1872. Entsch. II S. 425, V S. 390. E. v. 1. Mai 1883. RG. IX S. 80.

266. Die Vereinigung zu einem oder mehreren einzelnen a) Handelsgeschäften b) für gemeinschaftliche Rechnung bedarf einer schriftlichen Abfassung nicht und ist sonstigen Förmlichkeiten nicht unterworfen. c)

a) Es ist nicht erforderlich, daß die Geschäfte selbst im Voraus festgesetzt sind; es genügt, wenn die Natur der Geschäfte und die Ausführung im Allgemeinen vereinbart ist.

Eine Vereinigung im Sinne der Art. 266 ff. (Gelegenheitsgesellschaft) wird dadurch nicht ausgeschlossen, daß der mit der Ausführung betraute Theilnehmer zugleich ein gleichartiges dauerndes Handelsgewerbe für eigene Rechnung betreibt, vorausgesetzt, daß die Beiträge der anderen Theilnehmer sich nicht als eine Einlage zu dem ganzen Handelsgewerbe darstellen. E. v. 15. Febr. 1873. Entsch. IX S. 160.

b) Es brauchen dies nicht Handelsgeschäfte im Sinne der Art. 271, 272, es können auch solche Geschäfte sein, welche gemäß Art. 273 als Handelsgeschäfte gelten, weil sie von einem Kaufmann im Betriebe seines Handelsgewerbes abgeschlossen worden sind. E. v. 16. Nov. 1872 und 28. Sept. 1873. Entsch. VIII S. 46 und X S. 429.

Eine Vereinigung zu dem spekulationsweisen An- und Verkauf eines Grundstücks ist nicht als eine Vereinigung zu einem Handelsgeschäft anzusehen. (Vgl. Anm. zu Art. 275.) E. v. 9. Dez. 1873, Entsch. XII S. 55.

Wohl aber kann eine Vereinigung von Kaufleuten zur Vermittelung von Grundstücksverkäufen darunter fallen. E. v. 21. Jan. 1875. Entsch. XVI S. 1.

Eine Vereinigung zur Ausbeutung eines gepachteten Steinbruchs ist keine handelsrechtliche Gesellschaft. E. v. 19. Nov. 1881. RG. VI S. 8.

c) Eine Vereinigung zu Handelsgeschäften ist an sich kein Handelsgeschäft und kann ein solches nur auf Grund des Art. 273 in Folge der Kaufmannseigenschaft eines der Kontrahenten werden. E. v. 7. Juni 1873. Entsch. X S. 262.

Ein Vertrag, durch welchen ein Theilnehmer an einer Vereinigung zu einzelnen Handelsgeschäften einen Dritten an seinem Antheile betheiligt, kann selbst wieder eine Vereinigung zu einem Handelsgeschäft darstellen. E. v. 7. Juni 1873. Entsch. X S. 260.

267. Wenn nicht ein Anderes verabredet ist, so sind alle Theilnehmer in gleichem Verhältnisse zu dem gemeinsamen Unternehmen beizutragen verpflichtet.[a)]

a) Der Gesellschafter, welcher bezüglich der Ausführung des ihm ertheilten Auftrages die Erfüllung der ihm obliegenden Pflichten in wesentlichen Beziehungen unterläßt und durch sein schuldhaftes Thun oder Unterlassen die Erreichung des gesellschaftlichen Zweckes vereitelt, kann, wenn er dadurch dem andern Gesellschafter gerechten Anlaß giebt, sich von der Gesellschaft loszusagen (vgl. Art. 125 Nr. 1), von dem andern Theilnehmer auch nicht diejenigen Leistungen fordern, welche ein auftragsmäßiges Verhalten zur nothwendigen Voraussetzung haben. E. v. 30. Mai 1877. Entsch. XXII S. 182.

268. Ist über den Antheil der Theilnehmer am Gewinn und Verlust nichts vereinbart, so werden die Einlagen verzinst, der Gewinn oder Verlust aber nach Köpfen vertheilt.[a)]

a) Wer eine andere Gewinnvertheilung beansprucht, muß beweisen, daß sie vereinbart ist. Vgl. E. v. 22. Febr. 1882, GR. VI

S. 79. — Sind die Parteien darüber einig, daß eine ungleiche Vertheilung von Gewinn und Verlust bedungen worden ist, aber über das Verhältniß der Antheile uneinig, so hat der Kläger zu beweisen, daß das Antheilsverhältniß so vereinbart worden ist, wie er es behauptet. Daß bei feststehender Vereinbarung ungleicher Antheile die Vermuthung für eine möglichst geringe Abweichung von Kopftheilen spricht, ist nicht anzuerkennen. E. v. 24. Mai 1882. RG. VII. S. 45.

Die Frage, ob schon vor völliger Beendigung der Geschäfte der einzelne Theilnehmer Herausgabe des auf ihn fallenden Gewinnes verlangen kann, ist nach der Lage des einzelnen Falles zu beantworten, wobei es darauf ankommt, ob zur zweckmäßigen Ausführung der späteren Geschäfte bereite Fonds nothwendig sind, ob dem einzelnen Theilnehmer Vorschüsse nicht zugemuthet werden können, ob aus den noch nicht abgewickelten Geschäften Verluste zu befürchten sind rc. Die bloße Möglichkeit, daß noch Ansprüche Dritter erhoben werden können, ist als Grund gegen die Herausgabe des bereits erzielten Gewinnes nicht zu berücksichtigen, besonders dann nicht, wenn eine Unsicherheit des die Herausgabe verlangenden Theilnehmers nicht vorliegt. E. v. 14. Nov. 1877. Entsch. XXIII S. 94.

269. Aus Geschäften, welche ein Theilnehmer mit einem Dritten geschlossen hat, wird Ersterer dem Dritten gegenüber allein berechtigt und verpflichtet.

Ist ein Theilnehmer zugleich im Auftrage[a] und Namen der übrigen aufgetreten,[b] oder haben alle Theilnehmer gemeinschaftlich oder durch einen gemeinsamen Bevollmächtigten gehandelt, so ist jeder Theilnehmer Dritten gegenüber solidarisch berechtigt und verpflichtet.[c]

a) Der mit der Ausführung des Unternehmens beauftragte Theilnehmer gilt der Regel nach für alle diejenigen Handlungen beauftragt, die zur Erreichung des gewollten Zwecks auch nur mittelbar erforderlich sind. E. v. 24. Febr. 1874. Entsch. XIII S. 1.

b) Ist der kontrahirende Theilnehmer nur im eigenen Namen aufgetreten, so hat die nachträgliche Genehmigung durch den anderen Theilhaber nicht die Wirkung, daß eine solidarische Berechtigung oder Verpflichtung entsteht. E. v. 26. April 1874. Entsch. IX S. 282.

Dagegen tritt eine solche in Folge der nachträglichen Genehmigung ein, wenn der handelnde Genosse im gemeinschaftlichen Namen aufgetreten ist. E. v. 24. Febr. 1874. Entsch. XIII S. 1.

c) Die Entstehung der solidarischen Berechtigung und Verpflichtung ist nicht davon abhängig, daß das beabsichtigte Geschäft zu Stande gekommen ist, es reicht hin, wenn überhaupt zwischen den Gesellschaftern und dem Gegenkontrahenten ein Rechtsverhältniß entstanden ist E. v. 16. Nov. 1872. Entsch. XIII S. 48.

Nehmen die mehreren Theilnehmer die Zahlung einer Nichtschuld in gutem Glauben an, so sind sie zur Rückzahlung nicht solidarisch, sondern, in Ermangelung besonderer Umstände, zu gleichen Antheilen verpflichtet. E. v. 3. Juni 1878. Entsch. XXIV S. 13.

Der Art. 269 findet auch auf die Vereinigungen zu dauerndem Geschäftsbetriebe, z. B. auf die Gesellschaften von Minderkaufleuten Anwendung. E. v. 10. Mai 1883. RG. IX S. 80.

270. Nach Beendigung des gemeinschaftlichen Geschäfts muß der Theilnehmer, welcher dasselbe führte, den übrigen Theilnehmern unter Mittheilung der Beläge Rechnung ablegen.[a)]

Er besorgt die Liquidation.[b)]

a) Die dem geschäftsführenden Gesellschafter obliegende Pflicht zur Rechnungslegung enthält zunächst die Verpflichtung zur Angabe der einzelnen von ihm abgeschlossenen Geschäfte.

Diese Angabe ist somit zur Substantiirung der Klage auf Rechnungslegung nicht erforderlich. In der Klage muß nur der Geschäftskreis, über welchen Rechnung gelegt werden soll, mit solcher

Bestimmtheit bezeichnet sein, daß der Verklagte darüber nicht im Zweifel sein kann.

Eine bestimmte Form der Rechnungslegung ist nicht vorgeschrieben. Unter Kaufleuten ist die bei Führung der Handelsbücher übliche Form zulässig. Die Rechnung muß so beschaffen sein, daß der Abnehmer sie zu verstehen und auf Grund derselben seine Monituren zu machen im Stande ist. E. v. 13. Juni 1874. Entsch. XIV S. 87.

Die Rechenschaftspflicht des geschäftsführenden Gesellschafters beschränkt sich nicht auf eine nach völliger Beendigung des Geschäfts zu legende Rechnung. Bei erheblichen Geschäften muß er vielmehr von jedem erheblichen Schritte zur Ausführung derselben dem Gesellschafter Mittheilung machen. E. v. 30. Mai 1877. Entsch. XXII S. 180.

b) Es ist nicht zulässig, daß unter analoger Anwendung des Art. 133 Abs. 2 ein Dritter zum Liquidator bestellt wird. E. v. 27. Sept. 1887, RG. XIX S. 164.

Der die Liquidation besorgende Theilnehmer hat nicht die Stellung des Liquidators einer offenen Handelsgesellschaft (Art. 137): er hat im Wesentlichen nur das gemeinschaftliche Geschäft in der Weise abzuwickeln, daß das Ergebniß klar gelegt wird und der Gewinn oder Verlust getheilt werden kann. Die landesgesetzlichen Vorschriften über die Theilung einer aus der Gelegenheitsgesellschaft erwachsenden Gemeinschaft sind durch Art. 270 HGB. nicht aufgehoben. E. v. 27. Sept. 1887, RG. XIX S. 167.

Jeder Gesellschafter kann auf Theilung der zu gemeinschaftlichen Zwecken angeschafften Gegenstände klagen, ohne daß vorher die vollständige Auseinandersetzung stattgefunden hat. E. v. 10. Okt. 1874. Entsch. XIV S. 231.

Viertes Buch. Von den Handelsgeschäften.

Erster Titel. Von den Handelsgeschäften im Allgemeinen.

Erster Abschnitt.

Begriff der Handelsgeschäfte.

271. Handelsgeschäfte[a] sind:

1. der Kauf oder die anderweite Anschaffung[b] von Waaren oder anderen beweglichen Sachen, von Staatspapieren, Aktien oder anderen für den Handelsverkehr bestimmten Werthpapieren,[c] um dieselben weiter zu veräußern;[d] es macht keinen Unterschied, ob die Waaren oder anderen beweglichen Sachen in Natur oder nach einer Bearbeitung oder Verarbeitung weiter veräußert werden sollen;[e]
2. die Uebernahme einer Lieferung von Gegenständen der unter Ziffer 1. bezeichneten Art, welche der Uebernehmer zu diesem Zweck anschafft;[f]
3. die Uebernahme einer Versicherung gegen Prämie;[g]
4. die Uebernahme der Beförderung von Gütern oder Reisenden zur See und das Darleihen gegen Verbodmung.

a) In den Artikeln 271 bis 273 ist der fest abgeschlossene Kreis der Handelsgeschäfte erschöpfend aufgezählt. E. v. 7. Juni 1873. Entsch. X S. 262.

b) Die Selbsterzeugung ist als Anschaffung im obigen Sinne nicht aufzufassen. Daher ist die Bearbeitung selbst gewonnenen Materials zum Zwecke des Verkaufes (Ziegelei, Steinbruch rc.) kein Handelsgeschäft. Der Produzent ist der Regel nach vom Gebiete des Handelsrechts ausgeschlossen. E. v. 1. März 1873, 10. und 20. Juni 1874. Entsch. IX S. 189, XIII S. 385, XIV S. 117. — Hierbei ist es gleichgültig, ob die Erzeugung aus einem eigenen oder einem fremden (z. B. gepachteten) Grundstücke erfolgt. Wer einen Steinbruch pachtet, schafft die unbewegliche Bodensubstanz, nicht die fertigen Steine an. E. v. 19. Nov. 1881. RG. VI S. 9.

c) Hiermit sind solche Werthpapiere gemeint, welche vermöge ihrer objektiven Beschaffenheit (Form und Inhalt) geeignet sind, als Gegenstand des Handels zu dienen, wofür vor allem die leichte Uebertragbarkeit und die gesicherte Realisirung des Papiers von Bedeutung ist. Papiere, welche nur mittelst förmlicher Cession begeben werden können, gehören der Regel nach nicht hierher. E. v. 7. Okt. 1887, RG. XVI S. 84.

d) Der Ein- und Verkauf von Vieh zum Zwecke der Viehzucht und in Verbindung mit derselben ist nicht als Handelsgeschäft anzusehen. E. v. 22. Okt. 1874. Entsch. XIV S. 265. — Die von einem Gastwirth zum Zwecke der Beherbergung von Gästen vorgenommenen Ankäufe von Betten und Möbeln sind an sich keine Handelsgeschäfte; sie werden es aber gemäß Art. 273 Abs. 2 HGB., wenn der betreffende Gastwirth aus der Beköstigung der bei ihm einkehrenden Gäste ein Gewerbe macht. E. v. 15. Sept. 1877. Entsch. XXII S. 329.

e) Die Ankäufe von Materialien Seitens eines Handwerkers zum Zweck der Verwendung in seinem Geschäfte sind als Handelsgeschäfte und der Handwerker in Bezug auf diese Ankäufe als Kaufmann anzusehen, gleichviel, ob auch seine Weiterveräußerungen nach Art. 273 Abs. 3 Handelsgeschäfte sind oder nicht. E. v. 6. Dez. 1871, 18. Okt. 1872, 25. Okt. 1873, 17. Sept. 1874. Entsch. IV S. 240, VII S. 237, XI S. 241, XIV S. 69. — Die

Bauentreprise als solche gehört nicht zu den objektiven Handelsgeschäften. E. v. 11. Nov. 1873. Entsch. XI S. 329. — Vgl. Anm. 3 Art. 275.

f) anschafft. Vgl. Anm. b.

g) Der Versicherungsvertrag setzt ein Interesse des Versicherten an dem Nichteintreten des Ereignisses voraus, auf welches sich die Versicherung bezieht. Verträge, durch welche dem Versicherten Vortheile zugewendet werden sollen, die ihm auch beim Ausbleiben des Ereignisses nicht zu Theil werden könnten, sind keine Versicherungsverträge, sondern fallen unter den Gesichtspunkt des Spiels oder der Wette. Dies gilt besonders auch von der Versicherung des Lebens einer dritten Person, woran derjenige, welchem die Versicherungssumme zufallen soll, kein Interesse hat. Die Klagbarkeit eines solchen Wettvertrages hängt von den Bestimmungen des bürgerlichen Rechts ab. E. v. 7. Jan. 1878. Entsch. XXIII S. 159.

Leibrentenverträge können Versicherungsverträge sein. E. v. 21. Okt. 1891. RG. XXXIII S. 313.

Auf den Gegenstand der Versicherung kommt es nicht an. Die Uebernahme einer Versicherung unbeweglicher Sachen gegen Prämie ist auch ein Handelsgeschäft. E. v. 23. Jan. 1872 S. 278. Entsch. V S. 12.

Eine Versicherung auf Gegenseitigkeit fällt nicht unter Art. 272. E. v. 1. Dez. 1871. Entsch. IV S. 201. — Ebenso E. v. 13. Nov. 1885, RG. XIV S. 237, woselbst als entscheidende Merkmale für die Versicherung auf Gegenseitigkeit hingestellt werden, daß die Versicherer zugleich Versicherte sind, erzielte Ueberschüsse an die Versicherten zurückfließen, etwa entstehende Ausfälle von diesen gedeckt werden. Vgl. Anm. b zu Art. 4.

272. Handelsgeschäfte sind ferner die folgenden Geschäfte, wenn sie gewerbemäßig betrieben werden:

1. die Uebernahme der Bearbeitung[a]) oder Verarbeitung beweglicher Sachen für Andere,[b]) wenn der Gewerbebetrieb des Uebernehmers über den Umfang des Handwerks hinausgeht;

2. die Bankier- oder Geldwechslergeschäfte; c)
3. die Geschäfte des Kommissionairs (Art. 360.), des Spediteurs und des Frachtführers, d) sowie die Geschäfte der für den Transport von Personen bestimmten Anstalten;
4. die Vermittelung oder Abschließung von Handelsgeschäften e) für andere Personen; die amtlichen Geschäfte der Handelsmäkler sind jedoch hierin nicht einbegriffen;
5. die Verlagsgeschäfte, f) sowie die sonstigen Geschäfte des Buch- oder Kunsthandels; ferner die Geschäfte der Druckereien, sofern nicht ihr Betrieb nur ein handwerksmäßiger ist.

Die bezeichneten Geschäfte sind auch alsdann Handelsgeschäfte, wenn sie zwar einzeln, jedoch von einem Kaufmann im Betriebe seines gewöhnlich auf andere Geschäfte gerichteten Handelsgewerbes gemacht werden.

a) Bearbeitung setzt eine absichtlich hervorgebrachte Veränderung der Sache voraus; die Veränderung braucht aber nicht eine solche zu sein, daß die Sache eine „andere" wird; es genügt, daß sie zu einem bestimmten Gebrauch geeignet oder geeigneter gemacht wird. Beim Betriebe einer Dampfwaschanstalt oder einer Anstalt zur chemischen Kleiderreinigung findet eine „Bearbeitung" der zum Waschen oder Reinigen übernommenen Sachen statt. E. v. 7. Mai 1891. RG. in Straff. XXII S. 271.

b) Für Andere, d. h. solcher Gegenstände, die der Andere zum Zwecke der Bearbeitung oder Verarbeitung übergeben hat. Die Be- oder Verarbeitung selbstgewonnener Erzeugnisse ist kein Handelsgeschäft. Vgl. Anm. b zu Art. 271.

c) Gewöhnliche Pfandleihgeschäfte sind nicht Bankiergeschäfte. E. v. 6. April 1878. Entsch. XXIV S. 35.

d) Der Zeitschriftendebit der Postanstalten erscheint als eine Verbindung von Fracht- mit Mandatsgeschäften von der Art der buchhändlerischen Kommissionsgeschäfte. Die dazu gehörenden Rechtsgeschäfte sind Handelsgeschäfte. E. v. 15. Juni 1877. Entsch. XXIII S. 19.

Auch die gewerbsmäßige Briefbeförderung ist Handelsgeschäft. E. v. 26. Nov. 1887, RG. XX S. 47, vgl. Anm. zu Art. 390.

e) Die Bestimmung ist nicht auf die Vermittelung oder Abschließung beiderseitiger Handelsgeschäfte beschränkt. E. v. 15. Juni 1877. Entsch. XXIII S. 9.

Die Vermittelung von Nichthandelsgeschäften (Grundstücksverkäufen), gleichviel ob sie gewerbemäßig oder vereinzelt betrieben wird, ist an sich kein Handelsgeschäft. E. v. 21. Jan. 1875. Entsch. XVI S. 2 u. E. v. 24. Mai 1888, Gruch. XXXII S. 1116. — Sie kann es aber sein; auch bei der Vermittelung eines Nichthandelsgeschäfts Seitens eines Kaufmanns greift die Vermuthung aus Art. 274 HGB. Platz. E. v. 9. April 1880. RG. I S. 258.

f) Auch der Zeitungsverlag ist Handelsgeschäft. Die kaufmännische Thätigkeit eines Zeitungsverlegers umfaßt die Rechtsgeschäfte, welche derselbe zum Erwerbe der zu veröffentlichenden literarischen Erzeugnisse, zur Vervielfältigung derselben und zur Verwerthung des von ihm verlegten Blattes abschließt. E. v. 19. Mai 1874. Entsch. XIV S. 23.

Auch die gewerbemäßigen Verlagsgeschäfte mit eigenen Werken sind Handelsgeschäfte; der Selbstverlag ist Verlag. E. v. 23. Juni 1881. RG. V S. 67.

Die Geschäfte der Leihbibliothekare sind keine Handelsgeschäfte. E. v. 21. Mai 1878. Entsch. XXIII S. 401.

273. Alle einzelnen Geschäfte [a]) eines Kaufmanns, [b]) welche zum Betriebe seines Handelsgewerbes gehören, sind als Handelsgeschäfte anzusehen. [c])

Dies gilt insbesondere für die gewerbliche Weiterveräußerung der zu diesem Zweck angeschafften Waaren,

beweglichen Sachen und Werthpapiere, sowie für die Anschaffung von Geräthen, Material und anderen beweglichen Sachen, welche bei dem Betriebe des Gewerbes unmittelbar[d]) benutzt oder verbraucht werden sollen.

Die Weiterveräußerungen,[e]) welche von Handwerkern[f]) vorgenommen werden, sind, insoweit dieselben nur in Ausübung ihres Handwerksbetriebes geschehen, als Handelsgeschäfte nicht zu betrachten.[g])

a) Dahin gehören auch Zahlungen und deren Annahme. Ansprüche an einen Kaufmann aus einer an ihn geleisteten Zahlung (condictio indebiti) unterliegen daher der handelsgerichtlichen Zuständigkeit. E. v. 3. Dez. 1877. Entsch. XXIII S. 144.

b) Eines Kaufmanns, also, nach der jetzigen Fassung des Art. 208, auch einer nicht handeltreibenden Aktiengesellschaft. E. v. 6. Sept. 1877. Entsch. XXII S. 326.

c) Es gilt dies auch von denjenigen Geschäften eines Kaufmanns, bei denen die Voraussetzungen der Art. 271, 272 nicht zutreffen. E. v 23. Sept. 1871. Entsch. III S. 141.

d) Dahin gehört nicht die Anschaffung von Baumaterial behufs Verwendung in das Geschäftsgebäude (E. v. 6 Juni 1873. Entsch. X S. 242) oder die Anschaffung einer Maschine zum Betriebe eines Bergwerks Seitens eines Kaufmanns, selbst wenn dieser die gewonnenen Produkte zusammen mit sonst angeschafften Waaren in seinem Handelsgewerbe weiter veräußert. E. v. 13. Nov. 1873. Entsch. XIV S. 341. — Dagegen gehören hierher und sind somit als Handelsgeschäfte anzusehen die Kaufverträge eines Gastwirths über Mobilien, welche lediglich für die Zwecke der Beherbergung von Gästen angeschafft werden, vorausgesetzt, daß der Gastwirth Kaufmann ist. E. v. 15. Sept. 1877. Entsch. XXII S. 329.

e) Bezüglich der Ankäufe vgl. Anm. e zu Art. 271.

f) Der Absatz 3 bezieht sich nur auf Handwerker; die Weiterveräußerungen der Minderkaufleute (Art. 10) sind Handelsgeschäfte, E. v. 18. Sept. 1878. Entsch. XXIV S. 270.

g) Die Vorschrift des Art. 273 Abs. 3 bezieht sich nicht auf Abmachungen, deren Gegenstand nur mittelbar die aus dem Veräußerungsgeschäft des Handwerkers entstandenen Ansprüche sind. E. v. 29. Febr. 1888, RG. XX S. 127.

274. **Die von einem Kaufmann[a]) geschlossenen Verträge gelten im Zweifel als zum Betriebe des Handelsgewerbes gehörig.[b])**

Die von einem Kaufmann gezeichneten Schuldscheine[c]) gelten als im Betriebe des Handelsgewerbes gezeichnet, sofern sich nicht aus denselben das Gegentheil ergiebt.[d])

a) Auf die von dem Theilnehmer einer offenen Handelsgesellschaft abgeschlossenen Geschäfte findet Art. 274 nur Anwendung, wenn feststeht, daß die Geschäfte für die Gesellschaft geschlossen sind. E. v. 22. April 1875. Entsch. XVI S. 380.

b) Durch diese Bestimmung in Verbindung mit Art. 273 Abs. 1 ist eine Vermuthung für die handelsgeschäftliche Natur aller Verträge eines Kaufmanns aufgestellt, dergestalt, daß dieselben als Handelsgeschäfte zu beurtheilen sind, wenn es nicht zweifellos ist, daß sie außerhalb des Gewerbebetriebes abgeschlossen worden. E. v. 17. Febr. und 18. Nov. 1871. Entsch. II S. 45, IV S. 50; E. v. 21. Okt. 1891. RG. XXVIII S. 315. — Die Vorschrift ist nicht auf zweiseitige Verträge zu beschränken. E. v. 17. Febr. 1871. Entsch. II S. 44.

Die Vermuthung ist selbst dann nicht ausgeschlossen, wenn ein Vertrag vorliegt, wie er im Betriebe des Handelsgewerbes ungewöhnlich ist. Nicht einmal der Umstand, daß ein Vertrag gegen ein Verbotsgesetz verstößt, schließt ihn nothwendig aus dem Bereich der Zugehörigkeit zum Handelsgewerbe aus. E. v. 23. Mai 1889. Gruch. XXXIII S. 1042.

Wenn ein kaufmännischer Prinzipal einen selbständigen Kaufmann als Kassirer an- und dieser eine solche Stellung übernimmt, so bildet der Engagementsvertrag für jeden von ihnen ein Handelsgeschäft. Forderungen des Prinzipals wegen Veruntreuungen eines solchen Kassirers sind als aus dem beiderseitigen

Handelsgeschäfte entspringend anzusehen. E. v. 28. Mai 1872. Entsch. VI S. 197.

Auch die Annahme eines Gewerbegehülfen zu rein technischen Diensten ist auf Seiten des kaufmännischen Prinzipals ein Handelsgeschäft, obwohl ein solcher Gehülfe kein Handlungsgehülfe ist. E. v. 11. Nov. 1873. Entsch. XI S. 387.

Auf den Vertrag, durch welchen eine bestehende Handlung ganz an einen Dritten veräußert wird, findet die Vermuthung des Art. 274 gleichfalls Anwendung. E. v. 17. Dez. 1874. Entsch. XV S. 101.

Die Berechnung zwischen Gesellschaftern über das Ergebniß der für gemeinschaftliche Rechnung betriebenen Handelsgeschäfte fällt in den Betrieb des Handelsgewerbes und ist als Handelsgeschäft anzusehen, selbst wenn die Berechnung erst nach Beendigung des gemeinschaftlichen Gewerbes geschieht und die früheren Gesellschafter zur Zeit der Berechnung nicht mehr Kaufleute sind. — Die Vollmacht zu einer solchen Abrechnung bedarf also nicht der Schriftform. E. v. 7. Sept. 1872. Entsch. VII S. 56.

Der Auseinandersetzungsvertrag, durch welchen ein Gesellschafter ein gemeinschaftliches Handelsgeschäft für alleinige Rechnung übernimmt, ist für ihn ein Handelsgeschäft. E. v. 19. Dez. 1873. Entsch. XV S. 368.

Die Vermuthung der Art. 273, 274 findet auch auf Anerkennungsverträge der Kaufleute Anwendung, selbst wenn die anerkannte Schuld nicht aus Handelsgeschäften herrührt, während an sich der Anerkennungsvertrag blos deswegen, weil die anerkannte Schuld sich aus einem Handelsgeschäft herleitet, noch nicht als Handelsgeschäft aufzufassen ist. E. v. 3. April 1875. Entsch. XVII S. 169, 170.

Die Uebernahme der Agentur einer Versicherungsgesellschaft auf Gegenseitigkeit Seitens eines Kaufmanns unterliegt der Vermuthung aus §. 274 HGB. E. v. 15. Dez. 1877. Entsch. XXIII S. 148.

Uebernimmt ein Kaufmann die Funktion eines Mitgliedes des Aufsichtsraths einer Aktiengesellschaft und hinterlegt er als solches den Statuten der Aktiengesellschaft gemäß Aktien, so liegt hierin ein Handelsgeschäft auf Seiten des Kaufmanns. E. v. 12. Juli 1887. RG. XIX S. 123.

Unentgeltlichkeit (Leihverträge) steht der Annahme eines Handelsgeschäfts auf Seiten des Kaufmanns, dem das Geschäft zu statten kommt, nicht entgegen. E. v. 21. Jan. 1876. Entsch. XIX S. 353.

Selbst Schenkungsverträge sind von der Vermuthung des Artikels 274 nicht schlechthin ausgeschlossen. Diese Vermuthung reicht soweit, als die Schenkung Handelsgeschäft sein kann, was bezüglich des Beschenkten, wenn dieser Kaufmann ist, zutrifft. E. v. 15. März 1875. Entsch. XXI S. 185. — Auf Schenkungsversprechen, welche zur Belohnung für geleistete Dienste im Handelsgewerbe oder zur Erreichung eines mit diesem im Zusammenhang stehenden Zweckes gemacht werden, greift die Vermuthung des Art. 274 Platz. E. v. 9. Mai 1890. RG. XX S. 15.

Die Vermuthung des Art. 274 HGB. findet auch auf einen Vertrag Anwendung, durch welchen ein Kaufmann auf eine verfallene Konventionalstrafe verzichtet, selbst wenn der Anspruch auf dieselbe aus einem Vertrage über unbewegliche Sachen (Art. 275) herrührt. E. v. 24. Febr. 1892. RG. XXIX S. 13.

Auf die Schenkung eines Gesellschaftsantheils von Todeswegen findet die Vermuthung des Art. 274 nicht Anwendung, selbst wenn beide Theile Kaufleute sind. E. v. 6. Okt. 1886. RG. XVIII S. 49.

Die Vermuthung ist auch maßgebend für den zum Ausschluß der kurzen Verjährung nach dem Preußischen Gesetze vom 31 März 1838 wesentlichen Gewerbebetrieb des Empfängers. E. v. 20. Jan. u. 13. u. 15. Okt. 1874. Entsch. XII S. 233, XIV S. 38 u. S. 256.

Nur im Zweifel greift obige Vermuthung Platz, also nicht, wenn es im einzelnen Falle als gewiß anzunehmen ist, daß der Vertrag zu dem Gewerbebetriebe der Kontrahenten oder eines derselben in keiner Beziehung steht oder wenn der Vertrag seinem Gegenstande nach (weil er eine unbewegliche Sache betrifft) kein Handelsgeschäft sein kann. E v. 10. Juni u. 3. Sept. 1874 u. 28. Juni 1876. Entsch. XIII S. 385, XIV S. 50, XX S. 401.

Ein Vertrag, mittelst dessen ein Kaufmann das Leben seiner Ehefrau versichert, liegt außerhalb des Betriebes des Handelsgewerbes. E. v. 13. Nov. 1885. RG. XIV S. 237.

Wenn auch die Annahme, daß ein von einem Kaufmann geschlossener Vertrag nicht zu dessen Handelsgewerbe gehört, als thatsächliche Feststellung in der Regel dem Angriff mit der Revision nicht unterliegt, so trifft dies doch nicht zu, wenn der Richter es an einer Begründung seiner Annahme fehlen und somit nicht erkennen läßt, ob dieselbe nicht auf rechtsirrthümlichen Voraussetzungen beruht. E. v. 18. Dez. 1876. Entsch. XXI S. 253.

Auch bei Frauen, die ein anderes Gewerbe als ein Handelsgewerbe betreiben (§. 11 Gew.O. v. 21. Juni 1869) gilt die Vermuthung, daß die von ihnen geschlossenen Verträge zu ihrem Gewerbebetriebe gehören. E. v. 21. Mai 1878. Entsch. XXIII S. 400.

b) Als Schuldscheine im Sinne dieses Artikels sind auch Wechsel zu erachten. E. v. 18. Nov. 1872. Stg. IV. S. 323, Entsch. IV S. 53. — Eine Bürgschaftsurkunde allgemeinen Inhalts („für alle Geschäfte des 2c.") ist als Schuldschein im Sinne des Art. 274 nicht anzusehen. E. v. 28. Juni 1876. Entsch. XX S. 400.

c) Die Vermuthung wird dadurch nicht ausgeschlossen, daß der Schuldschein mit dem von der Firma verschiedenen bürgerlichen Namen des Einzelkaufmanns oder Gesellschafters gezeichnet (E. v. 13. Mai u. 21. Okt. 1871. Entsch. II S. 426, III S. 367; vgl. jedoch E. v. 12. Sept. 1874. Entsch. XIV. S. 282) oder daß in dem Schuldscheine zugleich mit einer unbeweglichen Sache Pfand bestellt worden ist (E. v. 28. Sept. 1874. Entsch. XIV S. 209.

275. Verträge über unbewegliche Sachen sind keine Handelsgeschäfte.a)

a) Dieser Bestimmung gegenüber kann die Vermuthung aus Art. 274 Abs. 1 nicht geltend gemacht werden. E. v. 9. Dez. 1873. Entsch. XII S. 53.

Auch Miethsverträge über unbewegliche Gegenstände sind als Handelsgeschäfte nicht anzusehen, selbst wenn sie die Geschäftsräume eines Kaufmanns betreffen. E. des Preuß. Ober-Tribunals v. 24. Febr. 1865. Strieth. Arch. Bd. 56 S. 354.

Der Artikel 275 bezieht sich nur auf solche Verträge, deren unmittelbaren Gegenstand Immobilien bilden, also z. B. nicht auf Verträge, welche die Vermittelung eines Grundstücksverkaufs betreffen. Verträge letzterer Art können daher nach Art. 273, 274 Handelsgeschäfte sein.*) E. v. 20. Sept. 1873 u. 21 Jan. 1875. Entsch. X S. 428, XVI S. 1; 9. April 1880. RG. I S. 258.

Ferner bezieht sich der Artikel nur auf solche Verträge, deren Hauptgegenstand unbewegliche Sachen bilden. E. v. 23. März 1875. Entsch. XVI S. 308.

Wenn sich unter den zu einem veräußerten Handlungsgeschäfte gehörigen Gegenständen auch eine unbewegliche Sache befindet, so wird dadurch der ganze Veräußerungsvertrag aus der Gattung der Handlungsgeschäfte, falls er an sich dieser angehört, nicht entfernt. E. v. 17. Dez. 1874. Entsch. XV S. 102.

Damit hat nicht ausgesprochen werden sollen, daß ein Vertrag, welcher objektiv der Hauptsache nach über eine unbewegliche Sache geschlossen worden, blos wegen seiner Beziehung auf einen dem Handelsgewerbe der Vertragsschließenden angehörigen Zweck der Bestimmung des Art. 275 entgegen wäre. Vielmehr ist bei gleichzeitigem Verkauf beweglicher und unbeweglicher Sachen die Wesentlichkeit der einen oder anderen Gegenstände für den Vertragszweck über den Charakter des Geschäfts entscheidend. E. v. 23. Dez. 1875. Entsch. XX S. 200.

Bei der Frage der Selbstständigkeit oder Unterordnung von Verträgen über Grundstücke und andere Gegenstände greift im Zweifel die Vermuthung des Art. 274 Platz. E. v. 23. Dez. 1875. Entsch. XX S. 201.

Auch Verträge, welche die Ausnutzung von Grundstücken zum Zwecke haben, sind nicht Handelsgeschäfte. E. v. 10. Juni 1874. Entsch. XIII S. 385.

Eine Vereinbarung von Kaufleuten zum spekulativen Ankauf bez. Verkauf von Grundstücken und Theilung des Gewinnes (E. v. 9. Dez. 1873. Entsch. XII S. 52) oder zur gemeinschaftlichen Pachtung eines Grundstücks (E. v. 8. Sept. 1877. Entsch. XXIII S. 131) ist kein Handelsgeschäft.

---

*) Anderer Ansicht war das Preußische Obertribunal. Entsch. Bd. 70 S. 275.

Die Pachtung eines Steinbruchs zum Zweck der Veräußerung der zu brechenden Steine ist kein Handelsgeschäft. E. v. 19. Nov. 1881, RG. IV S. 4. Vgl. dort den Unterschied zwischen Pachtung eines Steinbruchs und Kauf der zu brechenden Steine; Pachtung ist anzunehmen, wenn Vertragserfüllung und Preis von dem Umfang der Ausbeute unabhängig sind.

Die Anschaffung von Baumaterialien Seitens eines Bauunternehmers ist kein Handelsgeschäft, wenn er sie anschafft, um auf eigenem Grund und Boden ein Gebäude zu errichten (mag dieses auch zur Veräußerung bestimmt sein) oder wenn er den Bau gegen einen bestimmten Preis übernommen hat, so daß der Bau als einheitlicher Gegenstand des Vertrages erscheint. Dagegen ist die Anschaffung als Handelsgeschäft zu betrachten, wenn die Materialien einzeln berechnet und bezahlt werden, mag der Verkäufer mit dem Käufer derselben nebenbei noch als Bauunternehmer in Beziehung stehen. Hiernach ist ein Bauunternehmer als Kaufmann nur zu betrachten, wenn er gewerbsmäßig Geschäfte letzterer Art einzugehen pflegt. E. v. 2. Mai 1874. Entsch. XIII S. 343. Ebenso E. v. 18. Jan. 1889. RG. in Straff. XIX S. 363.

Die Uebernahme der Pflasterung und Regulirung einer Straße ist nicht ein Handelsgeschäft, sondern ein Vertrag über eine unbewegliche Sache, selbst wenn der Uebernehmer derartige Geschäfte gewerbsmäßig betreibt und die Materialien selbst anschafft und liefert. E. v. 10. Nov. 1874. Entsch. XV S. 257.

Die Uebernahme der Herstellung eines Eisenbahnbaues ist kein Handelsgeschäft; der Eisenbahnbauunternehmer als solcher ist also nicht Kaufmann. E. v. 26. Okt. 1885. RG. XIV S. 231.

Ein Handelsgeschäft liegt vor, wenn ein Kaufmann es übernimmt, einem anderen Kaufmann zu einem von diesem zu errichtenden Fabrikgebäude Materialien zu liefern (vgl. Anm. d zu Art. 273). E. v. 5. Juni 1874. Entsch. XIII S. 423.

Zum Abholzen verkaufte Bäume gehören nicht zu den unbeweglichen Sachen. E. v. 23. Mai 1871. Stg. II S. 220. — Die Verpfändung einer Hypothek ist nicht als Vertrag über eine unbewegliche Sache aufzufassen. E. v. 17. Febr. 1871. Entsch. II S. 44.

Die vertragsmäßige Aufhebung eines Vertrages über unbewegliche Sachen ist nicht Handelsgeschäft. E. v. 22. Jan. 1890. Gruch. XXIV S. 1213.

276. Die Eigenschaft oder die Gültigkeit eines Handelsgeschäfts wird dadurch nicht ausgeschlossen, daß einer Person wegen ihres Amtes oder Standes, oder aus gewerbepolizeilichen oder anderen ähnlichen Gründen untersagt ist, Handel zu treiben oder Handelsgeschäfte zu schließen.

a) Die im ehelichen Güterrecht wurzelnden Beschränkungen der Handlungsfähigkeit eines Ehemannes fallen nicht hierunter, sind also für Handelsgeschäfte nicht aufgehoben. E. v. 3. Okt. 1889. RG. XXIV S. 39. Bezüglich der Ehefrauen vgl. dagegen Art. 6—8.

277. Bei jedem Rechtsgeschäft, welches auf der Seite eines der Kontrahenten ein Handelsgeschäft ist, sind die Bestimmungen dieses vierten Buchs in Beziehung auf beide Kontrahenten gleichmäßig anzuwenden, sofern nicht aus diesen Bestimmungen selbst sich ergiebt, daß ihre besonderen Festsetzungen sich nur auf denjenigen von beiden Kontrahenten beziehen, auf dessen Seite das Geschäft ein Handelsgeschäft ist.[a]

a) Vgl. Anm. zu Art. 282, ferner Art. 280, 281, 288, 289, 309, 310, 313.

Zweiter Abschnitt.

Allgemeine Bestimmungen über Handelsgeschäfte.

278. Bei Beurtheilung und Auslegung der Handelsgeschäfte hat der Richter den Willen[a] der Kontrahenten

zu erforschen und nicht an dem buchstäblichen Sinne des Ausdrucks zu haften.[b)]

a) Selbstverständlich kommt hierbei nur der wirklich erklärte Wille in Betracht. E. v. 13. Sept. 1870. Entsch I S. 22. Die Erklärung des Willens kann sowohl ausdrücklich als stillschweigend erfolgen. Vgl. Anm. zu Art. 279.

b) Im Zweifel ist das Gewöhnliche und Regelmäßige als gewollt zu betrachten. E. v. 5. Jan. 1872. E. IV S. 102. E. v. 13. März 1875. Entsch. XVII S. 15.

Durch diesen Artikel sind die besonderen Auslegungsmaßregeln, welche das bürgerliche Recht bezüglich einzelner Rechtsgeschäfte (z. B. Konventionalstrafen) aufstellt, nicht aufgehoben. E. v. 29. Okt. 1874. Entsch. XIV S. 267. — Aber auch bei der Auslegung der Konventionalstrafen ist die Vorschrift des Art. 278 HGB. zu beachten. E. v. 4. Febr. 1888. RG. XX S. 111.

279. In Beziehung auf die Bedeutung und Wirkung von Handlungen[a)] **und Unterlassungen**[b)] **ist auf die im Handelsverkehr geltenden Gewohnheiten und Gebräuche**[c)] **Rücksicht zu nehmen.**

a) Bei telegraphischen Willenserklärungen haftet der Absender für den durch unrichtige Uebermittelung (Verstümmelung des Telegramms) entstehenden Schaden. E. v. 29. Juni 1891. RG. XXVIII S. 16.

b) Zu den Unterlassungen im Sinne dieses Artikels ist auch das Stillschweigen zu rechnen. — Ein allgemeiner Grundsatz, daß Stillschweigen als Genehmigung gelte, ist im HGB. nicht ausgesprochen. Die Fälle, in denen ungesäumte Erklärung unter dem Präjudize der Genehmigung vorgeschrieben ist (Art. 323 Abs. 1, 339 Abs. 4, 347 Abs. 2 bis 4, 364 Abs. 2, Art. 7 Abs. 2, 56 Abs. 2, 96 Abs. 2), sind einer analogen Ausdehnung unzugänglich. Auch nach Handelsgebrauch besteht eine Rechtspflicht zu sofortiger Erklärung nur unter besonderen Umständen, namentlich falls Schweigen als Verletzung der im Handelsverkehr nothwendigen Beobachtung von Treu und Glauben erscheinen würde, falls dem Schweigen die Absicht unterliegt, den anderen Theil zu einer ihm möglicher Weise nachtheiligen, dem Schweigenden aber vortheilhaften Unthätigkeit zu verleiten. — Wer schweigt, wo er den Umständen nach sich zu erklären hat, und weiß, daß der andere Theil in der Lage ist, sein Verhalten von der Antwort oder Nichtantwort abhängig zu machen, gegen den ist mit geringerem Bedenken, als ein solches sonst zu bestehen pflegt, das Präjudiz des Konsenses zur Anwendung zu bringen. — Die Bedeutung des Stillschweigens ist im einzelnen Falle aus den begleitenden Umständen vom Richter nach freiem Ermessen festzustellen. E. v. 29. Okt. 1870, 14. März und 8. Sept. 1874. Entsch. I S. 77, II S. 91, XIV S. 371.

In Anwendung vorstehender Grundsätze hat das ROHG. noch folgende Sätze angenommen:

Bloßes Stillschweigen auf eine Kaufsofferte, wie sie in der Zusendung unbestellter Waaren liegt, ist an sich noch nicht als Annahme zu betrachten. Doch kann unter Umständen Stillschweigen in Verbindung mit dem sonstigen Verhalten des Empfangenden als Annahme aufgefaßt werden. E. v. 15. Febr. 1875. Entsch. XVI S. 40 und S. 131.

Die Annahme und das Behalten der mit Preisnote übersandten (bestellten) Waaren läßt in der Regel eine andere Auffassung als die der Preisgenehmigung nicht zu. E. v. 15. Sept. 1871. Entsch. III S. 114 u. E. v. 6. Juni 1871. Stg. II S. 273.

Ein Bericht über eine Geschäftsausführung ist als gebilligt anzunehmen, wenn er längere Zeit ungerügt behalten wird. E. v. 5. Jan. 1872. Entsch. IV S. 350.

Aus dem Stillschweigen zu einem über einen geschlossenen Vertrag zugestellten Schriftstück, welches die Bedingungen des Geschäfts fixiren sollte, ist die Genehmigung des Inhalts dieses Schriftstücks zu folgern. E. v. 8. Sept. 1874. Entsch. XIV S. 371.

Fortgesetztes Stillschweigen auf die Rücktrittserklärung des Verkäufers bei successiver Lieferungspflicht wird als Einerständniß mit dem Rücktritt in dem E. v. 11. Okt. 1870 (Entsch. XIV S. 393) aufgefaßt.

In dem E. v. 19. Nov. 1870 (Entsch. I S. 122, vgl. E. v. 17. Mai 1872. Entsch. VI S. 167) folgert das ROHG. ein Kaufgeschäft in Bezug auf die zu einer Waarensendung benutzte Emballage aus der in der Faktura gemachten Offerte und dem Behalten der Emballage Seitens des Empfängers.

Dagegen kann widerspruchslose Annahme der Faktura als Genehmigung der darin enthaltenen Bedingungen nicht aufgefaßt werden, wenn der Inhalt der Faktura mit früheren Abreden in Widerspruch steht. E. v. 20. Jan. 1872. Entsch. V S. 32.

Die Nichtmonirung eines übersandten Buchauszuges ist nicht unter allen Umständen als Anerkennung desselben aufzufassen. E. v. 26. Juni 1874. Entsch. XIII S. 439.

Stillschweigen auf einen Brief, in welchem der Schreiber anzeigt, daß er in Folge eines im zugegangenen Auftrages eine bestimmte Waare zu einem bestimmten Preise gekauft habe, wird in dem E. v. 11. März 1874 (Entsch. XIII S. 44) beim Nichtvorhandensein eines Auftrages als nachträgliche Genehmigung aufgefaßt.

b) Nur solche Gewohnheiten und Gebräuche können als Interpretationsmittel in Betracht kommen, welche demjenigen, dessen Wille erforscht werden soll, bekannt waren. E. v. 23. April 1872. Entsch. VI S. 78. — Eine vertragsmäßige Unterwerfung unter unbekannte Usancen ist dagegen zulässig. E. v. 4. Nov. 1870. Entsch. I S. 91.

Es ist unzulässig, kaufmännische Sachverständige zu dem Zwecke vorzuschlagen, damit von denselben eine Willenserklärung interpretirt werde. Dagegen ist die Berufung auf kaufmännische Sachverständige zulässig, um einen kaufmännischen Sprachgebrauch festzustellen. E. v. 18. Nov. 1873 u. 13. Juni 1874. Entsch. XI S. 408, XIII S. 435.

Bedeutung einzelner Worte und Klauseln:

„Besserungsscheine" (Schriftstücke, in denen die Zahlung einer anerkannten Schuld beim Eintritt einer besseren Vermögenslage versprochen wird) begründen der Regel nach eine rechtliche (nicht bloß moralische) Verpflichtung, deren Fälligkeit nicht durch die Willkür des Schuldners, sondern durch billiges Ermessen des

Richters bestimmt wird. E. v. 3. März 1888. Gruch. XXXII S. 1120; E. v. 19. Dez. 1891, RG. XXVIII S. 176 (vgl. die dortigen Erörterungen über die beiderseitige Beweislast.).

Die Klausel „cif" (cost, insurance, freight, oder cost included freight) bedeutet, daß der Verkäufer die Kosten, Versicherung und Fracht bis zum Bestimmungsort übernimmt. E. v. 20. Juni 1874. Entsch. XIII S. 438 u. v. 8. März 1884. RG. XIV S. 114. Vgl. Anm. f zu Art. 345.

Ueber die Bedeutung der Klausel „telle quelle" vgl. E. v. 4. Dez. 1886. RG. XIX S. 3.

280. Wenn zwei oder mehrere Personen einem Anderen gegenüber in einem Geschäft, welches auf ihrer Seite ein Handelsgeschäft ist,[a] gemeinschaftlich eine Verpflichtung eingegangen[b] sind, so sind sie als Solidarschuldner zu betrachten, sofern sich nicht aus der Uebereinkunft mit dem Gläubiger das Gegentheil ergiebt.

a) Ist das Geschäft nur auf der Seite eines der Verpflichteten ein Handelsgeschäft, so haftet dieser als Solidarschuldner. E. v. 9. Dez. 1876. Entsch. XXII S. 65.

b) Die Verpflichtung muß gemeinschaftlich durch Vertrag übernommen sein; dies ist nicht der Fall, wenn die Verpflichtung aus der Annahme einer zu Unrecht geleisteten Zahlung entstanden ist. E. v. 3. Juni 1878. Entsch. XXIV S. 11.

281. Bei Handelsgeschäften, ingleichen in allen Fällen, in welchen in diesem Gesetzbuche eine solidarische Verpflichtung auferlegt wird, steht einem Solidarschuldner die Einrede der Theilung oder der Vorausklage nicht zu.

Dasselbe gilt von Bürgen, wenn die Schuld aus einem Handelsgeschäft auf Seiten des Hauptschuldners hervorgeht, oder wenn die Bürgschaft selbst ein Handelsgeschäft ist.[a]

a) Der Begriff der Bürgschaft ist im HGB. nicht festgestellt, sondern als nach bürgerlichem Rechte feststehend behandelt. Eine ausdrückliche Erklärung „für die Verpflichtung eines Dritten haften zu wollen", ist nach Pr. R. nicht erforderlich. E. v. 2. Jan. 1875. Entsch. XVI S. 412.

Für die Anwendbarkeit des Art 281 HGB. genügt es, daß die Bürgschaft auf einer Seite (des Bürgen oder des Bürgschaftnehmers) ein Handelsgeschäft ist. Auch die von einem Nichtkaufmann einem Kaufmann in dessen Handelsgewerbe (vgl. Art. 273, 274) geleistete Bürgschaft ist Handelsgeschäft und unterliegt dem Art. 281. E. v. 3. März 1892. RG. XXIX S. 20.

Die Frage, ob eine Bürgschaft (oder Pfandbestellung) als Handelsbestellung aufzufassen ist (wovon die Anwendbarkeit des Art. 281 und die Form abhängen können) wird in den Art. 281 (306–310) nicht berührt und ist lediglich nach Art. 271 bis 274 zu beurtheilen (vgl. Anm. zu Art. 317). — Daraus, daß das der Bürgschaft unterstellte Geschäft ein Handelsgeschäft ist, folgt für die Bürgschaft selbst die Eigenschaft eines Handelsgeschäfts noch nicht. E. v. 17. Febr. 1871. Entsch. II S. 43. E. v. 4. April 1872. Entsch. V S. 367.

Dem Bürgen steht im Falle des Art. 281 Abs. 2 auch nicht die Einrede zu, daß der Gläubiger bei der Beitreibung der Forderung gegen den Hauptschuldner nachlässig verfahren sei. — Dagegen kann bei der Bürgschaft für eine künftige Schuld aus einem dauernden Verhältnisse die Einrede von Erheblichkeit sein, daß bei gehöriger Sorgfalt des Gläubigers die Schuld überhaupt nicht enstanden wäre. E. v. 1. Febr. 1876. Entsch. XX. S. 47.

Bei der sogenannten Schadlos- (Ausfall-) Bürgschaft findet Art. 281 nicht Anwendung. Der Ausfall-Bürge (fidejussor indemnitatis) kann auch bei Handelsgeschäften nur in Anspruch genommen werden, wenn und insoweit vom Hauptschuldner nichts zu erlangen ist. E. v. 23. April 1874. ROHG. XIII S. 174.

In Uebereinstimmung mit dem früheren Preuß. Ob.Trib. (E. v. 24. Juni 1873, Strieth. Arch. Bd. 89 S. 106) nimmt das Reichsgericht an, daß bei kündbaren Forderungen zur Begründung der Fälligkeit dem Bürgen gegenüber nur diesem, nicht dem Hauptschuldner gekündigt zu werden braucht. E. v. 22. Mai 1880. RG. II. S. 187 (pr. R.).

Der Gläubiger geht seiner Ansprüche aus der Bürgschaft (oder einer dolosen Verleitung zur Kreditbewilligung) nicht ohne Weiteres verlustig, wenn er die gefährdete Forderung unter dem Nennbetrage abtritt. E. v. 26. Nov. 1875. Entsch. XIX S. 117.

Folgen einer auf unbestimmte Zeit übernommenen Kreditbürgschaft: Die Bürgschaft erlischt durch zeitweilige Tilgung der Schuld nicht: der Gläubiger kann das Schuldverhältniß jederzeit durch Geltendmachung seines Guthabens beendigen; der Bürge darf nach Verlauf eines den Umständen angemessenen Zeitraumes die Bürgschaft kündigen. E. v. 12. Nov. 1875. Entsch. XIX S. 110.

282. Wer aus einem Geschäft, welches auf seiner Seite ein Handelsgeschäft ist, einem Anderen zur Sorgfalt verpflichtet ist, muß die Sorgfalt eines ordentlichen Kaufmanns anwenden.[a)]

a) Der Theil, auf dessen Seite das Geschäft nicht die Natur eines Handelsgeschäfts hat, ist zur Anwendung der Sorgfalt eines ordentlichen Kaufmanns nicht verpflichtet. E. v. 20. Dez. 1870. Stg. I S. 104.

Wird Schadensersatz wegen vertragswidriger Erfüllung (Mängel der gelieferten Waare) beansprucht, so hat nicht derjenige, dem geleistet worden ist, nachzuweisen, daß den Gegenkontrahenten ein Verschulden trifft, sondern die Partei, welche die vertragswidrige Leistung bewirkt hat, muß beweisen, daß sie kein Verschulden trifft. E. v. 1. Dez. 1888. RG. XXII S. 172.

Zur Sorgfalt eines ordentlichen Kaufmanns gehört, nichts zu versichern, was man selbst nicht genau weiß. Wer statt einer verkauften eine davon schwer zu unterscheidende andere Waare liefert (Winterrübsen statt Winterraps), kann sich nicht damit entschuldigen, daß ihm selbst die Waare unter derjenigen Bezeichnung verkauft worden sei, unter welcher er sie weiter veräußert hat. E. v. 31. Dez. 1887. RG. XX S. 86.

Die Sorgfalt eines ordentlichen Kaufmanns kann es unter Umständen erheischen, sich den Bezug verkaufter Waaren durch Vereinbarung von Konventionalstrafen zu sichern. E. v. 15. Juni 1892 RG. XXVIII S. 223.

Durch Art. 282, 283 sind für Handelsgeschäfte die Grundsätze des bürgerlichen Rechts über den Grad der anzuwendenden Sorgfalt (z. B. Pr. ALR. I, 5 §. 278 ff.),

E. v. 12. Sept. 1877. Entsch. XXII S. 411,

und über die dort unterschiedenen Grade des Versehens,

E. v. 11. Okt. 1872. Entsch. VII S. 328,

aufgehoben.

Kaufmännische Empfehlung:

Aus einer solchen entsteht an sich zwischen dem Ertheiler und dem Empfänger der Empfehlung kein Vertragsverhältniß. Die wissentlich falsche Empfehlung kann die actio doli begründen. Diese setzt Identität des Getäuschten und des Beschädigten nicht voraus. E. v. 28. Jan. 1876. Entsch. XIX S. 196.

Einen Fall, in welchem der Anspruch aus einer dolosen Empfehlung für begründet erachtet worden ist, vgl. in dem E. v. 21. Dez. 1877. Entsch. XXIII S. 153.

Rath und Auskunftsertheilung:

Für die Frage, unter welchen Voraussetzungen die Ertheilung eines Raths oder einer Auskunft für die Folgen verantwortlich macht, ist zu unterscheiden, ob zwischen dem Ertheiler und dem Empfänger des Raths oder der Auskunft eine Geschäftsverbindung besteht oder nicht. Im letzteren Fall haftet der Ertheiler in der Regel nur für Arglist, welche aber auch im Verschweigen erheblicher Umstände liegen kann. Beim Bestehen einer Geschäftsverbindung haftet der Ertheiler der Auskunft für die Sorgfalt eines ordentlichen Kaufmanns. E. v. 11. Juli 1888. RG. XXIII S. 130, v. 31. Jan. 1891, RG. XXVII S. 119 und das dort angeführte E. v. 18. April 1885. (In dem E. v. 31. Jan. 1891, RG. XXVII S. 124 ist angenommen, daß durch die Auskunftsertheilung ein vertragsmäßiges Verhältniß begründet sei und deshalb die dreijährige Verjährung des §. 54 Th. I Tit. 6 ALR. darauf nicht Anwendung finde.)

Ueber die Rathertheilung des Kommissionärs vgl. Anm. a) zu Art. 361.

Ueber die Frage, ob aus der wissentlich falschen Empfehlung Seitens des Vertreters einer Gesellschaft die Gesellschaft haftet, vgl. Anm. d zu Art. 114.

283. **Wer Schadensersatz zu fordern hat, kann die Erstattung des wirklichen Schadens und des entgangenen Gewinnes verlangen.**[a)]

a) Der Beschädigte darf nicht in Anrechnung bringen diejenigen Schaden — mag es sich um entgangenen Gewinn oder wirklichen Schaden handeln —, welcher von ihm durch Anwendung gehöriger Sorgfalt vermieden werden konnte, besonders dann nicht, wenn grobes Verschulden (culpa lata) auf seiner Seite vorliegt. Dabei ist es gleichgültig, ob es sich um bloß thatsächliche Versäumnisse des Beschädigten, z. B. unterlassene Wiederholung eines Telegramms, dessen Ankunft beim Ausbleiben einer Antwort unwahrscheinlich geworden ist (E. v. 12. März 1878. Entsch. XXIII S. 373) — oder um das Unterlassen des Abschlusses anderweitiger Rechtsgeschäfte handelt. E. v. 17. Juni 1871. Entsch II S. 387. — Dies gilt auch beim außerkontraktlichen Schaden. E. v. 12. März 1878. Entsch. XXIII S. 373.

Wer wegen nicht gehöriger Erfüllung eines Handelsgeschäfts zum Schadensersatz verpflichtet ist, hat nicht denjenigen Schaden zu ersetzen, welcher durch die vertragswidrige Leistung in Verbindung mit eigenen Handlungen des Beschädigten verursacht worden ist. E. v. 21. Okt. 1885. RG. XV S. 18.

Das Recht auf Schadensersatz ist abzusprechen, wenn es sich um einen bloß möglichen, durch keinerlei objektive Momente unterstützten, rein putativen Gewinn handelt. E. v. 13. April 1871. Entsch. II S. 197.

An einem ursächlichen Zusammenhange zwischen der zum Ersatz verpflichtenden Thatsache und dem Schaden darf es nicht fehlen. E. v. 27. Sept. 1871. Entsch. III S. 274. — Nur derjenige Schaden ist zu ersetzen, welcher als eine wirkliche Folge der zum

Ersatze verpflichtenden Thatsache erscheint; der Schaden braucht aber nicht eine nothwendige Folge, letztere nicht die ausschließliche Ursache des Schadens zu sein. E. v. 21. Nov. 1883. RG. XIII S. 66.

Wird aus einem Handelsgeschäft Schadensersatz gefordert, so ist auch die Frage, ob zwischen der vertragswidrigen Handlung und dem eingetretenen Vermögensnachtheil ein ursächlicher Zusammenhang besteht, ohne Rücksicht auf etwaige Bestimmungen der Landesgesetze nach einheitlichen Grundsätzen, und zwar in Ermangelung positiver Vorschriften des Handelsgesetzbuchs nach den aus der Sache sich ergebenden Grundsätzen zu entscheiden. E. v. 21. Okt. 1885. RG. XV S. 16.

Der Richter soll nicht durch die Anforderungen eines stringenten Nachweises aller einzelnen Momente des Zusammenhangs zwischen Ursache und Schaden das Recht auf Schadensersatz seiner praktischen Bedeutung entkleiden. E. v. 13. April 1871. Entsch. II S. 197.

Ein vertretbarer Schaden ist nicht vorhanden, wenn die Beschädigung auch ohne Dazwischenkunft der zum Ersatze verpflichtenden Thatsache eingetreten wäre. E. v. 6. Juni 1871. Entsch. II S. 358.

Wird Schadensersatz wegen Nichterfüllung eines Lieferungsvertrages gefordert, so ist der Anspruch nicht von dem zufälligen Umstande abhängig zu machen, ob die Höhe des Schadens gerade durch offizielle Preisnotizen nachgewiesen werden kann, oder von dem Nachweise, daß der durch die Nichtlieferung geschädigte Käufer Gelegenheit gehabt hätte, die Waare, wenn sie ihm geliefert worden wäre, zu dem marktgängigen Preise zu verkaufen. — Liquidirt der Geschädigte die Mehrkosten eines anderweitigen Bezuges, so braucht er weder nachzuweisen, daß er zu der anderweitigen Anschaffung genöthigt gewesen sei, um seinen Verbindlichkeiten gegen einen Dritten zu genügen, noch daß er die durch den anderweitigen Bezug erwachsenen Kosten wirklich bezahlt habe. Es genügt, wenn ersichtlich ist, daß die Anschaffung zur Abwendung eines Verlustes oder Sicherung eines in Aussicht stehenden Gewinnes erforderlich war. E. v. 13. April und 16. Okt. 1871. Entsch. II S. 197, III S. 198.

Zum Schadensersatz wegen Nichtlieferung oder mangelhafter Lieferung gehört auch Ersatz der Entschädigung, die der Geschädigte einem Dritten schuldig geworden ist, dem er die Waare weiter verkauft und nun seinerseits nicht hat liefern können, vorausgesetzt, daß ein ursächlicher Zusammenhang zwischen beiden Kaufverträgen besteht und dem weiterverkaufenden Käufer nicht insofern, als er die Möglichkeit einer anderweiten Beschaffung der Waare unbenutzt gelassen hat, ein grobes Versehen zur Last fällt. E. v. 27. April 1874. Entsch. XIII S. 197.

Als entgangener Gewinn muß auch der aus einem Geschäfte vermöge des Abschlusses eines zweiten Geschäfts in Aussicht stehende Vortheil betrachtet werden, wenn seine Erlangung durch Nichterfüllung jenes ersten Geschäfts vereitelt worden ist und nicht besondere Umstände dafür sprechen, daß er auch im entgegengesetzten Falle nicht erlangt worden wäre. E. v. 5. April 1875. Entsch. XVI S. 193.

Der Schadensersatz wegen verweigerter oder verzögerter Erfüllung umfaßt auch die Entschädigungssumme oder Konventionalstrafe, die der Berechtigte in Folge der Nichtlieferung oder des Verzuges an einen Dritten gezahlt hat oder zu zahlen verpflichtet ist. E. v. 2. Dez. 1871, 22. Febr. 1872, 7. Febr. 1874, 4. Nov. 1875. Entsch. IV S. 192, V S. 171, XII S. 269 u. E. v. 20. Okt. 1886. RG. XIX S. 25.

Hierbei ist es gleichgültig, ob der zum Schadensersatz Verpflichtete diese Folge kannte und ob anzunehmen ist, daß er bei Kenntniß derselben den Vertrag nicht abgeschlossen hätte. E. v. 20. Okt. 1886. RG. XIX S. 25.

Darauf kommt es nicht an, ob die Zahlung an den Dritten bereits erfolgt ist. Die Belastung des Vermögens mit einer Verbindlichkeit ist ein bereits eingetretener Schaden. E. v. 7. Febr. u. 27. Okt. 1874 u. v. 4. Nov. 1885. Entsch. XII S. 270, XV S. 48, XVIII S. 277.

Zur Begründung des Anspruchs auf entgangenen Gewinn aus einem vom Gegner mangelhaft erfüllten Vertrage ist es nicht erforderlich, daß dem Schadensersatzpflichtigen ein Versehen nachgewiesen wird. E. v. 2. Nov. 1872. Entsch. VII S. 409.

Eine Klage auf Ersatz des in separato zu ermittelnden Schadens ist nur zulässig, wenn die Existenz eines von dem angeblich Verpflichteten zu ersetzenden Schadens im Allgemeinen bereits feststeht oder doch mindestens Wahrscheinlichkeitsgründe zu der Annahme berechtigen, daß ein solcher Schaden für den Berechtigten bereits eingetreten sei oder doch eintreten werde. E. v. 16. Nov. 1872. Entsch. VIII S. 46 und XIII S. 371.

Durch Art. 283 sind für Handelsgeschäfte alle gemeinrechtlichen und partikularrechtlichen Bestimmungen außer Anwendung gesetzt, welche Beschränkungen der Verpflichtung zum vollen Schadensersatz enthalten (also auch const. un. cod. 7, 47), E. v. 19. Jan. 1876. Entsch. XIX S 305, sowie diejenigen Beschränkungen beseitigt, welche das territoriale Recht (z. B. §. 410 Th. 1 Tit. 5 Pr. ALR.) in Bezug auf zeitliche Begrenzung des Umfanges des zu ersetzenden Schadens aufstellt, E. v. 28. April 1874. Entsch. XIV S. 65, wohingegen die partikularrechtlichen Modalitäten der Schadenserstattung (z. B. §. 91 I, 6 Pr. ALR., welcher bei Beschädigung einer beweglichen Sache dem Beschädigten die Wahl zwischen dem Anspruch auf Ersatz der Werthverminderung und dem Anspruch auf Ersatz des ganzen Werths der Sache gegen Ueberlassung derselben zuspricht) ihre Geltung behalten haben. E. v. 25. Febr. 1875. Entsch. XVI S. 42.

Die Vorschrift des §. 660 Th. I Tit. 11 ALR. ist für Darlehnsverträge, welche Handelsgeschäfte sind, durch Art. 283 HGB. nicht aufgehoben. E. v. 7. Jan. 1880. RG. XXIII S. 200.

Vgl. §. 350 CPO.

284. Die Konventionalstrafe unterliegt keiner Beschränkung in Ansehung des Betrages; sie kann das Doppelte des Interesses übersteigen.

Der Schuldner ist im Zweifel nicht berechtigt, sich durch Erlegung der Konventionalstrafe von der Erfüllung zu befreien.

Die Verabredung einer Konventionalstrafe schließt im Zweifel den Anspruch auf einen den Betrag derselben übersteigenden Schadensersatz nicht aus.[a]

a) Soweit Art. 284 über Konventionalstrafen keine Bestimmungen trifft, bleibt (abgesehen von einem etwaigen Handelsgewohnheitsrecht) das bürgerliche Recht in Wirksamkeit, also z. B. die Bestimmung des Sächs. Rechts (§. 1429 BGB., vgl. Pr. ALR. §. 307 Th. I Tit. 5), daß der Anspruch auf die Konventionalstrafe verloren geht, wenn der Berechtigte die bedungene Leistung annimmt, ohne sich die Strafe vorzubehalten, E. v. 22. Febr. 1875. Entsch. XVI S. 144, sowie der Badische Landr. Satz 1231 („Der Richter kann die Strafe ermäßigen, wenn die Hauptverbindlichkeit zum Theil vollzogen ist"). E. v. 26. Juni 1876. Entsch. XX S. 185, E. v. 18. Okt. 1889 RG. XXV S. 349.

Vgl. Anm. c zu Art. 355.

Die besonderen Auslegungsregeln, welche das bürgerliche Recht bezüglich Konventionalstrafen aufstellt, sind nicht aufgehoben. E. v. 22. Okt. 1874. Entsch. XIV S. 267. — Auch die Auslegung der Vereinbarungen bezüglich Konventionalstrafen unterliegt aber der Vorschrift des Art. 278 HGB. E. v. 4. Februar 1888, RG. XX S. 111.

Konventionalstrafen dürfen nicht ausdehnend ausgelegt werden. Ist der Wortlaut klar, so ist die Konventionalstrafe nur verfallen, wenn eine durch die Strafbestimmung bedrohte Handlung, nicht wenn eine solche Handlung vorgenommen ist, welche, wenn die Parteien daran gedacht hätten, möglicherweise auch unter Strafe gestellt wäre. E. 25. Febr. 1890 RG. XXVI S. 165. (In dem entschiedenen Falle war einem austretenden Gesellschafter der Betrieb eines gleichen oder ähnlichen Geschäfts in einem bestimmen Bezirk bei Strafe verboten. Er schloß in dem geschützten Bezirk von einer außerhalb desselben belegenen Handelsniederlassung fortgesetzt Rechtsgeschäfte gleicher Art ab. Es wurde angenommen, daß er die Strafe nicht verwirkt habe.)

Im Allgemeinen hat das Ausbedingen einer Konventional-strafe den Zweck, den aus der Nichterfüllung oder nicht gehörigen

Erfüllung eines Vertrages entstehenden Nachtheil im Voraus zu fixiren. E. v. 13. Sept. 1870. Entsch. I S. 21.

Daher ist im Zweifel anzunehmen, daß die Konventionalstrafe die Verzugszinsen absorbirt, sodaß letztere nicht neben der ersteren verlangt werden dürfen. E. v. 15. Febr. 1883. RG. IX S. 44.

Häufig, besonders wenn die Konventionalstrafe neben der Leistung selbst und auf die Verzögerung der Leistung gesetzt ist, bezweckt sie eine Bestärkung, Sicherung der vertraglichen Obliegenheit. Sie kann auch lediglich Unterwerfung unter eine Privatstrafe sein. E. v. 11. April 1875. Entsch. XVI S. 397.

Ein Kontrahent, welcher wegen Verzugs des anderen Theils vom Vertrage zurücktritt und Entschädigung wegen Nichterfüllung fordert, kann daneben die für verzögerte Erfüllung bedungene Konventionalstrafe beanspruchen. E. v. 5. Juni 1874. Entsch. XIII S. 423.

Ist ein Vertrag über die Lieferung zweier Gegenstände mit Vereinbarung einer Konventionalstrafe für den Fall nicht rechtzeitiger Lieferung geschlossen, und der Käufer verschuldet die nicht rechtzeitige Lieferung eines Gegenstandes, so wird der Verkäufer hierdurch von der Verbindlichkeit zur rechtzeitigen Lieferung des anderen Gegenstandes bei Vermeidung der Konventionalstrafe nicht ohne Weiteres frei. E. v. 14. Mai 1877. Entsch. XXII S. 168.

285. **Die Daraufgabe (Arrha) gilt nur dann als Reugeld, wenn dies vereinbart oder ortsgebräuchlich ist.**

Sie ist, wenn nichts Anderes vereinbart oder ortsgebräuchlich ist, zurückzugeben oder in Anrechnung zu bringen.

286. **Wegen übermäßiger Verletzung, insbesondere wegen Verletzung über die Hälfte, können Handelsgeschäfte nicht angefochten werden.**

287. Die Höhe der gesetzlichen Zinsen, insbesondere auch der Verzugszinsen, ist bei Handelsgeschäften sechs vom Hundert jährlich.[a]

In allen Fällen, in welchen in diesem Gesetzbuche die Verpflichtung zur Zahlung von Zinsen ohne Bestimmung der Höhe ausgesprochen wird, sind darunter Zinsen zu sechs vom Hundert jährlich zu verstehen.

a) Der Art. 287 findet auch auf Rechtsgeschäfte Anwendung, welche nur auf Seiten eines Kontrahenten Handelsgeschäfte sind. E. v. 15. Nov. 1873. Entsch. XI S. 407.

288. Wer aus einem Geschäft, welches auf seiner Seite ein Handelsgeschäft ist,[a] eine fällige Forderung hat, kann wegen derselben vom Tage der Mahnung an Zinsen fordern, sofern er nicht nach dem bürgerlichen Recht schon von einem früheren Zeitpunkte[b] an Zinsen zu fordern berechtigt ist.[c]

Die Uebersendung der Rechnung gilt für sich allein nicht als Mahnung.

a) Vgl. Art. 14. des E. f. Pr.

b) Nach preuß. R. (§. 109 Th. I Tit. 11 ALR.) hat der Käufer regelmäßig vom Zeitpunkt des Empfangs des Kaufgegenstandes den Kaufpreis kraft Gesetzes zu verzinsen. Die Ausnahme, daß die gleichzeitige Nutzung des Kaufgegenstandes und des Preises dem eigenen Willen des Verkäufers entspreche, hat der Käufer zu beweisen. E. v. 18. Febr. 1880, RG. II S. 201.

c) Der Artikel bestimmt nur, von welchem Zeitpunkte an, nicht aus welchen Forderungen Zinsen beansprucht werden können. — Daher findet der Artikel auf solche Forderungen, aus welchen nach dem gemeinen bürgerlichen Recht Verzugszinsen überhaupt nicht gefordert werden können (wie nach §. 742 des Sächs. BGB.

von Konventionalstrafen), keine Anwendung. E. v. 20. Dez. 1873. Entsch. XII S. 89.

289. Kaufleute unter einander sind berechtigt, in beiderseitigen Handelsgeschäften auch ohne Verabredung oder Mahnung von jeder Forderung seit dem Tage, an welchem sie fällig war, Zinsen zu fordern.[a])

a) Der Zinsanspruch auf Grund des Art. 289 steht deutschen Kaufleuten gegen einander auch aus solchen Rechtsgeschäften zu, welche im Uebrigen nach ausländischem Recht zu beurtheilen sind. E. v. 15. Dez. 1883, RG. XIV S. 30.

290. Ein Kaufmann,[a]) welcher in Ausübung des[b]) Handelsgewerbes[c]) einem Kaufmann oder Nichtkaufmann Geschäfte besorgt oder Dienste leistet, kann dafür auch ohne vorherige Verabredung Provision,[d]) und wenn es sich um Aufbewahrung handelt, zugleich auch Lagergeld[e]) nach den an dem Orte gewöhnlichen Sätzen fordern.[f])

Von seinen Darlehen, Vorschüssen, Auslagen und anderen Verwendungen kann er, vom Tage ihrer Leistung oder Beschaffung an, Zinsen[g]) in Ansatz bringen.

Dies gilt insbesondere auch von dem Kommissionair und Spediteur.

a) Der Artikel findet auch auf Minderkaufleute Anwendung. E. v. 6. Juni 1873. Entsch. X S. 243.

b) „des" nicht „seines", vgl. E. v. 17. April 1872. Entsch. VII S. 363.

c) Die Dienste müssen in den Betrieb des Handelsgewerbes fallen, E. v. 6. Juni 1873, Entsch. X S. 243. — Voraussetzung ist immer eine gewerbliche Thätigkeit des Kaufmanns. An dieser Voraussetzung fehlt es und der Anspruch auf Lagergeld ist daher nicht begründet, wenn ein Anderer ohne Vorwissen des

Kaufmanns dessen Lagerraum zum Aufbewahren von Sachen benutzt. E. v. 16. Nov. 1877. Entsch. XXIII S. 97.

d) Die Anwendung dieser Bestimmung setzt Leistungen voraus, welche vergütet zu werden pflegen. Hierzu gehören Handlungen, in welchen nicht eine Geschäftsvermittelung, sondern nur die Vorbereitung einer solchen zu erkennen ist, im Allgemeinen nicht. E. v. 11. Febr. 1875. Entsch. XVI S. 34.

Landesgesetzliche Beschränkungen in Betreff der Höhe der Provision (z. B. die Vorschrift des §. 6 der hessischen Verordnung vom 20. August 1800, wonach die Provision des Maklers nicht mehr als zwei vom Hundert betragen darf) sind durch Art. 290 nicht aufgehoben. E. v. 4. Dez. 1891, RG. XXVIII S. 115.

e) Der Anspruch auf Lagergeld wird dadurch nicht ausgeschlossen, daß der aufbewahrende Gläubiger an der Sache ein ihm zustehendes Zurückbehaltungsrecht geltend macht. E. v. 24. März 1880. RG. I S. 284.

f) Eine Erhöhung der einmal angesetzten Entschädigung ist nicht zulässig, selbst wenn der Gegner die Pflicht zur Zahlung überhaupt bestreitet, es sei denn, daß der Berechtigte sich auf Irrthum, Zwang ꝛc. berufen oder nachweisen kann, daß er nicht in Ausübung seines vertragsmäßigen Rechts die Preisbestimmung getroffen, sondern nur eine Vergleichsofferte gethan habe. E. v. 28. Okt. 1873. Entsch. XI S. 247.

g) Für den Lauf dieser Zinsen ist es gleichgültig, ob der Gläubiger mit der Tilgung der Hauptschuld im Verzuge ist, also auch ob er Zahlung der Hauptschuld vergeblich angeboten hat. Nur durch Deposition der angebotenen Summe wird der Schuldner von der Weiterzahlung dieser Zinsen frei. E. v. 23. Juni 1875. Entsch. XVIII S. 137.

291. Wenn ein Kaufmann mit einem anderen Kaufmann in laufender Rechnung (Kontokurrent) a) steht, so ist derjenige, welchem beim Rechnungsabschlusse ein Ueberschuß gebührt, von dem ganzen Betrage desselben, wenngleich darunter Zinsen begriffen sind, seit dem Tage des Abschlusses Zinsen zu fordern berechtigt.

Der Rechnungsabschluß geschieht jährlich einmal, sofern nicht von den Parteien ein Anderes bestimmt ist.

a) Vgl. im Anhange die Zusammenstellung der auf das Kontokurrent-Verhältniß bezüglichen Entscheidung des ROHG. und des RG.

292. Bei Handelsgeschäften können Zinsen zu sechs vom Hundert jährlich bedungen werden; höhere Zinsen zu bedingen ist nur insofern zulässig, als die Landesgesetze solches gestatten. a)

Bei Darlehen, welche ein Kaufmann empfängt, und bei Schulden eines Kaufmanns aus seinen Handelsgeschäften können auch höhere Zinsen als sechs vom Hundert jährlich bedungen werden.

a) Hierzu BG., betr. die vertragsmäßigen Zinsen, vom 14. Nov. 1867 u. RG., betr. den Wucher, vom 24. Mai 1880.

293. Die Zinsen können bei Handelsgeschäften in ihrem Gesammtbetrage das Kapital übersteigen.

294. Die Anerkennung einer Rechnung schließt den Beweis eines Irrthums oder eines Betrugs in der Rechnung nicht aus. a)

a) Das verpflichtende Anerkenntniß kann auch stillschweigend abgegeben werden. Es ist z. B. anzunehmen, wenn bei dem Vorhandensein einer laufenden Geschäftsverbindung der Empfänger eines ordnungsmäßigen Rechnungsabschlusses ohne Erwiderung oder Rüge den Verkehr fortsetzt, mag selbst der Uebersender sich ein ausdrückliches Anerkenntniß erbeten haben (E. v. 14. März 1871,

Stg. I S. 339), oder wenn ein sogen. Beibuch, in welches der eine Theil einträgt, während es der andere Theil an sich nimmt, von dem letzteren längere Zeit ungerügt behalten wird (E. v. 17. Dez. 1870. Entsch. I S. 160. — Vgl. E. v. 9. Mai 1871. Entsch. II S. 273).

Eine unter Kaufleuten stattgehabte Abrechnung bildet, auch außerhalb des Kontokurrent-Verhältnisses, einen selbständigen Verpflichtungsgrund bezüglich des gemeinsam festgestellten Saldos. E. v. 25. Nov. 1871. Entsch. IV S. 76. E. v. 14. Febr. 1876. Entsch. XVI S. 126. Das Ergebniß einer solchen Abrechnung kann mit der bloßen Behauptung, dieselbe beruhe auf falschen Annahmen, nicht angefochten werden. E. v. 25. Nov. 1871. Stg. V S. 248.

295 Die Beweiskraft eines Schuldscheins oder einer Quittung ist an den Ablauf einer Zeitfrist nicht gebunden. a)

a) Hierzu §. 3 B. Ziff. 5 des BGG. und Art. 26 des E. f. Pr.

296. Der Ueberbringer einer Quittung gilt für ermächtigt die Zahlung zu empfangen, sofern nicht die dem Zahlenden bekannten Umstände der Annahme einer solchen Ermächtigung entgegenstehen. a)

a) Der Artikel bezieht sich nur auf vollständige Quittungen, nicht auf Blanquetts. Doch kann aus der Ausantwortung eines unterschriebenen Quittungsblanquetts an einen Handlungsgehülfen in Verbindung mit anderen Umständen eine stillschweigende Bevollmächtigung zur Geldempfangnahme hervorgehen. E. v. 16. Sept. 1873. Entsch. XI S. 32.

297. Ein Antrag, ein Auftrag oder eine Vollmacht, welche von einem Kaufmann in dem Handelsgewerbe ausgegangen sind, werden durch seinen Tod nicht aufgehoben, sofern nicht eine entgegengesetzte Willensmeinung aus seiner Erklärung oder aus den Umständen hervorgeht.

Vgl. Art. 54 Abs. 2.

298. Bei einer Vollmacht zu Handelsgeschäften kommen in Betreff des Verhältnisses zwischen dem Vollmachtgeber, dem Bevollmächtigten und dem Dritten, mit welchem der Bevollmächtigte Namens des Vollmachtgebers das Geschäft schließt, dieselben Bestimmungen zur Anwendung, welche im Artikel 52. in Beziehung auf die Prokuristen und Handlungsbevollmächtigten gegeben sind.

Ingleichen gilt die Bestimmung des Artikels 55. in Beziehung auf denjenigen, welcher ein Handelsgeschäft als Bevollmächtigter schließt, ohne Vollmacht dazu erhalten zu haben,[a] oder welcher bei dem Abschlusse des Handelsgeschäfts seine Vollmacht überschreitet.[b]

a) Vgl. Anm. zu Art. 52.

Für Versehen des Bevollmächtigten bei Ausführung des Auftrags (insoweit nicht Ueberschreitung der Vollmacht vorliegt, vgl. Abs. 2) haftet der Vollmachtgeber. E. v. 2. Juli 1890. RG. XXVI S. 109.

b) Das ROHG. nahm an, zur Begründung der Klage gegen den falsus procurator genüge die Behauptung, daß der Beklagte es unterlassen habe, den Kläger in den Stand zu setzen, den angeblichen Auftraggeber in Anspruch zu nehmen; die Klage gegen den angeblichen Auftraggeber brauche nicht vorauszugehen; Sache des Beklagten sei es, nachzuweisen, daß ihm die Vollmacht wirklich ertheilt worden. E. v. 7. April 1877. Entsch. XXII S. 34.

Anders das Reichsgericht. Dasselbe führt in dem E. v. 24. März 1886, RG. XVIII S. 157 aus: Der Kontrahent kann denjenigen, welcher als Bevollmächtigter aufgetreten ist, auf Schadensersatz oder auf Erfüllung belangen (Art. 55). Die Klage auf Erfüllung ist aber nicht die ursprüngliche Vertragsklage, welche der Beklagte nur dadurch abwenden könnte, daß er das Vorhandensein der Vollmacht beweise; sondern Klagegrund ist, daß der Beklagte sich als Bevollmächtigter ausgegeben und keine Vollmacht erhalten hat. Diesen Klagegrund hat der Kläger zu beweisen. Auch habe der als Bevollmächtigter Abschließende nur für das Vorhandensein der Vollmacht einzustehen, nicht dafür, daß die Klage gegen den Vollmachtgeber durchzuführen ist.

c) Ueberschreitet der Bevollmächtigte seinen Auftrag, so ist der Auftraggeber nicht ohne Weiteres gänzlich frei: vielmehr ist er insoweit gebunden, als der Auftrag reicht, vorausgesetzt, daß solche Theilung durch die Natur des Geschäfts oder seines Gegenstandes nicht ausgeschlossen ist und das Interesse des Machtgebers durch die Theilung nicht verletzt wird. Ist also mehr verkauft, als verkauft werden sollte, oder zu geringerem Preise, als aufgetragen war, so kann der Dritte durch Genehmigung des geringeren auftraggemäßen Quantums oder des geringeren Preises und der Mandatar, indem er dem Dritten oder dem Mandanten die Differenz ersetzt, das Geschäft aufrecht erhalten, wie umgekehrt, wenn zu höherem Preise eingekauft ist, als beauftragt war, der Mandant von dem Dritten Erfüllung annehmen muß, sofern der Dritte oder der Beauftragte die Differenz ersetzt. E. v. 5. Dez. 1871. Entsch. IV S. 219. Vgl. Anm. zu Art. 52 und 66.

Ein Rechtsgrundsatz,

> daß in Handelssachen eine Vollmachts-Ueberschreitung für genehmigt gelte, wenn der Machtgeber die das geschlossene Geschäft begründende oder konstatirende Urkunde annimmt und dem Gegner nicht alsbald seinen Dissens kundgiebt; daß unterlassene Kenntnißnahme vom Inhalte solcher Urkunde als geschäfts- und ordnungswidrig dem Auftraggeber zur Last falle,

läßt sich in dieser Allgemeinheit aus geltenden Gesetzen nicht herleiten. E. v. 30. Mai 1874. Entsch. XIII S. 293.

Der Bevollmächtigte, dessen Geschäftsführung im Ergebniß dem Zwecke des erhaltenen Auftrages nicht entsprach, sondern mit Nachtheil für den Auftraggeber endigte, muß sich über seine Diligenz in Betreff der Nichtabwendung des Nachtheils ausweisen. E. v. 30. April 1875 Entsch. XVII S. 238.

Der zur Rechnungslegung verpflichtete Bevollmächtigte kann der Klage auf Herausgabe bestimmter Hebungen nicht den Einwand entgegenstellen, es müsse zuvor auf Rechnungslegung geklagt werden. E. v. 19. Dez. 1879. Entsch. XII S. 366.

Eine Substitutionsbefugniß hat der Beauftragte nur, wenn sie ihm vom Auftraggeber ausdrücklich ertheilt ist oder wenn die Natur des aufgetragenen Geschäfts die Verwendung eines Substituten nothwendiger- oder üblicherweise mit sich bringt oder wenn aus dem besonderen Inhalt der ertheilten Vollmacht hervorgeht, daß dieselbe nicht wesentlich mit Rücksicht auf die Individualität des Beauftragten ertheilt ist. E. v. 28. März 1879. Entsch. XXII S. 92.

Vgl. im Anhange die Zusammenstellung der auf die Agenten bezüglichen Entscheidungen.

299. Im Falle der Abtretung einer aus einem Handelsgeschäft hervorgegangenen Forderung [a]) kann die Bezahlung ihres vollen Betrages auch dann verlangt werden, wenn dieser Betrag die Summe des für die Abtretung vereinbarten Preises übersteigt.

a) Ueber die Abtretung der Rechte aus einem noch nicht erfüllten zweiseitigen Vertrage vgl. E. v. 23. Febr. 1885. RG. XIII S. 11 ff.

300. Ein Kaufmann, welcher eine auf ihn ausgestellte Anweisung (Assignation) gegenüber demjenigen, zu dessen Gunsten sie ausgestellt ist, angenommen hat, [a]) ist demselben zur Erfüllung verpflichtet. [b]) Die auf eine schriftliche Anweisung geschriebene und unterschriebene Annahme-Erklärung gilt als ein dem Assignatar geleistetes Zahlungsversprechen. [c])

a) Der Auftrag zur Acceptation liegt an sich nicht in dem Begriff der Anweisung und nur, wenn es das Interesse des Anweisenden oder die Natur des Geschäfts gebietet, ist der Angewiesene zu einer nicht ausdrücklich aufgetragenen Annahme-Erklärung (durch welche dem Anwesenden die Möglichkeit des Widerrufes genommen wird) berechtigt. E. v. 22. Okt. 1870. Entsch. I S. 70.

Die ein Handelsgeschäft bildende Annahme einer schriftlichen Anweisung kann auch mündlich erfolgen. – Für die Frage, ob die Annahme als Handelsgeschäft aufzufassen ist, kommt es auf die Natur der Forderung, welche durch die Anweisung gedeckt werden soll, nicht an. E. v. 4. März 1873. Ensch. IX S. 113.

b) Dies gilt auch dann, wenn der Acceptant dem Anweisenden nichts schuldig war. Das Accept bildet einen selbständigen Verpflichtungsgrund, welcher von früheren obligatorischen Beziehungen der drei betheiligten Personen zu einander unabhängig ist. Die Eröffnung des Konkurses über das Vermögen des Assignanten nach erfolgter Annahme der Anweisung und die vom Konkursverwalter an den Acceptanten erlassene Weisung, die angewiesene Summe nicht auszuzahlen, berechtigt den Acceptanten dem Assignatar gegenüber nicht, die angewiesene Summe zu hinterlegen. E. v. 25. April 1875. Entsch. XXII S. 137.

c) Darin, daß der Angewiesene in seinen Büchern mit der zu zahlenden Summe den Anwesenden debitirt und den Anweisungs-Empfänger kreditirt, liegt eine verpflichtende Annahme-Erklärung noch nicht. Es muß mindestens eine Benachrichtigung des Assignatars von der zu seinen Gunsten geschehenen Buchung hinzukommen. E. v. 25. Juni 1871. Entsch. III S. 17.

301. Anweisungen und Verpflichtungsscheine, welche von Kaufleuten a) über Leistungen von Geld oder einer Quantität vertretbarer Sachen oder Werthpapiere ausgestellt sind, ohne daß darin die Verpflichtung zur Leistung von einer Gegenleistung b) abhängig gemacht ist, können durch Indossament übertragen werden, wenn sie an Order lauten. c)

Zur Gültigkeit der Urkunde oder des Indossaments ist nicht erforderlich, daß sie die Angabe des Verpflichtungsgrundes d) oder das Empfangsbekenntniß der Valuta enthalten. e)

Wer eine solche Anweisung acceptirt hat, ist demjenigen, zu dessen Gunsten sie ausgestellt oder an welchen sie indossirt ist, zur Erfüllung verpflichtet. f)

a) Die Kaufmannseigenschaft muß zur Zeit der Ausstellung der Urkunde vorhanden gewesen sein und von demjenigen bewiesen werden, der Rechte aus der Urkunde herleitet. Ein nach der Konkurseröffnung vom Gemeinschuldner ausgestellter Verpflichtungsschein fällt also unter den Art. 301 HGB. nur dann, wenn der Aussteller trotz der Konkurseröffnung den gewerbsmäßigen Betrieb von Handelsgeschäften fortgesetzt hat. E. v. 4. März 1885, RG. XIII S. 152.

b) Das Abhängigsein der Leistung von einer anderen Bedingung, als einer Gegenleistung, schließt die Anwendbarkeit des Art. 301 nicht aus. E. v. 7. Nov. 1878. Ensch. XXIV S. 237.

c) Nur die Uebertragbarkeit durch Indossament, nicht die Gültigkeit ist von der Ausstellung an Order abhängig. Die Bestimmungen im Abs. 2 u. 3 finden auch auf die nicht an Order lautenden Verpflichtungsscheine Anwendung. E. v. 2. Okt. 1872 u. 25. Jan. 1873. Entsch. VII S. 204 und VIII S. 431. E. v. 13. Mai 1884, RG. XI S. 178.

„An Order". Jeder gleichbedeutende Ausdruck (z. B. „an N. N. oder sonstigen getreuen Inhaber") hat dieselbe Wirkung. E. v. 3. Okt. 1876, 2. Febr. 1878. Entsch. XXI S. 80, XXIII S. 293.

Es muß aber aus der Urkunde, wenn sie übertragbar sein soll, hervorgehen, daß der Inhaber als solcher forderungsberechtigt ist. Die Absicht, welche der Aussteller bei der Ausstellung bez. bei der Begebung des Papiers hatte, ist, insoweit sie nicht in der Urkunde ausgesprochen ist, bedeutungslos. E. v. 30. März 1885, RG. XIII S. 154.

d) Die Angabe des Schuldgrundes steht der Anwendbarkeit des Abs. 1 nicht entgegen. E. v. 25. Jan. 1873. Entsch. VIII S. 433. — Dem redlichen dritten Inhaber (Indossatar) eines solchen den Schuldgrund angebenden Verpflichtungsscheins kann nicht der Einwand entgegengesetzt werden, daß der Schuldgrund in Wahrheit nicht bestehe. E. v. 23. Febr. u. 24. Juni 1884. RG. XII S. 92, XIV S. 101.

Ueberhaupt wird durch die Angabe des Schuldgrundes an der rechtlichen Natur des kaufmännischen Verpflichtungsscheins nichts geändert. E. v. 23. Febr. 1884, RG. XXI S. 92 ff.

e) Der Berechtigte, an den oder an dessen Order gezahlt werden soll, muß in dem Schriftstück genannt sein. E. v. 20. Nov. 1882. RG. VIII S. 32. Die Anwendung des Art. 301 wird also dadurch ausgeschlossen, daß der Schein nicht auf eine bestimmte Person, sondern auf den Inhaber lautet. E. v. 24. Juni 1884. RG. XIV S. 102.

f) Die Ansicht, daß ein von einem Kaufmann ausgestellter Wechsel nach Eintritt der Wechselverjährung noch die Geltung eines kaufmännischen Verpflichtungsscheins habe, ist rechtsirrthümlich. E. v. 18. März 1874. Entsch. IX S. 354.

302. Ingleichen können Konossemente der Seeschiffer und Ladescheine der Frachtführer, Auslieferungsscheine (Lagerscheine, Warrants) über Waaren oder andere bewegliche Sachen, welche von einer zur Aufbewahrung solcher Sachen staatlich ermächtigten Anstalt ausgestellt sind, ferner Bodmereibriefe und Seeassekuranzpolizen durch Indossament übertragen werden, wenn sie an Order lauten.

303. Durch das Indossament der in den beiden vorhergehenden Artikeln bezeichneten Urkunden gehen alle Rechte aus dem indossirten Papier auf den Indossatar über.

Der Verpflichtete kann sich nur solcher Einreden bedienen, welche ihm nach Maaßgabe der Urkunde selbst [a]) oder unmittelbar gegen den jedesmaligen Kläger [b]) zustehen. [c])

Der Schuldner ist nur gegen Aushändigung des quittirten Papiers zu erfüllen verpflichtet. [d])

a) Einreden aus denjenigen Klauseln, welche die Urkunde selbst enthält (z. B. Bezeichnung als Zinscoupon) muß sich jeder Inhaber gefallen lassen. — Der Erwerber von Zinscoupons au porteur kann daher nach preuß. Recht (§. 818 I, 11 ALR.) Verzugszinsen vom Couponbetrage nicht beanspruchen. E. v. 27. Mai 1873. Entsch. X S. 213.

b) Dem ursprünglichen Gläubiger gegenüber kann der Aussteller nicht nur das Schuldversprechen an sich wegen Irrthums, Betrugs 2c. anfechten, sondern auch Einwendungen aus dem zu Grunde liegenden Rechtsverhältnisse erheben. E. v. 13. März 1874. Entsch. XIII S. 74.

Einreden aus dem zu Grunde liegenden Rechtsgeschäft sind dem dritten Inhaber gegenüber selbst dann unzulässig, wenn der Schuldgrund in der Urkunde angegeben ist. E. v. 23. Febr. 1884. RG. XII S. 99 ff.

Das zu Grunde liegende Abkommen kann auch gültig in mündlicher Form geschlossen sein. E. v. 2. Okt. 1872. Entsch. VII S. 204.

c) Auf Lebensversicherungspolicen, die an Order oder auf den Inhaber gestellt sind, findet obige Bestimmung nicht Anwendung. Vgl. E. v. 30. Juni 1871. Stg. III S. 160.

d) Bei Leistung von Abschlagszahlungen kann der Schuldner nur Quittung auf dem Papier verlangen. E. v. 14. Okt. 1871. Stg. IV S. 107.

304. Ob außer den in diesem Gesetzbuch bezeichneten noch andere an Order lautende Anweisungen, Verpflichtungsscheine oder sonstige Urkunden mit der in Artikel 303.

erwähnten Wirkung durch Indossament übertragen werden können, ist nach den Landesgesetzen zu beurtheilen.

305. Für Papiere, welche an Order lauten und welche durch Indossament übertragen werden können (Artikel 301. bis 304.),[a] gelten in Betreff der Form des Indossaments, in Betreff der Legitimation des Inhabers und der Prüfung dieser Legitimation, sowie in Betreff der Verpflichtung des Besitzers zur Herausgabe dieselben Bestimmungen, welche die Artikel 11. bis 13. 36. und 74. der Allgemeinen Deutschen Wechsel-Ordnung in Betreff des Wechsels enthalten.[b]

Sind die im Artikel 301. bezeichneten Papiere[c] abhanden gekommen, so finden in Bezug auf die Amortisation die im Artikel 73 der Allgemeinen Deutschen Wechsel-Ordnung gegebenen Bestimmungen Anwendung. Die Amortisation der im Artikel 302. bezeichneten Papiere richtet sich nach den Landesgesetzen.[d]

a) Hierzu gehören die Reichsbankantheile nicht, weil nach dem Statut der Reichsbank (§§. 4, 5) diese (abweichend von der Vorschrift des Art. 36 WO.) berechtigt ist, die Legitimation des Inhabers zu prüfen. Durch Indossament wird also nur dann Eigenthum an einem Reichsbankantheilschein erworben, wenn der Indossant zur Uebertragung des Scheins berechtigt ist. E. v. 20. Dez. 1888. RG. XXII S. 183.

b) Im Uebrigen finden die für Wechsel gegebenen Bestimmungen auf Anweisungen nicht Anwendung. Insbesondere ist eine Regreßpflicht des Ausstellers oder Indossanten dem Nachmann gegenüber im HGB. nicht anerkannt. E. v. 14. März 1874. Entsch. XIII S. 313.

c) Die Bestimmung bezieht sich auf alle im Art. 301 bezeichneten Papiere, auch auf die nicht an Order lautenden. E. v. 22. Nov. 1875. Entsch. XIX S. 276.

d) Die Art. 11—13 der ADWO. sind bereits zu Art. 182 abgedruckt. Die anderen hier in Bezug genommenen Artikel lauten wie folgt:

Art. 36. Der Inhaber eines indossirten Wechsels wird durch eine zusammenhängende, bis auf ihn hinuntergehende Reihe von Indossamenten als Eigenthümer des Wechsels legitimirt. Das erste Indossament muß demnach mit dem Namen des Remittenten, jedes folgende Indossament mit dem Namen desjenigen unterzeichnet sein, welchen das unmittelbar vorhergehende Indossament als Indossatar benennt. Wenn auf ein Blanko-Indossament ein weiteres Indossament folgt, so wird angenommen, daß der Aussteller des letzteren den Wechsel durch das Blanko-Indossament erworben hat. Ausgestrichene Indossamente werden bei Prüfung der Legitimation als nicht geschrieben angesehen. Die Echtheit der Indossamente zu prüfen, ist der Zahlende nicht verpflichtet.

Art. 73. Der Eigenthümer eines abhanden gekommenen Wechsels kann die Amortisation des Wechsels bei dem Gerichte des Zahlungsortes beantragen. Nach Einleitung des Amortisationsverfahrens kann derselbe vom Akzeptanten Zahlung fordern, wenn er bis zur Amortisation des Wechsels Sicherheit bestellt. Ohne eine solche Sicherheitsstellung ist er nur die Deposition der aus dem Akzepte schuldigen Summe bei Gericht oder bei einer andern zur Annahme von Depositen ermächtigten Behörde oder Anstalt zu fordern berechtigt.

Art. 74. Der nach den Bestimmungen des Art. 36 legitimirte Besitzer eines Wechsels kann nur dann zur Herausgabe desselben angehalten werden, wenn er den Wechsel in bösem Glauben erworben hat oder ihm bei der Erwerbung des Wechsels eine grobe Fahrlässigkeit zur Last fällt.

306. **Wenn Waaren oder andere bewegliche Sachen** [a] **von einem Kaufmann in dessen Handelsbetriebe veräußert**

und übergeben[b]) worden sind, so erlangt der redliche[c]) Erwerber das Eigenthum, auch wenn der Veräußerer nicht Eigenthümer war. Das früher begründete Eigenthum erlischt. Jedes früher begründete Pfandrecht oder sonstige dingliche Recht erlischt, wenn dasselbe dem Erwerber bei der Veräußerung unbekannt war.

Sind Waaren oder andere bewegliche Sachen von einem Kaufmann in dessen Handelsbetriebe verpfändet und übergeben worden, so kann ein früher begründetes Eigenthum, Pfandrecht oder sonstiges dingliches Recht an den Gegenständen zum Nachtheil des redlichen Pfandnehmers oder dessen Rechtsnachfolger nicht geltend gemacht werden.[e])

Das gesetzliche Pfandrecht des Kommissionairs, Spediteurs und Frachtführers[f]) steht einem durch Vertrag erworbenen Pfandrechte gleich.

Dieser Artikel findet keine Anwendung, wenn die Gegenstände gestohlen oder verloren[g]) waren.

a) Ein auf den Namen lautendes Sparkassenbuch ist nicht als „Sache" im Sinne des Art. 306 HGB. anzusehen. E. v. 10. Juni 1882, RG. X S. 40.

b) Was unter Uebergabe im Sinne des Art. 306 zu verstehen, richtet sich nicht nach den landesgesetzlichen Vorschriften, sondern für den ganzen Geltungsbereich des HGB. nach einheitlichen Grundsätzen. E. v. 15. Juni 1891, RG. XXVIII S. 41.

Die Uebergabe muß körperlich erfolgt sein; im Fall des constitutum possessorium ist Art. 306 nicht anwendbar. E. v. 25. Nov. 1887 u. 30. Okt. 1890, RG. XX S. 241 u. XXVII S. 26.

Die Aushändigung eines Lagerscheins, den ein Spediteur über bei ihm lagernde Waare auf den Namen des Erwerbers ausgestellt hat, ist als Uebergabe im Sinne des Art. 306 zu erachten. E. v. 15. Juni 1891, RG. XXVIII S. 39.

c) Der Begriff des „reblichen" Erwerbers ist für das ganze Geltungsgebiet des HGB. ein einheitlicher. E. v. 22. Febr. 1882, RG. VI S. 87 (vgl. jedoch Art. 308). — In dem E. v. 6. Nov. 1889 (Gruch. XXXV S. 129) ist aber angenommen, daß für die Frage, wann Unreblichkeit des Erwerbers vorliege, die Vorschriften des Landesrechts, im Gebiet des Preuß. ALR. die §§. 14, 15 Th. I Tit. 2 maßgebend sind, wonach der unrechtfertige und unvorsichtige Besitzer dem unreblichen (das Kennenmüssen dem Kennen) gleichsteht.

Der Erwerber ist in der Regel nicht verpflichtet, die Verfügungsbefugniß des Veräußerers zu prüfen. E. v. 14. Nov. 1891, RG. XXXIII S. 113. Als reblich kann aber der Erwerber oder Pfandnehmer nicht angesehen werden, wenn er bei der Erwerbung des Besitzes unter Anwendung eines gewöhnlichen Grades von Aufmerksamkeit Ursache hatte, an dem Eigenthum des Auktor zu zweifeln (E. v. 16. Dez. 1875. Entsch. XIX S. 83), wenn die Unbekanntschaft des Erwerbers mit dem seinem Erwerbe entgegenstehenden Hinderniſſe auf eine grobe Verschuldung, einen unentschuldbaren Irrthum desselben zurückzuführen ist (E. v. 14. Dez. 1881, RG. VI S. 18). So wurde eine der Arglist gleichstehende grobe Fahrlässigkeit eines Bankiers darin gefunden, daß derselbe ein an seiner Börse nicht gangbares Papier von einem ihm völlig Unbekannten gekauft hatte, ohne irgend welche Schritte zu thun, um sich eine begründete Meinung über die Reblichkeit und den rechtmäßigen Erwerb dieses Verkäufers zu bilden (E. v. 5. April 1882, RG. VI S. 89 Anm. 1), ferner darin, daß der Bankier es unterlassen hatte, die Nummern gestohlener Papiere in seinen Listen nachzutragen, obwohl dieselben in dem zu solchen Bekanntmachungen bestimmten Blatt veröffentlicht waren. E. v. 6. Nov. 1889. Gruch. XXXV S. 127, sowie eines anderen Bankiers darin, daß er es unterlassen hatte, das Buch, in welches angemeldete Veruntreuungen eingetragen wurden, einzusehen (E. v. 14. Febr. 1881, RG. VI S. 18).

Der Eigenthumserwerb einer offenen Handelsgesellschaft wird schon durch den bösen Glauben eines Gesellschafters ausgeschlossen. E. v. 24. Juni 1882. RG. IX S. 143.

d) Verpfändet. Das Pfandrecht muß durch Pfandvertrag erworben sein. Das Pfändungspfandrecht steht in dieser Beziehung dem auf Vertrag beruhenden Pfandrecht nicht gleich. E. v. 30. Mai 1890, RG. XXVI S. 103.

e) Das gutgläubig erworbene Zurückhaltungsrecht genießt diesen Schutz nicht. E. v. 7. Jan. 1875, Entsch. XV S. 422 u. v. 14. Jan. 1885. RG. XIII S. 129. Vgl. Art. 313 Anm. b.

f) Vgl. Art. 374, 382. 409.

g) Die Bezeichnung „gestohlen oder verloren" umfaßt alle diejenigen Fälle, in denen jemand wider seinen Willen und ohne sein Zuthun den Gewahrsam einer Sache verloren hat: sie findet also auch Anwendung auf Sachen, welche der Eigenthümer dem Gewahrsam des Faustpfandgläubigers ohne dessen Wissen und Willen entzogen hat. E. v. 20. April 1880. RG. I S. 255.

307. Die Bestimmungen des vorigen Artikels finden bei Papieren auf Inhaber[a]) auch dann Anwendung, wenn die Veräußerung oder Verpfändung[b]) nicht von einem Kaufmann in dessen Handelsbetriebe geschehen ist, und wenn die Papiere gestohlen oder verloren waren.[c])

Vgl. Anm. zu Art. 306.

a) Nicht auf Namenspapiere. E. v. 10. Juni 1882. RG. X S. 40.

b) Bezüglich des kaufmännischen Zurückhaltungsrechts vgl. Anm. e zu Art. 306.

c) Da nach Art. 306, 307 der redliche Erwerber von Inhaberpapieren, selbst wenn sie gestohlen waren, Eigenthum erwirbt und das frühere Eigenthum erlischt, kommt es, falls der gutgläubige Erwerber weiter veräußert, auf den guten Glauben des späteren Erwerbers nicht mehr an. Wer vom redlichen Erwerber kauft, erwirbt Eigenthum, auch wenn er weiß, daß die Papiere zuvor gestohlen waren. E. v. 7. Jan. 1891, Gruch. XXXV S. 432.

Die Art. 306 und 307 finden nach Art. 15 des E. f. Pr. und §. 3 B. Ziff. 6 des BEG. v. 5. Juni 1869 auf Inhaberpapiere, die außer Kurs gesetzt sind, keine Anwendung; es sei denn, daß die Papiere ordnungsmäßig wieder in Kurs gesetzt sind. E. v. 14. Nov. 1891, RG. XXVIII S. 114.

Bezüglich der Inhaberpapiere hat das ROHG. in dem E. v. 27. Febr. 1875 (Entsch. XVII S. 149 ff.) folgende Rechtsgrundsätze angenommen:

1) Zur Ausgabe von Inhaberpapieren bedarf es in Ermangelung einer ausdrücklich entgegenstehenden gesetzlichen Vorschrift der staatlichen Genehmigung nicht. S. 151. (In Bremen besteht ein solches Verbot nicht, wohl aber in Preußen nach dem Ges. v. 17. Juni 1833, Ges.-Samml. S. 75, welches durch die Verordnung v. 17. Sept. 1867, Ges.-Samml. S. 1518, auf die mit dem Preußischen Staat vereinigten Landestheile ausgedehnt ist. Dieses Gesetz beschränkt aber den Verkehr mit ausländischen Inhaberpapieren in Preußen nicht. E. v. 27. Jan. 1874. Entsch. XII S. 302.)
2) Dem gutgläubigen Dritten gegenüber ist der Einwand der noch nicht erfolgten Emission unzulässig. S. 154.
3) Auf die Richtigkeit des in dem Papier angegebenen Schuldgrundes kommt es nicht an. S. 155.
4) Der Aussteller kann dem Inhaber die Legitimation nicht bestreiten, also auch nicht einwenden, der Inhaber besitze das Papier für einen Anderen oder habe dasselbe nur als Pfand erhalten. S. 159.
5) Der Aussteller, dem das Papier ohne seinen Willen abhanden gekommen ist, steht dem berechtigten Inhaber eines in den Verkehr gekommenen Papiers gleich, hat also gegen den schlechtgläubigen Erwerber die Vindikation. S. 160.

Ein in Preußen nach Erlaß des Ges. v. 17. Juni 1833 ohne königliche Genehmigung ausgestelltes und in Umlauf gesetztes Inhaberpapier giebt dem Inhaber keine Klage gegen den Aussteller auf Erfüllung; ein solches Papier entbehrt aber nicht jeder rechtlichen Bedeutung. E. v. 24. Juni 1884. RG. XIV S. 102. (Welche Rechte der Inhaber eines solchen Papiers hat, ist in diesem Urtheil unentschieden gelassen.)

Das Geschäft, durch welches der Aussteller ein als „Anlehn“ bezeichnetes Inhaberpapier zu einem Emissionspreise dem Zeichner überläßt, ist Kauf, nicht Darlehn. — Der Zeichner, welcher wegen unrichtiger Angaben des Prospektes Abnahme der Stücke und Zahlung des Kaufpreises verweigert, hat die Beweislast für die Unrichtigkeit. E. v. 13. März 1891. RG. XXVIII S. 29.

Der Käufer eines ausländischen Inhaberpapiers, welchem von dem ausländischen Gericht die Ansprüche aus dem Papiere abgesprochen sind, kann vom Verkäufer Ersatz des gezahlten Kaufgeldes und der Kosten des Eviktionsprozesses verlangen. — Dies ist für pr. R. angenommen in dem E. v. 8. Okt. 1874 (Entsch. XIV S. 226), für gem. R. in dem E. v. 26. Sept. 1883 (RG. X S. 170). — Die Kursfähigkeit gehört zu den gewöhnlich vorausgesetzten Eigenschaften eines Inhaberpapiers, deren Mangel (nach pr. R.) den Käufer zum Rücktritte vom Kaufe berechtigt. Ausgelooften oder gekündigten Inhaberpapieren fehlt die Kursfähigkeit. E. des RG. v. 1. März 1883. Gruchot Bd. 28 S. 409. — Auch bei beschränkter Kursfähigkeit des ausländischen Inhaberpapiers kann der Käufer nach pr. R. vom Kaufe zurücktreten. E. v. 28. Jan. 1875. Entsch. XVI S. 22. — Vgl. Anm. zu Art. 335.

Der Verkäufer eines mit der Garantie eines Dritten versehenen Inhaberpapiers haftet dem Käufer nur für die Echtheit der Garantieerklärung, nicht für deren Gültigkeit und Wirksamkeit. E. v. 29. Jan. 1876. Entsch. XXI S. 340.

308. **Durch die beiden vorhergehenden Artikel werden die Landesgesetze nicht berührt, welche für den Besitzer noch günstigere Bestimmungen enthalten.** a)

a) Unter Besitzer ist nicht bloß der augenblickliche Besitzer zu verstehen, sondern der Besitzerwerber, auch wenn er den Besitz wieder aufgegeben hat. E. v. 30. Okt. 1890. RG. XXVII S. 30.

b) Dahin gehören die §§. 52, 53 Th. I Tit. 15 des Preuß. ALR., wonach die öffentliche Bekanntmachung der Entwendung oder des Verlustes eines Papiers noch nicht hinreicht, den Erwerber, der von der Bekanntmachung nicht Kenntniß erhalten hat, als einen unredlichen Besitzer hinzustellen. Hätten diese Paragraphen die Bedeutung, über den Begriff des „redlichen Erwerbes" eine Spezialbestimmung zu treffen (was das RG. verneint), so würden sie im Geltungsbereich des HGB. nicht anwendbar sein. E. v. 22. Febr. 1882, RG. VI S. 88. Vgl. jedoch Anm. c zu Art. 306. — Die §§. 52, 53 Th. I Tit. 15 ALR. befreien nur das Publikum im Allgemeinen, sich nach öffentlichen Bekanntmachungen entwendeter Papiere zu erkundigen, sie schließen jedoch im einzelnen Fall die Erkundigungspflicht des Erwerbers nicht aus. Beim gewerblichen Effektenhandel ist eine solche Erkundigungspflicht anzunehmen. E. v. 6. Nov. 1889. Gruch. XXXV S. 129. Vgl. Anm. c zu Art. 306.

309. Die zur Bestellung eines Faustpfandes in dem bürgerlichen Rechte vorgeschriebenen Förmlichkeiten sind nicht erforderlich, wenn unter Kaufleuten für eine Forderung aus beiderseitigen Handelsgeschäften ein Faustpfand an beweglichen Sachen,[a] an Papieren auf Inhaber[b] oder an Papieren, welche durch Indossament übertragen werden können, bestellt wird.

In diesem Falle genügt neben der einfachen Vereinbarung über die Verpfändung:

1. bei beweglichen Sachen und bei Papieren auf Inhaber die Uebertragung des Besitzes auf den Gläubiger, wie solche nach den Bestimmungen des bürgerlichen Rechts für das Faustpfand erfordert wird;[c)]
2. bei Papieren, welche durch Indossament[d)] übertragen werden können, die Uebergabe des indossirten Papiers.

a) Als bewegliche Sachen im Sinne des Art. 309 sind nur körperliche Sachen, nicht Forderungsrechte zu verstehen. Ob ein rechtswirksames Faustpfandrecht an einer Hypothekenforderung vorliegt, ist also nicht nach Art. 309 HGB., sondern nach den Vorschriften des bürgerlichen Rechts zu beurtheilen. E. v. 11. Jan. 1887. RG. XVII S. 57. Vgl. Anm. c.

b) Lebensversicherungspolicen gehören nicht zu den Inhaberpapieren und können daher nicht in der hier vorgeschriebenen Form verpfändet werden. E. v. 2. April 1873 u. 20. Juni 1874. Entsch. IX S. 242 und XIV S. 28; E. v. 3. Mai 1892. RG. XXIX S. 299.

c) In Ansehung der Besitzübertragung hat das HGB. an dem bürgerlichen Recht nichts geändert. Wo also das Landesgesetz für die Besitzübertragung einzelner Arten von Pfandobjekten besondere Förmlichkeiten vorschreibt, müssen diese auch dann erfüllt werden, wenn es sich um eine handelsgeschäftliche Verpfändung handelt. Die Vorschrift des Allg. Landr. für Preußen (Theil I Tit. 11 §. 394; Tit. 20 §. 512, 515, 516), welches für die symbolische Uebertragung des Pfandbesitzes und für die pfandweise Besitzübertragung verbriefter, nicht auf den Inhaber lautender Forderungen einen schriftlichen Akt des Verpfänders erfordert, findet demnach auf die Verpfändung unter Kaufleuten aus beiderseitigen Handelsgeschäften Anwendung. Zur Konstituirung eines Pfandrechts an einer Hypothekenforderung genügt die bloße Uebergabe des Hypothekendokuments nicht. E. v. 26. Sept. 1871. Entsch. III S. 153. E. v. 2. Dez. 1885. RG. XIV S. 300.

d) Auch an preußischen Grundschulden kann unter Kaufleuten ein Faustpfand in der Weise bestellt werden, daß der mit der Blankoabtretung versehene Grundschuldbrief dem Gläubiger übergeben wird. Vgl. E. v. 12. Febr. 1878, Entsch. XXIII S. 249 u. E. v. 20. Juni 1883, RG. IX S. 292.

310. **Ist die Bestellung eines Faustpfandes** [a]) **unter Kaufleuten für eine Forderung aus beiderseitigen Handelsgeschäften schriftlich erfolgt, so kann der Gläubiger, wenn der Schuldner im Verzuge ist, sich aus dem Pfande sofort bezahlt machen, ohne daß es einer Klage gegen den Schuldner bedarf.**

Der Gläubiger hat die Bewilligung hierzu unter Vorlegung der erforderlichen Bescheinigungsmittel bei dem für ihn zuständigen[b] Handelsgerichte nachzusuchen, von welchem hierauf ohne Gehör des Schuldners und auf Gefahr des Gläubigers der Verkauf[c] der verpfändeten Gegenstände oder eines Theils derselben verordnet wird.

Von der Bewilligung, sowie von der Vollziehung des Verkaufs hat der Gläubiger den Schuldner, soweit es thunlich, sofort zu benachrichtigen; unterläßt er die Anzeige, so ist er zum Schadensersatze verpflichtet. Um den Verkauf zu bewirken, ist der Nachweis der Anzeige nicht erforderlich.[d]

a) Was unter „Faustpfand" im Sinne des obigen Artikels zu verstehen ist, bestimmt sich nach dem einschlägigen bürgerlichen Recht. — Der Artikel bezieht sich nur auf die nach bürgerlichem Recht wirksam bestellten Pfänder. E. v. 20. Juni 1874. Entsch. XIV S. 29.

b) Hiermit ist aber diesem Gericht die ausschließliche Zuständigkeit, über das Vorhandensein des Pfandrechts abzuurtheilen, nicht beigelegt. Das Bestehen und der Umfang des Pfandrechts kann auch an anderer Stelle und in anderer Weise zum Gegenstande eines Rechtsstreits werden. E. v. 16. April 1872. Entsch. IX S. 426.

Nur insofern ist die Zuständigkeit des persönlichen Richters des Gläubigers eine ausschließliche, als, wenn sich der Gläubiger an ihn wendet, der persönliche Richter des Schuldners nicht die Frage des Verkaufs an sich ziehen, auch die ertheilte Verkaufsermächtigung nicht seiner Nachprüfung unterwerfen kann, und ferner insofern, als nicht der Richter der belegenen Sache zur Ertheilung der Verkaufsermächtigung berufen ist. Dagegen ist nicht ausgeschlossen, daß der Gläubiger sich mit dem Antrage auf Verkaufsbewilligung an den persönlichen Richter des Schuldners wendet. Beschl. v. 21. Juni 1876. Entsch. XX S. 179.

c) Der Verkauf braucht nicht öffentlich zu sein; er kann an der Börse einer anderen Stadt erfolgen. E. v. 20. Juni 1874. Entsch. XIV S. 29, 30. — Hierbei wird vorausgesetzt, daß der Pfandgläubiger Inhaber des Pfandes ist oder der dritte Inhaber es freiwillig herausgiebt. Hat der Pfandgläubiger das Pfand zur Konkursmasse des Pfandschuldners abgeliefert, so muß gegen den die Herausgabe des Pfandes zum Zwecke des Verkaufs verweigernden Massenverwalter zunächst geklagt werden. E. v. 17. Juni 1876. Entsch. XX S. 24.

d) Die Bestimmungen des Art. 310 finden auch Anwendung, wenn über das Vermögen des Pfandbestellers Konkurs eröffnet ist, unabhängig von den etwa davon abweichenden Bestimmungen der Landesgesetze. E. v. 13. Mai 1874. Entsch. XIII S. 247. — Vgl. jedoch jetzt §. 117 KonkO.

311. Wenn die Bestellung eines Faustpfandes unter Kaufleuten für eine Forderung aus beiderseitigen Handelsgeschäften erfolgt, und schriftlich vereinbart ist,[a]) daß der Gläubiger ohne gerichtliches Verfahren sich aus dem Pfande befriedigen könne, so darf, wenn der Schuldner im Verzuge ist, der Gläubiger das Pfand öffentlich verkaufen lassen;[b]) er darf in diesem Falle, wenn die verpfändeten Gegenstände einen Börsenpreis oder Marktpreis haben, den Verkauf auch nicht öffentlich durch einen Handelsmäkler oder in Ermangelung eines solchen durch einen zu Versteigerungen befugten Beamten zum laufenden Preise bewirken. Von der Vollziehung des Verkaufs hat der Gläubiger den Schuldner, soweit es thunlich, sofort zu benachrichtigen; bei Unterlassung der Anzeige ist er zum Schadensersatze verpflichtet.

a) Die Annahme eines nur vom Pfandnehmer unterschriebenen Pfandscheins, in welchem dieser sich den außergerichtlichen Verkauf vorbehält, ersetzt die nach Art. 311 erforderliche schriftliche Vereinbarung nicht. E. v. 1. Jan. 1875. Entsch. XVIII S. 6.

b) Beim Verkauf hat der Pfandgläubiger das Interesse des Verpfänders an einem möglichst vortheilhaften Verkauf mit der Sorgfalt eines ordentlichen Kaufmanns wahrzunehmen, soweit dies unbeschadet seiner eigenen Befriedigung geschehen kann. Durch die Verabsäumung dieser Pflicht macht sich der Pfandgläubiger dem Verpfänder verantwortlich. E. v. 25. Okt. 1884. Gruchot XXIX S. 407.

312. Durch die vorhergehenden Artikel werden die den öffentlichen Pfandanstalten, Kreditinstituten oder Banken durch Gesetze, Verordnungen oder Statuten verliehenen besonderen Rechte in Betreff der Bestellung oder Veräußerung von Pfändern nicht berührt.

Ingleichen ist durch die vorhergehenden Artikel nicht ausgeschlossen, daß die Bestellung oder die Veräußerung von Faustpfändern unter Kaufleuten für Forderungen aus Handelsgeschäften rechtsgültig geschehen kann, wenn dabei die in den einzelnen Staaten für die Bestellung oder Veräußerung von Faustpfändern geltenden Bestimmungen beobachtet werden.

313. Ein Kaufmann hat wegen der fälligen [a] Forderungen, [b] welche ihm gegen einen anderen Kaufmann aus den zwischen ihnen [c] geschlossenen beiderseitigen Handelsgeschäften [d] zustehen, ein Zurückbehaltungsrecht (Retentionsrecht) [e] an allen beweglichen Sachen [f] und Werthpapieren [g] des Schuldners, [h] welche mit dessen Willen [i] auf Grund von Handelsgeschäften [k] in seinen Besitz [l] gekommen sind, [m] sofern er dieselben noch in seinem Gewahrsam hat oder sonst, insbesondere vermittelst Konnossemente, Ladescheine oder Lagerscheine, noch in der Lage ist, darüber zu verfügen.n)

Dieses Recht tritt jedoch nicht ein, wenn die Zurückbehaltung der Gegenstände der von dem Schuldner vor oder bei der Uebergabe ertheilten Vorschrift oder der von dem Gläubiger übernommenen Verpflichtung, in einer bestimmten Weise mit den Gegenständen zu verfahren, widerstreiten würde.o)

a) Liquidität der Forderung ist nicht erforderlich. E. v. 4. Juni 1873. Entsch. X. S. 236.

b) Der auf Herausgabe verklagte Retentionsberechtigte muß einwandweise zur Begründung seines Rechts seine Forderung auch der Höhe nach nachweisen. E. v. 26. Nov. 1874. Entsch. XV S. 99.

Nur ein zur Deckung dieser Forderung ausreichender Theil darf zurückbehalten werden. E. v. 4. Nov. 1875. Entsch. XVIII S. 276. Anders bei Ausübung eines Pfandrechts; vgl. Anm. d zu Art. 315.

Ueber den Anspruch auf Lagergeld für die Zeit der Ausübung des Zurückbehaltungsrechts vgl. Anm. e zu Art. 290.

c) Zwischen ihnen. Ein Cessionar hat daher das Zurückbehaltungsrecht noch nicht, wenn die Forderung aus einem zwischen dem Cedenten und dem Schuldner geschlossenen Handelsgeschäfte herrührt. Von selbst geht das Zurückbehaltungsrecht des Cedenten mit der abgetretenen Forderung nicht über. E. v. 19. März 1871 (1872?). Entsch. V S. 304. — E. v. 7. April 1886. RG. XVIII S. 234. — Das Recht aus Art. 313 ist nicht abtretbar. E. v. 7. Juni 1873. Entsch. X S. 162.

Dagegen steht das Zurückbehaltungsrecht einem Kaufmann auch wegen seiner Forderungen aus solchen Wechseln und Ordrepapieren (Art. 301 ff.) zu, die er durch Indossament erworben hat, weil der Unterzeichner des Wechsels oder Ordrepapiers zu jedem legitimirten Inhaber der Urkunde in ein direktes Schuldverhältniß tritt. E. v. 17. März 1883. RG. IX S. 45.

d) Auch die unter Kaufleuten in der beiderseitigen Erwartung, daß ein Kaufvertrag zu Stande kommen werde, erfolgte Zusendung bez. Annahme von Waaren und das für den Fall der Nichteinigung entstehende Vertragsverhältniß ist als ein beiderseitiges Handelsgeschäft anzusehen. — E. v. 4. Juni 1873. Entsch. X S. 236.

e) Von Amtswegen ist das kaufmännische Zurückbehaltungsrecht nicht zu berücksichtigen. E. v. 26. Juni 1880. RG. II S. 74.

f) Geld ist nur dann Gegenstand des Zurückbehaltungsrechts, wenn Geldstücke als körperliche Sachen retinirt werden; am depositum irregulare (Guthaben auf Girokonto) findet das Zurückbehaltungsrecht nicht statt. E. v. 30. Jan. 1884. RG. XII S. 90.

g) Das ROHG. nahm an, daß auch an Hypotheken-Urkunden (E. v. 26. Sept. 1871 u. 28. Mai 1872. Entsch. III S. 159 u. VI S. 198), sowie an Versicherungspolicen (E. v. 2. April 1873. Entsch. IX S. 242) das kaufmännische Zurückbehaltungsrecht ausgeübt werden könne. Das RG. verneint dies: nur solche Urkunden, welche einen selbständigen realisirbaren Vermögenswerth haben, nicht bloße Legitimationsurkunden sind nach der Ansicht des Reichsgerichts als Sachen oder Werthpapiere im Sinne des Art. 313 HGB. (vgl. auch Anm. a zu Art. 306 u. Anm. a zu Art. 309) anzusehen. E. v. 3. Mai 1892. RG. XXIX S. 301. — Vertragsmäßig kann das Recht zur Zurückbehaltung auch an Legitimationsurkunden eingeräumt werden. Aus dem Recht zur Zurückbehaltung eines Grundschuldbriefs (oder einer Hypotheken-Urkunde) folgt jedoch noch nicht das Recht auf Befriedigung aus der Grundschuldforderung (oder der Hypothekenforderung), also auch nicht im Konkurse des Schuldners auf abgesonderte Befriedigung aus der Grundschuld (Hypothek). E. v. 22. Jan. 1886. RG. XV S. 59. Vielmehr müssen Hypotheken-Urkunden, Versicherungspolicen 2c., selbst wenn ein Zurückbehaltungsrecht an denselben vertragsmäßig eingeräumt ist, zur Konkursmasse herausgegeben werden. E. v. 5. März 1888, 3. Mai 1892. RG. XX S. 133, XXIX S. 301.

h) Des Schuldners. Der Schuldner muß also Eigenthümer der Sachen sein, an denen das Retentionsrecht ausgeübt werden soll. E. v. 7. Juni 1872 u. 27. Febr. 1875. Entsch. VI S. 310, XVII S. 157. — Deshalb gebührt dem Frachtführer an Waaren, die er vom Verkäufer zum Transport und zur Ablieferung an den Käufer erhalten hat, wegen Forderungen, die ihm aus früheren Geschäften an den Verkäufer zustehen, im Gebiete des Preuß. ALR. kein Zurückbehaltungsrecht, weil nach §. 128 Th. I Tit. 11 ALR. durch die Aushändigung der Waare an den Frachtführer das Eigenthum an derselben auf den Käufer übergeht. E. v. 7. April 1880. RG. II S. 1. — Der Gläubiger hat auch kein Retentionsrecht an Sachen, welche ihm selbst gehören, welche er aber auf Grund eines persönlichen Schuldverhältnisses an den Schuldner herauszugeben verpflichtet ist. E. v. 29. Nov. 1875, Entsch. XIX S. 75 u. E. v. 19. Dez. 1884, RG. XII S. 80. Anders verhält es sich nach Art. 306 Abs. 3 mit dem Pfandrecht des Kommissionärs, Spediteurs, Frachtführers.

Ein Käufer hat an den ihm vom Verkäufer übersandten, aber von ihm, dem Käufer, wegen Mängel beanstandeten Waaren nur dann ein Zurückbehaltungsrecht, wenn er nach dem zur Anwendung kommenden bürgerlichen Recht noch nicht Eigenthümer der Waare geworden ist. E. v. 19. Dez. 1884. RG. XII S. 80.

Es genügt, daß der Schuldner zur Zeit der Entstehung des Zurückbehaltungsrechts Eigenthümer der Sachen war; die Fortdauer des Zurückbehaltungsrechts ist unabhängig von der Fortdauer des Eigenthums des Schuldners, dann wenigstens, wenn das Erlöschen des letzteren nicht auf einem vor der Entstehung des Zurückbehaltungsrechts bestandenen und dem Erlangenden bekannt gewesenen Rechtsgrunde beruht. E. v. 7. Febr. 1879. Entsch. XXIV S. 346.

Das Eigenthum des Schuldners muß von demjenigen nachgewiesen werden, der das Zurückbehaltungsrecht geltend macht. E. v. 12. Febr. 1881. RG. III S. 154.

Die Art. 306, 307 HGB. finden auf das Zurückbehaltungsrecht keine Anwendung. An Waaren und Inhaberpapieren, die einem Dritten gehören, kann also der Gläubiger auch dann kein Zurückbehaltungsrecht geltend machen, wenn er in dem guten Glauben war, daß sie dem Schuldner gehören. E. v. 14. Jan. 1885. RG. XIII S. 130.

Das Zurückbehaltungsrecht kann nicht demjenigen gegenüber ausgeübt werden, welcher, ohne Schuldner des Besitzers zu sein, an diesen einen selbständigen Anspruch auf Herausgabe der Sachen hat. E. v. 26. Juni 1885. RG. XIV S. 153.

i) Mit dessen Willen. Dadurch ist nur das Retentionsrecht an solchen Sachen des Schuldners ausgeschlossen, welche der Gläubiger eigenmächtig an sich genommen hat oder welche ihm ohne Zustimmung des Schuldners von Dritten übergeben sind. E. v. 2. Febr. 1876. Entsch. XIX S. 372.

Der Käufer, welcher vom Vertrage zurückgetreten ist, hat an der ihm trotzdem übersandten, von ihm zurückgewiesenen, aber auf Lager genommenen Waare das Zurückbehaltungsrecht. E. v. 4. Juni 1890. RG. XXVI S. 58.

k) Auf Grund von Handelsgeschäften, d. h. die Erlangung des Besitzes muß auf dem Handelsverkehr der Betheiligten beruhen. E. v. 2. Febr. 1876. Entsch. XIX S. 377. Das Handelsgeschäft, auf Grund dessen die Sache in den Besitz des Gläubigers gelangt ist, braucht nicht gleich demjenigen, aus welchem die Forderung herrührt, ein beiderseitiges zu sein. E. v. 28. Mai 1872. E. VI S. 197. — Nimmt ein Kaufmann als Bevollmächtigter eines anderen Kaufmanns für diesen Waaren von einem Transportführer entgegen, so ist dies als Handelsgeschäft im Sinne obiger Bestimmung aufzufassen, es sei denn die Entgegennahme auf Grund einer Dienstpflicht erfolgt. E. v. 29. Jan. 1875. Entsch. XVI S. 82.

l) Es ist Sachbesitz erforderlich. Ein nur durch Willensäußerung erlangter Besitz genügt nicht. E. v. 7. Juni 1873. Entsch. X S. 162.

Bloße Detention reicht aus. E. v. 29. Jan. 1875. Entsch. XVI S. 81.

m) Die Rechtshandlung des Schuldners, durch welche die Sache in den Besitz des Gläubigers gelangt ist, kann nach den Grundsätzen des bürgerlichen Rechts angefochten werden. E. v. 24. Mai 1875. Entsch. XVII S. 293.

n) Eine Möglichkeit, über die Sache zu verfügen, ist auch dann anzunehmen, wenn ein entgegenstehendes Hinderniß nur durch gerichtliches Einschreiten beseitigt werden kann und darf. E. v. 19. Juni 1874. Entsch. XIV S. 112.

o) Die Uebernahme einer solchen Verpflichtung liegt schon in der Annahme der nur mit derselben offerirten Güter. Es muß aber eine solche Vorschrift ertheilt, oder Verpflichtung übernommen sein, daß sich darin der erkennbare Wille ausspricht, es solle jedenfalls ein Retentionsrecht des Gläubigers durch die Uebergabe an ihn nicht begründet werden. Es genügt, um das Retentionsrecht auszuschließen, nicht, daß dem Gläubiger nach der Vorschrift oder der übernommenen Verpflichtung an sich obliegen würde, die Sache dem Schuldner zurückzugeben oder einem Dritten auszuliefern. E. v. 2. Febr. 1876. Entsch. XIX S. 374.

Der Grundsatz des Abs. 2 kommt auch bei dem nichtkaufmännischen Zurückbehaltungsrecht zur Anwendung. E. v. 7. Febr. 1883, RG. IX S. 295.

314. Das in dem vorhergehenden Artikel bezeichnete Zurückbehaltungsrecht besteht unter den dort angegebenen Voraussetzungen selbst wegen der nicht fälligen Forderungen:

1. wenn über das Vermögen des Schuldners der Konkurs eröffnet worden ist, oder der Schuldner auch nur seine Zahlungen eingestellt hat;[a]
2. wenn eine Exekution in das Vermögen des Schuldners fruchtlos vollstreckt oder wider denselben wegen Nichterfüllung einer Zahlungsverbindlichkeit die Vollstreckung des Personalarrestes erwirkt worden ist.

In diesen Fällen steht auch die Vorschrift des Schuldners oder die Uebernahme der Verpflichtung, in einer bestimmten Weise mit den Gegenständen zu verfahren, dem Zurückbehaltungsrecht nicht entgegen, sofern die vorstehend unter 1. und 2. bezeichneten Umstände erst nach Uebergabe der Gegenstände oder nach Uebernahme der Verpflichtung eingetreten oder dem Gläubiger bekannt geworden sind. b)

a) Die Eröffnung des Konkurses oder die Zahlungseinstellung muß erfolgt sein; es genügt nicht, daß sie mit Wahrscheinlichkeit zu erwarten ist. E. v. 19. Jan. 1881. RG. III S. 114.

Ueber den Unterschied zwischen Zahlungseinstellung und Zahlungsstockung vgl. E. v. 22. Febr. 1882. RG. VI S. 97. Zum Vorhandensein einer Zahlungseinstellung genügt es, wenn der Schuldner selbst der Wahrheit gemäß seinen Gläubigern erklärt, daß er nicht im Stande ist, seine Schulden, wie sie fällig werden, voll zu bezahlen und demnächst oder zugleich es unterläßt, fällig werdende Forderungen zu decken; der Umstand, daß er, um Pfändungen zu entgehen, einzelne Schulden noch bezahlt und sein Geschäft fortsetzt, ändert daran nichts.

b) Ist die Zahlungseinstellung 2c. nach Uebernahme der dem Zurückbehaltungsrecht entgegenstehenden Verpflichtung bekannt geworden, so kann das Zurückbehaltungsrecht sogar an solchen Gegenständen ausgeübt werden, welche erst nach der Zahlungseinstellung in den Besitz des Gläubigers gelangt sind. E. v. 30. Jan. 1884. Entsch. XII S. 91.

315. Der Gläubiger, welchem das Zurückbehaltungsrecht nach den Artikeln 313. oder 314. zusteht, ist verpflichtet, von der Ausübung desselben den Schuldner ohne Verzug zu benachrichtigen. a) Er ist befugt, b) wenn ihn dieser nicht rechtzeitig in anderer Weise sichert, c) im Wege der Klage bei dem für ihn selbst zuständigen Gerichte gegen den Schuldner den Verkauf der Gegenstände zu beantragen; er kann sich aus dem Erlöse vor den anderen Gläubigern des Schuldners befriedigen. d) Der Gläubiger hat diese Rechte auch gegenüber der Konkursmasse des Schuldners. e)

a) Das Unterlassen der Benachrichtigung hat nicht den Verlust des Zurückbehaltungsrechts, sondern nur die Verpflichtung zum Ersatz des dadurch entstandenen Schadens zur Folge. E. v. 4. Juni 1873 u. 30. Okt. 1874. Entsch. X S. 237 u. XV S. 306.

b) befugt aber nicht verpflichtet. Er kann das Zurückbehaltungsrecht auch in anderer Weise ausüben. E. v. 4. Juni 1873. Entsch. X S. 237. E. v. 5. Juni 1880. RG. II S. 35. — Verkauft der Gläubiger die Gegenstände nicht im Wege der Klage, sondern ohne richterliche Mitwirkung, so wird er zum Schadensersatz verpflichtet; sein Zurückbehaltungsrecht verwirkt er aber dadurch nicht. E. v. 24. Juni 1879. Entsch. XXV S. 224 u. E. v. 24. März 1880. RG. I S. 285.

c) Gewährt der Schuldner Sicherheitsbestellung, so erlischt damit das Retentionsrecht in allen seinen Wirkungen (nicht etwa bloß die Befugniß, den Verkauf zu beantragen), und der Gläubiger muß die Sache herausgeben. E. v. 17. Juni 1871. Entsch. II S. 383.

Weigert sich der Gläubiger, die Gegenstände gegen eine andere ausreichende Sicherheitsbestellung herauszugeben, so macht er sich schadensersatzpflichtig. E. v. 30. Okt. 1874. Entsch. XV S. 366.

d) Dieselben Befugnisse hat auch der Kaufmann, welchem ein Faustpfand bestellt worden ist, falls nur die sonstigen Voraussetzungen für die Ausübung des Zurückbehaltungsrechts vorliegen. E. v. 2. März u. 26. Sept. 1871. Entsch. II S. 81, III S. 15.

Das kaufmännische Retentionsrecht ist ein bloßes Sicherungsmittel, nicht ein Mittel, den Gegner zu einer Leistung zu nöthigen. Es kann nur insoweit ausgeübt werden, als zur Sicherung erforderlich ist. Bei theilbaren Sachen beschränkt sich daher das Recht, den Verkauf zu beantragen, auf einen dem Betrage der Forderung entsprechenden Theil derselben. E. v. 17. Juni 1871. Entsch. II S. 383. — Das Pfandrecht des Kommissionärs 2c. (Art. 309 Abs. 2) geht weiter. Vgl. E. v. 26. Jan. 1874. Entsch. XII S. 254.

e) Das in den Art. 313—315 HGB. konstituirte Zurückbehaltungsrecht gewährt zwar im Wesentlichen denselben Schutz, wie ein gesetzliches Pfandrecht, E. v. 2. März 1871, Entsch. II S. 77,

E. v. 5. Juni 1880, RG. II S. 57, es ist aber weder ein Pfandrecht noch überhaupt ein dingliches, sondern lediglich ein persönliches Recht. E. v. 2. April 1883, RG. VIII S. 83. Als neue handelsrechtliche Schöpfung unterliegt es nicht den das Pfandrecht betreffenden handelsgesetzlichen Bestimmungen. E. v. 2. März 1871, Entsch. II S. 77, E. v. 5. Juni 1880, 24. Febr. 1883, RG. II S. 57, VIII S. 83. Vgl. §. 41 Ziff. 8 der RKonkO. u. §. 3B Ziff. 8 des Ges. v. 9. Juni 1869 (oben S. 4).

316. Die in den Artikeln 313. bis 315. dem Gläubiger gegebenen Rechte treten nicht ein, soweit die Parteien dies besonders vereinbart haben.

Dritter Abschnitt.

Abschließung der Handelsgeschäfte.

317. Bei Handelsgeschäften ist die Gültigkeit der Verträge durch schriftliche Abfassung oder andere Förmlichkeiten nicht bedingt. a)

Ausnahmen von dieser Regel finden nur insoweit statt, als sie in diesem Gesetzbuche enthalten sind. b)

a) Der Art. 317 findet auch auf Rechtsgeschäfte Anwendung, die nur auf Seiten eines Kontrahenten Handelsgeschäfte sind. E. v. 23. Jan. 1872, v. 12. Dez. 1879. Entsch. V S. 17. RG. I S. 25. — Die Formfreiheit beschränkt sich ferner nicht auf diejenigen Willenserklärungen, aus denen unmittelbar ein Vertrag hervorgegangen ist, sondern erstreckt sich auf alle Akte, welche sich auf das Zustandekommen und die Wirkungen des Handelsgeschäfts beziehen oder dessen Erfüllung zum Gegenstande haben. So genügt Mündlichkeit für den Konsens des Ehemannes zu Handelsgeschäften der Ehefrau (E. v. 7. März 1871. Entsch. II S. 97), für den Schiedsvertrag, wonach Streitigkeiten aus dem betreffenden Handelsgeschäft in bestimmter vertragsmäßig geschlossener Form zum Austrag gebracht werden sollen (E. v. 15. Jan. 1878. Entsch. XXIII S. 259. Vgl. §. 853 CPO., wonach jede Partei verlangen kann, daß über einen in mündlicher Form gültig geschlossenen Schiedsvertrag eine schriftliche Urkunde errichtet werde), für die Vollmacht zum Abschluß eines Handelsgeschäfts (E. v. 19. Sept. 1871 u. 7. Sept. 1872. Stg. III S. 282. Entsch. Bd. VII S. 57), also auch für eine Vollmacht zur Aktienzeichnung, wenn letztere sich als Handelsgeschäft darstellt (E. v. 2. April 1881. RG. IV S. 310); dies gilt auch dann, wenn der konsentirende Ehemann oder der Vollmachtgeber Nichtkaufmann ist. (Striethorst. Bd. 64 S. 294, Bd. 70 S. 64.) Mündlichkeit der Vollmacht genügt selbst dann, wenn das abzuschließende Geschäft nicht auf Seiten des Vollmachtgebers, wohl aber auf Seiten des anderen Theils ein Handelsgeschäft ist, vorausgesetzt, daß die Abschließung des Geschäfts als Handelsgeschäft in der Vollmacht nicht ausdrücklich ausgeschlossen war. E. v. 5. Jan 1875. Entsch. XV S. 331. — In denjenigen Fällen, in denen mündliche Vollmacht ausreicht, ist eine stillschweigende Genehmigung des ohne Auftrag vorgenommenen Geschäfts bindend. Vgl. E. v. 2. April 1881. RG. IV S. 310.

Auch die Vorschrift des Preuß. ALR. Th. I Tit. 16 §. 161, daß Vorbehalte bei Zahlungen schriftlich erklärt oder in der Quittung anerkannt sein müssen, ist für Zahlungen aus Handelsgeschäften durch Art. 317 HGB. aufgehoben. E. v. 17. Febr. 1872. Entsch. V S. 151.

Die Mündlichkeit genügt auch für Cessionen — E. v. 11. Nov. 1874. Entsch. XV S. 145 — und zwar selbst dann, wenn die abgetretene Forderung eine verbriefte ist. Der §. 394 I. 11 des Preuß. ALR. findet auf Cessionen bei Handelsgeschäften keine Anwendung. E. v. 21. März 1883. RG. X S. 197.

Die Bürgschaft, welche ein Nichtkaufmann für die Forderung eines Kaufmanns (also auch einer eingetragenen Genossenschaft) aus einem Handelsgeschäft übernimmt, bedarf (auch im Gebiete des Pr. ALR.) nicht der Schriftform. E. v. 12. Dez. 1879. RG. I S. 24.

Auch für Schenkungsversprechen genügt die mündliche Form. E. v. 9. Mai 1890. RG. XXVI S. 15.

Versicherungsverträge gegen Prämie, ohne Rücksicht auf den versicherten Gegenstand (vgl. Anm. g zu Art. 271), sind gleichfalls von den landesgesetzlich vorgeschriebenen Förmlichkeiten befreit. E. v. 23. Jan. 1872. Entsch. V S. 10.

Zu den nach Art. 317 entbehrlichen Förmlichkeiten gehört auch die „Ausdrücklichkeit" der Willenserklärung, welche Landesgesetze für einzelne Erklärungen (z. B. das Pr. R. für Erlasse und Verzichte) erfordern. E. v. 8 April 1875. Entsch. XVI S. 351.

Auf Verträge, die im Gebiete des Preuß. Allg. Landr. vor Geltung des HGB. abgeschlossen sind, ist der Art. 317 trotz des §. 17 der Einleitung zum Allg. Landr. nicht anzuwenden. E. v. 9. März 1872. Entsch. V S. 225.

Als eine durch Art. 317 HGB. aufgehobene Formvorschrift ist auch die in dem Württembergischen Ges. v. 21. Mai 1828 für Intercessionen weiblicher Personen getroffene Bestimmung anzusehen. E. v. 3. Nov. 1885. RG. XV S. 22.

Schriftliche Handelsverträge können durch mündliche Vereinbarung abgeändert werden. E. v 25. Nov. 1871. Entsch. IV S. 159.

Bei schriftlichen Handelsverträgen — mag die Schriftlichkeit gesetzlich vorgeschrieben sein oder nicht — ist anzunehmen, daß die Vertragsurkunde den gesammten Inhalt der Vereinbarung, soweit solche zur Zeit der Abfassung vorlag, vollständig angiebt, daß somit vorgängige Vereinbarungen der Parteien nur insoweit, als sie in die Schrift Aufnahme gefunden, verbindliche Kraft behalten haben, im Uebrigen aber aufgegeben sind. E. v. 27. Jan. und 16. Okt. 1871. Entsch. I S. 253, III S. 204. — Diese Regel ist aber keine absolute: sie kann durch besondere Umstände, aus denen hervorgeht, daß der Inhalt des mündlichen Abschlusses hat aufrecht erhalten werden sollen, ausgeschlossen werden. Insbesondere ist bei unsicheren zweifelhaften Ausdrücken der Urkunde auf die vorgängige mündliche Abrede zurückzugehen. E. v. 13. April 1871. Entsch. II S. 187. — Vgl. E. v. 19. Jan. 1872. Entsch. V S. 29.

Wer eine Urkunde, welche ihrem Inhalte nach den Zweck hat, die Bedingungen eines abgeschlossenen Geschäfts schriftlich zu fixiren, ohne Widerspruch annimmt, genehmigt damit stillschweigend etwaige Abweichungen von der früheren mündlichen Vereinbarung. E. v. 3. Okt. 1871. Stg. IV S. 71.

Der Beweis, daß ein schriftlicher, wenn auch notarieller Vertrag das definitiv Verabredete nicht richtig wiedergiebt, ist zulässig. Die Beweislast trifft den solches Behauptenden. Gelingt ihm der Nachweis, so gilt bei der Formfreiheit der meisten Handelsverträge das mündlich Verabredete. E. v. 23. Mai 1871. Stg. II S. 220.

Bei verabredeter Schriftlichkeit ist die Vermuthung des bürgerlichen Rechts (Preuß. ALR. Th. I Tit. 5 §. 117), daß von der Schriftform die Gültigkeit abhängen soll, nicht anwendbar. Es ist vielmehr Sache der Interpretation, festzustellen, ob der Wille der Kontrahenten dahin ging, von der schriftlichen Abfassung die verbindliche Kraft des Vertrages abhängig zu machen. E. v. 14. Sept. 1872. Entsch. VII S. 93.

Weichen mehrere über dasselbe Geschäft abgefaßte, nach der Absicht der Parteien gleichlautende und in gleichem Maaße wirksam sein sollende Urkunden in einzelnen Punkten von einander ab, so ist, wenn die Parteien über die verschieden angegebenen Punkte streiten, anzunehmen, daß in Betreff der streitigen Punkte keine Urkunde Beweis liefere. Bei Schuldurkunden, welche Obligationen erzeugen (im Gegensatz zu Beweisurkunden), kann unter Umständen die frühere Entstehung in diesem Falle von Einfluß sein. E. v. 8. Mai 1874. Entsch. XIII S. 228.

b) Ausnahmen enthalten die Art. 174, 208, 310, 311.

Vgl. Anm. c zu Art. 309.

318. Ueber einen Antrag unter Gegenwärtigen[a]) zur Abschließung eines Handelsgeschäfts muß die Erklärung[b]) sogleich[c]) abgegeben werden, widrigenfalls der Antragende an seinen Antrag nicht länger gebunden ist.

a) Der Art. 318 findet auch Anwendung, wenn die Partei abwesend ist, aber durch einen gegenwärtigen Stellvertreter verhandelt. E. v. 18. Jan. 1873. Entsch. VIII S. 398.

Hierbei wird vorausgesetzt, daß die Mittelsperson zum Abschluß ermächtigt ist. Trifft dies nicht zu, so muß (wenn in einem solchen Fall überhaupt von einem Verhandeln unter Gegenwärtigen die Rede sein kann) eine angemessene Acceptationsfrist (vgl. Anm. c) als gewährt gelten. E. v. 30. Juni 1886. RG. XVIII S. 10.

b) Die Annahme braucht nicht gerade eine ausdrückliche zu sein, sie kann auch durch stillschweigendes Verhalten erklärt werden. E. v. 16. Sept. 1871 Entsch. III S. 116. Vgl. Anm. zu Art. 279.

c) Es kann jedoch auch eine Frist zur Erklärung gewährt werden, bis zu deren Ablauf der Antragende dann gebunden ist. E. v. 18. Jan. 1873. Entsch. VIII S. 399.

319. Bei einem unter Abwesenden gestellten Antrage[a]) bleibt der Antragende bis zu dem Zeitpunkte gebunden, in welchem er bei ordnungsmäßiger rechtzeitiger[b]) Absendung der Antwort den Eingang der letzteren erwarten darf.[c]) Bei der Berechnung dieses Zeitpunktes darf der Antragende von der Voraussetzung ausgehen, daß sein Antrag rechtzeitig angekommen sei.[d])

Trifft die rechtzeitig abgesandte Annahme erst nach diesem Zeitpunkte ein, so besteht der Vertrag nicht, wenn der Antragende in der Zwischenzeit oder ohne Verzug[e]) nach dem Eintreffen der Annahme von seinem Rücktritt Nachricht gegeben hat.

a) Das Anrathen eines Geschäfts ist nicht als Antrag aufzufassen. E. v. 24. Nov 1874. Entsch. XV S. 281.

b) Unter rechtzeitig ist nicht grundsätzlich die Benutzung der nächsten Transportgelegenheit zu verstehen. Es muß vielmehr dem Empfänger des Antrages eine dem Gegenstande und dem gewöhnlichen ordentlichen Geschäftsverkehr angemessene Frist zur

Prüfung der Offerte gewährt werden. Bis zu diesem Zeitpunkte bleibt der Antragende gebunden. — Ob dem Erfordernisse der Rechtzeitigkeit genügt ist, hat der Richter nach der Lage des einzelnen Falles zu ermessen. Unter Umständen kann nur die mit dem nächsten Beförderungsmittel abgesandte Antwort als rechtzeitig gelten. — Die rechtzeitige Annahme hat derjenige zu beweisen, der seinen Anspruch auf das Zustandekommen des Vertrages stützt. E. v. 18. April 1874. Entsch. XIII S. 162 ff.

c) Hierbei wird vorausgesetzt, daß der Antragende nach seinem ausdrücklichen Wunsche oder nach Lage des Falls überhaupt eine Annahmeerklärung erwartet. Ist dies nicht der Fall, so bringt die rechtzeitige Ausführung des Antrages (Absendung der bestellten Waare) als eine stillschweigende Annahme den Vertrag zu Stande. E. v. 22. Juni 1880. RG. II S. 43.

d) Stellt der Antragende den Antrag durch einen von ihm beauftragten Vermittler, so bleibt er so lange gebunden, als er den Auftrag nicht widerruft und der Vermittler auf Grund dieses Auftrages unterhandelt. E. v. 20. Nov. 1882. RG. VIII S. 11.

e) ohne Verzug, d. h. umgehend. E. v. 18. April 1873. Entsch. XIII S. 166.

320. Geht der Widerruf eines Antrages dem anderen Theile früher als der Antrag, oder zu gleicher Zeit mit demselben zu, so ist der Antrag für nicht geschehen zu erachten.

Ebenso ist die Annahme für nicht geschehen zu erachten, wenn der Widerruf noch vor der Erklärung der Annahme oder zu gleicher Zeit mit derselben bei dem Antragsteller eingegangen ist.

321. Ist ein unter Abwesenden verhandelter Vertrag zu Stande gekommen, so gilt der Zeitpunkt, in welchem die Erklärung der Annahme Behufs der Absendung abgegeben ist, als der Zeitpunkt des Abschlusses des Vertrages a)

a) Enthält das Anerbieten die Aufforderung zum sofortigen Handeln, so ist der Vertrag geschlossen, sobald dieser Aufforderung gemäß gehandelt ist, ohne daß es der Kenntnißnahme des Anbietenden bedarf. E. v 11. Okt. 1875. Entsch. XVIII S. 246.

Der Ort, von wo die Annahme-Erklärung abgesandt wird, ist Ort des Vertragschlusses. E. v. 25. Juni 1872. Entsch. VII S. 71.

322. Eine Annahme unter Bedingungen oder Einschränkungen a) gilt als Ablehnung des Antrages verbunden mit einem neuen Antrage. b)

a) Dahin gehört auch die Annahme unter der Bedingung einer anderen Deckungsfrist, als der vorgeschlagenen. E. v. 22. Okt. 1870. Entsch. I S. 70.

Auch eine verspätete Annahme-Erklärung kann als neue Offerte gelten. E. v. 27. Okt. 1874. Entsch. XV S. 43.

Eine telegraphische Annahme mit dem Zusatz „Brief Näheres" kann je nach Lage des Falls als eine unbedingte Annahme oder als eine Annahme unter den Bedingungen, welche der vorbehaltene Brief enthalten soll, aufgefaßt werden. E. v. 18. Febr. 1874. Entsch. XII S. 290.

Bezieht sich der Antrag auf mehrere Gegenstände, so ist der Regel nach die Annahme des Antrages bezüglich eines der Gegenstände nicht als bedingte oder eingeschränkte Annahme aufzufassen. Das Stillschweigen des Offerenten auf die ihm zugegangene Annahme-Erklärung kann als Auslegungsmittel bezüglich des Antrages (z. B. seiner Theilbarkeit) dienen. E v 1. März 1875. Entsch. XVI S. 155. (Der Fall war folgender: A. bestellt 30 Ctr. Nüsse und 1 Faß Preißelbeeren; B. antwortet, daß er 20 bis 30 Ctr. Nüsse senden werde; A. schweigt; B. sendet 23 Ctr. Nüsse. Es wurde ein gültiger Kaufvertrag bezüglich der gesandten Waare angenommen.

b) Die unbedingte Annahme einer Offerte bedarf keiner weiteren Annahme Seitens des Offerenten. E. v. 26. Sept. 1871. Entsch. III S. 161.

Ein Vertrag ist nicht zu Stande gekommen, wenn die Offerte nur unter Einschränkungen angenommen ist, der Offerent sich zur Aeußerung über letztere eine Frist vorbehalten und inzwischen der andere Theil die ursprüngliche Offerte unbedingt und uneingeschränkt angenommen hat. E. v. 19. Juni 1872. Entsch. VI S. 243.

323. Wenn zwischen dem Kaufmann, welchem ein Auftrag gegeben wird, und dem Auftraggeber eine Geschäftsverbindung besteht, oder sich derselbe gegen letzteren zur Ausrichtung solcher Aufträge erboten hat,[a] so ist er zu einer Antwort ohne Zögern verpflichtet, widrigenfalls sein Schweigen als Uebernahme des Auftrages gilt.[b]

Auch wenn derselbe den Auftrag ablehnt, ist er schuldig, die mit dem Auftrage etwa übersandten Waaren oder anderen Gegenstände auf Kosten des Auftraggebers, soweit er für diese Kosten gedeckt ist, und soweit es ohne seinen Nachtheil geschehen kann, einstweilen vor Schaden zu bewahren.

Das Handelsgericht kann auf seinen Antrag verordnen, daß das Gut in einem öffentlichen Lagerhause oder bei einem Dritten so lange niedergelegt wird, bis der Eigenthümer anderweitige Vorkehrung trifft.

a) Auch beim Vorhandensein einer solchen Geschäftsverbindung oder eines Kontokurrentverkehrs besteht keine Verpflichtung zur unbedingten und ungesäumten Ausführung aller Aufträge. E. v. 21. Nov 1874. Entsch. XV S. 273.

b) Die Vorschrift bezieht sich nur auf eigentliche Aufträge (Mandate), nicht auf Vertragsofferten, Waarenbestellungen. — Ist die Ablehnung einmal bestimmt erfolgt, so kann das Schweigen auf eine Wiederholung des Auftrages nicht als Uebernahme gelten. E. v. 22. Febr. 1872. Entsch. V S. 170.

Vierter Abschnitt.

Erfüllung der Handelsgeschäfte.

Die Unmöglichkeit rechtzeitiger Vertragserfüllung, welche der Verpflichtete durch Anwendung der Sorgfalt eines ordentlichen Kaufmanns hätte vermeiden können, entlastet ihn nicht. E. v. 28. Nov. 1871. Entsch. IV S. 164. — Ein Fabrikbesitzer kann sich gegen die Klage auf Erfüllung eines von ihm abgeschlossenen Lieferungsvertrages nicht mit der Einrede schützen, daß ihm die Lieferung durch einen Unfall in seiner Fabrik unmöglich gemacht sei. E. v. 17. April 1872. Entsch. V S. 401.

Die Zusage einer Krediteinräumung kann einseitig zurückgenommen werden, wenn vor ihrer Ausführung eine Unsicherheit desjenigen, dem sie ertheilt ist, eintritt oder bekannt wird. E. v. 2. Nov. 1877. Entsch. XXIII S. 137.

324. Die Erfüllung des Handelsgeschäfts muß an dem Orte geschehen, welcher im Vertrage bestimmt oder nach der Natur des Geschäfts oder der Absicht der Kontrahenten [a]) als Ort der Erfüllung anzusehen ist.[b])

Fehlt es an diesen Voraussetzungen, so hat der Verpflichtete an dem Orte zu erfüllen, an welchem er zur Zeit des Vertragsabschlusses seine Handelsniederlassung oder in deren Ermangelung seinen Wohnort hatte.[c]) Wenn jedoch eine bestimmte Sache übergeben werden soll, welche sich zur Zeit des Vertragsabschlusses mit Wissen der Kontrahenten an einem anderen Orte befand, so geschieht die Uebergabe an diesem Orte.[d])

a) In dieser Beziehung ist die Vereinbarung über die Kosten des Transports nur von geringer Bedeutung; von größerem Gewicht ist die Uebernahme der Transportgefahr, der Kosten der Transportversicherung. E. v. 12. Jan. 1881. RG. III S. 112; vgl. Art. 345 u. Anm. f zu dems.

Einen Fall, in welchem aus den Umständen gefolgert wurde, daß nach der Absicht der Vertragsschließenden die Zahlung des Kaufpreises am Sitz des Verkäufers zu zahlen war, vgl. in dem E. v. 4. Febr. 1885. RG. XIII S. 411.

Der aus der Absicht der Kontrahenten sich ergebende Erfüllungsort ist als stillschweigend vereinbarter, nicht als gesetzlicher Erfüllungsort anzusehen. E. v. 1. Mai 1875. Entsch. XVI S. 394.

In dem E. v. 6. Okt. 1883, RG. X S. 93, wird angenommen, daß bei Kohlenlieferungsverträgen, wenn ein einheitlicher fester Preis vereinbart und dem Käufer überlassen ist, zu bestimmen, wohin die einzelnen Partien Kohlen zu transportiren sind, der Förderungsort (die Grube) präsumtiv als Erfüllungsort anzusehen ist.

b) Der Regel nach ist das örtliche Recht des vertragsmäßigen Erfüllungsortes für die Beurtheilung des Vertragsverhältnisses entscheidend. E. v. 9. Dez. 1874. Entsch. XV S. 212.

Bei alternativem Erfüllungsorte bestimmen sich die rechtlichen Wirkungen der Abnahme nach dem Recht des gewählten Erfüllungsortes. E. v. 3. Nov. 1874. Entsch. XV S. 130.

Für die Beurtheilung der dem Mandatar zustehenden Ansprüche ist das Recht desjenigen Ortes maßgebend, wo die aufgetragenen Geschäfte auszuführen sind, nicht desjenigen Ortes, an welchem die dem Mandatar zustehende Ersatzleistung zu gewähren ist. E. v. 10. Mai 1884. RG. XII S. 35. (Ein in Paris wohnender agent de change, dem der Auftrag ertheilt war, in Paris Börsengeschäfte abzuschließen und auszuführen, klagte die ihm aus diesen Geschäften zustehende Differenz gegen den Berliner Auftraggeber ein. Er wurde mit der Klage abgewiesen, weil Paris Sitz der Obligation sei und nach dortigem Rechte — Art. 1965 code civ. — Börsengeschäfte nicht klagbar sind, wenn es den Parteien ersichtlich nur auf die Differenz ankommt.)

c) Der Erfüllungsort braucht nicht für beide Kontrahenten derselbe zu sein; bei Kaufverträgen hat (wenn nichts anderes vereinbart oder als Absicht der Vertragsschließenden anzusehen ist, besonders wenn die Erfüllung nicht Zug um Zug erfolgen soll) jeder Theil an seinem Wohnsitz zu erfüllen. E. v. 27. Okt. 1880. RG. II S. 122.

d) Durch die Bestimmungen in den Art. 324, 325, 342 HGB. sind für Handelsgeschäfte die landesrechtlichen Vorschriften über den Erfüllungsort beseitigt. E. v. 26. Jan. 1881. RG. III S. 119. Vgl. Art. 342 u. Anm. zu dems.

325. Bei Geldzahlungen, mit Ausnahme der Auszahlung von Indossabelen oder auf Inhaber lautenden Papieren,[a] ist der Schuldner verpflichtet, wenn nicht ein Anderes aus dem Vertrage oder aus der Natur des Geschäfts[b] oder der Absicht der Kontrahenten hervorgeht, auf seine Gefahr und Kosten die Zahlung dem Gläubiger an den Ort zu übermachen, an welchem der letztere zur Zeit der Entstehung der Forderung seine Handelsniederlassung oder in deren Ermangelung seinen Wohnort hatte.[c]

Durch diese Bestimmung wird jedoch der gesetzliche Erfüllungsort des Schuldners (Artikel 324.) in Betreff des Gerichtsstandes[d] oder in sonstiger Beziehung nicht geändert.

a) Zu diesen Papieren sind auch auf Ordre gestellte Schuldscheine (vgl. Art. 301) zu rechnen. E. v. 19. Jan. 1872. Entsch. V S. 25.

b) Einen Fall, in welchem aus der Natur des Geschäfts geschlossen wurde, daß der Gläubiger die Gefahr und die Kosten der Geldsendung zu tragen hatte, vgl. in dem E. v. 12. Dez. 1888. RG. XXIII S. 96 ff.

Auch wenn der Gläubiger die Gefahr des Transports zu tragen, der Schuldner aber den Auftrag übernommen hat, das Geld durch die Post zu übersenden, muß der Schuldner dafür einstehen, daß das Geld thatsächlich der Post übergeben wird; er haftet also für die Untreue derjenigen Personen, durch welche er das Geld zur Post tragen läßt. E. v. 12. Dez. 1888. RG. XXIII S. 105.

c) Der Inkasso-Mandatar hat in Ermangelung anderer Vereinbarung nicht die Transportgefahr der Geldsendungen zu tragen. E. v. 13. Okt. 1880. RG. II S. 118.

d) Für die Klage auf die Geldzahlung ist auch jetzt (§. 29 CPO.*) das Gericht am Wohnsitz des Gläubigers nur zuständig, wenn auf Grund der Bestimmungen des Art. 324 Abs. 1 HGB. anzunehmen ist, daß dieser Wohnsitz der Erfüllungsort für die Zahlungsverpflichtung ist. E. v. 26. Mai und 27. Okt. 1880. RG. I S. 445 und II S. 122. — Beide Urtheile betreffen Fälle, in denen nicht Zug um Zug zu erfüllen war.

Der Käufer, welcher wegen Mängel der ihm übersandten Waare auf Wiederabnahme derselben gegen Rückzahlung des Kaufpreises klagt, kann (im Gebiete des Preuß. ALR.) diese Klage bei dem Gericht seines Wohnorts anstellen. E. v. 5. Okt. 1777. RG. XX S. 358.

Vgl. Art. 342 Abs. 3 und Anm. zu dems.

326. Wenn die Zeit der Erfüllung einer Verbindlichkeit in dem Vertrage nicht bestimmt ist, so kann die Erfüllung zu jeder Zeit gefordert und geleistet werden, sofern nicht nach den Umständen oder nach dem Handelsgebrauche[a]) etwas Anderes anzunehmen ist.

a) Besteht ein Handelsgebrauch, so gilt die handelsgebräuchliche Erfüllungsfrist als stillschweigend bedungen. E. v. 3. Juni 1885. Entsch. XVII S. 334.

Vgl. Anm. e zu Art. 342.

---

*) Der §. 29 CPO. lautet: Für Klagen auf Feststellung des Bestehens oder Nichtbestehens eines Vertrags, auf Erfüllung oder Aufhebung eines solchen, sowie auf Entschädigung wegen Nichterfüllung oder nicht gehöriger Erfüllung ist das Gericht des Orts zuständig, wo die streitige Verpflichtung zu erfüllen ist.

327. Lautet die Erfüllungszeit auf das Frühjahr oder den Herbst oder auf ähnliche Zeitbestimmungen, so entscheidet der Handelsgebrauch des Ortes der Erfüllung.

Ist die Erfüllung auf die Mitte eines Monats gestellt worden, so gilt der funfzehnte dieses Monats als der Tag der Erfüllung.

328. Wenn die Erfüllung einer Verbindlichkeit mit dem Ablaufe einer bestimmten Frist nach Abschluß des Vertrages erfolgen soll, so fällt der Zeitpunkt der Erfüllung:

1) wenn die Frist nach Tagen[a] bestimmt ist, auf den letzten Tag der Frist; bei Berechnung der Frist wird der Tag, an welchem der Vertrag geschlossen ist, nicht mit gerechnet; ist die Frist auf acht oder vierzehn Tage bestimmt, so werden darunter volle acht oder vierzehn Tage verstanden;
2) wenn die Frist nach Wochen, Monaten, oder einem mehrere Monate umfassenden Zeitraum (Jahr, halbes Jahr, viertel Jahr) bestimmt ist, auf denjenigen Tag der letzten Woche oder des letzten Monats, welcher durch seine Benennung oder Zahl dem Tage des Vertragsschlusses entspricht; fehlt dieser Tag in dem letzten Monate, so fällt die Erfüllung auf den letzten Tag dieses Monats.

Der Ausdruck „halber Monat" wird einem Zeitraum von funfzehn Tagen gleich geachtet. Ist die Frist zur Erfüllung auf einen oder mehrere ganze Monate und einen halben Monat gestellt, so sind die funfzehn Tage zuletzt zu zählen.

Nach den vorstehenden Grundsätzen ist die Frist auch dann zu berechnen, wenn der Anfang derselben nicht nach dem Tage des Vertragsschlusses, sondern nach einem anderen Zeitpunkte oder Ereignisse b) bestimmt worden ist. c)

a) Der Tag ist für den Handelsverkehr im Zweifel als kleinste Zeiteinheit zu nehmen. E. v. 25. Nov. 1875. Entsch. XII S. 128.

b) Zahlungsfristen („Ziel 3 Monate") beginnen nach allgemeiner Uebung mit der Absendung der Waare. E. v. 28. Juni 1871 und 17. Mai 1872. Entsch. II S. 377, VI S. 167.

c) Auf die Berechnung landesgesetzlicher Fristen findet Art. 328 HGB. keine Anwendung. E. v. 20. März 1887. Entsch. XXIV S. 50.

329. Fällt der Zeitpunkt der Erfüllung auf einen Sonntag oder allgemeinen Feiertag, a) so gilt der nächste Werktag als der Tag der Erfüllung.

a) Ein jüdischer Feiertag gilt, auch wenn beide Theile Juden sind, nicht als ein allgemeiner Feiertag im Sinne des Art. 329. E. v. 27. Juni 1871. Entsch. II S. 441.

330. Soll die Erfüllung innerhalb eines gewissen Zeitraums geschehen, so muß sie vor Ablauf desselben erfolgen. a)

Fällt der letzte Tag des Zeitraums auf einen Sonntag oder allgemeinen Feiertag, so muß spätestens am nächstvorhergehenden Werktage erfüllt werden.

a) Der Empfangsberechtigte kommt in diesem Falle mit der Empfangnahme nur in Verzug, wenn ihm der Verpflichtete den Tag angezeigt hat, an welchem er erfüllen wolle. E. v. 26. Juni 1872. Entsch. VI S. 361. — Ist während der Frist Seitens des Verpflichteten eine Kündigung zur Abnahme nicht erfolgt, so gilt der letzte Tag der Frist als Erfüllungstag, und der Berechtigte muß sich an diesem Tage auch ohne Ankündigung zur Empfangnahme melden, widrigenfalls ein Verzug des Verpflichteten nicht angenommen werden kann. E. v. 23. April 1872. Entsch. V S. 313. Beide Entscheidungen betreffen nur den Fall, wenn die Erfüllung am Orte des Verpflichteten erfolgen muß.

331. Abänderungen in diesen Zeitberechnungen (Artikel 328. bis 330.), soweit sie die Liquidationstermine der Börsengeschäfte betreffen, bleiben den Börsenordnungen vorbehalten.[a]

a) Auf andere, als die in den Art. 328 bis 330 enthaltenen Zeitberechnungen findet diese Vorschrift nicht Anwendung. — Ferner hat durch dieselbe die Anwendbarkeit des Art. 278 auf die Auslegung kontraktlicher Zeitbestimmungen nicht ausgeschlossen werden sollen. Also auch für die Interpretation vertragsmäßiger Fristen ist nicht der Wortsinn unbedingt entscheidend, sondern der erweisliche Wille der Kontrahenten. Als Mittel zur Erforschung dieses Willens sind auch solche Handelsgebräuche geeignet, die in die Börsenordnung nicht Aufnahme gefunden haben. E. v. 9. Jan. 1872. Entsch. IV S. 353.

332. Die Erfüllung muß an dem Erfüllungstage während der gewöhnlichen Geschäftszeit geleistet und angenommen werden.

333. Ist die vertragsmäßige Frist zur Erfüllung einer Verbindlichkeit verlängert worden, so beginnt die neue Frist im Zweifel am ersten Tage nach Ablauf der alten Frist.

334. In allen Fällen, in welchen ein Verfalltag bestimmt worden ist, ist nach der Natur des Geschäfts und der Absicht der Kontrahenten zu beurtheilen, ob derselbe nur zu Gunsten eines der beiden Kontrahenten hinzugefügt worden ist.

Auch wenn der Schuldner hiernach vor dem Verfalltage zu zahlen befugt ist, ist er doch nicht berechtigt, ohne Einwilligung des Gläubigers den Diskonto abzuziehen, insofern nicht Uebereinkunft oder Handelsgebrauch ihn dazu ermächtigen.

335. Ist im Vertrage über die Beschaffenheit und Güte der Waare nichts Näheres bestimmt, so hat der Verpflichtete Handelsgut mittlerer Art und Güte zu gewähren [a].

a) Dieser Art. ist von der Anwendung auf den Kauf einer speziell bestimmten Waare (Spezies-Kauf) nicht grundsätzlich auszuschließen. E. v. 17. Nov. 1871. Entsch. IV S. 36. Vgl. dagegen E. v. 23. März 1872. Entsch. V S. 322.

Mittlere Art und Güte kann auch im Falle üblicher Beimischung fremder Substanzen angenommen werden. E. v. 1. Nov. 1878. Entsch. V S. 322.

Bei einem im Inlande geschlossenen Kauf ausländischer Prämienpapiere ist anzunehmen, daß solche Papiere gekauft sind, welche den Bestimmungen des Reichsgesetzes vom 8. Juni 1871 gemäß gestempelt sind. Ungestempelte Prämienloose sind als eine andere Gattung von Werthpapieren anzusehen, als gestempelte. E. v. 27. Sept. u. 5. Okt. 1876. Entsch. XX S. 418 u. 423.

Beim Verkauf verloosbarer Effekten sind solche Stücke als verkauft anzunehmen, welche durch bekannt gewordene Ausloosungen nicht betroffen sind, während die Chance (Gewinn und Verlust) einer zur Zeit des Vertragsabschlusses oder der Erfüllung bereits erfolgten, aber noch nicht veröffentlichten Verloosung im Zweifel den Käufer trifft. E. v. 21. Juni 1876. Entsch. XX. S. 387.

c) Vgl. Anm. c zu Art. 307.

336. Maaß, Gewicht,[a] Münzfuß, Münzsorten,[b] Zeitrechnung und Entfernungen, welche an dem Orte gelten, wo der Vertrag erfüllt werden soll, sind im Zweifel als die vertragsmäßigen zu betrachten.[c]

Ist die im Vertrage bestimmte Münzsorte am Zahlungsorte nicht im Umlauf oder nur eine Rechnungswährung, so kann der Betrag nach dem Werthe zur Verfallzeit in der Landesmünze gezahlt werden, sofern nicht durch den Gebrauch des Wortes „effektiv" oder eines ähnlichen Zusatzes die Zahlung in der im Vertrage benannten Münzsorte ausdrücklich bedungen ist.

a) Ueber den Zeitpunkt, welcher beim Verkaufe nach Gewicht für die Ermittelung des Gewichts maaßgebend ist, vgl. E. v. 17. April 1872. Entsch. V S. 404.

b) Unter dem 30. April 1872 kam folgender Fall zur Entscheidung des ROHG. (Entsch. VI S. 87). In einem in Preußen und zwischen Preußen geschlossenen, aber in Oesterreich zu erfüllenden Dienstvertrage war die Dienstvergütung auf „monatlich 75 fl. Oesterr. Währung" verabredet worden und es fragte sich, ob die Vergütung in Metall- oder in Papierwährung zu berechnen war. Das ROHG. entschied sich für das Erstere; es motivirt diese Entscheidung aus den Umständen des Falles und führt aus, daß der Art. 336 nicht zur Anwendung komme, weil es sich nicht um die Frage handele. in welcher Münzsorte die Zahlung geleistet und angenommen, sondern nach welcher Währung die Höhe der Schuld berechnet werden müsse, und daß es daher darauf nicht ankomme, ob bei einer in Oesterreich kontrahirten Schuld im Zweifel die Papierwährung als gewollt gelte.

c) Aus der Bestimmung des Art. 336 Abs. 1 darf nicht gefolgert werden, daß auch für die Auslegung des sonstigen Vertragsinhaltes (z. B. bezüglich der Qualität des zu leistenden Gegenstandes) die lokalen Auffassungen des Erfüllungsortes maßgebend sind. E. v. 26. Mai 1871. Entsch. II S. 321. Vgl. jedoch die Anm. b zu Art. 324.

Zweitel Titel. Vom Kauf.

Den Begriff des „Kaufes" hat das HGB. nicht bestimmt. — Ob ein Kaufgeschäft vorliegt (und demgemäß die Vorschriften dieses zweiten Titels Anwendung finden), ist — falls nicht Art. 338 Platz greift — nach den Landesgesetzen zu beurtheilen. E. v. 12. Mai 1881. Entsch. II S. 290.

Der Forderungskauf ist im Gebiet des Preuß. ALR. (§. 381 Th. I Tit. 11, §. 7 Th. 1 Tit. 2) als Handelskauf anzusehen. Aber als Waare im Sinne des Art. 337 ff. HGB. sind Forderungen, welche nicht (wie Wechsel, Werthpapiere 2c.) durch die Verbriefung verkörpert werden, nicht zu behandeln. Auf Hypotheken finden also die Vorschriften der Art. 337—359 HGB. keine Anwendung. E. v. 17. Mai 1890. RG. XXVI S. 43.

Der Preis kann beim Kauf auch in der Weise verabredet werden, daß der Verkäufer zu dem festbedungenen oder zu ermittelnden Selbstanschaffungspreise noch einen Zuschlag (provision, commission) als Entgelt für die jedem Handelsbetriebe innewohnende Vermittlerthätigkeit empfängt. Ein solches Geschäft ist nach den Regeln des Kaufs und nicht der Einkaufskommission zu beurtheilen. E. v. 19. Juni 1871. Entsch. III S. 44 u. v. 1. Sept. 1873. Entsch. XII S. 123. Ebenso RG. III S. 109 in dem E. v. 5. Jan. 1881, wo auch angenommen ist, daß die Frage, ob vorliegende Willenserklärungen einen Kauf oder ein Kommissionsgeschäft enthalten, der Prüfung des Revisionsgericht unterliegt.

Die reichs- und partikular-gesetzlichen Verbote des Verkaufs ungeernteter Früchte („auf dem Halme") sind durch das HGB. auch für Handelsgeschäfte nicht aufgehoben. E. v. 1. Mai 1872. Entsch. V S. 432.

Ueber die Folgen der Konkurseröffnung auf nicht erfüllte Kaufverträge enthält das HGB. keine Vorschriften. Es kommen die Bestimmungen der R.KonkO. zur Anwendung. E. v. 13. Febr. 1877. Entsch. XXI S. 346.

Ein Kauf ist nur denkbar, wo ein Preis verabredet ist. Die Vereinbarung verschiedener Kaufpreise für verschiedene Bruchtheile einer verkauften Quantität begründet mehrere Kaufgeschäfte. E. v. 8. März 1875. Entsch. XVI S. 311.

337. Das Anerbieten zum Verkauf, welches erkennbar für mehrere Personen, insbesondere durch Mittheilung von Preislisten, Lagerverzeichnissen, Proben oder Mustern geschieht, oder bei welchem die Waare, der Preis oder die Menge[a] nicht bestimmt bezeichnet ist, ist kein verbindlicher Antrag zum Kauf.[b]

a) „Mehrere hundert Dutzend", ohne Beifügung eines Anhaltspunktes für die schließliche Entscheidung über die Menge der zu liefernden Waare, ist eine unzureichende Bezeichnung des Vertragsgegenstandes. — E. v. 24. Sept. 1873. Entsch. XI S. 1. Vgl. Anm. a zu 338.

b) Vgl. E. v. 14. Juni 1872. Entsch. IV S. 241.

Wer öffentlich bekannt macht, daß er eine Waare gewisser Art und zu gewissen Zwecken brauchbar zu verkaufen bereit sei, der muß, wenn mit ihm über die Lieferung solcher Waaren kontrahirt wird, die angekündigte Art und Brauchbarkeit als von ihm zugesagt gelten lassen, wenn er nicht seinen Kontrahenten das Gegentheil erklärt hat. E. v. 18. Nov. 1876. Entsch. XXI S. 195.

338. Nach den Bestimmungen über den Kauf ist auch ein Handelsgeschäft zu beurtheilen, dessen Gegenstand in der Lieferung einer Quantität[a] vertretbarer Sachen[b] gegen einen bestimmten Preis[c] besteht.

a) Die Quantität darf nicht gänzlich in die Willkür des einen Kontrahenten gestellt sein. Dagegen ist es zulässig, daß der eine Kontrahent dem andern in Betreff der zu leistenden Menge einen gewissen Spielraum läßt. Der Zusatz „ungefähr" („circa") bei Festsetzung des zu liefernden Quantums nimmt dem Kaufgeschäft nicht die erforderliche Bestimmtheit; über die Grenze der zulässigen Mehr- oder Minderlieferung entscheidet in einem solchen Fall richterliches Ermessen, erforderlichen Falls mit Hülfe Sachverständiger. E. v. 15. Okt. 1870. Entsch. I S. 56. — In dem Erkenntnisse v. 26. April 1872 (Entsch. V S. 421) ist angenommen, aus der Unbestimmtheit von Quantität und Preis lasse sich nicht ableiten, daß das Recht auf Erfüllung weder durch Klage noch durch Einrede geltend gemacht werden könne. Denn solche Unbestimmtheit lasse sich nach der für den Handelsverkehr maaßgebenden bona fides durch das richterliche Ermessen leicht beseitigen, indem der Vertragswille dahin aufzufassen, daß ein dem Verhältniß entsprechendes Quantum der Waare als Gegenstand des Kontrakts und als Preis der handelsübliche gemeint ist. — Ein Kaufvertrag über ein „Pöstchen" einer bestimmten Waare ist rechtswirksam. Der Verkäufer hat nachzuweisen daß die gesandte Menge den Umständen entspricht, wenn dies vom Käufer bestritten wird. Hat aber der Käufer die Waare angenommen und eine Zeit lang ungerügt behalten, so gilt das gesandte Quantum als genehmigt. E. v. 18. März 1774. Entsch. XIII S. 94.

Durchgängige Quantitätsmängel, welche während einer längeren Geschäftsverbindung ungerügt geblieben sind, können bei der schließlichen Abrechnung nicht geltend gemacht werden. E. v. 9. Nov. 1870. Entsch. I S. 122. — In dem Erkenntnisse v. 5. Dez. 1874 (Entsch. XV S. 306) wird der Umstand, daß der Empfänger der Waare nach der Entdeckung von Mancos mit der Rüge einige Monate gewartet hat, nicht für genügend erachtet, um eine Genehmigung des Mancos anzunehmen. Es entscheiden die konkreten Umstände des einzelnen Falles. — Ist die Waare unbeanstandet angenommen worden, so trifft den auf Zahlung des Kaufpreises verklagten Käufer die Beweislast bezüglich behaupteter Mancos. E. v. 5. Dez. 1874. Entsch. XV S. 304.

b) Wer die Lieferung vertretbarer Sachen übernommen hat, kann sich auf einen Unfall, der ihm die Fabrikation zeitweise unmöglich macht, nicht berufen. Selbst wenn eigene Fabrikate des Verkäufers den Gegenstand des Vertrages bilden, wird durch einen Unfall, der eine vorübergehende Unmöglichkeit der Herstellung zur Folge hat, der Verkäufer von der Erfüllung nicht befreit, sondern höchstens zum Verlangen einer Nachfrist berechtigt. E. v. 17. April 1872. Entsch. V S. 401, 402.

Bei Verträgen, deren Gegenstand die Lieferung nicht vertretbarer Sachen ist (z. B. einer Dampfmaschine für eine individuell bestimmtes Schiff, oder von Maschinen, die nach speziellem Anschlage und auf Grund besonderer Zeichnungen zum Zwecke eines bestimmten Fabrikbetriebes bestellt sind), kommen die Bestimmungen des Titels 2 nur zur Anwendung, wenn nach dem maßgebenden bürgerlichen Rechte dergleichen Verträge als Kaufgeschäfte anzusehen sind (was nach badischem, aber nicht nach preuß. Recht der Fall ist, welches derartige Verträge als Werkverdingung auffaßt). E. v. 12. Mai 1871, 26. März 1872, 26. Nov. 1875, 20. Okt. 1877. Entsch. II S. 289, VI S. 32, XIX S. 261, XXIII S. 88. — E. v. 10. März 1888. RG. XXI S. 205.

c) Vgl. die Anm. unter der Titelüberschrift.

Einer Preisabrede wird durch den Zusatz „etwa" die erforderliche Bestimmtheit nicht entzogen. — E. v. 10. Dez. 1872. Entsch. VIII S. 209.

d) Unter diesen Art. fallen auch Lieferungsgeschäfte über solche Gegenstände, welche der Lieferant erst anschafft oder anfertigt. E. v. 12. Mai 1871. Entsch. II S. 289.

Verkauf mit Spezifikation.

Es kommt häufig vor, daß die Bestimmung der Formen oder Dimensionen der zu liefernden Waare, die sogenannte Spezifikation, dem Käufer vorbehalten bleibt (z. B. beim Eisenhandel die Bestimmung der Dimensionen oder die Bestimmung, ob Draht oder Stifte hergestellt werden sollen; beim Garnhandel die Bestimmung der Garnnummer) und daß der Preis durch Vereinbarung eines (in der Regel für das Rohmaterial zu zahlenden) Grundpreises und eines (gewöhnlich für die Fabrikation zu entrichtenden) Ueberpreises bestimmt wird. — Derartige Verträge sind gültig und bindend. E. v. 10. Dez. 1874. Entsch. XVI S. 204, v. 12. Dez. 1883, 24. Nov. 1885. RG. X S. 95, XIV S. 244.

Die Frage, ob auf Grund eines solchen Vertrages auf Vornahme der Spezifikation geklagt werden könne, ist vom ROHG. bejaht (E. v. 10. Dez. 1874. Entsch. XVI S. 204) — vom RG. für das Gebiet des gemeinen Rechts (in Ermangelung des Nachweises eines besonderen Interesses des Verkäufers) verneint, E. v. 24. Nov. 1885. RG. XIV S. 247, dagegen für das Gebiet des Preuß. ALR. bejaht. E. v. 24. Juni 1889. RG. XXVI S. 214.

Vgl. Anm. b zu Art. 343 u. Anm. a zu Art. 346.

Ein klagbarer Vertrag liegt auch dann vor, wenn dem Besteller außerdem die Wahl hinsichtlich der Qualität des Eisens gelassen ist. Ist für jede Qualität ein verschiedener Grundpreis festgestellt, so liegen verschiedene Kaufverträge vor, welche in dem Verhältnisse zu einander stehen, daß erst durch die Erklärung des Käufers (zu deren Abgabe er verpflichtet ist) gewiß wird, welcher von den Kaufverträgen endgültig geschlossen sein soll. Ist der Kaufpreis für die verschiedenen Qualitäten gleich, so liegt eine (alternative) Obligation vor. E. v. 17. Juni 1875. Entsch. XVIII S. 49.

Ist der Grundpreis, aber nicht die Ueberpreis-Skala verabredet, so gilt die z. Z. des Vertragsschlusses geltende Preis-Skala des Verkäufers, auch wenn der Käufer sie nicht kennt, als stillschweigend vereinbart. E. v. 20. März 1876. Entsch. XIX S. 401.

Ein fester Verkauf unter der Bedingung, daß der Verkäufer die Waare von seinem Fabrikanten zu beschaffen vermöge, ist gültig und verpflichtet den Verkäufer, sich mit der Sorgfalt eines ordentlichen Kaufmanns um die Anschaffung der Waare zu bemühen und die empfangene Waare an den Käufer abzuliefern. E. v. 10. Jan. 1873. Entsch. VIII S. 358.

Durch Art. 338 sind die landesrechtlichen Bestimmungen, welche den Lieferungsvertrag anders behandeln, als den Kauf, für den Handelsverkehr aufgehoben. E. v. 2. Juni 1874. Entsch. XIII S. 419. — Zu den auf dergleichen Lieferungsgeschäfte nicht anwendbaren Vorschriften gehören die §§. 981—987 Th. I Tit. 11 des Preuß. ALR. E. v. 23. Febr. 1885. RG. XIII S. 11.

339. Ein Kauf auf Besicht oder auf Probe ist unter der in dem Willen des Käufers stehenden Bedingung geschlossen, daß der Käufer die Waare besehen oder prüfen und genehmigen werde. Diese Bedingung ist im Zweifel eine aufschiebende.[a)]

Der Käufer ist vor seiner Genehmigung[b)] an den Kauf nicht gebunden. Der Verkäufer hört auf, gebunden zu sein, wenn der Käufer bis zum Ablauf der verabredeten oder ortsgebräuchlichen Frist nicht genehmigt.

In Ermangelung einer verabredeten oder ortsgebräuchlichen Frist kann der Verkäufer nach Ablauf einer den Umständen angemessenen Zeit den Käufer zur Erklärung auffordern; er hört auf, gebunden zu sein, wenn sich der Käufer auf die Aufforderung nicht sofort erklärt.

Ist die auf Besicht oder Probe verkaufte Waare zum Zweck der Besichtigung oder Probe bereits übergeben, so gilt das Stillschweigen des Käufers bis nach Ablauf der Frist[c)] oder auf die Aufforderung als Genehmigung.

a) Die Auslassung des auf Zahlung des Kaufpreises belangten Käufers, daß nur ein Kauf auf Probe vorliege, ist als ein „Bestreiten" aufzufassen, wenn nach seiner Angabe aufschiebende Bedingung, dagegen als „Einrede", wenn auflösende Bedingung vorliegen soll. Im ersteren Falle hat Verkäufer den Beweis des unbedingten Kaufs, im letzteren Käufer den Beweis der Bedingung zu führen. E. v. 22. Juni 1872. Entsch. VII S. 38. Vgl. E. v. 4. Nov. 1871. Entsch. IV S. 127.

Der Kauf auf Probe ist nicht ein beabsichtigtes, sondern ein wirklich zu Stande gekommenes Geschäft. E. v. 19. Okt. 1872. Entsch. VII S. 322.

Ein Kauf auf Probe liegt nur vor, wenn er einzig und allein von dem Willen des Käufers abhängig gemacht ist, also namentlich dann nicht, wenn der Käufer sich verpflichtet hat, die Waare zu prüfen und nach dem Ergebniß der Prüfung die Genehmigung oder Nichtgenehmigung auszusprechen. Die Behauptung des verklagten Käufers, daß letzteres verabredet ist, stellt sich als Einrede dar und ist daher vom Käufer zu beweisen. E. v. 26. Sept. 1874. Entsch. XIV S. 204.

b) Ob beim Nichteintritt der Genehmigung dem Käufer die auf den Empfang und die Aufbewahrnng der Waare verwendeten Kosten vom Verkäufer zu erstatten sind, kann nicht für alle Fälle gleichmäßig entschieden werden, sondern richtet sich nach der Absicht der Parteien bei Eingehung des Vertrages. E. v. 19. Dez. 1877. Entsch. XXIV S. 48.

c) Es ist nicht erforderlich, daß der Anfang der Frist kalendermäßig oder anderweit fest bestimmt ist; es bedarf also auch dann einer Aufforderung des Verkäufers nicht, wenn verabredet worden ist, daß als Anfang der Probefrist derjenige Zeitpunkt gelten solle, in welchem zuerst nach dem ordnungsmäßigen Geschäftsgange es dem Käufer möglich ist, die Probe anzustellen. E. v. 9. Mai 1879. Entsch. XXV S. 118.

340. Ein Kauf nach Probe oder Muster ist unbedingt, jedoch unter der Verpflichtung des Verkäufers geschlossen, daß die Waare der Probe oder dem Muster gemäß sei.[a)]

a) Ein Kauf nach Probe liegt vor, wenn die Lieferung einer der Probe entsprechenden Waare den Inhalt des Vertrages bildet. Eine dahin gehende ausdrückliche Verabredung oder eine Ausantwortung der Probe ist nicht wesentlich; andererseits genügt das bloße Vorzeigen einer Probe beim Kaufabschlusse nicht, um einen Handel nach Probe anzunehmen. E. v. 15. April 1875. Entsch. XVI S. 318.

Wird unter Bezugnahme auf eine noch unfertige, inneren Veränderungen unterworfene Probe gekauft (z. B. fertiger Wein nach einer vorgelegten Probe jungen Weins), so ist nicht Kauf nach

Probe anzunehmen. In einem solchen Falle hat die Sendung einer Probe nur die Wirkung, daß der Käufer wegen Arglist zurücktreten kann, wenn ihm der Verkäufer vorsätzlich eine „geschmeichelte" Probe zugestellt hat. E. v. 9. Juni 1876. Entsch. XX S. 329.

Vom Kauf „nach Probe" ist Kauf „unter der Bedingung der Probemäßigkeit" zu unterscheiden; während bei dem letzteren die Existenz des Geschäfts davon abhängt, daß die Waare der Probe gemäß ausfällt, ist der Kauf nach Probe ein unbedingtes Geschäft, bei welchem der Verkäufer die Probemäßigkeit vertreten muß. Ob das eine oder andere Geschäft vorliegt, ist Sache der Interpretation, wobei die gebrauchten Worte nicht unbedingt maaßgebend sind. E. v. 29. Juni 1871 und 16. Jan. 1872. Stg. III S. 134, V S. 246; Entsch II S. 148. — Der Kauf nach Probe kann auch unter einer Bedingung abgeschlossen werden. Es ist jedoch keine Bedingung, wenn der Verkäufer die Haftung übernommen hat, daß die nach Probe gekaufte Waare zu einem bestimmten Zwecke dienlich sei. E. v. 16. Dez. 1872. Entsch. VIII S. 249.

Es ist auch zulässig, daß außer der Probemäßigkeit noch andere Eigenschaften bedungen werden. Ist dies der Fall, so genügt es nicht, daß die Waare der Probe entspricht; sie muß auch die sonst bedungenen Eigenschaften haben (z. B. nach Probe verkauftes Brotmehl kann zurückgewiesen werden, wenn es trotz Probemäßigkeit sich zum Brotbacken nicht eignet). E. v. 23. Sept. 1874. Entsch. XIV S. 290, E. v. 17. Okt. 1890. RG. XXVII S. 19.

Ein Kauf unter der Bedingung, daß die Waare gleich einer früheren Sendung ausfalle, ist kein Kauf nach Probe. E. v. 29. April 1874. Entsch. XIII S. 214.

Beim Kauf nach Probe hat der Verkäufer die Probemäßigkeit zu beweisen, mag er den Kaufpreis einklagen, oder der Käufer das im Voraus bezahlte Kaufgeld wegen Probewidrigkeit zurückverlangen. E. v. 4. April 1871 und 28. Juni 1872. Entsch. II S. 179, VI S. 337. Anders, wenn der Käufer die Waare abgenommen hat. — Entsteht Streit über die Identität der im Prozesse vorgelegten Probe und Waare mit der abgelieferten, so trifft den Verkäufer die Beweislast; E. v. 21. Juni 1872. Entsch. VI S. 337.

Ein Kontrahent, welcher als Inhaber der zwischen ihm und dem anderen Theil maaßgebenden Probe dieselbe vor Erledigung der Frage nach der Probemäßigkeit absichtlich oder fahrlässiger Weise abhanden kommen oder unbrauchbar werden läßt, bürdet sich die Beweislast auf. E. v. 31. März 1873 u. 16. März 1878. Entsch. IX S. 27, XXIII S. 308.

Das Reichsgericht hat angenommen, daß beim Kauf nach Probe der Käufer, welcher die Probe verbraucht, sich nur dann die Beweislast der Probewidrigkeit aufbürdet, wenn aus den Umständen des Falls eine Verpflichtung des Käufers zur Aufbewahrung der Probe hervorgeht. Eine solche Verpflichtung wird anzunehmen sein, wenn die Probe erst bei oder nach Abschluß des Kaufs, nicht aber ohne Weiteres, wenn sie schon während der Verhandlungen über den Kaufabschluß dem Käufer ausgehändigt worden ist. E. v. 4. Jan. 1884. RG. XI S. 36.

Ueber die Beweislast bezüglich der Identität der Probe nach gemeinem Recht vgl. E. v. 24. März 1876. Entsch. XX S. 62.

Derjenige, welcher aus einem Kauf nach Probe ein Recht herleitet, muß — wenigstens beim Spezieskauf — nachweisen, daß nach Probe gekauft ist. E. v. 29. Juni 1871. Entsch. II S. 94.

Der klagende Verkäufer hat den Nachweis zu führen, daß nicht nach Probe verkauft ist, wenn der verklagte Käufer nur einen Kauf nach Probe zugiebt. Es gilt dies selbst dann, wenn der Käufer den Einwand der Probewidrigkeit nicht erhebt, dieser Einwand aber nach den Bestimmungen des Art. 347 überhaupt noch zulässig ist (z. B. in der Exekutionsinstanz). E. v. 27. Okt. 1874. Entsch. XV S. 53. — Die Ueberlieferung einer Probe an den Käufer erweckt die Vermuthung für den Kauf nach Probe. Die Vermuthuug kann jedoch durch die Umstände widerlegt werden. Der Beweis des unbedingten Kaufs ist für geführt zu erachten, wenn der Verkäufer das Geschäft in das Bestellbuch des Käufers eingetragen, den Abschluß nach Probe dabei nicht erwähnt und der Käufer hiergegen keinen Einspruch erhoben hat. E. v. 24. Nov. 1874. Entsch. XV S. 171.

Läßt sich bei der nach Probe verkauften Waarengattung eine der Probe vollständig entsprechende Waare nicht herstellen, so muß sich der Käufer (selbst wenn ihm die Unmöglichkeit unbekannt war) mit thunlichster oder üblicher Probeähnlichkeit zufrieden geben. E. v. 5. Jan. 1887. RG. XX S. 32.

Heimliche Mängel der Probe.

Beim Kauf nach Probe wird in der Regel diejenige Beschaffenheit als bedungen gelten müssen, welche aus der Probe zur Zeit des Vertragsabschlusses erkennbar war. Solche Mängel aber, welche bei der den Gegenstand des Kaufs bildenden Waarengattung häufig vorkommen und auch bei der Probe vorhanden, aber wegen deren Kleinheit nicht oder nur schwer zu erkennen waren, können vom Käufer, welcher Sachverständiger ist, nicht gerügt werden. Es ist Sache des Käufers, welcher wissen muß, daß die Prüfung der Probe eine unsichere ist, das Nichtvorhandensein des häufig vorkommenden Fehlers besonders zu bedingen. E. v. 5. Nov. 1887. RG. XX S. 37.

341. Ein Kauf zur Probe ist unbedingter Kauf unter Hinzufügung des Beweggrundes.[a]

[a]) Der gewöhnliche Sprachgebrauch hält die Begriffe des Kaufs „auf Probe" und „zur Probe" nicht immer scharf auseinander. Der Art. 341 darf daher nicht als absolute Interpretationsregel aufgefaßt werden. Es kann vielmehr ein bedingter Kauf beabsichtigt sein, auch wenn die Worte „Kauf zur Probe" gebraucht sind. E. v. 13. April 1871. Entsch. II S. 188.

342. Hinsichtlich des Ortes der Erfüllung der Verbindlichkeiten des Verkäufers und des Käufers kommen die Bestimmungen des Artikels 324. Absatz 1. zur Anwendung.[a]

Die Uebergabe der Waare geschieht, wenn aus diesen Bestimmungen sich nicht ein Anderes ergiebt, an dem Orte, wo der Verkäufer zur Zeit des Vertragsabschlusses seine Handelsniederlassung[b]) oder in deren Ermangelung seinen Wohnort hatte. Wenn jedoch eine bestimmte Sache verkauft ist, welche sich zur Zeit des Vertragsabschlusses mit Wissen der Kontrahenten an einem anderen Orte befand, so geschieht die Uebergabe an diesem Orte.[c)]

Der Kaufpreis ist bei der Uebergabe zu entrichten,[d)] sofern nicht ein Anderes durch die Natur des Geschäfts bedingt oder durch Vertrag[e)] oder Handelsgebrauch bestimmt ist. Im Uebrigen kommt die Bestimmung des Artikels 325. auch in Bezug auf diese Zahlung zur Anwendung.[f)]

a) Vgl. die Anm. zu Art. 324.

b) Handelsniederlassung, also nicht der Ort, wo die zum Handel benutzte Waare vom Verkäufer fabrizirt wird, sondern derjenige Ort, von welchem aus die kaufmännische Leitung des Ganzen ihren Ausgang nimmt. E. v. 27. Juni 1874. Entsch. XVI S. 52.

c) Ist ein Erfüllungsort bestimmt, an welchem weder Verkäufer noch Käufer eine Handelsniederlassung hat, so muß der Verkäufer den Platz am Erfüllungsorte, wo er liefern will, dem Käufer näher bezeichnen. E. v. 26. Juni 1872. Entsch. VI S. 361. — — Der Erfüllungsort braucht mit dem Ablieferungs- oder Bestimmungsort nicht zusammenzufallen. E. v. 9. Dez. 1874. Entsch. XV S. 212.

d) Hat der Verkäufer, was nach Art. 342 die Regel ist, an dem Orte seiner Handlungsniederlassung zu erfüllen, so genügt zur Begründung der Klage auf das Kaufgeld der Nachweis, daß die Waare ordnungsmäßig abgesandt ist, ohne daß Empfangnahme der Waare Seitens des Käufers behauptet zu werden braucht. E. v. 9. Nov. 1870. Entsch. I S. 122.

Ist Erfüllung Zug um Zug vereinbart, so kann der Käufer auch ohne vorgängiges Angebot des Kaufpreises auf Lieferung der Waare gegen Zahlung des Preises klagen, wenn der Verkäufer die Existenz oder Rechtsbeständigkeit des Vertrages bestreitet. E. v. 26. April 1873. Entsch. XI 433.

Bei Distanzgeschäften (vgl. 344 u. Anm.) braucht der Käufer in Ermangelung anderweitiger Abreden erst nach dem Eintreffen der Waare, nachdem er in die Lage gesetzt ist, ihre Beschaffenheit zu prüfen und über sie zu verfügen, den Kaufpreis zu entrichten. Für die Klage auf den Kaufpreis ist der Gerichtsstand des Absendungsorts in der Regel nur gegeben, wenn nach den Vereinbarungen dort die Waare Zug um Zug gegen Zahlung des Kaufpreises zu übergeben ist. Vgl. E. v. 29. März 1890. Gruch. XXXIV S. 1148.

Bei einem am Wohnorte des Käufers zu erfüllenden Distanzgeschäfte braucht sich der Käufer eine Zusendung der Waare gegen Nachnahme des vertragsmäßig Zug um Zug zu entrichtenden Kaufpreises nicht gefallen zu lassen, selbst dann nicht, wenn er die Waare vor deren Uebersendung gesehen und gebilligt hat. E. v. 10. Juni 1874. Entsch. XIII S. 187.

Der Käufer kann aber bei solchen Geschäften nicht verlangen, daß ihm vor Bezahlung des Kaufpreises die Waare zur Prüfung der Empfangbarkeit ausgehändigt werde. E. v. 14. Febr. 1874. Entsch. XII S. 275.

e) Eine Vereinbarung, die Zahlung solle in das Belieben des Käufers gestellt sein, ist dahin aufzufassen, daß die Zahlung nach einer den Umständen angemessenen Frist erfolgen solle, über deren Länge richterliches Ermessen zu entscheiden habe. E. v. 4. Juni 1873 Entsch. X S. 233.

f) Ist ein Kauf durch Uebergabe und Empfangnahme der Waare thatsächlich vollzogen, ohne daß die vorhergegangene Verhandlung der Kontrahenten über die Zeit und Modalität der Zahlung zu einer Einigung geführt hätte, so haben sich die Kontrahenten insoweit den einschlagenden gesetzlichen Bestimmungen unterworfen. E. v. 24. Sept. 1870. Entsch. I S. 30.

343. **Der Verkäufer ist verpflichtet, die Waare, so lange der Käufer mit der Empfangnahme[a]) nicht im Verzuge[b]) ist, mit der Sorgfalt eines ordentlichen Geschäftsmannes aufzubewahren.**

Ist der Käufer mit der Empfangnahme der Waare im Verzuge,[c] so kann[d] der Verkäufer die Waare[e] auf Gefahr und Kosten des Käufers in einem öffentlichen Lagerhause oder bei einem Dritten[f] niederlegen. Er ist auch befugt,[g] nach vorgängiger Androhung[h] die Waare öffentlich[i] verkaufen[k] zu lassen; er darf, wenn die Waare einen Börsenpreis oder einen Marktpreis hat, nach vorgängiger Androhung den Verkauf auch nicht öffentlich durch einen Handelsmäkler[l] oder in Ermangelung eines solchen durch einen zu Versteigerungen befugten Beamten zum laufenden Preise[m] bewirken.[n] Ist die Waare dem Verderben ausgesetzt und Gefahr im Verzuge, so bedarf es der vorgängigen Androhung nicht.[o]

Von der Vollziehung des Verkaufs hat der Verkäufer den Käufer, soweit es thunlich, sofort zu benachrichtigen; bei Unterlassung ist er zum Schadensersatze verpflichtet.

a) Empfangnahme setzt voraus, daß der Empfänger oder sein Stellvertreter in die Lage gesetzt ist, die Waare und deren Empfangbarkeit zu prüfen. Mit Uebergabe, Tradition, ist Empfangnahme nicht identisch. Ein Verzug des Käufers mit der Empfangnahme ist möglich, auch wenn die Waare bereits an ihn übergeben ist. Für die Anwendbarkeit des Artikels 343 ist es daher gleichgültig, ob Tradition der Waare stattgefunden hat. (Der Art. 354 setzt dagegen voraus, daß die Waare nicht übergeben ist.) E. v. 14. Nov. 1871. Entsch. IV S. 15. Vgl. Anm. b zu Art. 347.

b) Die Annahme-Weigerung des Käufers begründet für sich allein keinen Verzug desselben. Es muß hinzukommen, daß der Verkäufer liefern konnte und wollte. E. v. 9. April 1873. Entsch. IX S. 265. — In der Regel ist, um den Käufer in Verzug zu setzen, thatsächliches Anbieten (Real-Oblation) erforderlich. Bei vorher erklärter Annahme-Verweigerung ist aber mündliches Anbieten (Verbal-Oblation) für genügend zu erachten; beharrt dann der

Käufer bei seiner Annahme-Verweigerung, was anzunehmen ist, wenn er sich auf das mündliche Erbieten des Verkäufers stillschweigend verhält, so tritt Annahme-Verzug ein. E. v. 16. März 1872, 16. Febr. 1855. Entsch. V S. 290, XVI S. 422.

Mündliches Anbieten mit Erfüllungsbereitschaft genügt auch, um den Käufer in Verzug zu setzen, wenn dieser vorzuleisten hat. E. v. 28. Okt. 1875. Entsch. XVIII S. 331.

Zur Erfüllungsbereitschaft gehört, daß die zur Verfügung des Verkäufers stehende Waare die vertragsmäßigen Eigenschaften hat. E. v. 4. Mai 1892. Gruch. XXXVI S. 1170.

Ist zur Erfüllung oder thatsächlichen Offerte eine Mitwirkung des Käufers erforderlich, so ist Annahme-Verzug vorhanden, wenn der Käufer mit dieser Mitwirkung im Verzuge ist. E. v. 22. Nov. 1871, 12. April 1877. Entsch. IV S. 145, XXII S. 5.

Beim Verkauf mit Spezifikation (vgl. Anm. d zu Art. 338) kommt der Käufer in Annahme-Verzug, wenn er nach Ablauf der zur Spezifikation vereinbarten Frist die Aufforderung des Verkäufers zur Vornahme der Spezifikation unberücksichtigt läßt und der Verkäufer zur Erfüllung im Stande ist. E. v. 7./25. Nov. 1874, 12. April 1877. Entsch. XV S. 146, XXII S. 5 u. E. v. 12. Dez. 1883, 24. Nov. 1885, RG. X S. 98, XVI S. 145.

Das Anbieten eines Theiles der verkauften Waare oder das Anbieten der Erfüllung eines von mehreren zusammenhängenden Kaufgeschäften ist nicht geeignet, einen Ausnahme-Verzug zu begründen. E. v. 8. März 1875. Entsch. XVI S. 314.

Der Einwand des Käufers, daß der Verkäufer sich die angebotene Waare nur zum Zweck des Angebots geliehen habe, ist von Erheblichkeit, wenn die Sachlage ergiebt, daß der Verkäufer erfüllen nicht konnte oder nicht ernstlich wollte. E. v. 28. Jan. 1875. Entsch. XVI S. 281.

Der Verkäufer wird dem mit der Empfangnahme säumigen Käufer gegenüber durch jede nicht auf dolus oder grobem Versehen beruhende Unmöglichkeit der ihm obliegenden Vertragserfüllung befreit; sein Anspruch auf den Kaufpreis ist also dem säumigen Käufer gegenüber durch die fortdauernde Möglichkeit der Erfüllung oder Ausübung der Depositions- oder Verkaufsbefugniß nicht bedingt. E. v. 6. Nov. 1875. Entsch. XIX S. 343.

Wird nach Eintritt des Uebernahme-Verzuges die Waare ohne Verschulden des Verkäufers vernichtet, so werden die für einen solchen Fall dem Verkäufer nach Preuß. R. (§. 102–104 I. 11 ALR.) eingeräumten Rechte dadurch, daß ein Handelsgeschäft vorliegt, jedenfalls nicht vermindert. E. v. 22. April 1885. RG. XIII S. 20.

c) Erklärt der Käufer während des Transports der Waare vom Erfüllungsorte zum Bestimmungsorte, daß er dieselbe nicht annehmen werde, so ist der Verkäufer berechtigt, die Waare schon während des Transports den Vorschriften des Artikels 343 gemäß verkaufen zu lassen. E. v. 14. März 1874. Entsch. XIII S. 58.

d) Verpflichtet ist der Verkäufer hierzu nicht; er kann auch die Waare in einem eigenen Speicher niederlegen und dort verkaufen lassen. E. v. 27. Juni 1871. Stg. II S. 368. Entsch. II S. 409.

e) Beim Genuskauf kann die vom Verkäufer zum Zwecke der Niederlegung vorzunehmende Aussonderung ohne Zuziehung des Käufers erfolgen. E. v. 9. Mai 1878. Entsch. XXIV S. 33.

f) Bei einem Dritten. Es kann dies unter Umständen auch das Gericht sein. E. v. 9. Mai 1878. Entsch. XXIV S. 32.

g) Befugt. Für dieses Recht des Verkäufers ist es gleichgültig, ob er ein besonderes Interesse hat, sich der Waare zu entäußern. E. v. 24. Sept. 1881. RG. V S. 63.

Das Recht des Verkäufers zum Selbsthülfeverkauf besteht also auch dann, wenn er wegen des Kaufpreises bereits befriedigt ist. E. v. 21. Okt. 1882. RG. VIII S. 23.

h) Hat der Käufer bereits vor dem Eintreffen der Waare deren Annahme abgelehnt, so genügt eine vor dem Eintreffen Seitens des Verkäufers erklärte Verkaufsandrohung. E. v. 11. Juni 1873. Entsch. X S. 238.

Auch in diesem Falle (der erklärten Annahmeverweigerung des Käufers) muß die Androhung erfolgen. E. v. 29. Mai 1880. RG. I S. 310.

Bei der Androhung bedarf es nicht der Angabe der beabsichtigten Verkaufsart (ob öffentlich oder nicht öffentlich). E. v. 1. Nov. 1879. Entsch. I S. 5.

Eine blos allgemein gehaltene, die Modalitäten des beabsichtigten Verkaufs nicht angebende Androhung hat jedenfalls die Wirkung, daß sie zur Annahme berechtigt, der Verkäufer wolle den im Sinne des Gesetzes regelmäßigen Weg des öffentlichen Verkaufs wählen. E. v. 11. Juni 1873. Entsch. X S. 242.

Einer Benachrichtigung vom Verkaufstermine bedarf es nicht. E. v. 4. Sept. 1872. Entsch. VII S. 49.

Die Androhung kann (als eine eventuelle, d. h. für den Fall der Nichtabnahme gemeinte) mit dem Erfüllungsanerbieten verbunden werden, also dem Verzuge des Käufers vorangehen. E. v. 16. Febr. 1875, 16. Jan. 1878. Entsch. XII S. 424 und XXIII S. 169.

Sie kann auch mit der nach Art. 356 HGB. erforderlichen Wahlanzeige verbunden werden. E. v. 25. Febr. 1874. Entsch. XII S. 284.

Die Androhung (d. h. vorgängige Ankündigung) muß rechtzeitig erfolgen; rechtzeitig ist sie nur, wenn die Frist bis zum Verkauf für den säumigen Käufer ausreicht, sich vor Schaden zu schützen, sei es durch Abnahme der Waare, sei es, daß er durch direktes oder indirektes Mitbieten für einen möglichst vortheilhaften Verkauf Sorge trägt. Die Gewährung einer Frist wird durch eine vorhergehende Empfangsverweigerung des Käufers nicht entbehrlich. Die Rechtzeitigkeit der Androhung hat der Verkäufer zu beweisen. E. v. 11. Jan. 1876. Entsch. XIX S. 293.

i) Oeffentlich, d. h. durch einen zur Vornahme von Versteigerungen befugten Beamten und unter Beobachtung derjenigen Formen, welche für öffentliche Versteigerungen in dem betreffenden Landesrechte vorgeschrieben oder beim Mangel solcher Vorschriften ortsüblich sind. E. v. 20. Okt. 1874, 2. Febr. 1875, 1. Mai 1876. Entsch. XIV S. 330, XVI S. 93, XX S. 23. Ebenso E. v. 1. Nov. 1881. RG. V S. 95.

Zu diesen Formen gehört eine vorgängige öffentliche Bekanntmachung, welche so zeitig erfolgen muß, daß den Kauflustigen eine Betheiligung an der Versteigerung möglich ist. Es genügt nicht, daß die Versteigerung in einem öffentlichen Lokal stattfindet. E. v. 2. Febr. 1875. Entsch. XVI S. 92.

Einem etwaigen Mangel wird nicht dadurch abgeholfen, daß der säumige Käufer bei der Versteigerung zugegen war, zu der Art des Verkaufs schwieg und sich beim Mitbieten betheiligte. E. v. 21. Dez. 1875 und 1. Mai 1876. Entsch. XIX S. 92 und XX S. 24. Vgl. Anm. n.

Der öffentliche Verkauf hat den Zweck, den erreichbaren Preis in möglichst sicherer Weise festzustellen. Diesem Zwecke handelt der Verkäufer zuwider, wenn er Kauflustige vom Mitbieten abhält. Aus einem derartigen Verfahren des Verkäufers kann selbst, wenn es einen sichtbaren Erfolg nicht gehabt hat, der Einwand der Arglist hergeleitet werden. E. v. 19. April 1884. Gruch. Bd. 28 S. 1065.

Ein Selbsthülfeverkauf ist nicht als für Rechnung des säumigen Käufers erfolgt zu behandeln, wenn in der Zeit zwischen der Feststellung des Meistgebots und der Ertheilung des Zuschlags der Verkäufer mit dem Meistbietenden verabredet, daß ihm dieser einen Theilbetrag des beim Weiterverkauf zu erzielenden Gewinnes herauszahlen solle, falls der Verkäufer mit seiner Klage auf die Differenz zwischen dem Kaufpreis und dem Auktionserlös dem säumigen Käufer gegenüber nicht durchdringt. E. v. 18. Nov. 1882. RG. VIII S. 24.

k) Die Waare ist in vertragsmäßiger Beschaffenheit unter Berücksichtigung des Interesses beider Theile in geschäftsüblicher Weise zu verkaufen. E. v. 28. Okt. 1887. RG. XIX S. 198.

Es ist nicht gerade erforderlich, daß der Verkauf unter allen für das ursprüngliche Kaufgeschäft vereinbarten Bedingungen erfolge. Die Waare ist so zu verkaufen, wie sie den Markt- oder Börsenpreis hat. E. v. 30. Juni 1873. Entsch. X S. 372.

Die Abweichungen von den ursprünglich vereinbarten Bedingungen dürfen aber nicht derart sein, daß dadurch dem Zweck des öffentlichen Verkaufs (Erzielung des höchstmöglichen Preises) zuwidergehandelt wird. Eine unzulässige Abweichung von den mit dem säumigen Käufer vereinbarten Bedingungen wurde bei einem Viehkauf darin gefunden, daß die öffentliche Versteigerung nach der Stückzahl und mit Ausschluß der Gewähr für Güte und Größe erfolgt war, während der säumige Käufer nach „lebend Gewicht" und ohne Ausschließung der Gewähr gekauft hatte. E. v. 19 April 1884. Gruch. Bd. 28 S. 1066. — Ebenso wurde in dem E. v. 28. Okt. 1887 RG. XIX S. 198 ein Selbsthülfe-Verkauf als nicht zu Recht bestehend erklärt, weil er unter Beschränkungen bezüglich der Abnahme und unter Ausschluß der Gewähr für die Beschaffenheit der Waare erfolgt war.

Es muß dieselbe Waare verkauft werden, mit deren Empfangnahme der Käufer im Verzuge war, beim Spezieskauf müssen sich der Gegenstand des ursprünglichen Kaufs und der des Weiterverkaufs vollständig decken. Wenn also der Verkäufer einen Theil der als Ganzes verkauften Waare freihändig verkauft, hat er auch bezüglich des Restes das Recht der Verkaufs-Selbsthülfe verloren. E. v. 28. Nov. 1876. Entsch. XXI S. 235.

Handelt es sich um Lieferung eines genus, so kommt es nicht darauf an, ob die öffentlich verkaufte Waare mit der dem Käufer zur Abnahme angebotenen identisch ist. E. v. 21. Juni 1871. Entsch. II S. 410.

Auch beim Genuskauf ist die Verkaufs-Selbsthülfe an einem Theil des Verkaufsobjekts nur dann zulässig, wenn nach Lage des Falls der Käufer zur Annahme einer Theillieferung verpflichtet war. E. v. 3. Jan. 1874 und 26. Sept. 1878. Entsch. XII S. 176 u. XXIV S. 359.

Aktien, auf welche ohne Einwilligung des Käufers mehr eingezahlt ist, als zur Zeit des ursprünglichen Verkaufs, sind in der Regel nicht als „dieselbe Waare" anzusehen. E. v. 10. Juni 1876. Entsch. XX S. 336.

Es ist zulässig, daß der Selbsthülfe-Verkauf an einer noch auszuscheidenden Waare (noch nicht geförderten Kohlen) stattfinde. E. v. 19. Sept. 1876, 24. Sept. 1881. Entsch. XX S. 173. RG. V S. 96.

Der Art. 343 erfordert, daß der Kaufgegenstand zur Zeit der Vornahme des Selbsthülfe-Verkaufs sich im Besitze des Verkäufers befindet oder doch thatsächlich zu seiner Verfügung steht. Der bloße Anspruch des Verkäufers an einen Dritten auf Lieferung einer Waare ist kein geeigneter Gegenstand des Selbsthülfe-Verkaufs, und er wird es auch nicht dadurch allein, daß der Dritte Waaren von vertragsmäßiger Beschaffenheit auf Lager hält. E. v. 21. Sept. 1883. RG. XI S. 113. — Es genügt aber, daß die Waare thatsächlich zur Verfügung des Verkäufers steht; dies ist der Fall, wenn der Verkäufer in der Lage ist, die verkauften Waaren durch einen Dritten, der sie zu seiner Verfügung hält, zu liefern. E. v. 18. Mai 1892, RG. XXIX S. 61; vgl. E. v. 4. März 1892, Gruch. XXXVI S. 1170 u. Anm. b zu Art. 354.

Ist beim Verkauf mit Spezifikation der Käufer mit der Vornahme der Spezifikation im Verzuge (vgl. Anm. b Abs. 5 zu diesem Art.), so muß der Verkäufer, welcher von dem Recht des öffentlichen Verkaufs Gebrauch macht, die Waare mit der Befugniß des Erstehers, zu spezifiziren, ausbieten lassen. E. v. 7./25. Nov. 1874, 12. April 1877. Entsch. XV S. 146, XXII S. 5 u. E. v. 12. Dez. 1883. RG. X S. 95.

Der Verkäufer hat nicht das Recht, nach Ablauf der Frist die Spezifikation selbst vorzunehmen und die gekaufte Waare in einer von ihm gewählten Form oder Dimension anzufertigen und auszubieten, auch nicht, wenn die selbst spezifizirte Sorte in der Preisliste als niedrigste bezeichnet ist. E. v. 7./25. Nov. 1874, 17. Juni 1875. Entsch. XV S. 146, XVIII S. 51.

Ist aber dem Käufer auch die Wahl zwischen verschiedenen Qualitäten mit verschiedenen Preisen gelassen, so ist, so lange der Käufer keine Wahl getroffen, die Möglichkeit, die Erfüllung anzubieten, also auch die Möglichkeit eines Annahme-Verzuges, also auch die Zulässigkeit des Selbsthülfe-Verkaufs ausgeschlossen. E. v. 17. Juni 1875. Entsch. XVIII S. 50.

Der Selbsthülfe-Verkauf braucht nicht gerade am Erfüllungsorte vorgenommen zu werden; er ist dort vorzunehmen, wo sich die Waare zur Zeit der Annahme-Weigerung befindet oder befinden mußte, unter Umständen auch an dem für den Erfüllungsort maßgebenden Marktplatze. Bei Distanzgeschäften ist in der Regel der Erfüllungsort maßgebend, wenn die Waare dorthin gelangt ist, der Absendungsort, wenn der Annahme-Verzug schon vor der Absendung eintritt. — Der Verkäufer kann aber den Verkaufsort nicht willkürlich wählen, er darf nicht mit der Waare auf Gefahr des Käufers eine sich als Spekulation darstellende Handlung, auch nicht unnöthiger Weise einen kostspieligen Transport vornehmen. E. v. 24. Okt. 1874, 16. Febr. 1875. Entsch. XIV S. 422, XVI S. 421. — Die Lage des Falls kann es rechtfertigen, daß noch nach Beginn des Annahmeverzuges die Waare nach dem Bestimmungsort geschafft wird, so, wenn der Transportvertrag schon vorher geschlossen ist, der Verkäufer die Kosten des Transports zu tragen hat. E. v. 7. Okt. 1885. RG. XV S. 1. — Ein am Geschäftssitz des Verkäufers vorgenommener Selbsthülfe-Verkauf wurde in einem Falle, wo die Waare sich dort auch befand und dorthin nicht zu gelangen brauchte, als für den Käufer unverbindlich angesehen. E. v. 4. Mai 1892, Gruch. XXXVI S. 1173.

Beim Selbsthülfe-Verkauf kann auch der Verkäufer selbst als Mitbieter und Käufer auftreten. E. v. 24. Sept. 1881. RG. V S. 58.

Durch Anstellung einer Klage auf Erfüllung des Vertrages verliert der Verkäufer nicht das Recht zum Selbsthülfe-Verkauf. E. v. 2. Febr. 1875. Entsch XXIII S. 189.

Vgl. die Anm. zu Art. 354.

l) Ist der Selbsthülfe-Verkauf durch einen amtlich bestellten Makler bewirkt, so wird die Wirksamkeit nicht dadurch beeinträchtigt, daß (der Vorschrift des Art. 66 Abs. 2 HGB. zuwider) die Beeidigung des Maklers unterblieben war. E. v. 10. Nov. 1886. RG. XVIII S. 91.

Der Verkauf an einen Handelsmakler genügt nicht. E. v. 17. Dez. 1872. Entsch. VIII S. 262.

Der Verkäufer, welcher den Verkauf durch einen Handelsmakler hat besorgen lassen, braucht nicht nachzuweisen, daß der laufende Preis erreicht ist. Dies wird vermuthet. E. v. 10. Sept. 1872. Entsch. VII S. 66. Vgl. Anm. m.

m) Falls sämmtliche Formen der Verkaufs-Selbsthülfe beobachtet sind, jedoch der mit dem Verkaufe zum laufenden Preise beauftragte Beamte diesen nicht erzielt hat, so muß der Käufer den Verkauf als für seine Rechnung geschehen gelten lassen, kann aber beanspruchen, daß der anderweit zu ermittelnde laufende Preis angerechnet werde. Pl.-Beschl. v. 16. Juni 1873. Entsch. X S. 368. In dem E. v. 27. Nov. 1872 (Entsch. VIII S. 98) hatte das ROHG.

angenommen, daß der Käufer einen unter dem laufenden Preise erfolgten Verkauf nicht als für seine Rechnung geschehen anzuerkennen brauche.

n) Beim Verkaufe müssen die Vorschriften des Art. 343 Abs. 2 innegehalten werden, sonst braucht der Käufer denselben nicht gelten zu lassen, selbst wenn nachgewiesen wird, daß ein den Vorschriften des Art. 343 entsprechender Verkauf keinen höheren Preis gebracht haben würde. E. v. 1. Nov. 1872 u. 14. März 1874. Entsch. VII S. 405, XIII S. 58, oder wenn der säumige Käufer selbst sich bei der Auktion durch Bieten und Erstehen betheiligt hat. E. v. 21. Dez. 1875. Entsch. XIX S. 91.

Der säumige Käufer ist weder verpflichtet noch befugt, sich in den Selbsthülfe-Verkauf einzumischen. Durch die Unterlassung der Einmischung verliert er daher nicht das Recht, die Mängel des Selbsthülfe-Verkaufs zu rügen. E. v. 19. April 1884. Gruch. Bd. 28. S. 1066.

Der Verkäufer kann von der Beobachtung der Vorschriften des Art. 343 durch Vereinbarung mit dem Käufer befreit werden und in dem Verhalten des Käufers zu den Abweichungen von diesen Vorschriften kann unter Umständen eine ihn verpflichtende Genehmigung dieser Abweichungen gefunden werden. E. v. 21. Dez. 1875. Entsch. XIX S. 92.

Die Verkaufs-Selbsthülfe braucht nicht sofort nach Eintritt des Annahme-Verzuges, sondern kann so lange ausgeübt werden, als der Annahme-Verzug des Käufers dauert. E. v. 15. Febr. 1872. Entsch. IX S. 83.

Ein unberechtigter Selbsthülfe-Verkauf ist nicht wie die unabänderliche Ausübung eines Wahlrechts zu behandeln, sondern als nicht geschehen zu erachten, hindert also den Verkäufer nicht an der Ausübung des ihm wirklich zustehenden Rechts, vom Käufer Abnahme der Waare zu fordern und im Falle des Abnahme-Verzuges das dann begründete Recht auf Verkaufs-Selbsthülfe anderweit auszuüben. E. v. 20. Okt. 1877. Entsch. XXIII S. 83 und S. 84. Anm. *

Beim Abnahmeverzuge des Käufers kann der Verkäufer nur die Rechte geltend machen, welche ihm Art. 343 HGB. einräumt,

Vorschriften des bürgerlichen Rechts, welche dem Verkäufer noch weitergehende Befugnisse (formlosen Verkauf, Schadensersatzansprüche) gewähren, sind auf Handelskäufe nicht anwendbar. E. v. 25. Sept. 1874. Entsch XIV S. 291, E. v. 1. Nov. 1881. RG. V S. 94, E. v. 5. Juni 1886. Gruch. XXXI S. 1091.

o) Nur die Androhung kann in diesem Falle unterbleiben; die übrigen Vorschriften des Art. 343 müssen auch beobachtet werden, wenn Gefahr im Verzuge ist. E. v. 1. Nov. 1881. RG. V S. 97.

Vgl. Anm. f letzten Abs. zu Art. 356.

344. Soll die Waare dem Käufer von einem anderen Orte übersendet werden,[a] und hat der Käufer über die Art der Uebersendung nichts bestimmt, so gilt der Verkäufer für beauftragt, mit der Sorgfalt eines ordentlichen Kaufmanns[b] die Bestimmung statt des Käufers[c] zu treffen, insbesondere auch die Person zu bestimmen, durch welche der Transport der Waare besorgt oder ausgeführt werden soll.[d]

a) Eine Pflicht zur Uebersendung legt Art. 344 dem Verkäufer nicht auf. Doch wird bei Distanzgeschäften in der Regel anzunehmen sein, daß die Absendung zu den vom Verkäufer übernommenen Vertragspflichten gehört. E. v. 16. Okt. 1875. Entsch. XVIII S. 322.

Eine Uebersendung an seine verschiedenen Kunden kann der Käufer, wenn sie nicht vereinbart ist, nicht verlangen. E. v. 20. Okt. 1875. Entsch. XVIII S. 326. E. v. 2. Juli 1880. RG. XXVI S. 105.

Ueber die Frage, unter welchem Namen der Verkäufer die Waare an den Käufer des Käufers abzusenden hat (wenn er zur Absendung an den dritten Käufer verpflichtet ist oder sie ohne Verpflichtung bewirkt) vgl. E. v. 2. Juli 1890. RG. XXVI S. 105.

Bei Verträgen, die Zug um Zug zu erfüllen sind, kann der Verkäufer nicht die Absendung von der vorgängigen Bezahlung des Kaufpreises abhängig machen. Er darf nur Bestimmungen treffen, daß die Waare am Bestimmungsort dem Käufer nur gegen Zahlung ausgeantwortet wird. E. v. 16. Okt. 1875. Entsch. XVIII S. 322.

b) d. h. mit derjenigen Umsicht, welche nach Lage des Falls von einem geschäftskundigen Kaufmann vorausgesetzt werden darf. Handelt es sich um eine bei längerem Transport dem Verderben ausgesetzte Waare (lebende Fische), so wird der Verkäufer bei Abschluß des Transportvertrages von mehreren vorhandenen Eisenbahnlinien die schneller zum Ziele führende vorschreiben müssen. Unkenntniß der mehrfachen Eisenbahnverbindung schützt ihn nicht. E. v. 2. Okt. 1875. Entsch. XIX S. 245.

c) statt des Käufers, d. h. im Einklange mit dem ausgesprochenen oder nach den Umständen vorauszusetzenden Vertragswillen des Käufers. In Ermangelung einer anderen Weisung ist anzunehmen, daß der Käufer Uebersendung vom Erfüllungsorte aus gewollt hat. Sendet der Verkäufer die Waare von einem anderen Orte ab, so trifft ihn, falls die Waare Schaden nimmt, die Beweislast, daß die unstatthafte Wahl des Uebersendungsortes auf das Schicksal der Waare ohne Einfluß geblieben ist. E. v. 14. Dez. 1874. Entsch. XVI S. 49.

Der Art. 344 bezieht sich nur auf die Art der Versendung, nicht auf den Ort, wohin gesendet werden soll. Der Verkäufer ist nicht ohne Weiteres berechtigt, dem Käufer die Waare nach dem Ort seiner Handelsniederlassung zu übersenden, besonders wenn ersichtlich der Käufer die Waare Behufs Weiterveräußerung im Großhandel gekauft hat. E. v. 11. Sept. 1875. Entsch. XVIII S. 161.

d) Die dem Verkäufer obliegende gehörige Uebersendung schließt in der Regel nur die Ausantwortung der ordentlich verpackten Waare an den geeigneten Frachtführer, nicht auch die Sorge für die weitere ordnungsmäßige Verladung durch den Frachtführer ein. E. v. 12. Sept. 1871. Entsch. III S. 108.

Die Absendung der Waare gehört beim Distanzgeschäft zu den dem Verkäufer aus dem Kaufvertrage obliegenden Verpflichtungen (vgl. Anm. a). Er hat in der Regel den Kaufvertrag erst vollständig erfüllt, wenn er alles zum Transport Erforderliche gethan, also auch den Frachtvertrag abgeschlossen hat. — Ein selbständiges, den Grundsätzen des Mandatsvertrages unterliegendes Auftragsverhältniß besteht zwischen dem Verkäufer und dem Käufer nicht. Der Verkäufer schließt den Transportvertrag im eigenen Namen, nicht in Vertretung des Käufers ab. E. v. 11. April 1874. Entsch. XIII S. 148. — Noch weniger ist der Verkäufer, welcher die ihm vom Käufer bezüglich der Uebersendung der Waare ertheilten Weisungen befolgt, als Spediteur des Käufers zu betrachten. Es gilt dies auch dann, wenn er aus Gefälligkeit Aufträge annimmt, welche ihm Seitens des Käufers ertheilt werden, nachdem er seine Verpflichtungen aus dem Kaufvertrage bereits vollständig erfüllt hat. E. v. 9. Nov. 1872. Entsch. VIII S. 10.

Hat der Verkäufer die Versicherung der Waare übernommen, so hat er auch hierbei die Sorgfalt eines ordentlichen Kaufmanns anzuwenden; er braucht ohne besondere Anweisung nur den Werth der Waare, nicht den imaginären Gewinn zu versichern. E. v. 17. Okt. 1876. Entsch. XXI S. 172.

Der Verkäufer, welcher gemäß Art. 344 im eigenen Namen den Speditionsvertrag über die dem Käufer zuzuführende Waare geschlossen hat, kann auch selbst Erfüllung dieses Vertrages oder Schadensersatz wegen Nichterfüllung gegen den Spediteur einklagen. E. v. 9. April 1875. Entsch. XVII S. 78.

345. Nach Uebergabe der Waare an den Spediteur oder Frachtführer oder die sonst zum Transport der Waaren bestimmte Person[a)] trägt der Käufer die Gefahr, von welcher die Waare[b)] betroffen wird.[c)] Hat jedoch der Käufer eine besondere Anweisung über die Art der Uebersendung ertheilt, und ist der Verkäufer ohne dringende Veranlassung davon abgewichen, so ist dieser für den daraus entstandenen Schaden verantwortlich.

Der Verkäufer hat die Gefahr, von welcher die Waare auf dem Transport[d)] betroffen wird, in dem Falle zu tragen, wenn er gemäß dem Vertrage die Waare an dem

Orte, wohin der Transport geschieht, zu liefern hat, so daß dieser Ort für ihn als der Ort der Erfüllung gilt.[e]) Daraus, daß der Verkäufer die Zahlung von Kosten oder Auslagen der Versendung übernommen hat, folgt für sich allein noch nicht, daß der Ort, wohin der Transport geschieht, für den Verkäufer als der Ort der Erfüllung gilt.[f])

Durch die Bestimmungen dieses Artikels ist nicht ausgeschlossen, daß die Gefahr schon seit einem früheren Zeitpunkte von dem Käufer getragen wird, sofern dies nach dem bürgerlichen Recht der Fall sein würde.[g])

a) Bis zur Uebergabe der Waare an den Frachtführer trägt der Verkäufer die Gefahr selbst dann, wenn ihm ein Verzug nicht zur Last fällt. E. v. 18. Juni 1872. Entsch. VII S. 234. — Ueber den Fall, daß den Käufer ein Uebernahme-Verzug trifft, vgl. die beiden letzten Absätze der Anm. b zu Art. 343.

So lange der Verkäufer sich das Verfügungsrecht über die dem Spediteur übergebene Waare vorbehält, hat er die Gefahr zu tragen. E. v. 2. Jan. 1877. Entsch. XXI S. 355.

b) Wer handelsgesetzlich die Gefahr bezüglich der vom Verkäufer leihweise hergegebenen Emballage zu tragen hat, läßt ROHG. in dem E. v. 23. Mai 1874 (Entsch. XIII S. 367) unentschieden, indem es für den betreffenden Fall ein Seitens der Aeltesten der Kaufmannschaft in Berlin abgegebenes Parere für maßgebend hält, wonach „es kaufmännische Usance ist, daß, wenn Waare von einem Orte nach einem anderen für Rechnung und Gefahr des Käufers versandt wird, der letztere das Risiko der Reise und die sonstige Gefahr nicht blos in Ansehung des Guts, sondern auch in Ansehung der Emballage zu tragen hat."

c) Hierbei wird vorausgesetzt, daß der Verkäufer mit der Uebergabe der Waare an den Transportführer seinerseits Alles zur Erfüllung des Vertrages gethan hat. Die Bestimmung findet also nicht Anwendung, wenn beim Genuskauf der Verkäufer aus der dem Transportführer übergebenen Waare noch die verkaufte Menge ausscheiden muß. E. v. 5. Juni 1877. Entsch. XXII S. 285.

An dieser Ausscheidung fehlt es und die Gefahr trifft also den Verkäufer, wenn derselbe von der bestellten Waarensorte eine größere als die bestellte Menge an den Käufer absendet. Das Beifügen nicht bestellter Stücke einer anderen Waarensorte hat nicht zur Folge, daß bezüglich der bestellten Waare die Gefahr nicht mit der Absendung auf den Käufer übergeht, es sei denn, daß diese nicht bestellten Stücke auf den Verlust oder die Beschädigung der Waare von Einfluß waren. E. v. 13. Dez. 1877. Entsch. XXIII S. 145.

d) auf dem Transport, d. h. bis zur Ablieferung an den Destinatär, nicht blos bis zur Ankunft an dem Bestimmungsort. E. v. 15. Mai 1885. RG. XIII S. 168.

e) Ein dahin gehender Vertragswille wird in dem E. v. 7. Mai 1872 (Entsch. VI S. 106) aus den dort vorliegenden Umständen, insbesondere daraus gefolgert, daß der Verkäufer die Transportkosten bis zum Bestimmungsorte, sowie Garantie für rechtzeitiges Eintreffen der Waare übernommen hatte, daß die Faktura nicht bei Abgang der Waare ausgestellt und in derselben der Absendeort nicht genannt war, daß der Verkäufer die Waare auf seinen Namen versichert und die gezahlte Versicherungsprämie dem Käufer nicht zur Last gestellt hatte. Vgl. E. v. 23. April 1873. Entsch. X S. 174.

Bis zum Erfüllungsorte trägt der Verkäufer die Gefahr selbst dann, wenn der Käufer die Kosten des Transports übernommen hat. E. v. 22. Juni 1871. Entsch. II S. 439.

f) Durch eine Vereinbarung „frei X", „frei hier" wird der beigefügte Ort nicht zum Erfüllungsort. E. v. 23. April u. 24. Juni 1873, 12. Sept. 1874 u. 1. Febr. 1875. Entsch. X S. 176 u. 348, XIV S. 168, XVI S. 16.

Die Klausel „cif" (vgl. über die Bedeutung dieser Klausel Anm. b zu Art. 279) hat gleichfalls nicht die Wirkung, daß der Bestimmungsort auch Erfüllungsort für den Verkäufer ist, E. v. 20. Juni 1874, Entsch. XIII S. 438, oder daß bis zum Bestimmungsort der Verkäufer die Gefahr zu tragen hat. E. v. 8. März 1884. RG. XVI S. 114.

g) Das Preuß. Allg. Landrecht (§. 95 und 128 Th. I Tit. 11) stimmt in Bezug auf den Uebergang der Gefahr im Wesentlichen mit dem HGB. überein. Der Vorbehalt im Absatz 3 trifft hauptsächlich die weitergehenden Grundsätze des gemeinen Rechts, welches schon mit der Perfektion des Kaufes die Gefahr auf den Käufer übergehen läßt. E. v. 7. Mai 1872. Entsch. VI S. 103.

346. **Der Käufer ist verpflichtet, die Waare zu empfangen,[a] sofern sie vertragsmäßig[b] beschaffen ist oder in Ermangelung besonderer Verabredung den gesetzlichen Erfordernissen entspricht (Art. 335.).**

Die Empfangnahme muß sofort[c] geschehen, wenn nicht ein Anderes bedungen[d] oder ortsgebräuchlich oder durch die Umstände geboten ist.

a) Der Art. 346 HGB. hat nicht die Bedeutung, ein Klagerecht des Verkäufers auf Abnahme oder Empfangnahme der Waare einzuführen. Ob ein solcher Anspruch des Verkäufers besteht, ist nach dem bürgerlichen Recht zu beurtheilen. Nach gemeinem Recht steht dem Verkäufer (dem in der Regel nur an der Zahlung des Kaufpreises gelegen sein kann) eine Klage auf Annahme der Waare nur zu, wenn er ein besonderes Interesse daran darthut. E. v. 25. Okt. 1881, 24. Nov. 1885. RG. V S. 392, XIV S. 247. Im Gebiet des Preuß. ALR. (§. 215 Th. I Tit. 11) besteht eine Pflicht des Käufers zur Annahme der Waare (und demgemäß zur Vornahme der Spezifikation, vgl. Anm. d zu Art. 338). E. v. 24. Juni 1889. RG. XXVI S. 214.

Der Besteller, welchem ein größeres Quantum gesendet wird, als er bestellt hat, ist berechtigt, die ganze Sendung zurückzuweisen, wenn die Ausscheidung des Bestellten umständlich und zeitraubend ist. E. v. 4. Okt. 1875. Entsch. XVIII S. 242. — Ebenso E. v. 9. Jan. 1889. RG. XXIII S. 126.

b) **Der den Kaufpreis einklagende Verkäufer muß die Vertragsmäßigkeit der Waare beweisen, wenn Vertragswidrigkeit rechtzeitig**

(Art. 347) gerügt ist. E. v. 29. April 1874. Entsch. XIV S. 213. Vgl. die letzte Anm. zu Art. 347

Beim Kauf einer individuell bestimmten Sache (Spezies-Kauf) hat der Käufer die Beweislast, wenn er behauptet, es sei ihm eine bestimmte Eigenschaft oder ein bestimmter Umfang der Sache zugesichert worden. E. v. 29. Mai 1876. Entsch. XX S. 352.

Die Beweislast geht durch einen Annahme-Verzug des Käufers nicht auf diesen über, es sei denn, daß der Käufer durch unberechtigtes Verhalten dem Verkäufer die Führung des ihm obliegenden Beweises unmöglich macht oder wesentlich erschwert. E. v. 11. Juni 1881. RG. II S. 29.

c) Ob der Käufer „sofort" empfangen hat, ist — wie das „ohne Verzug" im Art. 347 — nach vernünftiger Erwägung der konkreten Umstände und unter Berücksichtigung des ordnungsmäßigen Geschäftsganges zu bestimmen. E. v. 23. Mai 1874. Entsch. XIII S. 364.

d) Ist Abnahme nach Kündigung bedungen, so kann die einmal erfolgte Kündigung nicht widerrufen werden. E. v. 20. Sept. 1872. Entsch. VII S 145.

347. Ist die Waare von einem anderen Orte übersendet,[a] so hat der Käufer ohne Verzug nach der Ablieferung,[b] soweit dies nach dem ordnungsmäßigen Geschäftsgange thunlich ist,[c] die Waare[d] zu untersuchen,[e] und wenn sich dieselbe nicht als vertragsmäßig oder gesetzmäßig (Artikel 335.)[f] ergiebt, dem Verkäufer sofort[g] davon Anzeige[h] zu machen.

Versäumt er dies,[i] so gilt die Waare als genehmigt,[k] soweit es sich nicht um Mängel[l] handelt, welche bei der sofortigen Untersuchung nach ordnungsmäßigem Geschäftsgange nicht erkennbar waren.[m]

Ergeben sich später solche Mängel, so muß die Anzeige ohne Verzug nach der Entdeckung gemacht werden, widrigenfalls die Waare auch rücksichtlich dieser Mängel als genehmigt gilt.

Die vorstehende Bestimmung findet auch auf den Verkauf auf Besicht[n]) oder Probe oder nach Probe Anwendung, insoweit es sich um Mängel der übersendeten Waare handelt, welche bei ordnungsmäßigem Besicht oder ordnungsmäßiger Prüfung nicht erkennbar waren.[o])

a) Der Artikel 347 setzt voraus, daß die Waare von einem anderen Orte übersendet ist. Er bezieht sich nur auf Distanz- nicht auf Platzgeschäfte. Auf letztere findet er weder direkt noch analog Anwendung; dieselben unterliegen vielmehr dem Ortsgebrauche bezw. den Bestimmungen des allg. bürgerlichen Rechts. E. v. 2. März 1871. Entsch. II S. 82.

Daraus, daß Verkäufer und Käufer an demselben Orte wohnen oder daß Absendungs- und Erfüllungsort zusammenfallen, ist das Vorhandensein eines Platzgeschäftes nicht zu folgern. Entscheidend ist vielmehr lediglich, ob die Waare zur Erfüllungszeit sich bereits an dem Orte befindet, wo nach dem Vertragswillen die Abnahme Seitens des Käufers erfolgen soll, oder ob sie dorthin erst von einem anderen Orte übersandt werden muß. Im ersteren Falle liegt ein Platzgeschäft, im letzteren ein Distanzgeschäft vor. E. v. 16. April u. 8. Juni 1872, 25. Nov. 1872. Entsch. V S. 396, VI S. 237, XV S. 174.

Zum Vorhandensein eines Distanzgeschäfts ist noch erforderlich, daß die von auswärts kommende Waare an den Käufer übersandt wird, so daß sie derselbe nicht vom Verkäufer direkt, sondern vom Transportführer oder Spediteur in Empfang nimmt. Wenn der Verkäufer am Ablieferungsorte die von einem anderen Orte ankommende Waare in Empfang nimmt und dem Käufer zustellt, so liegt ein Platzgeschäft vor. E. v. 13. Juni 1874. Entsch. XIII S. 389.

Der Art. 357 bezieht sich nur auf den Fall, daß die Ablieferung in Abwesenheit des Verkäufers erfolgt; er findet also nicht Anwendung, wenn der Verkäufer die Waare von einem Orte selbst dem Käufer nach einem anderen Orte überbringt. E. v. 15. Nov. 1877. Entsch. XXIII S. 59.

Für das Vorhandensein eines Distanzgeschäfts sind die ursprünglichen Abreden der Vertragschließenden nicht maßgebend. War nach dem Kaufvertrage inter praesentes zu erfüllen, so braucht zwar der Verkäufer die spätere Weisung des Käufers, ihm die Waare zu übersenden, nicht zu befolgen; befolgt er sie aber, so kommt Art. 347 zur Anwendung. Soll nach dem ursprünglichen Vertrage der Verkäufer die Waare übersenden, so kann er sich der Regel nach nicht weigern, dem Wunsch des Käufers auf Uebergabe inter praesentes zu entsprechen, und entspricht er diesem Wunsche, so greift Art. 347 nicht Platz. E. v. Nov. 1882. RG. VI S. 60.

Für den Begriff Uebersendung ist es gleichgültig, ob der Verkäufer oder der Käufer die den Transport besorgende Person (Frachtführer, Spediteur) auswählt, ferner von wem und in wessen Namen der Vertrag mit der den Transport besorgenden Person abgeschlossen ist, auch ob der Transport durch die eigenen Leute des Käufers oder seinen Bevollmächtigten vorgenommen wird. Der Art. 347 HGB. ist jedoch nicht anwendbar, wenn die den Transport vornehmende oder besorgende Person im Auftrage des Käufers die Waare empfangen hat. Ob dies der Fall (die Empfangserklärung kann auch in der Uebernahme der Waare liegen), ist eine Thatfrage, für deren Beurtheilung der Umstand, daß der Käufer die betreffende Person ausgewählt hat, ferner, daß der Ablieferungsort im Voraus bestimmt ist, sehr bedeutsam werden kann. E. v. 2. Nov. 1881. RG. VI S. 61.

b) Die Anwendbarkeit des Art. 347 ist dadurch bedingt, daß die Waare dem Käufer abgeliefert ist. Ablieferung im Sinne des Artikels 347 ist derjenige Akt, durch welchen der Verkäufer den Käufer in die Lage setzt, über die Waare thatsächlich verfügen und deren Beschaffenheit prüfen zu können; sie ist nicht mit Tradition identisch und setzt nicht nothwendig eine An- und Abnahme Seitens des Käufers voraus. E. v. 7. Nov. 1871. Entsch. IV S. 391, u. v. 18. Juni 1872. Entsch. VI S. 4. Vgl. Anm. a zu Art. 343 u. E. v. 23. Mai 1874. Entsch XIII S. 365. — Ebenso das RG. (V S. 28. E. v. 11. Juli 1881), welches als wesentlich für die Ablieferung hinstellt, daß der Verkäufer sich der Waare entäußert, die Gewahrsam aufgiebt und der Käufer die thatsächliche Möglichkeit erlangt, durch streng einseitige Akte sich sofort die Gewahrsam der Waare zu verschaffen, dieselbe zu untersuchen und darüber thatsächlich zu verfügen.

Ein fehlgeschlagener Versuch der Ablieferung reicht nicht aus; lehnt also der Käufer die Uebernahme überhaupt ab, weist er die ihm thatsächlich angebotene Waare zurück, so macht er sich vielleicht für die Folgen des Annahme-Verzuges haftbar, der Art. 347 findet aber auf ihn keine Anwendung. E. v. 8. Okt. 1872 u. 17. Mai 1878. Entsch. VIII S. 234, XXIV S. 28. — Das RG. (V S. 32; E. v. 11. Juni 1881) nimmt dagegen an, daß zwar eine reale Traditions-Offerte nicht ausreicht, wenn der Verkäufer sich bei der Ablehnung beruhigt und nicht weiter zur Entäußerung der Gewahrsam vorschreitet, daß aber die Erklärung des Käufers, die Abnahme zu verweigern, für den Begriff der Ablieferung, als eines einseitigen Aktes des Verkäufers, unerheblich ist.

Der Zeitpunkt, wann der Käufer die abgelieferte Waare an sich genommen hat, ist für die ihm obliegende Untersuchungspflicht unerheblich. E. v. 17. Mai 1872. Entsch. VI S. 166.

Daß die Ablieferung erfolgt ist, muß der Verkäufer beweisen. E. v. 11. Juni 1881. RG. V S. 30.

c) Die Vorschrift ist nicht dahin zu verstehen, daß der Käufer durchaus bei erster Gelegenheit reklamiren müsse, sondern dahin, daß er keine Zeit verstreichen lassen dürfe, welche bei ordnungsmäßigem Geschäftsgange als unmotivirter Verzug, als willkürliches Hinhalten des Verkäufers erscheinen würde. — Der Begriff des ordnungsmäßigen Geschäftsganges ist zwar im Allgemeinen nach objektiven Regeln, nicht nach der hergebrachten Geschäftsübung des Käufers allein zu beurtheilen. Dies schließt jedoch eine Berücksichtigung der konkreten Umstände des einzelnen Falles nicht aus. — Eine genau bestimmte Frist, in welcher die Reklamation erfolgen muß, läßt sich hiernach nicht angeben. E v. 21. März, 25. April, 8. Juni und 15. Juni 1871. Stg. I S. 370, II S. 137, III S. 98, 109; Entsch. II S. 234, 380, III S. 47.

In die Augen fallende Mängel muß der Käufer sofort nach der Ablieferung anzeigen. E. v. 21. Febr. 1871. Stg. I S. 329.

Eine von dem Verkäufer nach dem Vertragsschlusse einseitig (z. B. in der Faktura) vorgeschriebene Reklamationsfrist bindet den Käufer nicht. E. v. 1. Nov. 1870. Entsch. I S. 88.

d) Ausfallmuster (Stückproben). Häufig werden schon vor der Ablieferung der Waare dem Käufer Ausfallmuster (Stückproben) übersendet, um dem Käufer Kenntniß von dem Ausfall der Waare, welche der Verkäufer zu liefern gedenkt, und Gelegenheit zur Prüfung derselben zu gewähren. Wird eine in diesem Sinne gegebene Ausfallprobe unbeanstandet entgegengenommen, so gilt die Waare als genehmigt hinsichtlich derjenigen Mängel, welche sich bei ordnungsmäßiger Untersuchung der Probe hätten herausstellen müssen. E. v. 16. März 1889. Jurist. Wochenschr. Jahrg. 1889 S. 173 Nr. 21, vgl. E. v. 20. Sept. 1872 (Entsch. Bd. 7 S. 257).

e) Die Untersuchung muß sich auch auf die etwa zur Prüfung der Waare erforderliche Bearbeitung erstrecken (E. v. 20. Sept. 1871. Entsch. III S. 247) und ist rechtzeitig, wenn diese Bearbeitung alsbald erfolgt. E. v. 18. Okt. 1872. Entsch. VII S. 318. — Läßt sich also z. B. die Güte von Mehl nur durch Verbacken erkennen, so ist die Backprobe in einer dem Art. 347 entsprechenden Zeit vorzunehmen. E. v. 7. Dez. 1872 und 22. Okt. 1874. Entsch. VIII S. 175, XIV S. 265. — Die Untersuchung durch Bearbeitung darf nicht weiter reichen, als zur Feststellung der Mängel erforderlich ist. Sie muß also unterbleiben, wenn die Waare schon ohnedies als vertragswidrig erkannt ist. E. v. 13. März 1875. Entsch. XVI S. 321.

Der Käufer darf sich nicht auf die Untersuchung einzelner Colli beschränken, es sei denn, daß nach der Art der Verfertigung oder Gewinnung der Waare oder aus sonstigen Umständen zu entnehmen ist, daß alle einzelnen Theile derselben von gleicher Beschaffenheit seien, bezw. daß eine Verschiedenheit sich nur auf ein Verschulden des Verkäufers zurückführen lassen würde. E. v. 8. Nov. 1872. Entsch. VII S. 427.

In der Regel muß die Waare an dem Ablieferungsorte untersucht werden. Der Ablieferungsort braucht mit dem gesetzlichen oder vertragsmäßigen Erfüllungsorte nicht zusammen zu fallen; es ist darunter derjenige Ort zu verstehen, an welchem abgeliefert werden sollte und thatsächlich abgeliefert worden ist (E. v. 24. Sept. 1873. Entsch. XI S. 41). Weiterversendung ohne Untersuchung gilt der Regel nach als Genehmigung. E. v. 1. Juni 1871. Entsch. II S. 336.

Soll nach dem Willen der Parteien die Waare am Ablieferungsorte nur Behufs Weiterversendung an den davon verschiedenen Geschäftssitz des Käufers abgeliefert werden, so ist anzunehmen, daß erst am Orte des Geschäftssitzes die Untersuchung zu erfolgen hat. Es gilt dies besonders dann, wenn ein am Orte des Geschäftssitzes vorzunehmendes Arbitrageverfahren vereinbart ist. E. v. 30. Sept. 1875. Entsch. XVIII S. 205.

Es kann auch sonst der ordnungsmäßige Geschäftsgang oder der erkennbare Wille der Betheiligten den Käufer berechtigen, die Untersuchung an einem anderen Orte als dem Ablieferungsorte vorzunehmen oder durch einen Dritten bewirken zu lassen. So z. B. wenn am Ablieferungsorte die Mittel zu der chemischen oder durch Bearbeitung zu bewerkstelligenden Untersuchung fehlen oder wenn die Waare in der Originalverpackung weiter veräußert werden soll. E. v. 7 Nov. 1871. Entsch. III S. 393. Auch bei Verkaufsgeschäften über Waaren, welche an einem inländischen Hafenplatze zu liefern, aber für überseeische Plätze bestimmt sind, geht die Absicht der Parteien nicht selten dahin, daß die Untersuchung der Waare erst an dem eigentlichen Bestimmungsorte erfolgen solle. Ob dies im einzelnen Falle anzunehmen ist, ist Thatfrage. Immer aber ist der Verkäufer nur dafür verantwortlich, daß die Waare an dem Erfüllungsorte in gehöriger Beschaffenheit ankomme. E. v. 2. Sept. 1871. Entsch. III S. 81. Vgl. E. v. 25. April 1871. Entsch. II S. 234.

Der Umstand allein, daß der Verkäufer um die Absicht des Käufers, die Waare weiter zu versenden, wußte, genügt nicht, um den Käufer von der Verpflichtung, die Waare am Ablieferungsorte zu untersuchen, zu entbinden. E. v. 7. Nov. 1871 u. 30. Nov. 1878. Entsch. III S. 393, XXIV S. 259.

Eine Genehmigung der Waare ist noch nicht anzunehmen, wenn der Käufer die Waare weiter verkauft und die Untersuchung seinem Käufer überlassen hat, vorausgesetzt, daß dadurch weder an dem Orte noch an der Zeit der vorzunehmenden Untersuchung eine Aenderung herbeigeführt wurde. E. v. 8. März 1872. Entsch. V S. 250.

Weiterversendung der Waare nach der rechtzeitigen Mängelanzeige hat den Verlust des Ablehnungsrechts nicht zur Folge, wenn nicht etwa daraus die Absicht, die Waare zu genehmigen, hervorgeht, oder Unthunlichkeit der Rückgewähr bewirkt wird. E. v. 9. Nov. 1875. Entsch. XIX S. 105.

Nimmt der Käufer an einer beanstandeten Waare erhebliche Veränderungen vor (ohne daß diese zur Untersuchung erforderlich waren), so muß er die Waare behalten und bezahlen. E. v. 13. Juni 1873. Entsch. X S. 273. Vgl. jedoch Anm. o.

Hat der Verkäufer die Zusicherung ertheilt, daß die Waare zu einem bestimmten Zwecke tauglich sei, so ist der Käufer der Nothwendigkeit enthoben, die ihm sonst obliegende Prüfung hinsichtlich der gewährleisteten Eigenschaften anzustellen. E. v. 6. Dez. 1872. Entsch. VIII S. 244.

f) Auch die nicht gesetzmäßige Beschaffenheit der Waare muß also in der durch Artikel 347 vorgeschriebenen Weise gerügt werden. Ist dies unterblieben, so kann Käufer nicht verlangen, daß der Verkäufer beweist, Handelsgut mittlerer Art und Güte (Artikel 335) geliefert zu haben. E. v. 19. Juni 1872. Entsch. VI S. 328.

g) Die Untersuchung und Anzeige darf auch vor der Ablieferung geschehen. E. v. 5. Sept. und 16. Nov. 1874. Entsch. XIV S. 157 und XV S. 270.

Aus der Thatsache allein, daß die verkaufte Waare in der Originalverpackung weiterverkauft zu werden pflegt, folgt noch nicht, daß die Parteien stillschweigend übereingekommen seien, daß die Mängelanzeige nicht alsbald nach der Ablieferung der Waare an den Käufer, sondern erst dann zu erfolgen brauche, wenn dem Käufer von seinem Käufer eine Mängelanzeige zugegangen sein werde. — Ist im einzelnen Falle eine solche Uebereinkunft als geschlossen anzunehmen, so ist sie doch nur dahin zu verstehen, daß der zweite Käufer die Anzeige in ordnungsmäßiger Frist zu erstatten und der erste Käufer seinem Verkäufer für Einhaltung dieser Frist einzustehen habe, so daß also eine ihm verspätet zugegangene Mängelanzeige auch die eigene darauf gebaute Anzeige als verspätet erscheinen läßt. E. v. 24. April 1875. Entsch. XVII S. 217.

h) Die Anzeige braucht zwar keine in das Detail genau eingehende, andere, als die speziell gerügten Mängel ausschießende zu sein; sie muß jedoch den Verkäufer darüber ausreichend ins Klare setzen, aus welchem Grunde der Käufer die Waare beanstandet. E. v. 11. März 1872. Entsch. V S. 261. — Eine allgemeine Erklärung der Unzufriedenheit mit der Sendung genügt nicht. E. v. 10. Juni 1873 u. 5. Sept. 1874. Entsch. X S. 269, XIV S. 156. — Die Anzeige hat sich nicht darauf zu beschränken, die Waare sei nicht vertragsmäßig oder nicht gesetzmäßig, sondern muß die vorhandenen Abweichungen von der vertragsmäßigen oder gesetzmäßigen Beschaffenheit wenigstens im Allgemeinen ergeben. Rücksichtlich solcher Mängel, welche nicht unter die Anzeige fallen, gilt die Waare als genehmigt. E. v. 10. Sept. 1874. Entsch. XIV S. 66. — Eine Mängelanzeige ganz bestimmten Inhalts genügt nicht, um die spätere Rüge von Mängeln ganz anderer Art, die auf einem ganz anderen Gebiete liegen, zu sichern. E. v. 14. Okt. 1886. RG. XVIII S. 55.

Beim Kauf nach Probe ist die Anzeige, die Waare falle nicht nach Probe aus, unter Umständen für hinreichend zu erachten, ohne daß es einer speziellen Bezeichnung bedarf, worin die Probewidrigkeit bestehe. Es gilt dies besonders dann, wenn ein Arbitrage-Verfahren vereinbart ist. E. v. 30. Sept. 1875. Entsch. XVIII S. 204.

Sind verschiedene Käufe durch eine Kollektivsendung effektuirt worden, so muß die Anzeige erkennbar machen, bei welchem Kauf die Waare beanstandet wird. E. v. 10. Juni 1873. Entsch. X S. 269

Bei theilweiser Mangelhaftigkeit von nach Gewicht gekauften Waaren ist es nicht erforderlich, daß die Mängelanzeige das Gewicht der fehlerhaften Stücke enthalte. E. v. 22. Mai 1876. Entsch. XX S. 351.

Ein Mangel, den der Verkäufer selbst in der Faktura anführt, braucht von dem die Abnahme ablehnenden Käufer nicht speziell gerügt zu werden. E. v. 17. Sept. 1872. Entsch. VII S. 112.

Ob die Anzeige direkt oder durch eine Mittelsperson gemacht wird, ist gleichgültig. E. v. 5. Sept. 1874. Entsch. XIV S. 156.

Liegt Grund zu der Annahme vor, daß der bei der Ablieferung vorhandene Mangel nur durch den Transport verursacht und vorübergehend ist, so kann der Empfänger mit der Anzeige warten, bis erkennbar wird, daß der Fehler ein dauernder ist, ohne daß aus dem Unterlassen einer Anzeige über den vorläufigen Befund eine Genehmigung der Waare gefolgert werden kann. E. v. 9. Dez. 1874. Entsch. XV S. 214.

Nur die Anzeige ist wesentlich; eine Rechtspflicht zur Untersuchung besteht nicht. Stellt sich die Anzeige als wahr heraus, so ist es unerheblich, in welcher Weise der Käufer von den Mängeln Kenntniß erhalten hat; es ist nicht einmal erforderlich, daß er vom Vorhandensein der gerügten Mängel überzeugt war. Eine vor Ablauf der Untersuchungsfrist gemachte Anzeige ist daher rechtzeitig, mag selbst der Käufer bereits mehrere Tage zuvor den Mangel gekannt haben. E. v. 22. Dez. 1873, 28. Febr. u. 22 Okt. 1874. Entsch. XII S. 92, XIII S. 9 u. XIV S. 265.

Eine Mittheilung darüber, welche Ansprüche Käufer aus der Fehlerhaftigkeit erheben wolle, oder eine definitive Zurdispositionsstellung braucht mit der Anzeige nicht verbunden zu sein. E. v. 8. März 1872. Entsch. V S. 252 u. E. v. 2. März 1880. RG. I S. 246. — Eine Zurdispositionsstellung der Waare ohne Angabe des Grundes oder wegen Preisdifferenzen ersetzt die im Art. 347 vorgeschriebene Anzeige nicht und hat auf die Frist zur Untersuchung der Waare und Rüge etwaiger Mängel keinen Einfluß. E. v. 13. Juni 1871. Entsch. II S. 380. E. v. 17. Mai 1872. Entsch. XI S. 165. Vgl. E. v. 19. Juni 1872. Entsch. VI S. 210. E. v. 10. März 1873. Entsch. IX S. 206.

Die Zurdispositionsstellung wegen nicht vertragsmäßiger Qualität berechtigt den Käufer nicht, später noch den Mangel gesetzmäßiger Beschaffenheit geltend zu machen. E. v. 19. Juni 1872. Entsch. VI S. 228.

Die Zurdispositionsstellung einer Waare ist nicht Erklärung des Rücktritts vom Vertrage, sondern nur die Erklärung, die Waare sei nicht empfangbar. — Die Erklärung des Verkäufers, daß er die Zurdispositionsstellung annehme, ist daher als Anerkennung der nicht gehörigen Erfüllung und als Versprechen, nunmehr eine gesetz- oder vertragsmäßige Waare zu liefern, aufzufassen. E v. 27. Okt. 1874. Entsch. XV S. 46.

Es genügt ordnungsmäßige Absendung der Anzeige Die Gefahr der Ankunft hat der Käufer nicht zu tragen. Absendung der Anzeige durch die Reichspost gilt als ordnungsmäßig, auch wenn sie nicht eingeschrieben erfolgt. E. v. 11. Jan. 1876. Entsch. XIX S. 153.

i) Es ist Sache des beanstandenden Käufers, sich im Prozesse darüber auszuweisen, daß er die Vorschriften des Art. 347 (unverzügliche Untersuchung und sofortige Anzeige) erfüllt habe. Er muß den Zeitpunkt der Ablieferung (über die Beweislast bezüglich der Ablieferung vgl. Anm. b am Schluß), der Untersuchung und der Anzeige so genau und substantiirt darlegen, daß dem Gegner eine genügende Einlassung möglich ist und der Richter in den Stand gesetzt wird, sich ein richtiges Bild darüber zu machen, ob den Vorschriften des Art. 347 genügt ist. Dieser Grundsatz gilt auch für nicht sofort erkennbare und erst später entdeckte Mängel, in welchem Falle der Zeitpunkt und die näheren Umstände der Entdeckung anzugeben sind. Die Benennung des Datums der Entdeckung ist dagegen nicht absolutes Erforderniß. E. v. 1., 8., 15 Juni, 18. Nov. 1871, 10. Febr. 1872 u. 3. Jan. 1874. Entsch. II S. 337, 379, III S. 46; IV S. 42, VII S. 308, XII S. 178.

Die Behauptung, daß dem Art. 347 genügt sei, gehört zur Substantiirung der Einrede der mangelhaften Qualität der Waare. Der Richter hat also von Amts wegen zu prüfen, ob die Vorschriften des Art. 347 erfüllt sind, auch wenn sich der Verkäufer darauf nicht beruft. E. v. 16. Jan. 1878 u. 11. Juni 1881. Entsch. XXIII S. 171. RG. V S. 30.

Bei mehreren auf einander folgenden Sendungen ist in Bezug auf jede einzelne Sendung eine Mängelanzeige erforderlich, widrigenfalls die Sendung, bei der die Anzeige unterblieben ist, für genehmigt gilt. E. v. 11. Dez. 1880. Entsch. III S. 101.

k) Diese Genehmigung beseitigt, wie eine ausdrücklich erklärte, jeden aus der Mangelhaftigkeit der Waare herzuleitenden Anspruch, also auch den auf Schadensersatz. E. v. 18. Dez. 1889. RG. XX S. 27.

Ist die Untersuchung und Anzeige nicht rechtzeitig erfolgt, so findet das Präjudiz der Genehmigung Anwendung, selbst wenn hinterher im Prozesse formell festgestellt wird, daß die Waare vertragswidrig war. E. v. 9. Mai 1871. Entsch. I S. 99 ff.

Die schlechte Beschaffenheit der für genehmigt zu erachtenden Theillieferungen kann auch nicht geltend gemacht werden, um spätere Lieferungen ohne Prüfung zurückzuweisen. E. v. 16. März 1880. RG. I S. 63.

Wenn die Mängelanzeige des Käufers verspätet erfolgt ist, der Käufer aber trotzdem verspricht, den Mängeln abhelfen zu wollen, so ist dies im Zweifel als ein Verzicht auf die Rechte des Verkäufers aus der Unterlassung rechtzeitiger Mängelanzeige, als eine Wiederherstellung des früheren Rechtszustandes aufzufassen. E. v. 23. März 1876. Entsch. XIX S. 333.

Der Verbrauch eines Theils der Waare zum Zwecke der Prüfung derselben ist nicht als Billigung der Waare aufzufassen. E. v. 30. April 1877. Entsch. XXII S. 151.

Vgl. Anm. o.

Bei Platzgeschäften ist ein allgemein geltender Rechtssatz, daß der Käufer durch Abnahme, Bezahlung oder jedenfalls durch Verbrauch der Waare dieselbe genehmige, nicht anzuerkennen. E. v. 16. Mai 1874. Entsch. XIII S. 264.

l) Der Art. 347 findet nur wegen Qualitätsmängel, nicht bei Beanstandung der Quantität Anwendung. E. v. 5. Dez. 1874. Entsch. XV S. 304.

Das ROHG. hat aber unter analoger Ausdehnung des Art. 347 (dessen ratio darin gefunden wurde, daß der Verkäufer nicht in Ungewißheit gelassen werden dürfe, wenn der Käufer wegen Beanstandung der Vertragserfüllung die vom Verkäufer beanspruchte Gegenleistung ganz oder theilweise zurückzuhalten beabsichtigt) in einem Falle, wo eine vertragsmäßig auf „etwa 130 Ctr." veranschlagte Maschine sich nach der vorbehaltlos acceptirten Ausführung auf 186 Ctr. herausstellte, den Besteller zur Bezahlung des Preises nach letzterem Gewicht verurtheilt. E. v. 16. Dez. 1870. Stg. I S. 329 Anm. Vgl. E. v. 20. Dez. 1870. Stg. II S. 21. Entsch. I S. 164. — Vgl. Anm. zu Art. 338.

Quantitätsmängel können sich unter Umständen auch als Qualitätsmängel darstellen. E. v. 5. Dez. 1874. Entsch. XV S. 303.

m) Mängel, die nur mittelst genauerer Untersuchung festzustellen sind, können deswegen noch nicht als heimliche Mängel gelten. E. v. 23. Sept. 1874. Entsch. XIV S. 288.

Die Abs. 1 und 2 des Art. 347 finden auch auf den Kauf nach Probe Anwendung. E. v. 22. Sept. 1874. Entsch. XIV S. 287.

n) Beim Kaufe nach Besicht können offenkundige Fehler nicht gerügt werden; sie gelten als durch den Besicht genehmigt. E. v. 17. Nov. 1871. Entsch. IV S. 36.

o) Ueber die Rechte des Käufers, welcher die Vorschriften des Art. 347 erfüllt hat, enthält das HGB. keine Bestimmungen; es entscheidet daher Handelsgebrauch event. das bürgerliche Recht. Nach preuß. wie nach gemeinem Recht hat der Käufer sowohl beim Spezies- als beim Genuskaufe die Wahl zwischen der redhibitoria (Aufhebung des Kaufes unter Rückgabe der Waare) und der quanti minoris (Behalten der Waare unter Beanspruchung des Minderwerthes). E. v. 8. März und 16. April 1872. Entsch. V S. 252, 398. E. v. 19. Dez. 1884. RG. XII S. 84. — Beim Genuskaufe kann der Käufer auch auf Erfüllung, d. h. auf die Lieferung einer vertragsmäßigen Waare an Stelle der wegen mangelhafter Beschaffenheit zurückgewiesenen, bestehen und mit diesem Anspruche die Klage auf Rückzahlung des in Erwartung vertragsmäßiger Lieferung gezahlten Kaufpreises nebst Zinsen kumuliren. E. v. 15. Mai 1872. Entsch. VI S. 267. Das RG. nimmt an, daß der Käufer, welcher die Waare beanstandet, den gezahlten Kaufpreis nur zurückverlangen kann, wenn die Zahlung erfolgt ist, nicht um den Vertrag definitiv zu erfüllen, sondern nur provisorisch, um den Verkäufer, bevor er die Waaren aus Händen giebt, zu sichern. Letzteres sei bei Vorausbezahlung des Kaufpreises anzunehmen, wenn nicht ausdrückliche oder stillschweigende Vereinbarungen anderer Art vorliegen. E. v. 11. Febr. 1880. RG. III S. 89.

Verkauft oder verbraucht der Käufer die zur Verfügung gestellte Waare, so kann er (nach gemeinem Recht) mangelnde Qualität nicht mehr rügen (E. v. 22. Okt. 1875, Entsch. XVIII S. 330) und ist die beanstandete Waare als ein einheitliches Ganze zu betrachten, so ist schon die Verfügung des Käufers über einen Theil derselben als eine gänzliche Zurücknahme der Zurdispositionsstellung aufzufassen. E. v. 19. Juni 1872. Entsch. VI S. 328.

Der Verkäufer geht der redhibitoria verlustig, wenn er mit der Waare eine Veränderung vornimmt, welche sich durch die ihm zustehende Untersuchungsbefugniß nicht rechtfertigen läßt. E. v. 13. März 1875. Entsch. XVI S. 321.

Nach dem Pr. ALR. geht der Käufer durch die Erklärung, Redhibition zu verlangen, noch nicht des Rechts auf die Minderungsklage, wohl aber durch die Erklärung, die Sache nicht zurückgeben zu wollen, des Rechts auf Redhibition verlustig. E. v. 12. Sept. 1878. Entsch. XXIV S. 76.

Weder nach Handelsrecht noch nach gemeinem Recht geht der Käufer durch Weiterveräußerung der beanstandeten (und nicht zur Verfügung gestellten) Waare des Anspruchs auf Preisminderung oder Schadensersatz verlustig. E. v. 3. Nov. 1886. RG. XVII S. 66 ff.

Die redhibitoria ist nicht davon abhängig, daß die fehlenden vorbedungenen Eigenschaften wesentliche sind. Dem Käufer kann nicht ohne Weiteres zugemuthet werden, daß er die Mängel (wenn auch auf Kosten des Verkäufers) beseitige. E. v. 18. Dez. 1876. Entsch. XXI S. 313.

Im Falle der redhibitoria muß die Zurücknahme der Waare an demjenigen Orte erfolgen, nach welchem sie zum Zweck der Untersuchung oder Abnahme vertragsmäßig übersandt werden sollte und übersandt worden ist. E. v. 30. Sept. 1875. Entsch. XVIII S. 206, E. v. 5. Okt. 1887. RG. XX S. 360 (wegen der Zuständigkeit vgl. Anm. d zu Art. 325).

Der Verkäufer ist, nachdem er die Zurücknahme der dem Käufer übersandten und von diesem zur Verfügung gestellten Waare verweigert und auf Zahlung des Kaufpreises geklagt hat, immer noch befugt, die Dispositionsstellung anzunehmen, also die Klage auf Zahlung des Kaufpreises zurückzunehmen und Herausgabe der Waare zu verlangen, so lange der Käufer nicht seinerseits die Zurdispositionsstellung zurückgezogen hat. Hieran wird durch die Eröffnung des Konkurses über das Vermögen des Käufers nichts geändert. E. v. 19. Juni 1886. RG. XVIII S. 161. (Die Entscheidung bezieht sich auf gemeines Recht; sie würde im Gebiete des Preuß. Landrechts anders ausgefallen sein, da mit der Ausantwortung der verkauften Waare an den Transportführer das Eigenthum auf den Käufer übergeht. §. 128 Th. I Tit. 11 ALR.).

Ueber die Berechnung des Minderwerthes bei der quanti minoris vgl. E. v. 4. Jan. 1875, Entsch. XV S. 327. Nach preuß. und gemeinem Recht ist der Kaufpreis nach Verhältniß des Werths der fehlerfreien Sache zu dem Werthe der fehlerhaften zu mindern.

Bezüglich der Beweislast nimmt das ROHG. in vielen Entscheidungen an, daß, wenn der Käufer den Vorschriften des Art. 347 genügt hat, der Verkäufer den Nachweis gehöriger Erfüllung führen muß, selbst wenn er nicht selbst klagt, sondern auf Rückzahlung des von dem Käufer im Voraus bezahlten Kaufgeldes und der auf die Waare verwendeten Kosten belangt wird (z. B. E. v. 18. Okt. 1872 und 9. Dez. 1874. Entsch. VII S. 236, XV S. 217).

Dasselbe gilt, wenn der Käufer wegen unvollständiger Lieferung einen Theil des Kaufgeldes zurückverlangt. E. v. 14. Okt. 1873. Entsch. XI S. 185.

Beim Kauf nach Probe hat der Verkäufer die Probemäßigkeit der gelieferten Waare zu beweisen, mag er auf Zahlung des Kaufpreises klagen oder vom Käufer, welcher die Waare als probewidrig abgelehnt hat, auf Schadensersatz wegen Nichterfüllung in Anspruch genommen werden. E. v. 1. Sept. und 19. Nov. 1873. Entsch. XI S. 21 und 367.

Durch die vorbehalt- und widerspruchslose Empfangnahme der Waare Seitens des Käufers kehrt sich die Beweislast um, so daß nunmehr dem Käufer, wenn er behauptet, daß der Waare bedungene oder gesetzliche Eigenschaften bei der Empfangnahme gefehlt haben, der Beweis dieser Behauptung obliegt. Für Platzgeschäfte angenommen im E. v. 16. Mai 1874. Entsch. XIII S. 264.

Dagegen ist die Fehlerhaftigkeit vom Käufer zu beweisen, wenn er auf dieselbe einen Schadensanspruch (E. v. 9. Jan. und 7. Mai 1872. Entsch. IV S. 405 und VI S. 404) oder Anspruch auf Preisminderung stützt. E. v. 19. Nov. 1887. RG. XX S. 5.

Der Art. 347 greift auch Platz, wenn anstatt der ursprünglich gelieferten, als mangelhaft beanstandeten Waare Behufs Erfüllung der dem Verkäufer obliegenden Verbindlichkeit andere Waare der gekauften Art geliefert wird. E. v. 2. Okt. 1875. Entsch. XVIII S. 239.

Der Art. 347 findet bei vollständiger Werthlosigkeit der gelieferten Waare (amortisirte Werthpapiere) keine Anwendung. E. v. 4. Okt. 1873. Entsch. XI S. 45, auch nicht wenn ein anderer Gegenstand als der gekaufte geliefert wird, E. v. 30. Juni 1874. Entsch. XIV S. 367, z. B. ausgeloofte Werthpapiere statt nicht ausgeloofter (E. v. 10. April 1880. RG. I S. 292), unechte Waare statt der gekauften echten (nachgemachte Laferme-Cigaretten statt der bestellten echten, E. v. 23. März 1876. Entsch. XIX S. 402), oder Sommererbsen statt der zur Saat gekauften Wintererbsen, E. v. 17. Febr. 1879. Entsch. XXIV S. 404. (In dem E. v. 26. Febr. 1877, Entsch. XXII S. 85, nimmt dagegen das ROHG. an, daß der Käufer, welcher geltend macht, es sei über Waaren anderer Art oder anderer Qualität kontrahirt, als die Klage behauptet, doch die ordnungsmäßige Mängelanzeige zu behaupten und zu beweisen hat.)

Der Art. 347 setzt fest abgeschlossene Verträge voraus; er findet beim Kauf auf Besicht oder auf Probe nicht Anwendung. E. v. 26. Mai 1873. Entsch. X S. 142. Er bezieht sich auch nur auf wirkliche Kaufverträge und die denselben nach Art. 388 gleichstehenden Lieferungsgeschäfte. Er findet keine Anwendung, auch nicht analoge, wenn bei einer Vereinigung zu Handelsgeschäften der eine Sozius dem andern die für gemeinschaftliche Rechnung gekaufte Waare übersendet hat. E. v. 22. Dez. 1871. Entsch. IV S. 336.

Vgl. Anm. zu Art. 370.

Der Art. 347 findet auch auf solche landesrechtlich (gem. R.) als Käufe geltende Verträge Anwendung, welche die Lieferung erst anzufertigender Sachen zum Gegenstand haben. E. v. 13. Febr. 1880. RG. I S. 58.

Auf Werkverdingungsverträge kann das dem Art. 347 zu Grunde liegende Prinzip analog angewendet werden. E. v. 29. Juni 1874. Entsch. XIV S. 43. — Das RG. nimmt in dem E. v. 24. März 1890 (RG. XXV S. 89) an, daß eine analoge Ausdehnung des Art. 347 auf Werkverdingsverträge nicht zulässig ist (pr. R.). Für gewisse Fälle der Werkverdingung könne jedoch ein Handelsgebrauch bestehen, wonach der Besteller, wenn ihm das Werk von einem anderen Ort übersendet wird, zur sofortigen Untersuchung und Anzeige der Mängel verpflichtet ist. Auch könne darin, daß der Empfänger die sofortige Untersuchung des Werks und die Anzeige der vorgefundenen Mängel unterläßt und in dem sonstigen Verhalten desselben, besonders in dem Gebrauch des Werkes nach den im Handelsverkehr geltenden Grundsätzen von Treu und Glauben eine stillschweigende Genehmigung liegen.

Der Art. 347 HGB. findet auch auf den Viehhandel Anwendung. E. v. 26. Juni 1879. Entsch. XXV S. 232.

348. Wenn der Käufer die von einem anderen Orte übersendete[a] Waare beanstandet, so ist er verpflichtet, für die einstweilige Aufbewahrung derselben zu sorgen.[b]

Er kann,[c] wenn sich bei der Ablieferung oder später Mängel ergeben, den Zustand der Waare durch Sachverständige feststellen lassen. Der Verkäufer ist in gleicher Weise berechtigt, diese Feststellungen zu verlangen, wenn ihm der Käufer die Anzeige gemacht hat, daß er die Waare wegen Mängel beanstande.

Die Sachverständigen ernennt auf Antrag des Betheiligten das Handelsgericht oder in dessen Ermangelung der Richter des Orts.d)

Die Sachverständigen haben das Gutachten schriftlich oder zu Protokoll zu erstatten.

Ist die Waare dem Verderben ausgesetzt und Gefahr im Verzuge, so kann der Käufer die Waare unter Beobachtung der Bestimmungen des Artikels 343. verkaufen lassen.e)

a) Vgl. Anm. a zu Art. 347.

b) Die Vorschrift ist im Interesse des Verkäufers erlassen. Dieser hat daher auch — wenn die Beanstandung eine begründete war — die Kosten der vorläufigen Aufbewahrung zu tragen. E. v. 4. April 1871. Stg. II S. 94.

Aus der Verletzung dieser Vorschrift erwirbt der Verkäufer einen Anspruch auf Schadensersatz; für die auf Erfüllung des Kaufes gerichtete Klage hat dieselbe keine Bedeutung. E. v. 20. Juni 1874. Entsch. XIII S. 438.

Die Abweichung des Art. 348 Abs. 1 von dem Falle des Art. 323 Abs. 2 ist eine gewollte. Es ist also gleichgültig, ob der beanstandende Käufer für die Kosten der Aufbewahrung gedeckt ist. E. v. 11. Jan. 1876. Entsch. XX S. 206.

Der Art. 348 Abs. 1 hat zur stillschweigenden Voraussetzung daß der Verkäufer thatsächlich auf die vom Käufer zu leistende Fürsorge angewiesen ist. Die Anwesenheit eines Agenten des Absenders am Bestimmungsorte genügt nicht ohne Weiteres, um den Käufer von der ihm nach Art. 348 obliegenden Verpflichtung zu befreien; vielmehr hängt das Bestehen der Verpflichtung von der Lage des einzelnen Falles ab. E. v. 6. April 1875. Entsch. XVII S. 171.

Der Käufer erfüllt seine Pflicht, wenn er die Waare mit der erforderlichen Sorgfalt in Aufbewahrung giebt und den Verkäufer zur Verfolgung seiner Rechte gegen den dritten Aufbewahrer in die

Lage setzt. Er ist dann seiner Rückgewährpflicht ledig und kann den Verkäufer an den dritten Aufbewahrer verweisen. Aus Verfügungen, die der Käufer im eigenen Interesse über die angekommene Waare getroffen hat, kann aber eine persönliche Redhibitionspflicht folgen. E. v. 11. Jan. 1876. Entsch. XX S. 203.

Ueber die Frage, inwieweit der die Waare beanstandende Käufer verpflichtet ist, die zur Wahrung etwaiger Ansprüche des Absenders an den Ueberbringer der Waare erforderlichen Schritte zu thun, vgl. das Erk. v. 20. Mai 1871. Entsch. II S. 328. — Bei äußerlich erkennbaren Mängeln darf der Käufer jedenfalls nicht das Gut annehmen und die Fracht bezahlen, weil dadurch nach Art. 408 der Regreß an den Frachtführer verloren geht. E. v. 7. Mai 1872. Entsch. VI S. 107.

Versäumt der Verkäufer, nachdem er von der Sachlage unterrichtet ist, die nöthigen Schritte zu thun, so ist der Käufer von der ihm durch Art. 348 auferlegten Verpflichtung entbunden. E. v. 15. Dez. 1870. Entsch. I S. 204.

c) Eine Verpflichtung, den Zustand der Waare feststellen zu lassen, liegt dem beanstandenden Käufer nicht ob. E. v. 8. Febr. 1872. Ensch. V S. 252.

Das Recht hierzu hat der Käufer auch dann, wenn schon vorher auf Antrag des Verkäufers eine solche Feststellung stattgefunden hat, mindestens dann, wenn er darthut, daß er an einer nochmaligen Feststellung ein berechtigtes Interesse habe. E. v. 28. April 1875. Entsch. XVI S. 385.

d) Vgl. §. 13 letzt. Abs. des Einf.Ges. z. CPO. u. §. 448 CPO.*)

---

*) §. 13 letzt. Abs. des Einf.Ges. z. CPO. lautet:

„In den Fällen der Artikel 348, 365, 407 des Handelsgesetzbuchs ist das im §. 448 der Civilprozeßordnung bezeichnete Amtsgericht zuständig; auf die Ernennung, Beeidigung und Vernehmung der Sachverständigen finden die Vorschriften der Civilprozeßordnung in dem achten Titel des ersten Abschnitts des zweiten Buchs entsprechende Anwendung".

Im demnächstigen Prozesse kann der nicht zugezogene Theil die nochmalige Vernehmung der Sachverständigen beantragen (E. v. 16. Dez. 1872. Entsch. VIII S. 250), und selbst derjenige, der die Feststellung veranlaßt hat, kann das Gutachten anfechten und widerlegen (E. v. 22. April 1874. Entsch. XIII S. 359).

In einem Falle, wo beide Theile bei dem späteren Prozeßgericht den Antrag auf Besichtigung gestellt und sich über die zuzuziehenden Sachverständigen geeinigt hatten, nahm das ROHG. an, daß die Parteien beabsichtigt hätten, die Beschaffenheit der Waare definitiv festzustellen, und daß deshalb mit Recht von einer nochmaligen Beweisaufnahme über die Beschaffenheit Abstand genommen sei. E. v. 4. März 1878. Entsch. XXIII S. 313.

e) Dieser Verkauf geschieht im Interesse des Verkäufers, darf also nicht gegen seinen Widerspruch erfolgen. E. v. 22. Sept. 1875. Entsch. XVIII S. 230.

Liegen die Voraussetzungen des Art. 348 Abs. 5 nicht vor, so ist der Käufer zum Verkaufe nicht berechtigt. Verkauft er trotzdem, so geht er dadurch des Rechts zu redhibiren verlustig. E. v. 4. Okt. 1873. Entsch. XI S. 201. Dies gilt auch dann, wenn der von der Beanstandung in Kenntniß gesetzte Verkäufer es unterläßt, für die weitere Aufbewahrung der Waare Sorge zu tragen. Eine dem Käufer die Verkaufsbefugniß einräumende Bestimmung des bürgerlichen Rechts ist dem Art. 348 gegenüber nicht anwendbar. E. v. 13. März 1875. Entsch. XVI S. 325.

---

§. 448 CPO. lautet:

„Das Gesuch ist bei dem Gericht anzubringen, vor welchem der Rechtsstreit anhängig ist; es kann vor dem Gerichtsschreiber zu Protokoll erklärt werden.

In Fällen dringender Gefahr kann das Gesuch auch bei dem Amtsgericht eingebracht werden, in dessen Bezirke die zu vernehmenden Personen sich aufhalten oder der in Augenschein zu nehmende Gegenstand sich befindet.

Bei dem bezeichneten Amtsgerichte muß das Gesuch angebracht werden, wenn der Rechtsstreit noch nicht anhängig ist.“

Die Vorschriften des Art. 348 finden auch auf den Viehhandel Anwendung. E. v. 14. Juni 1890. Gruch. XXXV S. 132.

349. Der Mangel der vertragsmäßigen oder gesetzmäßigen Beschaffenheit der Waare kann von dem Käufer nicht geltend gemacht werden, wenn derselbe erst nach Ablauf von sechs Monaten seit der Ablieferung an den Käufer entdeckt worden ist.[a)]

Die Klagen gegen den Verkäufer wegen Mängel verjähren in sechs Monaten[b)] nach der Ablieferung an den Käufer.[c)]

Die Einreden sind erloschen, wenn die im Artikel 347. vorgeschriebene sofortige Absendung der Anzeige des Mangels nicht innerhalb sechs Monate nach der Ablieferung an den Käufer geschehen ist. Ist die Anzeige in dieser Weise erfolgt, so bleiben die Einreden bestehen.[d)]

An den besonderen Gesetzen oder Handelsgebräuchen, durch welche für einzelne Arten von Gegenständen eine kürzere Frist bestimmt ist, wird hierdurch nichts geändert.

Ist die Haftbarkeit des Verkäufers auf eine kürzere oder längere Frist vertragsmäßig festgesetzt, so hat es hierbei sein Bewenden.[e)]

a) Dies gilt auch dann, wenn der Mangel nach ordnungsmäßigem Geschäftsgange nicht früher entdeckt werden konnte (E. v. 29. Nov. 1871. Entsch. IV S. 184), oder wenn die im Inlande abgelieferte Waare für einen überseeischen Platz bestimmt, dies dem Verkäufer bekannt und wegen der Verpackung die Untersuchung vor der Ankunft am Bestimmungsorte nicht möglich war. E. v. 23. Okt. 1874. Entsch. XV S. 126.

b) Für die Berechnung dieser Frist kommen die Vorschriften des HGB. (Art. 328), nicht die des bürgerlichen Rechts (also nicht §. 530 Th. I Tit. 9 ALR.) zur Anwendung. E. v. 1. Dez. 1888. RG. XXII S. 171.

c) Die Klage des Käufers verjährt in sechs Monaten auch dann, wenn innerhalb dieser Frist die im Art. 347 vorgeschriebene sofortige Anzeige erfolgt ist (E. v. 26. Nov. 1871. Entsch. IV S. 179) und sogar, wenn der Verkäufer die beanstandete Waare zurückgenommen hat. Die Klageverjährung bezieht sich auf alle Ansprüche des Käufers aus der Mangelhaftigkeit der Waare, also auch auf Auslagen und Schadensersatz. E. v. 14. Juni 1881. RG. V S. 50.

Bezüglich der Unterbrechung der Verjährung entscheidet das bürgerliche Recht: Streitverkündung unterbricht nach dem code civ. (art. 2244) nicht, E. v. 13. Nov. 1883. RG. X S. 290, auch nicht nach dem Preuß. ALR., E. v. 1. April 1889, Jurist. Wochenschr. Jahrg. 1889 S. 178 Nr. 38.

Vgl. Anm. c zu Art. 146.

d) Die Vorschrift des Abs. 3, daß die Einreden bestehen bleiben, wenn innerhalb sechs Monaten die Mängelanzeige erfolgt ist, bezieht sich nur auf Einreden gegen die aus demselben Kaufgeschäft geltend zu machenden Ansprüche, nicht auf den Fall, daß der aus der Mangelhaftigkeit sich ergebende Anspruch kompensationsweise einer aus einem anderen Rechtsgeschäft entstandenen Forderung gegenüber geltend gemacht werden soll. Derartige Kompensationseinreden sind nach Ablauf der sechs Monate nur zulässig, insoweit es das zur Anwendung kommende bürgerliche Recht gestattet und nur gegen Forderungen, die bereits innerhalb der sechs Monate bestanden und fällig waren. E. v. 25. Nov. 1884. RG. XII S. 324.

Das ROHG. nahm dagegen an, daß Kompensationseinreden, auch wenn sie aus einem anderen Rechtsgeschäft, als dem der Klage zu Grunde liegenden hergeleitet worden, nicht zu den Klagen im Sinne des Abs. 2 zu zählen und somit der dort vorgeschriebenen Verjährung nicht unterworfen seien. E. v. 23. Okt. 1874. Entsch. XV S. 129.

e) Soweit für die Haftbarkeit des Verkäufers eine längere Frist stipulirt worden, ist auch die Verjährungsfrist des Abs. 2 als verlängert anzusehen. E. v. 29. Nov. 1871. Entsch. IV S. 185.

Eine vertragsmäßige Verlängerung der Garantiefrist befreit jedoch nicht von der im Art. 347 vorgeschriebenen Anzeigepflicht. E. v. 28. Jan. 1873. Entsch. IX S. 12.

Der Art. 349 bezieht sich nur auf Distanzgeschäfte (vgl. Anm. a zu Art. 347), E. v. 21. u. 24. Juni 1873. Entsch. X S. 337 u. 348, und nur auf Qualitätsmängel. Er findet also nicht Anwendung, wenn beim Genuskauf eine andere Gattung, als die gekaufte, geliefert ist (vgl. Anm. o zu Art. 347. E. v. 17. Febr. 1879. Entsch. XXIV S. 405.

Auf Werkverdings-Verträge ist der Art. 349 nur anwendbar, wenn dieselben nach dem maßgebenden bürgerlichen Recht als Kaufverträge behandelt werden (was nach Pr. R. nicht der Fall ist). E. v. 26. März 1872 u. 20. Okt. 1877. Entsch. VI S. 32, XXIII S. 88.

350. Die Bestimmungen der Artikel 347. und 349. können von dem Verkäufer im Falle eines Betruges[a]) nicht geltend gemacht werden.

a) Es braucht dies nicht gerade ein Betrug im strafrechtlichen Sinne zu sein; vielmehr genügt es, wenn die Voraussetzungen des civilrechtlichen dolus vorhanden sind. E. v. 9. März und 29. Nov. 1871. Entsch. II S. 102, IV S. 185.

Auch durch Verschweigen erheblicher Thatsachen kann ein civilrechtlicher Betrug verübt werden. Das Verschweigen muß aber ein rechtswidriges und namentlich im Handelsverkehr ein solches sein, daß es eines anständigen Kaufmanns unwürdig erscheint. E. v. 19. Dez. 1871. Entsch. IV. S. 319.

Erweisliche Kenntniß des Verkäufers von dem Mangel der Waare reicht nicht ohne Weiteres hin, um einen Betrug im Sinne des Art. 350 herzustellen. E. v. 18. Nov. 1871. Entsch. II S. 49. Dagegen würde das Vorhandensein eines dolus anzunehmen sein, wenn die dem Verkäufer bekannten Mängel zur Zeit der Lieferung überhaupt nicht oder nur mittelst genauerer sachverständiger Untersuchung erkennbar sind und Verkäufer die Waare in der Erwartung abgeliefert hat, der Käufer werde die vertragswidrige Beschaffenheit nicht bemerken (E. v. 29. Nov. 1871, Entsch. IV S. 186; vgl. E. v. 23. März 1872. Entsch. V S. 323 und E. v. 9. Dez. 1874. Entsch. XV S. 216), oder wenn der Verkäufer in irgend einer Art, z. B. durch Versicherung der vertragsmäßigen Beschaffenheit oder durch Nichtbeobachtung einer zum Schutz des Käufers gegebenen Polizeivorschrift dahin wirkt, daß der Käufer die rechtzeitige Untersuchung unterläßt, oder daß dieselbe erfolglos bleibt E. v. 13. April 1871. Entsch. II S. 191. E. v. 14. Mai 1880. RG. I S 299.

Der Art. 350 setzt einen dolus bei Abschluß oder bei Ausführung des Vertrages voraus. Ein späterer Betrug fällt nicht unter diesen Artikel, kann aber selbständige Ansprüche für den Betrogenen erzeugen. E. v. 13. April 1871. Entsch. II S. 191.

Auch in den Fällen, wo dem Verkäufer ein Betrug im Sinne des Art. 350 zur Last fällt, kann eine Genehmigung der Waare rechtswirksam stattfinden und selbst aus den Umständen gefolgert werden; allein die besondere Bestimmung des Art. 347 HGB. findet dann keine Anwendung, vielmehr sind die allgemeinen Grundsätze maßgebend. E. v. 14. Mai 1880. RG. I S. 300.

351. Sofern nicht durch Ortsgebrauch oder besondere Abrede ein Anderes bestimmt ist, trägt der Verkäufer die Kosten der Uebergabe, insbesondere des Messens und Wägens; der Käufer die Kosten der Abnahme.[a)]

a) Die Vertragsbestimmung „kostenfrei ab Bahnhof X." ist nicht dahin zu verstehen, daß der Verkäufer die Kosten des Aufladens im Bahnhof X zum Zweck des Weitertransports zu tragen habe. E. v. 6. März 1875. Entsch. XVII S. 9.

352. Ist der Kaufpreis nach dem Gewicht der Waare zu berechnen, so kommt das Gewicht der Verpackung[a)] (Taragewicht) in Abzug, wenn nicht durch besondere Abrede oder durch den Handelsgebrauch am Orte der Uebergabe ein Anderes bestimmt ist. Ob und in welcher Höhe das Taragewicht nach einem bestimmten Ansatze oder Verhältnisse statt nach genauer Ausmittelung abzuziehen ist, ingleichen ob und wieviel als Gutgewicht zu Gunsten des Käufers zu berechnen ist, oder als Vergütung für schadhafte oder unbrauchbare Theile (Refaktie) gefordert werden kann, ist nach dem Vertrage oder dem Handelsgebrauche am Orte der Uebergabe zu beurtheilen.

a) Emballage. Der Rückgabepflicht von Verpackungsmitteln ist durch Uebergabe derselben an einen geeigneten Transportführer genügt. Der Transporterfolg braucht nicht vertreten zu werden. E. v. 3. Febr. 1871. Entsch. I S. 267.

Durch Rückgabe der Emballage wird der Käufer nicht ohne Weiteres von der Bezahlung des in der Faktura für „Verpackung" angesetzten Betrages frei, da im Zweifel auch für die Mühewaltung des Verpackens eine angemessene Vergütung beansprucht werden kann (Art. 290), auch das Verpackungsmaterial durch die zu Gunsten des Käufers erfolgte Benutzung mehr oder minder entwerthet wird. E. v. 15. Sept. 1871. Entsch. III S. 114.

Vgl. auch die Anm. zu Art. 279.

Für Kistchen, in welche die zu liefernde Waare nach bestimmten Quantitäten zu legen ist, damit immer eine gewisse Anzahl als eine Waareneinheit erscheint, kann neben dem vereinbarten Kaufpreis eine besondere Vergütung nicht beansprucht werden. Das Verpacktsein in solchen Kistchen erscheint als eine bestimmte Art der Herrichtung oder Ausstattung, mithin als Eigenschaft der Waare. E. v. 18. Okt. 1873. Entsch. XI S. 106.

Ist die Waare selbst nicht empfangbar, so kann der Verkäufer nur verlangen, daß ihm vom Käufer die zur Disposition gestellte Waare in der Emballage wieder ausgeantwortet werde, wobei Ersterer für den Rücktransport selbst zu sorgen und dessen Kosten zu bestreiten hat. E. v. 10. März 1873. Entsch. IX S. 208.

353. Ist im Vertrage der Marktpreis [a]) oder der Börsenpreis als Kaufpreis bestimmt, so ist im Zweifel hierunter der laufende Preis, welcher zur Zeit und an dem Orte der Erfüllung oder an dem für letzteren maaßgebenden Handelsplatze nach den dafür bestehenden örtlichen Einrichtungen festgestellt ist, in Ermangelung einer solchen Feststellung oder bei nachgewiesener Unrichtigkeit derselben, der mittlere Preis zu verstehen, welcher sich aus der Vergleichung der zur Zeit und am Orte der Erfüllung geschlossenen Kaufverträge ergiebt.

a) Der Begriff „Marktpreis" ist durch die Existenz einer amtlichen Feststellung nicht bedingt. Als Marktpreis eines gewissen Platzes ist vielmehr derjenige Durchschnittspreis zu betrachten, welcher sich bei Vergleichung einer erheblichen Zahl von an diesem Orte geschlossenen Geschäften als der, von den besonderen persönlichen Beziehungen und sonstigen speziellen Umständen unabhängige gemeine Werth der Waare darstellt. Es bleibt lediglich Beweisfrage, ob die thatsächlichen Unterlagen dieser Vergleichung in dem einzelnen Falle dem Richter vorzuführen sind, oder ob es deren Beibringung deshalb nicht bedarf, weil das Ergebniß in der amtlich festgestellten und veröffentlichten Preisangabe bereits Ausdruck gefunden hat. — Der in Gemäßheit örtlicher Einrichtungen amtlich festgestellte Marktpreis hat bis zum Erweise des Gegentheils die Vermuthung der Richtigkeit für sich. E. v. 13. April 1871. Entsch. II S. 95.

354. Wenn der Käufer mit der Zahlung des Kaufpreises im Verzuge [a]) und die Waare noch nicht übergeben ist, so hat der Verkäufer die Wahl, ob er die Erfüllung des Vertrages und Schadensersatz wegen verspäteter Erfüllung verlangen, oder ob er statt der Erfüllung die Waare unter Beobachtung der Bestimmungen des Ar-

titels 343.[b] **für Rechnung des Käufers verkaufen**[c] **und Schadensersatz**[d] **fordern, oder ob er von dem Vertrage abgehen will, gleich als ob derselbe nicht geschlossen wäre.**[e]

a) Ist ein bestimmter Zeitpunkt, durch dessen Eintritt der Käufer von selbst in Verzug kommt, nicht festgesetzt, so ist eine Mahnung des Verkäufers erforderlich, um ihn in Verzug zu setzen. E. v. 23. Nov. 1872. Entsch. VIII S. 76. Eine Zuvielforderung bei der Mahnung macht diese nicht ohne Weiteres unwirksam, E. v. 2. Dez. 1874. Entsch. XVI S. 201; es kommt vielmehr auf die Umstände an, und namentlich ist die Zuvielforderung dann gleichgültig, wenn anzunehmen ist, daß dieselbe nicht der Grund gewesen, aus welchem der Gemahnte die ihm obliegenden Leistungen unterlassen hat, daß dieser vielmehr auch einer auf die geschuldete Leistung beschränkten Mahnung nicht Folge geleistet haben würde. E. v. 2. Nov. 1876. Entsch. XXI S. 133.

b) Die Vorschriften des Art. 343 müssen innegehalten werden, selbst wenn das bürgerliche Recht formlosen Verkauf gestattet. E. v. 25. Sept. 1874. Entsch. XIV S. 291. E. v. 1. Nov. 1881. RG. V S. 94. — Bei freihändigem Verkauf hat der Verkäufer keinen Anspruch auf Schadensersatz. E. v. 31. Jan. 1891. Gruch. XXXV S. 1152.

Der Selbsthülfeverkauf braucht nicht gerade durch den Verkäufer bewirkt zu sein. Wenn eine nur der Gattung nach bestimmte Waare von dem Käufer unter denselben Bedingungen weiterverkauft ist und sowohl der erste wie der zweite Käufer in Verzug gerathen, so kann der Zwischenverkäufer den von seinem Verkäufer ihm gegenüber gesetzmäßig vollzogenen Selbsthülfeverkauf als für Rechnung seines Käufers geschehen behandeln, vorausgesetzt, daß auch diesem gegenüber den Vorschriften des Art. 343 genügt ist. E. v. 18. Mai 1892. RG. XXIX S. 61.

Die Beobachtung der Bestimmungen des Art. 343 hat der Verkäufer nachzuweisen. E. v. 15. Jan. 1873. Entsch. VIII S. 377.

c) Der Verkauf muß an dem vertragsmäßigen Ablieferungsorte geschehen. E. v. 15. Jan. 1873. Entsch. VIII S. 377.

Bei der Wahl des Zeitpunktes des Verkaufs braucht sich der Verkäufer nicht durch das Interesse des Käufers leiten zu lassen, wenn er nur nicht arglistiger Weise einen dem Käufer besonders ungünstigen Zeitpunkt wählt. E. v. 15. Sept. 1876. Entsch. XXI S. 158.

d) Es ist dies eigentlich kein Schadensersatzanspruch, sondern der Anspruch auf Bezahlung des vertragsmäßigen Kaufpreises, soweit derselbe nicht aus dem Erlöse der Waare gedeckt ist. E. v. 8. März 1875. Entsch. XVI S 315. — Die Ausübung der Verkaufsselbsthülfe ist ein Bestehen auf Erfüllung (nicht auf Schadensersatz wegen Nichterfüllung) mit der Maßgabe, daß an die Stelle der kontraktlichen eine andere Art der Erfüllung, an die Stelle der Waare der Erlös des Selbsthülfeverkaufs tritt, und zwar auch dann, wenn bei der Ausübung des Selbsthülfeverkaufs der Verkäufer selbst als Käufer auftritt, so daß auch in diesem Falle der Verkäufer den durch das Ergebniß des Selbsthülfeverkaufs nicht gedeckten Theil des Kaufpreises beanspruchen kann. E. v. 7. März 1873. Entsch. IX S. 118 u. E. v. 24. Sept. 1881. RG. V S. 65. — Dem Käufer gebührt aber auch der erwachsende Nutzen, also der beim Selbsthülfeverkauf erzielte Mehrerlös. E. v. 1. Febr. 1876. Entsch. XX S. 223.

e) Hat der Verkäufer (bezw. im Falle des Art. 355 Käufer) eine Wahl getroffen und dem Gegner hiervon Mittheilung gemacht, so kann er von der Wahl nicht wieder abgehen. E. v. 16. Okt. 1871. Entsch. III S. 203. E. v. 28. Mai 1872. Entsch. VI S. 193.

Die Anzeige der Wahl, welche der Verkäufer eventuell treffen wird, kann auch mit derjenigen Erklärung, durch welche der Verzug des Käufers begründet wird (Erfüllungsanerbieten) verbunden werden. E. v. 16. Jan. 1878. Entsch. XXIII S. 170.

Ist Vertragserfüllung gewählt, so kann — wenn durch Verschulden des säumigen Theils die Erfüllung unmöglich gemacht wird —, statt derselben Entschädigung wegen Nichterfüllung beansprucht werden. In einem solchen Falle ist es für zulässig zu erachten, daß die ursprünglich auf Erfüllung gerichtete Klage im

Laufe des Prozesses in die Klage auf Entschädigung umgewandelt werde. E. v. 16. März 1880. RG. I S. 64.

Durch Anstellung der Klage auf Erfüllung verliert der Verkäufer bei fortgesetztem Verzuge des Käufers nicht das Recht der Verkaufsselbsthülfe. E. v. 2. Febr. 1875. Entsch. XXIII S. 189.

Ist der Verkäufer rechtskräftig zur Lieferung verurtheilt, so kann er wegen eines erst nach dem Urtheil eintretenden Verzuges des Käufers von dem ihm im Artikel 354 eingeräumten Wahlrecht nicht mehr Gebrauch machen, E. v 27. März 1872 u. 15. Juni 1876. Entsch. V S. 345, XX S. 108, insbesondere kann er nicht mehr vom Vertrage zurücktreten. E. v. 6. Juni 1873. Entsch. X S. 245.

Vgl. Anm. f letzten Absatz zu Art. 356.

355. Wenn der Verkäufer mit der Uebergabe der Waare im Verzuge[a] ist, so hat der Käufer die Wahl,[b] ob er die Erfüllung nebst Schadensersatz wegen verspäteter Erfüllung[c] verlangen, oder ob er statt der Erfüllung Schadensersatz wegen Nichterfüllung[d] fordern oder von dem Vertrage abgehen will, gleich als ob derselbe nicht geschlossen wäre.[e]

a) Verzug setzt eine schuldhafte Verzögerung der Erfüllung voraus. E. v. 23. Nov. 1872. Entsch. VIII S. 82.

Muß Zahlung Zug um Zug erfolgen, so ist es, um den Verkäufer in Verzug zu setzen, doch nicht erforderlich, daß der Käufer den Kaufpreis im Voraus anbiete oder sich über seine Zahlungsfähigkeit im Voraus ausweise. Die Verpflichtung des Käufers, das Geld bereit zu haben, tritt erst ein, wenn der Verkäufer die vertragsmäßig beschaffene Waare an den Ablieferungsort gebracht und dem Käufer angeboten hat. E. v. 21. April 1874. Entsch. XIII S. 170.

Zusendung der Rechnung in Verbindung mit der Bitte um Disposition über die Waare schließt Lieferungsverzug so lange aus, als der Käufer die erbetene Verfügung nicht getroffen hat, E. v. 20. Dez. 1872. Entsch. VIII S. 277.

So lange sich der Käufer im Zahlungsverzuge befindet, ist ein späterer Lieferungsverzug des Verkäufers ausgeschlossen. E. v. 10. Dez. 1873. Entsch. XII S. 64.

b) Die Aufforderung zur Erfüllung enthält noch keine Ausübung des Wahlrechts, E. v. 23. Nov. 1872 und 13. Juni 1874. Entsch. VIII S. 82, XIII S. 434, auch nicht, wenn mit der Aufforderung die Bemerkung verbunden war, Käufer werde sich sonst die Waare anderweit beschaffen. E. v. 11. Nov. 1875. Entsch. XVIII S. 386.

c) In der vorbehalt- und widerspruchlosen Empfangnahme der verspäteten Lieferung in Verbindung mit der vorbehaltlosen Zahlung des Kaufpreises liegt eine Genehmigung und ein Verzicht auf Ansprüche wegen der verspäteten Erfüllung. E. v. 27. Sept. 1871. Entsch. III S. 274. — Aus der vorbehaltlosen Annahme der verspäteten Lieferung ohne hinzutretende Zahlung des Kaufpreises kann ein solcher Verzicht noch nicht gefolgert werden. E. v. 28. Nov. 1879. RG. I S. 21. — Ist eine für Verspätung bedungene Konventionalstrafe nach dem zur Anwendung kommenden Landesgesetze (§. 307 Th. I Tit. 5 Pr. ALR.) durch die vorbehaltlose Annahme der verspäteten Lieferung verwirkt, so ist auch der Anspruch auf Schadloshaltung erloschen. E. v. 14. Okt. 1878. Entsch. XXIV S. 272.

Der neben der Erfüllung wegen der Verspätung zu leistende Schadensersatz besteht bei Waaren, die einen Markt- oder Börsenpreis haben, unter analoger Anwendung des Art. 357 Abs. 3, mindestens in der Differenz zwischen dem Markt- und Börsenpreis zur Zeit des eingetretenen Verzuges und dem (geringeren) Markt- und Börsenpreis zur Zeit der erfolgten Lieferung. E. v. 18. Juni 1878. Entsch. XXIV S. 155.

Der Käufer kann aber als Schadensersatz wegen verspäteter Erfüllung nicht denjenigen Betrag beanspruchen, den er zum Zweck der rechtzeitigen Beschaffung eines Ersatzes für die ausgebliebene Waare hat aufwenden müssen. E. v. 8. März 1884. RG. XIV S. 112.

Durch das Verlangen der Erfüllung, selbst durch Erhebung der Klage auf Lieferung begiebt sich der Käufer noch nicht der Befugniß, von dem Wahlrecht des Art. 355 HGB. Gebrauch zu machen. Erst das auf eine solche Klage ergehende rechtskräftige, den Beklagten verurtheilende Erkenntniß stellt das Rechtsverhältniß unter den Parteien unabänderlich fest und entzieht dem Kläger die Befugniß zur Wahl eines anderen Rechts. E. v. 2. März 1886. RG. XV S. 69. — Hat der Käufer ein den Verkäufer zur Lieferung verurtheilendes Erkenntniß erstritten, so kann er bei fruchtlosem Ausfall der Zwangsvollstreckung nicht mehr das Interesse wegen des nicht zur Verfallzeit erfüllten Vertrages, sondern nur das Interesse wegen des nicht befolgten Urtheils fordern; er muß also der Schadensberechnung denjenigen Zeitpunkt zu Grunde legen, in welchem dem Urtheil zufolge, nicht den Zeitpunkt, in welchem dem Vertrage zufolge die Lieferung hätte geschehen müssen. E. v. 18. Jan. 1879. Entsch. XXIV S. 329. — Ein Zurückgehen auf einen früher abgeschlossenen Deckungskauf ist jedoch beim Vorhandensein besonderer Umstände nicht ausgeschlossen, besonders wenn ein nach der Rechtskraft des Urtheils vorgenommener Deckungskauf kein günstigeres Ergebniß gehabt haben würde. E. v. 2. März 1886. RG. XV S. 69.

d) Es ist abstrakte und konkrete Schadensberechnung zu unterscheiden.

I. Abstrakte Schadensberechnung.

Die im Art. 357 Abs. 3 für Fixgeschäfte vorgeschriebene sogen. abstrakte Schadensberechnung (Differenz zwischen dem vereinbarten Kaufpreise und dem Markt- oder Börsenpreise) ist auch bei Nichtfixgeschäften für Waaren, welche einen Markt- oder Börsenpreis haben, anwendbar, und zwar gerade um das niedrigste Maß der zu leistenden Entschädigung festzustellen. E. v. 30. Okt. 1873, 25. März 1873, 3. Sept. 1874. Entsch. VII S. 377, IX S. 348, XIV S. 142 u. E. v. 30. Jan. 1880, RG. I S. 241.

Der Schadensberechnung ist der Markt- oder Börsenpreis zu Grunde zu legen, welcher zur Zeit und am Ort der geschuldeten Lieferung bestand. E. v. 27. Juni 1874. Entsch. XIV S. 8.

Zeit.

Als Regel muß der zur vertragsmäßigen Erfüllungszeit bestehende Preis zu Grunde gelegt werden. E. v. 14. Jan. 1875, Entsch. XV S. 336, jedoch unbeschadet des Rechts, einen erweislich höheren Schaden geltend zu machen. Der Käufer kann auch den Preis desjenigen Tages in Ansatz bringen, an welchem die Waare spätestens geliefert bez. angenommen werden mußte also wenn auf Grund des Art. 356 eine Nachfrist gewährt worden ist, den Preis, welcher beim Ablauf dieser Frist marktgängig war, vorausgesetzt, daß zur Bewilligung der Nachfrist eine Pflicht oder mindestens ein gerechtfertigter Anlaß vorlag. E. v. 22. Jan. u. 11. Okt. 1873. Entsch. X S. 170, XI S. 184. — Zur Gewährung der Nachfrist liegt keine Veranlassung vor, wenn der Verkäufer, ohne eine solche nachzusuchen, die Erfüllung endgültig verweigert hat. E. v. 12. Mai 1874. Entsch. XIII S. 246 u. E. v. 25. Okt. 1881, RG. IV S. 70. Vgl. Anm. f zu Art. 356. — Die nach Art. 356 dem säumigen Verkäufer zu gewährende Nachfrist kann zum Nachtheil des Käufers von keinem Einfluß sein; die Differenz zwischen dem Kaufpreise und dem bei Beginn des Lieferungsverzuges vorhandenen Marktpreis ist das Mindeste, was der Käufer beanspruchen kann. E. v. 19. Nov. 1881. RG. VI S. 59.

In dem E. v. 28. Mai 1872, Entsch. VI S. 194, ist ausgeführt, daß der zu ersetzende Schaden in dem Nachtheil besteht, welcher dem Käufer durch die Nichterfüllung am Erfüllungstage, nicht in dem weiteren Nachtheil, der durch den Nichtbesitz der zu liefernden Waare seit dem Erfüllungstage etwa entstanden ist.

Ort.

Für die abstrakte Schadensberechnung bei Nichtfixgeschäften ist der Marktpreis des Ablieferungs- bez. des etwa davon verschiedenen Bestimmungsortes maßgebend, auch wenn derselbe mit dem Erfüllungsorte nicht zusammenfällt. E. v. 14. Nov. 1876. Entsch. XXI S. 247 u. 10. Jan. 1882. RG. VI S. 26. — Die etwa dem Käufer zur Last fallenden Transportkosten nach dem für die Schadensberechnung maßgebenden Orte sind in Abzug zu bringen. E. v. 18. Jan. 1879. Entsch. XXIV S. 532.

II. Konkrete Schadensberechnung.

Bei Säumniß des Verkäufers ist der Käufer stets zum Deckungskauf, d. h. zur anderweiten Anschaffung der Waare befugt. Der hierbei wirklich und redlicher Weise gezahlte Preis bildet die Grundlage seiner Schadensberechnung. E. v. 5. März 1884. RG. XI S. 198.

Die Zeit des Deckungskaufs bestimmt sich ebenso, wie bei der abstrakten Schadensberechnung die Zeit des zu Grunde zu legenden Marktpreises.

Hat der Verkäufer schon vor der Erfüllungszeit bestimmt erklärt, daß er nicht liefern werde, so kann der Käufer auch schon vor Eintritt der Erfüllungszeit den Deckungskauf vornehmen. Mindestens hat der säumige Verkäufer nachzuweisen, daß nach Ablauf der Erfüllungszeit eine billigere Deckung möglich gewesen wäre. E. v. 3. Mai 1881 u. v. 19. Mai 1882. RG. IV S. 3 ff., VII S. 44.

Eine Pflicht, den Deckungskauf alsbald nach Eintritt des Verzugs des Verkäufers vorzunehmen, besteht nicht. E. v. 11. März 1889. Gruch. XXXV S. 133

Ort.

Der Deckungskauf soll in der Regel an dem Erfüllungs- oder Ablieferungsort oder dem dafür maßgebenden Marktplatz abgeschlossen werden. E. v. 5. März 1884. RG. XI S. 198. — Der Käufer ist jedoch nicht darauf beschränkt, an diesem Orte den Deckungskauf vorzunehmen; es genügt, wenn er nachweist, daß er bei der Wahl des Ortes die Sorgfalt eines ordentlichen Kaufmanns beobachtet hat. E. v. 14. Nov. 1876, Entsch. XXI S. 429 (und die dort angeführten Entscheidungen), E. v. 2. März 1886, RG. XV S. 71.

Durch einen Deckungskauf an einem falschen Orte oder ein sonstiges Versehen bei Abschluß des Deckungskaufs geht der Käufer nicht seines ganzen Schadensanspruches verlustig; er behält den Anspruch auf Ersatz der Differenz zwischen dem mit dem säumigen Verkäufer vereinbarten und demjenigen Preise, den er bei einem sachgemäßen Deckungskauf hätte zahlen müssen. E. v. 5. März 1874. RG. XI S. 198.

Gelingt dem Käufer der Deckungskauf zu einem billigeren Preise, so hat der säumige Verkäufer keinen Anspruch auf die Preisdifferenz.

E. v. 1. Febr. 1876. Entsch. XX S. 223. — Der dem Käufer durch die Nichtlieferung erwachsene Schaden ist jedoch um den etwa bei Vornahme des Deckungskaufs erzielten Gewinn zu kürzen. E. v. 2. März 1886. RG. XV S. 73.

Muß der Käufer zu einem zweiten Deckungskauf schreiten, weil der erste ihm nicht die dem Vertrage entsprechende Waare verschafft hat, so ist der Käufer berechtigt, den beim zweiten Deckungskauf aufgewendeten Preis der Schadensberechnung zu Grunde zu legen. E. v. 2. März 1886. RG. XV S. 70, 71.

Auch bei Waaren, die keinen Markt- oder Börsenpreis haben, braucht der Käufer zur Begründung seines Anspruchs auf Schadensersatz nicht nachzuweisen, daß er für die gekaufte Waare bereits Abnehmer gefunden habe oder daß die Waare verkäuflich war. Bei Waaren, die einen Gegenstand des Handelsverkehrs bilden, ist vielmehr bis zu dem vom säumigen Verkäufer zu erbringenden Nachweise des Gegentheils anzunehmen, daß die Waare zu üblichen Preisen verkäuflich ist. E. v. 4. Dez. 1880. RG. VI S. 3 ff.

Vgl. auch noch die Anm. zu Art. 283.

e) Sowohl beim Rücktritt vom Vertrage als bei der Wahl der zweiten Alternative (Schadensersatz wegen Nichterfüllung) kann der Käufer vom säumigen Verkäufer Rückzahlung des an ihn gezahlten Kaufpreises verlangen. E. v. 8. Jan. 1871. Entsch. XXIV S. 107.

Vgl. Anm. e zu Art. 354.

356. Will ein Kontrahent auf Grund der Bestimmungen der vorigen Artikel statt der Erfüllung Schadensersatz wegen Nichterfüllung fordern oder von dem Vertrage abgehen,[a] so muß er dies dem anderen Kontrahenten anzeigen[b] und ihm dabei,[c] wenn die Natur des Geschäfts dies zuläßt,[d] noch eine den Umständen angemessene[e] Frist zur Nachholung des Versäumten gewähren.[f]

a) Der Artikel findet nicht Anwendung, wenn ein Kontrahent nur Schadensersatz wegen verspäteter Erfüllung beanspruchen, die

Erfüllung selbst also annehmen will. E. v. 27. Febr. 1872. Entsch. V S. 172.

b) Durch die Anzeige muß eine bereits getroffene Wahl bestimmt kundgegeben werden. Erklärungen wie die: „bei Nichtlieferung würde ich mich genöthigt sehen, mich anderweitig zu decken", sind nicht hinreichend (Entsch. XV S. 335). — Dagegen liegt eine genügende Anzeige in den Worten: „ich habe mich gedeckt", oder „ich werde mir die Waare für Ihre Rechnung anderweit beschaffen". Eine derartige Erklärung bedeutet, daß man Schadensersatz wegen Nichterfüllung verlange. E. v. 31. Jan. u. 6. Okt. 1871, 14. Jan. 1875. Entsch. I S. 266, III S. 320, XV S. 335.

Die Anzeige kann durch die Verkaufsandrohung (Art. 354, 343 Abs. 2) ersetzt werden. E. v. 25. Febr. 1874. Entsch. XII S. 285.

Die Anzeige kann rechtzeitig in der Klage oder Klagebeantwortung oder sonst im Laufe des bezüglichen Prozesses erfolgen. — Die in der Klage enthaltene Anzeige ist bindend, selbst wenn demnächst die Klage zurückgewiesen wird. E. v. 7. Mai 1873, 21. März und 27. Okt. 1874. Entsch. IX S. 318, XIII S. 104, XV S. 359. — Uebt der nichtsäumige Theil das Wahlrecht erst in der Klage aus, so hat der Verklagte keineswegs immer und unbedingt bis zur Klagebeantwortung Frist, das Versäumte nachzuholen; es kann vielmehr auch eine kürzere Nachfrist nach richterlichem Ermessen den Umständen angemessen sein. Ob zur purgatio morae Realoblation erforderlich, muß nach den Umständen des Falls beurtheilt werden. E. v. 10. Mai 1876. Entsch. XX S. 301.

Der Art. 356 beruht auf der Voraussetzung, daß der Gegenkontrahent sich bereits im Verzuge befinde. Daher kann vor Ablauf der Lieferfrist die Anzeige mit rechtlicher Wirksamkeit nicht erfolgen. E. v. 9. Juni 1874. Entsch. XIV S. 24. Vgl. jedoch Anm. c zu Art. 357.

Eine kurz vor dem Eintritt der Erfüllungszeit und in der Voraussicht der Nichterfüllung abgegebene Erklärung ist als eine eventuelle aufzufassen, welche, wenn inzwischen keine andere Erklärung erfolgt, mit dem Eintritt des Verzuges wirksam wird. E. v. 19. April 1884, Gruch. Bd. 28 S. 1064.

So lange der nichtsäumige Kontrahent eine Erklärung, wie die im Art. 356 bezeichnete, nicht abgegeben hat, kann der säumige Theil seine mora purgiren (das Versäumte nachholen), ohne daß ihm ein vom Gegner bei oder vor der Annahme der Erfüllung gemachter Vorbehalt seiner Rechte entgegenstände. Doch bleibt dem nichtsäumigen Theil das Recht, Schadensersatz wegen des früheren Verzuges zu verlangen. E. v. 21. März u. 6. Okt. 1874. Entsch. XIII S. 98 u. XIV S. 393.

Ist hiernach die Ausübung des Wahlrechts auch an keine Frist gebunden, so darf sie doch nicht bis zu einem Zeitpunkt hinausgeschoben werden, wo durch wesentliche Veränderung der Verhältnisse dem säumigen Theil die purgatio morae unthunlich geworden ist, sei es, daß die verkaufte Waare eine wesentliche Veränderung erfahren (E. v. 10. Juni 1876. Entsch. XX S. 336), sei es, daß die Konjunktur sich erheblich geändert hat (E. v. 20. Okt. 1877. Entsch. XXIII S. 83).

c) Das Wort „dabei" ist nicht so aufzufassen, daß die Nachfrist im Anzeigebriefe gewährt werden müsse. E. v. 11. Nov. 1872. Entsch. VIII S. 16.

d) Die hier wegen der Natur des Geschäfts gemachte Ausnahme von der Verpflichtung, eine Nachfrist zu gewähren, ist auf diejenigen Fälle zu beschränken, in denen die spätere Leistung nicht mehr als Vertragserfüllung erscheint, d. h. für den Gläubiger nutzlos ist, weil er die Lieferung nicht mehr zu dem Zwecke verwenden kann, wozu er sie nach der dem anderen Theile bekannten Absicht bestimmt hatte.

Der Umstand, daß die zu liefernde Waare Preisschwankungen ausgesetzt ist, hat nicht die Bedeutung, daß deswegen die Gewährung einer Nachfrist als mit der Natur des Geschäfts unvereinbar erachtet werden müßte. E. v. 17. Okt. 1871. Entsch. III S. 212.

e) Die Bestimmung ist nicht dahin zu verstehen, daß die Frage, ob eine Nachfrist zu gewähren ist, nur von der „Natur des Vertrages" und die eventuelle Dauer der Nachfrist nur von den „Umständen" abhängt. Vielmehr ist nach den konkreten Umständen, zu denen auch die Natur des Vertrages gehört, zu bestimmen, ob und welche Nachfrist zu gewähren ist. Die Nachfrist kann also auch dann versagt werden, wenn zwar nicht der Vertragsinhalt, wohl aber die sonstigen konkreten Umstände entgegenstehen. E. v. 9. April 1881. RG. IV S. 56.

Ob eine Nachfrist den Umständen angemessen erscheint, entscheidet das richterliche Ermessen, nach den Erwägungen, daß

1. die Ausgleichung des Verzuges (purgatio morae) nicht unmöglich gemacht werden soll und
2. die Nachfrist vorzugsweise das Interesse des säumigen Schuldners wahren soll, soweit nicht dadurch berechtigte Interessen des Gläubigers in erheblicher Weise verletzt werden.

E. v. 17. Okt. 1871. Entsch. III S. 212.

Die Beurtheilung der Angemessenheit einer Nachfrist bildet in der Regel eine der Prüfung des Revisionsrichters entrückte Thatfrage. Von der Verletzung einer Rechtsregel kann nur dann die Rede sein, wenn der Richter bei Bemessung der Nachfrist von falschen Grundsätzen ausgegangen ist, Zweck und Bedeutung der Nachfrist verkannt hat. E. v. 11. Juni 1872. Entsch. VI S. 399.

Die Nachfrist braucht weder der ursprünglichen Lieferungsfrist gleich zu kommen, noch so bemessen zu werden, daß der Säumige, wenn er bis dahin keine Schritte zur Erfüllung gethan hatte, nunmehr noch sämmtliche Erfüllungshandlungen vornehmen könne. E. v. 6. März 1873 und 25. April 1874. Entsch. VIII S. 125, XIII S. 192.

f) Der Nichtsäumige ist nicht verpflichtet, die Nachfrist unaufgefordert zu setzen. Pl.-Beschl. v. 6. März 1872 u. E. v. 21. März u. 27. Okt. 1874. Entsch. VIII S. 125, XIII S. 104, XV S. 361. Ebenso RG. I S. 241. E. v. 30. Jan. 1880.

Ist mit der Anzeige die Fristgewährung nicht verbunden, so kann doch der Säumige innerhalb angemessener Frist das Versäumte nachholen. E. v. 11. Nov. 1872. Entsch. VIII S. 19.

Setzt der Nichtsäumige eine Frist, so kann er vor Ablauf derselben von seinem Rechte, statt der Erfüllung Schadensersatz zu fordern oder vom Vertrage abzugehen, keinen Gebrauch machen. Pl.-Beschl. v. 6. März 1873. Entsch. VIII S. 125.

Von der Erfüllung der im Art. 356 enthaltenen Vorschriften (Anzeige und Gewährung einer angemessenen Nachfrist auf Erfordern) ist die Zulässigkeit des Rücktrittes, sowie die Geltendmachung des Schadensanspruches wegen Nichterfüllung abhängig. E. v. 16. Okt. 1871. Entsch. III S. 203.

Die Nachfrist braucht nicht gewährt zu werden, wenn der säumige Kontrahent bestimmt erklärt hat, er könne oder wolle nicht erfüllen. E. v. 6. und 17. Okt. 1871, 10. Febr. und 18. Juni 1872. Entsch. III S. 208 u. S. 321, V S. 107 und VI S. 326.

Auch die Erklärung, nur theilweise erfüllen zu können, entbindet den anderen Theil von der Gewährung der Nachfrist, wenn derselbe — und dies ist die Regel, vgl. Anm. a zu Art. 359 — zur Annahme der theilweisen Erfüllung nicht verpflichtet ist. E. v. 10. Febr. 1872. Ensch. V S. 107.

Der unbedingten Weigerung steht die bedingte gleich, sofern die Bedingung eine unstatthafte ist. E. v. 15. März 1873. Entsch. XI S. 347.

Die bloße Meinungsäußerung, man brauche nicht zu liefern, hat diese Wirkung noch nicht. E. v. 17. Okt. 1871. Stg. V S. 362.

Die Erklärung, zur Zeit nicht erfüllen zu können, entbindet von der Gewährung der Nachfrist nicht, läßt sich vielmehr als Bitte um eine solche auffassen. E. v. 17. Dez. 1872. Entsch. VIII S. 253.

Das Gesetz schließt eine mehrmalige Fristgewährung nicht aus. E. v. 8. März 1873. Entsch. IX S. 128.

Durch die Bewilligung der Nachfrist wird der ursprüngliche Lieferungstermin nicht verändert. Der Kläger ist berechtigt, den bei Ablauf der gewährten Nachfrist bestehenden Preis seiner Schadensberechnung zu Grunde zu legen, er kann aber auch vom Werthe der Waaren zur Zeit der verabredeten Erfüllung ausgehen. E. v. 11. Okt. 1873. Entsch. XI S. 182. Vgl. Anm. d zu Art. 355.

Die Anzeige, von dem Vertrage abgehen oder Schadensersatz wegen Nichterfüllung verlangen zu wollen, braucht nach Ablauf der gewährten Nachfrist nicht wiederholt zu werden. E. v. 13. Jan. 1871. Entsch. I S. 266.

Auf Anzeige und Fristgewährung kann gültig verzichtet werden. E. v. 25. Nov. 1873. Entsch. XI S. 425.

Der säumige Kontrahent kann noch nach Empfang der im Art. 356 vorgeschriebenen Anzeige, und zwar auch dann, wenn er eine Nachfrist nicht nachgesucht hat, seinen Verzug durch nachträgliche Erfüllung für die Zukunft ungeschehen machen, indem er die Erfüllung als die Ausübung seines Rechts auf Nachfrist anbietet; er muß aber den Anspruch auf nachträgliche Annahme seiner Erfüllungsleistung dahin thatsächlich begründen, daß, wenn er eine Nachfrist verlangt hätte, ihm eine solche bis zum Zeitpunkte der angebotenen Erfüllung hätte gewährt werden müssen. E. v. 6. Dez. 1877. Entsch. XXIII S. 40 (also: Vor Empfang der Anzeige hat der Säumige ein unbedingtes Recht, zu erfüllen; nach Empfang der Anzeige hat er es nur, wenn die Nachfrist, auf welche er einen Anspruch hat, noch nicht abgelaufen ist).

Wenn auf die Erklärung des nichtsäumigen Theils, daß er Schadensersatz wegen Nichterfüllung verlange, der Säumige es unterläßt, alsbald die Gewährung einer Nachfrist zu beanspruchen, so liegt darin nur unter besonderen Umständen, welche der Schadensersatz verlangende Theil nachweisen muß, ein Verzicht auf die Nachfrist. An sich wird die dem säumigen Theil zu gewährende Nachfrist durch dessen Schweigen nicht beseitigt. Erfüllt er während des Zeitraums, für welchen ihm die Nachfrist zu gewähren war, so kann der andere Theil in der Regel die Erfüllung nicht zurückweisen. E. v. 5. Juli 1882. RG. VII S. 79.

Das Recht, auf Erfüllung zu bestehen, ist nicht davon abhängig, daß alsbald nach Eintritt des Verzuges die desfallsige Absicht kundgegeben wird. E. v. 7. März 1873. Entsch. IX S. 118.

Die Vorschriften des Art. 356 (sowie der Art. 343, 354) kommen nicht zur Anwendung, wenn über das Vermögen des einen Kontrahenten Konkurs eröffnet wird, der Konkursverwalter von dem ihm nach der Konk.O. (§. 15, 21) zustehenden Recht der Nichterfüllung Gebrauch macht und hierauf der andere Theil den Anspruch auf Schadensersatz stützt. E. v. 24. Nov. 1888. RG. XXII S. 111, 112.

357. **Ist bedungen, daß die Waare genau zu einer festbestimmten Zeit oder binnen einer festbestimmten**

Frist geliefert werden soll,[a] so kommt der Artikel 356. nicht zur Anwendung. Der Käufer sowie der Verkäufer kann die Rechte, welche ihm gemäß Artikel 354. oder 355. zustehen, nach seiner Wahl ausüben. Es muß jedoch derjenige, welche auf der Erfüllung bestehen will,[b] dies unverzüglich nach Ablauf der Zeit oder der Frist[c] dem anderen Kontrahenten anzeigen;[d] unterläßt er dies, so kann er später nicht auf der Erfüllung bestehen.

Will der Verkäufer statt der Erfüllung für Rechnung des säumigen Käufers verkaufen, so muß er, im Falle die Waare einen Markt- oder Börsenpreis hat,[e] den Verkauf[f] unverzüglich nach Ablauf der Zeit oder der Frist[g] vornehmen. Ein späterer[h] Verkauf gilt nicht als für Rechnung des Käufers geschehen. Eine vorgängige Androhung ist nicht erforderlich, dagegen hat der Verkäufer auch in diesem Falle den bewirkten Verkauf dem Käufer ungesäumt anzuzeigen.

Wenn der Käufer statt der Erfüllung Schadensersatz wegen Nichterfüllung fordert, so besteht, im Falle die Waare einen Markt- oder Börsenpreis hat, der Betrag des von dem Verkäufer zu leistenden Schadensersatzes in der Differenz[i] zwischen dem Kaufpreise und dem Markt- und Börsenpreise zur Zeit[k] und am Orte[l] der geschuldeten Lieferung, unbeschadet des Rechts des Käufers, einen erweislich höheren Schaden[m] geltend zu machen.[n]

a) Der Art. 357 bezieht sich nur auf sogenannte Fixgeschäfte.

Nicht jeder Lieferungsvertrag, bei welchem eine bestimmte Erfüllungszeit oder Erfüllungsfrist bedungen ist, darf als Fixgeschäft angesehen werden. Vielmehr betrifft der Art. 357 nur diejenigen Fälle, in denen die vereinbarte Erfüllungszeit nach der Absicht der Kontrahenten eine wesentliche Bedingung des Geschäfts (ein essentiale) sein soll, dergestalt, daß die Leistung weder früher noch später, als zu der verabredeten Zeit, gefordert oder gemacht werden, daß mit dieser Zeit der Vertrag stehen und fallen, eine spätere Lieferung nicht mehr als Vertragserfüllung gelten soll.

Daß die Absicht der Kontrahenten dahin ging, ein derartiges Geschäft abzuschließen, muß entweder mit unzweideutigen Worten (genau, präcis, fix oder durch Beifügung der kassatorischen Klausel) ausdrücklich erklärt sein oder aus den Umständen zweifellos hervorgehen. E. v. 14. März, 28. Okt., 28. Nov. 1871, 4. Juni u. 16. Okt. 1872. Entsch. II S. 93, III S. 275, IV S. 164, VI S. 257, VII S. 369. Ebenso RG. I S. 241. E. v. 30. Jan. 1880.

Daraus allein, daß die zu liefernde Waare täglichen Preisschwankungen ausgesetzt oder daß sie zur Anfertigung von Modewaaren bestimmt ist, kann eine Vermuthung für die Natur eines Fixgeschäfts nicht gefolgert werden. E. v. 27. Sept. 1872. Entsch. VII S. 260.

Die Absicht, ein Fixgeschäft abzuschließen, braucht jedoch nicht direkt aus den Festsetzungen des Vertrages, sie kann auch aus den begleitenden Umständen, namentlich aus der Beschaffenheit der Waare und dem erkennbaren Zweck in Verbindung mit der vereinbarten Erfüllungszeit, hervorgehen. — Ist die Waare eine solche, welche erfahrungsmäßig erheblichen Preisschwankungen unterliegt, bildet sie insbesondere einen Gegenstand der Börsenspekulation, ist außerdem das Geschäft erkennbar mit Rücksicht auf den durch die Preisschwankungen zu erzielenden Gewinn und im Börsenhandel abgeschlossen, so wird die gesetzte feste Zeitbestimmung als ein essentiale zu betrachten sein. E. v. 13. Dez. 1872, 24 Febr. 1875. Entsch. VIII S. 236, XVI S. 292. — Es genügt zum Vorhandensein eines Fixgeschäfts nicht, daß ein Theil oder beide Theile an der rechtzeitigen Erfüllung ein erhebliches Interesse haben. E. v. 21. April 1874. Entsch. XIII S. 169.

Der Fall des Art. 357 ist als Ausnahme zu betrachten und deshalb im Zweifel gegen ein beabsichtigtes Fixgeschäft zu interpretiren. E. v. 1. Juni 1872. Entsch. VI S. 19.

Unter Anwendung dieser Grundsätze hat das ROHG. das Vorhandensein eines Fixgeschäftes stets verneint, wenn eine an sich bestimmte Erfüllungszeit „ohne weiteren Beisatz" verabredet war (vgl. noch E. v. 22. Febr. 1872. Entsch. V S. 172); ferner in Fällen, wo die Abrede dahin lautete, es solle „sofort" (E. v. 30. Dez. 1870, 3. Nov. 1871, 1. März 1876, Stg. IV. S. 404. Entsch. III S. 437, XX S. 226), „binnen kürzester Frist" (E. v. 30. Sept. 1871. Entsch. III S. 288), „successive von Woche zu Woche" (E. v. 27. Sept. 1871. Entsch. III S. 273), „täglich" (E. v. 17. Juni 1874. Entsch. XIII S. 435), bei „offener Schifffahrt" (E. v. 26. Nov. 1873. Entsch. XI S. 432), „April, Mai, Juni" (E. v. 27. Sept. 1872. Entsch. VII S. 260), geliefert werden, sowie in einem Falle, in welchem der Käufer bei Bestellung der Waare erklärt hatte, „die Sendung müsse binnen fünf, höchstens sechs Wochen bei ihm eintreffen, da er später keine Verwendung dafür habe". (E. v. 3. Mai 1872. Entsch. V S. 437.)

Als Argument gegen die Annahme eines Fixgeschäftes wird Seitens des ROHG. noch besonders verwerthet, wenn nach Ablauf der Frist theilweise Erfüllung angenommen worden ist. Vgl. u. A. E. v. 29. Juni 1872, Entsch. IV S. 378.

Ist ein Fixgeschäft durch Prolongation auf eine nicht fest bestimmte Zeit in ein nicht fixes verwandelt, so ist dadurch das Geschäft dem Geltungsbereiche des Art. 357 HGB. entzogen. E. v. 31. Jan. 1871. Entsch. I S. 264.

Eine aus der Natur der Waare und dem Verhalten der Parteien hergenommene thatsächliche Feststellung, daß ein Fixgeschäft nicht vorliege, läßt sich mit der Revision nicht anfechten. E. v. 11. Juni 1872. Entsch. VI S. 398.

b) Wer Schadensersatz wegen Nichterfüllung fordern oder von dem Vertrage abgehen will, braucht also beim Fixgeschäft keine Anzeige zu machen. — Durch Disposition über einen Theil der Waare verliert der Käufer das Rücktrittsrecht. E. v. 3. Mai 1872. Entsch. V S. 438.

c) Eine am Stichtage selbst oder noch früher erfolgte Anzeige reicht nicht aus. E. v. 27. Febr. 1872. Entsch. V S. 172.

Doch kann die Anzeige durch vorangegangene Umstände unnöthig gemacht werden, z. B. dadurch, daß schon vor dem kritischen Momente zwischen den Kontrahenten völlig festgestellt worden ist, daß der eine Theil nicht erfüllen könne oder wolle, der andere Theil aber auf Erfüllung bestehe. E. v. 24. März 1874. Entsch. XIII S. 136.

d) Diese Anzeige kann auch in der Weise geschehen, daß der Verkäufer sich für den Fall der Nichterfüllung binnen anderweit bestimmter Frist den Verkauf auf Rechnung des Käufers vorbehält. Auf diesen demnächst bewirkten Verkauf finden dann aber die Vorschriften des Art. 343, nicht die des Art. 357 Abs. 2 Anwendung. E. v. 13. Dez. 1871. Entsch. IV S. 286.

Der Protest wegen Nichterfüllung und der darin enthaltene „Vorbehalt der Rechte" ersetzt die Anzeige nicht. E. v. 24. Febr. 1875. Entsch. XVI S. 291.

Die Anzeige ist lediglich im Interesse des säumigen Kontrahenten vorgeschrieben, um Spekulationen des Nichtsäumigen auf Kosten des ersteren auszuschließen. Der nichtsäumige Theil kann daher aus dem Unterlassen der Anzeige Rechte nicht herleiten. E. v. 31. Jan. 1871. Entsch. I S. 261.

e) Vgl. über „Marktpreis" die Anm. zu Art. 353. — Gegen amtliche Koursnotirungen ist auch hier, wie im Falle des Art. 353, der Beweis der Unrichtigkeit zulässig. E. v. 26. März 1872. Entsch. V S. 331.

f) Der Verkauf muß am Erfüllungsorte erfolgen. E. v. 27. Febr. 1872. Entsch. V S. 174.

Der Einwand, der anderweite Verkauf sei ein Scheingeschäft ist von Erheblichkeit. E. v. 28. Jan. 1875. Entsch. XVI S. 283.

g) Ist Abnahme-Kündigung bedungen, so kann der Verkäufer einer einmal erfolgten Kündigung eine zweite, nach welcher die Rechtzeitigkeit des zu Lasten des Käufers zu bewirkenden Kaufes zu bemessen wäre, nicht folgen lassen. Der Verkauf muß vielmehr sofort nach Ablauf der ersten Kündigungsfrist erfolgen. E. v. 20. Sept. 1872. Entsch. VII S. 145.

h) Auch einen früheren, z. B. am letzten Tage der Frist stattfindenden Verkauf braucht der säumige Käufer nicht wider sich gelten zu lassen. Vgl. jedoch die Anm. k.

i) Differenzgeschäfte. Ein auf Lieferung von Waaren gerichtetes Geschäft büßt dadurch nicht seinen reellen Charakter ein, daß einer oder beide Kontrahenten beim Abschluß des Geschäfts sich von der Absicht leiten lassen, es werde am Stichtage Lieferung nicht erfolgen, sondern nur Preisdifferenz berechnet und gewährt werden. So lange diese Absicht unausgesprochenes Motiv bleibt, ist sie schon deshalb unerheblich, weil trotzdem keiner der Kontrahenten gehindert ist, am Stichtage auf effektiver Lieferung zu bestehen.

Ist aber bedungen worden, daß die Waare nicht geliefert, sondern nur die Differenz vergütet werden, daß also Recht und Pflicht zur effektiven Lieferung ausgeschlossen sein solle, so liegt ein zu den Glücksverträgen zu rechnendes reines Differenzgeschäft vor, auf welches die im Art. 357 für Lieferungsgeschäfte aufgestellten Grundsätze keine Anwendung finden. E. v. 4. Juni 1872, 26. Nov. 1874. Entsch. VI S. 224, XV S. 279.

Die Vereinbarung, daß die Pflicht zur wirklichen Lieferung und Abnahme ausgeschlossen sein soll, kann auch durch stillschweigende Willenserklärung getroffen werden.

In einer Reihe von Entscheidungen, welche zumeist in das Jahr 1892 fallen, hat das RG. Umstände, welche früher für unerheblich erachtet wurden, weil aus ihnen zwar die Absicht, lediglich durch Zahlung der Differenz zu reguliren, nicht aber eine Willenserklärung dieses Inhalts folge, für genügend erachtet, um aus ihnen die stillschweigende Vereinbarung eines reinen Differenzgeschäfts zu entnehmen. Noch in dem E. v. 17. Okt. 1891 (Gruch. XXXVI S. 1067) wird ausgeführt, die thatsächliche Abwickelung aller Geschäfte durch Ziehung der Differenz, die Kenntniß des Bankiers von der schlechten Vermögenslage des Kunden gegenüber dem bedeutenden Umfang der Geschäfte könnten nur zu der Annahme führen, daß der Kunde nicht die Absicht gehabt habe, auf effektiver Lieferung zu bestehen, und auch der Bankier die Ueberzeugung gehabt haben möge, es würde zu einer effektiven Lieferung nicht kommen; eine stillschweigende Einigung der Betheiligten, daß von keinem Theile effektive Erfüllung verlangt werden dürfe, sei daraus jedoch nicht zu folgern. Dagegen heißt es u. a. in dem E. v. 12. Okt. 1892 (Jurist. Wochenschr. S. 464 Nr. 17): Wenn feststeht, daß der Umfang der Börsengeschäfte über die Vermögensverhältnisse und den Kredit des einen Theils weit hinausgegangen und dem anderen Theil dies bekannt gewesen ist oder bei einiger Nachforschung hat bekannt sein müssen, so kann daraus mit voller Zuversicht auf die stillschweigende Willenserklärung beider Theile geschlossen werden, daß weder Lieferung noch Abnahme, sondern nur Regelung durch Zahlung der Differenz stattfinden soll.

Die Frage, ob auch ohne ausdrückliche Abrede eine übereinstimmende Willensmeinung des vorgedachten Inhalts sich aus dem Zusammenhang der Umstände ergiebt, ist nach dem E. v. 20. Febr. 1892 (Jurist. Wochensch. S. 166 Nr. 31) nicht rein thatsächlicher Natur; sie steht in untrennbarem Zusammenhang mit dem Rechtsbegriff des Differenzgeschäfts und der stillschweigenden Willenserklärung, ist also vom Revisionsgericht nachzuprüfen.

Inwieweit reine Differenzgeschäfte überhaupt rechtliche Wirkung erzeugen, ist nach dem bürgerlichen Rechte zu beurtheilen. Sie sind ungültig nach gem. R. (E. v. 19. März 1889. RG. XXIII S. 138), unklagbar nach pr. R. (§§. 577 ff. Th. I Tit. 11 AR., E. v. 19. Nov. 1892. RG. XXX S. 215) und nach französ. R. (E. v. 22. Okt. 1874. Entsch. XIV S. 273). Nach sächs. R. sind Differenzgeschäfte nicht verboten; durch einen hinzutretenden Anerkenntnißvertrag erlangen sie die ihnen an sich fehlende Klagbarkeit. E. v. 31. Jan. 1875. Entsch. XVII S. 322. Nach gem. u. pr. R. werden die Ansprüche aus reinen Differenzgeschäften auch durch Anerkenntniß nicht klagbar. Daher kann der Klage aus einem anerkannten Kontokurrentsaldo noch der Einwand entgegengesetzt werden, das Schuldverhältniß beruhe auf reinen Differenzgeschäften. E. v. 19. März 1889. RG. XXIII S. 138 (gem. R.) u. v. 26. Jan. 1892. Gruch. XXXVI S. 991 (pr. R.). Gegen Wechselansprüche ist der Einwand gleichfalls zulässig. E. v. 26. März 1892. Gruch. XXXVI S. 933.

Auch durch die Bestellung eines Depots wird das reine Differenzgeschäft nicht klagbar. Das auf Grund eines reinen Differenzgeschäfts gegebene Depot kann zurückverlangt werden, selbst nachdem es vom Empfänger mit richterlicher Ermächtigung (vgl. Art. 310) verkauft worden ist. E. v. 19. Nov. 1892. RG. XXX S. 214 (pr. R.).

Bei Geschäften, welche durch einen Agenten geschlossen worden sind, muß der Prinzipal die zwischen seinem Agenten und dem ihm durch diesen zugeführten Kunden geschlossene Abrede, daß es sich nur um die Differenz handeln solle, wider sich gelten lassen, auch wenn er von dieser Abrede keine Kenntniß gehabt hat. E. v. 19. Nov. 1892. RG. XXX S. 214.

Ist ein Zeitkauf über geldwerthe Papiere geschlossen und werden vor dem Lieferungstage Papiere derselben Art für denselben Termin vom Käufer dem Verkäufer verkauft, so ist der spätere Verkauf als Rückkauf aufzufassen, so daß beiderseits die Papiere als durch Kompensation geliefert gelten und die zu zahlende Differenz durch den Preis vom Kauf und Rückkauf festgestellt wird. — Ein solcher die laufende Spekulation beendender und ihr Resultat fixirender Rückkauf verwandelt den ursprünglich reellen Kauf nicht in ein reines Differenzgeschäft. E. v. 23. März 1875. Entsch. XVII S. 41.

Auch durch Prolongation wird das ernst gemeinte Zeitgeschäft nicht zum Differenzgeschäft, selbst wenn das Prolongationsgeschäft abgeschlossen wird, bevor der Abwickelungskurs für das laufende Zeitgeschäft feststeht und nach Feststellung dieses Kurses die Differenz zwischen demselben und dem Abnahmepreis in Rechnung gestellt wird. E. v. 8. Nov. 1890. RG. XXVIII S. 25.

k) Hat an dem maßgebenden Tage ein Markt oder eine Börse und in Folge dessen eine amtliche Preis-Feststellung nicht stattgefunden, so ist damit nicht ausgeschlossen, daß an dem fraglichen Tage die betreffende Waare einen Markt- (d. i. Durchschnitts-) Preis hatte. Der an einem voraufgehenden oder nachfolgenden Börsentage notirte Preis kann jedoch nicht maßgebend sein, wohl aber zusammengenommen für den in der Zwischenzeit herrschend gewesenen Preis einen gewissen Anhalt bieten. E. v. 27. Nov. 1872. Entsch. VIII S. 100.

Unter Umständen kann auch ein schon vor der Erfüllung vorgenommener Deckungskauf der Schadensberechnung zu Grunde gelegt werden; es gilt dies besonders, wenn der Verkäufer schon vor Ablauf der Erfüllungsfrist erklärt hat, nicht liefern zu wollen. In einem solchen Falle hat der Käufer nicht nachzuweisen, daß zur Erfüllungszeit der Marktpreis nicht niedriger war. E. v. 16. Sept. 1874. Entsch. XIV S. 184.

l) Existirt am Erfüllungsort kein Marktpreis für die betreffende Waare, so ist der Marktpreis des nächsten Bezugsortes unter Hinzurechnung der Fracht nach dem Erfüllungsorte zu Grunde zu legen. E. v. 3. Sept. 1874. Entsch. XIV S. 141. Vgl. E. v. 16. Sept. 1874. Entsch. XIV S. 183.

Ueber den Begriff „Marktplatz" vgl. E. v. 27. Mai 1875. Entsch. XVIII S. 305.

m) Der Nachweis eines höheren Schadens ist nicht auf den Fall zu beschränken, daß der Käufer wegen besonderer Umstände die Waare zur Lieferzeit höher als zum damaligen Marktpreise hätte verwerthen können. Dahin gehört vielmehr auch eine Reihe anderer Fälle, z. B. der, daß es vermöge der Quantität der zu liefernden Waare nicht möglich war, sie überhaupt oder zum gewöhnlichen Marktpreise am Erfüllungsorte zu beschaffen. E. v. 4. Juni 1872. Entsch. VI S. 226.

Die Geltendmachung eines höheren Schadens ist ausgeschlossen, wenn die Erhöhung des Schadens durch den nichtsäumigen Kontrahenten verschuldet ist. E. v. 5. Mai 1875. Entsch. XVII S. 257. Fordert der Käufer die Differenz zwischen Kauf- und Marktpreis, so kann er nicht außerdem noch Vergütung des Gewinns beanspruchen, welchen er durch den Weiterverkauf erzielt hätte. E. v. 21. Okt. 1875. Entsch. XVIII S. 215.

n) Die Vorschriften der Art. 357, 358 können durch Vereinbarung geändert werden. E. v. 19. März 1872. Entsch. V S. 185.

Die hier vorgeschriebene Art der Schadensberechnung ist

a. auch bei Nichtfixgeschäften zulässig, vgl. Anm. d zu Art. 355;

b. auch dann anzuwenden, wenn der Käufer neben der Erfüllung Schadensersatz wegen Verspätung der Erfüllung beansprucht, d. h. der Betrag des von dem Verkäufer wegen der Verspätung zu leistenden Schadensersatzes besteht mindestens in der Differenz zwischen dem Markt- und Börsenpreis zur Zeit des eingetretenen Verzuges und dem (geringeren) Markt- und Börsenpreis zur Zeit der erfolgten Lieferung. E. v. 18. Juni 1878. Entsch. XXIV S. 155.

358. In den Fällen des Artikels 357. ist jeder Kontrahent berechtigt, den Verzug des anderen Kontrahenten auf dessen Kosten durch eine öffentliche Urkunde (Protest) feststellen zu lassen.

359. Wenn in den Fällen der Artikel 354. 355. und 357. sich aus den Umständen, insbesondere aus der Natur des Vertrages, aus der Absicht der Kontrahenten oder aus der Beschaffenheit des zu leistenden Gegenstandes ergiebt, daß die Erfüllung des Vertrages auf beiden Seiten theilbar ist, so kann das Abgehen des einen Kontrahenten von dem Vertrage nur in Betreff des von dem anderen Kontrahenten nicht erfüllten Theiles des Vertrages erfolgen.[a)]

a) Der Art. 359 setzt voraus, daß die theilweise Erfüllung von dem Nichtsäumigen angenommen worden ist. Eine Verpflichtung zur Annahme der Theilleistung ist durch den Art. 359 nicht aufgestellt. Auch bei an sich theilbarer Erfüllung besteht eine solche Verpflichtung nur, wenn sie übernommen ist oder besondere rechtliche Gründe dafür sprechen. E. v. 10. Febr. 1872. Entsch. V S. 107.

Ferner bezieht sich der Art. 359 nur auf den Fall einer theilweisen Nichterfüllung, nicht auf den Fall einer theilweisen Mangelhaftigkeit der vollständig gelieferten Waare.

Doch besteht auch in letzterem Falle, sowohl nach gemeinem, wie nach preußischem Rechte, ein Gewährleistungs-Anspruch des Käufers in der Regel nur bezüglich des mangelhaft erfüllten Theiles, so daß der Käufer das Ganze nur zurückweisen kann, wenn nach der Absicht der Kontrahenten oder der Beschaffenheit des Gegenstandes die Erfüllung keine theilbare ist. E. v. 18. April u. 13. Mai 1871. Entsch. II S. 204 u. 305.

Selbst wenn der Verkäufer die mangelhafte Qualität eines Theils der verkauften Waare dem Käufer arglistig verheimlicht hat, ist — bei Theilbarkeit der Erfüllung — der Käufer nur zur Redhibition des mangelhaften Theils berechtigt. E. v. 12. Okt. 1872. Entsch. VII S. 228.

Das Empfangene muß der Käufer in dem durch Art. 359 vorgesehenen Falle (d. h. wenn er wegen des nicht erfüllten Theils vom Vertrage abgeht) vertragsmäßig bezahlen. Er kann jedoch den ihm aus der unvollständigen Lieferung erwachsenen Schaden ersetzt verlangen. E. v. 30. Dez. 1870. Stg. I S. 110.

Verlangt der Käufer vollständige Erfüllung, wozu er nach Art. 355, 357 gleichfalls berechtigt ist, so braucht er den Kaufpreis für die bereits gelieferte Waare vor vollständiger Lieferung nicht zu zahlen, selbst wenn die verabredete Zahlungsfrist der geschehenen Lieferungen abgelaufen ist. E. v. 25. Jan. 1873. Entsch. VIII S. 424.

Bei Kaufgeschäften, deren Erfüllung vertragsmäßig in Raten erfolgen soll, berechtigt ein Verzug des Käufers den Verkäufer zum Rücktritt vom Vertrage, soweit er die Waare nicht bereits übergeben hat, und zwar ohne Ankündigung bei Fixgeschäften, nach fruchtloser Ankündigung bei anderen Geschäften. Dabei macht es keinen Unterschied, ob der Käufer mit der Bezahlung noch ausstehender oder schon geschehener Lieferungen im Verzuge ist. E. v. 7. März 1871. Entsch. II S. 84.

In den Erkenntnissen vom 14. u. 21. März 1874 (Entsch. XIII S. 78 u. 103) hat das ROHG. den vorstehenden Grundsatz, wie folgt, verallgemeinert: Bei einem in Raten zu erfüllenden Lieferungskaufe wird das dem nichtsäumigen Kontrahenten nach Art. 354 bis 356 zustehende Wahlrecht schon durch den in Bezug auf eine Rate eingetretenen Lieferungs- oder Zahlungsverzug des anderen Theils begründet.

Bei Ratenlieferung kann der nichtsäumige Kontrahent auch Betreffs der einzelnen Raten von verschiedenen der ihm nach Art. 354, 355 zustehenden Befugnisse Gebrauch machen. — Es ist hierbei gleichgültig, ob Ratenlieferungen vereinbart oder thatsächlich einzelne Theile des Kaufgegenstandes zu verschiedenen Zeiten offerirt sind. E. v. 8. März 1873 u. 11. April 1874. Entsch. IX S. 121, XIII S. 131. Der nichtsäumige Käufer kann den Zeitpunkt des Verzuges bezüglich der ersten Rate der Berechnung seines ganzen Schadens zu Grunde legen. E. v. 2. Dez. 1874. Entsch. XVI S. 202.

Bei einer einheitlichen, in Raten zu erfüllenden Lieferung berechtigt der Verzug des Verkäufers mit einer oder einigen Raten den Käufer nicht zu einer Theilung des Vertrages in der Weise, daß er für die verfallenen und einen Theil der künftig fällig werdenden Raten sofort Schadensersatz an Stelle der Erfüllung fordert und bezüglich des Restes auf Lieferung besteht. E. v. 14. Jan. 1887. RG. XVII S. 59.

Ist Ratenlieferung vereinbart, so kann die vertragswidrige Beschaffenheit einer früheren Rate, welche wegen mangelnder rechtzeitiger Rüge gemäß Art. 347 für genehmigt zu erachten ist, auch nicht zu dem Zweck geltend gemacht werden, um eine spätere vertragsmäßige Rate abzulehnen. E. v. 31. Jan. u. 16. März 1880. RG. I S. 53 u. S. 63.

Dritter Titel. Von dem Kommissionsgeschäft.

360. Kommissionair ist derjenige, welcher gewerbemäßig in eigenem Namen für Rechnung eines Auftraggebers (Kommittenten)[a] Handelsgeschäfte schließt.[b]

Durch die Geschäfte, welche der Kommissionair mit Dritten schließt, wird er allein berechtigt und verpflichtet. Zwischen dem Kommittenten und den Dritten entstehen daraus keine Rechte und Pflichten.[c]

Ist von dem Auftraggeber ausdrücklich bestimmt, daß das Geschäft auf seinen Namen abgeschlossen werden soll, so ist dies keine kaufmännische Kommission,[d] **sondern ein gewöhnlicher Auftrag zu einem Handelsgeschäft.**[e]

a) Der Auftraggeber braucht nicht Kaufmann zu sein. E. v. 19. Sept. 1874. Entsch. XIV S. 188.

b) Die Vereinbarung, daß ein schon geschlossenes Geschäft auf Rechnung eines Anderen gehen soll, erzeugt von da an dieselben Wirkungen, wie wenn das Geschäft von vornherein für Rechnung dieses Anderen geschlossen worden wäre. E. v. 8. Okt. 1881. RG. V S. 86.

c) Auch den Anspruch an den Dritten aus schuldhafter Auskunftertheilung (vgl. Anm. zu Art. 282) kann nur der Kommissionair geltend machen. Der Dritte kann nicht einwenden, daß der Schaden nicht dem Kommissionair, sondern seinem Auftraggeber entstanden sei. E. v. 31. Jan. 1891. RG. XXVII S. 125.

d) Der Kommittent kann das für seine Rechnung vom Kommissionair geschlossene Rechtsgeschäft dem Drittkontrahenten gegenüber wegen eines von diesem ihm, dem Kommittenten, gegenüber verübten dolus causam dans oder wegen eines in ihm erregten wesentlichen Irrthums nicht anfechten. E. v. 8. Mai 1877. Entsch. XXII S. 249.

e) Bei einem Auftrage zum Einkauf von Werthpapieren ist im Zweifel, ob kaufmännische Kommission oder gewöhnliches Mandat vorliegt, das Erstere als das Gewöhnlichere anzunehmen. Daraus, daß der Vermittler dem Dritten den Namen seines Auftraggebers genannt und denselben angewiesen hat, die Waare dem Auftraggeber zu übersenden, läßt sich noch nicht mit Nothwendigkeit schließen, daß der Vermittler Mandatar, nicht Kommissionair sei. E. v. 7. April 1877. Entsch. II S. 28.

Auch an nicht volleingezahlten Namensaktien, die der Auftraggeber mit seinem Blanko-Giro versehen hat, ist ein kommissionsweiser Verkauf denkbar. E. v. 10. April 1877. Entsch. XXII S. 232.

Eigenhandel und Kommissionshandel werden im Geschäftsverkehr nicht immer streng geschieden. Die Vereinbarung fester Preise und die Bedingung, daß der Empfänger der Waare den Preis aus eigenen Mitteln zahlen solle, sprechen im Zweifel für Kauf; das Ausbedingen einer Provision schließt die Annahme eines Kaufs nicht aus. E. v. 30. Sept. 1875. Entsch. XVIII S. 195. — Vgl. die Anm. unter der Ueberschrift des zweiten Titels.

Der Kommissionsauftrag ist jederzeit widerruflich, insoweit nicht besondere Abreden entgegenstehen und das aufgetragene Geschäft nicht bereits ausgeführt ist. — Die Vereinbarung einer Kündigungsfrist ohne gleichzeitige Vereinbarung einer bestimmten Verpflichtung zur Ertheilung oder Ausführung von Kommissionsaufträgen hat nicht eine Unzulässigkeit des Widerrufs der einzelnen Aufträge zur Folge, sondern begründet höchstens einen Schadensanspruch. E. v. 30. Okt. 1872. Entsch. VII S. 381.

Derjenige, welcher Waaren für überseeische Plätze in „Konsignation" übernimmt, ist nicht ohne Weiteres als Verkaufskommissionair im Sinne des HGB. zu betrachten. E. v. 28. Nov. 1872. Entsch. VIII S. 119.

Kommissionaire sind befugt, zur Vermittelung eines Kaufgeschäfts Aufträge beider Kontrahenten anzunehmen. E. v. 14. Sept. 1872. Entsch. VII S. 90.

361. Der Kommissionair hat das Geschäft mit der Sorgfalt eines ordentlichen Kaufmanns im Interesse des Kommittenten gemäß dem Auftrage auszuführen;[a] er hat dem Kommittenten die erforderlichen Nachrichten zu geben, insbesondere sofort nach der Ausführung des Auftrages davon Anzeige zu machen;[b] er ist verpflichtet, dem Kommittenten über das Geschäft Rechenschaft[c] zu geben und ihm dasjenige zu leisten, was er aus dem Geschäft zu fordern hat.[d]

a) Die erste und hauptsächlichste Pflicht des Kommissionairs ist, den Weisungen des Kommittenten zu folgen. Er darf nicht im vermeintlichen Interesse des Kommittenten gegen dessen Verbot verfahren. Die Regel erleidet nur dann eine Ausnahme, wenn der Kommittent von der Sachlage nicht unterrichtet ist und es an der Zeit gebricht, seine Entschließungen einzuholen. E. v. 11. Juni 1872. Entsch. VI S. 313. — Der Kommissionair ist nicht befugt, gegen den Willen des Kommittenten für dessen Wohl zu sorgen. E. v. 10. Dez. 1881. RG. VI S. 53.

Auch bei der Ertheilung eines Rathes, der sich auf das den Gegenstand des Auftrags bildende Geschäft bezieht, haftet der Kommissionair für die Sorgfalt eines ordentlichen Kaufmanns. E. v. 15. Juni 1887. RG. XIX S. 97.

b) Die Unterlassung der Anzeige hat nicht blos die Verpflichtung zum Ersatz des dadurch entstandenen Schadens, sondern unter Umständen auch zur Folge, daß der Kommittent dem Kommissionair überhaupt nicht verpflichtet ist; es ist dies besonders der Fall, wenn es in Folge der unterlassenen Anzeige an dem die Ausführung manifestirenden Akte fehlt. E. v. 9. Okt. 1875. Entsch. XVIII S. 313.

c) In welcher Art und in welchem Umfange der Kommissionair über die Ausführung des ihm aufgetragenen Geschäfts Auskunft zu ertheilen und namentlich, ob er eine förmliche Rechnung zu legen hat, ist nach Lage des einzelnen Falles zu beurtheilen. E. v. 17. Juni 1871. Entsch. II. S 436. In dem durch dieses Erkenntniß entschiedenen Falle wurde der Verklagte, dem von der Klägerin nicht blos ein einzelner Kommissionsauftrag ertheilt, sondern eine Quantität Waare zum kommissionsweisen Verkaufe anvertraut worden war und der einen Theil dieser Waaren verkauft hatte, zu einer förmlichen Rechnungslegung über den Restbestand des Lagers verurtheilt.

Der Einkaufskommissionair, welcher den Auftrag durch den Einkauf von einem Dritten ausgeführt haben will, braucht in der Regel nur den Abschluß eines Geschäfts nachzuweisen, welches sich nach Zeit, Gegenstand und Preis mit der Ausführungsanzeige deckt; dem Kommittenten steht der Gegenbeweis offen, daß das fragliche Geschäft nicht zur Ausführung seines Auftrages geschlossen worden ist. E. v. 18. Sept. 1886. RG. XVIII S. 20 ff.

Der Kommissionair muß, wenn nach der Lage des Falls anzunehmen ist, daß er sich im Besitze von schriftlichen Belägen über die Ausführung des ihm ertheilten Auftrages befinde oder doch solche ohne Schwierigkeit herbeizuschaffen im Stande sei, dieselben beibringen, bevor er Zahlung fordern kann. E. v. 12. März 1877. Entsch. XXII S. 4.

Zu der dem Einkaufskommissionair obliegenden Auskunftsertheilung gehört auch die Bezeichnung der gekauften Spezies, bei Werthpapieren die Angabe der Nummern. E. v. 2. Dez. 1888. RG. V S. 6.

Auch ohne vorgängige Rechnungslegung kann der Kommittent dasjenige, was er aus dem Geschäft zu fordern hat, einklagen. E. v. 5. März u. 30. Okt. 1872. Entsch. V S. 228, VII S. 379. Vgl. E. v. 19. Dez. 1873. Entsch. XII S. 366.

Selbst nach Anerkennung der gelegten Rechnung kann der Kommittent noch Vorlegung der auf das Geschäft sich beziehenden, im Besitz des Kommissionairs befindlichen Papiere verlangen. E. v. 2. Mai 1888. RG. XX S. 80.

d) Zu den Pflichten des Einkaufskommissionairs gehört an sich nicht die Ablieferung der eingekauften Waare an den Kommittenten, sondern je nach den Umständen der bloße Einkauf, d. h. der Geschäftsabschluß, oder auch dessen Realisirung oder auch, daß er die Waare dem Kommittenten in gehöriger Weise zur Verfügung stellt, oder endlich, daß er für gehörigen Transport derselben Sorge trägt. Ein Mehr kann ihm in Ermangelung einer besonderen Vereinbarung nicht zugemuthet werden.

Hat er dieser Pflicht genügt, so ist sein Anspruch auf Ersatz des verauslagten Kaufgeldes nebst Spesen und auf Zahlung der Provision begründet (Art. 372), mag auch die Waare in die Hand des Kommittenten nicht gelangt sein, da die Transportgefahr an sich nur den Kommittenten trifft. E. v. 29. Okt. 1870 u. 24. Mai 1876. Entsch. I S. 84, XX S. 316.

Der Kommittent wird nicht ohne Weiteres Eigenthümer oder Besitzer der vom Einkaufskommissionair infolge der Einkaufskommission eingekauften Sachen, sondern erlangt zunächst nur einen persönlichen Anspruch auf Ausantwortung der Sachen und, wenn diese vertretbar sind, nicht auf Ausantwortung der gekauften Spezies, welche daher der Kommissionair, so lange er in der Lage bleibt, dem Kommittenten eine gleiche Menge derselben Waare zu übergeben, auf eigene Rechnung weiter verkaufen kann. Was hinzukommen muß, damit der Kommittent Eigenthum erwerbe, ist nach bürgerlichem Recht zu beurtheilen. E. v. 27. Nov. 1875. Entsch. XIX S. 78.

Das RG. nimmt dagegen an, daß der Einkaufskommissionair, der nicht als Selbstkontrahent aufgetreten ist, auch bei fungiblen Waaren nicht das Recht hat, die auf Grund des ihm ertheilten Auftrages angeschaffte Waare zu verkaufen und eine andere zu liefern, es sei denn, daß nach der Lage des Falls anzunehmen ist, daß dem Kommittenten eine bloße Lieferungsbereitschaft des Kommissionairs genüge. E. v. 2. Dez. 1880. RG. V S. 1.

362. Handelt der Kommissionair nicht gemäß dem übernommenen Auftrage, so ist er dem Kommittenten zum Ersatze des Schadens verpflichtet; der Kommittent ist nicht gehalten, das Geschäft für seine Rechnung gelten zu lassen.[a)]

a) Vgl. Anm. a zu Art. 361 und zu Art. 364.

Ein vertragswidriges Verhalten des Kommissionairs (z. B. Ausübung eines nicht begründeten Retentionsrechts) berechtigt den Kommittenten nicht in jedem Falle zum Rücktritt von dem (Seitens des Kommissionairs ausgeführten) Kommissionsvertrage, sondern giebt, soweit es sich nicht um ein auftragswidrig ausgeführtes Geschäft handelt, nur Anspruch auf Leistung des Interesse. Dieses Interesse kann allerdings unter besonderen Umständen mit der gänzlichen Lossagung vom Vertrage zusammenfallen, wenn nämlich durch das schuldhafte Verhalten des Kommissionairs die Ausführung des Auftrages allen Werth für den Kommittenten verloren hat. E. v. 24. Mai 1876. Entsch. XX S. 323.

363. Hat der Kommissionair unter dem ihm gesetzten Preise[a)] verkauft, so muß er dem Kommittenten den

Unterschied im Preise vergüten, sofern er nicht beweist, daß ein Verkauf zu dem gesetzten Preise nicht ausgeführt werden konnte und die Vornahme des Verkaufs von dem Kommittenten Schaden abgewendet hat.[b)]

a) Die Preislimitirung kann unbeschadet der Natur des Kommissionshandels auch in der Weise erfolgen, daß der Kommissionair den ihm gesetzten Preis an den Kommittenten abführen muß, er den Abnehmern einen ihm anheimgestellten höheren Betrag zu berechnen hat und der Zuschlag ganz oder theilweise ihm verbleibt. E. v. 20. Okt. 1875, Entsch. XIX S. 70.

b) An den von dem Kommissionair zu führenden Nachweis der Schadensabwendung sind bei der exzeptionellen Natur des vom Gesetze gestatteten Ausnahmefalles strenge Anforderungen zu stellen. Der Kommissionair hat im Allgemeinen darzuthun, daß jeder spätere Verkauf noch ungünstiger ausfallen mußte, und dies wird anzunehmen sein, wenn eine schnelle Entwerthung der Waare zu befürchten war, ohne daß zu einer Anfrage Zeit blieb. E. v. 10. Nov. 1871. Entsch. IV S. 1 (vgl. Art. 366).

Der Nachweis, daß zur Zeit des Verkaufs kein höherer Preis zu erzielen war, genügt nicht. E. v. 28. Jan. 1873. Entsch. IX S. 19.

Der Kommissionair kann sich auf den Art. 363 nicht berufen, wenn er das Kommissionsgut im eigenen Interesse, zur Wahrung seiner Rechte verkauft hat. E. v. 16. März 1872. Entsch. V S. 293.

Führt der Kommissionair den Nachweis, daß der Verkauf zu dem gesetzten Preise nicht möglich war und durch den Verkauf Schaden von dem Kommittenten abgewendet worden ist, so muß der Kommittent den Verkauf selbst dann gelten lassen, wenn derselbe gegen seinen ausdrücklichen Willen erfolgt ist. E. v. 9. Mai 1887. Gruch. XXIX S. 1010.

364. Hat der Kommissionair den für den Einkauf gesetzten Preis überschritten, so kann der Kommittent den Einkauf als nicht für seine Rechnung geschehen zu-

rückweisen, sofern sich der Kommissionair nicht zugleich mit der Einkaufsanzeige zur Deckung des Unterschiedes erbietet.

Der Kommittent, welcher den Einkauf als nicht für seine Rechnung geschehen zurückweisen will, muß dies ohne Verzug auf die Einkaufsanzeige erklären, widrigenfalls die Ueberschreitung des Auftrages als genehmigt gilt.[a)]

a) Es genügt Mißbilligung der Auftragsüberschreitung. Der Kommittent braucht nicht ausdrücklich hinzuzufügen, daß er das Geschäft nicht für seine Rechnung gelten lassen wolle. E. v. 12. Jan. 1875. Entsch. XVI S. 257.

Die Vorschrift bezieht sich nur auf den Fall, wenn der Einkaufskommissionair den ihm gestellten Preis überschreitet, und findet auf andere Auftragsüberschreitungen oder den Verkaufskommissionair weder direkt noch analog Anwendung. — Die Frage, ob Schweigen des Kommittenten zu den im Art. 364 nicht vorgesehenen Ueberschreitungen seines Auftrages als Genehmigung anzusehen ist, muß nach Lage der konkreten Umstände beurtheilt werden. Das Schweigen des Kommittenten wird besonders dann präjudizirlich sein, wenn durch seine Erklärung die schädlichen Folgen der vom Kommissionair begangenen Auftragsüberschreitung hätten abgewendet oder gemindert werden können. E. v. 17. Febr. 1871. Entsch. I S. 321, v. 14. März 1871. Entsch. II S. 88. E. v. 1. Dez. 1871. Entsch. IV S. 203.

365. Wenn das Gut, welches dem Kommissionair zugesandt wird, bei der Ablieferung sich in einem äußerlich erkennbar beschädigten oder mangelhaften Zustande befindet, so muß der Kommissionär die Rechte gegen den Frachtführer oder Schiffer wahren, für den Beweis jenes Zustandes sorgen und dem Kommittenten ohne Verzug Nachricht geben.

Im Unterlassungsfalle ist er für den daraus entstandenen Schaden verantwortlich.

Er kann den Zustand durch Sachverständige feststellen lassen,[a] und wenn das Gut dem Verderben ausgesetzt und Gefahr im Verzuge ist, unter Beobachtung der Bestimmungen des Artikels 343. den Verkauf des Guts bewirken.

a) Vgl. Anm. zu Art. 348.

366. Treten Veränderungen an dem Gute ein, welche dessen Entwerthung befürchten lassen, und ist keine Zeit vorhanden, die Verfügung des Kommittenten einzuholen, oder der Kommittent in der Ertheilung der Verfügung säumig, so kann der Kommissionair unter Beobachtung der Bestimmungen des Artikels 343. den Verkauf des Guts veranlassen.

Ein gleiches Recht hat der Kommissionair in allen anderen Fällen, in welchen der Kommittent, obwohl hierzu nach Lage der Sache verpflichtet, über das Gut zu verfügen unterläßt.

367. Für Verlust oder Beschädigung des Guts ist der Kommissionair, während er Aufbewahrer desselben ist,[a] verantwortlich, wenn er nicht beweist, daß der Verlust oder die Beschädigung durch Umstände herbeigeführt ist, welche durch die Sorgfalt eines ordentlichen Kaufmanns nicht abgewendet werden konnten.

Der Kommissionair ist wegen Unterlassung der Versicherung des Guts nur dann verantwortlich, wenn er von dem Kommittenten den Auftrag zur Versicherung erhalten hat.[b]

a) Während er Aufbewahrer desselben ist, also erst von dem Zeitpunkte an, wo das eingekaufte Gut Eigenthum des Kommittenten geworden ist. E. v. 27. Nov. 1875. Entsch. XIX S. 79.

b) Der Abs. 2 bezieht sich nur auf Versicherungen im eigentlichen Sinne. Für die Frage, ob der Kommissionair (bez. Spediteur vgl. Art. 387) durch Unterlassung der Deklaration des Werthes des versandten Guts sich verantwortlich macht, sind die allgemeinen Vorschriften des Art. 361 (bez. 380) maßgebend. E. v. 15. Jan. 1892. RG. XXVIII S. 140.

Ist über die Ausführung des Versicherungsauftrages keine Weisung ertheilt, so hat der Komissionair (bez. Spediteur, vgl. Art. 387) bei der Wahl des Versicherers und der Bestimmung des Inhalts des Versicherungsvertrages die Sorgfalt eines ordentlichen Kaufmanns anzuwenden. E. v. 1. April 1882. RG. VI S. 115. (In dem entschiedenen Falle hatte der Spediteur den ihm ertheilten Auftrag, das Gut gegen Seegefahr zu versichern, durch Versicherung desselben „frei von Beschädigung außer im Strandungsfall" ausgeführt. Das Gut wurde durch Seewasser beschädigt; die Klage gegen den auf Schadensersatz belangten Spediteur ward abgewiesen.)

Vgl. Anm. d zu Art. 344.

368. Forderungen aus einem Geschäft, welches der Kommissionair abgeschlossen hat, kann der Kommittent dem Schuldner gegenüber erst nach der Abtretung geltend machen.

Jedoch gelten solche Forderungen, auch wenn sie nicht abgetreten sind,[a] im Verhältniß zwischen dem Kommittenten und dem Kommissionair oder dessen Gläubigern als Forderungen des Kommittenten.[b]

a) Der Kommittent kann jedoch Abtretung der Rechte des Kommissionairs fordern. E. v. 28. März 1873. Entsch. IX S. 233.

b) Es gilt dies auch dann, wenn der Kommissionair das del credere übernommen hat. E. v. 28. Juni 1872. Entsch. VII S. 23.

Aus der Bestimmung des Art. 368 Abs. 2 kann nicht geschlossen werden, daß der Kommissionair Besitz und Eigenthum an dem Kommissionsgut sofort mit der Uebergabe Seitens des dritten Verkäufers für den Kommittenten erwerbe. E. v. 23. Dez. 1874, 22. Jan. 1875. Entsch. XVI S. 69 u. 211. Ebenso E. v. 15. Febr. 1884. RG. XI S. 55. — Vgl. Anm. d vorletzten Abs. zu Art. 361.

Der Kommissionair, welcher über die Rechte aus dem für den Kommittenten geschlossenen Geschäft verfügt, macht sich nicht einer strafbaren Untreue (§. 266 Ziff. 2 StrGB.) schuldig. E. v. 31. März 1890. RG. Entsch. in Straff. XX S. 358.

369. Der Kommissionair, welcher ohne Einwilligung des Kommittenten einem Dritten Vorschüsse macht oder Kredit giebt, thut dies auf eigene Gefahr.

Insoweit jedoch der Handelsgebrauch am Orte des Geschäfts das Kreditiren des Kaufpreises mit sich bringt, ist in Ermangelung einer anderen Bestimmung des Kommittenten auch der Kommissionair dazu berechtigt.

Hat der Kommissionair unbefugt auf Kredit verkauft, so hat er dem Kommittenten, welcher dies nicht genehmigt, sofort als Schuldner des Kaufpreises die Zahlung zu leisten. Beweist der Kommissionair, daß beim Verkauf gegen baar der Preis ein geringerer gewesen sein würde, so hat er nur diesen Preis, und wenn derselbe geringer ist, als der auftraggemäße Preis, auch den Unterschied gemäß Artikel 363. zu vergüten.

370. Der Kommissionair steht für die Zahlung oder für die anderweitige Erfüllung der Verbindlichkeit seines Kontrahenten ein, wenn dies von ihm übernommen oder am Orte seiner Niederlassung Handelsgebrauch ist.

Der Kommissionair, welcher für seinen Kontrahenten einsteht, ist dem Kommittenten für die gehörige Erfüllung im Zeitpunkte des Verfalls unmittelbar und persönlich insoweit verhaftet, als solche aus dem Vertragsverhältnisse überhaupt rechtlich gefordert werden kann.[a)]

Der Kommissionair, welcher für seinen Kontrahenten einsteht, ist dafür zu einer Vergütung (del credere-Provision) berechtigt.

a) Der aus dem „del credere" in Anspruch genommene Kommissionair kann alle diejenigen Einreden geltend machen, welche seinem Gegenkontrahenten ihm gegenüber zustehen, sofern sie nicht etwa durch ein ihm, dem Kommissionair, zur Last fallendes Verschulden begründet worden sind. — Der Art. 347 findet auf den Verkaufskommissionair in seinem Verhältniß zum Kommittenten nicht Anwendung; die Unterlassung rechtzeitiger Mängelanzeige kann nach Art. 361 eine Schadensersatzpflicht zur Folge haben, nicht aber Verlust der Einrede. E. v. 23. Nov. 1876, 19. Juni 1879. Entsch. XXI S. 147, XXV S. 214.

371. Der Kommittent ist schuldig, dem Kommissionair zu ersetzen, was dieser an baaren Auslagen oder überhaupt zum Vollzuge des Geschäfts nothwendig oder nützlich aufgewendet hat.[a)] Hierzu gehört auch die Vergütung für die Benutzung der Lagerräume[b)] und der Transportmittel des Kommissionairs und der Arbeit seiner Leute.

Der Kommissionair hat die Provision zu fordern,[c)] wenn das Geschäft zur Ausführung gekommen ist. Für Geschäfte, welche nicht zur Ausführung gekommen sind, kann eine Provision nicht gefordert werden; jedoch hat der Kommissionair das Recht auf die Auslieferungsprovision, sofern eine solche ortsgebräuchlich d) ist.

a) Hierbei kann der Kommittent eine bei ihm infolge höherer Gewalt eingetretene Unmöglichkeit der Erfüllung nicht geltend machen, wenn der Kommissionair die für Rechnung des Kommittenten, aber im eigenen Namen abgeschlossenen Geschäfte erfüllt hat, weil der Kommissionair sich dem Dritten gegenüber auf die beim Kommittenten eingetretene Unmöglichkeit der Erfüllung nicht berufen kann. E. v. 22. Dez. 1877. Entsch. XXIII S. 107.

b) Den Anspruch auf Lagergeld hat der Kommissionair durch Bezeichnung des verwendeten Raumes oder sonstige Thatsachen, aus denen sich die Angemessenheit ergiebt, zu substantiiren. E. v. 30. Okt. 1872. Entsch. VII S. 382.

c) Ist dem Kommissionair statt der Provision ein Gewinnantheil versprochen worden, so kann er doch die übliche Provision beanspruchen, wenn durch das Verhalten des Kommittenten die Erzielung eines Gewinnes vereitelt worden ist. E. v. 21. Febr. 1877. Entsch. XXII S. 77.

d) Ortsgebräuchlich. Hierfür ist der Ort maßgebend, von welchem aus der Kommissionair die ihm übertragenen Geschäfte macht, also in der Regel der Ort seiner Handelsniederlassung, nicht diejenigen Orte, wohin die Geschäfte gemacht (die Waaren abgesetzt) werden sollen. E. v. 29. Okt. 1886. RG. XVII S. 31.

372. Wenn der Kommissionair zu vortheilhafteren Bedingungen abschließt, als sie ihm vom Kommittenten gestellt worden, so kommt der Vortheil dem letzteren allein zu Statten.a)

Dies gilt insbesondere, wenn der Preis, für welchen der Kommissionär verkauft, den vom Kommittenten bestimmten niedrigsten Preis übersteigt, oder wenn der Preis, für welchen er einkauft, den vom Kommittenten bestimmten höchsten Preis nicht erreicht.

a) Dies gilt auch dann, wenn der Kommissionair die Waare in der irrthümlichen Ansicht, als Selbstkontrahent auftreten zu können (Art. 376), für sich weiter veräußert hat. E. v. 7. Jan. 1877. Entsch. XII S. 181.

373. Ein Kommissionair, welcher den Ankauf eines Wechsels übernommen hat,[a] ist, wenn er den Wechsel indossirt, verpflichtet, denselben regelmäßig und ohne Vorbehalt zu indossiren.[b]

a) Die Vorschrift des Art. 374 findet nicht nur Anwendung, wenn der Auftrag ausdrücklich auf Ankauf eines Wechsels gegangen ist, sondern immer dann, wenn der Kommissionair in Ausführung der Kommission (z. B. zur Uebermittelung des eingezogenen Kaufpreises) einen Wechsel für Rechnung des Kommittenten ankauft. E. v. 8. Febr. 1888. RG. XX S. 113.

b) Der Kommissionair, welcher den Wechsel ohne Vorbehalt indossirt, kann dem unmittelbaren Nachmann, dem Kommittenten, den Einwand aus dem zu Grunde liegenden Verhältniß (daß der Ankauf für Rechnung des Kommittenten geschehen sei) entgegensetzen, falls nicht (was der Kommittent zu beweisen hat) vereinbart ist, daß der Kommissionair für den Eingang des Wechsels einzustehen habe. E. v. 8. Febr. 1888. RG. XX S. 114.

374. Der Kommissionair hat an dem Kommissionsgut,[a] sofern er dasselbe noch in seinem Gewahrsam hat oder sonst, insbesondere mittelst der Konnossemente, Ladescheine oder Lagerscheine, noch in der Lage ist, darüber zu verfügen, ein Pfandrecht[b] wegen der auf das Gut verwendeten Kosten, wegen der Provision, wegen der rücksichtlich des Gutes gegebenen Vorschüsse und Darlehen,[c] wegen der rücksichtlich desselben gezeichneten Wechsel, oder in anderer Weise eingegangenen Verbindlichkeiten, sowie wegen aller Forderungen aus laufender Rechnung in Kommissionsgeschäften.d)

Der Kommissionair kann sich für die vorstehend erwähnten Ansprüche aus den durch das Kommissionsgeschäft begründeten und noch ausstehenden Forderungen vorzugsweise vor dem Kommittenten und dessen Gläubigern befriedigen.

a) Unter Kommissionsgut ist alles dasjenige zu verstehen, was der Kommissionair als Gegenstand des aufgetragenen Geschäfts erhalten, bei der Verkaufskommission also, was ihm der Kommittent zum Zwecke des Verkaufs zugesandt, bei der Einkaufskommission, was er vom dritten Verkäufer für Rechnung des Kommittenten gekauft hat. Bloße Transportmittel, welche nicht mitverkauft, sondern nach beendetem Transport zurückgegeben werden (Bassinwagen im Gegensatz zu Gebinden), gehören nicht zum Kommissionsgut. E. v. 20. Febr. 1889. Gruch. XXXIII S. 1046.

Zum Kommissionsgut gehört auch das dem Kommissionair zunächst nur zur Aufbewahrung übergebene Gut. E. v. 11. Mai 1876. Entsch. XX S. 87.

Talons, die der Kommissionair zur Beschaffung neuer Zinsbogen erhalten hat, sind nicht als Kommissionsgut im Sinne des Art. 374 anzusehen. E. v. 12. Febr. 1881. RG. III S. 155.

b) Vgl. Art. 306 Abs. 2 u. 3 und §. 41 Ziff. 8 Konk.O.

Der Kommissionair ist nicht verpflichtet, das Kommissionsgut gegen Hinterlegung der Pfandsumme herauszugeben. E. v. 17. April 1880. RG. I S. 305.

Er ist nicht befugt, zum Schutze seines Pfandrechts über das Kommissionsgut eine von der Weisung des Kommittenten abweichende Verfügung zu treffen. E. v. 11. Juni 1872. Entsch. VI S. 312.

c) Darlehen und Vorschüsse, die auf das Kommissionsgut geleistet sind, kann der Kommissionair nur mit der actio mandati contraria und mithin in der Regel nur zurückfordern, wenn und insoweit das Ergebniß des Verkaufs abzüglich der Auslagen und

Provision hinter dem Betrage des Vorschusses zurückgeblieben ist. Die Vorschüsse und Darlehen sind im Zweifel als bis zum Verkaufe des Kommissionsgutes gestundet anzusehen. E. v. 10. Mai 1873. Entsch. X S. 187.

d) Das Pfandrecht des Kommissionairs wird dadurch nicht ausgeschlossen, daß die laufende Rechnung sich auch auf andere als Kommissionsgeschäfte bezieht. Nur werden zur Ermittelung derjenigen Forderung, für welche das Pfandrecht in Anspruch genommen werden kann, die sich nicht auf Kommissionsgeschäfte beziehenden Posten im Debet und Kredit unberücksichtigt bleiben müssen. E. v. 10. März 1883. RG. IX S. 430.

375. Ist der Kommittent in Erfüllung der in dem vorigen Artikel bezeichneten Verpflichtungen gegen den Kommissionair im Verzuge, so ist der letztere berechtigt,[a] sich unter Beobachtung der Vorschriften des Artikels 310.[b] aus dem Kommissionsgute bezahlt zu machen;[c] er hat dieses Recht auch gegenüber den übrigen Gläubigern und der Konkursmasse des Kommittenten.

a) berechtigt, nicht verpflichtet. E. v. 17. April 1880. RG. I S. 305.

b) Sind die Vorschriften des Art. 310 nicht innegehalten, insbesondere die Bewilligung des Handelsgerichts nicht eingeholt, so braucht der Kommittent den Verkauf nicht wider sich gelten zu lassen, E. v. 16. März 1872. Entsch. V S. 291, wobei es gleichgültig ist, ob der Kommissionair Eigenthümer der Waare ist oder nicht (vgl. Anm. d zu Art. 361 und Anm. b zu Art. 368). E. v. 9. Febr. u. 15. Okt. 1875. Entsch. XVI S. 116 u. XVIII S. 255.

Der Kommissionair kann jedoch durch schriftlichen Vertrag (Art. 311) von der Verpflichtung, die Vorschriften des Art. 310 zu beobachten, entbunden werden. E. v. 19. Sept. 1874 u. 9. Febr. 1875. Die mündliche Unterwerfung unter einen angeblich von der Mitwirkung des Gerichts befreienden Handelsgebrauch genügt nicht.

E. v. 9. Febr. 1875. Entsch. XVI S. 125. Ob ein den Bestimmungen des Art. 310 entsprechender Verkauf genügend unter Beweis gestellt ist, hat der Richter von Amtswegen zu prüfen. Dass. E. S. 122. Die Vorschriften des Art. 310 hat der Kommissionair aber nur zu beobachten, wenn er durch den Verkauf seine Ansprüche gegen den Kommittenten wegen Auslagen und Provision realisiren will. Daraus folgt nicht, daß der Einkaufskommissionair nicht berechtigt ist, das angekaufte Gut, so lange es noch nicht Eigenthum des Kommittenten geworden ist, für sich ohne Beobachtung der Vorschriften des Art. 310 weiter zu verkaufen. E. v. 27. Nov. 1875. Entsch. XIX S. 81.

c) Andere Rechte, als die ihm hier verliehenen hat der Kommissionair gegen den im Verzuge befindlichen Kommittenten nicht. Insbesondere hat er, wenn er nicht als Selbstkontrahent eingetreten ist, nicht das Recht, von dem zur Ausführung gebrachten Kommissionsvertrage abzugehen und seinerseits die Erfüllung zu versagen. E. v. 27. Sept. 1873. Entsch. XI S. 9.

376. Bei der Kommission zum Einkauf oder zum Verkauf von Waaren, Wechseln und Werthpapieren, welche einen Börsenpreis oder Marktpreis haben,[a] ist der Kommissionair, wenn der Kommittent nicht ein Anderes bestimmt hat,[b] befugt, das Gut, welches er einkaufen soll, selbst als Verkäufer zu liefern, oder das Gut, welches er zu verkaufen beauftragt ist, als Käufer für sich zu behalten.[c]

In diesem Falle ist die Pflicht des Kommissionairs, Rechenschaft über die Abschließung des Kaufs oder Verkaufs zu geben, auf den Nachweis beschränkt, daß bei dem berechneten Preise der Börsenpreis oder Marktpreis zur Zeit der Ausführung des Auftrags[d] eingehalten ist.[e] Er ist zu der gewöhnlichen Provision berechtigt

und kann die bei Kommissionsgeschäften sonst regelmäßig vorkommenden Unkosten[f] berechnen.

Macht der Kommissionair nicht zugleich mit der Anzeige über die Ausführung des Auftrages eine andere Person als Käufer oder Verkäufer namhaft,[g] so ist der Kommittent befugt, den Kommissionair selbst als Käufer oder Verkäufer in Anspruch zu nehmen.[h]

a) Bei Waaren, die keinen Markt- oder Börsenpreis haben, ist die Befugniß des Kommissionairs, als Selbstkontrahent einzutreten, ausgeschlossen. E. v. 7. Jan. 1874. Entsch. XII S. 181.

b) Diesem Falle steht derjenige gleich, wenn die Natur des fraglichen Geschäfts es in einer für Jedermann greifbaren Weise mit sich bringt, daß es nicht die Absicht des Kommittenten sein könne, ein persönliches Eintreten des Kommissionairs als Kontrahenten zuzulassen. Dahin sind nach Ansicht des ROHG. Aufträge zum Abschluß von Differenzgeschäften zu rechnen. E. v. 1. Okt. 1873. Entsch. XI S. 43.

Eine den Eintritt als Selbstkontrahent ausschließende Bestimmung ist nicht zu finden in der Festsetzung eines Limitums (E. v. 14. Dez. 1877. Entsch. XVIII S. 104, vgl. Anm. e) oder in der Uebernahme des del credere Seitens des Kommissionairs. E. v. 20. Nov. 1875. Entsch. XIX S. 55.

c) Das hier dem Kommissionair eingeräumte Wahlrecht, ob er ein dem Auftrage entsprechendes Geschäft für Rechnung des Kommittenten abschließen oder als Selbstkontrahent eintreten will, ist zeitlich nicht beschränkt. Die einmal getroffene Wahl ist aber unabänderlich. Auch wenn der Kommissionair aus Veranlassung der ihm ertheilten Einkaufskommission ein entsprechendes Geschäft mit einem Dritten abschließt, hängt es von seiner Wahl ab, ob dieses Geschäft als unmittelbar für Rechnung des Kommittenten geschlossen gelten soll oder ob er sich dadurch nur in den Stand setzen will, als Selbstverkäufer zu liefern. In der ersten Anzeige kann der Kommissionair noch dahingestellt sein lassen, was er wählt. Die Anzeige, daß der aufgetragene Einkauf oder Verkauf bewirkt ist, enthält nicht nothwendig die Erklärung, daß der Auftrag durch Geschäftsabschluß mit einem Dritten ausgeführt sei. Auch nach einer solchen Anzeige kann also der Kommissionair noch als Selbstkontrahent eintreten. E. v. 26. Jan. u. 3. Juni 1876. Entsch. XIX S. 355, XX S. 328. Ebenso E. v. 10. April 1880 u. 12. Nov. 1881. RG. I S. 288, VI S. 46.

Die Anzeige des Kommissionairs, „er habe die Waare unter seinem del credere gekauft, so daß der Kommittent ihn als Selbstverkäufer betrachten wolle", enthält keinen Widerspruch, sondern eine genügende Anzeige des Eintritts als Selbstkontrahent. E. v. 20. Nov. 1875. Entsch. XIX S. 53.

Die Erklärung des Kommissionairs, daß er den Auftrag durch Vertragsabschluß mit einem Dritten zur Ausführung gebracht habe, kann auf Grund eines von ihm zu erweisenden Irrthums zurückgenommen werden. E. v. 7. Dez. 1881. RG. VI S. 54, Anm. 1.

Behauptet der Kommissionair, daß er den Auftrag durch Vertragsabschluß mit einem Dritten ausgeführt habe, so muß er dies auf Wunsch des Kommittenten nachweisen. Stellt sich seine Mittheilung als unrichtig heraus, so ist der Auftrag unausgeführt geblieben; der Kommissionair kann nach einer solchen Mittheilung nicht mehr als Selbstkontrahent eintreten. E. v. 10. Dez. 1881. RG. VI S. 54. Vgl. Anm. c Abs. 2 zu Art. 361.

Das Recht des Einkaufskommissionairs, als Selbstverkäufer einzutreten, ist nicht davon abhängig, daß er die fragliche Waare zur Zeit des Eintritts besitzt oder sofort darüber verfügen kann. E. v. 3. Juni 1876. Entsch. XX S. 327.

Ist der Kommissionair auf Grund des Art. 376 als Selbstkontrahent eingetreten, so hat von dem Zeitpunkte des Eintrittes ab das Mandatsverhältniß mindestens insoweit sein Ende erreicht, als es mit dem neu begründeten Rechtsverhältniß aus dem Kaufgeschäft unvereinbar ist. Insbesondere bestimmen sich die Wirkungen des Verzuges nach Art. 354 ff. Ein solcher Kommissionair hat daher auch auf Grund der Art. 343, 354 das Verkaufsrecht ohne gerichtliche Ermächtigung, während der Kommissionair, welcher von dem Rechte des Eintritts als Selbstkontrahent keinen Gebrauch gemacht hat, nach Art. 375 an die Beobachtung der Vorschriften des Art. 310 gebunden ist. E. v. 28. Mai 1872. Entsch. VI S. 182.

Das Geschäft, durch welches der als Selbstkontrahent auftretende Einkaufskommissionair die von ihm zu liefernde Waare von einem Dritten gekauft hat, ist für den Kommittenten ein fremdes Geschäft, um dessen Erledigung er sich nicht zu kümmern braucht. E. v. 18. März 1889. RG. XXV S. 69.

Für das durch den Eintritt des Kommissionairs als Selbstkontrahent entstandene Rechtsverhältniß ist der Inhalt des aufgetragenen, von dem Kommissionair mit einem Dritten abzuschließenden Geschäfts maßgebend. Dies gilt besonders vom Erfüllungsort. Gemäß Art. 324 Abs. 2 Satz 1 und Art. 342 Abs. 2 Satz 1 HGB. ist daher in Ermangelung ausdrücklicher oder aus den Umständen zu entnehmender Vereinbarungen der Ort der Handelsniederlassung des Verkaufskommissionairs der Erfüllungsort für das durch dessen Eintritt als Selbstkäufer entstandene Rechtsgeschäft (Zuständigkeit des Gerichts gemäß §. 29 CPrO.). E. v. 3. Okt. 1883, 29. Mai 1889, RG. X S. 89, XXIII S. 415.

d) Es ist dies der Zeitpunkt der Erklärung des Kommissionairs, daß er als Selbstkontrahent eintrete. Hatte jedoch der Kommissionair den Auftrag, die anzuschaffende Waare für den Kommittenten zu verwenden, so ist der Zeitpunkt der Verwendung (nicht der bloßen Bereithaltung) maßgebend, auch wenn die Anzeige von dem Eintritt als Selbstverkäufer später erfolgt ist. E. v. 28. Nov. 1871. Entsch. IV S. 168.

e) Der Verkaufskommissionair darf nicht zum Limitum als Selbstkäufer eintreten, wenn zur Zeit des Eintritts der Börsen- und Marktpreis ein höherer war. E. v. 26. Nov. 1872. Entsch. VIII S. 94.

f) Dahin gehört besonders die übliche Maklergebühr (Courtage). Ob dem Kommissionair die Unkosten thatsächlich entstanden sind, ist unerheblich. E. v. 17. Okt. 1871. Stg. IV S. 129.

Das ROHG. nahm an, daß die Ansprüche des als Selbstkontrahent eintretenden Einkaufskommissionairs auf Kaufpreis, Provision und sonstige Kosten als Forderung aus dem Kaufvertrage anzusehen sind und deshalb der kurzen Verjährung aus §. 1 Nr. 1

des preuß. Ges. v. 31. März 1838 unterliegen. E. v. 3. Juni 1875. Entsch. XVII S. 327. Dies wird vom Reichsgericht gemißbilligt. E. v. 17. Okt. 1891. Gruch. XXXVI S. 1070.

g) namhaft. Dasselbe gilt, wenn in der Anzeige über die Ausführung des Auftrages ein ungenannter Dritter („ein Freund") als Käufer oder Verkäufer bezeichnet ist. E. v. 19. Dez. 1877. Entsch. XXIII S. 103.

h) Diese Befugniß des Kommittenten ist zeitlich nicht beschränkt und selbst nach der Erfüllungsannahme jedenfalls noch so lange zulässig, als der Kommissionair den Dritten, mit dem das Geschäft abgeschlossen ist, nicht genannt hat. E. v. 4. Juni 1881. RG. IV S. 92.

Dem Kommissionair, welcher bei der Anzeige über die Ausführung des Auftrages den Käufer oder Verkäufer nicht genannt hat, steht nicht ohne Weiteres das Recht zu, als Selbstkontrahent aufzutreten. Er darf sich vielmehr erst dann als Selbstkäufer oder Selbstverkäufer betrachten, wenn ihm der Kommittent erklärt hat, daß er ihn als solchen in Anspruch nehme. E. v. 11. u. 14. Okt. 1871. Entsch. III S. 189 u. 334. — Bevor der Kommittent diese Erklärung abgegeben hat, darf daher der Einkaufskommissionair, der nicht seinerseits erklärt, als Selbstverkäufer einzutreten, nach Art. 373 nur unter Beobachtung des Art. 310 das Kommissionsgut verkaufen. Verkauft er es ohne Beobachtung dieser Vorschrift, so ist die davon dem Komittenten gemachte Mittheilung als Rücktritt vom Kommissionsgeschäft aufzufassen, welcher eine spätere Rückkehr zur Vertragstreue nicht zuläßt. E. v. 20. März 1875. Entsch. XVI S. 330.

Macht der Kommittent von der ihm im letzten Absatz des Art. 376 eingeräumten Befugniß Gebrauch, so ist der Kommissionair nicht darauf beschränkt, Behufs Rechtfertigung des angerechneten Preises nachzuweisen, daß derselbe dem Markt- oder Börsenpreise entspricht. E. v. 2. Okt. 1874. Entsch. XIV S. 387. — Der Kommissionair muß in einem solchen Falle alle diejenigen Verpflichtungen erfüllen, die er nach dem ihm ertheilten Auftrage dem dritten Kontrahenten auferlegen sollte. Der Art. 376 Abs. 3 ist nicht auf sogenannte glatte Geschäfte, d. h. solche, die Zug um Zug ohne Nebenverpflichtungen erfüllt werden sollen, zu beschränken. E. v. 10. April 1877. Entsch. XXII S. 238.

377. Wenn der Kommittent den Auftrag widerruft, und der Widerruf bei dem Kommissionair eintrifft, bevor die Anzeige von der Ausführung des Auftrages Behufs ihrer Absendung abgegeben ist,[a] so kann sich der Kommissionair der Befugniß, selbst als Käufer oder Verkäufer einzutreten, nicht mehr bedienen.[b]

a) An sich ist der Widerruf und das Verlangen auf Herausgabe des Kommissionsguts jederzeit zulässig und kann auch durch Anstellung der Klage erklärt werden. Daß der Auftrag bei Eintreffen des Widerrufs schon erfüllt (also im Falle des Eintritts des Kommissionairs als Selbstkontrahent die Erklärung bereits abgegangen) war, hat der Kommissionair zu beweisen. E. v. 16. März 1870, 1. März 1875. Entsch. V S. 281, XVI S. 305.

Der Widerruf wird auch dann für verspätet zu erachten sein, wenn der Kommissionair vor Eintreffen desselben den Auftrag in äußerlich erkennbarer Weise als Selbstkontrahent erfüllt oder mündlich die Ausführung des Auftrags angezeigt hat. E. v. 16. März u. 16. Nov. 1872. Entsch. V S. 282, VIII S. 95.

Während aber das ROHG. (E. v. 16. Nov. 1872, Entsch. VIII S. 92) annahm, daß nur eine vollständige, die Selbstübernahme ausdrückende Anzeige des Kommissionairs den späteren Widerruf des Auftrages ausschließe, hält das RG. (E. v. 16. April 1882, RG. VII S. 98) den Widerruf auch nach einer allgemeinen, den Selbsteintritt noch dahingestellt sein lassenden Ausführungsanzeige nicht mehr für zulässig, so daß trotz des Widerrufs der Kommissionair in Ergänzung seiner früheren Anzeige noch erklären kann, daß der Auftrag durch Eintritt als Selbstkontrahent ausgeführt sei.

b) Auf einen schon vorher gefaßten, etwa Dritten gegenüber oder in einem noch nicht abgesandten Briefe geäußerten Entschluß, als Selbstkontrahent einzutreten, kann sich der Kommissionair nicht berufen. E. v. 16. März 1876. Entsch. V S. 281.

378. Die Bestimmungen dieses Titels kommen auch zur Anwendung, wenn ein Kaufmann, dessen gewöhnlicher Handelsbetrieb nicht in Kommissionsgeschäften besteht, ein einzelnes Handelsgeschäft in eigenem Namen für Rechnung eines Auftraggebers schließt.

Vierter Titel. Von dem Speditionsgeschäfte.

379. Spediteur ist derjenige, welcher gewerbemäßig in eigenem Namen für fremde Rechnung Güterversendungen[a] durch Frachtführer oder Schiffer zu besorgen übernimmt.

a) Güter vgl. Anm. a zu Art. 390.

380. Der Spediteur haftet für jeden Schaden,[a] welcher aus der Vernachlässigung der Sorgfalt eines ordentlichen Kaufmanns bei der Empfangnahme[b] und Aufbewahrung des Gutes, bei der Wahl der Frachtführer, Schiffer oder Zwischenspediteure[c] und überhaupt bei der Ausführung der von ihm übernommenen Versendung der Güter entsteht.[d]

Der Spediteur hat die Anwendung dieser Sorgfalt zu beweisen.[e]

a) Vgl. im E. v. 21. Nov. 1883, RG. XIII S. 63, wie der dem Absender erwachsene Schaden zu berechnen ist, wenn die Waare dem Empfänger vom Spediteur nur gegen Zahlung einen gewissen Nachnahmebetrages verabfolgt werden sollte, aber ohne diese Zahlung verabfolgt ist.

b) Zu einer Feststellung der Quantität bei der Empfangnahme ist der Spediteur verpflichtet, wenn die Umstände des Falles dazu Veranlassung bieten. E. v. 8. Dez. 1874 u. 26. Febr. 1876. Entsch. XV S. 384, XX S. 231.

c) Der Spediteur ist verpflichtet, auch die persönlichen Eigenschaften der von ihm gewählten Frachtführer, Schiffer und Zwischenspediteure zu prüfen; er darf nur als solid bekannte Personen wählen. Dagegen ist er auf die Wahl gewerbsmäßiger Frachtführer ꝛc. nicht beschränkt, wie andererseits nicht jeder gewerbsmäßige Frachtführer ohne Weiteres als tauglich gelten kann. E. v. 11. Okt. 1872. Entsch. VII S. 307.

Der Spediteur haftet nicht für Versehen des von ihm erwählten ordentlichen Frachtführers und ist in der Regel nicht verpflichtet, demselben Weisungen zu ertheilen. E. v. 11. Okt. 1872. Entsch. VII S. 306.

d) Der Spediteur haftet auch für den Schaden, der dadurch entsteht, daß er ein Duplikat des Empfangscheins einem nicht Berechtigten ansgeantwortet hat, gleichviel wo sich zur Zeit der Begehung der Nachlässigkeit die Waare befunden hat und wann in Folge dessen der Schaden eingetreten ist. E. v. 28. April 1875. Entsch. XVI S. 349.

Zu den dem Spediteur obliegenden Verpflichtungen gehört es, die Konnossemente über die von ihm versandten Güter so zeitig nach dem Bestimmungsort zu befördern, daß dieselben bei Ankunft der Güter sich in den Händen der Empfänger befinden können. Wenn er hierzu nicht im Stande war, kann es nach Lage des Falls zu seinen Obliegenheiten gehören, den Empfänger telegraphisch von der Sachlage in Kenntniß zu setzen. E. v. 21. Nov. 1883. RG. XIII S. 63.

e) Wenn der Eigenthümer der Waare eine bestimmte Entstehungsursache des Schadens behauptet, so kann dem Spediteur eine anderweitige Aufklärung der Schadensursache nicht angesonnen werden und es genügt, wenn er in der vom Eigenthümer behaupteten Richtung sein Nichtverschulden nachweist. E. v. 10. Dez. 1872 u. 3. Febr. 1874. Entsch. VIII S. 201, XII S. 386. Vgl. auch das Erk. v. 22. Juni 1875. Entsch. XIX S. 212, wonach eine besondere Beweisantretung dafür, daß die dargelegten Handlungen des Spediteurs dem technischen Begriffe „Sorgfalt eines ordentlichen Kaufmanns" entsprechen, nicht verlangt werden kann. Der Beweispflichtige legt seine Handlungen dar, der Richter qualifizirt sie.

Vgl. im E. v. 12. Febr. 1884, RG. XI S. 132, wie sich die Beweislast in Beziehung auf die Frage regelt, ob ein Brand, durch welchen die dem Spediteur zur Aufbewahrung übergebenen Güter mit dem Lagergebäude vernichtet sind, ein den Spediteur von seiner Haftung entbindender Unglücksfall ist.

Die Vorschrift des Art. 408, daß durch Annahme des Guts und Bezahlung der Fracht die Ansprüche an den Frachtführer erlöschen, findet auf die Ansprüche an den Spediteur nicht Anwendung. E. v. 10. Dez. 1872. Entsch. VIII S. 195. Vgl. E. v. 16. Nov. 1874. Entsch. XV S. 266.

381. Der Spediteur hat die Provision a) und die Erstattung dessen zu fordern, was er an Auslagen und Kosten oder überhaupt zum Zweck der Versendung b) nothwendig oder nützlich aufgewendet hat (Artikel 371.). c)

Er ist nicht befugt, eine höhere als die mit dem Frachtführer oder Schiffer bedungene Fracht zu berechnen.

a) Ist die Provision (Speditionsgebühr) im Allgemeinen bestimmt, aber dem Spediteur durch Beifügung eines „circa" ein gewisser Spielraum gelassen, so kann derselbe auf Grund dieses an sich gültigen Vertrages über die festgesetzte Gebühr um ein Geringes hinausgehen. E. v. 14. März 1874. Entsch. XIII S. 75.

b) Der Spediteur, welcher die vom Verkäufer auf die Waare gelegte Nachnahme ohne Einwilligung des Käufers bezahlt, kann blos deswegen, weil er sonst die Waare nicht erhalten hätte, dem Käufer diese Zahlung als nützliche Verwendung nicht anrechnen. Wenn aber der Käufer auf die ihm gemeldete Zahlung schweigt und die spedirte Waare später abnimmt, so ist dies als nachträgliche Genehmigung der Zahlung aufzufassen. E. v. 9. Nov. 1875. Entsch. XX S. 187.

c) Diese Spesen hat der Spediteur vom Auftraggeber zu verlangen. Durch Uebernahme des Auftrages, sie vom Empfänger zu erheben, wird sein Anspruch an den Auftraggeber kein subsidiärer. Schuldlose Ausantwortung des Guts an den Empfänger hat den Verlust des Anspruchs an den Auftraggeber nicht zur Folge. E. v. 22. Juni 1875. Entsch. XIX S. 217.

Die Gebühren und Auslagen der kaufmännischen Spediteure unterliegen nicht der vierjährigen Verjährung aus §. 2 Nr. 2 des preuß. Gesetzes vom 31. März 1838. E. v. 8. Mai 1877. Entsch. XXII S. 160.

382. Der Spediteur hat wegen der Fracht, der Provision, der Auslagen, Kosten und Verwendungen und wegen der dem Versender auf das Gut geleisteten Vorschüsse ein Pfandrecht[a] an dem Gute, sofern er dasselbe noch in seinem Gewahrsam hat oder in der Lage ist, darüber zu verfügen.[b]

Er kann dieses Recht auch gegenüber den übrigen Gläubigern und der Konkursmasse des Eigenthümers geltend machen.[c]

Bedient sich der Spediteur eines Zwischenspediteurs, so hat der letztere zugleich die seinem Vormann zustehenden Rechte, insbesondere dessen Pfandrecht auszuüben.

Soweit der Vormann wegen seiner Forderung durch Nachnahme von dem Nachmann befriedigt ist, geht die Forderung und das Pfandrecht des Vormanns von Rechtswegen auf den Nachmann über.[d] Dasselbe gilt in Bezug auf die Forderung und das Pfandrecht des Frachtführers, wenn und insoweit der letztere von dem Zwischenspediteur befriedigt ist.

a) Dieses Pfandrecht bewirkt, daß der Destinatär das Gut nur gegen Zahlung der Spesen zc. fordern kann. Lehnt dieser Zahlung ab, so kann sich der Spediteur nur an seine Vormänner halten. E. v. 9. Nov. 1875. Entsch. XX S. 190.

b) Vgl. Art. 306 Abs. 2 und 3.

c) Vgl. §. 41 Ziff. 8 Konk.O.

d) Der Zwischenspediteur hat die Richtigkeit und Rechtmäßigkeit der von seinem Vormann nachgenommenen Auslagen nicht zu vertreten; er erlangt in Höhe des an den Vormann gezahlten Betrages ein wirksames Pfandrecht, selbst wenn der Vormann, weil die Nachnahme überhaupt unbegründet oder zu hoch war, ein solches nicht hatte. E. v. 6. Dez. 1878. Entsch. XXIV S. 288.

383. Ein Spediteur, welcher die Versendung durch Frachtführer oder Schiffer, jedoch mittelst von ihm für eigene Rechnung gemietheter Transportmittel besorgt, kann die gewöhnliche Fracht nebst der Provision und den sonstigen Kosten berechnen.

384. Wenn ein Spediteur mit dem Absender oder Empfänger über bestimmte Sätze der Transportkosten sich geeinigt hat, so haftet er, in Ermangelung einer entgegenstehenden Vereinbarung, für die von ihm angenommenen Zwischenspediteure und Frachtführer.[a]) Er ist in diesem Falle zur Provision nur dann berechtigt, wenn vereinbart ist, daß eine solche neben den bestimmten Sätzen der Transportkosten gefordert werden könne.[b])

a) Die Vereinbarung eines Pauschquantums für sämmtliche Transportkosten genügt, um den Spediteur zu einem Transportunternehmer und damit für die Zwischenspediteure und Frachtführer insoweit verantwortlich zu machen, als diese letzteren selbst haften. E. v. 4. Mai 1871. Entsch. II S. 249.

Ob der Spediteur mittelbar oder unmittelbar die Zwischenspediteure und Frachtführer angenommen hat, ist unerheblich. Er haftet für alle Zwischenspediteure und Frachtführer, die der Absender oder Empfänger nicht selbst gewählt hat. E. v. 11. Sept. 1874. Entsch. XIV S. 277.

Im Uebrigen behält ein dem Art. 384 entsprechender Vertrag die Natur des Speditionsgeschäfts; er wird nicht Frachtgeschäft. E. v. 19. April 1875. Entsch. XVI S. 377.

b) Ueber den juristischen Charakter des Inseratenspediteurs läßt sich das ROHG. in dem E. vom 17. Nov. 1871 (Entsch. IV S. 135, vgl. E. v. 10. Jan. 1871. Entsch. I S. 212), wie folgt, aus:

„Das Rechtsgeschäft, dem der Inhaber eines Annoncenbüreaus sich unterzieht, nimmt dessen Thätigkeit in verschiedenen mandatsmäßigen Richtungen in Anspruch, Richtungen, welche theils dem Bereiche des Spediteurs, theils dem des Kommissionairs angehören. Denn er übernimmt den Transport der ihm aufgegebenen Annonce an die bestimmte Zeitungsexpedition, er schließt aber zugleich mit dieser den Vertrag über die Druckausführung, zwar für Rechnung des Kommittenten, jedoch im eigenen Namen ab. Er berechnet dem Kommittenten die regelmäßigen, von den Zeitungsredaktionen ihren Kunden abgeforderten Insertionskosten, abzüglich des durch besondere Uebereinkunft mit dem Kommittenten festgesetzten Rabatts. Was er dabei durch vortheilhaftes Abkommen mit der Redaktion verdient, ist sein Geschäftsgewinn. Gleichgültig erscheint es, ob er selbst die berechneten Insertionskosten den betreffenden Zeitungen bezahlt hat oder ob er nur zu deren Zahlung verbunden ist. Nach dieser Seite erscheint er nicht als gewöhnlicher Kommissionair, sondern als Speditionsunternehmer, welcher analog dem in Art. 384 anerkannten Verhältniß einen bestimmten Preis für die übertragene Besorgung berechnet, ohne Rücksicht auf den Betrag seiner wirklichen Aufwendungen."

Der vom Annoncenspediteur aufgestellte und verbreitete Tarif ist in Ermangelung anderweiter Vereinbarungen für seine Forderung wegen bewirkter Insertionen maßgebend, auch wenn bei der Bestellung auf den Tarif nicht Bezug genommen, dem Besteller selbst ein Tarif nicht zugestellt ist und selbst dann, wenn in dem Tarif aus Versehen der Preis zu niedrig angegeben ist. E. v. 16. Jan. 1874. Entsch. XII S. 214.

385. Der Spediteur ist, wenn nicht ein Anderes bestimmt ist, befugt, den Transport der Güter selbst auszuführen.

Wenn er sich dieser Befugniß bedient, so hat er zugleich die Rechte und Pflichten eines Frachtführers und kann die gewöhnliche Fracht, die Provision und die bei Speditionsgeschäften sonst regelmäßig vorkommenden Unkosten berechnen.

386. Die Klagen gegen den Spediteur[a)] wegen gänzlichen Verlustes[b)] oder wegen Verminderung, Beschädigung oder verspäteter Ablieferung des Guts verjähren nach einem Jahre.[c)]

Die Frist beginnt in Ansehung der Klagen wegen gänzlichen Verlustes mit dem Ablauf des Tages, an welchem die Ablieferung hätte bewirkt sein müssen; in Ansehung der Klagen wegen Verminderung, Beschädigung oder verspäteter Ablieferung mit dem Ablauf des Tages, an welchem die Ablieferung geschehen ist.[d)]

In gleicher Art sind die Einreden wegen Verlustes, Verminderung, Beschädigung oder verspäteter Ablieferung des Guts erloschen, wenn nicht die Anzeige von diesen Thatsachen an den Spediteur binnen der einjährigen Frist abgesandt worden ist.

Die Bestimmungen dieses Artikels finden in Fällen des Betruges[e)] oder der Veruntreuung des Spediteurs keine Anwendung.

a) Die Klagen gegen den Spediteur stehen dem Empfänger, wenn er mit demselben weder unmittelbar noch mittelbar kontrahirt hat, nicht zu. Das im Art. 405 dem Empfänger gegen den Frachtführer eingeräumte Klagerecht findet dem Spediteur gegenüber nicht Anwendung. E. v. 3. Febr. 1874 u. 17. März 1874. Entsch. XII S. 384, XIII S. 322.

b) Verloren ist das Gut, wenn der Spediteur außer Stande ist, dasselbe auszuhändigen, ohne Unterschied, worin dies seinen Grund hat. Unbedingtes Nichtwissen in Betreff des Verbleibs gehört nicht zum Begriff des Verlustes. — Gleichgültig ist ferner, ob der Verlust auf dem Transport oder am Bestimmungsorte vor der Aushändigung stattgefunden hat. E. v. 11. Nov. 1871. Entsch. IV S. 14.

Es ist unerheblich, ob der Spediteur sich selbst außer Stand gesetzt hat, seiner Ablieferungspflicht zu genügen, und ob er berechtigter oder unberechtigter Weise dies gethan hat. Sogar die Veruntreuung des Spediteurs begründet einen wahren Verlustfall im Sinne des Gesetzes.

Auch die im Wege der öffentlichen Versteigerung bewirkte Veräußerung des Guts durch den Spediteur begründet einen Fall des gänzlichen Verlustes. E. v. 15. Sept. 1874. Entsch. XV S. 30.

Eine auf dem Transport mit Beschlag belegte Sache ist nicht als verloren anzusehen. Zum Begriffe des Verlustes gehört, daß die Sache für den Eigenthümer nicht mehr existirt. E. v. 7. Sept. 1872. Entsch. VII S. 55.

c) Ein Reklamationsverfahren (bei der Eisenbahnbehörde) unterbricht die Verjährung nicht. E. v. 15. Sept. 1875. Entsch. XV S. 31.

Die Verjährung aus Art. 386 findet nicht Anwendung, wenn das Gut dem Spediteur nicht zur Besorgung der Versendung, sondern nur zur Aufbewahrung übergeben ist. E. v. 7. Jan. 1879. Entsch. XXIV S. 305, E. v. 13. Febr. 1884. RG. XI S. 132.

Der Art. 386 regelt nur den Beginn und die Frist der Verjährung; hinsichtlich der Unterbrechung der Verjährung kommt das bürgerliche Recht zur Anwendung. E. v. 20. Sept. 1886. Gruch. XXXI S. 1092. — Vgl. Anm. c zu Art. 146 u. Anm. c Abs. 2 zu Art. 349.

d) In Fällen der letzteren Art kann also vor der Ablieferung von einer Verjährung nicht die Rede sein. E. v. 9. April 1875. Entsch. XVII S. 78.

e) Nicht jede, wenngleich grobe, Vertragsverletzung ist Betrug. E. v. 28. Nov. 1873 u. 15. Sept. 1875. Entsch. XII S. 137, XV S. 32.

Vgl. Anm. zu Art. 350 u. Anm. c zu Art. 408.

387. Im Uebrigen sind die Rechte und Pflichten des Spediteurs, soweit dieser Titel keine Bestimmungen darüber enthält, nach den Grundsätzen des vorigen Titels zu beurtheilen;[a] insbesondere kommen die Bestimmungen, welche in den Artikeln 365. bis 367. für den Kommissionair gegeben sind, auch für den Spediteur zur Anwendung.[b]

a) Zu den nothwendigen Auslagen, die dem Spediteur nach Art. 387, 371 ersetzt werden müssen, gehören auch die von ihm auf Verlangen der Zollbehörde bezahlten Steuerbeträge, selbst wenn zu hohe Sätze erhoben sein sollten und gegen die Entscheidung der Steuerbehörde ein Rekurs statthaft war. Nur muß der Machtgeber rechtzeitig von der Sachlage in Kenntniß gesetzt werden. E. v. 23. Mai 1871. Entsch. II S. 314.

Der Spediteur, welcher die ihm anvertrauten Sachen auf Lager gebracht hat, ist verpflichtet, den ihm ausgehändigten Lagerschein an den Absender herauszugeben. E. v. 12. Nov. 1874. Entsch. XV S. 264.

b) also auch die Bestimmungen über die Widerruflichkeit des Auftrages, insbesondere die Vorschrift des Art. 371, daß für nicht ausgeführte Geschäfte keine Provision gefordert werden kann. E. v. 19. April 1875. Entsch. XVI S. 378.

Ueber die Versicherungspflicht des Spediteurs vgl. Anm. b zu Art. 367.

388. Wenn ein Kaufmann, dessen gewöhnlicher Handelsbetrieb nicht in Speditionsgeschäften besteht, eine Güterversendung durch Frachtführer oder Schiffer für fremde Rechnung in eigenem Namen zu besorgen über-

nimmt, so gelten in Ansehung eines solchen Geschäfts die Vorschriften dieses Titels.

389. Die Bestimmungen dieses Titels finden keine Anwendung auf Personen, welche nur die Vermittelung von Frachtverträgen zwischen dem Absender und dem Frachtführer oder Schiffer bewirken (Frachtmäkler, Güterbestätter, Schiffsprokureure).

Fünfter Titel. Von dem Frachtgeschäft.

Erster Abschnitt.

Vom Frachtgeschäft überhaupt.

390. Frachtführer ist derjenige, welcher gewerbemäßig den Transport von Gütern[a]) zu Lande[b]) oder auf Flüssen und Binnengewässern[c]) ausführt.[d])

a) Unter Gütern im obigen Sinne sind alle transportablen Sachen (im Gegensatz von Personen) zu verstehen, auch solche, welche nicht Handelsgüter sind (z. B. gebrauchte Möbel) und welche keinen objektiven Werth besitzen, wie gewöhnliche Briefe. E. v. 26. Nov. 1887. RG. XX S. 48, 49.

Die Bestimmungen des 5. Titels finden sowohl auf den Transport von Stückgütern als von Wagenladungen Anwendung. E. v. 30. Juni 1876. Entsch. XX S. 408. Vgl. Anm. zu Art. 420.

b) Die Beförderung braucht nicht von Ort zu Ort zu geschehen. Auch der gewöhnliche Fuhrmann (vgl. Art. 10 Abs. 1), der das Frachtgeschäft nur im Lokalverkehr betreibt und Frachtbriefe nicht auszustellen pflegt, ist als Frachtführer im Sinne der Art. 390 ff. anzusehen. E. v. 9. Jan. 1874. Entsch. XII S. 197.

Wer gewerbsmäßig gewöhnliche Briefe im Lokalverkehr befördert, ist Frachtführer und gemäß Art. 272 Ziff. 3 HGB. Kaufmann. E. v. 26. Nov. 1887. RG. XX S. 49.

c) Für das Transportgeschäft auf Flüssen und Binnengewässern sind die im Vten Buche des HGB. getroffenen seerechtlichen Vorschriften weder direkt noch analog anwendbar. E. v. 11. Jan. 1879. Entsch. XXIV S. 418.

Die auf einem beschränkten und eingeschlossenen Gebiet der See betriebene Schifffahrt kann nach Lage der Umstände als eine solche auf Binnengewässern angesehen werden. E. v. 8. Dez. 1883. RG. XIII S. 72.

Ueber die rechtliche Stellung des Steuermannes eines Stromfahrzeuges zum Schiffseigenthümer vgl. E. v. 12. März 1872. Entsch. V S. 273.

d) Der Frachtvertrag hat die Transportleistung selbst, nicht einzelne Dienste zum Gegenstand, er ist locatio conductio operis, nicht operarum. E. v. 25. Mai 1889. RG. XXV S. 108 (s. dort die unterscheidenden Merkmale zwischen Frachtvertrag und Sach- oder Dienstmiethe).

Zum Begriffe des Frachtführers ist nicht erforderlich, daß der den Transport Uebernehmende denselben selbst oder durch seine Leute ausführt. E. v. 22. Febr. 1873. Entsch. IX S. 89. Vgl. Anm. zu Art. 420.

Auf gewerbliche Frachtgeschäfte findet die Bestimmung des §. 408 I, 5 ALR. (pr. R.), wonach bei Verträgen über Handlungen nicht auf Erfüllung geklagt werden kann, der Rücktritt vom Vertrage dem anderen Theil nur einen Anspruch auf Schadloshaltung giebt, nicht Anwendung. Gegenstand des Frachtgeschäfts ist nicht die Transporthandlung, sondern der Transport selbst als deren Produkt. E. v. 15. Juni 1876. Entsch. XX S. 340. — Ebenso E. v. 2. Juli 1884. RG. XV S. 76.

Der Schleppvertrag ist nicht Frachtvertrag, E. v. 1. Mai 1878, Entsch. XXIII S. 320, es sei denn, daß das zu schleppende Fahrzeug dem Schleppschiffer zum Transport übergeben ist und während des Transports im Gewahrsam des Schleppschiffers bleibt. E. v. 4. Febr. 1882. RG. VI S. 91.

Frachtverträge sind, wie alle zweiseitigen Verträge, im Zweifel Zug um Zug zu erfüllen. Insbesondere kann der (durch Art. 409 geschützte) Frachtführer nicht Vorleistung verlangen. E. v. 27. Mai 1876. Entsch. XX S. 377.

391. Der Frachtbrief dient als Beweis[a] über den Vertrag zwischen dem Frachtführer und dem Absender.[b]

Der Frachtführer kann die Ausstellung eines Frachtbriefes verlangen.

a) Gegenbeweis (z. B. in Betreff der Quantität des Frachtguts) ist zulässig. E. v. 4. Okt. 1872. Entsch. VII S. 216.

Eine Werthdeklaration im Frachtbriefe hat nur die Bedeutung einer einseitigen, den Frachtführer nicht unbedingt verpflichtenden Erklärung des Absenders. Sie ersetzt für den Fall der Klage auf Verlustersatz nicht den Beweis des Werths, sondern setzt nur den Höchstbetrag der zu gewährenden Entschädigung fest. E. v. 21. Nov. 1873. Entsch. XI S. 423.

Der Frachtbrief dient nicht lediglich dazu, den Inhalt des zwischen Absender und Frachtführer geschlossenen Frachtvertrages zu erweisen, sondern zugleich den Umfang der dem Frachtführer gegen den Empfänger zukommenden Rechte und Pflichten darzulegen. E. v. 10. Dez. 1872. Entsch. VIII S. 197.

b) Der Frachtführer ist aus dem Frachtvertrage dem Absender verhaftet, gleichviel ob letzterer den Frachtvertrag für eigene Rechnung oder (wie es beim Verkäufer, der die Waare dem Käufer übersendet, oder beim Spediteur der Fall ist) für fremde Rechnung abgeschlossen hat. Der Käufer, der Kommittent kann (abgesehen von dem Fall, daß er als Empfänger in den Frachtvertrag eintritt, Art. 405) die Klage aus dem Frachtvertrage nur als eine cedirte geltend machen. E. v. 22. Okt. 1879. RG. I S. 1.

392. Der Frachtbrief enthält:

1) die Bezeichnung des Guts nach Beschaffenheit, Menge und Merkzeichen;[a]

2) den Namen und Wohnort des Frachtführers;
3) den Namen des Absenders;
4) den Namen dessen, an welchen das Gut abgeliefert werden soll;
5) den Ort der Ablieferung;
6) die Bestimmung in Ansehung der Fracht;[b]
7) den Ort und Tag der Ausstellung;
8) die besonderen Vereinbarungen, welche die Parteien etwa noch über andere Punkte, namentlich über die Zeit, innerhalb welcher der Transport bewirkt werden soll, und über die Entschädigung wegen verspäteter Ablieferung getroffen haben.

a) Eine allgemeine Pflicht des Absenders zur Signirung des Frachtguts ist damit nicht aufgestellt. — Ob Signirung zu den Obliegenheiten eines ordentlichen Kaufmanns gehört, darüber entscheidet der Handelsgebrauch. E. v. 21. März 1871. Stg. I S. 361.

b) Ist über die Höhe der Fracht eine bestimmte Vereinbarung nicht getroffen, so gilt die übliche Fracht als bedungen. E. v. 19. Sept. 1871. Entsch. III S. 136.

393. Der Absender ist verpflichtet, bei Gütern, welche vor der Ablieferung an den Empfänger einer zoll- oder steueramtlichen Behandlung unterliegen, den Frachtführer in den Besitz der deshalb erforderlichen Begleitpapiere zu setzen. Er haftet[a] dem Frachtführer, sofern nicht diesem selbst ein Verschulden zur Last fällt, für alle Strafen[b] und Schäden, welche denselben wegen Unrichtigkeit oder Unzulänglichkeit der Begleitpapiere treffen.

a) Diese Haftung des Absenders ist nicht auf den Fall eines ihm zur Last fallenden Verschuldens beschränkt. E. v. 27. Sept. 1878. Entsch. XXIV S. 213.

Auf den Frachtführer, welcher auf Grund eines durchgehenden Frachtbriefs das Frachtgut mit den vom Absender übergebenen Begleitpapieren dem folgenden Frachtführer zur Weiterbeförderung übergiebt, ist Art. 393 nicht anwendbar. E. v. 27. Sept. 1878. Entsch. XXIV S. 214.

b) Daß der Frachtführer die Strafe schon bezahlt hat, ist nicht erforderlich. Es genügt, daß er zur Zahlung verpflichtet ist. E. v. 28. Febr. 1874. Entsch. XIII S. 6. Vgl. in diesem Erkenntniß die Bedeutung des Strafresoluts für den demnächstigen Regreßprozeß.

394. Ist über die Zeit, binnen welcher der Frachtführer den Transport bewirken soll, im Frachtvertrage nichts bedungen, so wird die Frist, innerhalb deren er die Reise antreten muß, durch den Ortsgebrauch bestimmt; besteht ein Ortsgebrauch nicht, so ist die Reise binnen einer den Umständen des Falles angemessenen Frist anzutreten.

Wird der Antritt oder die Fortsetzung der Reise durch Naturereignisse oder sonstige Zufälle zeitweilig verhindert, [a] so braucht der Absender die Aufhebung des Hindernisses nicht abzuwarten, er kann vielmehr von dem Vertrage zurücktreten, muß aber den Frachtführer, sofern demselben kein Verschulden zur Last fällt, wegen der Kosten zur Vorbereitung der Reise, der Kosten der Wiederausladung und der Ansprüche in Beziehung auf die bereits zurückgelegte Reise entschädigen. Ueber die Höhe der Entschädigung entscheidet der Ortsgebrauch und in dessen Ermangelung das richterliche Ermessen.

a) Hierunter ist einerseits nicht eine ganz geringfügige Zögerung, andererseits nicht solche Hinderung zu verstehen, welche nach Lage der Sache die konkreten Vertragszwecke völlig vereiteln würde, und daher dem dauernden Hinderniß gleichzuachten ist. Natur und Zweck des konkreten Vertragsverhältnisses entscheiden darüber, ob das objektiv nur zeitweilige Hinderniß in casu als dauerndes zu behandeln sei.

Für die in Art. 394 nicht behandelten Fälle (der ganz unbedeutenden Zögerung und der dauernden Verhinderung) hat das HGB. keine Lösung. Es ist aus Art. 394 nicht etwa e contrario zu folgern, daß in diesen Fällen dem Frachtführer ein Rücktrittsrecht gegen theilweise Frachtvergütung nicht zustehe; vielmehr sind diese Fälle ausschließlich den Grundsätzen des bürgerlichen Rechts unterworfen. E. v. 28. Nov. 1871. Entsch. IV S. 174. (Bezüglich des Seerechts vgl. Art. 636 Abs. 1 bis 5 und Art. 631 bis 633.)

395. Der Frachtführer haftet[a] für den Schaden, welcher durch Verlust oder Beschädigung des Frachtguts seit der Empfangnahme bis zur Ablieferung[b] entstanden ist,[c] sofern er nicht beweist, daß der Verlust oder die Beschädigung durch höhere Gewalt (vis major)[d] oder durch die natürliche Beschaffenheit des Guts, namentlich durch inneren Verderb, Schwinden, gewöhnliche Leckage u. dgl.,[e] oder durch äußerlich nicht erkennbare Mängel der Verpackung entstanden ist.[f]

Für Kostbarkeiten,[g] Gelder und Werthpapiere haftet der Frachtführer nur dann, wenn ihm diese Beschaffenheit oder[h] der Werth des Guts angegeben ist.[i]

a) Wem? Vgl. Anm. b zu Art. 391 und Art. 405.

Die Haftung des Frachtführers kann durch Vereinbarung eingeschränkt werden (vgl. jedoch bezüglich der Eisenbahnen Art. 423). Die Vereinbarungen sind gültig, insoweit sie den guten Sitten nicht zuwiderlaufen. Letzteres ist nur dann anzunehmen, wenn die Haftung für eigenen dolus und eigenes grobes Verschulden des Frachtführers ausgeschlossen ist oder wenn die Ausschließung der Haftung für das Verschulden der Leute des Frachtführers unter Umständen erfolgt, welche dem Absender eine anderweite Sicherung unmöglich machen. E. v. 11. Febr. 1888, RG. XX S. 116 ff.

b) Die Benachrichtigung des Empfängers von der Ankunft des Frachtguts, die Aufforderung an denselben, das Gut abzuholen, und die Auslieferung des Frachtbriefes, überhaupt alle diejenigen Handlungen, welche blos bezwecken, den Empfänger in den Stand zu setzen, über das Frachtgut zu verfügen, können für sich allein nicht als Ablieferung gelten, noch eine solche ersetzen. E. v. 25. Sept. 1874. Entsch. XIV S. 293. Vgl. über den Begriff der Ablieferung (Aushändigung) die Anm. b zu Art. 403.

Während der Dauer des Transports wird die Verantwortlichkeit des Frachtführers nicht ohne Weiteres dadurch ausgeschlossen, daß er das Gut zeitweise an die Zoll- oder Steuerbehörde ausgeliefert hat. Nach Ankunft am Ablieferungsorte wird er aber durch Ablieferung der Waare an die Zollstätte mindestens dann von jeder weiteren Verantwortlichkeit frei, wenn er den Empfänger durch Anzeige von der Ankunft des Guts und durch Zustellung der erforderlichen Papiere in den Stand gesetzt hat, über das Gut zu verfügen. E. v. 4. Mai 1871. Entsch. II S. 254. Vgl. Anm. b zu Art. 403.

Der Frachtführer (Eisenbahn-Gesellschaft) ist verpflichtet, von einem der Ablieferung an den Adressaten entgegenstehenden Hindernisse (verweigerten Annahme) den Absender rechtzeitig zu benachrichtigen und bei Vernachlässigung dieser Pflicht dem Absender den durch zu langes Lagern entstandenen Schaden (z. B. Werthsverlust von Modewaaren) zu ersetzen. E. v. 15. März 1876. Entsch. XX S. 347.

c) Der Spediteur haftet auch für den Schaden, der durch die Herbeiführung einer zu vermeidenden Verzollung (bei Transitgut) entsteht. E. v. 22. Okt. 1879. RG. I S. 2.

d) Die Frage, ob ein bestimmtes Ereigniß als höhere Gewalt aufzufassen, ist nach der Besonderheit des Falles zu beantworten. Ihre Bejahung setzt voraus, daß das Ereigniß durch die nach Lage des Falles gebotene Vorsicht unabwendbar und in seinen schädlichen Folgen durch menschliches Bemühen unüberwindlich war. — Die richterliche Feststellung, daß ein Verlust oder eine Beschädigung durch höhere Gewalt eingetreten ist, läßt sich mit der Revision nur anfechten, wenn der Feststellung eine falsche Begriffsauffassung der höheren Gewalt zu Grunde liegt. E. v. 4. Febr. 1873. Entsch. VIII S. 159.

Nicht jede Vernichtung durch Feuer ist als höhere Gewalt anzusehen. E. v. 4. Mai 1871. Entsch. II S. 259.

Der Frachtführer kann sich auf höhere Gewalt nicht berufen, wenn er schuldbarer Weise das Frachtgut in diejenige Lage gebracht hat, in welcher es von der höheren Gewalt betroffen wurde. E. v. 6. Juni 1871. Entsch. II S. 357. Vgl. Anm. zu Art. 283.

Die Berufung auf höhere Gewalt ist ausgeschlossen, wenn die Ursache des Verlustes oder der Beschädigung unaufgeklärt geblieben ist. E. v. 7. Mai 1884. Gruch. XXIX S. 707.

e) Hierher gehört auch Selbstentzündung. E. v. 13. Febr. 1886. RG. XV S. 147.

f) Dieser Beweis kann auch dann als geführt angesehen werden, wenn der Frachtführer Umstände darlegt, unter denen eine andere Entstehungsursache sich als ausgeschlossen darstellt. E. v. 13. Febr. 1886. RG. XV S. 147.

g) Der Begriff „Kostbarkeiten" ist nicht auf solche Gegenstände zu beschränken, deren Stoff besonders werthvoll ist. Auch ein Oelgemälde kann mit Rücksicht auf seinen hohen Kunstwerth als Kostbarkeit angesehen werden. E. v. 7. März 1885. RG. XIII S. 37.

h) „oder". Ist die Beschaffenheit angegeben, so bedarf es keiner Werthsangabe. E. v. 30. Sept. 1882. RG. VII S. 126.

i) Die Bezeichnung „Bijouterien" genügt, wenigstens als die im Handelsverkehr übliche, einer Eisenbahn gegenüber. E. v. 30. Sept. 1882. RG. VII S. 126.

Ist weder die Beschaffenheit noch der Werth angegeben, so haftet der Frachtführer selbst im Falle einer ihm zur Last fallenden böslichen Handlungsweise für die Kostbarkeiten ꝛc. nicht. Der

Schlußsatz des Art. 396 findet auf nicht deklarirte Werthgegenstände nicht Anwendung. E. v. 18. Dez. 1872. Entsch. VIII S. 271.

396. Wenn auf Grund des vorhergehenden Artikels von dem Frachtführer für Verlust oder Beschädigung des Guts Ersatz geleistet werden muß, so ist der Berechnung des Schadens nur der gemeine Handelswerth des Guts zu Grunde zu legen.

Im Falle des Verlustes ist der gemeine Handelswerth[a]) zu ersetzen, welchen Gut derselben Art und Beschaffenheit am Ort der Ablieferung zu der Zeit hatte, in welcher das Gut abzuliefern war; davon kommt in Abzug, was in Folge des Verlustes an Zöllen und Unkosten erspart ist.

Im Falle der Beschädigung ist der Unterschied zwischen dem Verkaufswerth des Guts im beschädigten Zustande und dem gemeinen Handelswerth zu ersetzen, welchen das Gut ohne diese Beschädigung am Ort und zur Zeit der Ablieferung gehabt haben würde, nach Abzug der Zölle und Unkosten, soweit sie in Folge der Beschädigung erspart sind.[b])

Hat das Gut keinen Handelswerth, so ist der Berechnung des Schadens der gemeine Werth des Guts zu Grunde zu legen.

Wenn dem Frachtführer[c]) eine bösliche Handlungsweise[d]) nachgewiesen wird, so hat er den vollen Schaden zu ersetzen.[e])

a) Es ist nicht Rücksicht darauf zu nehmen, ob das Interesse des Geschädigten ein größeres oder geringeres ist. Der gemeine Handelswerth muß also auch dann ersetzt werden, wenn der Absender die Waare bereits unter diesem Werthe verkauft hat. E. v. 13. Juni 1874. Entsch. XIII S. 393.

Ein allgemeiner Grundsatz, daß der Frachtführer neben dem Ersatz des verlorenen Frachtguts noch eine besondere Entschädigung wegen Nichteinhaltung der versicherten Lieferfrist zu leisten hat, ist nicht anzuerkennen. E. v. 1. Okt. 1875. Entsch. XVIII S. 236.

b) Der Empfänger ist nicht berechtigt, das beschädigte Gut zurückzuweisen und vollen Werthsersatz zu verlangen. Er geräth, wenn er dies thut, in Annahmeverzug. E. v. 4. Nov. 1873. Entsch. XI S 291.

Bei theilweiser Beschädigung kann Ersatz für den unbeschädigten Theil nur ausnahmsweise beansprucht werden, wenn nämlich wegen Beschaffenheit der Waare oder ihrer inneren Zusammengehörigkeit oder wegen des Rechtsverhältnisses, welches den Frachtvertrag veranlaßt hat, eine Entwerthung oder Werthverminderung auch des unbeschädigten Theiles anzunehmen ist. E. v. 21. Nov. 1874. Entsch. XV S. 374, 375. — Noch weiter geht das E. v. 19. Febr. 1886, RG. XV S. 133, 134, woselbst der Umstand, daß der Empfänger dem Absender gegenüber berechtigt war, wegen Beschädigung eines Theils der Waare, die ganze Sendung abzulehnen, und von dieser Befugniß Gebrauch gemacht hat, nicht für genügend erachtet ist, um den Frachtführer auch bezüglich des nicht beschädigten Theils der Waare ersatzpflichtig zu machen.

c) oder seinen Leuten. E. v. 30. Sept. 1882. RG. VII S. 129.

d) Die „bösliche Handlungsweise" ist ein eigenthümlicher Rechtsbegriff. Sie umfaßt einerseits den dolus im eigentlichen Sinne (die auf Beschädigung gerichtete, arglistige Absicht), andererseits die sog. luxuria, den frevelhaften Leichtsinn oder Muthwillen, der zwar die Beschädigung nicht beabsichtigt, sein Handeln aber trotz des Bewußtseins der damit verbundenen Gefahr nicht ändert. Der Begriff fällt weder mit dem des dolus noch mit dem grober Nachlässigkeit zusammen. E. v. 15. Dez. 1870, 12. Sept. 1871, 22. Jan. 1873 u. 25. Mai 1875. Entsch. I S. 156, III S. 108, VIII S. 429, XVII S. 301. — Auch das RG. nimmt an, daß der Ausdruck bösliche Handlungsweise neben dem dolus nicht allgemein die grobe

Fahrlässigkeit, sondern nur denjenigen Frevelmuth, welcher sich der rechtswidrigen Folgen seines Verhaltens bewußt ist, in sich begreift. E. v. 5. Dez. 1879. RG. I S. 429.

e) Die bösliche Handlungsweise ist von demjenigen zu beweisen, der Ersatz des vollen Schadens verlangt. E. v. 21. Juni 1872. Entsch. VI S. 429.

Vgl. Anm. c zu Art. 395.

397. Der Frachtführer haftet für den Schaden, welcher durch Versäumung der bedungenen oder üblichen Lieferungszeit entstanden ist, sofern er nicht beweist, daß er die Verspätung durch Anwendung der Sorgfalt eines ordentlichen Frachtführers nicht habe abwenden können.

398. Ist für den Fall verspäteter Ablieferung ein Abzug an der Fracht oder der Verlust der Fracht oder sonst eine Konventionalstrafe bedungen, so kann im Zweifel außerdem auch der Ersatz des diesen Betrag übersteigenden Schadens gefordert werden, welcher durch die verspätete Ablieferung entstanden ist.

399. Beweist der Frachtführer, daß er die Verspätung durch die Sorgfalt eines ordentlichen Frachtführers nicht habe abwenden können, so kann die bedungene gänzliche oder theilweise Einbehaltung der Fracht, oder die Konventionalstrafe wegen verspäteter Ablieferung nicht in Anspruch genommen werden, es sei denn, daß sich aus dem Vertrage eine entgegenstehende Absicht ergiebt.

400. Der Frachtführer haftet für seine Leute und für andere Personen, deren er sich bei Ausführung des von ihm übernommenen Transports bedient.a)

a) So haftet die Eisenbahnverwaltung für den Rollfuhrunternehmer, dessen sie sich zum Anfahren des Frachtguts bedient. E. v. 21. Dez. 1878. Entsch. XXIV S. 304.

401. Wenn der Frachtführer zur gänzlichen oder theilweisen Ausführung des von ihm übernommenen Transports das Gut einem anderen Frachtführer übergiebt, so haftet er für diesen und die etwa folgenden Frachtführer bis zur Ablieferung.

Jeder Frachtführer, welcher auf einen anderen Frachtführer folgt, tritt dadurch, daß er das Gut mit dem ursprünglichen Frachtbrief annimmt, in den Frachtvertrag gemäß dem Frachtbrief ein, übernimmt eine selbstständige Verpflichtung, den Transport nach Inhalt des Frachtbriefes auszuführen, und hat auch in Bezug auf den von den früheren Frachtführern bereits ausgeführten Transport für die Verbindlichkeiten derselben einzustehen.a)

a) Einseitige Abänderungen, die ein späterer Frachtführer nach Uebernahme des Guts am Frachtbriefe vornimmt, sind nicht geeignet, den aus dem ursprünglichen Inhalt des Frachtbriefes zu entnehmenden Umfang der Verpflichtungen gegen den Absender und Empfänger zu beschränken. E. v. 17. Okt. 1873. Entsch. XI S. 209.

Der folgende Frachtführer haftet für das Versehen des vorhergehenden nicht, wenn er das thatsächlich durchgehende Gut nicht als solches auf Grund des ersten, sondern auf Grund eines neuen Frachtbriefes übernimmt. Hierbei ist es gleichgültig, daß der neue Frachtbrief auf den alten Bezug nimmt, wenn die Bezugnahme dahin zu deuten ist, daß die Frachtbedingungen und Bezeichnungen des alten Frachtbriefes auch für das neue Verhältniß Geltung haben sollen, nicht aber, daß ein einheitliches Frachtverhältniß vorliegt. E. v. 4. Okt. 1872. Entsch. VII S. 218.

Ein Rollfuhrunternehmer, durch welchen eine Eisenbahnverwaltung den ihr selbst obliegenden Transport vollendet, haftet nur nach Maßgabe des für die Eisenbahnen reglementsmäßig geltenden Maximalsatzes. E. v. 17. Sept. 1872. Entsch. VII S. 99.

Vgl. Anm. zu Art. 429.

402. Der Frachtführer hat den späteren Anweisungen des Absenders[a)] wegen Zurückgabe des Guts[b)] oder wegen Auslieferung desselben an einen anderen als den im Frachtbriefe bezeichneten Empfänger so lange Folge zu leisten,[c)] als er nicht letzterem nach Ankunft des Guts am Ort der Ablieferung den Frachtbrief übergeben hat.[d)]

Ist dies bereits geschehen, so hat er nur die Anweisungen des bezeichneten Empfängers zu beachten, widrigenfalls er demselben für das Gut verhaftet ist.[e)]

a) Der Frachtführer braucht, wenn keine besondere Veranlassung vorliegt, nicht zu prüfen, ob diejenige Person, welche unter dem Namen des Absenders die Waare aufgiebt, den Frachtbrief zeichnet und die spätere Anweisung ertheilt, mit dem Absender identisch ist, wie überhaupt im Geschäftsverkehr, insbesondere einer Eisenbahn-Verwaltung, eine Prüfung des Umstandes, ob eine geschäftlich auftretende Person den Namen, welchen sie sich beilegt, mit Recht führt, als allgemeine Pflicht nicht angenommen werden kann. E. v. 13. April 1877. Entsch. XXII S. 133.

Anweisungen des Destinatärs muß der Absender insoweit wider sich gelten lassen, als sie nicht mit seinen eigenen Dispositionen in Widerspruch stehen. E. v. 4. Sept. 1877. Entsch. XXIII S. 26.

b) Der Frachtführer ist nur verpflichtet, das Gut an denjenigen Ort zurückzugeben, wo es sich zur Zeit der nachträglichen Weisung befindet. Rücktransport an den Absendungsort kann von ihm (wenn es sich nicht um eine Eisenbahn handelt, vgl. Art. 422) nicht verlangt werden. E. v. 30. Nov. 1874. Entsch. XVI S. 199.

c) Aus dieser Verpflichtung des Frachtführers, die Anweisungen des Absenders zu befolgen, kann nicht gefolgert werden, daß der Absender berechtigt ist, von dem Frachtführer den Transport anderer Güter, als der im Frachtvertrage bestimmten, zu verlangen. E. v. 11. Jan. 1879. Entsch. XXIV S. 418.

d) Wer einem Spediteur eine Waare mit dem Auftrage zugehen läßt, sie zur Verfügung eines bezeichneten Dritten zu halten, kann diesen Auftrag mindestens bis zu dem Zeitpunkt widerrufen, wo der Spediteur sich dem Dritten gegenüber zur Ausantwortung bereit erklärt hat; das Recht des Absenders zum Widerruf des Auftrags erlischt also ohne eine solche Erklärung des Spediteurs nicht schon mit der vom Dritten getroffenen Verfügung. E. v. 26. Jan. 1885. RG. XV S. 152.

e) Aus den Vorschriften des Art. 402 (u. 405) kann nicht gefolgert werden, daß mit Ankunft des Guts (vgl. Art. 405) und Aushändigung des Frachtbriefs an den Empfänger der Frachtführer den Gewahrsam der Waare für letzteren ausübt. Die Uebergabe des Frachtbriefs steht der Auslieferung des Guts nicht gleich. Durch Art. 402 wird an dem Verfolgungsrecht des Absenders (§. 36 KonkOrdn.) nichts geändert. E. v. 13. Febr. 1891. RG. XXVII S. 87.

Bei einer Kollision zwischen den in diesem Artikel dem Absender und den in dem Art. 405 dem Adressaten eingeräumten Befugnissen entscheidet der Zeitpunkt der von dem letzteren angestellten Klage, so daß bis dahin, aber nur bis dahin, der Frachtführer den Weisungen des Absenders vor denen des Adressaten den Vorzug geben muß. Vgl. E. v. 3. Nov. 1871. Entsch. III S. 436.

In einem am 24. Mai 1872 zur Entscheidung des ROHG. gekommenen Falle (Entsch. VI S. 273) hatte nach Ablieferung des Frachtbriefes der darin bezeichnete Empfänger nur einen Theil der Waare abgenommen und, ohne auf den Rest derselben Anspruch zu erheben, den Frachtbrief an den Absender ausgeliefert. Als demnächst der Absender Herausgabe der Seitens des Destinatärs nicht abgenommenen Waare verlangte, machte der Frachtführer auf Grund von Ansprüchen, die ihm an den Destinatär zustanden, die Einrede der Retention geltend. Diese Einrede wurde jedoch von dem ROHG. verworfen. In dem Erkenntnisse wird ausgeführt, daß durch Uebergabe des Frachtbriefes an den Adressaten das Verfügungsrecht des Absenders lediglich zu Gunsten des Destinatärs aufgehoben oder beschränkt wird, ohne daß das Vertragsverhältniß zwischen dem Absender und dem Frachtführer eine Aenderung erleidet. Macht der Destinatär von dem durch Empfang des Frachtbriefes erworbenen Rechte auf Ausantwortung der Waare keinen Gebrauch, so tritt die Verbindlichkeit des Frachtführers, das Gut zur Verfügung des Absenders zu halten, wieder in volle Wirksamkeit.

403. Der Frachtführer ist verpflichtet, am Ort der Ablieferung dem durch den Frachtbrief bezeichneten Empfänger a) das Frachtgut auszuhändigen. b)

a) oder demjenigen, der von dem im Frachtbrief bezeichneten Empfänger zur Empfangnahme ermächtigt ist. Der Frachtführer muß aber genau prüfen, ob und unter welchen Bedingungen der Destinatär den Dritten hat bevollmächtigen, d. h. ihm, dem Frachtführer, gegenüber hat legitimiren wollen; er darf sich nicht damit begnügen, daß der sich meldende Dritte vom Adressaten die Einwilligung in die Auslieferung des Gutes verlangen kann. E. v. 13. Sept. 1879. Entsch. XXV S. 330.

b) Unter Aushändigung im Sinne des Art. 403 kann die bloße Bereitstellung des Gutes zur Abnahme nicht verstanden werden, andererseits aber auch nicht etwa die reelle Tradition im engsten Sinne, das Hingeben von Hand zu Hand. Vielmehr wird damit, gleichwie mit den Ausdrücken „Ablieferung, Auslieferung, Lieferung, Ausantwortung", derjenige Akt bezeichnet, durch welchen der Frachtführer die zum Zwecke des Transports erhaltene Gewahrsam nach beendigtem Transporte mit ausdrücklicher oder stillschweigender Genehmigung des Empfängers wieder aufgiebt, gleichviel an wen und ohne Unterschied, ob dadurch der Empfänger Gewahrsam oder gar juristischen Besitz erlangt.

Nach Ankunft am Bestimmungsorte genügt daher der Transportführer seiner Aushändigungspflicht schon durch Ablieferung des

Gutes an die Zollstätte, wenn er den Empfänger von der Ankunft des Gutes in Kenntniß und durch Zustellung der erforderlichen Papiere in den Stand setzt, über die Waare zu verfügen.
E. v. 4. Mai 1871. Entsch. II S. 252.

Der Frachtführer muß dem im Frachtbriefe bezeichneten Empfänger die Waare ins Haus schaffen. Ist jedoch der Destinatär mit der Empfangnahme im Verzuge, so muß er das Frachtgut von dem Frachtführer abholen. Als Verzug gilt schon eine mit Bestimmtheit abgegebene Erklärung, die Fracht nicht zahlen zu wollen. E. v. 29. Juni 1871. Entsch. II S. 417. Vgl. Anm. a zu Art. 407.

Ist das Frachtgut mit Nachnahme beschwert, so darf der Frachtführer (auch Eisenbahnen) das Gut nur gegen Zahlung der Nachnahme ausantworten, sonst haftet er für den daraus entstehenden Schaden. — Der in diesem Falle zu ersetzende Schaden kann den Werth des Gutes nicht übersteigen. E. v. 9. Sept. 1871. Stg. III S. 231. Vgl. E. v. 21. Nov. 1883. RG. XIII S. 66.

404. Der im Frachtbrief bezeichnete Empfänger ist vor Ankunft des Guts am Ort der Ablieferung dem Frachtführer gegenüber berechtigt, alle zur Sicherstellung des Guts erforderlichen Maaßregeln zu ergreifen und dem Frachtführer die zu diesem Zweck nothwendigen Anweisungen zu ertheilen; die Auslieferung des Guts kann er vor dessen Ankunft am Ort der Ablieferung nur dann fordern, wenn der Absender den Frachtführer zu derselben ermächtigt hat.

405. Nach Ankunft des Frachtführers am Ort der Ablieferung ist der im Frachtbriefe bezeichnete Empfänger berechtigt, die durch den Frachtvertrag begründeten Rechte gegen Erfüllung der Verpflichtungen, wie sie der Frachtbrief ergiebt, in eigenem Namen gegen den Frachtführer geltend zu machen, sei es, daß er hierbei in eigenem oder fremdem Interesse handle; er ist insbesondere berechtigt, den Frachtführer auf Uebergabe des Frachtbriefes und Auslieferung des Guts zu belangen,[a] sofern nicht der Absender demselben vor Anstellung der Klage eine nach Maaßgabe des Artikels 402. noch zulässige entgegenstehende Anweisung gegeben hat.[b]

a) Der Empfänger übt diese Rechte nicht als Vertreter des Absenders, sondern kraft eigenen Rechtes aus. Er hat einen Anspruch auf den ihm durch verspätete oder überhaupt nicht erfolgte Lieferung entstandenen Schaden (vgl. Art. 397), ohne daß es darauf ankommt, ob und in welchem Maße der Absender geschädigt ist. E. v. 9. Jan. 1872. Entsch. IV S. 359.

b) Vgl. Anm. e zu Art. 402. — Der Art. 405 findet nur auf Frachtführer, nicht auf Spediteure Anwendung. E. v. 17. März 1874. Entsch. XIII S. 327.

406. Durch Annahme des Guts und des Frachtbriefes wird der Empfänger verpflichtet, dem Frachtführer nach Maaßgabe des Frachtbriefes[a] Zahlung zu leisten.[b]

a) des Frachtbriefes oder der darin in Bezug genommenen Normen, auch wenn diese dem Empfänger unbekannt sind. Weicht irrthümlicher Weise der Frachtbrief von dem darin in Bezug genommenen Tarif ab, so entscheidet der Tarif, dessen höherer Betrag von dem Empfänger nachgefordert werden kann. E. v. 20. Okt. 1876. Entsch. XXI S. 182.

Enthält der im Frachtbrief in Bezug genommene Eisenbahntarif infolge eines Druckfehlers einen zu hohen Frachtsatz, so hat die Eisenbahnverwaltung nur auf den richtigen Frachtsatz Anspruch, sie muß den zu viel erhobenen Betrag zurückzahlen. E. v. 11. März 1882. RG. VI S. 101.

b) Nach Abnahme des Frachtbriefes ist der Empfänger verpflichtet, das Gut frachtbriefmäßig oder geschäftsüblich abzunehmen.

Er haftet persönlich für die aus seinem Verzuge entstehenden Liegegelder, auch wenn der Frachtbrief eine Bestimmung darüber nicht enthält. Im Uebrigen schützt ihn Art. 406 gegen die persönliche Verbindlichkeit für Ansprüche, die dem Frachtführer an den Absender zustehen und aus dem Frachtbrief nicht hervorgehen. E. v. 5. Sept. 1876. Entsch. XX S. 409.

Auch zur Zahlung einer nach dem Frachtbrief oder dem darin in Bezug genommenen Reglement durch unrichtige Deklaration verwirkten Konventionalstrafe wird der Empfänger durch Annahme des Guts verpflichtet, wenigstens wenn er bei der Annahme von der unrichtigen Deklaration Kenntniß hatte. E. v. 20. Okt. 1876. Entsch. XXI S. 185.

Nur gegen Zahlung der Fracht braucht der Frachtführer das Gut herauszugeben. Erfolgt Zahlung nicht, so kann er das ganze Gut, auch den zur Deckung seiner Forderung nicht erforderlichen Theil, zurückbehalten. E. v. 24. Okt. 1874. Entsch. XIV S. 372.

407. Wenn der bezeichnete Empfänger des Guts nicht auszumitteln ist oder die Annahme verweigert,[a]) oder wenn Streit über die Annahme oder den Zustand des Guts entsteht,[b]) so kann der Betheiligte den letzteren durch Sachverständige feststellen lassen.[c])

Die Sachverständigen ernennt auf das Ansuchen des Betheiligten das Handelsgericht[d]) oder in dessen Ermangelung der Richter des Orts.

Die Sachverständigen haben ihr Gutachten schriftlich oder zu Protokoll zu erstatten.

Das Gericht kann auf Ansuchen des Betheiligten verordnen, daß das Gut in einem öffentlichen Lagerhause oder bei einem Dritten niedergelegt, und daß es ganz oder zu einem entsprechenden Theile Behufs Bezahlung der Fracht und der übrigen Forderungen des Frachtführers öffentlich verkauft wird.[e])

Ueber das Ansuchen um Ernennung von Sachverständigen oder um Verfügung des Gerichts wegen Niederlegung und wegen Verkaufs des Guts wird die Gegenpartei, wenn sie am Ort anwesend ist, gehört.[f)]

a) Die Weigerung des im Frachtbriefe bezeichneten Empfängers, die Fracht zu zahlen, steht der Weigerung zur Empfangnahme gleich. E. v. 29. Juni 1871. Entsch. III S. 133.

Beschädigung des Guts, unvollständige oder verspätete Lieferung desselben begründet wohl Schadensersatzansprüche, berechtigt aber nicht, das Gut gänzlich zurückzuweisen und Ersatz des Werthes zu verlangen. E. v. 22. Mai 1874. Entsch. XIII S. 416.

b) Dahin gehört auch der Fall, wenn sich der Streit um die Frage nach der Verpflichtung zur Vorleistung dreht. E. v. 28. April 1871. Entsch. II S. 238.

c) Diese Feststellungen, welche sich auch auf Werthsverringerung nach Maßgabe des Art. 396 beziehen können, sind an eine Frist nicht gebunden und brauchen nicht gerade von gerichtlichen oder Seitens des Gerichts ernannten Sachverständigen vorgenommen zu werden. Die Beweiskraft derartiger Feststellungen hat durch das HGB. nicht fixirt werden sollen. Gegenbeweis ist jedenfalls zulässig. E. v. 30. Dez. 1870. Entsch. I S. 177. Vgl. Anm. * zu Art. 348.

d) Vgl. Anm. d zu Art. 348.

e) Es geschieht dies durch bloße Verfügung, ohne daß eine Klage und ein auf Grund eines förmlichen Prozeßverfahrens zu erlassendes Erkenntniß erfordert wird. E. v. 14. April 1875. Entsch. XVII S. 182.

f) Die am Orte anwesende Gegenpartei muß, die nicht anwesende kann gehört werden. E. v. 14. April 1875. Entsch. XVII S. 181.

408. Durch Annahme[a)] des Guts und Bezahlung[b)] der Fracht erlischt jeder Anspruch gegen den Frachtführer.[c)]

Nur wegen Verlustes oder Beschädigung, welche bei der Ablieferung äußerlich nicht erkennbar waren, kann der Frachtführer selbst nach der Annahme und nach Bezahlung der Fracht in Anspruch genommen werden, wenn die Feststellung des Verlustes oder der Beschädigung ohne Verzug nach der Entdeckung nachgesucht worden ist, und bewiesen wird, daß der Verlust oder die Beschädigung während der Zeit seit der Empfangnahme bis zur Ablieferung entstanden ist.

Die Bestimmungen über die Verjährung[d)] der Klagen und Einreden gegen den Spediteur wegen Verlustes, Beschädigung oder verspäteter Ablieferung des Guts (Artikel 386.) finden auch auf den Frachtführer Anwendung.

a) Unter Annahme ist hier die Uebernahme des Guts nach beendetem Transport zu verstehen; die Vorschrift des Art. 408 Abs. 1 findet nicht Anwendung, wenn in Folge Aufhebung des Frachtvertrages das Frachtgut zurückgenommen wird. E. v. 2. Febr. 1889. RG. XXII S. 145.

b) Bezahlung. Die Vorschrift ist streng auszulegen. Zahlungsversprechen, Eintragung der Fracht in ein vom Frachtführer geführtes Kontobuch, a conto Zahlung bei laufendem Geschäftsverkehr steht der „Bezahlung" nicht gleich. E. v. 15. Jan. 1890. RG. XXV S. 31.

Auch ist nur eine nach beendetem Transporte erfolgte Zahlung der Fracht gemeint. Die Ansprüche erlöschen also nicht durch die Annahme frankirten Frachtguts. E. v. 22. Mai 1874. Entsch. XIII S. 415.

Durch Bezahlung der Fracht ohne Annahme des Guts erlöschen die Ansprüche nicht. E. v. 25. Sept. 1874. Entsch. XIV S. 295.

c) Die Vorschrift findet sowohl im Falle der Beschädigung als bei theilweisem Verlust (Manco), nicht aber bei Totalverlust Anwendung. Ein Totalverlust liegt schon vor, wenn eins von mehreren mittelst desselben Frachtbriefes übersandten Collis fehlt. E. v. 6. Nov. 1874. Entsch. XV S. 141.

Die Ansprüche an den Frachtführer können durch vorgängige Uebereinkunft mit demselben, aber nicht durch einseitigen Vorbehalt gewahrt werden. E. v. 30. Dez. 1870. Entsch. I S. 181.

Uebergiebt der Frachtführer das Gut mit einem Frachtbriefe, der anders lautet, als der ursprünglich dem Absender ausgestellte, so bleiben trotz der Annahme des Gutes und Bezahlung der Fracht die Ansprüche aus dem abweichenden Inhalt des ursprünglichen Frachtbriefes bestehen. E. v. 22. Okt. 1879. RG. I S. 3.

Nur die Ansprüche aus dem Frachtvertrage erlöschen, also nicht der Anspruch auf Rückzahlung eines aus Irrthum zu viel gezahlten Frachtsatzes. E. v. 11. März 1882. RG. VI S. 104.

Auf die Ansprüche an den Spediteur findet die Vorschrift des Art. 408 Abs. 1 nicht Anwendung. E. v. 10. Dez. 1872 u. 6. Dez. 1878. Entsch. VIII S. 195, XXIV S. 288.

d) Die einjährige Verjährung (vgl. Art. 386) ist auch dann ausgeschlossen, wenn das Gut durch eine bösliche Handlungsweise der Leute des Frachtführers verloren wird. E. v. 30. Sept. 1889. RG. VII S. 129.

409. Der Frachtführer hat wegen aller durch den Frachtvertrag begründeten Forderungen,[a)] insbesondere der Fracht- und Liegegelder,[b)] sowie wegen der Zollgelder und anderer Auslagen ein Pfandrecht an dem Frachtgut. Dieses Pfandrecht besteht, so lange das Gut zurückbehalten oder niedergelegt ist; es dauert auch nach der Ablieferung noch fort, insofern der Frachtführer es binnen drei Tagen nach der Ablieferung gerichtlich geltend macht, und das Gut noch bei dem Empfänger oder bei einem Dritten sich befindet, welcher es für den Empfänger besitzt.

Er kann zu seiner Befriedigung den Verkauf des Guts oder eines Theils desselben veranlassen (Art. 407).

Er hat dieses Recht auch gegenüber den übrigen Gläubigern und der Konkursmasse des Eigenthümers.

a) Auf sonstige Nachnahme-Forderungen erstreckt sich das Pfandrecht nicht. E. v. 8. Nov. 1874. Entsch. XV S. 200. — Vgl. Anm. b. letzt. Abs. zu Art. 406.

b) Liegegelder. In dem E. v. 2. Juli 1884, RG. XV S. 74 ist einem Schiffer, welcher wegen eines Streits mit dem Absender über von letzterem geschuldete Liegegelder noch länger liegen geblieben war, der Anspruch auf die weiteren Liegegelder abgesprochen worden. E. v. 2. Juli 1884. RG. XV S. 74.

410. Geht das Gut durch die Hände mehrerer Frachtführer, so hat der letzte bei der Ablieferung, sofern nicht der Frachtbrief das Gegentheil bestimmt, auch die aus dem Frachtbriefe sich ergebenden Forderungen der vorhergehenden einzuziehen und deren Rechte, insbesondere auch das Pfandrecht, auszuüben.

Der vorhergehende Frachtführer, welcher von dem nachfolgenden befriedigt ist, überträgt auf diesen von Rechtswegen seine Forderung und sein Pfandrecht.

In gleicher Art wird die Forderung und das Pfandrecht des Spediteurs auf den nachfolgenden Spediteur und den Frachtführer übertragen.

Das Pfandrecht der Vormänner besteht so lange, als das Pfandrecht des letzten Frachtführers.

411. Wenn auf demselben Gute zwei oder mehrere gemäß den Artikeln 374., 382. und 409. begründete Pfandrechte bestehen, so geht unter denjenigen Pfandrechten, welche durch die Versendung oder durch den Transport des Guts entstanden sind, das später entstandene dem früher entstandenen vor; diese Pfandrechte haben sämmtlich den Vorrang vor dem Pfandrecht des Kommissionärs und vor dem Pfandrecht des Spediteurs für Vorschüsse; unter den letzteren Pfandrechten geht das früher entstandene dem später entstandenen vor.

412. Wenn der Frachtführer das Gut ohne Bezahlung abliefert und das Pfandrecht nicht binnen drei Tagen nach der Ablieferung gerichtlich geltend macht, so wird er, sowie die vorhergehenden Frachtführer und die Spediteure, des Rückgriffs gegen die Vormänner verlustig. Der Anspruch gegen den Empfänger bleibt in Kraft.

413. Der Absender und der Frachtführer können übereinkommen, daß der letztere dem ersteren einen Ladeschein ausstellt.

Der Ladeschein ist eine Urkunde, durch welche der Frachtführer sich zur Aushändigung des Guts verpflichtet.[a)]

a) Eine bloße Bescheinigung, das darin bezeichnete Gut zur Beförderung an die darin genannte Person empfangen zu haben, ohne eine vom Frachtführer übernommene Verpflichtung zur Aushändigung des Guts ist kein Ladeschein. E. v. 8. Dez. 1883. RG. XIII S. 75.

414. Der Ladeschein enthält:[a)]

1) die Bezeichnung der geladenen Güter nach Beschaffenheit, Menge und Merkzeichen;

2) den Namen und Wohnort des Frachtführers;
3) den Namen des Absenders;
4) den Namen desjenigen, an den oder an dessen Order das Gut abgeliefert werden soll. Als solcher ist der Absender zu verstehen, wenn der Ladeschein lediglich an Order gestellt ist;
5) den Ort der Ablieferung;
6) die Bestimmung in Ansehung der Fracht;
7) den Ort und Tag der Ausstellung.

Der Ladeschein muß von dem Frachtführer unterzeichnet sein.

Der Absender hat dem Frachtführer auf dessen Verlangen eine von ihm unterzeichnete gleichlautende Kopie des Ladescheins auszuhändigen.

a) Hier sind nicht die zur Rechtsgültigkeit des Ladescheins nothwendigen, sondern die üblichen Bestandtheile aufgeführt, deren Aufnahme in die Urkunde der Absender verlangen kann. E. v. 14. April 1875. Entsch. XVII S. 97.

415. Der Ladeschein entscheidet für die Rechtsverhältnisse zwischen dem Frachtführer und dem Empfänger des Guts; die nicht in denselben aufgenommenen Bestimmungen des Frachtvertrages haben gegenüber dem Empfänger keine rechtliche Wirkung, sofern nicht auf dieselben ausdrücklich Bezug genommen ist.[a)]

Für die Rechtsverhältnisse zwischen Frachtführer und Absender bleiben die Bestimmungen des Frachtvertrages maaßgebend.

a) Für das Rechtsverhältniß zwischen dem Frachtführer und dem Empfänger des Guts ist der Ladeschein ausschließlich entscheidend. Es gilt dies auch in Betreff der Frage, wer als Frachtführer anzusehen, wer also berechtigt ist, die Rechte aus dem Frachtvertrage gegen den Empfänger geltend zu machen. E. v. 14. April 1875. Entsch. XVIII S. 98.

Die Angaben des Ladescheins über die Beschaffenheit des Guts schließen eine Berufung des Frachtführers darauf, daß die Beschaffenheit in Wirklichkeit eine andere war, nicht aus; nur wird der Frachtführer für denjenigen Schaden haften, welchen er dem Inhaber des Ladescheins durch ein bei der Abgabe der Erklärung über die Beschaffenheit des Guts vorgekommenen Verschulden verursacht hat. E. v. 1. Okt. 1881. RG. V S. 79.

Der Frachtführer, welcher einen Ladeschein ausgestellt hat, aber den Transport durch einen anderen Frachtführer ausführen läßt, wird durch Abänderungen des Ladescheins, welche der Empfänger mit dem zweiten Frachtführer vereinbart hat, nicht verpflichtet. E. v. 15. Sept. 1879. Entsch. XXV S. 342.

416. Wenn der Frachtführer einen Ladeschein ausgestellt hat, darf er späteren Anweisungen des Absenders wegen Zurückgabe oder Auslieferung des Guts an einen anderen als den durch den Ladeschein legitimirten Empfänger nur dann Folge leisten, wenn ihm der Ladeschein zurückgegeben wird. Handelt er dieser Bestimmung entgegen, so ist er dem rechtmäßigen Inhaber des Ladescheins für das Gut verpflichtet.

417. Zum Empfange des Guts legitimirt ist derjenige, an welchen das Gut nach dem Ladeschein abgeliefert werden soll,[a] oder auf welchen der Ladeschein, wenn er an Order lautet, durch Indossament[b] übertragen ist.

a) In einem Falle, welcher am 14. März 1871 zur Entscheidung des ROHG. kam (Stg. I S. 347), hatte die befördernde Bahnverwaltung ein an „Karl W. u. Co." adressirtes Frachtgut am Bestimmungsorte an „Karl W." ausgehändigt, obwohl daselbst eine Firma „Karl W. u. Co." zur Zeit des Eintreffens der Waare nicht bestand. Trotzdem wurde die Schadensklage des Absenders gegen die Eisenbahn abgewiesen.

b) oder Cession. E. v. 13. Sept. 1879. Entsch. XXV S. 340.

418. Der Frachtführer ist zur Ablieferung des Guts nur gegen Rückgabe des Ladescheins, auf welchem die Ablieferung des Guts zu bescheinigen ist, verpflichtet.

419. Im Uebrigen kommen die Bestimmungen über die Rechte und Pflichten des Frachtführers auch in dem Falle zur Anwendung, wenn ein Ladeschein ausgestellt ist.

420. Wenn ein Kaufmann, dessen gewöhnlicher Handelsbetrieb sich nicht auf die Ausführung von Frachtgeschäften erstreckt, in einem einzelnen Falle einen Transport von Gütern zu Land oder auf Flüssen und Binnengewässern auszuführen übernimmt,[a] so kommen die Bestimmungen dieses Titels auch in Bezug auf ein solches Geschäft zur Anwendung.

a) Hierunter fällt auch die entgeltliche Uebernahme des Transports von Thieren ohne Anwendung von Transportmitteln. E. v. 24. März 1874. Entsch. XIII S. 133.

421. Die Bestimmungen dieses Abschnitts finden auch Anwendung auf Frachtgeschäfte von Eisenbahnen und anderen öffentlichen Transportanstalten.

Sie gelten jedoch für die Postanstalten nur insoweit, als nicht durch besondere Gesetze oder Verordnungen für dieselben ein Anderes bestimmt ist.

Für die Eisenbahnen kommen ferner die Bestimmungen des folgenden Abschnitts zur Anwendung.

Zweiter Abschnitt.

Von dem Frachtgeschäft der Eisenbahnen insbesondere.

Vgl. hierzu: Bekanntmachung, betreffend das Betriebsreglement für die Eisenbahnen Deutschlands. Vom 11. Mai 1874 (Centralblatt für das Deutsche Reich Nr. 21).

Die Auslegung der Vorschriften des Betriebsreglements unterliegt der Nachprüfung des Revisionsgerichts, E. v. 13. Febr. 1886. RG. XV S. 147. (Vgl. dagegen E. v. 30. Nov. 1875; Entsch. XIX S. 184.)

422. Eine Eisenbahn, welche dem Publikum zur Benutzung für den Gütertransport eröffnet ist, kann die bei ihr nachgesuchte Eingehung eines Frachtgeschäfts für ihre Bahnstrecke[a]) nicht verweigern, insofern

1) die Güter, an sich oder vermöge ihrer Verpackung nach den Reglements und im Falle die letzteren fehlen oder keinen Anhalt gewähren, nach den Einrichtungen und der Benutzungsweise der Bahn zum Transport sich eignen;
2) der Absender in Bezug auf die Fracht, die Auflieferung der Güter und die sonstigen den Eisenbahnen freigestellten Transportbedingungen sich den allgemein geltenden Anordnungen der Bahnverwaltung unterwirft;
3) die regelmäßigen Transportmittel der Bahn zur Ausführung des Transports genügen.

Die Eisenbahnen sind nicht verpflichtet, die Güter zum Transport eher anzunehmen, als bis die Beförderung derselben geschehen kann.

In Ansehung der Zeit der Beförderung darf kein Absender vor dem Anderen ohne einen in den Einrichtungen der Bahn, in den Transportverhältnissen, oder im öffentlichen Interesse liegenden Grund begünstigt werden.

Zuwiderhandlungen gegen die Bestimmungen dieses Artikels begründen den Anspruch auf Ersatz des dadurch entstandenen Schadens.[b)]

a) Für ihre Bahnstrecke. Die Uebernahme von Gütern mit durchgehendem Frachtbrief kann die Bahnverwaltung ablehnen oder von Bedingungen abhängig machen. E. v. 2. Juli 1887. RG. XVIII S. 170.

b) In dem durch Urtheil vom 9. Mai 1876 (Entsch. XX S. 373) entschiedenen Fall wurde eine Eisenbahnverwaltung, welche einem Speditionshause als Zeitpunkt des Eintritts von Frachterhöhungen ein zu frühes Datum angegeben hatte, verurtheilt, dem Speditionshause den dadurch (infolge der ihm entgangenen Speditionsaufträge) entstandenen Schaden zu vergüten.

423. Die im Artikel 422. bezeichneten Eisenbahnen sind nicht befugt, die Anwendung der in den Artikeln 395. 396. 397. 400. 401. 408. enthaltenen Bestimmungen über die Verpflichtung des Frachtführers zum Schadensersatze, sei es in Bezug auf den Eintritt, den Umfang oder die Dauer der Verpflichtung oder in Bezug auf die Beweislast, zu ihrem Vortheil durch Verträge (mittelst Reglements[a)] oder durch besondere Uebereinkunft) im Voraus auszuschließen oder zu beschränken, außer, soweit solches durch die nachfolgenden Artikel zugelassen ist.[b)]

Vertragsbestimmungen, welche dieser Vorschrift entgegenstehen, haben keine rechtliche Wirkung.[c)]

a) Wird ein Transport über mehrere Bahnen übernommen, so ist in Ermangelung besonderer Uebereinkunft das Reglement der Aufgabestation nicht für den ganzen Transport maßgebend, sondern es kommen für die späteren Bahnstrecken die betreffenden anderweiten Reglements zur Anwendung. E. v. 13. Juni 1871. Entsch. III S. 59.

b) Es kann bedungen werden, daß die Eisenbahn das Frachtgut am Bestimmungsorte an einen von ihr bestellten Güterführer Behufs Weiterbeförderung in die Wohnung des Adressaten auszantwortete und daß die Eisenbahn für einen während dieser Weiterbeförderung eintretenden Verlust nicht haftbar sei. E. v. 12. Nov. Entsch. VIII S. 24.

c) Das Verbot bezieht sich nicht auf fremdländische Reglements, soweit dieselben nach dem betreffenden fremden Rechte gültig sind. Es findet auch auf eine dem Verkehr für das Publikum nicht frei gegebene Eisenbahn (im Kriege) keine Anwendung. E. v. 11. Okt. 1876. Entsch. XXI S. 58.

424. Es kann bedungen[a] werden:

1) in Ansehung der Güter, welche nach Vereinbarung mit dem Absender in unbedeckten Wagen transportirt werden[b]:

daß für den Schaden nicht gehaftet werde, welcher aus der mit dieser Transportart verbundenen Gefahr entstanden ist;

2) in Ansehung der Güter, welche, ungeachtet ihre Natur eine Verpackung zum Schutz gegen Verlust oder Beschädigung auf dem Transport erfordert, nach Erklärung des Absenders auf dem Frachtbrief unverpackt oder mit mangelhafter Verpackung aufgegeben sind:

daß für den Schaden nicht gehaftet werde, welcher aus der mit dem Mangel der Verpackung oder mit der mangelhaften Beschaffenheit der Verpackung verbundenen Gefahr entstanden ist;

3) in Ansehung der Güter, deren Auf- und Abladen nach Vereinbarung mit dem Absender von diesem [c]) besorgt wird: [d])

daß für den Schaden nicht gehaftet werde, der aus der mit dem Auf- und Abladen oder mit mangelhafter Verladung verbundenen Gefahr entstanden ist;

4) in Ansehung der Güter, welche vermöge ihrer eigenthümlichen natürlichen Beschaffenheit der besonderen Gefahr ausgesetzt sind, gänzlichen oder theilweisen Verlust oder Beschädigung, namentlich Bruch, Rost, inneren Verderb, außergewöhnliche Leckage u. s. w. zu erleiden: [e])

daß für den Schaden nicht gehaftet werde, welcher aus dieser Gefahr entstanden ist;

5) in Ansehung lebender Thiere:

daß für den Schaden nicht gehaftet werde, welcher aus der mit dem Transport dieser Thiere für dieselben verbundenen besonderen Gefahr entstanden ist;

6) in Ansehung begleiteter Güter:

daß für den Schaden nicht gehaftet werde, welcher aus der Gefahr entstanden ist, deren Abwendung durch die Begleitung bezweckt wird.

Ist eine der in diesem Artikel zugelassenen Bestimmungen bedungen, so gilt zugleich als bedungen, daß bis zum Nachweise des Gegentheils[f] vermuthet[g] werden soll, daß ein eingetretener Schaden,[h] wenn er aus der nicht übernommenen Gefahr entstehen konnte, aus derselben wirklich entstanden ist.[i]

Eine nach diesem Artikel bedungene Befreiung von der Haftpflicht kann nicht geltend gemacht werden, wenn nachgewiesen wird, daß der Schaden durch Verschulden der Bahnverwaltung oder ihrer Leute entstanden ist.[k]

a) Die desfallsigen Reglementsbestimmungen gelten zwischen der Eisenbahn und denjenigen, die sich derselben als Transportmittel bedienen, als bedungen. E. v. 25. Mai 1872. Entsch. VI S. 176.

Wenn nach dem im Frachtbrief in Bezug genommenen Betriebs-Reglement bezüglich derjenigen Waaren, die der Tarif in unbedeckten Wagen zu transportiren gestattet, ein Einverständniß des Absenders mit dieser Transportart anzunehmen ist, falls er nicht bei der Aufgabe der Güter durch schriftlichen Vermerk eine andere Beförderungsart vorschreibt, so begründet die nachträgliche mündliche, wenn auch von der Bahnverwaltung angenommene und ausgeführte, aber in den Frachtbrief nicht aufgenommene Bestellung eines bedeckten Wagens keine Verpflichtung zur Stellung eines solchen. E. v. 18. Nov. 1879. RG. I S. 15.

b) transportirt werden, d. h. transportirt werden dürfen. Der Art. 424 Ziff. 1 ist auch anwendbar, wenn die Bahnverwaltung bedeckte Wagen hergiebt, ohne hierzu verpflichtet zu sein. Für die Mängel der Decke braucht in einem solchen Falle die Bahnverwaltung nicht aufzukommen. E. v. 18. Nov. 1879 u. 11. Jan. 1884, RG. I S. 15, X S. 106. — Die Präsumtion des vorletzten Absatzes des Art. 424 kann jedoch für ausgeschlossen erachtet werden, wenn die Bahnverwaltung von dem Recht zur Benutzung unbedeckter Wagen thatsächlich keinen Gebrauch gemacht hat. E. v. 22. April 1879. Entsch. XXV S. 172.

Der Beförderung in unbedeckten Wagen steht gleich, wenn der Transport in offenen Wagen erfolgen, die Waare aber mit einer nicht festen Decke oder Plane bedeckt werden soll. E. v. 24. Okt. 1873 u. 30. Sept. 1874. Entsch. XII S. 120, XIV S. 218. E. v. 11. Jan. 1884. RG. X S. 106.

Für die Zweckdienlichkeit der von der Bahnverwaltung gegen Entgelt hergegebenen Decke braucht die Bahnverwaltung jedenfalls dann nicht aufzukommen, wenn das Aufladen von den Leuten des Absenders besorgt ist und die Leute der Bahnverwaltung nur bei der Spannung der Decke Hülfe geleistet haben. E. v. 8. März 1876. Entsch XX S. 239.

Eine Abrede der unter Nr. 1 gedachten Art überhebt die Bahnbeamten nicht schlechthin der Fürsorge für den Schutz des verladenen Gutes auch gegen Nässe. E. v. 25. Mai 1875. Entsch. XVII S. 296.

Die Abrede des Transports in unbedeckten Wagen bei einer Feuergefährlichkeit der Waare kann als ein Versehen des Absenders, welches die Bahnverwaltung von der Vertretung eigenen Verschuldens befreit, nicht angesehen werden. E. v. 2. Nov. 1874. Entsch. XV S. 85.

c) Dem steht gleich, wenn vereinbart ist, daß das Aufladen vom Absender, das Abladen von dem Empfänger besorgt werden soll. E. v. 25. Mai 1872. Entsch. VI S. 180.

d) Unter dieser Abrede fallen alle diejenigen Fälle, in denen verbeinbart ist, daß das Frachtgut im Zustande der Verladung übernommen werden und mit Rücksicht darauf die Bahn der Sorge für die Verladung und der Haftung für sachgemäße Verladung enthoben sein solle. An welchem Orte, wann und von wem die Verladung besorgt worden, ist gleichgültig. Daher ist Selbstverladung im obigen Sinne auch anzunehmen, wenn das Frachtgut ohne Umladung mit neuem Frachtbrief sofort weiter versendet wird. E. v. 20. März 1874. Entsch. XIII S. 130.

Ist eine Abrede wie die unter Ziff. 3 angegebene getroffen, so liefert der Frachtbrief über die Quantität des aufgeladenen Guts keinen Beweis; im Falle eines Verlustes muß der Eisenbahngesellschaft nachgewiesen werden, daß ihr das Frachtgut vollständig in dem behaupteten Umfange übergeben worden ist. E. v. 25. Nov. 1874. Entsch. XV S. 376.

e) Hier handelt es sich um Güter, welche wegen ihrer eigenthümlichen Beschaffenheit leicht verletzbar sind; die bloße Möglichkeit des Verletztwerdens genügt nicht. E. v. 13. Febr. 1886. RG. XV S. 149.

f) Dieser Gegenbeweis kann nicht blos dadurch geführt werden, daß eine bestimmte andere Ursache nachgewiesen wird, sondern auch durch den Nachweis von Thatsachen, aus denen sich ergiebt, daß der gefährliche Umstand, für welchen die Haft ausgeschlossen ist, nach den konkreten Verhältnissen die Ursache des Unfalls nicht gewesen sein kann. E. v. 11. Jan. 1884. RG. X S. 105.

g) Die Vermuthung bezieht sich nur auf die Ersatzforderung des Absenders an den Frachtführer, nicht auf Schadensersatzansprüche des Frachtführers an den Absender. E. v. 6. März 1886. RG. XV S. 152.

h) Unter Schaden im Sinne des Art. 424 ist auch der durch Dritte verübte Diebstahl mitbegriffen. E. v. 25. Mai 1872. Entsch. VI S. 177

i) Es ist gleichgültig, ob der Schaden während des Transports oder nach beendetem Transporte am Bestimmungsorte in der Zeit von der Ankunft bis zur Abnahme erfolgt ist, vorausgesetzt, daß die Bahn bezüglich der ihr obliegenden Avisirung von der Ankunft des Gutes dem Adressaten gegenüber sich nicht säumig erwies. E. v. 12. Juni 1874. Entsch. XIII S. 433.

k) Sowohl das Verschulden der Bahnverwaltung als der ursächliche Zusammenhang zwischen Verschulden und Schaden muß vom Beschädigten erwiesen werden. — Die im Art. 395 enthaltene Vorschrift über die Beweislast findet nicht Anwendung, wenn eine der nach Art. 324 zulässigen Befreiungen bedungen ist. E. v. 2. Nov. 1874. Entsch. XV S. 86.

Das Verschulden der Bahnverwaltung oder ihrer Leute kann auch darin gefunden werden, daß diejenige Sorgfalt außer Acht gelassen ist, welche in Folge der besonderen Transportart erforderlich wurde. E. v. 22. Febr. 1888. RG. XX S. 26. (Offene Wagen mit leicht brennbaren Gegenständen waren in zu großer Nähe der Lokomotive eingereiht worden.)

425. In Ansehung des Reisegepäcks kann bedungen werden:

1) daß für Verlust oder Beschädigung von Reisegepäck, welches nicht zum Transport aufgegeben ist, nur gehaftet werde, wenn ein Verschulden der Bahnverwaltung oder ihrer Leute nachgewiesen wird. Dasselbe kann in Ansehung von Gegenständen bedungen werden, welche sich in Reise-Equipagen befinden;

2) daß für Verlust von Reisegepäck, welches zum Transport aufgegeben ist, nur gehaftet werde, wenn das Gepäck binnen einer bestimmten Frist nach der Ablieferungszeit abgefordert wird.

Die Frist darf nicht kürzer als drei Tage sein.

426. In Ansehung der Güter, welche nach ihrer natürlichen Beschaffenheit bei dem Transport regelmäßig einen Verlust an Gewicht oder an Maaß erleiden, kann bedungen werden, daß bis zu einem im Voraus bestimmten Normalsatze für Verlust an Gewicht oder Maaß nicht gehaftet werde. Der Normalsatz muß, im Falle mehrere Stücke zusammen transportirt worden sind, für jedes einzelne Stück besonders berechnet werden, wenn das Gewicht oder Maaß der einzelnen Stücke im Frachtbrief verzeichnet oder sonst erweislich ist.

Die hier bezeichnete Bestimmung kann nicht geltend gemacht werden, wenn nachgewiesen wird, daß der Verlust nach den Umständen des Falles nicht in Folge der natürlichen Beschaffenheit des Gutes entstanden ist, oder daß der bestimmte Normalsatz dieser Beschaffenheit oder den sonstigen Umständen des Falles nicht entspricht.

427. Es kann bedungen werden:

1) daß der nach Artikel 396. der Schadensberechnung zu Grunde zu legende Werth den im Frachtbrief, im Ladeschein oder im Gepäckschein als Werth des Guts angegebenen Betrag und in Ermangelung einer solchen Angabe einen im Voraus bestimmten Normalsatz nicht übersteigen soll;[a]

2) daß die Höhe des nach Artikel 397. wegen verspäteter Lieferung zu leistenden Schadenersatzes den im Frachtbrief, im Ladeschein oder im Gepäckschein als die Höhe des Interesses an der rechtzeitigen Lieferung angegebenen Betrag und in Ermangelung einer solchen Angabe einen im Voraus bestimmten Normalsatz, welcher auch in dem Verluste der Fracht oder eines Theiles derselben bestehen kann, nicht übersteigen soll.[b]

Im Falle einer böslichen Handlungsweise[c] der Eisenbahnverwaltung oder ihrer Leute[d] kann die Beschränkung der Haftpflicht auf den Normalsatz oder den angegebenen Werth des Guts nicht geltend gemacht werden.

a) Ist dies bedungen, so ist der Normalsatz auch dann nur zu vergüten, wenn die Waare vor Beginn des Transports, aber nach der Empfangnahme Seitens der Eisenbahnverwaltung verloren geht. E. v. 30. April 1873. Entsch. IX S. 301.

Der Normalsatz bildet sowohl bei Beschädigungen als bei völligem Verluste den Maßstab für den zu gewährenden Ersatz. E. v. 23. April 1873. Entsch. IX S. 278.

Zur Begründung der Schadensklage gehört in einem solchen Falle außer dem Nachweise des Werths des Frachtguts auch der Nachweis, daß der geforderte Betrag den im Ladeschein angegebenen oder den Normalsatz nicht übersteigt, wenn der Normalsatz also nach Gewicht bestimmt ist, auch der Gewichtsnachweis. E. v. 30. Juni 1876. Entsch. XX S. 404.

Die bedungene Beschränkung der Haftpflicht dauert von der Empfangnahme bis zur Ablieferung ununterbrochen fort, also auch während das Gut sich im Magazin der Bahnverwaltung befindet. E. v. 18. Febr. 1874. Entsch. XII S. 281.

Selbst wenn der Eisenbahnfrachtvertrag noch nicht zu Stande gekommen ist, haftet die Bahnverwaltung für das ihrem Rollfuhrunternehmer zum Transport vom Absender zur Bahn zugleich mit dem Frachtbrief übergebene Gut nur in Höhe der im Frachtbrief in Bezug genommenen reglementsmäßigen Bestimmungen. E. v. 21. Dez. 1878. Entsch. XXIV S. 303.

b) Auch wenn dies bedungen ist, hat der Absender zu beweisen, daß und in welchem Betrage ihm durch die verspätete Lieferung Schaden entstanden ist. E. v. 22. Okt. 1873. Entsch. IX S. 299.

Die Angabe des Interesses der rechtzeitigen Lieferung ist für die Höhe des Entschädigungsanspruches wegen Verlustes nicht maßgebend. E. v. 20. Jan. 1875. Entsch. XVII S. 128.

c) Vgl. Anm. d und e zu Art. 396.

d) Unter den „Leuten" im Sinne des Art. 427 sind alle Personen zu verstehen, welche innerhalb des Gewerbebetriebes der Eisenbahn angestellt sind. Dahin gehören nicht nur die Güterschaffner, Gepäckmeister, Lokomotivführer u. s. w., sondern auch die Wagenputzer, Lampenwärter, Portiers, Bahnwärter u. dgl., wobei es gleichgültig ist, ob dieselben bei dem konkreten Transport unmittelbar beschäftigt waren, wenn nur irgend eine Beziehung zwischen

That und Anstellung vorhanden ist. E. v. 30. Sept. 1882. RG. VII S. 127.

428. Es kann bedungen werden, daß nach erfolgter Empfangnahme des Guts und Bezahlung der Fracht jeder Anspruch wegen Verlustes an dem Gute oder wegen Beschädigung desselben auch dann, wenn dieselben bei der Ablieferung nicht erkennbar waren und erst später entdeckt worden sind (Artikel 408. Abs. 2.), erlischt, wenn der Anspruch nicht binnen einer bestimmten Frist nach der Ablieferung bei der Eisenbahnverwaltung angemeldet worden ist.

Die Frist darf nicht kürzer als vier Wochen sein.

429. Wenn eine Eisenbahn das Gut mit einem Frachtbrief übernimmt, nach welchem der Transport durch mehrere sich aneinander anschließende Eisenbahnen zu bewirken ist,[a] so kann bedungen werden, daß nicht sämmtliche Eisenbahnen, welche das Gut mit dem Frachtbrief übernommen haben, nach Maaßgabe des Artikels 401. als Frachtführer für den ganzen Transport haften, sondern daß nur die erste Bahn und diejenige Bahn, welche das Gut mit dem Frachtbriefe zuletzt übernommen hat, dieser Haftpflicht für den ganzen Transport unterliegt, vorbehaltlich des Rückgriffs der Eisenbahnen gegeneinander,[b] daß dagegen eine der übrigen, in der Mitte liegenden, Eisenbahnen nur dann als Frachtführer in Anspruch genommen werden kann, wenn ihr nachgewiesen wird, daß der Schaden auf ihrer Bahn sich ereignet hat.

a) Vgl. Anm. a zu Art. 422.

b) Ueber die Voraussetzungen und Wirkungen dieses Rückgriffsrechts der Eisenbahnen untereinander enthält das HGB. keine Bestimmungen. Die verschiedenen Eisenbahnen, welche das Gut mit einheitlichem (durchgehendem) Frachtbrief befördern, stehen nur mit dem Absender, nicht ohne weiteres untereinander in einem Vertragsverhältniß. In Ermangelung besonderer Vorschriften richtet sich das Rückgriffsrecht der verschiedenen Bahnverwaltungen untereinander nach den Bestimmungen des bürgerlichen Rechts über den Regreß der Korrealschuldner. E. v. 27. Sept. 1878. Entsch. XXIV S. 211.

Vgl. Anm. zu Art. 401.

430. Wenn eine Eisenbahn das Gut mit einem Frachtbrief zum Transport übernimmt, in welchem als Ort der Ablieferung ein weder an ihrer Bahn, noch an einer der sich an sie anschließenden Bahnen liegender Ort bezeichnet ist, so kann bedungen werden, daß die Haftpflicht der Eisenbahn oder der Eisenbahnen als Frachtführer nicht für den ganzen Transport bis zum Ort der Ablieferung, sondern nur für den Transport bis zu dem Ort bestehe, wo der Transport mittelst Eisenbahn enden soll; ist dies bedungen, so treten in Bezug auf die Weiterbeförderung nur die Verpflichtungen des Spediteurs ein.

431. Ist von dem Absender auf dem Frachtbrief bestimmt, daß das Gut an einem an der Eisenbahn liegenden Ort abgegeben werden oder liegen bleiben soll, so gilt, ungeachtet im Frachtbrief ein anderweitiger Bestimmungsort angegeben ist, der Transport als nur bis zu jenem an der Bahn liegenden Ort übernommen, und die Bahn ist nur bis zur Ablieferung an diesem Ort verantwortlich.

C. Ergänzungs-Gesetze.

I.

Gesetz, betreffend die vertragsmäßigen Zinsen.

Vom 14. November 1867.

(BGBl. S. 159, 160.)

Wir **Wilhelm**, von Gottes Gnaden König von Preußen ꝛc.

verordnen im Namen des Norddeutschen Bundes,[a] nach erfolgter Zustimmung des Bundesrathes und des Reichstages, was folgt:[b][c]

a) Das Gesetz gilt auch in Baden, Südhessen und Württemberg Für Bayern ist es nicht eingeführt.

b) Das landesrechtlich (§. 33 Th. I Tit. 20 Pr. ALR) bestehende Verbot der lex commissoria beim Pfandvertrage ist durch das Gesetz v. 14. Nov. 1867 nicht aufgehoben. E. v. 5. Okt. 1880 u. 2. April 1881. RG. II S. 333 u. IV S. 51.

c) Vgl. jedoch das Gesetz, betr. den Wucher. Vom 24. Mai 1880.

§. 1. Die Höhe der Zinsen, sowie die Höhe und die Art der Vergütung für Darlehne und für andere kreditirte Forderungen, ferner Konventionalstrafen, welche für die unterlassene Zahlung eines Darlehns oder einer sonst kreditirten Forderung zu leisten sind, unterliegen der freien Vereinbarung.

Die entgegenstehenden privatrechtlichen und strafrechtlichen Bestimmungen werden aufgehoben.

§. 2. Derjenige, welcher für eine Schuld dem Gläubiger einen höheren Zinssatz als jährlich sechs vom Hundert gewährt oder zusagt, ist zu einer halbjährigen Kündigung des Vertrages befugt. Jedoch kann er von dieser Befugniß nicht unmittelbar bei Eingehung des Vertrages, sondern erst nach Ablauf eines halben Jahres Gebrauch machen.

Vertragsbestimmungen, durch welche diese Vorschrift zum Nachtheil des Schuldners beschränkt oder aufgehoben wird, sind ungültig.

Auf Schuldverschreibungen, welche unter den gesetzlichen Voraussetzungen auf jeden Inhaber gestellt werden, sowie auf Darlehne, welche ein Kaufmann empfängt, und auf Schulden eines Kaufmanns aus seinen Handelsgeschäften leiden die in diesem Paragraphen enthaltenen Vorschriften keine Anwendung.

§. 3. Wird die Zahlung eines Darlehns oder einer andern kreditirten Forderung verzögert, so bleibt auch für die Zögerungszinsen der bedungene Zinssatz maaßgebend, sofern derselbe höher ist, als die gesetzlich bestimmten Zögerungszinsen.

§. 4. Die privatrechtlichen Bestimmungen in Betreff der Zinsen von Zinsen und die Vorschriften für die gewerblichen Pfandleih-Anstalten werden durch dieses Gesetz nicht geändert.

§. 5. Den Landesgesetzen bleibt vorbehalten, zu bestimmen, daß die im §. 2. dieses Gesetzes eingeräumte Kündigungsbefugniß des Schuldners gänzlich wegfalle, oder daß ein höherer Zinssatz, als sechs Prozent, oder eine längere Kündigungsfrist, als sechs Monate, für die bezeichnete Befugniß maaßgebend sei.

So weit einzelne Landesgesetze Bestimmungen enthalten, welche die erwähnte Kündigungsbefugniß des Schuldners ausschließen, oder in der bezeichneten Weise beschränken, bleiben dieselben in Gültigkeit, bis sie auf dem verfassungsmäßigen Wege des betreffenden Landes, oder durch ein Bundesgesetz abgeändert werden.

Urkundlich unter Unserer Höchsteigenhändigen Unterschrift und beigedrucktem Bundes-Insiegel.

Gegeben Berlin, den 14. November 1867.

(L. S.) **Wilhelm.**

Gr. v. Bismarck-Schönhausen.

II.

Gesetz, betreffend die Inhaberpapiere mit Prämien.

Vom 8. Juni 1871.

(RGBl. S. 210 und 211.

Ausgegeben zu Berlin, den 14. Juni 1871.

Wir **Wilhelm**, von Gottes Gnaden Deutscher Kaiser, König von Preußen rc.

verordnen im Namen des Deutschen Reichs, nach erfolgter Zustimmung des Bundesrathes und des Reichstages, was folgt:

§. 1. Auf den Inhaber lautende Schuldverschreibungen, in welchen allen Gläubigern oder einem Theile derselben außer der Zahlung der verschriebenen Geldsumme eine Prämie dergestalt zugesichert wird, daß durch Ausloosung oder durch eine andere auf den Zufall gestellte Art der Ermittelung die zu prämiirenden Schuldverschreibungen und die Höhe der ihnen zufallenden Prämie bestimmt werden sollen (Inhaberpapiere mit Prämien), dürfen innerhalb des Deutschen Reichs nur auf Grund eines Reichsgesetzes und nur zum Zwecke der Anleihe eines Bundesstaats oder des Reichs ausgegeben werden.

§. 2. Inhaberpapiere mit Prämien, welche nach Verkündigung des gegenwärtigen Gesetzes, der Bestimmung im §. 1. zuwider, im Inlande ausgegeben sein möchten, imgleichen Inhaberpapiere mit Prämien, welche nach dem

30. April 1871. im Auslande ausgegeben sind, dürfen weder weiter begeben, noch an den Börsen, noch an anderen zum Verkehr mit Werthpapieren bestimmten Versammlungsorten zum Gegenstande eines Geschäfts oder einer Geschäftsvermittelung gemacht werden.

§. 3. Dasselbe gilt vom 15. Juli 1871. ab von ausländischen Inhaberpapieren mit Prämien, deren Ausgabe vor dem 1. Mai 1871. erfolgt ist, sofern dieselben nicht abgestempelt sind (§§. 4. 5.).

§. 4. Die Schuldverschreibungen, deren Abstempelung erfolgen soll, müssen spätestens am 15. Juli 1871. zu diesem Zwecke eingereicht werden.

Für die Abstempelung ist eine Gebühr zu entrichten, welche für eine Schuldverschreibung, deren Nominalbetrag den Werth von Einhundert Thalern nicht übersteigt . . . . 5 Sgr. oder $17^1/_2$ Kr. S. W.,
für eine Schuldverschreibung, deren Nominalbetrag den Werth von Einhundert Thalern übersteigt . . . . . 10 Sgr. oder 35 Kr. S. W.
beträgt.

Der Ertrag dieser Abstempelungsgebühr fließt zur Reichskasse.

§. 5. Der Bundesrath wird die zur Ausführung dieses Gesetzes erforderliche Instruktion erlassen und in derselben festsetzen, unter welchen Umständen ein gutgläubiger Inhaber, der aus entschuldbaren Gründen die Einreichungsfrist versäumt hat, noch nachträglich Abstempelung seiner Schuldverschreibungen erlangen kann. Der Bundesrath wird ferner zur Berechnung der Stempel-Abgabe den Thalerwerth der fremden Valuten feststellen, auch die Behörden bestimmen, bei welchen die Einreichung zur Abstempelung (§. 4.) zu erfolgen hat.

§. 6. Wer den Bestimmungen der §§. 1. 2. oder 3. zuwiderhandelt, verfällt in eine Geldstrafe, welche dem fünften Theile des Nennwerthes der den Gegenstand der Zuwiderhandlung bildenden Papiere gleichkommt, mindestens aber Einhundert Thaler betragen soll.

Mit Geldstrafe bis zu Einhundert Thalern oder Gefängniß bis zu drei Monaten wird bestraft, wer ein im §. 2 oder §. 3 bezeichnetes Inhaberpapier mit Prämie öffentlich ankündigt, ausbietet oder empfiehlt, oder zur Feststellung eines Kurswerthes notirt.

Urkundlich unter Unserer Höchsteigenhändigen Unterschrift und beigedrucktem Kaiserlichen Insiegel.

Gegeben Berlin, den 8. Juni 1871.

(L. S.) **Wilhelm.**

Fürst v. Bismarck.

III.

Gesetz über Markenschutz.

Vom 30. November 1874.

(RGBl. S. 143—146.)

Wir **Wilhelm**, von Gottes Gnaden Deutscher Kaiser, König von Preußen ꝛc.

verordnen im Namen des Deutschen Reichs, nach erfolgter Zustimmung des Bundesraths und des Reichstags, was folgt:

§. 1. Gewerbetreibende, deren Firma im Handelsregister eingetragen ist, können Zeichen, welche zur Unterscheidung ihrer Waaren von den Waaren anderer Gewerbetreibenden auf den Waaren selbst oder auf deren Verpackung angebracht werden sollen, zur Eintragung in das Handelsregister des Ortes ihrer Hauptniederlassung bei dem zuständigen Gerichte anmelden.

§. 2. Der Anmeldung muß eine deutliche Darstellung des Waarenzeichens (§. 1) nebst einem Verzeichniß der Waarengattungen, für welche das Zeichen bestimmt ist, mit der Unterschrift der Firma versehen, beigefügt sein.

§. 3. Die Eintragung von Waarenzeichen, deren Benutzung für den Anmeldenden landesgesetzlich geschützt ist, ferner von solchen Zeichen, welche bis zum Beginn des Jahres 1875 im Verkehr allgemein als Kennzeichen der Waaren eines bestimmten Gewerbetreibenden gegolten haben, darf nicht versagt werden.

Im Uebrigen ist die Eintragung zu versagen, wenn die Zeichen ausschließlich in Zahlen, Buchstaben oder Worten bestehen, oder wenn sie öffentliche Wappen oder Aergerniß erregende Darstellungen enthalten.

§. 4. Die Eintragung erfolgt unter der Firma des Anmeldenden. Die Zeit der Anmeldung ist dabei zu vermerken. Gelangt ein bereits eingetragenes Waarenzeichen aus Anlaß der Verlegung der Hauptniederlassung wiederholt zur Eintragung, so ist dabei die Zeit der ersten Anmeldung zu vermerken.

§. 5. Auf Antrag des Inhabers der Firma wird das eingetragene Waarenzeichen gelöscht.

Von Amtswegen erfolgt die Löschung:

1) wenn die Firma im Handelsregister gelöscht wird;
2) wenn eine Aenderung der Firma und nicht zugleich die Beibehaltung des Zeichens angemeldet wird;
3) wenn seit der Eintragung des Zeichens, ohne daß dessen weitere Beibehaltung angemeldet worden, oder seit einer solchen Anmeldung, ohne daß dieselbe wiederholt worden, zehn Jahre verflossen sind;
4) wenn das Zeichen nach §. 3 nicht hätte eingetragen werden dürfen.

§. 6. Die erste Eintragung und die Löschung eines Zeichens wird im „Deutschen Reichs-Anzeiger" bekannt gemacht.

Die Kosten der Bekanntmachung der Eintragung hat der Inhaber der Firma zu tragen.

§. 7. Für die erste Eintragung eines Zeichens, welches landesgesetzlich nicht geschützt ist, wird eine Gebühr von fünfzig Mark entrichtet.

Von der Entrichtung einer Gebühr für die Eintragung solcher Zeichen, welche bis zum Beginn des Jahres 1875 im Verkehr allgemein als Kennzeichen der Waaren eines bestimmten Gewerbetreibenden gegolten haben, können die Landesregierungen entbinden.

Andere Eintragungen uud Löschungen geschehen unentgeltlich.

§. 8. Das Recht, Waaren oder deren Verpackung mit einem für diese Waaren zum Handelsregister angemeldeten Zeichen zu versehen oder auf solche Art bezeichnete Waaren in Verkehr zu bringen, steht dem Inhaber derjenigen Firma, für welche zuerst die Anmeldung bewirkt ist, ausschließlich zu.

§. 9. Auf Waarenzeichen, welche landesgesetzlich geschützt sind, ferner auf solche Zeichen, welche bis zum Beginn des Jahres 1875 im Verkehr allgemein als Kennzeichen der Waaren eines bestimmten Gewerbetreibenden gegolten haben, kann durch die Anmeldung außer den gesetzlich geschützten oder im Verkehr allgemein anerkannten Inhabern niemand ein Recht erwerben, sofern diese vor dem 1. Oktober 1875 die Anmeldung bewirken.

§. 10. Durch die Anmeldung eines Waarenzeichens, welches Buchstaben oder Worte enthält, wird niemand gehindert, seinen Namen oder seine Firma, sei es auch in abgekürzter Gestalt, zur Kennzeichnung seiner Waaren zu gebrauchen.

Auf Waarenzeichen, welche bisher im freien Gebrauche aller oder gewisser Klassen von Gewerbetreibenden sich befunden haben, oder deren Eintragung nicht zulässig ist, kann durch Anmeldung niemand ein Recht erwerben.

§. 11. Der Inhaber einer Firma, für welche ein Waarenzeichen eingetragen ist, hat dasselbe auf Verlangen desjenigen, welcher ihn von der Benutzung des Zeichens auszuschließen berechtigt ist, oder sofern das Waarenzeichen zu den im §. 10 Absatz 2 erwähnten gehört, auf Verlangen eines Betheiligten löschen zu lassen.

§. 12. Das durch die Anmeldung eines Waarenzeichens erlangte Recht erlischt:

1. mit der Zurücknahme der Anmeldung, oder mit dem Antrage auf Löschung seitens des Inhabers der berechtigten Firma;
2. mit dem Eintritte eines der im §. 5 Nr. 1 bis 3 bezeichneten Fälle.

§. 13. Jeder inländische Produzent oder Handeltreibende kann gegen denjenigen, welcher Waaren oder deren Verpackung mit einem für den Ersteren nach Maßgabe dieses Gesetzes zu schützenden Waarenzeichen oder mit dem Namen oder der Firma des Ersteren widerrechtlich bezeichnet, im

Wege der Klage beantragen, daß derselbe für nicht berechtigt erklärt werde, diese Bezeichnung zu gebrauchen.

Desgleichen kann der Produzent oder Handeltreibende gegen denjenigen, welcher dergleichen widerrechtlich bezeichnete Waaren in Verkehr bringt oder feilhält, im Wege der Klage beantragen, daß derselbe für nicht berechtigt erklärt werde, so bezeichnete Waaren in Verkehr zu bringen oder feil zu halten.

§. 14. Wer Waaren oder deren Verpackung wissentlich mit einem nach Maßgabe dieses Gesetzes zu schützenden Waarenzeichen, oder mit dem Namen oder der Firma eines inländischen Produzenten oder Handeltreibenden widerrechtlich bezeichnet, oder wissentlich dergleichen widerrechtlich bezeichnete Waaren in Verkehr bringt oder feilhält, wird mit Geldstrafe von einhundertfünfzig bis dreitausend Mark oder mit Gefängniß bis zu sechs Monaten bestraft und ist dem Verletzten zur Entschädigung verpflichtet.

Die Strafverfolgung tritt nur auf Antrag ein.

§. 15. Statt jeder aus diesem Gesetze entspringenden Entschädigung kann auf Verlangen des Beschädigten neben der Strafe auf eine an ihn zu erlegende Buße bis zum Betrage von fünftausend Mark erkannt werden. Für diese Buße haften die zu derselben Verurtheilten als Gesammtschuldner.

Eine erkannte Buße schließt die Geltendmachung eines weiteren Entschädigungsanspruchs aus.

§. 16. Darüber, ob ein Schaden entstanden ist, und wie hoch sich derselbe beläuft, entscheidet das Gericht unter Würdigung aller Umstände nach freier Ueberzeugung.

§. 17. Erfolgt eine Verurtheilung auf Grund des §. 14, so ist auf Antrag des Verletzten bezüglich der im Besitze des Verurtheilten befindlichen Waaren auf Vernichtung der Zeichen auf der Verpackung oder den Waaren, oder, wenn die Beseitigung der Zeichen in anderer Weise nicht möglich ist, auf Vernichtung der Verpackung oder der Waaren selbst zu erkennen.

Erfolgt die Verurtheilung im Strafverfahren, so ist dem Verletzten die Befugniß zuzusprechen, die Verurtheilung auf Kosten des Verurtheilten öffentlich bekannt zu machen. Die Art der Bekanntmachung, sowie die Frist zu derselben ist in dem Urtheil zu bestimmen.

§. 18. Der dem Inhaber eines Waarenzeichens, eines Namens oder einer Firma nach Inhalt dieses Gesetzes gewährte Schutz wird dadurch nicht ausgeschlossen, daß das Waarenzeichen, der Name oder die Firma mit Abänderungen wiedergegeben sind, welche nur durch Anwendung besonderer Aufmerksamkeit wahrgenommen werden können.

§. 19. Bürgerliche Rechtsstreitigkeiten, in welchen durch die Klage ein Anspruch auf Grund dieses Gesetzes erhoben wird, gelten im Sinne der Reichs- und Landesgesetze als Handelssachen.

§. 20. Auf Waarenzeichen von Gewerbetreibenden, welche im Inlande eine Handelsniederlassung nicht besitzen, sowie auf die Namen oder die Firmen ausländischer Produzenten oder Handeltreibenden finden, wenn in dem Staate, wo ihre Niederlassung sich befindet, nach einer in dem Reichs-Gesetzblatt enthaltenen Bekanntmachung deutsche Waarenzeichen, Namen und Firmen einen Schutz genießen, die Bestimmungen dieses Gesetzes Anwendung, jedoch in Ansehung der Waarenzeichen (§. 1) mit folgenden Maßgaben:

1) die Anmeldung eines Waarenzeichens hat bei dem Handelsgerichte in Leipzig mit der Erklärung zu erfolgen, daß sich der Anmeldende für Klagen auf Grund dieses Gesetzes der Gerichtsbarkeit des genannten Gerichts unterwirft;
2) mit der Anmeldung ist der Nachweis zu verbinden, daß in dem fremden Staate die Voraussetzungen erfüllt sind, unter welchen der Anmeldende dort einen Schutz für das Zeichen beanspruchen kann;
3) die Anmeldung begründet ein Recht auf das Zeichen nur insofern und auf so lange, als in dem fremden Staate der Anmeldende in der Benutzung des Zeichens geschützt ist.

§. 21. Dieses Gesetz tritt mit dem 1. Mai 1875 in Kraft.

Auf Waarenzeichen, welche bis zu diesem Tage landesgesetzlich geschützt waren, finden jedoch die landesgesetzlichen Bestimmungen noch bis dahin, daß die Anmeldung nach Maßgabe gegenwärtigen Gesetzes erfolgt ist, längstens bis zum 1. Oktober 1875 Anwendung.

Urkundlich unter Unserer Höchsteigenhändigen Unterschrift und beigedrucktem Kaiserlichen Insiegel.

Gegeben Berlin, den 30. November 1874.

(L. S.) **Wilhelm.**

Fürst v. Bismarck.

IV.

Gesetz, betreffend das Urheberrecht an Mustern und Modellen.

Vom 11. Januar 1876.

(RGBl. S. 11.)

Wir **Wilhelm**, von Gottes Gnaden Deutscher Kaiser, König von Preußen ꝛc.

verordnen im Namen des Deutschen Reichs, nach erfolgter Zustimmung des Bundesraths und des Reichstags, was folgt:

§. 1. Das Recht, ein gewerbliches Muster oder Modell ganz oder theilweise nachzubilden, steht dem Urheber desselben ausschließlich zu.

Als Muster oder Modelle im Sinne dieses Gesetzes werden nur neue und eigenthümliche Erzeugnisse angesehen.

§. 2. Bei solchen Mustern und Modellen, welche von den in einer inländischen gewerblichen Anstalt beschäftigten Zeichnern, Malern, Bildhauern rc. im Auftrage oder für Rechnung des Eigenthümers der gewerblichen Anstalt angefertigt werden, gilt der letztere, wenn durch Vertrag nichts anderes bestimmt ist, als der Urheber der Muster und Modelle.

§. 3. Das Recht des Urhebers geht auf dessen Erben über. Dieses Recht kann beschränkt oder unbeschränkt durch Vertrag oder durch Verfügung von Todeswegen auf Andere übertragen werden.

§ 4. Die freie Benutzung einzelner Motive eines Musters oder Modells zur Herstellung eines neuen Musters oder Modells ist als Nachbildung nicht anzusehen.

§. 5. Jede Nachbildung eines Musters oder Modells, welche in der Absicht, dieselbe zu verbreiten, ohne Genehmigung des Berechtigten (§§. 1–3) hergestellt wird, ist verboten. Als verbotene Nachbildung ist es auch anzusehen:

1. wenn bei Hervorbringung derselben ein anderes Verfahren angewendet worden ist, als bei dem Originalwerke, oder wenn die Nachbildung für einen anderen Gewerbszweig bestimmt ist, als das Original;
2. wenn die Nachbildung in anderen räumlichen Abmessungen oder Farben hergestellt wird, als das Original, oder wenn sie sich vom Original nur durch solche Abänderungen unterscheidet, welche nur bei

Anwendung besonderer Aufmerksamkeit wahrgenommen werden können;

3. wenn die Nachbildung nicht unmittelbar nach dem Originalwerke, sondern mittelbar nach einer Nachbildung desselben geschaffen ist.

§. 6. Als verbotene Nachbildung ist **nicht** anzusehen:

1. die Einzelkopie eines Musters oder Modells, sofern dieselbe ohne die Absicht der gewerbsmäßigen Verbreitung und Verwerthung angefertigt wird;
2. die Nachbildung von Mustern, welche für Flächenerzeugnisse bestimmt sind, durch plastische Erzeugnisse, und umgekehrt;
3. die Aufnahme von Nachbildungen einzelner Muster oder Modelle in ein Schriftwerk.

§. 7. Der Urheber eines Musters oder Modells genießt den Schutz gegen Nachbildung nur dann, wenn er dasselbe zur Eintragung in das Musterregister angemeldet und ein Exemplar oder eine Abbildung des Musters rc. bei der mit Führung des Musterregisters beauftragten Behörde niedergelegt hat.

Die Anmeldung und Niederlegung muß erfolgen, bevor ein nach dem Muster oder Modelle gefertigtes Erzeugniß verbreitet wird.

§. 8. Der Schutz des gegenwärtigen Gesetzes gegen Nachbildung wird dem Urheber des Musters oder Modells nach seiner Wahl ein bis drei Jahre lang, vom Tage der Anmeldung (§. 7) ab, gewährt.

Der Urheber ist berechtigt, gegen Zahlung der im §. 12 Absatz 3 bestimmten Gebühr, eine Ausdehnung der Schutzfrist bis auf höchstens fünfzehn Jahre zu verlangen. Die Verlängerung der Schutzfrist wird in dem Musterregister eingetragen.

Der Urheber kann das ihm nach Absatz 2 zustehende Recht außer bei der Anmeldung auch bei Ablauf der dreijährigen und der zehnjährigen Schutzfrist ausüben.

§. 9. Das Musterregister wird von den mit der Führung der Handelsregister beauftragten Gerichtsbehörden geführt.

Der Urheber hat die Anmeldung und Niederlegung des Musters oder Modells bei der Gerichtsbehörde seiner Hauptniederlassung, und falls er eine eingetragene Firma nicht besitzt, bei der betreffenden Gerichtsbehörde seines Wohnortes zu bewirken.

Urheber, welche im Inlande weder eine Niederlassung, noch einen Wohnsitz haben, müssen die Anmeldung und Niederlegung bei dem Handelsgericht in Leipzig bewirken.

Die Muster oder Modelle können offen oder versiegelt, einzeln oder in Packeten niederlegt werden, Die Packete dürfen jedoch nicht mehr als 50 Muster oder Modelle enthalten und nicht mehr als 10 Kilogramm wiegen. Die näheren Vorschriften über die Führung des Musterregisters erläßt das Reichskanzler-Amt.

Die Eröffnung der versiegelt niedergelegten Muster erfolgt drei Jahre nach der Anmeldung (§. 7), beziehentlich, wenn die Schutzfrist eine kürzere ist, nach dem Ablaufe derselben.

Die Eintragung und die Verlängerung der Schutzfrist (§. 8 Alinea 2) wird monatlich im Deutschen Reichsanzeiger bekannt gemacht. Die Kosten der Bekanntmachung hat der Anmeldende zu tragen.

§. 10. Die Eintragungen in das Musterregister werden bewirkt, ohne daß eine zuvorige Prüfung über die Berechtigung des Antragstellers oder über die Richtigkeit der zur Eintragung angemeldeten Thatsachen stattfindet.

§. 11. Es ist Jedermann gestattet, von dem Musterregister und den nicht versiegelten Mustern und Modellen Einsicht zu nehmen und sich beglaubigte Auszüge aus dem Musterregister ertheilen zu lassen. In Streitfällen darüber, ob ein Muster oder Modell gegen Nachbildung geschützt ist, können zur Herbeiführung der Entscheidung auch die versiegelten Packete von der mit der Führung des Musterregisters beauftragten Behörde geöffnet werden.

§. 12. Alle Eingaben, Verhandlungen, Atteste, Beglaubigungen, Zeugnisse, Auszüge 2c., welche die Eintragung in das Musterregister betreffen, sind stempelfrei.

Für jede Eintragung und Niederlegung eines einzelnen Musters oder eines Packets mit Mustern 2c. (§. 9) wird, insofern die Schutzfrist auf nicht länger als drei Jahre beansprucht wird (§. 8 Absatz 1), eine Gebühr von 1 Mark für jedes Jahr erhoben.

Nimmt der Urheber in Gemäßheit des §. 8 Absatz 2 eine längere Schutzfrist in Anspruch, so hat er für jedes weitere Jahr bis zum zehnten Jahre einschließlich eine

Gebühr von 2 Mark, von elf bis fünfzehn Jahren eine Gebühr von 3 Mark für jedes einzelne Muster oder Modell zu entrichten. Für jeden Eintragungsschein, sowie für jeden sonstigen Auszug aus dem Musterregister wird eine Gebühr von je 1 Mark erhoben.

§. 13. Derjenige, welcher nach Maßgabe des §. 7 das Muster oder Modell zur Eintragung in das Musterregister angemeldet und niedergelegt hat, gilt bis zum Gegenbeweise als Urheber.

§. 14. Die Bestimmungen in den §§. 18—36, 38 des Gesetzes vom 11. Juni 1870, betreffend das Urheberrecht an Schriftwerken ꝛc., (Bundes-Gesetzbl. 1870 S. 339) finden auch auf das Urheberrecht an Mustern und Modellen mit der Maßgabe entsprechende Anwendung, daß die vorräthigen Nachbildungen und die zur widerrechtlichen Vervielfältigung bestimmten Vorrichtungen nicht vernichtet, sondern auf Kosten des Eigenthümers und nach Wahl desselben entweder ihrer gefährdenden Form entkleidet, oder bis zum Ablauf der Schutzfrist amtlich aufbewahrt werden.

Die Sachverständigen-Vereine, welche nach §. 31 des genannten Gesetzes Gutachten über die Nachbildung von Mustern oder Modellen abzugeben haben, sollen aus Künstlern, aus Gewerbtreibenden verschiedener Gewerbzweige und aus sonstigen Personen, welche mit dem Muster- und Modellwesen vertraut sind, zusammengesetzt werden.

§. 15. Bürgerliche Rechtsstreitigkeiten, in welchen auf Grund der Bestimmungen dieses Gesetzes eine Klage wegen Entschädigung, Bereicherung oder Einziehung angestellt wird, gelten im Sinne der Reichs- und Landesgesetze als Handelssachen.

§. 16. Das gegenwärtige Gesetz findet Anwendung auf alle Muster und Modelle inländischer Urheber, sofern die nach den Mustern oder Modellen hergestellten Erzeugnisse im Inlande verfertigt sind, gleichviel ob dieselben im Inlande oder Auslande verbreitet werden.

Wenn ausländische Urheber im Gebiete des Deutschen Reichs ihre gewerbliche Niederlassung haben, so genießen sie für die im Inlande gefertigten Erzeugnisse den Schutz des gegenwärtigen Gesetzes.

Im Uebrigen richtet sich der Schutz der ausländischen Urheber nach den bestehenden Staatsverträgen.

§. 17. Das gegenwärtige Gesetz tritt mit dem 1. April 1876 in Kraft. Es findet Anwendung auf alle Muster und Modelle, welche nach dem Inkrafttreten desselben angefertigt worden sind.

Muster und Modelle, welche vor diesem Tage angefertigt worden sind, genießen den Schutz des Gesetzes nur dann, wenn das erste nach dem Muster zc. gefertigte Erzeugniß erst nach dem Inkrafttreten des Gesetzes verbreitet worden ist.

Muster und Modelle, welche schon bisher l a n d e s g e s e t z l i c h gegen Nachbildung geschützt waren, behalten diesen Schutz; jedoch kann derselbe nur für denjenigen räumlichen Umfang geltend gemacht werden, für welchen er durch die Landesgesetzgebung ertheilt war.

Urkundlich unter Unserer Höchsteigenhändigen Unterschrift und beigedrucktem Kaiserlichen Insiegel.

Gegeben Berlin, den 11. Januar 1876.

(L. S.) **Wilhelm.**

Fürst v. Bismarck.

V.

Gesetz, betreffend die Kommanditgesellschaften auf Aktien und die Aktiengesellschaften.

Vom 18. Juli 1884.

(RGBl. S. 123.)

Wir **Wilhelm**, von Gottes Gnaden Deutscher Kaiser, König von Preußen 2c.

verordnen im Namen des Reichs, nach erfolgter Zustimmung des Bundesraths und des Reichstags, was folgt:

§. 1.

Die Bestimmungen im zweiten Abschnitte des zweiten Titels und im dritten Titel vom zweiten Buche des Handelsgesetzbuchs, Artikel 173 bis 249a, werden durch nachstehende Bestimmungen ersetzt:

(Hier folgen die Art. 173—249a nach ihrer jetzigen, im Texte abgedruckten Fassung):

§. 2.

Die in den Artikeln 173, 173a, 174a, 175 Absatz 1 und 2, 175a bis 177, 180 und 207, 207a, 209 Absatz 1 und 2, 209a bis 210c, 213a der neuen Fassung enthaltenen Bestimmungen finden auf Gesellschaften, welche vor dem Tage des Inkrafttretens dieses Gesetzes angemeldet sind, aber erst an oder nach diesem Tage zur Eintragung in das Handelsregister gelangen, keine Anwendung, sofern schon vor dem bezeichneten Tage die Voraussetzungen erfüllt sind, an deren Nachweis die bisherigen Bestimmungen die Eintragung knüpfen.

Dasselbe gilt für diese Gesellschaften sowie für die schon bestehenden Gesellschaften von den Vorschriften der Artikel 180a bis 180e, 181 und 213b bis 213f.

Die Vorschrift im Artikel 181a und 215c über die Unzulässigkeit der Ausgabe von Interimsscheinen vor der Eintragung des Gesellschaftsvertrages in das Handelsregister findet auf die im ersten Absatze bezeichneten Gesellschaften Anwendung.

§. 3.

Auf eine Erhöhung des Gesammtkapitals der Kommanditisten oder des Grundkapitals bestehender Gesellschaften kommen die Bestimmungen dieses Gesetzes nicht zur Anwendung, sofern der auf die neu auszugebenden Aktien eingeforderte Betrag vor dem Inkrafttreten dieses Gesetzes geleistet ist.

§. 4.

Die Vorschriften im Artikel 190 Absatz 1 und 4 (Art. 221) über das Stimmrecht finden auf die bestehenden und die im §. 2 Absatz 1 bezeichneten Gesellschaften nicht Anwendung, soweit der Gesellschaftsvertrag zur Zeit des Inkrafttretens dieses Gesetzes andere Bestimmungen enthält.

§. 5.

Die bestehenden und die im § 2 Absatz 1 bezeichneten Gesellschaften dürfen auf Grund des Artikels 222 Ziffer 3 der alten Fassung von dem Inkrafttreten dieses Gesetzes ab die Zeichner nicht vollständig eingezahlter Aktien von der Haftung für weitere Einzahlungen nicht befreien und Interimsscheine, welche auf Inhaber lauten, nur insoweit ausstellen, als die Befreiung des Zeichners schon vor diesem Tage eingetreten ist.

§. 6.

Die Vorschrift des Artikels 225a der neuen Fassung findet auf die vor der Geltung des Handelsgesetzbuchs errichteten Gesellschaften keine Anwendung, soweit der Gesellschaftsvertrag nach Maßgabe der früheren Vorschriften abweichende Bestimmungen enthält.

Die Vorschriften der Artikel 196a, 232 finden auf Mitglieder des Vorstandes einer bestehenden oder einer im §. 2 Absatz 1 bezeichneten Gesellschaft keine Anwendung, sofern die Bestellung des Mitgliedes vor dem Inkrafttreten dieses Gesetzes erfolgt ist.

§. 7.

Die Vorschriften im Artikel 185b Ziffer 2 (Art. 239b) über den Gewinn aus einer Erhöhung des Kapitals finden auf die bestehenden Gesellschaften schon für das beim Inkrafttreten des Gesetzes laufende Geschäftsjahr, die übrigen Vorschriften über Bilanz und Reservefonds (Art. 185a bis 185c, Art. 239 bis 239b der neuen Fassung) erst vom Beginn des folgenden Geschäftsjahres Anwendung.

Für Werthpapiere und Waaren, welche die Gesellschaft schon in dem letzten Geschäftsjahre vor dem Inkrafttreten dieses Gesetzes besessen hat, kann an Stelle des Anschaffungs- oder Herstellungspreises der Betrag angesetzt werden, mit welchem sie in der Bilanz des vorbezeichneten Geschäftsjahres enthalten sind.

Werden in Gemäßheit der Vorschrift im Artikel 185a Ziffer 3 und 239b dauernd zum Geschäftsbetriebe der Gesellschaft bestimmte Gegenstände unter Zugrundelegung des Anschaffungs- oder Herstellungspreises zu einem Betrage angesetzt, welcher den Werth übersteigt, mit welchem sie in der Bilanz des letzten Geschäftsjahres vor dem 1. Oktober 1883 enthalten sind, so dürfen hierauf beruhende Dividenden nur unter Beobachtung der Vorschriften gezahlt werden, welche für eine Herabsetzung des Kapitals der Kommanditisten oder des Grundkapitals maßgebend sind.

Urkundlich unter Unserer Höchsteigenhändigen Unterschrift und beigedrucktem Kaiserlichen Insiegel.

Gegeben Bad Gastein, den 18. Juli 1884.

(L. S.) **Wilhelm.**

Fürst von Bismarck.

D. Landes-Einführungsgesetze.

I.

Preußisches Einführungsgesetz zum Allgemeinen Deutschen Handelsgesetzbuch.

Vom 24. Juni 1861.

(GS. S. 449—479.)

Wir **Wilhelm**, von Gottes Gnaden König von Preußen rc

verordnen, unter Zustimmung des Landtages Unserer Monarchie, was folgt:

1. Der in der Anlage enthaltene, aus der Berathung von Kommissarien der Regierungen Deutscher Bundesstaaten hervorgegangene Entwurf eines Allgemeinen Deutschen Handelsgesetzbuchs erlangt in dem ganzen Umfange der Monarchie mit dem 1. März 1862. Gesetzeskraft.

Mit demselben Zeitpunkte sollen zugleich die nachfolgenden Einführungs-Bestimmungen in Geltung treten.

I. Titel.

Bestimmungen, die Ergänzung des Allgemeinen Deutschen Handelsgesetzbuchs und die Abänderung bisheriger Gesetze betreffend.

I. Abschnitt.

Bestimmungen für alle Landestheile der Monarchie.

2. Handelssachen sind die Rechtsangelegenheiten, welche eines der folgenden Privatrechtsverhältnisse zum Gegenstande haben:

1) Das Rechtsverhältniß, welches aus Handelsgeschäften (Artikel 271—273. des Handelsgesetzbuchs) zwischen den Betheiligten entsteht;
2) die Rechtsverhältnisse zwischen den Mitgliedern einer Handelsgesellschaft, zwischen dem stillen Gesellschafter und dem Inhaber des Handelsgewerbes, sowie zwischen den Theilnehmern einer Vereinigung zu einzelnen Handelsgeschäften oder einer Vereinigung zum Handelsbetriebe (Artikel 10. des Handelsgesetzbuchs), sowohl während des Bestehens, als nach Auflösung des gesellschaftlichen Verhältnisses, imgleichen das Rechtsverhältniß zwischen den Liquidatoren oder den Vorstehern einer Handelsgesellschaft und der Gesellschaft oder den Mitgliedern derselben;
3) das Rechtsverhältniß, welches das Recht zum Gebrauch einer Handelsfirma betrifft;

4) das Rechtsverhältniß, welches durch die Veräußerung eines bestehenden Handelsgeschäfts zwischen den Kontrahenten entsteht;
5) die Rechtsverhältnisse zwischen dem Prokuristen, dem Handlungsbevollmächtigten oder dem Handlungsgehülfen und dem Eigenthümer der Handelsniederlassung, sowie das Rechtsverhältniß zwischen einer dritten Person und demjenigen, welcher ihr als Prokurist oder Handlungsbevollmächtigter aus einem Handelsgeschäfte haftet (Artikel 55. des Handelsgesetzbuchs);
6) das Rechtsverhältniß, welches aus den Berufsgeschäften des Handelsmäklers zwischen diesem und den Parteien entsteht;
7) Die Rechtsverhältnisse des Seerechts, insbesondere diejenigen, welche auf die Rhederei, die Rechte und Pflichten des Rheders, des Korrespondent-Rheders und der Schiffsbesatzung auf die Bodmerei und die Havarei, auf den Schadensersatz im Falle des Zusammenstoßens von Schiffen, auf die Bergung und Hülfeleistung in Seenoth und auf die Ansprüche der Schiffsgläubiger sich beziehen.

3. In Bezug auf die Börsen und die kaufmännischen Korporationen wird Folgendes bestimmt:

§. 1. Die Errichtung einer Börse kann nur mit Genehmigung des Handelsministers erfolgen.

§. 2. Neue Börsenordnungen bedürfen der Genehmigung des Handelsministers.

Diese Genehmigung ist auch zur Abänderung und Ergänzung bestehender Börsenordnungen erforderlich und genügend.

Die Vorschriften der bestehenden Börsenordnungen, welche privatrechtlichen Inhalts sind, treten außer Kraft. Privatrechtliche Vorschriften können auch in die revidirten und in die neuen Börsenordnungen nicht aufgenommen werden.

§. 3. In den Börsenordnungen ist insbesondere auch zu bestimmen, wie die laufenden Preise und Kurse festzustellen, wie diese Feststellungen zu veröffentlichen und wie Zeugnisse darüber zu ertheilen sind.

§. 4 Die privatrechtlichen Vorschriften der Statuten der zu Berlin, Stettin, Magdeburg, Tilsit, Königsberg, Danzig, Memel und Elbing bestehenden kaufmännischen Korporationen treten außer Kraft. Dies gilt namentlich von den Vorschriften dieser Statuten, durch welche die kaufmännischen Rechte von dem Beitritt zu der kaufmännischen Korporation des Ortes abhängig gemacht sind.

4. Jede zur Eintragung in das Handelsregister bestimmte Anmeldung muß auch in denjenigen Fällen, für welche das Handelsgesetzbuch dies nicht besonders vorschreibt, entweder persönlich vor dem Handelsgericht erklärt, oder in beglaubigter Form bei dem Handelsgericht[a]) eingereicht werden.

Die Anmeldung gilt als vor dem Handelsgericht erklärt, wenn sie von einem dazu bestellten Richter[b]) des Handelsgerichts, im Bezirke des Appellationsgerichtshofes zu Cöln von dem Sekretair des Handelsgerichts, aufgenommen ist. Unter der beglaubigten Form ist die gerichtliche oder notarielle Form zu verstehen. Geschieht die Anmeldung durch einen Bevollmächtigten, so hat dieser eine gerichtliche oder notarielle Vollmacht beizubringen.

Dieselben Formvorschriften gelten in Bezug auf die Zeichnung oder Einreichung der Zeichnung einer Firma oder Unterschrift, welche nach Vorschrift des Handelsgesetzbuchs bei dem Handelsgericht bewirkt werden soll.

Die näheren geschäftlichen Anordnungen über die Führung des Handels-Registers bleiben einer von dem Justizminister den Gerichten zu ertheilenden Instruktion vorbehalten.

a) Hierzu: Preuß. Ausführungsgesetz zum Deutschen Gerichtsverfassungsgesetz, v. 24. April 1878 (GS. S. 230).

§. 25. Die Amtsgerichte sind zuständig:

1) für die auf die Führung der Handelsregister, der Genossenschaftsregister, der Musterregister und der Schiffsregister bezüglichen Geschäfte;
2) für die in dem Handelsgesetzbuch und in den Einführungsgesetzen zu demselben . . . den Gerichten zugewiesenen, von den Deutschen Prozeßordnungen nicht betroffenen Angelegenheiten.

§. 30. Der Justizminister kann die den Gerichten obliegende Führung der Schiffsregister, sowie der Handels-, Genossenschafts- und Musterregister für die Bezirke mehrerer Amtsgerichte einem derselben übertragen.

b) §. 69 des in der Anm. a) angeführten Gesetzes bestimmt:

Die zur Eintragung in das Handelsregister, das Genossenschaftsregister oder das Musterregister vor dem Amtsgerichte zu erklärenden Anmeldungen, einschließlich der Zeichnung von Firmen und Unterschriften, können vor dem Gerichtsschreiber des Amtsgerichts erfolgen.

5. Die Vorschriften des Handelsgesetzbuchs, gemäß welchen die Handelsgerichte von Amtswegen die Betheiligten zur Befolgung der gesetzlichen Anordnungen über die Anmeldung zur Eintragung in das Handelsregister und über die Zeichnung oder Einreichung der Zeichnung der Firmen oder Unterschriften durch Ordnungsstrafen anhalten sollen, sind nach folgenden Bestimmungen in Ausführung zu bringen:

§. 1. Wenn das Handelsgericht in glaubhafter Weise davon Kenntniß erhält, daß die gesetzliche Anordnung nicht befolgt worden ist, so hat es eine Verfügung an den Betheiligten zu erlassen, durch welche derselbe unter Androhung einer angemessenen Ordnungsstrafe aufgefordert wird, innerhalb einer bestimmten Frist entweder die gesetzliche Anordnung zu befolgen, oder die Unterlassung mittelst Einspruchs gegen die Verfügung zu rechtfertigen.

Der Lauf der in der Verfügung bestimmten Frist beginnt mit dem Tage, welcher auf den Tag der Zustellung der Verfügung folgt.

Der Einspruch geschieht durch schriftliche Eingabe an das Handelsgericht, oder zu Protokoll bei demselben.

§. 2. Wird binnen der durch die Verfügung bestimmten Frist weder die gesetzliche Anordnung befolgt, noch Einspruch gegen die Verfügung erhoben, so hat das Handelsgericht die angedrohte Strafe gegen den Betheiligten festzusetzen und gleichzeitig die Verfügung unter

Androhung einer anderweiten Ordnungsstrafe zu wiederholen.

§. 3. Wird gegen die Verfügung binnen der bestimmten Frist Einspruch erhoben, so hat das Handelsgericht, sofern nicht aus dem Einspruch die Rechtfertigung des Betheiligten sich ergiebt, einen Termin zu bestimmen, in welchem mündlich und in öffentlicher Sitzung der Betheiligte über die Verwirkung der Ordnungsstrafe zu hören, im geeigneten Falle Beweis aufzunehmen und zu entscheiden ist.

Der Betheiligte ist zu diesem Termine vorzuladen; er kann in demselben persönlich oder durch einen Bevollmächtigten die Gründe und Beweise seiner Rechtfertigung vorbringen. Wer als Bevollmächtigter zuzulassen sei, ist nach den Vorschriften zu beurtheilen, welche bei dem Gericht für das Prozeßverfahren in Civilsachen maßgebend sind.

§. 4. Erscheint der Betheiligte nicht in dem Termine, oder ergiebt sich bei der Verhandlung, daß die gesetzliche Anordnung von dem Betheiligten hätte befolgt werden müssen, so wird die Ordnungsstrafe gegen denselben festgesetzt und zugleich mit der Entscheidung, wenn nicht etwa inzwischen die Verhältnisse sich geändert haben, eine neue Verfügung nach Maaßgabe des §. 1 erlassen.

§. 5. (aufgehoben*).

---

*) Der §. 28 des Preuß. Ausführungsgesetzes zur Deutschen Civilprozeßordnung vom 24. März 1879 (GS. S. 281) bestimmt:

An Stelle der Vorschriften des Einführungsgesetzes zum Handelsgesetzbuche vom 24. Juni 1861 Art. 5 §§. 5, 9 treten folgende Vorschriften:

§. 6. Für die neuen Verfügungen, welche gemäß §. 2. oder §. 4. erlassen werden, und für das auf dieselben folgende Verfahren gilt dasselbe, was in den vorstehenden Paragraphen vorgeschrieben ist.

Der Lauf der Frist, welche in einer gemäß §. 4. erlassenen neuen Verfügung bestimmt ist, beginnt mit dem Tage, der auf denjenigen folgt, an welchem die Frist zur Erhebung der Beschwerde abgelaufen ist.

Die Verfügungen und die Festsetzungen von Ordnungsstrafen werden wiederholt, bis die gesetzliche Anordnung befolgt, oder ihre Voraussetzung weggefallen ist.

§. 7. Die Ordnungsstrafe, welche angedroht und festgestellt werden kann, besteht in Geldbuße von fünf bis zweihundert Thalern. Eine Umwandlung der Geldbuße in Gefängnißstrafe findet nicht statt. Bei der Feststellung der Ordnungsstrafe ist der Betheiligte zugleich in die Kosten des Verfahrens zu verurtheilen.

§. 8. Die Gerichte sind befugt, zu jeder Zeit, das Verfahren mag bereits eingeleitet sein oder nicht, durch die Beamten der gerichtlichen Polizei oder der Verwal-

---

§. 5. Gegen die Entscheidung findet sofortige Beschwerde nach den Vorschriften der Deutschen Civilprozeßordnung mit aufschiebender Wirkung statt.

Ueber die Beschwerde wird nach den Vorschriften des §. 3 verhandelt.

§. 9. Die Einlegung des Einspruchs und der Beschwerde kann durch Erklärung zum Protokolle des Gerichtsschreibers erfolgen.

Die nach §. 4 erlassene Entscheidung wird dem Verurtheilten von Amtswegen zugestellt.

tungs-Polizei Ermittelungen über den Sachverhalt einzuziehen, auch in Fällen, in welchen dies erforderlich erscheint, durch einen Kommissar des Gerichts oder durch Requisition anderer Gerichte die eidliche Vernehmung von Zeugen zu bewirken. Sie können auch die Verhandlung in der Sitzung zu einer anderen Sitzung vertagen, sowie von Amtswegen Zeugen zur Sitzung vorladen lassen. Gegen Zwischenverfügungen findet ein Rechtsmittel nicht statt.

§. 9 (aufgehoben*).

6. In Bezug auf die Ausführung der Vorschrift des Handelsgesetzbuchs, gemäß welcher das Handelsgericht gegen diejenigen einschreiten soll, welche sich einer ihnen nicht zustehenden Firma bedienen (Art. 26. des Handelsgetzbuchs), kommen die Bestimmungen des vorhergehenden Artikels mit folgenden Maaßgaben zur Anwendung:

1) Die Verfügung (Artikel 5. §. 1.), durch welche das Handelsgericht einschreitet, sowie die neue Verfügung, welche gemäß Artikel 5. §. 4. oder 6. ergeht, ist ohne Bestimmung einer Frist dahin zu erlassen, daß der Betheiligte unter Androhung einer Ordnungsstrafe aufgefordert wird, sich dieser Firma nicht ferner zu bedienen.
2) Das Handelsgericht hat nach Erlaß der Verfügung gemäß Artikel 5. §§. 3. ff. weiter zu verfahren, wenn es in glaubhafter Weise davon Kenntniß

---

* Vgl. Anm. * zu §. 5.

erhält, daß der Verfügung nach Zustellung derselben zuwider gehandelt worden ist.

Zu Art. 3 u. 6 vgl. Beschl. v. 22. Mai 1880. RG. II S. 223 ff.

7. Den Beamten der Staatsanwaltschaft und der Polizei liegt ob, darauf zu achten, daß den Vorschriften des Handelsgesetzbuchs, zu deren Befolgung die Handelsgerichte durch Ordnungsstrafen anzuhalten haben, von den dazu verpflichteten Personen genügt wird; dieselben haben die Unterlassungen und Zuwiderhandlungen, welche zu ihrer Kenntniß gelangen, bei den zuständigen Handelsgerichten zur Anzeige zu bringen.

8. (ist außer Kraft getreten*).

9. In Betreff der Handelsmäkler wird Folgendes bestimmt:

§. 1. Die Handelsmäkler werden an den Orten, für welche kaufmännische Korporationen oder Handelskammern bestehen, von diesen ernannt; die Ernennung bedarf der Bestätigung der Regierung.

Die Anstellung von Handelsmäklern an anderen Orten geschieht durch die Regierung.

Die Bestimmung des §. 310. der Konkurs-Ordnung vom 8. Mai 1855: daß Personen: über deren Vermögen der Konkurs eröffnet worden ist, als Handelsmäkler nicht zugelassen werden können, so lange sie die Wiedereinsetzung

---

*) Nach §. 14 des Ges., betr. die Einführung der CPrO. vom 30. Jan. 1877 (RGBl. S. 244) sind die prozeßrechtlichen Vorschriften der Landesgesetze außer Kraft getreten. Solche Vorschriften waren in dem Art. 8 enthalten.

in den vorigen Stand nicht erlangt haben, gilt auch für den Bezirk des Apellationsgerichtshofes zu Cöln in Betreff der Personen, welche fallirt haben, so lange sie nicht rehabilitirt sind.[a]

Zur Bestellung einer Dienstkaution sind die Handelsmäkler nicht verpflichtet.

a) Hierzu: Preuß. Ausführungsgesetz zur Deutschen Konkursordnung vom 6. März 1879 (GS. S. 109).

§. 51. Die gesetzlichen Bestimmungen, nach welchen die Zahlungsunfähigkeit oder die Zahlungseinstellung eine Beschränkung des Gemeinschuldners in der Ausübung eines auf das Vermögen sich nicht beziehenden Rechts zur Folge hat, werden dahin abgeändert, daß die Beschränkung nur im Fall der Eröffnung des Konkursverfahrens eintritt.

§. 52. Die Beschränkungen, welche nach gesetzlichen Bestimmungen das Konkursverfahren oder das bisherige Fallimentsverfahren für den Gemeinschuldner in der Ausübung eines auf das Vermögen sich nicht beziehenden Rechts zur Folge hat, fallen mit der Beendigung des Verfahrens weg.

§. 2. Den Handelsmäklern steht ein ausschließliches Recht zur Vermittelung von Handelsgeschäften nicht zu. Die Gesetze oder Verordnungen, durch welche ihnen ein solches Recht beigelegt ist, werden aufgehoben.

§. 3. Die Handelsmäkler, welche zur Vermittelung von Kaufgeschäften über Waaren, Schiffe oder Handelspapiere bestellt sind, haben zugleich die Befugniß, öffentliche Versteigerungen derselben Gegenstände abzuhalten.

§. 4. Die Beeidigung der Handelsmäkler erfolgt bei dem Handelsgericht.

Die für das Tagebuch des Handelsmäklers in dem Artikel 71. des Handelsgesetzbuchs vorgeschriebene Beglaubigung geschieht durch den Vorsitzenden des Handelsgerichts.

Die Behörde, bei welcher nach der Vorschrift des Artikels 75. des Handelsgesetzbuchs das Tagebuch eines verstorbenen oder aus dem Amte geschiedenen Handelsmäklers niedergelegt wird, ist das Handelsgericht.

§. 5. Handelsmäkler, welche eine der nach dem Artikel 69. des Handelsgesetzbuchs ihnen obliegenden Pflichten verletzen, werden mit Geldbuße von fünfundzwanzig bis zu fünfhundert Thalern bestraft; im Rückfalle kann außerdem auch auf Entsetzung erkannt werden. Durch diese Bestimmung wird die Anwendung einer härteren Strafe nicht ausgeschlossen, wenn dieselbe nach sonstigen Gesetzen durch die Handlung begründet ist.

Die Verordnungen, nach welchen kaufmännische Korporationen befugt sind, die Handelsmäkler wegen Pflichtverletzungen anderer Art im Wege der Disziplin zu bestrafen, bleiben in Kraft.

10.*) } (aufgehoben).
11. }

12. §. 1—5 (aufgehoben).

§. 6. Die nach den Artikeln 227. und 230. des Handelsgesetzbuchs dem Vorstande der Gesellschaft zustehende Befugniß zur Vertretung derselben erstreckt sich auch auf diejenigen Geschäfte und Rechtshandlungen, für welche nach den Gesetzen eine Spezialvollmacht erforderlich ist.

*) Die Art. 10, 11 u. 12 §§. 1—5 u. 7—9 sind durch die neue Aktiengesetzgebung außer Kraft gesetzt worden.

§. 7.
§. 8. } (aufgehoben*).
§. 9.

13. (aufgehoben**).

14. Die Höhe der gesetzlichen Zinsen, insbesondere auch der Verzugszinsen, ist in allen Handelssachen sechs vom Hundert jährlich; ingleichen können in allen Handelssachen Zinsen zu sechs vom Hundert jährlich bedungen werden.

Die Vorschrift des Artikels 292. Absatz 2. des Handelsgesetzbuchs wird hierdurch nicht berührt.

15. Die Artikel 306. und 307. des Handelsgesetzbuchs finden bei Papieren auf Inhaber, so lange dieselben außer Kurs gesetzt sind, keine Anwendung.

16. (aufgehoben†).

17.
18. } (aufgehoben††).

---

*) Vgl. Anm. * zu Art. 10.

**) Art. 13 ist durch §. 13 des Preuß. Ausführungsgesetzes zur Deutschen Konkursordnung vom 6. März 1879 (GS. S. 109) ersetzt, welcher lautet:

Die Eröffnung des Konkursverfahrens ist in das Handelsregister einzutragen.

Die Eintragung erfolgt auf Grund der der Registerbehörde gemäß §. 104 der Deutschen Konkursordnung mitzutheilenden Abschrift der Formel des Eröffnungsbeschlusses von Amtswegen.

Die öffentliche Bekanntmachung der Eintragung unterbleibt.

†) Vgl. §. 13 letzten Abs. des Einf.Ges. zur CPrO. und §. 448 CPrO., welche oben in Anm. * zu Art. 348 HGB. abgedruckt sind.

††) Die Art. 17 u. 18 sind durch die Konkursordnung außer Kraft gesetzt.

II. Abschnitt.

Bestimmungen für die Landestheile, in welchen das Allgemeine Landrecht und die Allgemeine Gerichts-Ordnung Gesetzeskraft haben.

19. Durch den Artikel 8. des Handelsgesetzbuchs werden die Bestimmungen der bisherigen Gesetze nicht berührt, nach welchen der Ehemann, auch wenn keine Gütergemeinschaft besteht, unter gewissen Voraussetzungen für die Handelsschulden seiner Ehefrau haftet; insbesondere bleibt der § 337. Theil II. Titel 1. des Allgemeinen Landrechts in Kraft.

20. An die Stelle der Vorschrift im §. 423. Theil II. Titel 1. des Allgemeinen Landrechts:

„Bei Kaufleuten in Handelsstädten muß außerdem die Bekanntmachung auf der Börse oder durch die Kaufmannsältesten geschehen",

tritt die Bestimmung:

„Bei denjenigen Personen, welche nach Artikel 4. des Handelsgesetzbuchs als Kaufleute anzusehen sind, jedoch mit Ausschluß der im Artikel 10. des Handelsgesetzbuchs bezeichneten, muß außerdem die Ausschließung oder Aufhebung der Gemeinschaft der Güter oder des Erwerbs in das Handelsregister eingetragen und nach Maaßgabe des Artikels 13. des Handelsgesetzbuchs veröffentlicht werden".[a]

a) Wird in Folge der Verlegung des Wohnsitzes in stehender Ehe die bisherige Gütergemeinschaft durch Vertrag aufgehoben, so muß bei Vollkaufleuten die Aufhebung in das Handelsregister des für den neuen Wohnsitz zuständigen Gerichts eingetragen und von diesem Gericht veröffentlicht werden. Beschl. des KG. v. 24. März 1899. Joh. X S. 21.

21. (aufgehoben*).

22. (aufgehoben**).

23. Grundstücke, Gerechtigkeiten, dingliche Rechte und Hypothekenforderungen, welche zu dem Vermögen einer Handelsgesellschaft gehören, sei diese eine offene Gesellschaft, eine Kommanditgesellschaft, eine Kommanditgesellschaft auf Aktien, oder eine Aktiengesellschaft, werden auf den Namen der Gesellschaft in das Hypothekenbuch eingetragen.

Hierbei gelten nachstehende Bestimmungen:

§. 1. Die Eintragung erfolgt ohne Benennung der einzelnen Gesellschafter; sie darf erst geschehen, wenn die Eintragung der Gesellschaft in das Handelsregister nachgewiesen ist. Bei der Eintragung ist die Firma der Gesellschaft und der Ort, wo sie ihren Sitz hat, anzugeben. Tritt in Bezug auf die Firma oder den Sitz der Gesellschaft eine Aenderung ein, so ist diese im Hypothekenbuche zu vermerken.

§. 2. Soll eine Verfügung, welche im Namen der Gesellschaft über einen der im Eingange dieses Artikels bezeichneten Gegenstände erfolgt ist, in das Hypotheken-

---

*) Der Art. 21 enthielt eine Ergänzung zu §§. 624, 774 u. 775 Th. II Tit. 18 ALR. und ist mit diesen Vorschriften durch §. 102 der Vormundschaftsordnung aufgehoben.

**) Vgl. Anm. * zu Art. 8.

buch eingetragen werden, so genügt zur Feststellung der Befugniß desjenigen, welcher im Namen der Gesellschaft verfügt hat, der Nachweis aus dem Handelsregister, daß derselbe zu der Gesellschaft in einem Verhältniß gestanden hat, wodurch er nach den Bestimmungen des Handelsgesetzbuchs befugt war, in der geschehenen Art im Namen der Gesellschaft mit rechtlicher Wirkung gegen Dritte zu verfügen.

§. 3. Die Nachweisungen aus dem Handelsregister werden durch Atteste des Handelsgerichts geliefert, welches das Handelsregister führt.

24. Bei der Auflösung von Handelsgesellschaften kommen die Vorschriften der §§. 308. 309. 310. Theil I. Titel 17. des Allgemeinen Landrechts, so wie der §. 163. Theil I. Titel 51. der Allgemeinen Gerichts-Ordnung fortan nicht zur Anwendung.

25. Die bisherigen Vorschriften über die Zulässigkeit des öffentlichen Aufrufs und der Präklusion unbekannter Gläubiger einer Handelsgesellschaft in Folge des Austritts eines Gesellschafters oder der Auflösung der Gesellschaft, sowie die bisherigen Vorschriften über die Zulässigkeit des öffentlichen Aufrufs und der Präklusion unbekannter Gläubiger, welche aus den Rechtshandlungen eines Prokuristen oder Handlungsfaktors gegen den Eigenthümer der Handlung Ansprüche herleiten, insbesondere die Vorschriften der §§. 159. bis 162. und 164. bis 168. Theil I. Titel 51. der Allgemeinen Gerichts-Ordnung treten außer Kraft.

26. (aufgehoben*).

27. Die in den bisherigen Gesetzen den Kaufleuten eingeräumte Befugniß, Waaren oder andere bewegliche Sachen ohne körperliche Uebergabe (durch symbolische Uebergabe) mittelst besonderer Förmlichkeiten zu verpfänden oder sich verpfänden zu lassen, steht fortan denjenigen Personen zu, welche nach den Bestimmungen des Handelsgesetzbuchs als Kaufleute anzusehen sind.

28—33. (aufgehoben**).

III. Abschnitt.

Bestimmungen für die Landestheile, in welchen das gemeine Deutsche Recht gilt.

34. In den Landestheilen, in welchen das gemeine Deutsche Recht gilt, mit Einschluß der Hohenzollernschen Lande, kommen die Vorschriften der Artikel 19. 22. 25. 33. des gegenwärtigen Gesetzes ebenfalls zur Anwendung.

35.
36. } (aufgehoben).

IV. Abschnitt.

Bestimmungen für den Bezirk des Appellationsgerichtshofes zu Cöln.

37.
38. } (aufgehoben†).

*) Art. 26 ist durch die Grundbuchgesetze v. 5. Mai 1872 außer Kraft gesetzt.

**) Die Art. 28—33, 35, 36 sind durch die Konkursordnung außer Kraft gesetzt.

†) Die Art. 37 und 38 sind durch die Vormundschaftsordnung vom 5. Juli 1875 und das Ges. betr. die Geschäftsfähigkeit Minderjähriger rc. vom 12. Juli 1875 aufgehoben.

39. Eine Ehefrau, welche Handelsfrau ist, kann ohne Autorisation ihres Ehemannes ihre Immobilien in Bezug auf den Handelsbetrieb mit Schulden beschweren, zur Hypothek stellen und veräußern.

Wenn jedoch für die Ehe Dotalrecht gilt, so kann die Verpfändung oder Veräußerung der Immobilien, welche Dotalgut sind, nur in den durch das Civilgesetzbuch bezeichneten Fällen und unter Beobachtung der dort vorgeschriebenen Formen erfolgen.

In Betreff der Haftung des Ehemannes für die Verpflichtungen der Ehefrau aus ihrem Handelsgewerbe behält es bei der Bestimmung des Artikels 220. des Civilgesetzbuchs sein Bewenden.

40. Jeder Ehevertrag zwischen Ehegatten, von welchen einer zu den Kaufleuten gehört, muß binnen einem Monat nach dem Abschlusse des Vertrages im Auszuge den in dem Artikel 872. der Civilprozeß-Ordnung bezeichneten Sekretariaten und Kammern übersendet werden, damit die Veröffentlichung mittelst Eintragung in den Tabellen nach Maaßgabe jenes Artikels erfolge.

In dem Auszuge muß angegeben sein: ob für die Ehegatten Gütergemeinschaft besteht, ob Trennung der Güter oder ob Dotalrecht vereinbart ist.

Der Notar, welcher den Ehevertrag aufgenommen hat, ist verpflichtet, die in diesem Artikel vorgeschriebene Uebersendung zu bewirken; unterläßt er dies, so hat er eine Geldbuße von fünfundzwanzig Thalern verwirkt; er ist den Gläubigern verantwortlich und wird mit Amtsentsetzung bestraft, falls bewiesen wird, daß die Unterlassung in Folge einer Kollusion stattgefunden hat.

41. Jeder Ehegatte, für dessen Ehe Gütertrennung oder Dotalrecht vereinbart ist, muß, wenn er nach Schließung der Ehe das Gewerbe eines Kaufmanns ergreift, binnen einem Monat, von dem Tage an gerechnet, an welchem er den Geschäftsbetrieb begonnen hat, die in dem vorhergehenden Artikel erwähnte Uebersendung bewirken; unterläßt er dies, so kann er, im Fall er seine Zahlungen einstellt, mit Gefängniß bis zu zwei Jahren bestraft werden.

42. Der Auszug, welcher gemäß Artikel 40. und 41. dem Sekretariat des Handelsgerichts übersendet wird, muß außer den in dem Artikel 872. der Civilprozeß-Ordnung vorgeschriebenen Veröffentlichungen durch den Sekretair des Handelsgerichts ohne Verzug in einem der öffentlichen Blätter bekannt gemacht werden, welche nach Vorschrift des Artikels 13. des Handelsgesetzbuchs zur Veröffentlichung der in dem Handelsregister erfolgenden Eintragungen bestimmt sind.

43. Bei jeder Klage auf Gütertrennung und dem darauf folgenden Verfahren kommen die Artikel 1441. bis 1452. des Civilgesetzbuchs und die Artikel 865. bis 874. der Civilprozeß-Ordnung zur Anwendung.

Bei jedem Urtheil, welches zwischen Ehegatten, von denen einer zu den Kaufleuten gehört, die Trennung von Tisch und Bett oder die Ehescheidung ausspricht, müssen die in dem Artikel 872. der Civilprozeß-Ordnung vorgeschriebenen Förmlichkeiten beobachtet werden, widrigenfalls die Gläubiger zu jeder Zeit befugt sind, gegen das Urtheil, soweit es ihr Interesse betrifft, Einspruch zu erheben und jede in Folge desselben geschehene Auseinandersetzung anzufechten.

44. Die in den Artikeln 2074. und 2075. des Civilgesetzbuchs vorgeschriebene Einregistrirung der Urkunde über die Pfandbestellung ist in Handelssachen nicht erforderlich.

Im Uebrigen kommen die Bestimmungen des Civilgesetzbuchs über das Faustpfand auch in Handelssachen zur Anwendung, soweit die Artikel 309. bis 316. des Handelsgesetzbuchs nicht ein Anderes bestimmen.

45. Die Pfandrechte, welche das Handelsgesetzbuch dem Kommissionair, dem Spediteur und dem Frachtführer beilegt, gewähren, so lange sie nach den Bestimmungen des Handelsgesetzbuchs dauern, in gleicher Weise wie das Faustpfand ein Vorzugsrecht (Privileg) im Sinne des Rheinischen Civilgesetzbuchs.

46. Gegen den Gläubiger, welcher den Besitz einer Sache oder eines Werthpapiers des Schuldners in einer das Zurückbehaltungsrecht der Artikel 313. und 314. des Handelsgesetzbuchs begründenden Weise erst seit dem Tage der Zahlungseinstellung oder innerhalb der nächst vorhergegangenen zehn Tage erlangt hat, sind die Vorschriften der Artikel 444. und 445. des Gesetzes wegen Abänderung einiger Bestimmungen des Rheinischen Handelsgesetzbuchs

vom 9. Mai 1859. in gleicher Weise anzuwenden, wie wenn ihm ein Faustpfand bestellt worden wäre.

47—52. (aufgehoben*).

[Der fünfte Abschnitt (Art. 53—59) betrifft das Seerecht.]

II. Titel.

Bestimmungen, die Aufhebung bisheriger Gesetze betreffend.

60. Mit dem 1. März 1862. treten die nachfolgenden Gesetze und Verordnungen, nebst allen dieselben ergänzenden und erläuternden Bestimmungen außer Kraft:

1) die §§. 475. bis 712. und die §§. 1305. bis 2464. des achten Titels des zweiten Theils des Allgemeinen Landrechts, jedoch die §§. 1934. bis 2358. nur insoweit, als dieselben auf die Versicherung gegen die Gefahren der Seeschifffahrt sich beziehen; ferner das Schwedisch-Pommersche Seerecht;
2) die beiden ersten Bücher des Rheinischen Handelsgesetzbuchs und sämmtliche in dem Bezirke des Appellationsgerichtshofes zu Cöln publizirten Französischen Gesetze und Verordnungen über die Börsen und die Handelsmäkler;
3) alle bisherigen Gesetze oder gesetzlichen Vorschriften, welche über Handelssachen (Art. 2. dieses Gesetzes)

*) Die Art. 47—52 sind nach §. 14 des Einführungsgesetzes zur CPrO. (vgl. Anm. * zu Art. 8) bez. durch die Konkursordnung und durch das Gesetz vom 29. Mai 1868 betreffend die Aufhebung der Schuldhaft außer Kraft gesetzt.

besondere, von dem allgemeinen bürgerlichen Recht abweichende, privatrechtliche Bestimmungen enthalten, sofern nicht dieselben einen Gegenstand betreffen, in Ansehung dessen das Handelsgesetzbuch auf die Landesgesetze hinweist, oder insofern nicht die Fortdauer ihrer Geltung in diesem Einführungsgesetze bestimmt ist. Die das Prozeßrecht betreffenden Bestimmungen bleiben in Kraft, sofern sie nicht in diesem Gesetze für abgeändert oder aufgehoben erklärt sind.

61. Ungeachtet der Vorschrift unter Ziffer 3. des vorstehenden Artikels bleiben in Kraft, soweit nicht Bestimmungen des Handelsgesetzbuchs entgegenstehen:

1) die Gesetze oder gesetzlichen Vorschriften, welche zum Gegenstande haben:
   die Versicherung, außer der Versicherung gegen die Gefahren der Seeschifffahrt,
   die Rechtsverhältnisse der Kaufleute zu ihren Gehülfen und Lehrlingen,
   das Rechtsverhältniß der Stromschiffer zu ihren Leuten,
   das Rechtsverhältniß der Wirthe zu den bei ihnen einkehrenden Personen,
   das Apotheker-Gewerbe;
2) die Gesetze oder gesetzlichen Vorschriften, welche in Abweichung von dem allgemeinen bürgerlichen Rechte kürzere Verjährungsfristen für Forderungen der Kaufleute oder einzelner Klassen von Kaufleuten bestimmen; insbesondere das Gesetz vom

31. März 1838. (Gesetz-Sammlung S. 249.), die Verordnung vom 15. April 1842. (Gesetz-Sammlung S. 114.), die Verordnung für die Landestheile, in welchen noch gemeines Recht gilt, vom 6. Juli 1845. (Gesetz-Sammlung S. 483.), die Verordnung für die Hohenzollernschen Lande vom 12. März 1860. (Gesetz-Sammlung S. 97.), und die Artikel 2271. ff. des Rheinischen Civilgesetzbuchs;

3) die nachfolgenden Gesetze:

Die Verordnung über die Ermittelung des Handelsgerichts beim Handel mit roher Seide vom 14. Oktober 1844. (Gesetz-Sammlung S. 661.);

die Verordnung vom 5. Oktober 1833., betreffend die Verpflichtung der Preußischen Seeschiffe zur Mitnahme verunglückter vaterländischer Schiffsmänner (Gesetz-Sammlung S. 122.);

das Gesetz vom 31. März 1841. zur Erhaltung der Mannszucht auf den Seeschiffen (Gesetz-Sammlung S. 64.).

[Der dritte Titel (Art. 62—72) enthält Uebergangsbestimmungen.]

Schlußbestimmungen.

73. (aufgehoben*).

74. Soweit in Folge der Einführung des Handels-

*) Der Art. 73, welcher die Einrichtung von Handelsgerichten betraf, ist jetzt gegenstandslos.

gesetzbuchs Bestimmungen in Ansehung der gerichtlichen Gebühren und Kosten zur Ergänzung der bestehenden Gesetze erforderlich sind, werden dieselben durch Königliche Verordnung getroffen.

Vor Ablauf von drei Jahren wird diese dem Landtage zur verfassungsmäßigen Genehmigung vorgelegt.

Urkundlich unter Unserer Höchsteigenhändigen Unterschrift und beigedrucktem Königlichen Insiegel.

Gegeben Schloß Babelsberg, den 24. Juni 1861.

(L. S.) **Wilhelm.**

v. Auerswald. v. d. Heydt. v. Schleinitz.
v. Patow. Gr. v. Pückler.
v. Bethmann-Hollweg. Gr. v. Schwerin.
v. Roon. v. Bernuth.

II.

Einführungs-Gesetz zum Allgemeinen Deutschen Handelsgesetzbuche für das Königreich Sachsen.

Vom 30. Oktober 1861.

(G.- u. V.Bl. 1861. 14. Stück.)

Wir, **Johann**, von Gottes Gnaden König von Sachsen 2c. 2c. 2c., verkünden hierdurch:

Nachdem zufolge des von der deutschen Bundesversammlung am 18. Dezember 1856 gefaßten Beschlusses der Entwurf eines allgemeinen deutschen Handelsgesetzbuchs durch eine zu diesem Behufe zusammengetretene Kommission ausgearbeitet, auch von der deutschen Bundesversammlung in Gemäßheit des ferneren Beschlusses vom 31. Mai 1861 sämmtliche Bundesregierungen eingeladen worden, dem gedachten Entwurfe in ihren Landen baldmöglichst und ungeändert Gesetzeskraft zu verschaffen, so haben Wir mit Zustimmung Unserer getreuen Stände beschlossen und verordnen wie folgt:

1. Das allgemeine deutsche Handelsgesetzbuch tritt vom 1. März 1862 an im Königreiche Sachsen zugleich mit dem gegenwärtigen Gesetze in Kraft.

2. Werden in dem Handelsgesetzbuche gewisse Bestimmungen den Landesgesetzen überlassen, so wird dadurch eine Regulirung durch Verordnungen, mag dieselbe im Allgemeinen oder für einzelne Fälle erfolgen, nicht ausgeschlossen.

3. Wenn in den Fällen, in welchen das Handelsgesetzbuch eine kürzere Verjährungsfrist, als die seither gesetzlich angeordnete, vorschreibt, die Verjährung vor dem Zeitpunkte, mit welchem das Handelsgesetzbuch in Kraft tritt, bereits zu laufen begonnen hat, aber noch nicht vollendet worden ist, so steht Demjenigen, zu dessen Gunsten die Verjährung läuft, die Wahl zu, ob er das bisherige Recht oder die Vorschriften des Handelsgesetzbuchs geltend machen will; es ist jedoch, wenn er das Letztere wählt, die Zeit, welche bereits vor dem Zeit-

punkte, mit dem das Handelsgesetzbuch in Kraft tritt, abgelaufen ist, in die Verjährungsfrist nicht einzurechnen.

4. (jetzt ohne Bedeutung).

5. Zu Art. 3. An Orten, wo ein Bedürfniß sich herausstellt, werden Handelsgerichte, bestehend aus rechtskundigen und aus dem Handelsstande angehörigen, beiderseits stimmberechtigten Mitgliedern errichtet.

6. Zu Art. 15 bis 27. Denjenigen, welche bereits vor Erlassung dieses Gesetzes eine nach der Firmen- und Prokura-Ordnung vom 28. Juli 1846 gestattete Firma angenommen hatten, sowie deren Rechtsnachfolgern bleibt es nachgelassen, dieselbe auch in dem Falle beizubehalten, wenn sie den Vorschriften des Handelsgesetzbuchs nicht entspricht.

7. Zu Art. 66 bis 84. Die Vorschriften der Artikel 66 flg. finden nur auf diejenigen Mäkler Anwendung, deren Schlußnoten und Büchern in einer von der Regierung bestätigten Mäkler- oder Börsenordnung Beweiskraft beigelegt ist, oder künftig beigelegt werden wird.

Insoweit die bestehenden Mäkler- und Börsenordnungen mit den Vorschriften des Handelsgesetzbuchs oder des gegenwärtigen Gesetzes im Widerspruch stehen, treten dieselben außer Kraft.

8. Das Gesetz über die Beweiskraft der Bücher, Schlußzettel und Atteste der verpflichteten Mäkler vom 21. September 1833, Nr. I bis V, wird aufgehoben. An dessen Stelle treten die Art. 77, 78 und 81 mit folgenden Zusätzen:

1) Die Mäkler sind verpflichtet, jedes beschriebene Blatt des Tagebuchs (Art. 71 flg.) mit ihrem amtlichen Stempel zu bedrucken und auf jeder Schlußnote (Art. 73) ihrer Unterschrift einen Abdruck des amtlichen Stempels beizufügen.

(Der übrige Theil des §. 8, welcher von der Beweiskraft des Tagebuchs und der Schlußnoten der Mäkler handelte, fällt jetzt fort.)

9. Zu Art. 96 und 97. Die Bestimmungen der Art. 96 und 97, wonach ein offener Gesellschafter an einer anderen gleichartigen Handelsgesellschaft als offener Gesellschafter nicht theilnehmen darf, finden auf die Fälle keine Anwendung, in welchen diese Theilnahme bereits zu dem Zeitpunkte, zu welchem das Handelsgesetzbuch in Kraft tritt, bestand.

10. Zu Art. 111. Wenn eine offene Handelsgesellschaft unter ihrer Firma, mag nun erstere die Firma gewählt haben, oder eine bereits bestandene Firma fortführen (Art. 22, 24), Eigenthum oder andere dingliche Rechte an Grundstücken erwirbt, so bedarf es nur der Eintragung der Firma in das Grund- und Hypothekenbuch und sind in diesem Falle jedesmal nur diejenigen Personen als Eigenthümer der Grundstücke, oder als Inhaber der dinglichen Rechte anzusehen, welche sich als Inhaber der Firma zu legitimiren im Stande sind. Diese Legitimation erfolgt durch ein auf Grund des Handelsregisters auszustellendes gerichtliches Zeugniß.

Es ist jedoch der Gesellschaft für den Fall, daß die Firma derselben als Eigenthümerin von Grundstücken oder als Inhaberin von dinglichen Rechten an Grundstücken in das Grund- und Hypothekenbuch eingetragen wird, oder bereits eingetragen worden ist, jederzeit gestattet, außer der Firma auch noch die Namen der sämmtlichen Inhaber der Firma in das Grund- und Hypothekenbuch eintragen zu lassen. Ist dies geschehen, so sind die eingetragenen Inhaber der Firma so lange ausschließlich als solche für legitimirt anzusehen, als nicht andere Personen als Inhaber der Firma eingetragen, oder die eingetragenen Namen wieder gelöscht worden sind.

Geht die von einer offenen Handelsgesellschaft geführte Firma, auf deren Namen Grundstücke oder dingliche Rechte im Grund- und Hypothekenbuche eingetragen sind, auf eine einzelne Person über, so ist nur letztere in das Grund- und Hypothekenbuch einzutragen.

Durch die vorstehenden Bestimmungen werden die Vorschriften der Art. 114 bis 117 nicht berührt.

11. Zu Art. 122 jct., Art. 169, ingleichen zu Art. 123 jct., Art. 170 und 200. Wenn über das Vermögen einer Gesellschaft, sei diese eine offene Gesellschaft, eine Kommanditgesellschaft, oder eine Kommanditgesellschaft auf Aktien, Konkurs eröffnet wird, so ist zugleich über das Privatvermögen eines jeden persönlich haftenden Gesellschafters Konkurs zu eröffnen.

Den Privatgläubigern der persönlich haftenden Gesellschafter steht solchenfalls ein Absonderungsrecht in Bezug auf das Privatvermögen der Letzteren zu.

(Der letzte Abs. ist nicht mehr in Geltung.)

12. Zu Art. 164. Die Bestimmungen des §. 10 dieses Gesetzes Abs. 1. 2. und 3. finden auch auf Kommanditgesellschaften Anwendung. Hiernach werden jedoch die Vorschriften des Art. 167 nicht berührt.

13. (fällt fort).

14. (fällt fort).

15. Zu Art. 301, 302 und 305. Die Vorschriften des Gesetzes, die Amortisation der Wechsel und Anweisungen betreffend, vom 24. Dezember 1850, finden auf die in Art. 301 und 302 bezeichneten Papiere auch Anwendung, wenn letztere keine kaufmännischen Anweisungen im Sinne des Gesetzes, die kaufmännischen Anweisungen betreffend, vom 7. Juni 1849, sind.

Ist in dergleichen Papieren kein Verfalltag bestimmt, so darf die in §. 5 des Gesetzes vom 24. Dezember 1850 festgesetzte Frist erst von dem Zeitpunkte an zu laufen anfangen, zu welchem der Inhaber des Papiers die darin zugesicherte Zahlung, Leistung oder Auslieferung zu fordern berechtigt ist.

16. Zu Art. 306. Wo die Redlichkeit des Besitzers in Frage kommt, ist dieselbe so lange zu vermuthen, als nicht das Gegentheil nachgewiesen wird.

17. Zu Art. 307. Werthpapiere dürfen im Königreich Sachsen ohne Genehmigung der Regierung von Privatpersonen, selbst aus dem Handelsstande, ingleichen von Gesellschaften, Korporationen und Anstalten auf jeden Inhaber (au porteur) nicht gestellt werden. Die dieser Vorschrift zuwider ausgestellten Werthpapiere sind nichtig,

und es finden die Bestimmungen des Art. 307 auf dieselben keine Anwendung.

Für Papiere auf den Inhaber, welche außerhalb Sachsen ausgestellt werden, gelten die Vorschriften des Art. 307 nur dann, wenn deren Ausstellung nach dem Gesetze des Orts der Ausstellung gestattet ist.

So lange Papieren, welche auf den Inhaber lauten, die Eigenschaft der Inhaberpapiere dadurch entzogen ist, daß sie durch eine darauf gebrachte Bemerkung giltiger Weise außer Kurs gesetzt sind, finden die Bestimmungen des Art. 307 auf sie keine Anwendung.

Das außer und wieder in Kurssetzen kann in Sachsen durch jede öffentliche Behörde geschehen.

Das Gesetz, die kaufmännischen Anweisungen betreffend, vom 7. Juni 1849, §. 1, wird dahin abgeändert, daß die Verbindlichkeit zur Herausgabe kaufmännischer Anweisungen, wenn sie mittelst Blankoindossament weiter begeben, oder im Auslande, wo dessen Gesetze es gestatten, auf den Inhaber gestellt sind, nicht nach den Vorschriften der allgemeinen deutschen Wechselordnung (Art. 12, 36, 74 und 85), sondern nach den Vorschriften des Handelsgesetzbuchs (Art. 306 und 307) zu beurtheilen ist.

Das Gesetz, die Ausstellung von Kreditpapieren auf jeden Inhaber betreffend, vom 7. Juni 1846, und das Gesetz, die Ausschließung der auf jeden Inhaber lautenden Kreditpapiere von der Vindikation betreffend, vom 8. Juni 1846, werden aufgehoben.

18. Zu Art. 329 und 330, Abs. 2. Die Vorschrift des Gesetzes, die Einführung der allgemeinen deutschen

Wechselordnung betreffend, vom 25. April 1849, §. 9 findet auch auf Art. 329 und 330, Abs. 2 Anwendung.

19. Zu Art. 374 flg. Die in dem Decisivbefehle vom 4. September 1669 unter 3 der Leipziger Wechselordnung §. XXXIV und der Erläuterten Prozeßordnung ad Tit. XLI §. 1 am Ende zum Vortheile der Waarenkommissionäre enthaltene Bestimmung, ingleichen die hierauf bezügliche Vorschrift des Gesetzes, die Einführung der allgemeinen deutschen Wechselordnung betreffend, vom 25. April 1849, §. 10, treten außer Kraft.

20. Unsere Ministerien der Justiz und des Innern sind mit der Ausführung dieses Gesetzes beauftragt.

Urkundlich ꝛc.

Gegeben zu Dresden am 30. Oktober 1861.

(L. S.) **Johann.**

Dr. Johann Heinrich August v. Behr.

Friedrich Ferdinand Freiherr v. Beust.

III.

Einführungs-Gesetz zum Allgemeinen Deutschen Handels-Gesetzbuche für die Freie Stadt Frankfurt.

Vom 17. Oktober 1862.

Wir Bürgermeister und Rath der Freien Stadt Frankfurt verordnen hiermit auf verfassungsmäßige Beschlüsse der gesetzgebenden Versammlung vom 4. Juni und 10. Oktober 1862 wie folgt:

1. Das in der Anlage A enthaltene allgemeine deutsche Handelsgesetzbuch tritt mit dem 1. Januar 1863 in Gesetzeskraft.

2. Von dem genannten Tage an sind alle mit dem allgemeinen deutschen Handelsgesetzbuche und dem gegenwärtigen Gesetze in Widerspruch stehenden gesetzlichen und gewohnheitsrechtlichen Bestimmungen aufgehoben.

3. 4. u. 5. (fallen fort).

6. Das Gesetz vom 20. Oktober 1825 (Gesetz- und Statuten-Samml. Band IV, S. 33—35) tritt mit dem 1. Januar 1863 außer Kraft.

7. Diejenigen bereits bestehenden Firmen, deren Inhaber den Vorschriften des Gesetzes vom 20. Oktober 1825 nachgekommen sind, dürfen auch nach Verkündigung des gegenwärtigen Gesetzes, so lange als nicht in der Person des Inhabers oder eines der Gesellschafter eine Veränderung eintritt, selbst dann beibehalten werden, wenn sie nach den Art. 16, 17 und 18 des allgemeinen deutschen Handelsgesetzbuchs unstatthaft sein würden.

8. Die Bestimmungen des allgemeinen deutschen Handelsgesetzbuchs, welche Anmeldungen zur Eintragung in das Handelsregister vorschreiben, sind auf die bereits vor dem 1. Januar 1863 errichteten und den bisherigen gesetzlichen Vorschriften gemäß angemeldeten Handlungen, offenen Handelsgesellschaften und Kommanditgesellschaften nicht anwendbar.

Das Gleiche gilt von den bereits vor dem 1. Januar 1863 ertheilten Prokuren; jedoch ist der Artikel 43 des allgemeinen deutschen Handelsgesetzbuchs auch auf die vor dem 1. Januar 1863 ertheilten und bis zu diesem Tage nicht abgelaufenen oder nicht widerrufenen Prokuren anzuwenden.

9. Für eine jede Veränderung, welche an dem oder nach dem 1. Januar 1863 bezüglich einer schon vor diesem Tage errichteten Handlung oder Handlungsgesellschaft oder ertheilten Prokura eintreten wird, sind die Vorschriften des allgemeinen deutschen Handelsgesetzbuchs maßgebend.

10. Die am 1. Januar 1863 bestehenden Handlungen, offenen Handelsgesellschaften und Kommanditgesellschaften, deren Inhaber den Vorschriften des Gesetzes vom 20. Oktober 1825 nicht nachgekommen sind, unterliegen rücksichtlich der Anmeldungen und der Eintragungen in das Handelsregister unbedingt den Vorschriften des allgemeinen deutschen Handelsgesetzbuchs.

11. Alle bereits vor dem 1. Januar 1863 errichteten Aktiengesellschaften sind bei Meidung einer Ordnungsstrafe verpflichtet, spätestens bis zum 1. März 1863 die durch die Art. 210 und 212 des allgemeinen deutschen Handelsgesetzbuchs, für die Errichtung von Aktiengesellschaften und die durch den Artikel 228 des allgemeinen deutschen Handelsgesetzbuchs, sowie durch den Art. 12 dieses Einführungsgesetzes rücksichtlich der Vorstände, Bevollmächtigten und Beamten der Aktiengesellschaften

vorgeschriebenen Einträge in das Handelsregister und die Veröffentlichungen dieser Einträge bei dem Wechselnotariate zu beantragen.

Der Eintrag ist zu vollziehen und die Veröffentlichung zu verfügen, wenn bei Errichtung dieser Aktiengesellschaften den Rechtserfordernissen Genüge geleistet worden ist, welche zur Zeit der Gründung Geltung hatten.

12. Die Vorschriften des Art. 228 des allgemeinen deutschen Handelsgesetzbuchs sind auch rücksichtlich der im Art. 234 erwähnten Bevollmächtigten und Beamten der Aktiengesellschaften zu befolgen.

13. Die Erkennung der Ordnungsstrafen ist bis zur Einsetzung eines Handelsgerichts der ersten Abtheilung des Stadtgerichtes übertragen.

Diese Ordnungsstrafen bestehen in Geldbußen von 10—200 Gulden. Eine Umwandlung dieser Geldbußen in Gefängniß findet nicht statt.

(Die Absätze 3 und 4 fallen fort.)

14. Alle Behörden und Beamten, sowie die Wechselnotare sind verpflichtet, die bei Ausübung ihrer Amtsobliegenheiten zu ihrer Kenntniß gelangenden Verfehlungen gegen die in dem allgemeinen deutschen Handelsgesetzbuche bei Ordnungsstrafe vorgeschriebenen Bestimmungen der ersten Abtheilung des Stadtgerichts anzuzeigen.

15. Die Bestimmungen der Art. 313—316 des allgemeinen deutschen Handelsgesetzbuchs kommen unter sonst gleichen Voraussetzungen auch dann zur Anwendung, wenn der Gläubiger oder der Schuldner nicht Kaufmann ist, oder wenn keiner von beiden Kaufmann ist, so wie auch dann, wenn die Rechtsgeschäfte, wegen deren der eine Kontrahent Schuldner des andern geworden ist, nicht zu den Handelsgeschäften im Sinne des allgemeinen deutschen Handelsgesetzbuchs gehören.

Endlich auch dann, wenn die zu retinirenden Gegenstände nicht auf Grund von Handelsgeschäften in die Hände des Gläubigers gelangt sind.

16. Statt der Vorschriften des Art. 69 des allgemeinen deutschen Handelsgesetzbuchs kommen die bisherigen gesetzlichen Bestimmungen über die Pflichten der Handelsmäkler auch nach dem 1. Januar 1863 vorerst noch zur Anwendung.

17. Die Behörde, durch welche das Tagebuch der Handelsmäkler nach Art. 71 des allgemeinen deutschen Handelsgesetzbuchs beglaubigt und bei welcher dasselbe nach Art. 75 niedergelegt wird, ist das Rechnei- und Renten-Amt.

18. Wird gegen einen Gesellschafter einer offenen Handelsgesellschaft oder einer Kommanditgesellschaft der Konkurs erkannt, so steht den Privatgläubigern des Gesellschafters vor allen Gläubigern der Handelsgesellschaft ein Vorzugsrecht an dessen Privatvermögen zu. Die Gläubiger der Handelsgesellschaft können nur nach vollständiger Befriedigung der Privatgläubiger Anspruch auf das Privatvermögen des Handelsgesellschafters machen.

Wird über das Vermögen einer offenen oder Kommanditgesellschaft der Konkurs erkannt, so ist zugleich über das Privatvermögen eines jeden persönlich haftenden Gesellschafters der Konkurs zu eröffnen.

19. u. 20. (fallen fort).

21. Steht einer Handelsgesellschaft das Eigenthum einer Liegenschaft, oder ein anderes in die öffentlichen Bücher einzutragendes Recht an einer solchen, oder eine in diese Bücher einzutragende Gerechtigkeit zu, so ist der Eintrag auf die Firma zu machen.

Es ist lediglich nach den Bestimmungen des allgemeinen deutschen Handelsgesetzbuchs zu beurtheilen, wer über eine auf die Firma einer Handelsgesellschaft eingetragene Liegenschaft oder Gerechtigkeit, oder über ein sonstiges einer Handelsgesellschaft zugeschriebenes dingliches Recht zu verfügen berechtigt sei.

22. Hat in einem Falle, für welchen das allgemeine deutsche Handelsgesetzbuch eine kürzere Verjährungsfrist, als die bisher gesetzlich angeordnete vorschreibt, am 1. Januar 1863 die Verjährung bereits begonnen, so kommt gleichwohl die in dem allgemeinen deutschen Handelsgesetzbuch bestimmte Verjährungsfrist zur Anwendung, und ist diese Frist vom 1. Januar 1863 zu berechnen.

Würde jedoch die Verjährung nach den bisherigen Gesetzen schon früher vollendet sein, so behält es bei diesen sein Bewenden.

23. u. 24. (fallen fort).

Beschlossen in unserer Rathsversammlung am 17. Oktober 1862.

IV.

Einführungsgesetz zum Allgemeinen Deutschen Handelsgesetzbuche für die Freie und Hansestadt Hamburg.

Publicirt den 22. Dezember 1865.

Der Senat hat in Uebereinstimmung mit der Bürgerschaft beschlossen, und verkündet hierdurch als Gesetz was folgt:

Einführungsgesetz zum Allgemeinen Deutschen Handelsgesetzbuche.

Zu den allgemeinen Bestimmungen.

1. Das Allgemeine Deutsche Handelsgesetzbuch tritt nach Maßgabe der in diesem Gesetze getroffenen näheren Bestimmungen am 1. Mai 1866 in Gesetzeskraft.

Mit demselben Tage tritt auch dieses Gesetz in Wirksamkeit.

2. Von dem genannten Tage sind alle mit dem Allgemeinen Deutschen Handelsgesetzbuche und diesem Einführungsgesetze im Widerspruch stehenden gesetzlichen und gewohnheitsrechtlichen Bestimmungen aufgehoben.

3. Der Ausdruck „Landesgesetze" im Handelsgesetzbuche befaßt nicht allein die Gesetze, sondern überhaupt das bestehende Recht.

4. (Zu Art. 3.) Wo das Handelsgesetzbuch und dieses Einführungsgesetz das Handelsgericht erwähnt, tritt für das Amt Ritzebüttel das dortige Amtsgericht an dessen Stelle.

Zum ersten Buche.

5. (Zu Art. 7 Abs. 1.) Die Einwilligung des Ehemannes ist nicht erforderlich, wenn bei Trennung der Ehe von Tisch und Bett auch eine gerichtlich verkündigte Auseinandersetzung der Vermögensverhältnisse unter den Eheleuten stattgefunden hat.

6. (Zu Art. 10.) Die Bestimmungen des Handelsgesetzbuches finden auf die im Art. 10 erwähnten Klassen von Gewerbetreibenden gleichfalls Anwendung, jedoch mit folgenden Ausnahmen:

1) Eine Eintragung derselben in das Handelsregister ist nur dann erforderlich, wenn sie einen Prokuristen bestellen wollen, oder wenn sie zur Betreibung ihres Gewerbes eine offene Gesellschaft eingehen. Eine solche Erwerbsgesellschaft gilt als Handelsgesellschaft.
2) Die Vorschriften des Handelsgesetzbuches über die Handelsbücher finden überhaupt nur auf solche Handelsgewerbe Anwendung, in welchen eine kaufmännische Buchführung gebräuchlich ist.

7. (Zu Art. 13.) Die im Art. 13 vorgeschriebene Veröffentlichung der Eintragungen in das Handelsregister geschieht regelmäßig wöchentlich einmal. Jedoch bleibt es

den Betheiligten unbenommen, in dazu geeigneten Fällen eine außerordentliche Veröffentlichung zu beantragen.

Der §. 5 der Verordnung vom 16. Januar 1852 in Bezug auf die Einführung eines Hamburgischen Amtsblattes findet auf diese Veröffentlichungen keine Anwendung.

8. (Zu Art. 21.) Befindet sich die Hauptniederlassung an einem Orte, an welchem das Handelsgesetzbuch nicht Gesetzeskraft hat, so bedarf es der im Handelsgesetzbuche Art. 21 Abs. 3 gedachten Nachweisung nicht.

9. (Zu Art. 42.) Zur Ertheilung von Konsensen vor den mit Führung der Eigenthums- und Hypothekenbuche bei Ordnungsstrafe vorgeschriebenen Bestimmungen der ersten Abtheilung des Stadtgerichts anzuzeigen.

10. (Zu Art. 66—84.) Die Bestimmungen des Handelsgesetzbuches über die Befugnisse und Verpflichtungen der Handelsmäkler finden auf alle Mäkler Anwendung.

Was das Handelsgesetzbuch über den Abschluß von Handelsgeschäften durch Mäkler vorschreibt, gilt auch von dem Abschluß aller anderen Geschäfte durch Mäkler.

11. Die jetzt geltenden gesetzlichen Bestimmungen über das Mäklerwesen bleiben insoweit in Kraft, als denselben die Vorschriften des Handelsgesetzbuches und diejenigen dieses Gesetzes nicht entgegenstehen.

Der nach §. 10 der Mäklerordnung den Mäklern verstattete Vorbehalt einer späteren Aufgabe des Käufers ist in Zukunft nicht zulässig.

Die Art. 71—74 des Handelsgesetzbuches treten an die Stelle des §. 13 der Mäklerordnung.

Darüber, wann die Courtage verdient ist, ist nach der Vorschrift des Art. 82 des Handelsgesetzbuches zu entscheiden.

Der Mäklereid wird dahin verändert, daß die Worte welche eine ausdrückliche Bezugnahme auf die Mäklerordnung enthalten, wegfallen.

12. (Zu Art. 69.) Den Mäklern bleibt gestattet, bei öffentlichen Verkäufen von Grundstücken und Schiffen, ohne Angabe ihres Auftraggebers im eigenen Namen den Kaufbrief zu unterzeichnen.

Es bleibt ferner die Verbindung von Mäklern zu einem gemeinschaftlichen Betriebe ihrer Mäklergeschäfte gestattet, jedoch hat jeder der verbundenen Mäkler ein besonderes Tagebuch zu führen und derjenige, durch dessen Vermittelung ein Geschäft zum Abschluß gelangte, die Schlußnote zu unterzeichnen.

13. (Zu Art. 80.) Die Aufbewahrung der Kaufprobe liegt den Mäklern nur dann ob, wenn dieselbe ihnen von den Parteien oder einer derselben zu diesem Behufe übergeben worden ist.

14. (Zu Art. 82 u. 83.) Der Betrag der Mäklergebühr bleibt der freien Vereinbarung überlassen. Hat eine Vereinbarung nicht stattgefunden, so kommen sowohl hinsichtlich der Frage, welche Gebühr dem Mäkler zukommt, als auch hinsichtlich der Frage, von welchem Kontrahenten dieselbe zu zahlen ist, die mit der Mäklerord-

nung vom 15. Dezember 1824 publizirte Courtagetaxe, sowie die sonst über die Mäklergebühr erlassenen Verordnungen zur Anwendung.

15. (Zu Art. 84.) Geschäfte jeglicher Art, sie mögen Handelsgeschäfte sein oder nicht, können in Zukunft auch durch unbeeidigte Unterhändler vermittelt werden.

Die Befugniß, Auktionen abzuhalten, kann von der den Mäklern vorgesetzten Behörde auch Personen ertheilt werden, welche nicht Mäkler sind, wenn sie die für dieses Amt erforderlichen Eigenschaften besitzen. Solche ausschließlich für das Abhalten von Auktionen zugelassene Personen haben bei den von ihnen abgehaltenen Auktionen alle den Mäklern obliegenden Verpflichtungen gewissenhaft zu beobachten, sich hierzu vor ihrer Zulassung eidlich zu verpflichten und stehen hinsichtlich ihrer Amtsverrichtungen unter der Aufsicht der den Mäklern vorgesetzten Behörde.

16. Die folgenden, für die Mäkler geltenden gesetzlichen Bestimmungen finden auch auf solche Personen Anwendung, welche, ohne Mäkler zu sein, gewerbsmäßig Mäklergeschäfte betreiben:

1) die Vorschriften, nach welchen Mäkler zu Anzeigen an Behörden verpflichtet und für die Entrichtung öffentlicher Abgaben verantwortlich sind;

2) die Vorschrift, daß Mäkler zu Besichtigungen und Taxirungen, welche ihnen von Behörden und Gerichten aufgetragen werden, verpflichtet sind;

3) die Vorschriften des Art. 82 und 83 des Handelsgesetzbuches, sowie des §. 14 dieses Gesetzes.

Bei öffentlichen Verkäufen von Grundstücken hat Jeder, der für Rechnung eines Anderen zu kaufen beabsichtigt, nach der Vorschrift des §. 16 der Verordnung über die Abgabe von Eigenthumsveränderungen der Immobilien vom 23. Dezember 1857 zu verfahren.

Zum zweiten Buche.

17. (Zu Art. 111, 164, 213.) Die Eintragung der einer hiesigen Handelsgesellschaft zustehenden Rechte an Grundstücken in die Eigenthums- und Hypothekenbücher erfolgt auf die Firma der Gesellschaft ohne Benennung der einzelnen Gesellschafter. Sie darf erst erfolgen, wenn die Eintragung der Gesellschaft in das Handelsregister nachgewiesen ist.

Zur Legitimation eines Gesellschafters, welcher vor den mit Führung der Eigenthums- und Hypothekenbücher beauftragten Behörden im Namen einer hiesigen Handelsgesellschaft auftritt, genügt der durch ein Attest des Handelsgerichts zu liefernde Nachweis, daß derselbe zur Vertretung der Gesellschaft befugt ist.

18. (Zu Art. 111.) In Betreff der Berechnung der Abgabe von den Eigenthumsveränderungen der Immobilien werden die auf die Firma einer offenen Handelsgesellschaft geschriebenen Grundstücke so behandelt, als ob sie den Gesellschaftern gemeinschaftlich auf ihren persönlichen Namen zugeschrieben wären. Es wird demnach diese Abgabe nicht bloß bei der Umschreibung,

sondern auch bei jeder Veränderung in den Personen der Gesellschafter und zwar in Gemäßheit des §. 4 der Verordnung vom 23. Dezember 1857 entrichtet, jedoch unter der Abänderung dieses §. 4, daß die Antheile der Gesellschafter stets als gleich groß angenommen werden.

Diese Vorschrift kommt in gleicher Weise rücksichtlich der einer einfachen Kommanditgesellschaft, nicht aber rücksichtlich der einer Kommanditgesellschaft auf Aktien oder einer Aktiengesellschaft gehörenden Grundstücke zur Anwendung.

19. (Zu Art. 114, 119.) Die im Art. 64, 5) der Neuen Falliten-Ordnung enthaltene Vorschrift, nach welcher die Gesellschaft für solche Schulden, welche ein Kompagnon einseitig, ohne sich der Firma zu bedienen, gemacht hat, auch ohne sonstigen Verpflichtungsgrund schon dann verhaftet ist, wenn die Gelder unmittelbar der Kompagnie zu gut gekommen sind, ist aufgehoben.

20. (Zu Art. 122, 169.) Die im Art. 64, 4) der Neuen Falliten-Ordnung enthaltene Vorschrift über das den Privatgläubigern der Gesellschafter zustehende Absonderungsrecht wird durch das Handelsgesetzbuch nicht berührt.

21. (Zu Art. 126.) Die Exekution in das dem Gesellschafter bei dereinstiger Auflösung der Gesellschaft zukommende Guthaben ist als erwirkt anzusehen, sobald das zuständige Gericht dieselbe nach fruchtlos vollstreckter Exekution in das Privatvermögen des Gesellschafters verfügt hat, und diese Verfügung sowohl dem Letzteren als auch der Gesellschaft und zwar in der Person eines anderen Gesellschafters oder sonstigen Vertreters insinuirt worden.

22. (Zu Art. 129, 171, 201.) Die Eröffnung des Konkurses über eine Handelsgesellschaft ist von Amtswegen in das Handelsregister einzutragen. Die Bekanntmachung der Eintragung unterbleibt.

23. (Zu Art. 146 – 149.) Durch die Bestimmungen der Art. 146—149 wird die bisher übliche Erlassung von Proklamen im Fall der Auflösung der Gesellschaft nicht ausgeschlossen und die rechtliche Wirkung dieser Proklame nicht berührt.

24.
25.
26.
27. (jetzt ohne Bedeutung).

28. (Zu Art. 212.) Auswärtige Kommanditgesellschaften auf Aktien und Aktiengesellschaften, welche hierselbst eine Zweigniederlassung haben oder durch hier domicilirte Bevollmächtigte hierselbst Geschäfte betreiben, sind — ohne Unterschied, ob die Hauptniederlassung sich an einem Orte befindet, wo das Handelsgesetzbuch Geltung hat oder nicht – verpflichtet, sich in das Handelsregister eintragen zu lassen und für die Geschäfte der Zweigniederlassung oder des Bevollmächtigten in der Person des Vertreters der ersteren oder des Bevollmächtigten hierselbst Recht zu nehmen. Die Bestimmungen des Handelsgesetzbuches über die Eintragung in das

Handelsregister, die Folgen der Eintragung und Nichteintragung und die öffentlichen Bekanntmachungen sind auch auf sie anzuwenden.

Zum vierten Buche.

29. (ohne Bedeutung).

30. Die in Buch IV Titel 1 Abschnitt 2—4 des Handelsgesetzbuches (Art. 278—336) enthaltenen Bestimmungen und die dazu gehörigen Bestimmungen dieses Gesetzes sollen allgemeine, nicht blos auf Handelsgeschäfte und Kaufleute beschränkte Geltung haben.

Ausgenommen sind die Art. 282, 289, 290, 291, 297, 309—312, welche nur soweit zur Anwendung kommen, wie das Handelsgesetzbuch es vorschreibt, sowie der Art. 292, welcher nur nach Maßgabe des §. 33, und der Art. 323, welcher nur nach Maßgabe des §. 36 dieses Gesetzes auf andere Fälle ausgedehnt wird.

31. Wo in den auf andere Rechtsverhältnisse ausgedehnten Artikeln des Handelsgesetzbuches auf den Handelsgebrauch Bezug genommen ist, kommt immer der bei Geschäften der betreffenden Art herrschende Gebrauch zur Anwendung.

32. (Zu Art. 283.) Der Anspruch auf Schadensersatz unterliegt keiner Beschränkung in Ansehung des Betrages, er kann den doppelten Betrag oder den doppelten Werth des ursprünglichen Gegenstandes der Obligation übersteigen.

Wenn die Verpflichtung zum Schadensersatze feststeht, so kann das Gericht in geeigneten Fällen, selbst ohne Anordnung eines förmlichen Beweisverfahrens, nach seiner freien Ueberzeugung über das Vorhandensein des Schadens entscheiden und den zu leistenden Ersatz feststellen. Es ist dem Gerichte unbenommen, vorgängig Sachverständige zu vernehmen, oder auf Ableistung eines Eides zu erkennen.

33. (Zu Art. 292.) Die Befugniß, höhere Zinsen, als die bisher erlaubten, zu bedingen, findet auf Geschäfte aller Art und für Personen jedes Standes unter folgenden näheren Bestimmungen Anwendung:

a. In Bezug auf die Darlehen des Lombards und der konzessionirten Pfandleiher verbleibt es bei den bisher geltenden Gesetzen und Verordnungen.

b. Wenn für die in einem Grundstücke versicherte Kapitalforderung ein höherer Zinsfuß als sechs vom Hundert jährlich vereinbart ist, so hat der Gläubiger für seine Zinsforderung, soweit dieselbe sechs vom Hundert übersteigt, keine hypothekarischen Rechte an dem Grundstück, keine Vorzugsrechte an den Revenüen desselben und im Konkurse nur die Rechte eines Buchgläubigers. Hinsichtlich der Zinsen bis sechs vom Hundert dagegen behält es bei dem bisher geltenden Rechte sein Bewenden.

34. (Zu Art. 295.) Dem Aussteller eines Schuldscheines oder einer Quittung steht ohne Rücksicht auf den Ablauf einer Zeitfrist der Beweis frei, daß er den in dem Dokumente erwähnten Betrag nicht empfangen hat.

Der Aussteller des Schuldscheines hat nichtsdestoweniger vorgängig die in dem Schuldscheine anerkannte

Schuld zu entrichten, vorbehältlich seines Rechtes, den gezahlten Betrag von dem Empfänger des Geldes, oder bei einem Schuldscheine an Ordre von demjenigen, zu dessen Gunsten der Schuldschein ausgestellt ist, wiederzufordern.

35. (Zu Art. 313—316.) Durch die Vorschriften der Art. 313—316 über Retentionsrecht werden die Rechtssätze nicht berührt, welche für den Inhaber noch günstigere Bestimmungen enthalten, namentlich erleiden der Art. 34 Nr. 2 und 3 der neuen Falliten-Ordnung und die über die Widerklage bestehenden Rechtsnormen keine Aenderung. Jedoch ist sowohl das Retentionsrecht wie die Widerklage, mit alleiniger Ausnahme der in Art. 314 erwähnten Fälle, immer ausgeschlossen, wenn die Zurückbehaltung der Gegenstände der von dem Schuldner vor oder bei der Uebergabe ertheilten Vorschrift, oder der von dem Gläubiger übernommenen Verpflichtung, in einer bestimmten Weise mit den Gegenständen zn verfahren, widerstreiten würde.

36. (Zu Art. 323.) Der Art. 323 findet auf Aufträge an Personen, die nicht Kaufleute sind, nur dann Anwendung, wenn dieselben mit dem Auftraggeber in einer auf solche Aufträge bezüglichen Geschäftsverbindung stehen, oder sich gegen denselben zur Ausführung solcher Aufträge erboten haben. Ob die Ablehnung des Auftrages als eine verspätete anzusehen ist, ist nach den Umständen des Falles und den persönlichen Verhältnissen des Beauftragten zu beurtheilen.

37. (Zu Art. 323 und 348.) Für die in den Art. 323 Abs. 3 und 348 Abs. 3 erwähnten Verfügungen ist das Handelsgericht auch dann das zuständige Gericht, wenn es sich um andere als Handelsgeschäfte handelt.

38. (Zu Art. 324 und 342.) Unter denjenigen Voraussetzungen, unter welchen nach Maßgabe der Art. 324 und 342 die Erfüllung eines Handelsgeschäftes an dem Orte der Handelsniederlassung des einen Kontrahenten geschehen soll, muß dieselbe bei einem Geschäfte, welches kein Handelsgeschäft ist, wenn es zum Gewerbebetriebe des Verpflichteten gehört, am Orte seiner gewerblichen Niederlassung, sonst am Wohnorte desselben erfolgen.

39. (Zu Art. 325.) Unter denjenigen Voraussetzungen, unter welchen nach Maßgabe des Art. 325 eine Geldzahlung in Folge eines Handelsgeschäftes an dem Orte der Handelsniederlassung des einen Kontrahenten geschehen soll, muß dieselbe bei einem Geschäfte, welches kein Handelsgeschäft ist, wenn es zum Gewerbebetriebe des Verpflichteten gehört, am Orte seiner gewerblichen Niederlassung, sonst am Wohnorte desselben erfolgen.

40. (Zu Art. 336.) In denjenigen Fällen, in welchen nach Art. 336 statt einer im Vertrage bestimmten fremden Münzsorte der Betrag derselben nach dem Werthe zur Verfallzeit in der Landesmünze gezahlt wird, findet die Verwandlung der fremden Münzsorte in Banco nach den Bestimmungen des §. 4 der Verordnung v. 5. März 1849 in Bezug auf die Einführung der Allgemeinen Deutschen Wechselordnung in Hamburg statt.

41. Die in Buch IV Titel 2 des Handelsgesetzbuches „vom Kauf" (Art. 337—359) enthaltenen Bestimmungen kommen auch bei solchen Kaufverträgen, welche keine Handelsgeschäfte sind, zur Anwendung, jedoch nicht bei Kaufverträgen über unbewegliche Sachen.

42. (Zu Art. 340.) Wenn der Verkäufer sich im Vertrage eine vom Käufer in bestimmter oder gebräuchlicher Frist vorzunehmende Prüfung der Probemäßigkeit (Nachstechen, Nachziehen rc.) ausbedungen hat, so gilt es im Zweifel als die Absicht der Kontrahenten, daß der Vertrag im Falle befundener Probewidrigkeit als nicht geschlossen behandelt werden soll. Läßt der Käufer in diesem Falle die Frist verstreichen, ohne die Prüfung vorzunehmen, so kann er die Nichtübereinstimmung der Waare mit der Probe nicht ferner geltend machen.

43. (Zu Art. 347—349.) Bei solchen Kaufgeschäften, bei denen die Waare dem Käufer nicht von auswärts zugesendet, sondern am Platze vom Verkäufer übergeben wird, verbleibt es hinsichtlich der Wirkung des Empfanges auch fernerhin bei dem bisher geltenden Rechte, nach welchem in der Regel schon durch den Empfang weitere Einwendungen gegen die Beschaffenheit der Waare ausgeschlossen werden.

44. (Zu Art. 368, Abs. 2.) Die im Art. 26, 2) der Neuen Falliten-Ordnung für den Fall, daß der Kommissionair del credere gestanden hat, enthaltene Vorschrift ist aufgehoben.

[§§. 45—67 betreffen das Seerecht.]

Uebergangsbestimmungen.

1. Die bisher beim Handelsgericht geführten Firmen- und Prokuren-Protokolle bilden für die Stadt und das mit derselben verbundene Gebiet, mit Ausnahme des Amtes Ritzebüttel, das im Handelsgesetzbuche vorgeschriebene Handelsregister.

Im Amte Ritzebüttel wird ein eigenes Handelsregister geführt.

2. Die Bestimmungen des Handelsgesetzbuches über die Anmeldung der Handelsfirmen und Handelsgesellschaften beim Handelsregister finden auch auf diejenigen am 1. Mai 1866 bereits bestehenden Firmen und Handelsgesellschaften Anwendung, welche nach der bisherigen Gesetzgebung zur Anmeldung beim Firmen-Bureau nicht verpflichtet waren, namentlich also auf diejenigen Firmen, welche nur den eigenen vollen Namen des alleinigen Inhabers enthalten, auf diejenigen Firmen, welche unverändert seit dem 28. Dezember 1835 bestehen und auf die bestehenden Firmen und Schiffs-Prokureurs und Agenten.

Diese Firmen und Handelsgesellschaften sind innerhalb dreier Monate vom Tage der Einführung des Handelsgesetzbuches beim Handelsregister anzumelden und werden während dieser Frist ohne Entrichtung von Gebühren eingetragen. Nach Ablauf dieser Frist sind die Betheiligten durch Ordnungsstrafen zur Befolgung der bezüglichen Bestimmungen des Handelsgesetzbuches anzuhalten, auch ist sodann für jede Eintragung die betreffende Gebühr zu entrichten.

3. Die Vorschriften der Art. 16, 17, 18, 20 und 21 des Handelsgesetzbuches finden auf die am 1. Mai 1866 bereits bestehenden Firmen, wenn dieselben auf dem Firmen-Bureau angemeldet sind, oder innerhalb dreier Monate vom Tage der Einführung des Handelsgesetzbuches angemeldet werden, keine Anwendung.

4. Wer vor dem 1. Mai 1866 eine ordnungsmäßig in das Prokuren-Protokoll eingetragene Prokura erhalten hat, gilt vom 1. Mai 1866 an als Prokurist im Sinne des Handelsgesetzbuches, selbst wenn in der deponirten Vollmacht eine nach den Vorschriften desselben unzulässige Beschränkung enthalten sein sollte.

Eine nachträgliche Veröffentlichung dieser Prokuren findet nicht Statt.

5. Eine bereits vor dem 1. Mai 1866 gültig errichtete Kommanditgesellschaft auf Aktien oder Aktiengesellschaft wird in das Handelsregister eingetragen, wenn auch die nach dem Handelsgesetzbuche erforderlichen Voraussetzungen für die Errichtung einer solchen Gesellschaft nicht vorhanden sind.

Auch die übrigen Bestimmungen des Handelsgesetzbuches finden auf die bereits vor der Einführung desselben gültig errichteten Kommanditgesellschaften auf Aktien und Aktiengesellschaften in so weit keine Anwendung, als die Statuten dieser Gesellschaften abweichende Bestimmungen enthalten.

Eine nachträgliche Veröffentlichung findet rücksichtlich der bereits vor dem 1. Mai 1866 angemeldeten Aktiengesellschaften nicht statt.

[§. 6 betrifft das Seerecht.]

7. Forderungen, für welche die Verjährungsfrist des bisher geltenden Rechts schon vor dem 1. Mai 1866 zu laufen angefangen hatte, verjähren mit dem Ablaufe der vom Handelsgesetzbuche für sie bestimmten Verjährungsfrist vom 1. Mai 1866 an gerechnet. Bedarf es aber alsdann zur Vollendung der bereits begonnenen Verjährungsfrist nach dem bisherigen Rechte nur noch eines kürzeren Zeitraumes als der Verjährungsfrist des Handelsgesetzbuches, so hat es bei diesem kürzeren Zeitraume sein Bewenden.

Gegeben in der Versammlung des Senats, Hamburg den 22. Dezember 1865.

V.

Einführungs-Gesetz zum Allgemeinen Deutschen Handelsgesetzbuche für das Königreich Bayern vom 10. November 1861.

Publicirt am 10. Februar 1862.

Vorbemerkung.

1. Das Einführungsgesetz zum Handelsgesetzbuche vom 10. November 1861 hatte durch Art. 881 der bayerischen Prozeßordnung vom 29. April 1869, durch Art. 7 des Einführungsgesetzes zu der-

selben vom gleichen Tage und durch das zu Art. 19 des obigen Einführungsgesetzes vom 10. November 1861 erlassene Spezialgesetz vom 27. Juli 1874 Aenderungen erfahren, welche im Wesentlichen auch der Reichsgesetzgebung vom Jahre 1876 und der bayerischen Ausführungsgesetzgebung vom Jahre 1879 gegenüber aufrecht bleiben und nur theilweise von den Bestimmungen der letzbesagten Gesetze berührt wurden. Der Inhalt dieser aufgehobenen Gesetze von 1869 und 1874 wurde daher in das bayerische Gesetz vom 23. Februar 1879 zur Ausführung der Reichscivilprozeßordnung und Konkursordnung herübergenommen.

Weitere Aenderungen waren durch das deutsche Gerichtsverfassungsgesetz mit seiner Beseitigung der besondern Handelsgerichte für die ordentliche streitige Gerichtsbarkeit veranlaßt, es mußten ferner Bestimmungen darüber getroffen werden, welche Gerichte die freiwillige Handelsgerichtsbarkeit — die Führung des Handelsregisters, die Anordnung des Verkaufs von Pfändern, die Aufsicht über die Handelsmäkler 2c. — auszuüben haben. Diese Bestimmungen wurden mit den zur Ergänzung des deutschen Gerichtsverfassungsgesetzes vom 27. Januar 1877 erforderlichen landesgesetzlichen Vorschriften über die Ernennung der Handelsrichter und über die Mitwirkung des zur Vertretung des Handelsstandes berufenen Organs bei derselben, sowie über die Ernennung der Vorsitzenden der Kammern für Handelssachen und über die Stellvertretung derselben dem Ausführungsgesetze zum Reichsgerichtsverfassungsgesetze vom 23. Februar 1879 überwiesen. Endlich machte auch das bayerische Gesetz über das Gebührenwesen vom 18. August 1879 seinen derogatorischen Einfluß geltend.

2. Erläutert wurde das Gesetz vom 10. November 1861 in seiner ursprünglichen Fassung von „J. Lutz, k. Ministerialassessor, erstem Sekretär der Kommission zur Berathung eines allgemeinen deutschen Handelsgesetzbuches" — dem nunmehr verstorbenen k. bayerischen Minister Dr. von Lutz — in der Dollmannschen Gesetzessammlung. Erlangen 1862. Verlag v. Palm u. Enke. Theil 1 Band 4.

Maximilian II. von Gottes Gnaden König von Bayern ꝛc. ꝛc.

Wir haben nach Vernehmen Unseres Staatsrathes mit Beirath und Zustimmung der Kammer der Reichsräthe und der Kammer der Abgeordneten beschlossen und verordnen, was folgt:

I. Allgemeine Bestimmungen.

1. Das allgem. deutsche Handelsgesetzbuch, von welchem ein Abdruck beigefügt ist, tritt mit dem 1. Juli 1862 im ganzen Umfange des Königreiches in Kraft.

Gesetz vom 5. Juni 1869, die Einführung der Allgemeinen Deutschen Wechselordnung, der Nürnberger Wechselnovellen und des Allgemeinen Deutschen Handelsgesetzbuches als Bundesgesetze betr. (Bundes-Gesetzbl. 1869 Nr. 32 und §. 2 Ziff. 8, §. 10 des Gesetzes vom 22. April 1871, betr. die Einführung Norddeutscher Bundesgesetze in Bayern. Reichs-Gesetzbl. 1871 Nr. 17.)

Vgl. auch die Einführung norddeutscher Justizgesetze als Reichsgesetze in Bayern von Dr. Julius Staudinger, Abtheilung I Lieferung 1 S. 1 u. ff., Abtheilung II Lieferung 1 S. 86 u. ff.

Ferner: Entschließung des k. Staatsministeriums der Justiz vom 13. Februar 1862, die Einführung des Allgemeinen Deutschen Handelsgesetzbuches betr., Zeitschr. f. Gesetzgebung u. Rechtspflege des Königreichs Bayern Bd. IX S. 1.

2. Mit dem in Artikel 1 bezeichneten Tage treten für Handelssachen alle Bestimmungen des allgemeinen bürgerlichen Rechtes und der Prozeßordnungen, sowie die Handelsgebräuche insoweit außer Wirksamkeit, als das allgemeine deutsche Handelsgesetzbuch Bestimmungen enthält und hierbei nicht auf die Landesgesetze, beziehungsweise auf die Handelsgebräuche hinweist.

Vgl. Urtheil des Hand.-Appell.-Ger. Nürnberg vom 30. April 1866 und 1. Juni 1866, Zeitschr. f. Gesetzgebung u. Rechtspflege d. Kgr. Bayern, Abthlg. für Privatrecht Bd. XIII S. 125 u. 134, des Hand.-Appell.-Ger. Nürnberg vom 31. März 1872. Sammlung von Entscheidungen des obersten Gerichtshofes für Bayern in Gegenständen des Handels- und Wechselrechtes, sowie von wichtigen Entscheidungen der k. bayerischen Handelsappellationsgerichte. Unter Aufsicht und Leitung des kgl. Justizministeriums herausgegeben, Bd. II S. 195, des Hand.-Apell.-Ger. München vom 23. Februar 1875, dieselbe Sammlg. Bd. III S. 150. Kommentar zum Allg. D. H.-G.-B. von Anschütz u. Völdernborff Bd. I S. 11 Anm. 7.

3. Auch insoweit das allgemeine deutsche Handelsgesetzbuch über Rechtsverhältnisse, welche nicht zu den Handelssachen gehören, verfügt und hiebei nicht auf die Landesgesetze hinweist, treten von dem in Artikel 1 bezeichneten Tage an die Bestimmungen des allgemeinen bürgerlichen Rechts außer Anwendung.

4. Von demselben Tage an sind:

1) insbesondere die in einigen Landestheilen diesseits des Rheins bisher mit Gesetzeskraft versehenen Bestimmungen der §§. 475 bis 712 und der §§. 1305 bis 2464, Theil II, Titel VII des allgemeinen preußischen Landrechts,[a])
2) in dem Regierungsbezirke der Pfalz das erste und zweite Buch des französischen Handelsgesetzbuches und alle daselbst verkündigten französischen Gesetze und Verordnungen über die Börsen und die Handelsmäkler aufgehoben.

a) S. Urth. des bayer. oberst. Ldger. v. 6. Dez. 1886 in der Samml. XI Nr. 210 S. 521.

Art. 235 des bayerischen Gesetzes zur Ausführung der Reichscivilprozeßordnung und Konkursordnung vom 23. Februar 1879 bestimmt:

Aufgehoben sind:

. . . . .

8) Die in der Pfalz bisher noch geltenden Bestimmungen des pfälzischen Handelsgesetzbuchs (Code de commerce von 1807).

. . . . .

12) Die Art. 4 Abs. 2, 27, 43—46, 52—62, 66, 67, 69, 80, 81 des Gesetzes vom 10. November 1861, die Einführung des Allgemeinen Deutschen Handelsgesetzbuchs betreffend.

Im Hinblick auf die Aufhebung des Code de commerce für die Pfalz wurden die theilweise im Einführungsgesetze vom 10. November 1861 aufrechterhaltenen Bestimmungen desselben mit Beachtung der durch die Reichsgesetze bedingten Aenderungen in Art. 210—216 des Ausführungsgesetzes vom 23. Februar 1879 reproducirt, wie folgt:

1. Ermächtigung Minderjähriger zum Handelsbetriebe.

Art. 210. Ein Minderjähriger, welcher emanzipirt und achtzehn Jahre alt ist, kann ohne Unterschied des Geschlechts Kaufmann sein und auf Grund des Art. 487 des pfälzischen Civilgesetzbuchs in Ansehung der in seinem Handelsbetriebe eingegangenen Verbindlichkeiten für volljährig erachtet werden, wenn er von dem Vater, falls aber dieser gestorben, interdicirt oder abwesend ist, von der Mutter, in Ermangelung beider Eltern durch einen von dem Landgerichte bestätigten Beschluß des Familienraths, ausdrücklich ermächtigt ist, das Handelsgewerbe zu betreiben.

Sind diese Erfordernisse vorhanden, so kann der Minderjährige auch seine Immobilien in Bezug auf den Handelsbetrieb mit Schulden beschweren, zur Hypothek stellen und unter Beobachtung der Formen der Art. 457 ff. des pfälzischen Civilgesetzbuchs veräußern.

2. Berechtigung der Handelsfrauen.

Art. 211. Eine Ehefrau, welche Handelsfrau ist, kann ohne Ermächtigung ihres Ehemannes ihre Immobilien in Bezug auf den Handelsbetrieb mit Schulden beschweren, zur Hypothek stellen und veräußern. Wenn jedoch für die Ehe Dotalrecht gilt, so kann die Verpfändung oder Veräußerung der Immobilien, welche Dotalgut sind, nur in den durch das pfälzische Civilgesetzbuch bezeichneten Fällen und unter Beobachtung der dort vorgeschriebenen Formen erfolgen.

3. Veröffentlichung güterrechtlicher Verhältnisse handeltreibender Ehegatten.

Art. 212. Jeder Ehevertrag zwischen Ehegatten, von welchen einer als Kaufmann anzusehen ist, muß innerhalb eines Monats nach dem Abschlusse des Vertrags im Auszuge an den Gerichtsschreiber des Landgerichts, in dessen Bezirke der Ehemann seinen Wohnsitz hat, zur Veröffentlichung übersendet werden.

In dem Auszuge muß angegeben sein, ob unter den Ehegatten Gütergemeinschaft besteht, oder ob Gütertrennung oder Dotalrecht vereinbart ist.

Art. 213. Der Vater, welcher den Ehevertrag aufgenommen hat, ist verpflichtet, die in Art. 212 vorgeschriebene Uebersendung bei Vermeidung einer Ordnungsstrafe von fünfzig Mark zu bewirken.

Wird nachgewiesen, daß die Uebersendung in Folge sträflichen Einverständnisses unterlassen worden ist, so ist der Notar, unbeschadet seiner Haftung gegenüber den Gläubigern, mit Suspension oder Amtsentsetzung zu bestrafen.

Art. 214. Jeder Ehegatte, für dessen Ehe Gütertrennung oder Dotalrecht vereinbart ist, muß, wenn er nach Schließung der Ehe das Gewerbe eines Kaufmanns ergreift, innerhalb eines Monats von dem Tage an gerechnet, an welchem er den Geschäftsbetrieb begonnen hat, die im Art. 212 erwähnte Uebersendung bewirken.

Unterläßt er dies, so kann er, falls er seine Zahlungen einstellt, mit Gefängniß bis zu zwei Jahren bestraft werden.

Art. 215. Der Gerichtsschreiber hat den gemäß Art. 212—214 übersendeten Auszug ohne Verzug durch Anheftung an die Gerichtstafel während eines Jahres, sowie durch Einrückung in das für die amtlichen Bekanntmachungen des Landgerichts bestimmte Blatt und, sofern dasselbe nicht zugleich für die Veröffentlichung der Handelsregistereinträge gerichtlich bestimmt ist, auch durch Einrückung in das für solche Veröffentlichungen gerichtlich bestimmte Blatt bekannt zu machen.

Art. 216. Wird zwischen Ehegatten, von welchen einer als Kaufmann anzusehen ist, die Ehescheidung ausgesprochen, so ist das Urtheil nach Maßgabe des Art. 195 im Auszuge zu veröffentlichen, widrigenfalls die Gläubiger zu jeder Zeit befugt sind, soweit es ihr Interesse betrifft, Einwendung mittels Klage zu erheben und jede in Folge desselben geschehene Auseinandersetzung zu bestreiten.

4. Pfandbestellung an beweglichem Vermögen in Handelssachen.

Art. 217. Die in den Art. 2074 u. 2075 des pfälzischen Civilgesetzbuchs vorgeschriebene Einregistrirung der Urkunde über die Pfandbestellung ist in Handelssachen nicht erforderlich.

Diese Bestimmung hat rückwirkende Kraft für alle früheren Faustpfandbestellungen in Handelssachen, sofern nicht ein Rechtsstreit über das Vorzugsrecht des Pfandes bereits vor dem Inkrafttreten des gegenwärtigen Gesetzes anhängig geworden ist.

---

5. Mit dem allgemeinen deutschen Handelsgesetzbuch erlangen zugleich

1) die in den nachfolgenden Artikeln 6 bis 55 enthaltenen Bestimmungen, soweit nicht in den einzelnen Artikeln etwas Anderes verordnet ist, in dem ganzen Umfange des Königreichs,
2) die in den nachfolgenden Artikeln 56 bis 77 ent-

haltenen Bestimmungen in den Landestheilen diesseits des Rheins, und

3) die in den nachfolgenden Artikeln 78 bis 81 enthaltenen Bestimmungen in dem Regierungsbezirke der Pfalz gesetzliche Geltung.

Vgl. die Bemerkungen zu den im Text erwähnten Artikeln.

II. Von dem Kaufmannsstande.

6. Wenn nach den Bestimmungen des bürgerlichen Rechtes oder der Prozeßgesetze Rechte oder Verpflichtungen davon abhängig gemacht werden, daß eine Person ein Kaufmann sei, so ist das Vorhandensein dieser Eigenschaft nach Art. 4 und 6 des allgemeinen deutschen Handelsgesetzbuchs zu beurtheilen.

Vgl. Urth. d. Hand.-Appell.-Ger. Nürnberg vom 19. August 1867, Samml. wicht. Entsch. d. H.A. Nürnberg 1 S. 262 und vom 6. November 1868, dieselbe Sammlung 2 S. 334.

7. Ob und unter welchen Verhältnissen Minderjährige zum Betriebe eines Handelsgewerbes befugt sind, bestimmt das bürgerliche Recht.

Minderjährige, welchen hienach diese Befugniß zusteht, werden rücksichtlich aller auf den Betrieb des Handelsgewerbes bezüglichen Geschäfte und Rechtshandlungen für großjährig erachtet.

Vgl. Urth. d. Hand.-Apell.-Ger. Nürnberg vom 7. April 1864, Zeitschr. f. Gesetzgeb. u. Rechtspfl. Bd. XI Abthlg. f. Privatr. S. 85, vom 1. März 1865 Bd. XII S. 17, vom 20. Juli 1866 Bd. XIII S. 180, vom 5. August 1868, Samml. wicht. Entsch. d. Hand.-Appell.-Ger. Bd. II S. 331, vom 30. Juni 1875 und 3. Dezember 1877, Samml. wicht. Entsch. des oberst. Ger.-Hofs in Bayern in Gegenst. d. Hand.- u. Wechselrechts Bd. III S. 280 u. 812.

III. Von dem Handelsregister.

8. Die näheren Bestimmungen über die Form und die Führung der Handelsregister, dann über die Art der Veröffentlichung der Eintragungen in dieselben und die Wahl der zu diesem Zweck zu benützenden Blätter werden im Verordnungswege getroffen.

Vgl. Bekanntmachung des Staatsministeriums der Justiz vom 10. April 1862, die Führung der Handelsregister betr., und vom 5. Juli 1879, die Veränderungen in der Zuständigkeit zur Führung der Handelsregister 2c. betr.

Bezüglich der zu entrichtenden Gebühren vgl. Art. 56—64 des bayer. Ges. über das Gebührenwesen v. 18. August 1879 sowie Art. XII des Ges. v. 29. Mai 1886, Abänderung einiger Bestimmungen über das Gebührenwesen betr.

Dem das Handelsregister führenden Richter steht die Befugniß zu, zu prüfen, ob der beantragte Eintrag nach dem Gesetze als zulässig erscheint und die Voraussetzungen gegeben sind, durch deren Vorhandensein der Eintritt der vom Gesetze beabsichtigten rechtlichen Wirkungen des Eintrages bedingt ist. Beschl. des obersten bayer. Landger. vom 1. Mai 1863 in der Samml. der Entsch. X Nr. 333 S. 78.

9. Die Eintragungen in das Handelsregister und die Bekanntmachung der Eintragungen durch Anzeigen in den öffentlichen Blättern erfolgen auf Verfügung des mit Führung des Handelsregisters beauftragten rechtsgelehrten Richters.

Ergeben sich Bedenken, so hat das Handelsgericht auf Vortrag dieses Gerichtsmitgliedes Beschluß zu fassen.

Gegen Verfügungen des beauftragten Richters oder gegen Beschlüsse des Gerichts, wodurch eine Eintragung in das Handelsregister oder die Bekanntmachung einer

Eintragung angeordnet oder verweigert wird, ist Beschwerde zulässig.

Den dritten Absatz erhielt der Art. 9 in Art. 76 Ziff. 1 des bayerischen Ausf.-Ges. vom 23. Febr. 1879.

10. Wenn das Handelsgericht in glaubhafter Weise davon Kenntniß erhält, daß eine die Anmeldung zum Handelsregister, oder die Zeichnung der Firma, oder die Einreichung dieser Zeichnung unter Androhung einer Ordnungsstrafe gebietende gesetzliche Vorschrift nicht befolgt worden ist, so hat es eine Verfügung an den Betheiligten zu erlassen, durch welche derselbe unter Androhung einer Ordnungsstrafe aufgefordert wird, innerhalb einer bestimmten Frist entweder die gesetzliche Vorschrift zu befolgen oder die Unterlassung mittels Einspruchs gegen die Verfügung zu rechtfertigen.

Der Einspruch geschieht durch schriftliche Eingabe an das Handelsgericht oder zu Protokoll vor demselben.

11. Wird binnen der vorgesetzten Frist weder die gesetzliche Vorschrift befolgt, noch Einspruch erhoben, so ist die angedrohte Strafe gegen den Betheiligten auszusprechen und zugleich die Verfügung unter Androhung einer anderweiten Ordnungsstrafe zu wiederholen.

12. 13. Wird gegen die in den Artikel 10 und 11 erwähnten Verfügungen binnen der bestimmten Frist Einspruch erhoben, so hat das Gericht, wenn nicht aus dem Einspruche selbst die Rechtfertigung des Betheiligten sich ergiebt, eine öffentliche Sitzung anzuberaumen, in welcher der Betheiligte zu vernehmen, erforderlichen Falls

Beweis zu erheben und über den Einspruch Beschluß zu fassen ist.

Diese Fassung der Art. 12 u. 13 des ursprünglichen Textes wurde in Art. 76 Ziff. 2 des bayer. Ausf.-Ges. vom 23. Februar 1879 eingeführt.

14. Sowohl in den Landestheilen diesseits des Rheins als in dem Regierungsbezirke der Pfalz kann sich der Betheiligte bei dem in den Artikeln 10 bis 13 des gegenwärtigen Gesetzes festgesetzten Verfahren durch einen Bevollmächtigten vertreten lassen.

15. Erscheint der Betheiligte auf die nach Maaßgabe der Artikel 12 und 13 des gegenwärtigen Gesetzes an ihn ergangene Vorladung weder in Person noch durch einen Bevollmächtigten, so hat das Handelsgericht nach Aufnahme der etwa schon im Einspruche bezeichneten und nicht sofort als unerheblich befundenen Beweismittel über den Einspruch zu entscheiden.

16. Ergiebt sich in den Fällen der vorstehenden Artikel 12, 13 und 15, daß die in Artikel 10 des gegenwärtigen Gesetzes erwähnte gesetzliche Vorschrift von dem Betheiligten hätte befolgt werden müssen, so ist ihm unter Verurtheilung in die Kosten des Verfahrens und unter wiederholter Androhung der Ordnungsstrafe eine neue Frist zur Befolgung jener Vorschrift ohne Vorbehalt und Gestattung eines weiteren Einspruchs vorzusetzen.

Vgl. Beschl. des Hand.-Appell.-Ger. Nürnberg vom 22. September 1865, Zeitschr. f. Gesetzgeb. u. Rechtspfl. Bd. XIII Abthlg. f. Privatr. S. 45.

17. Wird auch innerhalb dieser Frist die gesetzliche Vorschrift nicht befolgt und ist eine Beschwerde nicht erhoben worden, so wird der Betheiligte in die angedrohte Ordnungsstrafe verurtheilt und die frühere Auflage unter Androhung einer anderweiten Ordnungsstrafe wiederholt.

18. Die Ordnungsstrafe besteht in einer Geldbuße, welche den Betrag von dreihundert Gulden nicht übersteigen darf.

Umwandlung der Geldbuße in Freiheitsstrafe findet nicht statt.

Die Strafe ist in Reichswährung auszusprechen, Rüdorff-Stenglein Strafgesetzbuch 3. Auflage S. 94.

19. 20. Gegen die in den Artikeln 11, 16 und 17 erwähnten Beschlüsse steht dem Betheiligten binnen einer Nothfrist von zwei Wochen Beschwerde mit aufschiebender Wirkung zu. Das Gericht ist zu einer Abänderung seines durch Beschwerde angegriffenen Beschlusses nicht befugt.

Als Ersatz für das aufgehobene Spezialgesetz vom 27. Juli 1874, die Abänderung des Artikels 19 Abs. 1 des Gesetzes vom 10. November 1861, die Einf. d. Allg. D.-H.-G.-B. betr., wurde diese Fassung in Artikel 76 Ziff. 3 des bayer. Ausf.-Ges. vom 23. Februar 1879 eingeführt.

21. Im Regierungsbezirke der Pfalz ist von dem Appellationsgerichte bei Verhandlung und Entscheidung über die Beschwerde nach Maaßgabe der Artikel 13 bis 18 des gegenwärtigen Gesetzes zu verfahren.

In Art. 77 des bayer. Ausf.-Ges. vom 23. Februar 1879 ist bestimmt:

Die Bestimmungen der Art. 21 und 24 des Ges. vom 10. November 1861, die Einf. d. Allg. D. H.-G.-B. betr., finden im ganzen Königreiche Anwendung.

22. Die in dem Artikel 17 des gegenwärtigen Gesetzes erwähnten Verfügungen und die Verurtheilungen in Ordnungsstrafen werden wiederholt, bis die gesetzliche Vorschrift befolgt oder ihre Voraussetzung weggefallen ist.

23. Die Gerichte sind auch im Regierungsbezirke der Pfalz befugt, zu jeder Zeit durch die Polizeibehörden Erkundigungen über den Sachverhalt einzuziehen, auch erforderlichen Falls durch einen Kommissär des Gerichts oder durch Requisition anderer Gerichte die eidliche Vernehmung von Zeugen zu bewirken, sie können von Amtswegen Zeugen zur Sitzung vorladen lassen und die Verhandlung in der Sitzung zu einer anderen Sitzung vertagen.

24. Im Regierungsbezirke der Pfalz sind sowohl die Anmeldungen zum Handelsregister als diejenigen Eingaben, welche bei dem in den Artikeln 10 bis 23 fortgesetzten Verfahren vorkommen, bei dem Gerichtsschreiber einzureichen. Von demselben sind auch die Protokolle über die Anmeldungen zum Handelsregister, über den mündlich erhobenen Einspruch und die mündlich eingelegte Beschwerde aufzunehmen.

Die Verfügungen und Entscheidungen werden durch einen von dem Präsidenten des Handelsgerichts beauftragten Gerichtsboten zugestellt.

Die Anweisung der Gebühren der Beamten und der Entschädigung von Zeugen, sowie die Einziehung der Geldbußen und Kosten wird in gleicher Art wie bei den Bezirksgerichten in den vor sie gehörigen Strafsachen bewirkt.

Vgl. die Anm. zu Art. 21.

IV. Von den Handelsfirmen.

25. Die Vorschriften der Artikel 19 und 21 Absatz 1 des allgemeinen deutschen Handelsgesetzbuches gelten auch für diejenigen Firmen, welche schon vor dem in Artikel 1 des gegenwärtigen Gesetzes bezeichneten Tage geführt worden sind.

Dieselben müssen innerhalb dreier Monate von jenem Tage an gerechnet zur Eintragung in das Handelsregister angemeldet werden, sie mögen in die bisher bestandenen Firmenbücher, Handels- oder Wechselmatrikeln bereits eingetragen sein oder nicht.

26. Durch diese Anmeldung erlangen die Inhaber der im vorhergehenden Artikel bezeichneten Firmen das Recht auf Eintragung und Fortführung derselben selbst in dem Falle, wenn diese Firmen den Vorschriften der Artikel 16, 17, 18 und 251 des allgemeinen deutschen Handelsgesetzbuches nicht entsprechen, unbeschadet jedoch der etwa bereits bestehenden Rechte dritter Personen, gegen die Führung einer solchen Firma Einspruch zu erheben, welcher im Rechtswege auszutragen ist.

Erfolgt die Anmeldung nicht innerhalb dreier Monate von dem in Artikel 1 des gegenwärtigen Gesetzes bezeichneten Tage an, so sind auch die schon vorher bestandenen Firmen als neu zu behandeln.

Vgl. Zeitschrift des Anwaltvereins für Bayern Bd. III S. 197, ferner Erk. des Hand.-Appell.-Ger. Nürnberg vom 8. August 1870. Sammlg. wicht. Entsch. des Hand.-Appell.-Ger. Bd. III S. 403, vom 14. März 1871, Sammlg. von Entsch. des obersten Gerichtshofs für Bayern in Gegenst. des Hand.- u. Wechselr. Bd. I S. 97.

27. Aufgehoben in Art. 235 Ziff. 12 des bayer. Ausf.-Ges. vom 23. Februar 1879.

28. In den Fällen des Artikels 26 Absatz 2 des allgemeinen deutschen Handelsgesetzbuches finden die Vorschriften der Artikel 10 bis 24 des gegenwärtigen Gesetzes unter folgenden Aenderungen Anwendung:

1) der Betheiligte ist unter Androhung einer Ordnungsstrafe aufzufordern, sich der Firma nicht weiter zu bedienen oder binnen einer bestimmten Frist Einspruch zu erheben;
2) das Handelsgericht hat nach Erlaß dieser Aufforderung gemäß der Bestimmungen in Artikel 11 u. flg. des gegenwärtigen Gesetzes zu verfahren, wenn es in glaubhafter Weise davon Kenntniß erhält, daß dieser Aufforderung nach Zustellung derselben nicht Folge geleistet worden ist.

Vgl. die Anmerkungen zu Art. 10—24, Zeitschrift des Anwaltvereins für Bayern Bd. III S. 153.

V. Von den Prokuristen.

29. Die Vorschriften des Artikels 45 des allgemeinen deutschen Handelsgesetzbuches kommen auch in Bezug auf die vor Einführung desselben ertheilten Prokuren zur

Anwendung, sie mögen in die bisher bestandenen Firmenbücher, Handels- oder Wechselmatrikeln eingetragen sein oder nicht. Sie sind innerhalb dreier Monate, von dem in Artikel 1 des gegenwärtigen Gesetzes bezeichneten Tage an gerechnet, zur Eintragung in das Handelsregister anzumelden, ohne Unterschied, ob sie nach Ablauf der dreimonatlichen Frist noch bestehen oder nicht.

30. Die im vorhergehenden Artikel bezeichneten Prokurenertheilungen sind in Bezug auf ihre Natur und ihre rechtlichen Folgen nach den Bestimmungen des allgemeinen deutschen Handelsgesetzbuches zu beurtheilen, insbesondere finden die Bestimmungen des Artikels 43 des allgemeinen deutschen Handelsgesetzbuches auf dieselben Anwendung.

VI. Von den Handelsmäklern und Sensalen.

31. Handelsmäkler werden an denjenigen Orten aufgestellt, an welchen ein Bedürfniß hierfür besteht.

Sie werden auf den Vorschlag der an dem Orte ansässigen Kaufleute durch den König ernannt. Nähere Bestimmungen hierüber werden im Verordnungswege getroffen.

Die Beeidigung der Handelsmäkler erfolgt bei dem Handelsgerichte.

Vgl. Instr. vom 30. Juni 1866 über die Besetzung von Handelsmäkler- und Sensalstellen (Rggsbl. 1866 Nr. 41, Neue Gesetze und Vdgn. Bd. 14 S. 61).

32. Die bestehenden Vorschriften, durch welche den Handelsmäklern ein ausschließliches Recht zur Vermitt-

lung von Handelsgeschäften eingeräumt ist, sind aufgehoben. Dieses Recht kann jedoch für einzelne Handelsplätze nach Maaßgabe der örtlichen Bedürfnisse allen oder einzelnen Klassen der Handelsmäkler auf dem Wege der Verordnung eingeräumt werden.

33. Die Handelsmäkler, welche zur Vermittlung von Kaufgeschäften über Waaren oder Handelspapiere bestellt sind, haben zugleich die Befugniß, öffentliche Versteigerungen von solchen abzuhalten.

34. Im Verordnungswege können die Vorschriften der Artikel 66 bis 83 des allgemeinen deutschen Handelsgesetzbuches nach Maaßgabe der örtlichen Bedürfnisse ergänzt und der den Handelsmäklern zugewiesene Kreis von Amtsverrichtungen und Befugnissen (Art. 67, 70 des allgemeinen deutschen Handelsgesetzbuches) oder der Umfang ihrer Pflichten (Art. 69) erweitert oder eingeschränkt werden.

35. Die für das Tagebuch des Handelsmäklers in dem Artikel 71 des allgemeinen deutschen Handelsgesetzbuchs vorgeschriebene Beglaubigung geschieht durch den Vorstand oder einen Richter des Handelsgerichtes.

Die Behörde, bei welcher nach der Vorschrift des Artikels 75 des allgemeinen deutschen Handelsgesetzbuchs das Tagebuch eines verstorbenen oder aus dem Amte geschiedenen Handelsmäklers niedergelegt wird, ist das Handelsgericht.

36. Die von den Handelsmäklern im Berufe begangenen Pflichtverletzungen werden, unbeschadet der

strafrechtlichen Einschreitung in den dazu geeigneten Fällen, von den Handelsgerichten:

1) mit Geldbuße bis zu dreihundert Gulden,

2) mit zeitweiliger Entfernung vom Amte,

3) mit Dienstentsetzung

beahndet.

Die Dienstentsetzung der Handelsmäkler kann jedoch nur wegen wiederholter Verletzung ihrer in den Artikeln 69 und 71 bis 73 des allgemeinen deutschen Handelsgesetzbuches bestimmten Obliegenheiten und nach vorheriger dreimaliger Zuerkennung anderer Strafen ausgesprochen werden.

Die Handelsgerichte haben hierbei das für Disciplinarsachen bestehende Verfahren in Anwendung zu bringen.

Vgl. Anm. zu Art. 18.

Bei der generellen Fassung des Abs. 3 werden unbedenklich die Art. 22—58 des Disciplinargesetzes für richterliche Beamte vom 26. März 1881 sinngemäß angewendet werden können. S. Lutz Kommentar S. 109.

VII. Von den Handelsgesellschaften.

37. Die Vorschriften des allgemeinen deutschen Handelsgesetzbuches über die Eintragung der Handelsgesellschaften, ihrer Vertreter und Liquidatoren in das Handelsregister finden auch auf diejenigen Handelsgesellschaften Anwendung, welche schon vor dem in Artikel 1 des gegenwärtigen Gesetzes bestimmten Tage bestanden haben oder an diesem Tage in Liquidation begriffen waren.

Sie sind innerhalb dreier Monate von diesem Tage an zur Eintragung in das Handelsregister anzumelden, ohne Unterschied, ob sie in die bisher bestandenen Firmenbücher, Handels- und Wechselmatrikeln bereits eingetragen waren oder nicht.

38. Alle vor Einführung des allgemeinen deutschen Handelsgesetzbuchs geschlossenen, die Rechtsverhältnisse einer Handelsgesellschaft oder der Gesellschafter als solcher oder der Liquidatoren dritten Personen gegenüber bestimmenden Verträge verlieren nach Ablauf dreier Monate vom Tage der Einführung des allgemeinen deutschen Handelsgesetzbuches an gerechnet dritten Personen gegenüber ihre rechtliche Wirksamkeit, wenn und insoweit sie den der Abänderung durch Vertrag entzogenen Vorschriften dieses Handelsgesetzbuches widersprechen. Sie treten, wenn die Handelsgesellschaft vor Ablauf dieser drei Monate zur Eintragung in das Handelsregister angemeldet wird, mit der Eintragung außer Wirksamkeit.

39. Betreffen die im vorhergehenden Artikel bezeichneten Verträge die Rechtsverhältnisse von Aktiengesellschaften oder deren Vorständen zu dritten Personen und haben dieselben die staatliche Genehmigung erhalten, so bleiben sie dritten Personen gegenüber in rechtlicher Wirksamkeit, wenn und insoweit sie innerhalb dreier Monate von dem in Artikel 1 des gegenwärtigen Gesetzes bestimmten Tage an gerechnet zur Eintragung in das Handelsregister angemeldet werden.

Was vorstehend von Aktiengesellschaften verordnet ist, gilt auch von den Kommanditgesellschaften auf Aktien.

Unter der in Art. 174, 206, 208, 214, 242, 247, 248 des allgemeinen deutschen Handelsgesetzbuches für erforderlich erklärten staatlichen Genehmigung ist die königliche Genehmigung zu verstehen.

Durch königliche Verordnung wird bestimmt, welche Behörde unter der Verwaltungsbehörde in den Artikeln 240 und 242 des Handelsgesetzbuches zu verstehen ist.

Nach erfolgter königlicher Genehmigung einer Aktiengesellschaft wird der Gesellschaftsvertrag nebst der Genehmigungsurkunde durch das Amtsblatt desjenigen Regierungsbezirkes, in welchem die Gesellschaft ihren Sitz hat, bekannt gemacht.

Eine Anzeige von der königlichen Genehmigung der Errichtung der Gesellschaft ist in das Regierungsblatt aufzunehmen.

Die Kosten der Bekanntmachung durch das Amtsblatt trägt die Gesellschaft.

Jede Abänderung oder Verlängerung des Gesellschaftsvertrages ist gleichfalls nach Maaßgabe vorstehender Bestimmungen zu behandeln.

Die in dem Handelsgesetzbuche über die Veröffentlichung enthaltenen Vorschriften werden durch gegenwärtige Festsetzung nicht berührt.

S. Ges. vom 11. Juni 1870, die Kommanditgesellschaften auf Aktien und die Aktiengesellschaften betr. (Bundes-Gesetzbl. 1870 Nr. 21 S. 375 ff., enthalten in der Sammlung der Reichsgesetze Bd. I S. 320, bei Franz in München, 1871.)

Vgl. §. 10 des Gesetzes vom 22. April 1871 betr. die Einführung Norddeutscher Bundesgesetze in Bayern. Staudinger, die Einf. Nordd. Bundesgesf. in Bayern Abthlg. II Lieferung 3 S. 204.

40. Im Uebrigen sind die Rechtsverhältnisse der vor Einführung des allgemeinen deutschen Handelsgesetzbuches errichteten Handelsgesellschaften und ihrer Mitglieder als solcher bezüglich der nach Einführung desselben begründeten Rechte und Verbindlichkeiten nach den unter ihnen geschlossenen Verträgen und, soweit diese nichts bestimmen, nach den Vorschriften des allgemeinen deutschen Handelsgesetzbuches zu beurtheilen.

Dasselbe gilt von den stillen Gesellschaften und den Vereinigungen zu einzelnen Handelsgeschäften für gemeinschaftliche Rechnung.

41. Die Bestimmungen des §. 22 Ziffer 6, des §. 136 Ziffer 1 des Hypothekengesetzes vom 1. Juni 1822 und des Artikels 2148 des französischen bürgerlichen Gesetzbuches werden dahin ergänzt, daß, wenn der Besitzer der unbeweglichen Sache eine Handelsgesellschaft ist, ihre Firma und der Ort, an welchem sie ihren Sitz hat, und, falls die Sache zur Zweigniederlassung einer Handelsgesellschaft gehört, auch der Ort, an welchem die Zweigniederlassung ihren Sitz hat, in das Hypothekenbuch eingetragen wird. Die Namen der einzelnen Gesellschafter werden nicht eingetragen.

S. Beschl. des bayer. oberst. Ldger. v. 30. Oktober 1889 in der Samml. XII Nr. 148 S. 428.

42. Wer über eine unter der Firma einer Handelsgesellschaft eingetragene Sache zu verfügen, dieselbe zu belasten, und überhaupt die Rechte des Eigenthümers oder Besitzers auszuüben befugt sei, ist nach den Bestimmungen des allgemeinen deutschen Handelsgesetzbuches zu beurtheilen und, so oft sich hierzu Veranlassung ergiebt, auf Grund beglaubigter Auszüge aus dem Handelsregister festzustellen.

Ob und inwieferne die schon einmal legitimirten gesetzlichen Vertreter einer Handelsgesellschaft des erneuten Nachweises der ihre Legitimation begründenden Thatsachen bedürfen, ist nach den Umständen zu bemessen.

43—46. Aufgehoben in Art. 235 Ziff. 12 des bayer. Ausf.-Ges. vom 23. Februar 1879.

VIII. Von den Handelsgeschäften.

47. Durch die Bestimmungen der Artikel 300, 301 und 303 des allgemeinen deutschen Handelsgesetzbuches werden die Vorschriften des Gesetzes vom 29. Juni 1851, kaufmännische Anweisungen betreffend, nicht berührt.

48. In den Fällen der Artikel 310 und 375 des Handelsgesetzbuchs wird der gerichtlich verordnete Verkauf des Pfandes entweder im Wege öffentlicher Versteigerung oder, wenn die zu verkaufenden Gegenstände einen Börsen- oder Marktpreis haben, nach dem Ermessen des Gerichts in dessen Auftrage von einem Handelsmäkler vollzogen.

Hat der Verkauf im Wege öffentlicher Versteigerung stattzufinden, so ist dieselbe durch einen vom Gläubiger zu wählenden Gerichtsvollzieher vorzunehmen. Der Gläubiger kann statt des Gerichtsvollziehers eine in der Gemeinde des Versteigerungsorts zur Vornahme von Versteigerungen aufgestellte, von der Obrigkeit in Pflicht genommene und zu gerichtlichen Versteigerungen ermächtigte Person oder, wenn es sich um Versteigerung von Waaren oder Handelspapieren handelt, einen in der Gemeinde zur Vermittelung von Kaufgeschäften über solche Gegenstände aufgestellten Handelsmäkler, oder wenn der Werth der zu versteigernden Gegenstände mehr als eintausend Mark beträgt, einen Notar mit der Vornahme der Versteigerung beauftragen.

Diese Fassung erhielt der Artikel in Art. 76 Ziff. 4 des bayer. Ausf.-Ges. vom 23. Februar 1879.

Das Gesuch um gerichtliche Bewilligung des Verkaufs ist in einer schriftlichen Eingabe oder mündlich zum Protokolle des Gerichtsschreibers zu stellen. Anwaltszwang besteht nicht.

49. Eine vorgängige Abschätzung der zu verkaufenden Gegenstände findet nur dann statt, wenn es unter den Betheiligten vorher vereinbart war oder einer der Betheiligten es verlangt, in dem letzteren Falle auf Kosten des Antragstellers.

Die zur Abschätzung erforderlichen Sachverständigen werden vom Gerichte ernannt.

Diese Fassung des Abs. 2 beruht auf Art. 76 Ziff. 5 des bayer. Ausf.-Ges. vom 23. Februar 1879.

50. Im Falle des Verkaufs mittels öffentlichen Aufstrichs hat das Gericht nach freiem Ermessen und nach Maaßgabe der Umstände zu bestimmen, wie oft und in welchen öffentlichen Blättern der Verkauf bekannt zu machen sei, und in welcher Zeit nach der Bekanntmachung der öffentliche Verkauf stattfinden dürfe.

Die Verkaufsgegenstände werden um das gelegte Meistgebot zugeschlagen, sofern nicht der Pfandgläubiger etwas Anderes beantragt. Nur wenn sie geschätzt sind, oder einen Börsen- oder Marktpreis haben und das erzielte Meistgebot nicht drei Viertheile des Schätzungswerthes oder Börsen- oder Marktpreises erreicht, kann der Pfandschuldner den Zuschlag hindern. Dieses Recht muß jedoch spätestens im Verkaufstermin selbst und kann bei einem wiederholten öffentlichen Aufstrich nicht mehr ausgeübt werden.

Erfolgt gar kein Gebot, so kann der Gläubiger auch verlangen, daß ihm das Faustpfand, soweit es zu seiner Befriedigung erforderlich ist, um den Schätzungswerth oder um den laufenden Börsen- oder Marktpreis überlassen werde.

Vgl. Zeitschrift des Anwaltvereins für Bayern Bd. IX S. 41.

51. Wird der Verkauf durch einen Handelsmäkler vollzogen, so hat sich die im Artikel 310 des allgemeinen deutschen Handelsgesetzbuchs vorgeschriebene Benachrichtigung auch auf diesen Umstand zu erstrecken.

Der Verkauf ist in diesem Falle zu dem laufenden Preise zu bewirken und von dem Ergebnisse dem Gerichte Anzeige zu erstatten.

52—62. Diese Artikel sind in Art. 235 Ziff. 12 des bayer. Ausf.-Ges. vom 23. Februar 1879 aufgehoben.

63. Handelssachen sind:

1) die Rechtsverhältnisse, welche aus Handelsgeschäften (Art. 271—277 des allgemeinen deutschen Handelsgesetzbuches) zwischen den Betheiligten entstehen;

2) die Rechtsverhältnisse, welche das Recht zum Gebrauche einer bestimmten Firma oder die Entschädigung wegen widerrechtlichen Gebrauches einer Firma zum Gegenstande haben;

3) das Rechtsverhältniß, welches aus der Veräußerung eines bestehenden Handelsgeschäftes zwischen dem Veräußerer und dem Erwerber entsteht;

4) die Rechtsverhältnisse zwischen den Kaufleuten und ihren Prokuristen, Handlungsbevollmächtigten und Handlungsgehilfen, sowie den in ihren Gewerben angestellten Beamten und sonstigen Bediensteten ferner die Rechtsverhältnisse dieser Personen aus Handlungen, durch welche sie sich im Gewerbe des Prinzipals Dritten verantwortlich gemacht haben; [a)]

5) die Rechtsverhältnisse der Handelsgesellschafter rücksichtlich des Vollzugs des Gesellschaftsvertrages und aus diesem während des Bestehens und nach der Auflösung der Gesellschaft;

ferner die Rechtsverhältnisse zwischen den Gesellschaftern und den Vorstehern und Liquidatoren der Gesellschaft, sowie die Rechtsverhältnisse dieser Personen untereinander;

ingleichen die Rechtsverhältnisse zwischen den stillen Gesellschaftern und dem Inhaber des Handelsgewerbes oder zwischen den Theilnehmern an einer Vereinigung zu einzelnen Handelsgeschäften für gemeinschaftliche Rechnung oder an einer Vereinigung zu gemeinschaftlichem Handelsbetriebe (Art. 10 Abs. 2 des allgemeinen deutschen Handelsgesetzbuches) aus dem gesellschaftlichen Verbande oder in Bezug auf die Liquidation oder die Auseinandersetzung;

6) die Rechtsverhältnisse, welche aus den Berufsgeschäften der Handelsmäkler, Dispacheurs, Güterbestätter, Wäger, Messer oder anderer Personen, welche die Menge oder die Güte der Waaren oder deren Verpackung für den Handelsverkehr öffentlich zu beglaubigen haben, zwischen ihnen und anderen Personen entstehen;

7) die Aufsicht über die Handelsmäkler, Dispacheurs und Güterbestätter in Bezug auf ihre Berufsgeschäfte, sowie deren Bestrafung wegen der von ihnen im Beruf begangenen Pflichtverletzungen;

8) die Rechtsverhältnisse des Seerechts; ferner jene, welche im Verkehr zu Land, auf Flüssen und Binnengewässern zwischen Frachtführern und den Absendern, Empfängern und anderen betheiligten Personen entstehen;[b)]

9) die Rechtsverhältnisse aus der Bestellung, Zurückforderung oder Geltendmachung von Faustpfändern für Forderungen aus Handelsgeschäften, aus dem Bestande oder der Ausübung des Retentionsrechtes wegen solcher Forderungen, sowie aus dem Bestande oder der Geltendmachung von gesetzlichen Pfandrechten an beweglichen Sachen für Forderungen aus Handelsgeschäften;[c)]

10) die Veräußerung von beweglichen Sachen und Werthpapieren in allen Fällen, in welchen dieselbe nach den Bestimmungen des allgemeinen deutschen Handelsgesetzbuches von dem Gerichte auch ohne vorgängige Klagestellung auf einseitigen Antrag eines der Betheiligten verfügt wird;

11) die Führung der Handelsregister und alle übrigen Rechtsangelegenheiten und Handlungen, welche durch sonstige Bestimmungen des allgemeinen deutschen Handelsgesetzbuches den Handelsgerichten überwiesen sind.

Vgl. Art. 28 und 29 des bayer. Ausf.-Ges. zum Gerichtsverfassungsgesetz vom 23. Februar 1879 und §. 101 des Deutschen Gerichtsverfassungsgesetzes vom 27. Januar 1877.

Die Artikel 64 u. 65 des Einf.-Ges. vom 10. November 1861 waren bereits in Art. 3 Ziff. 9 des bayer. Einf.-Ges. zur Proz.-Ordg. vom 29. April 1869 aufgehoben; zu Art. 63 Ziff. 3 siehe Urtheil des R.-O.-H.-G. vom 17. Dezember 1874. Entsch. d. R.-O.-H.-G. Bd. 15 S. 101, zu Art. 63 Ziff. 4 s. Urth. des Hand.-Appell.-Ger. Nürnberg vom 20. Mai 1868, Sammlg. wicht. Entsch. d. Hand.-Appell.-Ger. Bd. 2 S. 214, zu Art. 63 Nr. 6 (Begriff des Güterbestätters) s. Urth. desselben vom 8. November 1867, ebenda Bd. 1 S. 542. Die bayerischen, nur auf die Kompetenz bezüglichen Urtheile anzuführen, wurde aus naheliegenden Gründen unterlassen.

a) S. Entsch. des Hand.-Appell.-Ger. Nürnberg vom 3. Oktober 1866 in Zeitsch. f. Gesetzgeb. u. Rechtspfl. Abthlg. f. Priv.-R. XIII S. 207.

b) S. Entsch. dess. Ger. vom 24. August 1866 cod. XIII S. 216.

c) Unter den hier aufgeführten Rechtsverhältnissen ist die Bürgschaft nicht begriffen. Diese spezielle Gesetzesbestimmung darf in Anbetracht ihrer exklusiven Fassung nicht analog auf andere dem gleichen Zwecke dienliche Nebenverträge angewendet werden. Urth. des Bayer. oberst. Ldger. v. 19. Febr. 1876 in der Sammtl. der Entsch. VI Nr. 91 S. 251/252.

66. 67. Aufgehoben in Art. 235 Ziff. 12 des bayer. Ausf.-Gesetz vom 23. Febr. 1879.

68. Die in den Landestheilen diesseits des Rheins geltenden Vorschriften über die Zuständigkeit der Handelsgerichte werden von dem in Artikel 1 bezeichneten Tage an aufgehoben.

69. Aufgehoben in Art. 235 Ziff. 12 des bayer. Ausf.-Ges. vom 23. Februar 1879; die Art. 70—76 sind bereits durch Art. 3 Ziff. 9 des bayer. Einf.-Ges. zur Pr.-Ord. vom 29. April 1869 aufgehoben.

77. Die Bestimmung in Nr. 17 der erneuerten Handelsgerichtsordnung der Stadt Nürnberg vom 7. Januar 1804, wonach in dem Falle, wenn der Kläger nicht unter dem unbestrittenen Gerichtszwang des Handelsgerichtes angesessen ist, jeder Klage sogleich eine hinlängliche Sicherheitsstellung dafür beizulegen ist, daß Kläger alles das, was dereinst durch ein rechtskräftiges Urtheil gegen ihn würde ausgesprochen werden, ohne Weigerung befolgen wolle, ist aufgehoben.

X. Von den Handelsgerichten und dem Verfahren in Handelssachen in dem Regierungsbezirke der Pfalz.

79. Die Artikel 632, 633 und 634 des französischen Handelsgesetzbuches sind aufgehoben. An deren Stelle

treten die Bestimmungen des Art. 63 des gegenwärtigen Gesetzes.

80. 81. Aufgehoben in Art. 235 Ziff. 12 des bayer. Ausf.-Ges. vom 23. Februar 1879.

XI. Schlußbestimmungen.

82. Alle Handelssachen, bezüglich deren die Klage vor dem in Artikel 1 des gegenwärtigen Gesetzes bestimmten Tage bei Gericht eingereicht ist, verbleiben bis zur vollständigen Erledigung bei den nach den bisherigen gesetzlichen Bestimmungen zuständigen Gerichten.

83. Aufgehoben in Art. 279 Ziff. 15 des bayer. Ges. über das Gebührenwesen vom 18. August 1879.

84. Insoweit in Folge der Einführung des allgemeinen deutschen Handelsgesetzbuches Bestimmungen in Ansehung der gerichtlichen Gebühren und Kosten zur Ergänzung der im ersten und vierten Absatze des vorhergehenden Artikels erwähnten Taxordnungen und sonstigen Gesetze erforderlich sind, werden dieselben im Verordnungswege getroffen, jedoch dem nächsten Landtage zur verfassungsmäßigen Bestimmung vorgelegt.

Gegenwärtiges Gesetz ist durch das Gesetzblatt und das Amtsblatt der Pfalz zur allgemeinen Kenntniß zu bringen.

Absatz 1 dieses Artikels ist zwar im bayerischen Gesetze über das Gebührenwesen vom 18. August 1879 Art. 279 Ziff. 15 nicht ausdrücklich aufgehoben, jedoch in Folge der Aufhebung des Art. 83

dieses Gesetzes und da die Aufzählung in Art. 279 Ziff. 15 des Gebührengesetzes nur exemplificativ ist — Motive zu dem Gesetze S. 98 — als derogirt zu erachten.

Gegeben Berchtesgaden, den 10. November 1861.

(gez.) **Max.**

Frhr. v. Schrenk. v. Zwehl. v. Neumayr.

Frhr. v. Mulzer. v. Pfeuffer. v. Spies.

Nach dem Befehle Sr. Majestät des Königs:

Der General-Secretär des Staatsraths,

Seb. v. Kobell.

E. Anhang.

I. Zusammenstellung der auf die rechtliche Stellung der **Agenten** bezüglichen Entscheidungen des ROHG. und des RG.

1. Das HGB. enthält keine allgemeine Bestimmungen über die Stellung und Befugnisse der Agenten. Es entscheiden die Umstände des konkreten Falles.

E. v. 16. Mai 1871, 30. Okt. 1874. Entsch. II S. 303; XIV S. 426.

Verhältniß zwischen Prinzipal und Agent.

2. Das Agenturverhältniß kann auf bestimmte Dauer oder bestimmte Geschäftsperioden eingegangen werden; es kann dies sogar durch konkludente Handlungen geschehen.

Seitens des Prinzipals ist der Agenturauftrag jederzeit widerruflich, jedoch unbeschadet der Rechte aus dem Vertragsverhältnisse.

E. v. 26. Mai 1871. Entsch. II S. 330.

3. Bei dem auf unbestimmte Zeit eingegangenen Agenturverhältnisse steht dem Agenten wegen unzeitigen Rücktritts des Geschäftsherrn kein Anspruch auf eine nicht bedungene Vergütung zu.

E. v. 1. Febr. 1875. Entsch. XIX S. 258.

4. Ein kaufmännisches Agenturverhältniß erlischt durch Eröffnung des Konkurses über das Vermögen des Agenten.

E. v. 17. Juni 1871. Entsch. II S. 436.

5. Der Agent muß beweisen, daß er die ihm vertragsmäßig obliegende Sorgfalt angewendet habe, wenn der Prinzipal den aus der angeblichen Verabsäumung dieser Sorgfalt entstandenen Schaden einklagt.

E. v. 1. Juni 1872. Entsch. VI S. 215.

6. Der Verkaufsagent hat die Kreditwürdigkeit der Abnehmer zu prüfen, auch wenn er die Verkäufe nicht selbst abschließt, sondern nur die Abnehmer nachweist. Es gilt dies besonders bei Verkäufen, die auf Ziel abgeschlossen zu werden pflegen.

E. v. 28. März 1877. Entsch. XXII S. 122.

7. Zum wahrheitsgetreuen Bericht ist der Agent auch dann verpflichtet, wenn er vor dem Eintritt der Kreditunwürdigkeit des nachgewiesenen Käufers erst nach Abschluß des Vertrages, aber doch zu einer Zeit Kunde erhält, in welcher dem Auftraggeber noch die Möglichkeit gegeben ist, Maßregeln zur Wahrung seines Interesse zu ergreifen. Die Verletzung dieser Verpflichtung macht den Agenten schadensersatzpflichtig.

E. v. 24. Nov. 1886. RG. XVIII S. 112.

8. Der Verkaufsagent hat zu beweisen, daß die von ihm nachgewiesenen Käufer eines guten Kredits genossen, wenn dieselben bald nach Abschluß der Verkäufe zahlungsunfähig geworden sind. In einem solchen Falle ist die Schadensklage des Prinzipals gegen den Agenten auch schon vor vollständiger Abwickelung des über das Vermögen der Abnehmer eröffneten Konkurses zulässig.

E. v. 13. Okt. 1874. Entsch. XIV S. 400.

9. Auf einen Agenten, welcher seinem Auftraggeber über die Offerte eines Dritten eine falsche Mittheilung macht, finden die Vorschriften der Artikel 55, 298 Abs. 2 HGB. nicht Anwendung. Der Prinzipal kann vom Agenten nur Ersatz des durch die falsche Mittheilung erwachsenen Schadens, nicht Erfüllung des fälschlich übermittelten Geschäfts verlangen.

E. v. 2. Febr. 1784. RG. XII S. 17.

10. Der Agent ist vor Berichtigung seines fälligen Guthabens zur Fortsetzung seiner Dienste nicht verpflichtet.

E. v. 14. Mai 1872. Entsch. VI S. 144.

11. Die verdiente Provision darf dem Agenten dadurch nicht entzogen werden, daß der Prinzipal dem mit dem Dritten eingegangenen Geschäfte willkürlich eine andere rechtliche Form giebt.

E. v. 14. Mai 1872. Entsch. VI S. 142, 143.

12. Ob der Agent für ein nicht ausgeführtes oder rückgängig gewordenes Geschäft Provision zu bean-

sprucheu hat, hängt von dem konkreten Vertragsverhältnisse ab.

E. v. 30. Okt. 1874. Entsch. XV S. 426.

13. Ein auf Tantième gestellter Agent ist im Zweifel nicht verpflichtet, den einmal bezogenen Gewinnantheil wegen eines in einer späteren Rechnungsperiode entstandenen Verlustes wieder herauszugeben.

E. v. 15. März 1875. Entsch. VI S. 25.

14. Besteht die Vergütung des Agenten in einer Quote desjenigen Betrages, um welchen die erzielten Preise eine Normalsumme übersteigen, so kann der Agent über die betreffenden Kaufverträge Auskunft und Rechenschaft verlangen, nicht aber eine mit Belägen versehene Rechnungslegung.

E. v. 21. Mai 1875. Entsch. XIII S. 1.

15. Der auf Provision und Gewinnantheil bestellte Einkaufsagent muß die von den Verkäufern ihm gewährte Extra-Provision seinem Prinzipal in Rechnung stellen, selbst wenn dieser um die Gewährung der Provision wußte.

E. v. 27. Juni 1873. Entsch. X S. 359.

16. Die Uebernahme des del credere Seitens des Agenten ist als eine Bürgschaft aufzufassen, auf welche der Artikel 281 HGB. Anwendung findet. Der Prinzipal kann sich also, wenn die Schuld aus einem Handelsgeschäft herrührt oder die Uebernahme der Haftung gegen Entgelt (del credere Provision) schon selbst als Handels-

geschäft anzusehen ist, an den Agenten halten, ohne daß ihm dieser den Einwand der Vorausklage entgegenstellen kann.

E. v. 8. Dez. 1873. Entsch. XII S. 153.

Verhältniß zwischen dem Agenten und Dritten.

17. In Ermangelung einer besonderen Vollmacht sind Agenten zur Abschließung von Verträgen nicht ermächtigt.

Der Artikel 47 HGB. findet auf Agenten, die in keinem Dienstverhältniß zum Prinzipal stehen, keine Anwendung.

Vgl. u. A. E. v. 22. Febr. 1873. Entsch. V S. 169.

18. Der zum Vertragsabschlusse bevollmächtigte Agent ist nicht ohne Weiteres als zum Geldempfang ermächtigt zu erachten, und zwar auch dann nicht, wenn er das del credere übernommen hat.

E. v. 16. Mai 1874. Entsch. II S. 303.

19. Auch daraus, daß der Agent zum Einkassiren von Wechseln und Seitens des Prinzipals quittirten Rechnungen verwendet wird, oder daraus, daß der Prinzipal gegen einzelne an den Agenten geleistete Zahlungen nicht Verwahrung eingelegt hat, kann auf ein allgemeines Inkasso-Mandat nicht geschlossen werden.

E. v. 11. Dez. 1875. Entsch. XIX S. 133.

Ist es aber dem Prinzipal bekannt, daß der Agent sich so gerirt, als ob er ein allgemeines Inkasso-Mandat habe, und unterläßt er es, seine Geschäftsfreunde über das Nichtvorhandensein eines solchen aufzuklären, so muß er Zahlungen an den Agenten wider sich gelten lassen.

E. v. 26. Febr. 1873 u. 23. April 1874. Entsch. IX S. 104 u. XIII S. 211.

20. Der zu Verkaufsabschlüssen ermächtigte Agent ist befugt, Dispositionsstellungen der von ihm verkauften Waare entgegen zu nehmen. Setzt er von der Beanstandung der Waare sein Haus nicht rechtzeitig in Kenntniß, so ist er diesem gegenüber verantwortlich. Den Gegenkontrahenten treffen die Folgen dieser Unterlassung nicht. — Zur Genehmigung der Dispositionsstellung ist ein solcher Agent nicht ohne Weiteres befugt.

E. v. 9. Febr. 1872. Entsch. V S. 105.

21. Ein zur Entgegennahme von Aufträgen und Uebermittelung derselben an sein Haus bestellter Agent ist nicht als ermächtigt anzusehen, eine Dispositionsstellung Namens seines Hauses anzunehmen.

E. v. 19. Nov. 1874. Entsch. XV S. 271.

Versicherungsagenten.

22. Agenten von Versicherungsgesellschaften sind nur Bevollmächtigte und als solche nicht Kaufleute.

E. v. 15. Dez. 1877. Entsch. XXIII S. 148.

23. Die vom Versicherungsagenten eingegangene Verpflichtung, für den Fall nicht rechtzeitiger Rücksendung

der Polize und Quittungen für die Zahlung der Prämie aufzukommen, ist nicht als Bürgschaft aufzufassen.

E. v. 15. Dez. 1877. Entsch. XXIII S. 149.

24. Generalagenten oder Inspektoren von Versicherungsgesellschaften sind ohne besondere Ermächtigung zur Abschließung von Vergleichen nicht befugt.

E. v. 23. Jan. 1872. Entsch. V S. 40.

25. Die in Versicherungsbedingungen vorgeschriebene Anzeige, daß der mit seinem Immobiliar Versicherte sein Mobiliar anderweitig versichern wolle, kann an den von der Versicherungsgesellschaft für den betreffenden Bezirk bestellten Spezialagenten giltig erfolgen.

E. v. 2. Mai 1871. Entsch. II S. 242.

26. Bei perfektem Versicherungsvertrage treffen die vertragsmäßigen Nachtheile unterlassener Prämienzahlung den Versicherten nicht, sofern diese Unterlassung ihren Grund in dem Verhalten des mit der Entgegennahme der Prämie betrauten Agenten hat.

E. v. 13. Okt. 1874. Entsch. XV S. 39.

27. Aus der Ordnungswidrigkeit einer nach den Anweisungen des Agenten aufgemachten Schadensberechnung kann die Versicherungsgesellschaft in der Regel einen Einwand nicht erheben.

E. v. 23. Okt. 1872. Entsch. VII S. 371.

28. Der Spezialagent einer Versicherungsgesellschaft kann gleichzeitig als Beauftragter des Versicherungsnehmers

auftreten. In einem solchen Falle ist die Erklärung, welche die Versicherungsgesellschaft auf den Seitens des Agenten im Namen des Versicherungsnehmers gestellten Antrag abgiebt, als Erklärung an den Antragsteller selbst zu behandeln, es sei denn, daß die Gesellschaft zu erkennen giebt, daß die Erklärung nur dem Agenten als solchem gelte.

E. v. 13. Febr. 1872. Entsch. V. S. 110.

29. In der Beurtheilung des Falls, daß ein Versicherungsnehmer die Ausfüllung des Versicherungsantrages dem Agenten überläßt, weicht das RG. von der Auffassung des ROHG. ab.

Letzteres nahm an: Der Versicherungsnehmer, welcher dem Agenten die Beantwortung der in der Deklaration gestellten Fragen überläßt, thut dies auf seine Gefahr; er muß sich so behandeln lassen, als ob die von dem Agenten herrührende Erklärung in Wirklichkeit von ihm selbst ausgegangen sei, so daß es auf sein Wissen um deren Unrichtigkeit, nicht auf das Wissen des Agenten ankommt.

E. v. 19. Nov. 1872. Entsch. VIII S. 55.

Das Reichsgericht führt dagegen aus: Der Agent ist die von der Versicherungsgesellschaft zur Vermittelung des Abschlusses der Versicherungsverträge bestimmte Person. Er handelt dabei als Vertreter der Gesellschaft und kann nicht daneben auch als Beauftragter des Versicherungsnehmers fungiren. Letzterer will ihn auch nicht zu seinem Beauftragten machen, wenn er es geschehen läßt, daß von ihm die Ausfüllung und Unterzeichnung des Antrages übernommen wird. Wird in einem solchen Falle eine Frage des Versicherungsantrages falsch beantwortet, ohne daß der Versicherungsnehmer die unrichtige Antwort veranlaßt hat, so kann die Versicherungsgesellschaft einen Einwand daraus nicht herleiten.

E. v. 3. Juli 1883. RG. IX S. 196.

30. Aufklärungen und Belehrungen des Agenten, welche den Versicherungsnehmer veranlaßten, eine Frage unrichtig zu beantworten, entziehen der Versicherungsgesellschaft das Recht, die Unrichtigkeit zu rügen.

E. v. 5. Nov. 1872. Entsch. VII S. 425.

II. Natur und Wirkungen des kaufmännischen **Kontokurrent-Verhältnisses** nach den Entscheidungen des ROHG. und des RG.

Begriff und Voraussetzungen.

1. Nach seinem Begriff und Wesen setzt das Kontokurrent-Verhältniß voraus, daß nach der Absicht beider Theile während der durch die Rechnungsabschlüsse gebildeten Perioden die Leistungen des einen Kontrahenten nicht zur Tilgung bestimmter einzelner Zahlungsverpflichtungen desselben dienen, eine Aufrechnung zwischen einzelnen Forderungen und Gegenforderungen nicht eintreten soll, sondern daß die einzelnen Leistungen auf beiden

Seiten innerhalb der Rechnungsperiode ein Ganzes bilden dergestalt, daß erst nach Abschluß der einzelnen Periode durch eine Vergleichung der Gesammtsumme des Kredit mit derjenigen des Debet das Schlußergebniß in dem für den einen oder anderen Theil sich ergebenden Saldo ermittelt und damit zugleich festgestellt werden soll, welchem der beiden Theile die Stellung des Gläubigers oder die des Schuldners zukomme.

E. v. 21. März, 25. April, 6. Sept. 1871, Entsch. II S. 137, S. 220, III S. 142; E. v. 1. Febr. 1887. RG. XVIII S. 247.

In dem E. v. 21. Sept. 1882, RG. XXII S. 151, wird ein auf gegenseitige Kreditgewährung gerichteter Vertrag als Erforderniß des echten Kontokurrent-Verhältnisses hingestellt.

2. Nicht jeder laufenden Geschäftsverbindung zwischen zwei Kaufleuten ist die Natur eines Kontokurrent-Verhältnisses beizulegen.

Für das Kontokurrentgeschäft ist wesentlich, daß auf beiden Seiten Leistungen geschehen, welche — für sich genommen — zur Begründung von Gläubiger-Ansprüchen geeignet sind; unvereinbar ist mit seiner Natur, daß nur auf der einen Seite selbstständige Forderungen sich summiren und die Leistungen der anderen Seite nur in deren successiven Tilgung bestehen.

Es liegt also kein eigentliches Kontokurrent-Verhältniß vor, wenn die geschäftliche Verbindung nur in einer Reihe einzelner und selbstständiger Leistungen des Einen als Verkäufers und des Anderen als Käufers besteht, mögen auch die einzelnen Posten durch eine fortlaufend geführte Rechnung äußerlich verbunden sein.

Auf einen solchen fortgesetzten Geschäftsverkehr finden die Grundsätze des eigentlichen Kontokurrentsgeschäfts keine Anwendung.

E. v. 27. Juni, 19. Sept. 1871. Entsch. III S. 1 u. S. 148.

3. Auch zwischen einem Kaufmann und einem Nichtkaufmann kann ein wirkliches Kontokurrent-Verhältniß stattfinden.

E. v. 3. Okt. 1873 u. 17. Sept. 1874. Entsch. XI S. 140 u. XIV S. 70.

Eingehung.

4. Das eigentliche Kontokurrent-Verhältniß wird durch einen Kontokurrent-Vertrag begründet.

Dieser Kontokurrent-Vertrag braucht nicht grade ausdrücklich geschlossen zu sein. Auch aus der längere Zeit hindurch zwischen zwei Geschäftsfreunden gleichmäßig fortgesetzten Buchung läßt sich ein stillschweigendes Einverständniß derselben dahin folgern, daß die einzelnen Forderungsbeträge nur in ihrer Gesammtheit nach bestimmten Perioden zur Aufrechnung gelangen, daß die wechselseitigen Leistungen und Gegenleistungen eine rechtlich untrennbare Verbindung von Rechnungsfaktoren für ein in periodischen Abschlüssen zu ermittelndes Gesammtergebniß bilden sollen.

E. v. 22. Juni u. 19. Sept. 1871, v. 26. Nov. 1879. Entsch. II S. 443; III S. 148. RG. 1 S. 18.

5. Einer derartigen faktischen Uebung sind jedoch über den Kreis des eigentlichen Kaufmannsstandes hinaus und namentlich in den Beziehungen des Vollkaufmanns zu dem Kleinhändler und Handwerker rechtliche Folgen nicht zu verstatten.

E. v. 22. Juni 1871. Entsch. II S. 443.

6. Daß schon periodische Abschlüsse gemacht sind, ist kein wesentliches Erforderniß für die Annahme, daß die Parteien ein wirkliches Kontokurrent-Verhältniß haben eingehen wollen, besonders wenn die Geschäftsverbindung noch kein volles Jahr umfaßt.

E. v. 17. Mai 1873. Entsch. X S. 97.

7. Zur Eingehung eines Kontokurrent-Verhältnisses reicht eine Vollmacht aus, in der alle diejenigen Befugnisse ertheilt sind, welche eine derartige Geschäftsverbindung voraussetzt. Es ist nicht nothwendig, daß in der Vollmacht das Kontokurrent-Verhältniß mit ausdrücklichen Worten als Gegenstand der Bevollmächtigung bezeichnet wird.

E. v. 4. Febr. 1875. Entsch. XVI S. 28.

Wirkungen.

I. Der Saldo und seine Geltendmachung.

8. Die einzelnen während der Dauer einer Rechnungsperiode gemachten Leistungen haben keine selbstständige juristische Bedeutung; sie sind lediglich Faktoren des in dem Saldo sich darstellenden Schlußergebnisses.

Vgl. die zu 1 angeführten Urtheile und E. v. 21. Sept. 1888. RG. XXII S. 149.

9. Zur Substantiirung der Klage auf den vom Gegner anerkannten Saldo ist bei Existenz eines eigentlichen Kontokurrent-Verkehrs die Darlegung der einzelnen Posten, auf welche sich der Saldo gründet, nicht erforderlich.

E. v. 27. Juli 1871. Entsch. III S. 4.

10. Ein Kontokurrent-Saldo und der Betrag eines oder mehrerer einzelner Posten der Kontokurrent-Rechnung bilden, dem Schuldgrunde nach, verschiedene Arten von Forderungen.

E. v. 17. Mai 1873. Entsch. X S. 101, 102.

11. Das verpflichtende Anerkenntniß der Saldi kann auch stillschweigend erfolgen.

Die Zusendung des Abschlusses und noch mehr die hinzugefügte Bitte um Vergleichung enthält die Offerte, die neue Geschäftsperiode auf Grund des Abschlusses mit dessen Saldo als einer vereinbarten Forderung oder Schuld zu beginnen und letztere nach Maßgabe der Regeln des Kontokurrent-Verkehrs zu tilgen resp. zu verzinsen.

Setzt der Empfänger den Kontokurrent-Verkehr ohne Erwiderung oder Rüge fort, so muß angenommen werden, daß er mit dem Erbieten des Zusenders einverstanden sei.

E. v. 14. März 1871. Entsch. II S. 116.

12. Das verpflichtende Anerkenntniß kann auch vom Prokuristen bindend abgegeben werden.

E. v. 3. Mai 1873. Entsch. X S. 55.

13. Wer den Betrag eines vom anderen Theile aufgemachten Kontokurrent-Auszuges in Empfang nimmt und darüber vorbehaltlos quittirt, erkennt damit den Saldo als richtig an und verzichtet auf alle sonstigen Ansprüche aus dem Kontokurrent-Verhältnisse. Die Annahme eines solchen Anerkenntnisses kann durch ausdrückliche Erklärung oder andere Umstände, unter denen quittirt ist, ausgeschlossen werden. Frühere Reklamationen sind jedoch der Regel nach bei demnächstiger vorbehaltloser Quittung als aufgegeben anzunehmen.

E. v. 25. Juni 1873. Entsch. X S. 358.

14. Für die verpflichtende Kraft zugestellter periodischer Rechnungsauszüge ist der Umstand, daß der Rechnungsertheiler seine Bücher schlecht geführt hat, unerheblich.

E. v. 3. Okt. 1873. Entsch. XI S. 140.

15. Auch die stillschweigende Anerkennung eines Kontokurrents begründet nicht etwa bloß eine Vermuthung für die Richtigkeit der einzelnen Posten und Ansätze, sondern eine vertragsmäßige Feststellung des bisherigen Rechnungsverhältnisses, der gegenüber Erinnerungen gegen die Richtigkeit einzelner Posten und noch mehr bloß allgemeine Rügen bedeutungslos sind.

Eine solche Anerkennung ist nur nach den Grundsätzen der Kondiktionen bez. nach Maßgabe des Artikels 294 HGB. anzufechten.

E. v. 8. Nov. 1871 u. 1. Nov. 1873. Entsch. IV S. 431 u. XI S. 276.

16. Eine Verpflichtung zur sofortigen Prüfung zugesandter Kontokurrent-Abschlüsse und zur Mittheilung der dagegen zu erhebenden Ausstellungen binnen einer bestimmten Frist kann auch unter Kaufleuten nicht angenommen werden. Es ist vielmehr nach den näheren Umständen des einzelnen Falles zu beurtheilen, also eine Thatfrage, wann ein stillschweigendes Anerkenntniß als vorliegend zu erachten sei.

E. v. 8. Nov. 1871. Entsch. III S. 426.

17. Das aus der stillschweigenden Fortsetzung des Kontokurrent-Verkehrs zu folgernde Anerkenntniß wird durch allgemeine Vorbehalte nicht beseitigt.

E. v. 8. Nov. 1871. Entsch. III S. 427.

18. Ausstellungen sowohl gegen einzelne Posten als auch gegen die Kontokurrente im Allgemeinen gelten als aufgegeben, wenn der Monirende die Geschäftsverbindung fortsetzt, obwohl die Monituren von der anderen Seite zurückgewiesen wurden.

Dass. E. Entsch. III S. 427.

19. Die allgemeine übliche Klausel S. E. et O (salvis erroribus et omissionibus) enthält nur den Vorbehalt, daß irrthümliche Buchungen und Auslassungen weder dem Aussteller noch dem Empfänger zum Nachtheil gereichen sollen; sie hebt aber die Bedeutung des Kontokurrent-Abschlusses keineswegs auf.

Dass. E. Entsch. III S. 426.

20. Nicht nur beim Bestehen eines wirklichen Kontokurrentverhältnisses, sondern auch in Fällen fortlaufender

Geschäftsverbindung, in denen regelmäßig nach gewissen Zeitabschnitten ein Abschluß der Rechnung und Mittheilung des Abschlusses an den anderen Theil unter den Betheiligten ausdrücklich verabredet oder thatsächlich in Uebung ist, muß die Annahme stillschweigenden Anerkenntnisses gegen denjenigen als gerechtfertigt gelten, welcher wider die ihm zugestellte Abrechnung in einer nach den konkreten Umständen zu bemessenden Frist Einwendungen zu machen unterläßt und die Geschäftsverbindung fortsetzt.

E. v. 30. Juni 1874. Entsch. XIV S. 11.

21. In einem solchen Falle hat jedoch das Stillschweigen nur die Kraft eines Beweismittels. Die Klage auf den Saldo kann sich dann nicht blos auf das Stillschweigen stützen, sondern sie muß die Faktoren des Anspruches, also die einzelnen Posten, darlegen, damit der Verklagte dieselben prüfen und sich darauf einlassen könne, was jedenfalls trotz des Zugeständnisses zulässig ist.

Die Fortlassung einzelner Posten, durch welche das Resultat nur zu Gunsten des Verklagten oder überhaupt nicht verändert wird, ist jedoch nicht erheblich.

E. v. 27. Juni 1871. Entsch. III S. 1.

22. Erst in Folge Anerkennung des Saldo einer Kontokurrent-Rechnung verlieren die Rechtsverhältnisse aus den einzelnen betreffenden Geschäften ihre selbstständige Bedeutung. Wird der Saldo nicht anerkannt, so muß auf die einzelnen Verträge zurückgegangen werden. — Es ist daher gegen die Klage auf einen nicht aner-

kannten Saldo auch der Einwand zulässig, daß bei einzelnen der zu Grunde liegenden Geschäfte die Zuständigkeit des staatlichen Gerichts durch Schiedsvertrag ausgeschlossen ist.

Die Klage auf den Saldo setzt, wenn die Entscheidung über streitige Posten einem Schiedsgericht übertragen ist, voraus, daß dementsprechend die Feststellung dieser Posten bereits stattgefunden hat.

E. v. 13. März 1873. Entsch. IX S. 216.

23. Der Einwand, daß die eingeklagten Ansprüche auf reinen Differenzgeschäften beruhen, kann auch der Klage aus einem anerkannten Kontokurrent-Saldo entgegengesetzt werden.

E. v. 19. März 1889. RG. XXIII S. 138 (gem. R.)
E. v. 26. Jan. 1892. Gruch. XXXVI S. 991 (pr. R.).

24. Das einzelnen Posten anklebende Privilegium geht auch in Höhe dieser Posten auf den Saldo nicht über.

E v. 16. Nov. 1880. RG. III S. 18.

II. Verzinsung der Saldi und Provisionen von denselben.

25. Die Vorschrift des Art. 291 HGB., daß die Saldi der Kontokurrent-Abschlüsse als selbstständige Forderungen der Verzinsung unterliegen, findet nur auf den eigentlichen Kontokurrent-Verkehr Anwendung.

Bei einer gewöhnlichen laufenden Rechnung richtet sich die Verpflichtung zur Verzinsung nach den allgemeinen gesetzlichen Regeln (Art. 288, 342 HGB.). Eine abweichend von den einzelnen Vertragsabschlüssen zu verzinsende Forderung entsteht durch die periodische Summirung nicht.

E. v. 19. Sept. 1871. Entsch. III S. 148.

26. Der im Artikel 291 HGB. zum Ausdruck gebrachte Grundsatz des Handelsgewohnheitsrechts findet auch bei einem Kontokurrent-Verhältnisse zwischen einem Kaufmann und einem Nichtkaufmanne Anwendung.

E. v. 3. Okt. 1873. Entsch. XI S. 143.

27. Von einem zu Gunsten des Korrespondenten vorgetragenen Saldo kann der Banquier Provision nicht berechnen, wohl aber von einem Saldo, welches sich zu seinen, des Banquiers, Gunsten ergiebt, wenn nach der ursprünglichen Absicht der Kredit nur auf die laufende Rechnungsperiode sich erstrecken sollte und sich somit die Uebertragung des Saldos als eine neue Vorschußgewährung darstellt.

E. v. 17. Febr. 1877. Entsch. XXII S. 22.

III. Besondere Geltendmachung einzelner Ansprüche.

28. Einzelne Forderungen, **auf welche sich der Kontokurrent-Vertrag bezieht,** können als selbstständige nicht geltend gemacht werden, auch nicht compensando, gleichviel von welcher Art sie sind und auf welchem Rechtsgrunde sie beruhen.

E. v. 21. März 1871, 8. März 1875. Entsch. II S. 137 u. S. 220; XVI S. 306.

29. Ob aber das Kontokurrent-Verhältniß auf die einzelne, gerade vorliegende Forderung zu beziehen ist, wird durch das auf ausdrücklicher Abrede beruhende oder aus den obwaltenden Umständen zu entnehmende konkrete Vertragsverhältniß bestimmt.

E. v. 24. Jan. 1872. Entsch. V S. 42.

30. Von dem Kontokurrent-Verhältnisse werden diejenigen Rechtsgeschäfte nicht berührt, auf welche nach ihrer Natur oder den Abreden der Kontrahenten die Absicht, daß die Berichtigung durch Aufnahme in die laufende Rechnung erfolgen solle, nicht bezogen werden kann.

Zu den Forderungen aus solchen Rechtsgeschäften sind beim Mangel entgegenstehender Willensäußerungen, Wechselansprüche insofern zu rechnen, als es sich um die Erfüllung des von den Parteien geschlossenen Wechselvertrages handelt.

Derartige Wechselansprüche, mag der Schuldner aus Giro oder Accept haften, können daher beim Mangel entgegenstehender Uebereinkunft in besonderem Verfahren geltend gemacht werden.

Daß bei Hingabe des Wechsels der Betrag desselben dem Geber in laufender Rechnung gutgeschrieben worden ist, erscheint für die Frage, ob bei Nichteinlösung des Wechsels die Regreßforderung unter dem Kontokurrent-Vertrag fällt, von keiner Bedeutung.

E. v. 6. Sept. 1871, 22. u. 29. Juni 1872. Entsch. III S. 142; VI S. 250 u. 256.

31. Dagegen hat das ROHG. den Kontokurrent-Vertrag auch auf die besonders geltend gemachte Wechselregreßforderung bezogen und demgemäß die Wechselklage abgewiesen in Fällen, wo der Geschäftsverkehr der Parteien darin bestand, daß dem Verklagten Kredit in laufender Rechnung durch Darlehen oder Diskontirung von Wechseln gewährt wurde und der Kläger auf Grund dieses vertragsmäßigen Verhältnisses den Klagewechsel in Zahlung resp. zur Diskontirung erhalten, letztere auch bewirkt und die Valuta vereinnahmt hatte.

E. v. 21. März u. 25. April 1871. Entsch. II S. 147 u. 220.

32. Daraus, daß in früheren Rechnungsperioden von dem einen Kontrahenten bezahlte Rimessen, aus denen der andere Theil verhaftet war, stets gebucht worden sind, ist der Rückschluß zulässig, daß nach Absicht der Parteien der Kontokurrent-Vertrag die Wechselforderungen derartig mitumfasse, daß letztere gleich anderen Forderungen durch Belastung des Schuldners im Kontokurrente zur Tilgung gelangen sollen.

E. v. 27. März 1872. Entsch. V S. 337.

33. Jedenfalls ist die Geltendmachung einer Wechselforderung im besonderen Verfahren dann ausgeschlossen, wenn dieser Anspruch dem Schuldner bereits im Kontokurrent debitirt, die Rechnungsperiode, in welche der Anspruch fällt, mittelst Ziehung des Saldos abgeschlossen und dadurch die Forderung Faktor des Saldos geworden ist.

E. v. 24. Jan. 1872. Entsch. V S. 41.

34. Auf die besondere Einklagung eines im Kontokurrentverkehr empfangenen kaufmännischen Verpflichtungsscheins finden dieselben Grundsätze Anwendung, denen Wechsel unterliegen.

E. v. 17. Sept. 1877. Entsch. XXII S. 336.

35. Wird der Saldo eines Kontokurrents nicht bezahlt, sondern im Einverständniß mit dem anderen Theil in die neue Rechnung übertragen, so verliert er seinen Charakter als selbstständige Forderung; er wird zu einem Faktor der neuen Rechnung, kann also nicht mehr abgesondert geltend gemacht werden.

E. v. 18. März 1875. Entsch. XVI S. 309. E. v. 21. Sept. 1882 u. 1. Febr. 1887, RG. X S. 53 u. XVIII S. 349.

36. Die für eine bestimmte Saldoforderung bestellte Sicherheit erlischt, wenn dieser Saldo auf neue Rechnung übertragen und durch neue Saldoziehung ausgeglichen ist.

E. v. 21. Sept. 1883. RG. X S. 33.

37. Was von der Geltendmachung einzelner Posten gesagt ist, gilt auch von jeder Rechnung, die sich nur auf einen Theil des Zeitraums der Geschäftsverbindung bezieht, sofern nicht dem ersten Posten ein als richtig anerkannter oder nachgewiesener Abschluß vorangegangen ist.

E. v. 15. Juni 1876. Entsch. XX S. 104.

In dem durch Urtheil vom 4. April 1876 (Entsch. XX S. 105 Anm.) entschiedenen Falle hat dagegen das ROHG. eine Klage zugelassen, der ein mit einem Saldo zu Gunsten des Beklagten beginnender Auszug zu Grunde gelegt war, weil der Beklagte nicht die bestimmte Behauptung aufgestellt habe, das vorgeschriebene Guthaben sei in Wahrheit höher.

38. Erscheint auch das Kontokurrent als ein einheitliches, so ist es doch zulässig, dasselbe bezüglich der Frage, inwieweit ein ausgeschiedener Gesellschafter für die im Kontokurrent aufgeführten Geschäfte haftet, in seine einzelnen Posten aufzulösen, diejenigen Posten, für welche der ausgeschiedene Gesellschafter nicht haftet, auszusondern und die Deckungen, welche speziell für solche Posten eingesandt sind, bei denen eine Haftung des früheren Gesellschafters in Frage kommt, zur Ausgleichung dieser Posten im Kontokurrent zu belassen.

E. v. 6. April 1881. RG. IV S. 84.

39. Ein ausgeschiedener Gesellschafter kann für eine bestimmte Saldoforderung aus einem Kontokurrent-Verhältniß nicht in Anspruch genommen werden, wenn nach seinem Ausscheiden zwischen der Gesellschaft und dem Dritten der Kontokurrent-Verkehr fortgesetzt und jener Saldo in neue Rechnung übertragen und durch weitere Saldoziehung ausgeglichen ist.

E. v. 1. Febr. 1887. RG. XVIII S. 246.

40. Die Forderung aus einer einzelnen Leistung kann beim Bestehen eines Kontokurrent-Verhältnisses nicht Gegenstand einer Pfändung sein.

E. v. 21. Sept. 1888. RG. XXII S. 148.

41. Durch die Eröffnung des Konkurses über das Vermögen des einen Theils wird zwar der Kontokurrent-Verkehr beendigt; die bis dahin auf beiden Seiten gemachten Leistungen verlieren aber dadurch nicht ihren Charakter als innerhalb des Kontokurrent-Vertrages gemachte Leistungen. Bei Ausbruch des Konkurses sind daher die auf der Debet- und Kreditseite verzeichneten beiderseitigen Leistungen zu summiren und ist durch deren Gegenüberstellung zu ermitteln, welcher der Kontrahenten bei der durch den Konkurs erfolgten Beendigung des Kontokurrent-Verhältnisses Gläubiger und welcher Schuldner ist.

E. v. 21. Sept. 1888. RG. XXII S. 149, 150.

42. Das ROHG. hat angenommen, daß, auch wenn nicht ein wirkliches Kontokurrent-Verhältniß, sondern nur eine laufende Geschäftsverbindung bestanden hat, in deren Verlauf von dem einen Theile Zahlungen à conto geleistet worden sind, der Empfänger dieser Zahlungen nicht einzelne Posten einklagen oder zur Kompensation stellen könne, sondern die ganze laufende Rechnung klarlegen müsse.

E. v. 10. Dez. 1873, 17. Sept. 1874, 8. März 1875, 15. Juni 1876. Entsch. XII S. 155, XIV S. 69, XVI S. 306, XX S. 104.

Das Reichsgericht führt dagegen aus, daß der Begriff der „laufenden Rechnung" als Gegensatz zum Kontokurrent-Verhältniß nicht so fest begrenzt sei, daß daraus allein sichere rechtliche Folgen abgeleitet werden könnten.

Es könne zwar zwischen zwei Personen, welche in fortlaufender Geschäftsverbindung mit einander stehen, vereinbart werden, daß nur der beim Abschluß der Rechnung sich ergebende Saldo eingeklagt werden solle, und eine solche Vereinbarung könne auch stillschweigend getroffen werden. Sie sei aber nicht schon darin zu erblicken, daß die Parteien übereingekommen sind, immer erst am Schlusse einer bestimmten Geschäftsperiode gegenseitig abzurechnen, da hierdurch die einzelnen Leistungen nicht nothwendig ihres Charakters als Forderungen und Gegenforderungen bezw. als Zahlungen entkleidet werden. Im Falle einer solchen Vereinbarung sei die Einklagung eines einzelnen Postens zwar nicht im Laufe einer Geschäftsperiode, wohl aber nach Abschluß derselben zulässig; Sache des Beklagten sei es, nachzuweisen, daß die eingeklagte Forderung durch Kompensation oder Zahlung erloschen sei oder geeigneten Falls den Einwand zu erheben, daß der Kläger zunächst Rechnung legen müsse.

E. v. 21. Sept. 1888. RG. XXII S. 132.

43. Auf das bei einem Kontokurrent-Verhältniß zu einem gewissen Zeitpunkt ermittelte Guthaben kann der Satz, daß Veränderungen nicht vermuthet werden, keine Anwendung finden.

E. v. 4. Nov. 1871. Entsch. III S. 381.

Sitz des Kontokurrent-Verhältnisses.

44. Es läßt sich nicht annehmen, daß das Kontokurrent-Verhältniß an dem Wohnorte eines der Betheilig-

ten seinen Sitz habe, bei welchem der Gerichtsstand des Vertrages begründet wäre.

E. v. 28. Nov. 1874. Entsch. XVII S. 124.

Bürgschaft für eine Kontokurrent-Schuld.

45. Wer für eine künftige Kontokurrent-Schuld Bürgschaft übernimmt, unterwirft sich damit den Grundsätzen des Kontokurrent-Verkehrs. Er muß sich also gefallen lassen, daß durch neue Vorschüsse sich die Schuld des Kreditnehmers stetig erneuere und daß dessen Zahlungen nur insoweit die Schuld mindern, daß zur Zeit des Rechnungsschlusses ihr Gesammtbetrag von dem Gesammtbetrage der Debetkosten in Abzug gebracht werde. Der Bürge haftet bis zu dem übernommenen Betrage für das Debetsaldo des Kreditnehmers beim Kontokurrentschluß.

E. v. 25. Febr. 1872. Entsch. IX S. 185.

46. Die von einem Kreditvereine für Kreditbewilligungen in laufender Rechnung festgestellten und veröffentlichten Bedingungen kommen auch dem Bürgen zu Gute. — Ohne Einwilligung des Bürgen darf eine Verlängerung der nur auf bestimmte Dauer ertheilten Kreditbewilligung nicht erfolgen.

E. v. 25 Febr. 1872. Entsch. IX S. 187.

Sachregister zum Handelsgesetzbuch.

Die Zahlen ohne Beisatz bezeichnen die Artikel des Handelsgesetzbuchs. Z. = Ziffer. S. = Seite. E. f. Pr. = Einführungsgesetz für Preußen.

A.

Abänderung s. Aenderung.

Abberufung von Liquidatoren 134. 206. 244.

Abdruck der Handelsbriefe im Kopirbuche 28.

Abfassung der Verträge, schriftliche: ist nicht erforderlich für die Gesellschaftsverträge der offenen Handelsgesellschaften 85. der Kommanditgesellschaften 150. der stillen Gesellschaften 250. der Gelegenheitsgesellschaften 266. bei Handelsgeschäften überhaupt 317; erforderlich zur Aktienzeichnung 175 c. 209 e. bei Bestellung eines Faustpfandes zum Verkauf des Pfandes ohne Klage 310. ohne gerichtliches Verfahren 311; notarielle oder gerichtliche für die Gesellschaftsverträge der Kommanditgesellschaften auf Aktien 175. der Aktiengesellschaften 209. für die Abänderung der Gesellschaftsverträge der Kommanditgesellschaften auf Aktien 180f.

Abgehen — vom Vertrage bei Kaufverträgen 354—357. bei theilbarem Gegenstande 359. bei Frachtverträgen 394.

Abhanden gekommene Papiere 305.

Abladen 424.

Ablehnung eines Antrages 322, eines Auftrags 323.

Ablieferung an den Kommissionär 365. verspätete 386. 397—399. Haftung bis dahin 395. Rechte und Pflichten bei der Ablieferung 402—412. 416—418. Seitens der Eisenbahnen 428. 431.

Ablieferungsort 392. 396. 402—405. 414. 430.

Ablieferungszeit 357. 386. 396 f. 425.

Abnahme der Güter beim Kauf 343. 346. Kosten 351. beim Frachtgeschäft 407.

Abreise, Frist 394.

Abschätzung s. Taxe.

Abschließung — von Handelsgeschäften 272. Z. 4. Form 317. (s. Abfassung.) Perfektion 76. 321.

Abschrift der Handelsbriefe 28. der Bilanz 160. 253. des Ladescheins 414. beglaubigte 12. 177.

Absender 391—394. 402. 404. 412—416. 422. 424.
Absendung 319. 321. 377.
Absonderungsrecht 122. 169.
Abstrakte Schadensberechnung 355 Anm. d.
Abtretung von Forderungen s. Cession.
Abwesenheit, Grund zur Entlassung 64. Z. 4. bei Aufträgen an Mäkler 69. Z. 6. bei Vertragsschlüssen 319—321.
Abzug (Diskonto) 334. am Kaufpreis 352. an der Fracht 398. 399.
Acceptation von Anweisungen 300. 301. von Offerten 318—320. 322. stillschweigende 323.
Aenderung der Firma 25. 87. 155. in Handelsbüchern 32. des Gesellschaftsvertrages 180 f. 180 g. 214. 215. der Vorstandsmitglieder 233.
Agenten S. 606–614.
Aktien, Aktienantheile deren Ankauf durch Mäkler 67. deren Ankauf als Handelsgeschäft 271. Mindestbetrag 173 a. 207 a. Gattungen 175 a. 180 g. 209 a. 215; Umwandlung 175 a. 209 a; Ausgabe vor Volleinzahlung oder Eintragung 180 i. 183 a. 204. 215 c. 226. 249 b; Uebertragung 182. 183. 220.
Aktienbuch 182. 183. 220.
Aktiengesellschaften, deren Eigenschaft als Kaufmann 5. deren Firma 18. 209. deren Begriff 207. deren Errichtung 209 d. 210 a; Gesellschaftsvertrag 209. 209 a; Bilanz 215 d. 221. 239. 239 a. 239 b. 240. 244 a; Grundkapital 207. 209. 240; Reservefonds 239 b; Eintragung ins Handelsregister 210. 213 b. 213 f. 214. 215 a. 215 b. 215 c. 228. 233. 243. 244. 247. 248. 249 a. b; s. auch Vorstand, Generalversammlung, Aufsichtsrath, Fusion, Auflösung, Konkurs.
Aktiva, Uebergang derselben 23. Anm. d.
Amortisation 305. der Aktien 203. 204. 215 d. 226.
Amt 66. 75. 84. 272. Z. 4. 276.
Amtsentsetzung der Mäkler E. f. Pr. 9. §. 5.
Anastasiana Lex 299.
Anerbieten von Verkäufen 337. zur Ausrichtung von Aufträgen 323.
Anerkennung von Rechnungen 294.
Anfechtung wegen übermäßiger Verletzung 286. des Beschlusses einer General-Versammlung 190 a. 190 b. 222.
Angemessenheit der Nachfrist 356. Anm. b.
Angestellter, in Läden 50.
Ankauf, als Handelsgeschäft 271.
Ankunft 402. 404 ff.
Anlagen 175 b. 180 e. 185 a. Z. 3. 209 b. 213 f.
Anmeldung, beim Handelsgericht der Firma 19. der Zweigniederlassung 21. der Firmenänderung 25. der Prokura 45. der offenen Handelsgesellschaften 86—88. der Auflösung derselben 129. ihrer Liquidatoren 135. der Kommanditgesellschaft 151. 152. 155. 156. der Auflösung derselben 171. der Kommanditgesellschaft auf Aktien 176. der Aktiengesellschaften 210 a. ihres Vorstandes 228. ihrer Auflösung 200. 201. 243.
Annahme von Gütern 80. 346. 380. 406—408. 428. von Schlußnoten 73. 77. s. Acceptation.
Annoncenbüreau 4. Anm. b. 384. Anm. b.
Anschaffung von Waaren als Handelsgeschäft 271. von Geräthen 55. 273.
Anschaffungspreis 185 a. 239 b.
Anstalten zum Transport 272. 421. zur Aufbewahrung 302. 343.
Anstellung durch Prokuristen 42.

der Handelsmäkler 68. 84. E. f. Pr. 9. §. 1.

Antheil am Gesellschaftsvermögen, Abtretung desselben 98. Berechnung 106. 107. 131. 172. 216. 258. 268. Verminderung 108. als Exekutionsobjekt 119. 169.

Anträge in Handelsstreitigkeiten auf Vorlegung der Handelsbücher 37. des Tagebuchs eines Mäklers 79. auf Ausschließung eines Gesellschafters 128. auf Abberufung von Liquidatoren 134. Mittheilung einer Bilanz 160. 253. auf Bestellung eines Prozeßbevollmächtigten 195. 223. Abs. 3. auf Verkauf beim Faustpfande 310. beim Zurückbehaltungsrecht 315. beim Kommissionsgeschäft 375. beim Speditionsgeschäft 407. auf Ernennung von Sachverständigen 348. 407. in Handelsgeschäften 297. 318—323; zum Kauf 337; zu einem Frachtgeschäft 422.

Antwort 319. 323.

Anweisungen der Kaufleute 300. 301. E. f. Pr. 56. §. 1. des Absenders in Betreff des Guts 402. 405. 416. des Empfängers 404.

Anzeige von Nichtannahme der Schlußnote 73. vom Pfandverkauf 310. 315. vom Verkauf der Waare 343. 348. von Mängeln 347. 349. 365. 366. 386. von Ausübung des Wahlrechts 356. 357. von Ueberschreitung des Limiti 364. von der Uebernahme als Propregeschäft 376. 377.

Apothekergewerbe 4. Anm. b. E. f. Pr. 61.

Apports 175 b. Anm. a. 209 b.

Arbeitsunfähig 64.

Arrest 119. 120. 169.

Arrha 285.

Assignationen 300. 301—305.

Aufbewahrung der Handelsbücher 28. 30. 33. 145. 246. der Mäklerbücher 75. E. f. Pr. 9. §. 4. der Proben 80. von Gütern 323. 343. 348. 380. Entgelt für die Aufbewahrung 291.

Aufforderung der Gläubiger 202. 243. 245. 247. der Aktionäre 184 a. 219. 247. zur Erklärung 339.

Aufkündigung des Dienstes 61. der Societät 123. 124. 170. 186. 200. 261.

Auflösung eines Dienstverhältnisses 61—64. einer offenen Handelsgesellschaft 97. 123—132. 144. 146; einer Kommanditgesellschaft 170—172; einer Kommanditgesellschaft auf Aktien 175 a. 186. 199. 201; einer Aktiengesellschaft 242. 243. 245. 246. 247; einer stillen Gesellschaft 259. 261—265.

Aufsichtsrath der Kommanditgesellschaft auf Aktien 175 e. 175 f. 176. 180 b. 180 e. 181. 182. 183. 183 a. 185. 186. 191. 191 b. 192. 193. 194. 195. 196. 204. 206. 206 a; der Aktiengesellschaft 209 b. 209 h. 210. 210 a. 213 c. 213 f. 222 a. 223. 224. 225. 225 a. 226. 239. 244 a. 247; Strafbestimmungen für dies. 249. 249 a. 249 b. 249 c.

Auftrag 41. 47. 58. 67. 297. 323. 360. 367. 376 f. ohne Auftrag 55. 298.

Auseinandersetzung 40. 119—121. 130—132. 141—143. 169. 172. 265. geschiedener Ehegatten E. f. Pr. 43.

Ausfall 122. — Ausfallbürgschaft 281. Anm. a. — Ausfallmuster 347. Anm. d.

Aushändigung der Schlußnoten 73. 76. der quittirten Urkunde 303. 418. des Frachtbriefes 403.

Auskunft 282. Anm. a.

Auslagen eines Gesellschafters 93. Kaufmanns 299. 345. Kommissionairs 371. 374. Spediteurs 381. 382. Frachtführers 409.

Ausländische Gesellschaften 179. 212. — Prozeßfähigkeit ders. 213. Anm. a.
Auslegung 278. 279.
Auslieferungsprovision 371.
Auslieferungsschein 302—305.
Ausscheiden eines Gesellschafters 24. 127—132. 146. 148. 170—172. 175a. Z. 6. 181. 186. 199. 206a. eines Liquidators 135
Ausschließung eines Gesellschafters 128. 131. 146. 180. 170—172. 200. — des Rechtsweges 128. Anm. d.
Außenstände Uebergang ders. 23. Anm. d.
Austreten s. Ausscheiden.
Außerkontraktlicher Schaden 114. Anm. d. 230. Anm. a.
Auszug aus Handelsbüchern 38. aus Mäklerbüchern 74. 79. Veröffentlichung derselben 13. 177. 210c. 214.

B.

Baarzahlung der Aktien 176. 210
Banken 5. 312.
Bankiergeschäfte 272.
Bauunternehmer, Bauentreprise 4. Anm. b. 271. Anm. e. 275. Anm. a.
Bauzinsen 217.
Bayern, Einführungsgesetz S. 576 ff.
Beamter 235. 341. 343. 348. 354 357. 365.
Beanstandung von Waaren 348—350. 365. 407. 428.
Bearbeitung beweglicher Sachen 271. 272.
Bedingung bei der Annahme 322. beim Kauf auf Probe 339.
Beförderungszeit 392. 394. 397—399. 422.
Befreiung von der Erfüllung 284. von der Haftpflicht 424.
Befriedigung der Privatgläubiger 119. 122. 126. 169. 263. der Gläubiger 147. 315. des Spediteurs 382. des Frachtführers 407. 409.
Beginn des Geschäftsbetriebs 29. 110. 163. 178. 211.
Beglaubigte Auszüge 74.
Beglaubigung des Mäklerjournals 71. E. f. Pr. 9. §. 4.
Behörde 14. 71. 75.
Bekanntmachung der Eintragungen rc. 13. 14. 25. 46. 87. 115. 129. 135. 151. 155. 156. 171. 175. 177. 180f. 209. 210c. 214. 243. des Erkenntnisses 27.
Beläge 33. 145. 270.
Belastung von Grundstücken 42. 114.
Berechnung des Gewinnantheils 106—108. 161. 254. 255. der Fristen 319. 327—331. 336. der Preisabzüge 352.
Bericht über den Vermögensstand 185. 239. 249b.
Berichterstatter einer Zeitung kein Handlungsgehülfe 57. Anm. a.
Berufung einer Generalversammlung 175. 187—189. 209. 236—238. 240.
Beschädigung von Gütern beim Kommissionair 365. 367. beim Spediteur 386 beim Frachtführer 395 f. 408. 424—430.
Bescheinigung der Pfandbestellung 310. der Ablieferung 418.
Beschlagnahme 119. 120. 169. s. Arrest.
Beschluß des Handelsgerichts 14. der Handelsgesellschafter 103. 132—134. 140. der Aktionäre s. Generalversammlung.
Beschränkung der Prokura 43. der Mäkler 84. der Socien 100. 116. der Liquidatoren 138. des Vorstandes 231. der Konventionalstrafe 284. der Acceptation 322. der Haftungspflicht 423 f.

Besichtigung 339. 347. 348. 365. 407.
Besitz 309. 313. 374. 382. 409.
Besitzübertragung 309. Anm. c.
Besserungsschein 279. Anm. c.
Bestellung der Prokuristen 41. 104. 118. 234. der Bevollmächtigten 47. 50. der Mäkler 66. 68. 84. E. f. Pr. 9. §. 1. der Liquidatoren 133. des Vorstandes 209. 227. von Faustpfändern und Retentionsrechten 309—316.
Betrieb von Handelsgeschäften 4. 6. 7. 10. 272. 378. 388. handwerksmäßiger 10. 272. 273.
Betrug 249 d. 294. 350. 408.
Bevollmächtigte 47. 69. Z. 2. 167. 195. 223. 235. 269. 298. E. f. Pr. 4. 5. §. 3.
Bevormundete 149.
Beweggrund 341.
Bewegliche Sachen 271—273. 306. 308. 316
Beweisführung durch Handelsbücher 34--40. durch Mäklerbücher 77. 78. 79. durch Frachtbriefe 391.
Beweiskraft von Schuldscheinen und Quittungen 295.
Bilanz 29—31. 33. 105. 107. 160. 165. 185. 185 a. 185 c. 186. 193. 203. 205. 206 a. 215 d. 221. 225. 239. 239 a. 239 b. 240. 244 a. 253. — Bilanzbuch 30.
Börsen E. f. Pr. 3. 20 — Börsengeschäft 331. — Börsenordnung 331. — E. f. Pr. 3. §§. 1—3. Börsenpreis 184 b. 185 a. 311. 343. 353. 357—359. 376. Börsengebräuche 1. Anm. c.
Bösliche Handlungsweise 396 u. Anm. d. e. zu dems.
Briefe, Handelsbriefe 28. 33. — Briefbeförderung als Handelsgewerbe 272. Anm. d. 390. Anm. d.
Bruch an Gütern 424.
Buchdruckereien 272.
Buchführung 28—32. 71. 72. 75. 193. 239.
Buchhandel 272. — Buchhändler 32. Anm. b.
Bürgerliche Ehrenrechte E. f. Pr. 52. §. 3. — Bürgerlicher Name 16.
Bürgerliches Recht 1. 288. 309. 312. 345. 354. E. f. Pr. 60. Z. 3.
Bürgschaft 69. 281. 317. Anm. a.
Bundesrath 173 a. 207 a.

C.

Certifikat 435. 436.
Cession 98. 182. 183. 220. 299. 368. 382. 410. Form der C. 317. Anm. a.
cif 279. Anm. c. 345. Anm. f.
condictio indebiti s. Zahlung.
constitutum possessorium. 306. Anm. b. 313. Anm. l.

D.

Daraufgabe 285.
Darlehn 47. 271. 290. 292. 374.
Datum 72. 392. Z. 7. 414. Z. 7.
Decharge s. Entlastung.
Deckung 106. 141. 161. 255. 258. 315. 323. 364. 374.
Deklaration des Werths 368. Anm. b. 391. Anm. a.
Delcredere 281. 370.
Deliktsschulden 114. Anm. d. 230. Anm. a.
Deutsche Sprache 72.
Dienste, Dienstverhältniß, Dienstantritt, Diensteinstellung, Dienstfortsetzung 57. 60—65. 290. — Dienststunden 12.
Differenzgeschäfte S. 349. 426—428.
Dingliche Rechte 111. 164. 213. 396 f.
Diskonto 334.
Distanzgeschäfte 347. Anm. a.

Dividende 197. 198. 204. 216. 217. 218. 226.
Druckereien 272.
Druckschrift, periodische 249 d.
Durchstreichungen 32.

E.

Effektiv 336.
Ehefrau als Handelsfrau 6—9. E. f. Pr. 19. 39—41. 43.
Ehemann der Handelsfrau 7. 8. E. f. Pr. 19. 20. 39—41. 43.
Ehescheidung E. f. Pr. 43. — Ehevertrag E. f. Pr. 40.
Ehrverletzungen 63. 64.
Eid 15. Anm. b. 34. 66. 77. 117. Anm. a. 167. Anm. a 232.
Eigenthümer einer Aktie 183. 220. der Einlage 252.
Eigenthumserwerb der Gesellschaften 111. 164. 213. an eingebrachten Sachen 91. 143. 252. an verkauften Sachen u. Werthpapieren 306—308.
Einlage, bei der offenen Gesellschaft 85. 91 f. 95. 106. 108. 120. 131. bei der Kommanditgesellschaft 150 f. 161. 165. 169. 171. bei der Kommanditgesellschaft auf Aktien 174 a. 175 b. 175 d. 180 b. 181. 197. 204. 206 a. bei Aktiengesellschaft 207. 209 b. 226. bei der stillen Gesellschaft 250. 252. 255. 258 f. bei der Vereinigung zu einzelnen Handelsgeschäften 267 f.
Einreden, Einwand 281. 303. 349. 386. 408. 423.
Einseitige Handelsgeschäfte 277.
Einsicht der Register 12. der Bücher und Papiere 38 f. 79. 98. 105. 160. 186. 193. 225. 253.
Einstweilige Verfügung 101. Anm. a.
Eintragungen in die Handelsbücher 32. 36; in die Mäklerbücher 71. 72. 76; in das Aktienbuch 182. 183. 220; in das Handelsregister 12—14. 19. 21. 25. 45. 46. 86—89. 110. 129. 135. 146. 151—156. 163. 171. 176. 180 a, e, f, h, i. 181 a. 200. 201. 203. 206 a. 210. 213 b. 214. 215 a—d. 228. 233. 243. 244. 247. 248. 249 a, b.
Einwirkung auf den Kurs der Aktien 249 d.
Einzahlungen 95. 165. 175 c. 175 a. 176. 184. 184 a. 184 b. 210. 219. 249 a. 258. 259.
Einziehung von Geldern durch Mäkler 95. durch Liquidatoren 137. durch Unterfrachtführer 410.
Eisenbahnen. Von deren Frachtgeschäfte 421—431.
Eisenhandel s. Spezifikation.
Elsaß-Lothringen S. 5—15.
Emballage s. Verpackung.
Emissionshäuser 180 a. 213 b. 249 d.
Empfänger von Frachtgütern 392. 402—408. 412. 414—417.
Empfangnahme von Zahlungen 49. 51. 67. 296. von Waaren 343. 346. 351. 380. 408. 422. 428.
Empfangsbekenntniß 301.
Empfehlung, arglistige 114. Anm. d. 282. Anm. a.
Entfernung 336.
Entgangener Gewinn 283.
Entlassung der Handlungsgehülfen 42.
Entlastung 190. 225 a. 239 a.
Entstellung wahrer Thatsachen 249 d.
Erben 22. 40. 85. Anm. e. 123. 170. 200. 261.
Erfüllung 284. der Handelsgeschäfte 324—336. insbesondere beim Kauf 342 f. verspätete 354 f.
Erfüllungsort, Erfüllungszeit 324 f. 336. 342. 345. 353. 357.
Erhöhung des Gesammtkapitals der Kommanditisten 180 b. 180 i.

des Grundkapitals 215 a. 215 b. 226. 249 b.
Erkennbare Mängel 347. 375. 387. 395. 408. 428.
Erkenntniß, Veröffentlichung desselben 27. auf Ausschließung 128. 170.
Erlasse (Cirkuläre) 184a. 202. 245.
Erlaß der Einlage 165. 184. 219. 259.
Erlöschen der Firma 25. der Prokura 45. 46. 54. 118. 135. gewisser Rechte 97. 306. 349. 386. 408. 412. 428.
Ermessen des Richters 27. 34. 57. 62. 77. 101. 125. 133. 134. 160. 162. 170. 253. 254. 262. 394.
Errichtung von Gesellschaften 85. 86. 110. 150. 151. 163. 175 f. 209 d. 210 a.
Ersatzpflicht s. Schadensersatz.
Ersitzung des Firmenrechtes 27. Anm. a.
Erwerb von Eigenthum und Rechten 111. 164. 306—308; eigener Aktien 184 d. 204. 215 d. 226.
Execution 119. 120 126. 169. 263. 314. E. f. Pr. 57. §. 7.

F.

Fälligkeit 141. 146. 288. 289. 313. 334. 370.
Falsche Bevollmächtigte 55. 298; Bescheinigungen 249 d.
Familienname 16. 20.
Faustpfand 309—312. E. f. Pr. 44—66.
Feiertag 329. 330.
Firma 10. 15—27. 41. 44. 48. 49. 85—88. 111. 113. 125. 139. 150—155. 164. 166. 168. 175. 206 a. 209. 229. 251. 257.
Firmenrecht kein Gegenstand der Zwangsvollstreckung 23. Anm. b. s. Ersitzung.
Fiskus als Kaufmann 4. Anm. a, b.
Fixgeschäfte 357—359.
Förmlichkeit bei Verträgen 85. 157. 175. 180 f. 209. 238 a. 250. 266. 310. bei Bestellung von Faustpfändern 309. 312. E. f. Pr. 27.
Forderungen, deren Buchung 29—31. Verjährung 146—149. Verzinsung 288—293. Abtretung 299. 368. der Gesellschaft 119—122. 131. 137. 169.
Fortführung einer Firma 22. 24. 27.
Fortsetzung einer Gesellschaft 127. 180 f. 214. 261.
Fracht 70. 381—383. 385. 392. 398. 399. 407—409. 414. 427.
Frachtabzug 388. 399.
Frachtbrief 391. 401—406. 410. 426. 429—431.
Frachtführer, Begriff 390. 420. Geschäfte desselben als Handelsgeschäfte 272. Z. 3. dessen Ladescheine 302—305. Pfandrechte 306. 409—412. E. f. Pr. 45. Uebergabe an denselben 345. Ablieferung durch denselben 365. dessen Regreß an den Absender 393. 412. Sorgfalt 397. 399. Haftung 394. 395—402. 408. Pflicht zur Ablieferung 418.
Frachtgeschäft, zu Lande, auf Flüssen und Binnengewässern 390—431.
Frachtgut 390. 392. — Beschädigung und Ersatz 395. 408. 424—431. Ablieferung und Deposition 403. 418. Sicherstellung 404. Untersuchung 407. als Pfandobjekt 409—412.
Frachtmäkler 389.
Frachtvertrag, Vermittelung desselben 389. Beweis 391. Inhalt 392. 394. Uebergang 401. Zwang zum Abschluß 412.
Frankfurt a. M. Einführungsgesetz S. 555 ff.

Freiheitsstrafe 64.
Frist, für die Verjährung 146. für Aufstellung der Bilanz 240. 249. für Beweiskraft eines Schuldscheins 295. Berechnung bei Verträgen 328. 333. zur Geltendmachung der Gewährsmängel 347. 349. 386. 428. des Pfandrechts 409. 412. zur Lieferung 357. zum Antritt der Reise 394. zur Abforderung des Gepäckes 425.
Frühjahr 327.
Fuhrleute, gewöhnliche 10. 390. Anm. b.
Fusion 215. 226. 247.

G.

Gastwirthe s. Wirthe.
Gattung 72. 80.
Gebräuche, Handelsgebrauch, Ortsgebrauch 1. 57. 61. 70. 80. 82. 83. 279. 285. 326. 327. 334. 339. 342. 346. 349. 351. 352. 359—371. 394.
Gebrauch einer nicht zu führenden Firma 26 27.
Gefahr 310. 325. 342 f. 345. 369. 375. 424. im Verzuge 100. 104. 343. 346. 365. 387.
Gegenpartei 37. 407.
Gegenstand des Unternehmens 5. 18. 175. 179. 208. 209. 210. 213 f. 215. des Geschäfts 72. 338.
Gehalt der Handlungsgehülfen 57. 60. 63.
Gehülfe der Mäkler 69. s. Handlungsgehülfen.
Geld, eingebrachtes 29. 91. 95. verauslagtes 93. entnommenes 106. 108. Abfindung in Geld 131 f. 172. 265. vertheiltes 144. — Abschätzung in Geld 180. Geldzahlungen 325. 342. — Haftung des Frachtführers für Gelder 395. G. als Gegenstand des Zurückbehaltungsrechts 313. Anm. f.
Geldanweisungen 301—305. — Geldbuße E. f. Pr. 5. §§. 7. 9. E. f. Pr. 9. §. 5 E. f. Pr. 40. — Geldempfang. Befugniß hierzu 50. 51. 296. — Geldwechsler 272.
Gelegenheitsgesellschaft 266 ff.
Gemeinde 20.
Gemeiner Handelswerth 396.
Gemeinnütziges Unternehmen 173 a. 207 a.
Gemeinschaft der Güter 8. E. f. Pr. 40.
Genehmigung zum Betrieb von Geschäften 56. namentlich gleichartiger 96. 105. der Taxe 180. der Waare 339. 347. der Ueberschreitung des Auftrags 364. der Kreditleistung 369. staatliche 173 a. 176. 179. 210. 215 c.
Genehmigungsurkunde 176. 210.
Generalversammlung der Kommanditisten 175. 175 a. 175 f. 175g. 180c. 180e. 180h. 182. 185. 185c. 186. 187. 188. 189. 190. 191. 192. 193. 194. 195. 203. 206 a; der Aktionäre 209. 209 a. 210 a. 210b. 213 d. 213 f. 214. 215. 215a. 221. 222 a. 223. 225. 231. 234. 236. 237. 238. 238 a. 239. 239 a. 240. 242. 244. 244 a. 248. 249 b. 249 d. 249 e. 249 f.
Genossenschaften, eingetragene sind Kaufleute 4. Anm. d.
Gepäckschein 427.
Geräthe 273. 371.
Gericht, Richter 3. 9. 37—39. 62. 79. 111. 134. 140. 164. 167. 213. 254. 315. 348. 407. s. Handelsgericht. — Gerichtsstand 111. 144. 164. 213. 247. 315. 325. 342. s. Zuständigkeit.
Gesammtkapital der Kommanditisten 173. 180 h. 181. 185 a.
Geschäfte, laufende 130. 137, 265. neue 137.

Geschäftsführung 93. 99—105. 125. 136—138. 140. 158. 186. 193. 225. 235. 251. 270.
Geschäftsgang, ordnungsmäßiger 347. — Geschäftsjahr 106—108 124. 126. 170. 185. 190. 224. 239. 255. 263. — Geschäftslokal 105. — Geschäftsmann, Sorgfalt desselben 343. Geschäftssprache 72. — Geschäftsschulden 113. Anm. a. Geschäftsverbindung 323. Rechnung darüber 291.
Geschäftszeit, gewöhnliche 332.
Gesellschaft, offene 17. 85—150. stille 250—265. s. Handels-, Aktien-, Kommanditgesellschaft.
Gesellschaftsangelegenheiten 93 f. 103.
Gesellschaftskasse 95. 193. 225.
Gesellschaftstheilungssachen 40.
Gesellschaftsvermögen 29. 91. 95. 106—108. 119. 122. 125. 131. 137. 143. 147. 169. 170. 216. 245. 247.
Gesellschaftsvertrag 90. 97. 99. 101. 102. 105. 112. 123. 133; der Kommanditgesellschaften auf Aktien 175. 175 a, b, f. 176. 177. 180 f. 180 g. 184. 186. 187. 188. 189. 190. 193. 199. 203. 205. 206a; der Aktiengesellschaft 209. 209a, b, c, d. 210. 210 a, b. 214. 215. 225. 231. 234. 236. 237. 238. 242. 248; der stillen Gesellschaft 250. 261; Form des Gesellschaftsvertrages 85. 150. 175. 209. 250.
Gesetze, gewerbesteuerliche und gewerbepolizeiliche 11. 276. gesetzliches Pfandrecht 120. 169. 306. gesetzliche Verjährungsfrist 146. gesetzliche Zinsen 184. 219. 287. 289. 292. E. f. Pr. 14.
Gesindedienste 65.
Gestohlene Sachen und Werthpapiere 306—308.
Gewährleistung 349. 350.
Gewalt, höhere 395. 423.
Gewerbemäßiger Betrieb 4. 6. 7. 10. 272—274. 360. 379. 390.
Gewerbepolizeiliche, gewerbesteuerliche Gesetze 11. 276.
Gewicht 336. 352.
Gewinn, Gewinnantheil, Gewinnvertheilung 106—109. 119. 161. 162. 165. 169. 185. 185 a. 185 c. 186. 193. 216. 221. 239. 239 b. 250. 254. 255. 268. entgangener 283.
Gläubiger der Gesellschaft 146. 168. 202. 204. 206 a. 226. 241. 245. 248. 257. Privatgläubiger 119—122. 126. 132. 169. 170. 172. 200. 263. Gläubiger mit Pfand- oder Retentionsrechten 310—316. Pflicht zu vorzeitiger Empfangnahme 334. Gläubiger des Kommittenten 368. 374. 375. des Eigenthümers der Waare 382. 409.
Glaube, guter 165. 198. 218.
Glaubwürdigkeit 34. 35. 77. 78.
Gründe, wichtige, dringende 62. 125. 128. 134. 160. 170. 253. 262.
Gründer, 209 c, d, e, g. 210. 210 a, c. 213 a. 213 f. 249 a.
Gründerlohn, 175 b. 209 b.
Gründungsaufwand 175 b. 176. 180. 209 b. 210. 213 a.
Grundkapital 207. 209. 240; s. auch Erhöhung.
Grundschulden, Verpfändung ders. 309. Anm. d. — Zurückbehaltungsrecht 313. Anm. g.
Grundstücke 29. 42. 91. 111. 114. 137. 164. 213. E. f. Pr. 23. Verträge über Grundstücke 275.
Güte, mittlere 335. 346.
Güter, dem Verderben ausgesetzte 343. 348. 365. 366. 387. s. Handels-, Kommissions-, Frachtgut.
Gütergemeinschaft 8. 40; fortgesetzte 85. Anm. d. E. f. Pr. 19. 20. 40.
Gutgewicht 352.

H.

Haftung, der Ehefrau 8. der Gesellschaft 93. des Gesellschafters 94. 113. des Kommanditisten 165—168. 197. der persönlich haftenden Gesellschafter 180. 180 d. der Gründer 213 a. 213 e. 223; des Aufsichtsraths 180 b. 180 d. 204. 206 a. 213 c. 213 e. 226; des Vorstandes 206 a. 213 c. 213 e. 241; der Emissionshäuser 180 a. 213 b; solidarische 281. des Kommissionairs 367. des Spediteurs 380. 384. des Frachtführers 395—397. 400. 401. 423—431.

Hamburg, Einführungsgesetz S. 561 ff.

Handbuch 71.

Handelsbetrieb 5—10. 272. 273. — Handelsbrief 28. 33. 145. — Handelsbücher 10. 28—40. 202. 239. 246. 254. Recht zur Einsicht 98. 105. 145. 160. 193. 222 a. 225. 246. — Handelsfrau 6—9. E. f. Pr. 39 50. §. 2.

Handelsgebrauch, Ortsgebrauch 1. 70. 279. 285. 326 f. 334. 342. 346. 349. 351 f. 352. 369—371. 394. s. Gebräuche.

Handelsgericht, Vertretung durch das gewöhnliche Gericht 3. Zuständigkeit E. f. Pr. 47. 49. 73. Führung des Handelsregisters 12—14. 19. 21. 25 f. 45 f. 86—89. 129. 135. 151—156. 163. 171 f. 176. 180 f. 180 i. 188. 195. 205. 210. 210 a. 212. 214. 223. 233. 237. 246. E. f. Pr. 4. 5. Einschreiten gegen den Gebrauch unzuständiger Firmen 26. 27. E. f. Pr. 6. Befugnisse, Ermessen 37. 133. 145. 160. 162. 195. 253 f. 310. 323. 348. 365. 407. E. f. Pr. 16.

Handelsgeschäfte, Begriff 271—277. E. f. Pr. 2 Z. 1. 4. 5. Allgemeine Bestimmungen 278—316. Abschließung 317—323. Erfüllung 324—336. gewerbsmäßiger Betrieb 4. 6. 7. 10. 272. 360. 379. 390. Vornahme einzelner Handelsgeschäfte 378. 388. 420. Eintragung 28. 71. unbefugter Betrieb 56. 59. 64. Z. 2. 69. Z. 1. 96. 97. 159.

Handelsgesellschaft 5. 10. 17. 18. 24. 29. 85—249. E. f. Pr. 2. Z. 2. 13. 23—25. 36. 53. §§. 4. 8. E. f. Pr. 62—68. s. offene Ges., Kommanditges. auf Aktien, Aktiengesellschaft.

Handelsgesetzbuch 1. 4. 10. 11. 281. 304. 317.

Handelsgewerbe s. Handelsbetrieb, Handelsgut 335.

Handelsgewohnheitsrecht 1. Anm. c. u. d.

Handelsleute, kleine 10. — Handelsmäkler 66—84. 272. Z. 4. 311. 343. 348. 354. 357. 365 f. 387. E. f. Pr. 2. Z. 6. E. f. Pr. 9. 60. 70. — Handelsmann 15—27.

Handelsniederlassung 19—21. 41. 86. 87. 151. 152. 155. 324 325. 342. 370. s. auch Zweigniederlassung. — Handelspapier 67. E. f. Pr. 9. §. 3. — Handelsplatz, Kurs an demselben 353. — Handelsrecht 55.

Handelsregister 12—14. 19—21. 25. 26. 45. 46. 86—89. 110. 115. 129. 135. 151—156. 163. 171. 176. 178. 180 f, h, i. 185 c. 190 a. 203. 206 a. 210. 211. 212. 213 f. 214. 215 a. 215 b. 222 a. 228. 233. 243. 244 a. 247. 248 a. 249 a.

Handelssachen 1. 9. 34. E. f. Pr. 2. 8. 14. 44. 47. 48. 50. §. 1. 73.

Handelsschulden S. 38. der Ehefrau 8. E. f. Pr. 19. der Gesellschaften 113. 137. 141. 146. ff. 166. Handelsstand, Kaufleute 4—11. s. Passiva.

Handelsverkehr 279. Handelswerth 396. 423.
Handelszweig 96. 159.
Handlungsbevollmächtigte 47—56. 59. 167. 235. 297. 298. E. f. Pr. 2. Z. 5. 69.
Handlungsdiener 57. 61.
Handlungsfonds 91. 111. 119—122. 126. 131. 164. 169. 172.
Handlungsgehülfe 36. 42. 50. 51. 57—65. 69. Z. 2. E. f. Pr. 2. Z. 5.
Handlungslehrlinge 57—65. — Handlungsreisender 49.
Handlungsvollmacht s. Handlungsbevollmächtigte.
Handwerk, Handwerksbetrieb 10. 272. 273.
Handwerker als Kaufleute 4. Anm. b. 271 Anm. e. 273.
Hauptniederlassung 21. 86. 111. 151. 153. 155. 156. 163. s. auch Sitz.
Hauptschuldner 281.
Hausirer 10.
Heimliche Mängel S. 366.
Herstellungspreis 175 d. 185 a. 209 g. 239 b.
Hinterlegung von Aktien 190 a. 222. 222 a. 223. 238. 249 d.
HöhereGewalt 395.
Höker 10.
Hypotheken 114. 120. 169. 275. Anm. a. vorletzt. Abs. Verpfändung ders. 309. Anm. a u. c. Zurückbehaltungsrecht an ders. 313. Anm. g. Bestellung E. f. Pr. 37. 39.

J.

Jahresrechnung 185 a. 193. 225. 291.
Indossable Papiere 301—305. 309. 325.
Indossament 182. 220. 303—305. 309. 373. 417.
Inhaber einer Firma 25. eines Handelsgewerbes 22. 251. 252. 256—259. 261. 265. eines Ladescheins 416. eines Papiers an Order 305. 307. 309.
Inhaberaktien 173. 175. 207. 209.
Inhaberpapiere 306. 307. E. f. Pr. 15.
Inkasso-Mandatar 325. Anm. c.
Innerer Verderb des Frachtguts 343. 348. 365. 366. 387. 395. 424.
Inseraten-Spediteur s. Annoncen.
Interesse 284. 427.
Interimsscheine 173. 173 a. 180 i. 181. 181 a. 183 a. 184 d. 207. 215 c. 215 d. 220. 249 b.
Interpretation der Handelsgeschäfte 278. 279.
Inventar 29—33. 91. 107. — Inventarienbuch 30.
Inventarisirung 29—31.
Irrthum 294. — im Frachtbrief 406. Anm. a. irrthümliche Eintragung 12, Anm. b. 45. Anm. a.
Juden 329. Anm. a.
Juristische Person 149.

K.

Kaduzirung 184 a. 219.
Kapital 293.
Kauf 67. 271. 337—359. durch Kommissionaire 363. 364. 372. 373. 376. 377.
Kaufmann, Begriff 4—6. 10. 11. dessen Firma 15. 16. 19. Pflicht zur Buchführung 28—33. zur Edition 38—40. dessen Geschäfte als Handelsgeschäfte 272—274. 378. 388. 420. Anspruch auf Zinsen 289. auf Ersatz der Auslagen 290. aus einem Kontokurrent 291. dessen Sorgfalt 282. 344. 361. 367. 380. 387. dessen Vollmachten 297. 298. dessen Anweisungen u. Verpflichtungsscheine 300—305. dessen Pfand-

bestellung 306—309. E. f. Pr. 27. dessen Rechte aus Faustpfändern 310—312. dessen Retentionsrechte 313—316.

Kaufpreis, Einziehung durch Handelsreisende 49. Vermerk im Mäklerjournal 72. bei Forderungen 299. Ort der Zahlung 325. 342. Berechnung 352 f. Folgen des Verzuges 254. 357—359. Kreditiren 369.

Kaution E. f. Pr. 9. §. 1. E. f. Pr. 70.

Kellner 47. Anm. c. 57. Anm. a.

Klage wegen unberechtigten Gebrauchs einer Firma 27. gegen den falschen Prokuristen 55. auf Auflösung der Gesellschaft 125. 130. gegen Gesellschafter 146—149. gegen die persönlich haftenden Gesellschafter 194. 195. gegen den Vorstand oder Aufsichtsrath 223. behufs Befriedigung aus den zurückbehaltenen Gegenständen 315. wegen Mängel der Waare 349. gegen den Spediteur 386. gegen den Frachtführer 408. gegen den Empfänger 412.

Koch 57. Anm. a.

Kollektivprokura 41. 44. vgl. auch 86. Z. 4. 100. 115. Anm. a. 163.

Kommanditgesellschaft 159—172. Begriff 150. Firma 17. 155. 168. Eintragung 151—156. 163. 171. Gesellschaftsvertrag 150. Hinzutritt neuer Kommanditisten 156. 166. Rechtsverhältniß der Gesellschafter unter einander 157—163. zu Dritten 163—168. Geschäftsführung 158. 167. E. f. Pr. 67. eigene Geschäfte des Kommanditisten 159. Rechte desselben 160—162. Haftung desselben 165 f. Erwerbsfähigkeit der Gesellschaft 164—169. Rechte der Privatgläubiger 169. 172. Auflösung der Gesellschaft 170. Liquidation 172. E. f. Pr. 33. 36.

Kommanditgesellschaft auf Aktien 173—207. Begriff 173. Firma 17. Entstehung 178. Eintragung 176—179. 180 f. 180 h. 180 i. 200. 203. 206; Gesellschaftsvertrag 175. 175 a. 175 b. 184. 199. 206 a; Aufsichtsrath 175 e, f. 176. 180 b. e. 191—194. 204. 206 a; Generalversammlung 175. 175 a, f. g. 180 e, g, h. 182. 188—191. 193—195. 203. 206. 206 a; Bekanntmachungen 175. 184. 184 a; Bilanz 185. 185 a, b, c. 186. 205; Zinsen- und Dividendenvertheilung 193. 197. 198. 204; Haftung des Kommanditisten 198. des Aufsichtsraths 180 b. 204. Auflösung der Gesellschaft und Vertheilung 199—202. Rechte der Privatgläubiger 200. Liquidation 205. 206.

Kommissionair 69. 290. 306. 360—378. 411.

Kommissionsgeschäfte 272. 360—378; an eigenen Aktien 184 d. 215 d. — Kommissionsgut 365—367. 374—376.

Kommittent 360—372. 374—378.

Kompensation 94. 121. 169; des Aktionärs 184 c. 219 Abs. 2.

Kompromiß 137.

Konkrete Schadensberechnung 355 Anm. d.

Konkurrenzgeschäfte 96 97. 196 a. 232.

Konkurs, Vorlegung der Handelsbücher 40. der Handelsgesellschaften und ihrer Mitglieder 122 f. 165. Anm. a. 169 f. 200. 240. 249 c. 258 f. 261. Wirkung des K. auf die Kaufmannseigenschaft 4. Anm. d. auf Handlungsvollmachten 54. Anm. b. auf Entlassung von Handlungsge-

hülfen 62. Anm. a. auf die Pflicht zur Einzahlung der Aktien 183. 183 b. Anm. a. auf die Ansprüche des stillen Gesellschafters 265. Anm. a. auf Assignationen 300. Anm. b. auf Pfandbestellung 310. Anm. c. und d. beim Retentionsrecht 314. auf nicht erfüllte Kaufverträge S. 358. auf das Agenturverhältniß S. 607. auf das Kontokurrentverhältniß S. 628.
Konkursmasse 315. 375. 382. 409.
Konnossement, an Ordre 302. 305. Uebergabe durch Konnossement 313. 374.
Konsens des Ehemanns zum Handelsbetrieb der Ehefrau 7. 8.
Kontokurrent 291. 374. S. 614 ff.
Konventionalstrafe 184. 219. 278. Anm. b. 284. 398. 399.
Kopfzahl 109. 268.
Kopie 28. 414.
Kopirbuch 28. 33.
Kostbarkeiten 395.
Krankheit der Handlungsgehülfen 60. 64. der Gesellschafter 125. 170. 200.
Kreditbürgschaft 281. Anm. a. — -institute 312. — -zusage S. 348.
Kreditoren 369.
Kündigung des Dienstvertrages 61. der Gesellschaft 123. 124. 126. 170. 186. 200. 261. 262.
Kunsthandel 272. Z. 5.
Kurs 487. E. f. Pr. 3. §. 3.
Kursfähigkeit S. 327.
Kurszettel 353.

L.

Laden (offener) 50.
Ladeschein 313. 374. 413—419. 427. indossabel 303—305.
Lagergeld 290.
Lagerhaus 323. 343. 407.
Lagerraum 371.
Lagerschein 302. 305. 313. 374.
Lagerverzeichniß 337.
Landesgesetze 8. 10. 11. 14. 34. 42. 47. 84. 122. 169. 292. 304. 305. 308. 312. 345. 349. 421.
Landesmünze 336.
Landtransport 67. 390 f.
Laufende Rechnung 291. S. 615. 620 f.
Lebende Sprachen 32. 72.
Lebensversicherung der Ehefrau 274. Anm. b. Lebensversicherungspolice kein Inhaberpapier 303. Anm. c. Zurückbehaltungsrecht an der Lebensversicherungspolice 313. Anm. f.
Lebenszeit 123. 170. 200. 261.
Leckage 395. 423. 424. Z. 4.
Legitimation der Aktionäre 183. 220. der Inhaber indossabler Papiere 305. 416 f.
Lehrlinge 57. E. f. Pr. 61.
Lehrzeit 61.
Leihbibliothekare keine Kaufleute 4. Anm. b. 272. Anm. f.
Leihen von Aktien 249 f.
Leihvertrag als Handelsgeschäft 274. Anm. b.
Lieferung von Gegenständen als Handelsgeschäft 271. vertretbarer Sachen 338. Lieferungsgeschäfte 357—359.
Lieferungszeit der Frachtführer 394. 397—399.
Liegegeld 409.
Limito 363 f.
Liquidation der Gesellschaft 133—145. der Kommanditgesellschaft 172. der Kommanditgesellschaft auf Aktien 205. der Aktiengesellschaft 244. bei einzelnen Handelsgeschäften 270.
Liquidationsfirma 20. Anm. c. 139.
Liquidationstermin der Börsengeschäfte 331.
Liquidatoren 133—144. 206. 223. 244. 244 a. 245. 249 ff.
Loospapiere 335. Anm. a.

M.

Mäkler 66–84. 272. Z. 4. 311. 343. 348. 354. 357. 365. 366. 387.
Mäklerbücher 71–79.
Mäklergebühr 82.
Mäklergeschäfte 67.
Mängel, der Waaren 347–350. 365. 387. der Verpackung 395. 423. 424. Z. 2 und 3.
Magazin 50.
Mahnung 288. 289.
Markenschutz S. 507–514.
Marktpreis 185 a. 239 b; 311 343. Definition 353. 354. 357. 359. 365. 366. 373. 387.
Merkzeichen 392. 414.
Miethsverträge keine Handelsgeschäfte 275. Anm. a.
Minderjährige 149. E. f. Pr. 37. 38. 50. §. 2.
Mindestbetrag der Aktien 173 a. 207 a.
Mißbrauch des Vertrauens 64. 101. 125. Z. 2 und 4. 170 200. der Firma 125. Z. 4.
Mißhandlungen zwischen Prinzipalen und Handlungsgehülfen 63. 64.
Monat 97. 126. 170. 261. 327. 328. 349.
Münzfuß, Münzsorte 336.
Muster von Waaren 337. s. Ausfallmuster.

N.

Nachbezugsrecht 180 b. Abs. 5. 215 a. Abs. 4. 216. Anm. b.
Nachfolgeverhältniß, in der Firma anzudeuten 22.
Nachfrist 356.
Nachgründung 180 e. 213 f.
Nachholung des Versäumten 356. 357.
Nachmann bei Spediteuren und Frachtführern 382. 401. 410.
Nachnahme 342. Anm. d. 382. 403. Anm. b.
Namensaktien 173. 173 a. 175. 182. 183. 207. 207 a. 209. 220.
Natürliche Beschaffenheit der Güter 395. 426.
Naturereigniß 394.
Niederlegung der Handlungsbücher 246. von Gütern 323. 343. 407.
Nießbrauch des Ehemanns 8.
Nominalbetrag einer Aktie 175 a. 180 b. 183 a. 183 b. 185 b. 204. 209 a. 210. 215 a. 215 c. 219. 226. 249 b.
Normalsatz für Verluste 426.

O.

Oeffentliche Banken 5. Handelsregister 12. Blätter 13. 14. E. f. Pr. 42. Transportanstalten 421. Verhandlungen E. f. Pr. 5. §. 3. Versteigerung 9. §. 3.
Oertliche Verordnungen 61. 82. 83.
Offene Handelsgesellschaft 85–149. Begriff 85. Eintragung 86–89. Vertrag 85. 90. 92. 105. Verhältniß der Gesellschafter unter einander 90–109. Eigenthum 91. 119–122. 131. 143. E. f. Pr. 23. Einlage 92. 95. Pflichten der Gesellschafter 94–97. Cession der Rechte 98. 126. Geschäftsführung 99–104. Befugnisse der Gesellschafter 105. Berechnung von Gewinn u. Verlust 106–109. Verhältniß zu Dritten 110–112. Vermögensrechte der Gesellschaft 111. Solidarhaft 112. 113. Vertretungsbefugniß 114–118. E. f. Pr. 67. Rechte der Privatgläubiger 119–122. 126. 132. Auflösung und Austreten Einzelner 123–132. Auseinandersetzung 130–132. Liquidation 133–145. Ernennung der

Liquidatoren 133. 134. Eintragung 135. Befugnisse 136—142. 144. Verjährung der Klagen gegen die Gesellschafter 146—149.
Offenes Magazin 50.
Ordentlicher Gerichtsstand 111. 144. 164. 213.
Orderpapiere 300—305. 414. 417.
Ordnungsmäßige Handelsbücher 34. 35. E. f. Pr. 8. Mäklerbücher 77.
Ordnungsstrafen 26. 45. 89. 129. 135. 154. 155. 171. 247. 249 g. 251. E. f. Pr. 5. 6. 7.
Organisationskosten 185 a. 239 b.
Ort der Erfüllung 323. 325. 336. 342. — Ortsgebrauch 57. 61. 70. 80. 82. 83. 285. 290. 327. 339. 346. 351. 352. 369—371. 394.
Ortsgericht 348. 407.

P.

Pachtung eines Grundstücks, Steinbruchs kein Handelsgeschäft 275. Anm. a.
Papiere, Schriften der Gesellschaften 98. 105. 145. 160. 177. 193. 225. Papiere an Order 301—305. 414. auf Inhaber 308. 325. E. f. Pr. 15. Begleitpapiere 393.
Passiva, Uebergang derselben 23. Anm. d. 113. Anm. a.
Persönlich haftende Gesellschafter bei der Kommanditgesellschaft auf Aktien 174 a. 175. 175 a, b. c, d, f. 176. 180. 180 a. 180 e. 181. 185. 185 a, c. 186. 187. 190. 190 a. 194. 195. 196. 196 a. 199. 204. 205. 206. 206 a. 249. 249 a, b, c, g.
Persönliche Verpflichtung der Prokuristen 55. 298. der Aktienausgeber 178. der Vorstandsmitglieder 241. Abs. 2. 244. Abs. 4. 247. Z. 3. des stillen Gesellschafters 257. des Kommissionairs 370.
Personalarrest 314.
Pfandanstalten 312. — Pfandbestellung 306—309. E. f. Pr. 27. 44.
Pfandleiher keine Kaufleute 4. Anm. b. 272. Anm. c.
Pfandnahme eigener Aktien und Interimsscheine 184 d. 204. 215 d. 226.
Pfandrecht 120. 169. 306—311. 374. 385. 409—412. E. f. Pr. 45.
Pflichtverletzungen der Mäkler 84. E. f. Pr. 9. §. 5. der Gesellschafter 125.
Platzgeschäfte 347. Anm. a.
Polize, Indossirung und Cession 302—305.
Post s. Reichspost.
Postanstalten 272. Anm. c. 421.
Prämienpapiere 335. Anm. a. S. 504—506.
Preislisten 337.
Prinzipal 41. 45—47. 49. 52—56. 58—64.
Privatgläubiger 119—122. 126. 132.
Privatschulden 113. Anm. a.
Privatvermögen 119—122. 126. 169. 263.
Probe 80. 337. Kauf auf, zur, nach Probe 339—341. 347.
Produktion, Produzent 271. Anm. b.
Prokura 10. 41—46. 52—56. 104. 118. Prokurist 6. 41. 42. 44. 45. 52. 53. 55. 56. 104. 167. 234. 244 a. E. f. Pr. 2 Z. 5. 25.
Promessen 173. 222.
Protest bei Lieferungsgeschäften 358.
Provision 290. 370. 371. 374. 376. 381—385. S. 608. 609.
Prozeßfähigkeit der Handelsfrauen 9.
Prozeßführung 9. 47. 111—117. 137. 164. 167.

Q.

Qualifizirte Gründung 175 b. Anm. b. 209 b.
Quittung 295. 296. 303. 418.

R.

Radiren 32.
Rangordnung der Pfandrechte 411.
Rath 282. Anm. a. 361. Anm. a.
Rechnungen 51. 288. 298. — Rechnungsabschluß 29—31. 291. — Rechnungslegung eines Socius 105. Anm. a. 125. Z. 2. 130. 170. 172. 270. 361. 376. — Rechnungswährung 336.
Rechtsgeschäfte, Abschluß durch Prokuristen und Handelsbevollmächtigte 52. 298. durch Handlungsgehülfen 58. durch Mäkler 76. durch Gesellschafter 114. 115. 167. 196. durch den Vorstand 230.
Rechtsnachfolger 133. 145. 306—308.
Rechtsvorgänger des Aktieninhabers 184 b. 219.
Rechtswegen, von 95. 184. 219. 382. 410.
Rechtwohlthaten der Frauen 6.
Refaktie 352.
Reglement 422. 423.
Reichspost als Kaufmann 4. Anmerkung b.
Reisegepäck 425.
Reisende 271.
Reklame als Zweck des Firmenzusatzes 16. Anm. e.
Rentabilität, mangelnde als Grund zur Auflösung einer Gesellschaft 262. Anm. a.
Reservefonds 185 a. 185 b. 185 c. 239 b.
Retentionrecht 313—316. E. f. Pr. 30. 46.
Reugeld 285.
Revisoren 209 h. 210 c. 222 a. 239 a.
Rollfuhrunternehmer 400 Anm. a. 401. Anm. a.
Rost 424. Z. 4.
Rübenlieferungspflicht der Aktionäre 219. Anm a.
Rückgriff 149. 412. 429.
Rücktritt von einer Offerte 319. 320. vom Kauf 354—359. vom Frachtvertrag 394.

S.

Sache, verbrauchbare, vertretbare 91. 301. 338. bestimmte (species) 324. 342. bewegliche 91. 271—273. 302. 306. 313. unbewegliche 42. 91. 114. 275.
Sachsen, Einführungsgesetz S. 548 ff.
Sachverständige 57. 162. 254. 348. 365. 387.
Säumniß, Folgen derselben 354—357. 365. 387.
Saldo S. 617 ff.
Schadensersatz wegen unbefugter Führung einer Firma 27. wegen Vorspiegelung oder Ueberschreitung einer Prokura oder Handlungsvollmacht 55. 56. wegen Verschuldens eines Mäklers 81. eines Gesellschafters 94. 95. 97. wegen Verletzung der Vorschriften des Aktienrechts 180. 180 a. 180 b. 181 a. 190 b. 196 a. 204. 206 a. 213 a. 215 c. 222 a. 223. 241. 245. Umfang des Sch. 283. 284. wegen unterlassener Anzeige vom Verkauf des Pfandes oder der Waare 310. 311. 343. wegen Abweichung von der vorgeschriebenen Uebersendungsart 345. wegen Verzugs in der Erfüllung 354—359. Sch. des Kommissionärs 362—365. Sch. des Spediteurs 380. des Absenders 393. des Frachtführers und Verfrachters für Ver-

lust und **Beschädigung** des Frachtguts 395 f. wegen verspäteter Ablieferung 397—399. der Eisenbahnen 422—431.
Schadlosbürgschaft 281. Anm. a.
Schenckung als Handelsgeschäft 274. Anm. b.
Schiffer, gewöhnliche 10. Wahrnehmung der Rechte des Kommittenten dem Schiffer gegenüber 365. Güterversendung durch Schiffer 379—389.
Schiffsprokureur 399.
Schleppvertrag 390. Anm. d.
Schlußnote 73. 76. 77. 79. 82.
Schriftlichkeit der Verträge 85. 150. 174. 208. 250. 266. 317.
Schriftzeichen bei der Buchführung 32.
Schulden s. Passiva.
Schuldscheine 274. 295.
Schwinden der Ladungsgüter 395.
Selbsterzeugung s. Produktion.
Selbstverlag 4. Anm. b. 272. Anm. f.
Sensale 66. s. Handelsmäkler.
Sensarie 82.
Sicherheitsbestellung 190 a. 222. 223.
Sicherstellung 119. 169. 404.
Simultangründung 209d. Anm. a.
Sitz einer Gesellschaft 86. 87. 111. 151. 153. 155. 163. 164. 175. 209.
Solidarische Haftung der offenen Gesellschafter 112. 113. des stillen Gesellschafters 257. bei gemeinschaftlichen Verpflichtungen 269. 280. 281. s. auch Schadensersatz.
Sonntag 329. 330.
Sorgfalt 94. 180. 180 a. 180 b. 204. 213 a. 213 b. 213 c. 226. 241. 282. 343. 344. 361. 367. 380. 397. 399. 423.
Sparkassenbuch 306. Anm. a.
Spediteur, Begriff. 379. 388. 389. Haftung 380. 384—386. Ansprüche 290. 381. 383. 384. Pfandrecht 306. 382. 410. 411. E. f. Pr. 45. Verlust des Rückgriffs 412. Geschäfte als Handelsgeschäfte 272. Z. 3.
Spezialreservefonds 217. Anm. b.
Spezialvollmacht 42. 47.
Spezifikation beim Eisenhandel 2c. 338. Anm. d. 343. Anm. k.
Sprache, lebende, deutsche 32. 72. fremde 16. Anm. d.
Staatspapiere 67. 271.
Stadtgemeinde als Kaufmann 4. Anm. a, b.
Stadtreisender 49. Anm. a.
Statuten 312. der kaufm. Korporationen E. f. Pr. 3. §. 4. s. auch Gesellschaftsvertrag.
Stellvertreter der Vorstandsmitglieder 225 a. 232 a.
Stille Gesellschaft, Begriff 250. Firma 251. Einlage 252. 258. 259. Bilanz 253. Gewinn und Verlust 254. 255. Verhältniß Dritten gegenüber 256. 257. 260. im Konkurse des Inhabers 259. Auflösung 261. 262. Rechte der Privatgläubiger an der Einlage 263. Tod oder Unfähigkeit 264. Auseinandersetzung 265. Streitigkeiten E. f. Pr. 2. Z. 2.
Stillschweigen 279. Anm. b.
Stimmrecht der Aktionäre 190. 221.
Stückprobe 347. Anm. d.
Substitutionsbefugniß 53. 298 Anm. c.
Successivgründung 209e. Anm. a.
Symbolische Uebergabe. E. f. Pr. 27.

T.

Tagebuch der Mäkler 71. 72. 74 —79.
Tantieme 57. Anm. b. 227. Anm. b. S. 609.
Taragewicht 352.

Taxe 91.
Telegraphische Mittheilung 279. Anm. a.
Theaterdirektoren keine Kaufleute 4. Anm. b.
Theilbarkeit des Kaufobjekts 359.
Theilungseinrede 281. — Theilungssachen bei Gesellschaften 40.
Thiere, Transport auf Eisenbahnen 424. Z. 5.
Tod des Prinzipals 54. des Mäklers 75. des Gesellschafters 123. Z. 2. 170. 200. 261. Z. 1. 264. des Auftraggebers 297.
Transport zu Lande oder auf Flüssen und Binnengewässern 390—431. Anstalten 421. Kosten 384. Mittel 371. 383. 422.
Trödler 10.

U.

Ueberbringer der Waare 51. der Quittung 296.
Uebergabe der Waare 342. 345. deren Kosten 351. Folgen des Verzuges 355—359.
Uebermäßige Verletzung 286.
Uebernahme der Geschäftsschulden 23. Anm. d. von Anlagen oder sonstigen Vermögensstücken bei der Gründung 175 b. 180. 209 b. 213 a; von Lieferungen, Versicherungen, Seetransporten, Be- oder Verarbeitungen 271. 272. eines Auftrages 323. eines del credere 370. eines Transports 401. 429. 430.
Ueberschreitung der Vollmacht 55. 241. 298. 364.
Ueberschuldung s. Zahlungsunfähigkeit.
Uebersendung der Rechnung 288. der Waare 344. 347. 348.
Uebertragung von Aktien 173. 180 g. 182. 183. 183 a. 207 a. 215. 215 c. 220.
Umherziehen, Gewerbebetrieb im Umherziehen 10. Anm. c.
Umwandlung einer Kommanditgesellschaft auf Aktien in eine Aktiengesellschaft 206 a. von Aktien 175 a. 209 a.
Unbefugter Gebrauch einer Firma 26. 27.
Unbewegliche Sachen 29. 42. 111. 114. 137. 164. 180 e. 213. 213 f. 244 a. 275.
Unfähigkeit zur Vermögensverwaltung 123. Z. 3. 170. 200. 261. 264.
Unmöglichkeit der Erfüllung S. 348.
Unquittirte Rechnung 51.
Unredlichkeit des Handlungsgehülfen 64. des Gesellschafters 101. 105. 125. 170. 200. des Spediteurs 386.
Unsittlicher Lebenswandel 64.
Unterbrechung der Verjährung 112. Anm. a. 146. Anm. e. 148. Anm. a. 349. Anm. c. 386. Anm. c.
Unterlassungen 279.
Unterschied (Differenz) 357. 363. 364. 369. 396.
Unterschrift des Kaufmanns 15. 19. 30. des Prokuristen 44. 45. des Mäklers 71. der Schlußnoten 73. 77. der Gesellschafter und ihrer Vertreter 30. 88. 91. 135. 139. 151—153. 210 c. 228. 229. der Annahme-Erklärung 300. der Kopie des Ladescheins 414.
Untersuchung empfangener Waaren 347. 365. 387.
Untheilbarkeit der Aktien 173. 207.
Untreue 249.
Unverpackte Güter 424. Z. 2.
Urkunde 301. 303. 304. Ladeschein 413.

V.

Valuta, Empfangsbekenntniß 301.
Veränderte Umstände S. 348.
Veräußerung von Firmen 22. 23. von Grundstücken 42. 114. 137. 244 a. von Waaren im Handelsbetriebe 306—308. 343. 348. 354. 357. 365. 366. 375. 387. von Faustpfändern 310—312. 315.
Verderb der Güter 343. 348. 365. 387. 395. 423. 424. Z. 4.
Vereinigungen zum Betriebe eines Handelsgewerbes 10. von Mäklergeschäften 69. Z. 3. von einzelnen Handelsgeschäften für gemeinschaftliche Rechnung 266—270. von Aktiengesellschaften (Fusion) 215. 226. 247.
Vereinsthaler 173.
Verfalltag 334.
Vergleich 137. wegen Ansprüchen aus der Gründung 180 c. 213 d.
Verjährung 112. Anm. a. 146—149. 172. 180 d. 204. 213 e. 226. 241. 274. Anm. b. 349 f. 386. 408; der Dividende 216. Anm. b.
Verjährte Forderung 137. Anm. a.
Verkauf s. Veräußerung.
Verlagsgeschäfte 272.
Verletzung, übermäßige 91. Anm. b. 286.
Verlorene Sachen 306—308. Frachtgüter 390.
Vermittelung von Handelsgeschäften 66. 69. 84. 272. E. f. Pr. 9. §. 2. von Frachtgeschäften 389. — von Nichthandelsgeschäften 4. Anm. b. 272. Anm. e.
Vermögen der Eheleute 8. der Kaufleute 28. der Gesellschafter 112. S. Gesellschafts-, Privatvermögen.
Vermuthung 274. 424.
Veröffentlichung s. Bekanntmachung, Eintragung.
Verordnungen des Gerichts 37. 40. 79. 160. 253. 310. 323. 407. 409. der Verwaltungsbehörde 240. 242. 249. s. Oertliche Verordnungen.
Verpachtung von Handelsgeschäften 25. Anm. b.
Verpackung 279. Anm. b. 345. Anm. b. 352. 395. 422—424.
Verpfändung, ausdrückliche 306—312. E. f. Pr. 27. s. Pfandrecht.
Verpflichtungsgrund 301. — Verpflichtungsscheine 301. 303—305.
Verschleierung 249 b.
Verschulden des Mäklers 81. des Gesellschafters 94. des Frachtführers 393. der Eisenbahnen 424. s. Schadensersatz.
Verschwiegenheit des Mäklers 69.
Versender 383.
Versicherung, Vermittelung durch Mäkler 67. als Handelsgeschäft 271. 273. 274. durch den Kommissionär 367. durch den Spediteur 387. Form 317. Anm. a.
Versicherungsgesellschaften 180 h. 215 a.
Versteigerung, öffentliche von unbeweglichen Sachen 137. von Faustpfändern 311. von Waaren 343. 348. 354. 365. 366. 387. 407. 409. E. f. Pr. 9. §. 3.
Vertheilung des Gesellschaftsvermögens 201—204. 226. 245.
Verträge, Form 85. 174. 250 309—311. 317. als Handelsgeschäfte 271—274. über unbewegliche Sachen 275. Zeit des Abschlusses 321.
Vertretbare Sachen 301. 338.
Verwaltungskosten 185 a. 239 b.
Verzeichniß der Aktionäre 176. 210.
Verzichtleistung auf Ansprüche aus der Gründung 180 c. 213 d.
Verzögerung der Einzahlung der Einlage 95. des Aktienbetrages 184. 184 a. 219.

Verzug 288. 289. 343. 346. 347. 354—359. 375.
Verzugszinsen 184. 219. 287—289. E. f. Pr. 14. S. 444. § 3.
Viehhandel 347. Anm. o. 348. Anm. e.
Vindikation 306—308.
Vis major 395.
Vollmacht 47. 49—51. 53. 54. 297. 298. für Generalversammlungen 190. 221. s. auch Prokura.
Vorausklage 261.
Vorbehalt 317. Anm. a.
Vorladungen 117. 144. 167. 196. 235. E. f. Pr. 5. §. 8.
Vormann 382. 410. 412.
Vormund 149.
Vorschüsse der Gesellschafter 93. der Kaufleute 290. der Kommissionaire 369. 371. 374. der Spediteure 382. 411.
Vorstand einer Aktiengesellschaft 209. 209 h. 210. 210 a. 210 c. 210 e. 213 c. 222 a. 223, 225. 227—234. 236. 239. 240. 241. 244. 247—249. 249 a, b, c, g.
Vortheile zu Gunsten einzelner Gesellschafter oder Aktionäre 175 b. 209 d.

W.

Waare, Lager 29. 50. Ueberbringer 51. Proben 80. Anschaffung als Handelsgeschäft 271. 273. Vindikabilität 306—308. mittlere Güte 335. Uebergabe und Gewährleistung 342—350. 354—359. bei der Aufstellung der Bilanz 185 a. 239 b.
Wägen 351.
Wagen, unbedeckte 424, Z. 1.
Wahl des Aufsichtsraths 191. 224.
Warrant 302—305.
Wassertransport 67. 390. 420.
Wechsel 67. 373. 374. — Wechselordnung 2. 182. 223. 305. — Wechselverbindlichkeit 47. der Liquidatoren 137. Anm. e, f.
Werktag 329. 330.
Werkverdingung 344. Anm. e. 347. Anm. c.
Werthpapiere, An- und Verkauf als Handelsgeschäft 271. 273. Anweisungen oder Verpflichtungsscheine über solche 301. Retentionsrecht 313—316. Kommission zum Ein- und Verkauf 376. Haftung des Frachtführers 395. bei Aufstellung der Bilanz 185 a. 239 b.
Widerruf einer Prokura oder Vollmacht 54. 104. der Uebertragung der Geschäftsführung 101. 227. der Mitglieder des Aufsichtsraths 191. 224. der Offerte oder Annahme 319. 320. 377.
Widerspenstigkeit 64.
Wiedereinsetzung in den vorigen Stand 149. E. f. Pr. 9. §. 1.
Wirthe 4. Anm. a. 10.
Woche 60. 61. 328. 428.
Wohnort der Gesellschafter 86. 151. 175. 176. als Erfüllungsort 324. 325. 342. des Frachtführers 392. 414.

Z.

Zahlung, Vollmacht zur Empfangnahme 50. 51. 67. 296. 460. Ort der Leistung 325. 342. Folgen des Verzuges 354. 356—359. Wirkung 408. 412. 428. Z. als Handelsgeschäft 273. Anm. a. zu Unrecht erfolgte Z. 280. Anm. b. unter Vorbehalt 317. Anm. a.
Zahlungsfristen 328. Anm. b. 342. Anm. e.
Zahlungseinstellung 314. E. f. Pr. 41. 46. — Zahlungsfrist, Bewilligung durch Handlungsreisende 49. — Zahlungsversprechen 300.

Zahlungsunfähigkeit der Aktiengesellsch. 240. 241. eines Aktionärs 180. 213 a.

Zeichnung der Firma, der Unterschrift 19. 41. 44. 45. 48. 88. 135. 152. 153. 177. 210 c. 228. 229. der Aktien, Zeichnungsschein 175 c. 176. 180 i. 209 e. 215 b.

Zeitberechnung bei Handelsgeschäften 327—334. 336. — Zeitbestimmung bei Kaufverträgen 357—359.

Zeitschriftendebit der Postanstalten 272. Anm. d.

Zeitungsverlag 272. Anm. b.

Zinsen 93. 95. 106. 108. 119. 161. 165. 169—172. 197. 204. 217. 218. 226. 268. 287—293. S. 622, 623.

Zoll, Ersparniß an 396. Rechte wegen bezahlter Zölle 409. zollamtliche Begleitpapiere 393.

Zuckerfabriken 219. Anm. a.

Zufall 394.

Zug um Zug 344. Anm. a. 355. Anm. a.

Zurdispositionsstellung 347. Anm. b.

Zurückbehaltungsrecht 184c. 219. 313—316. 409.

Zurückforderung des eingezahlten Betrages 216.

Zurückzahlung des Gewinns und der Einlage des Kommanditisten 161. 165. 197. 203 f. des Gewinns und des Kapitals des Aktionärs 198. 203. 204. 218. 226. 248. des Gewinns und der Einlage des stillen Gesellschafters 255. 259.

Zusammenlegung von Aktien 183 b. Anm. a.

Zuständigkeit des Gerichts 325. Anm. d. s. Gerichtsstand.

Zustellungen im Prozeß 117. 130. 167. 196.

Zweifelhafte Forderungen, deren Ansatz in der Bilanz 31.

Zweigniederlassung 21. 86—89. 152. 156. 179. 200. 205. 212.

Zwischenraum in Büchern 32. 72.

Zwischenspediteur 380. 382. 384.

Druckfehler-Verzeichniß.

S. 285 Z. 2 von oben lies **Anm. a** statt Anm. 3.

S. 298 Z. 18 von oben lies **c)** statt **b)**.

S. 428 Z. 7 von oben lies **getroffene** statt geschlossene.

(Fortsetzung siehe dritte Seite des Umschlages.)

Kolibri 360 GmbH
Ferdinand-Jühlke Straße 7
99095 Erfurt, Deutschland
produktsicherheit@kolibri360.de